IMPRESSO NO BRASIL

ANÍBAL BRAGANÇA
MÁRCIA ABREU
(organizadores)

Impresso no Brasil

Dois séculos de livros brasileiros

editora unesp

Direitos de publicação reservados à:
Fundação Editora da UNESP (FEU)
Praça da Sé, 108
01001-900 – São Paulo – SP
Tel.: (0xx11) 3242-7171
Fax: (0xx11) 3242-7172
www.editoraunesp.com.br
feu@editora.unesp.br
www.livrariaunesp.com.br

CIP – Brasil. Catalogação na fonte
Sindicato Nacional dos Editores de Livros, RJ

I31

Impresso no Brasil: Dois séculos de livros brasileiros/Aníbal Bragança e Márcia Abreu, (organizadores). – São Paulo: Editora Unesp, 2010.

664p.

ISBN 978-85-393-0051-8

1. Impressão – Brasil – História. 2. Livros – Brasil – História. 3. Editores e edição – Brasil. I. Bragança, Aníbal. II. Abreu, Márcia.

10-2810. CDD:686.220981
CDU: 655.1(81)

Editora afiliada:

Asociación de Editoriales Universitarias de América Latina y el Caribe

Associação Brasileira de Editoras Universitárias

Sumário

Apresentação
Dois séculos de livros brasileiros

Márcia Abreu
Aníbal Bragança

Para José Mindlin e Sandra Pesavento,
que sabiam que escrever é uma maneira de não morrer de todo.

Em 2000, grandes festas agitaram o Brasil. Comemorava-se não apenas a virada do milênio, mas também o quinto centenário da chegada dos portugueses, capitaneados por Pedro Álvares Cabral, ao local que chamaram Terra de Santa Cruz. As comemorações da instalação de universidades, bibliotecas públicas e tipografia, entretanto, tiveram de aguardar um bocado mais.

No Brasil, foi a partir de 1808, depois da vinda do Príncipe Regente D. João, que instituições centrais da cultura letrada passaram a ter existência legal e regular. Em 2008, comemorou-se duzentos anos da instalação da imprensa no Brasil, tomando por marco o início do funcionamento da Impressão Régia no Rio de Janeiro. Durante esses dois séculos, a produção nacional de livros tornou-se ampla, diversificada e complexa.

Neste livro é apresentada a multifacetada história da imprensa, e o tema central é abordado por alguns âmbitos: editores, tipógrafos e livreiros (cuja ação é observada na primeira parte, "Uma nova história editorial brasileira"); e autores e leitores (enfocados na segunda parte do livro, "Cultura letrada no Brasil").

Em alguns trechos, abordam-se fatos anteriores a 1808; afinal os surgimentos fazem parte de um processo e não de datas delimitadas. Assim, contextualiza-se as atuações precursoras de António Isidoro da Fonseca e frei José Mariano da Conceição Veloso, cujas trajetórias atestam a complexidade e a dinâmica das relações coloniais e são lembradas no texto de

Aníbal Bragança, "Antonio Isidoro da Fonseca e frei José Mariano da Conceição: precursores"; este capítulo contribui para relativizar os marcos e contrapõe análises ideológicas dessas relações temporais.

Por sua vez, a Impressão Régia é analisada em dois textos. José Mindlin, em "Impressão Régia: seu significado e suas realizações", aborda a extraordinária qualidade dos impressos saídos dos prelos da tipografia oficial, descrevendo e comentando suas principais produções. Márcia Abreu, em "Duzentos anos: os primeiros livros brasileiros", discute a polêmica questão de quais teriam sido os títulos efetivamente publicados pela casa e mostra como a família Martin utilizou-se da tipografia para produzir livros que seriam comercializados não apenas no Brasil, mas remetidos também para venda em Portugal, invertendo o fluxo até então tradicional de livros, saindo da Europa em direção à América.

As conexões editoriais intercontinentais permaneceram fortes mesmo após a Independência brasileira; alterou-se, porém, o peso das relações com Portugal, que passou a competir com a poderosa influência francesa. No mundo dos livros, isso tornou-se evidente com, por exemplo, a atuação da família Garnier, estudada por Eliana de Freitas Dutra em "Leitores de além-mar: a Editora Garnier e sua aventura editorial no Brasil", capítulo no qual foi feita uma acurada análise dos catálogos preparados pelo livreiro-editor entre meados do século XIX e princípio do XX.

Os livros destinados ao público geral também se beneficiaram das boas relações mantidas entre editores e livreiros, nacionais e europeus. Como mostra Alessandra El Far em "Ao gosto do povo: as edições baratíssimas de finais do século XIX", os chamados "livros para o povo" aqui aportaram a partir das mediações francesa e portuguesa, tendo conhecido notável expansão ao final do Oitocentos, momento em que até mesmo a elegante Livraria Garnier lançou a Coleção "Biblioteca de Algibeira", composta por livros "ao alcance de todas as posses".

Dentre os livros de ampla circulação têm destaque as obras escolares, foco de várias editoras a partir do final do século XIX e objeto da atenção de seis capítulos deste livro.

Nesse momento, entram em cena importantes editores, como Francisco Alves, e alarga-se o cenário da produção de livros com o ingresso de São Paulo como centro produtor de impressos – movimentos analisados no capítulo "São Paulo, cidade dos livros escolares", de Marcia de Paula Gregorio Razzini. O capítulo "Monteiro Lobato: editor revolucionário?", de Cilza Bignotto, passa por locais e temas semelhantes, mas volta o olhar para dentro das empresas geridas por Monteiro Lobato, examinando detalhadamente o processo de falência da Cia. Graphico-Editora Monteiro Lobato e questionando a designação de "revolucionário" que ele próprio se atribuía por suas práticas de produção e distribuição de livros.

A atuação de Monteiro Lobato é destacada também no trabalho de Maria Rita de Almeida Toledo, "A Companhia Editora Nacional e a política de editar coleções: entre a formação do leitor e o mercado de livros", capítulo no qual se analisa a estratégia editorial de publicar coleções assinadas por especialistas como modo de segmentar e especializar a produção de livros, em função de nichos de público específicos.

Ao longo do século XX, a importância da produção de livros escolares só fez crescer, como mostra Gabriela Pellegrino Soares, em "Os irmãos Weiszflog em busca dos mercados escolares: identidades das Edições Melhoramentos dos primórdios à década de 1960". À semelhança do que fez a Companhia Editora Nacional, a Melhoramentos criou coleções voltadas a públicos específicos, delegando sua coordenação a educadores de destaque, como Lourenço Filho, cuja atuação é cuidadosamente examinada no capítulo.

Os livros destinados à escola são também o tema de Isabel Cristina Alves da Silva Frade no texto "Livros para ensinar a ler e escrever: uma pequena análise da visualidade de livros produzidos no Brasil, em Portugal e na França entre os séculos XIX e XX". Examinando obras destinadas à alfabetização, produzidas a partir do final do Oitocentos, analisam-se os recursos gráficos empregados, considerando-os do ponto de vista das decisões editoriais e das opções pedagógicas dos autores.

Livros destinados a jovens leitores são também examinados por Antonio Hohlfeldt, em "Na história das publicações brasileiras, a criança também teve vez...", texto em que se apresenta a trajetória dos livros e periódicos infantis, desde o momento em que havia apenas livros importados traduzidos, chegando ao final do século XX, com dezenas de autores nacionais de destaque, bem como uma grande quantidade de revistas destinadas ao público mirim, vendidas em bancas de todo o país.

Enquanto o foco da produção escolar e infantil concentrava-se no eixo Rio-São Paulo, muitas tipografias, gráficas e editoras eram instaladas em outras partes do Brasil desde o início do século XIX. Essas são tema de dez capítulos deste livro, que estudam a presença de casas impressoras no país nos dois últimos séculos.

A primeira tipografia a quebrar o monopólio da Impressão Régia foi instalada em Salvador, por Manoel Antonio da Silva Serva, em 1811. A empresa de Silva Serva é apresentada no trabalho de Luis Guilherme Pontes Tavares e Flávia Garcia Rosa, "Apontamentos para a história do livro na Bahia", compondo um amplo painel da produção editorial baiana nos dois últimos séculos, apresentando desde empreendimentos de finais do Oitocentos, como a Tipografia Imperial e Nacional, até as chamadas "editoras artesanais", da década de 1980, sem esquecer as universitárias e acadêmicas, criadas a partir da década de 1950.

Denis Antônio de Mendonça Bernardes, em "Impressos e liberdade: notas para uma história da tipografia em Pernambuco (1817-1850)", apresenta o processo instalação da primeira tipografia em Pernambuco e acompanha o desenvolvimento de atividades editoriais e jornalísticas até 1850.

Interesse semelhante encontra-se no trabalho de pesquisa realizado por Socorro de Fátima Pacífico Barbosa, apresentado no capítulo "Os intermediários da leitura na Paraíba do Oitocentos: livreiros e tipógrafos", no qual são apresentados os principais tipógrafos atuantes na província entre 1830 e 1890, focando, sobretudo, a publicação de periódicos, e tratando também dos livreiros de maior destaque na época.

No outro extremo do país, no Rio Grande do Sul, a atuação de livreiros e editores também foi significativa, conforme dados apresentados por Elizabeth W. Rochadel Torresini em "Breve história da circulação de livros, das livrarias e editoras no Rio Grande do Sul (séculos XIX e XX)", cujo desenvolvimento não se limita a vendedores e produtores de impressos, mas presta atenção aos locais de empréstimo e leitura de livros, como gabinetes e bibliotecas, presentes na província desde o início do XIX.

Se não há dúvidas de que a produção e a circulação dos livros espalharam-se pelas mais diversas províncias brasileiras no século XIX, é certo também que o século XX assistiu a uma ainda mais notável expansão do sistema editorial.

Voltando a São Paulo e à história da Companhia Editora Nacional, tem-se a Editora Civilização Brasileira, adquirida no início da década de 1930 por Octalles Marcondes Ferreira, antigo dono da Companhia Editora Nacional. A editora ganhou considerável impulso a partir da atuação de Ênio Silveira, genro de Ferreira, cuja ação foi examinada do ponto de vista editorial, comercial e político no capítulo "Editora Civilização Brasileira: novos parâmetros na produção editorial brasileira", de Guilherme Cunha Lima e Ana Sofia Mariz.

As transformações ocorridas no mundo editorial no século XX são objeto do trabalho de Mateus Henrique de Faria Pereira em "'Na nossa terra, em se plantando, elefante dá': Editora Abril (1950-2006) e livros vendidos em bancas de jornal", que destaca mudanças na maneira de comercializar os impressos a partir de meados do Novecentos e o sensível incremento nas tiragens, que chegavam a centenas de milhões por ano.

Enquanto o trabalho de Mateus Henrique mostra a consolidação da indústria cultural após o golpe militar de 1964, o estudo de Sandra Reimão examina outro ângulo da relação estabelecida pelos militares com a cultura: a censura. Em "Ditadura militar e censura a livros – Brasil (1964-1985)", a interferência dos órgãos de controle sobre a produção de livros é examinada como destaque para a intervenção da censura prévia em impressos e peças teatrais.

Superada a ditadura, surge, em 1986, aquela que viria a ser uma das editoras de maior destaque no último quarto do século – a Companhia das Letras –, analisada no capítulo "Uma história em processo: a Companhia das Letras de 1986 a 2006", de Teodoro Koracakis, que acompanha detalhadamente o processo de criação da editora e examina a ação do editor, Luiz Schwarcz, que conseguiu unir capital simbólico e econômico, fazendo da editora um negócio rentável e de prestígio.

Em um momento marcado pela presença de grandes editoras, por fusões de empresas e pela entrada de grupos editoriais internacionais no mercado, ampliou-se a presença de pequenas e médias editoras, cujas estratégias de inserção no mercado são apresentadas e analisadas por Marília de Araujo Barcellos, em "As pequenas e médias editoras diante do processo de concentração: oportunidades e nichos".

Um tipo peculiar de editora de médio ou pequeno portes são as universitárias, examinadas no capítulo "Editoras universitárias: academia ou mercado? Reflexões sobre um falso problema", de José Castilho Marques Neto e Flávia Garcia Rosa. Fazendo um retrospecto da relação entre a universidade e o mundo dos impressos, examinam-se os modos de disseminação do conhecimento produzido pela academia na Europa e no Brasil e chega-se a uma reflexão sobre o futuro dos impressos com o desenvolvimento das tecnologias de comunicação em meio eletrônico.

A proliferação de editoras nos últimos anos não parece ser acompanhada, entretanto, por um aumento de tiragens e de vendas, conforme mostra o trabalho de Fábio Sá Earp e George Kornis , "Em queda livre? A economia do livro no Brasil (1995-2006)", capítulo no qual apresentam-se dados relativos à produção de livros e ao faturamento das empresas e salienta-se a enorme participação do governo na compra de livros no país, com destaque para a aquisição de obras didáticas. Assim como Marques Neto e Rosa, os autores realçam a competição entre os livros e os meios eletrônicos de comunicação, que absorvem parcela relevante dos recursos antes destinados à compra de livros.

Se entre o final do século XX e o princípio do século XXI ocorreu significativa queda na comercialização de livros, não se pode esquecer de que, no mesmo período, surgiu um fenômeno de vendas e de público de dimensões até então desconhecidas: a série Harry Potter, criada por J. K. Rowling. Silvia H. S. Borelli apresenta as estratégias editoriais envolvidas na circulação da série no Brasil, na França e na Itália, no capítulo "Campo editorial e mercado: a série Harry Potter", não deixando de lado uma análise da recepção crítica da narrativa.

Finda a primeira parte do livro, com a chegada do século XXI e com as grandes dimensões do mercado; principia a segunda, cuja atenção se volta a leitores, autores e obras, começando com o início do século XVIII, quando a imprensa sequer havia se instalado no Brasil.

Luiz Carlos Villalta e Christianni Cardoso Morais, em "Posse de livros e bibliotecas privadas em Minas Gerais (1714-1874)", analisam inventários *post morten* para identificar a composição das bibliotecas privadas e o perfil de seus possuidores, concluindo que o proprietário de livros em Minas Gerais pertencia à elite econômica e, com frequência, era membro do clero – o que ajuda a entender a predominância dos livros religiosos nas estantes examinadas.

Marisa Midori Deaecto, em "A cidade e os livros: instituições de leitura e comunidades de leitores em São Paulo (1808-1831)", também busca compreender a constituição de bibliotecas entre o final do XVIII e o início do XIX, focando, entretanto, a atenção nas instituições em funcionamento em São Paulo.

No Sul do país, Sandra Jatahy Pesavento flagra a atuação de grupos letrados e o contato com impressos nacionais e estrangeiros, na passagem do século XIX ao XX, em "O que se lia na velha Porto Alegre: do romance da vida para a vida levada como um romance". Acompanhando a movimentação dos homens de letras entre Porto Alegre, Rio de Janeiro e Paris, observa os espaços por eles frequentados e analisa parte da produção ficcional publicada em folhetins nos periódicos locais, inspirada em acontecimentos surpreendentes ocorridos na cidade.

Também nessa região, especificamente em Florianópolis, havia uma vida letrada constituída, desde finais do século XVIII, conforme mostra Felipe Matos, em "Antigos tipos, novos leitores: circulação de cultura letrada e emergência da comunidade de leitores na Ilha de Santa Catarina (Florianópolis, século XIX)". Questionando antigas ideias sobre a ausência de interesse pelos livros, Matos mostra a existência de leitores, livrarias, bibliotecas e tipografias na Ilha do Desterro.

Em meados do século XIX, a imprensa se fazia presente também do outro lado do Brasil, com a chegada em Manaus de uma prensa, com a qual seriam impressos documentos oficiais e os primeiros jornais. Foi a partir daí que cresceu o número de periódicos produzidos na cidade e ampliaram-se as rodas letradas, reunidas em bares e cafés, conforme mostra Maria Luiza Ugarte Pinheiro em "Hileia das letras: periodismo e vida literária em Manaus".

A presença da cultura letrada na região Norte no século XIX é atestada, de maneira eloquente, pela coleção de livros reunidos pelo poeta cearense Eurico Facó, na qual se encontram, ao lado de obras impressas na Europa, entre os séculos XVI e XX, livros dados à luz por editoras e tipografias de diversas províncias brasileiras no início do Oitocentos. Em "Objetos da arte da palavra: livros brasileiros na Coleção *Eurico Facó* (1815-1900)", Giselle Martins Venancio analisa a coleção, observando a origem geográfica dos impressos por ela conservados, bem como apresenta o processo de sua incorporação ao Instituto do Ceará, após a morte de seu proprietário, em 1941.

A expansão do mercado editorial no século XIX fez com que ser escritor se tornasse uma potencial fonte de renda e, em alguns casos, uma profissão. Consequentemente, a questão da propriedade intelectual e do direito autoral tornaram-se de grande relevância, como mostra o capítulo "Privilégios ou direitos? A questão autoral entre intelectuais e homens de Estado no

Brasil do século XIX", de Lúcia Maria Bastos P. Neves e Tania Maria Bessone da Cruz Ferreira.

O desejo de profissionalizar e conferir prestígio ao ofício de escrever foi um dos fatores que animou a criação da Academia Brasileira de Letras (ABL), assim como o propósito correlato de difundir e aprimorar a literatura nacional. O difícil caminho percorrido para dar vida e sustentação à ABL é analisado no capítulo "Academia Brasileira de Letras, patrocínio oficial e concursos literários durante a República Velha", de João Paulo Coelho de Souza Rodrigues, que destaca a complexa convivência dos acadêmicos com o mundo editorial, a imprensa e o Estado.

O prestígio social dos letrados brasileiros se construiu, em grande medida, em associação com o processo de constituição da ideia de nacionalidade brasileira, ocorrido após a Independência. Praticamente ao mesmo tempo, começaram a ser escritas histórias da literatura brasileira que projetavam a ideia de nacionalidade para o chamado período colonial, no qual houve uma prefiguração do Estado nacional. A análise desse processo, que principia no século XIX e prolonga-se pelo século XX, é objeto do capítulo "A nacionalização das letras da América portuguesa durante o romantismo", de Marcello Moreira.

O mundo da leitura não se constituiu, entretanto, apenas pela ação de letrados de destaque e por obras grandiosas. Pelo contrário, os leitores tiveram incontestável relevância nesse processo, como mostram os quatro últimos capítulos deste livro.

Francisca Izabel Pereira Maciel rememora prazeres e angústias suscitados por leituras de infância, destacando o papel da educadora e escritora mineira Lúcia Monteiro Casasanta. Em "As mais belas histórias de Lili em Minas Gerais", ressaltou o sucesso editorial da obra *O livro de Lili*, de Anita Fonseca, discípula de Casasanta, e da coleção por ela coordenada, intitulada *As mais belas histórias*.

Outro grande sucesso de público, a literatura de cordel, é tema do capítulo de Ana Maria de Oliveira Galvão, "Um impresso se populariza: o caso dos folhetos de cordel", no qual folhetos produzidos na primeira metade do século XX são analisados a fim de buscar indícios do público visado. O estudo revela que, embora tenham sido inicialmente vendidos nas casas dos autores ou em livrarias, os folhetos conheceram uma progressiva popularização passando a ser comercializados em ambientes de grande afluxo de pessoas sem conexões com a cultura letrada, como mercados e feiras. Percebe-se o mesmo fenômeno quando se analisa a materialidade dos livretos, cada vez mais simples e menos dispendiosa.

As comunidades leitoras sem grande prestígio social e os impressos ordinários são o foco de Maria Teresa Santos Cunha em "Do erotismo à pornografia: pílulas de comportamento nos livros de bolso de Corín Tellado e Carlos Zéfiro", capítulo no qual, analisando textos e imagens presentes em livros bolso de extraordinária vendagem nas décadas de 1950 e 1960, tornam-se evidentes padrões de comportamentos e atitudes esperados de mulheres e homens.

Por fim, um estudo de Richard Romancini sobre Paulo Coelho analisa as conexões entre o sucesso de vendas e as transformações sócio-históricas do Brasil no final do século XX. Em "Paulo Coelho e seus predecessores: um capítulo da história da leitura no Brasil", o autor brasileiro de maior repercussão de público no século XX não é visto como caso isolado e excepcional, mas como parte de um conjunto de escritores de largo público existente no Brasil desde o século anterior.

Em resumo, todos esses capítulos demonstram o interesse dos brasileiros pela leitura e o desenvolvimento alcançado no mundo editorial nos duzentos anos de existência dos prelos no país. E é para esse fascinante universo que você, leitor, está convidado.

Introdução Impressão Régia: seu significado e suas realizações*

José Mindlin

"O segundo centenário da Impressão Régia vai ser comemorado no ano que vem? Não é possível: parece que foi ontem!" Essa foi minha estranha reação ao ser convidado a escrever estas linhas. Ao procurar a razão dessa estranheza, dei-me conta de que já sou quase centenário e, portanto, estou muito mais próximo da data a ser comemorada do que a maioria dos brasileiros de hoje, que por isso têm menor sensação de antiguidade. Também me dei conta, aliás, de que a própria biblioteca aqui de casa, que comecei a formar em 1927 e que completa oitenta anos este ano, é, pois, quase centenária. Na realidade, podemos, os dois, nos considerar centenários, já que os poucos anos que faltam para ambos nada significam *sub specie aeternitatis*... Assim sendo, vamos tratar dos fatos.

Dentre os muitos benefícios que trouxe a transferência da Corte portuguesa para o Brasil, destaco duas medidas que me parecem da maior importância: a abertura dos portos e a instalação da Impressão Régia, duas janelas que abriram o Brasil para o mundo, do ponto de vista político e cultural. A primeira decisão foi de efeito imediato; a segunda, de resultado um pouco mais tardio, pois a Impressão Régia visou, inicialmente, apenas à publicação dos atos oficiais, mas em curto espaço de tempo passou a publicar obras que abrangeram quase todos os campos do conhecimento.

Na realidade, deixamos de ser colônia e, aos poucos, fomos nos liberando da rigorosa censura da Real Mesa Censória, até chegarmos a 1822. É verdade que herdamos a emaranhada burocracia portuguesa, que passou a

* Texto escrito em 2007.

fazer parte de nossos costumes, mas tudo valeu a pena. A vinda do príncipe regente, futuro dom João VI, apressou o processo de nossa independência, e com isso contraímos uma grande dívida com Napoleão, pois, não fosse a invasão de Portugal por suas tropas, a transferência da Corte não teria acontecido e nossa história teria certamente caminhado mais devagar.

Vamos nos limitar, no entanto, a um breve exame da Impressão Régia. Esta manteve, até 1822, sua função burocrática, mas, como eu disse, ampliou rapidamente seu papel. Visto no contexto em que a Impressão Régia funcionou, seu desempenho foi excepcional e abriu caminho para o desenvolvimento cultural brasileiro, pois proporcionou o surgimento de um número crescente de editores no século XIX. Para se constatar isso, basta ver a *Bibliografia da Impressão Régia do Rio de Janeiro* – cuja publicação consegui promover em homenagem a meu saudoso amigo Rubens Borba de Moraes, o maior estudioso do tema. Pela pesquisa que promoveu, e que vem desde o tempo em que foi diretor da Biblioteca Nacional, na década de 1940, pode-se ver que a Impressão Régia, nos poucos anos de sua existência, publicou, além dos papéis legais (que são 720), pelo menos 1.428 folhetos e livros, alguns de grande porte. A carta de Pero Vaz de Caminha sobre a descoberta do Brasil, que jazia esquecida no Arquivo da Torre do Tombo até o final do século XVIII, só veio a público pela primeira vez em 1817, como parte da *Corografia brazilica*, do padre Ayres do Cazal, publicada pela Impressão Régia.

Como eu disse, a Impressão Régia foi durante décadas objeto de pesquisa de Rubens Borba de Moraes, com colaboração parcial de Ana Maria de Almeida Camargo nos últimos anos da vida dele, quando a saúde não permitia mais que se deslocasse. Rubens, além de fazer suas pesquisas, começou a formar um acervo de publicações da Impressão Régia equivalente ao da Biblioteca Nacional, senão até maior do que este. Em nossa biblioteca há muito menos dessas publicações, pois, de modo geral, eu costumava passar para o Rubens aquelas obras que ele não possuía. Só me lembro de não ter feito isso com um livro pelo qual sempre tive muito carinho: *Aventuras pasmozas do celebre Barão Munkausen*, publicado em 1814 e que, na realidade, é a primeira edição em português dessa obra, pois somente mais tarde foi editado em Portugal. O acervo de Impressão Régia reunido por Rubens, bem como toda a sua biblioteca, nos foi deixado em testamento por nosso querido amigo e foi incorporado à nossa Brasiliana, aguardando o momento de sua transferência para a Universidade de São Paulo, seu destino definitivo.

O principal objetivo destas notas foi salientar a importância, para o Brasil, da instalação da Impressão Régia em 1808. O assunto comportaria, obviamente, um estudo em profundidade, mas, por maior que fosse meu esforço, eu não conseguiria ir além do que revelou Rubens Borba de Moraes no ensaio que serviu de introdução à *Bibliografia da Impressão Régia do Rio de Janeiro*,[1] cuja leitura recomendo com empenho.*

1 "A Impressão Régia do Rio de Janeiro: origens e produção". In: Camargo; Moraes, 1993, v.2, p.XVII-XXXII.

* O artigo de Márcia Abreu "Duzentos anos: os primeiros livros brasileiros", sobre a Impressão Régia do Rio de Janeiro, neste volume, apresenta o estado geral dos conhecimentos sobre o tema. (N.E.)

Parte I

Uma nova história editorial brasileira: editores, tipógrafos e livreiros

1
António Isidoro da Fonseca e frei José Mariano da Conceição Veloso: precursores*

Aníbal Bragança

Para Manuela D. Domingos,
pesquisadora exemplar.

Ao comemorar-se o bicentenário da implantação definitiva da tipografia no país, com a criação da Impressão Régia do Rio de Janeiro em 1808, não devemos esquecer a figura precursora de António Isidoro da Fonseca – que primeiro instalou em terras brasileiras, comprovadamente, uma oficina tipográfica, em 1747,[1] e assim publicou os primeiros livros impressos no Brasil – e a figura notável de frei José Mariano da Conceição Veloso, nascido em Minas Gerais, em 1742, responsável pela Casa Literária do Arco do Cego (1799-1801), que poderá ser considerada a primeira editora brasileira de grande relevância, embora criada em Lisboa.

O primeiro editor-impressor

José Veríssimo, em estudo pioneiro (1900, p.32), apresenta António Isidoro da Fonseca como o "patriarca da imprensa no Brasil". Tal epíteto,

---

* Este trabalho é produto de pesquisa financiada pelo CNPq, do qual foram publicadas outras versões em 2007, 2008 e 2009 (ver bibliografia).

1 Serafim Leite, na *História da Companhia de Jesus no Brasil* (v.VI, 1945, p.26), citado por Dines, 1999, p.81, afirma que haveria no Colégio do Morro do Castelo, no Rio de Janeiro, "alguns trabalhos impressos na própria casa, por volta de 1724, para uso privado do colégio e dos padres". Sobre as discussões em torno de supostas tipografias no Brasil colonial, ver: Martins, 2001, p.299 ss.

entretanto, foi esquecido, talvez por não ter Isidoro deixado aqui uma descendência que lhe pudesse glorificar o nome. Ao contrário, imediatamente após ter notícia da sua oficina e de suas edições no Rio de Janeiro, a Corte expediu, em 10 de maio de 1747, uma Resolução do Conselho Ultramarino e uma Ordem Régia mandando fazer o sequestro de todas as letras de imprensa que fossem encontradas no Estado do Brasil,[2] frustrando a iniciativa pouco tempo depois de encetada.

Laurence Hallewell (2005, p.89) vê a iniciativa de Fonseca com ceticismo, chegando a afirmar ser impossível não "estranhar seu otimismo – ou sua ignorância", afirmando que "não havia [...] qualquer possibilidade de que Isidoro pudesse viver da impressão de livros" no Brasil, calculando que "ele pudesse contar com no máximo 1.250 fregueses em potencial". Entretanto, sabe-se que os editores-impressores não se ocupavam apenas de produzir livros e, sim, destes e de outros impressos (Bragança, 2005). O autor de *O livro no Brasil* considera ainda que é "difícil [...] atinar com a razão pela qual se dispunha [Isidoro] a enterrar-se num lugar que, até pouco tempo antes, não passava de um pequeno posto de defesa, de pouca importância econômica e ainda menor significado cultural" (idem, p.90). A decisão estava voltada para o futuro. Com o apogeu da extração aurífera, a cidade estava em progresso e era possível prever um crescimento muito maior. Em 1763 o Rio de Janeiro seria capital e sede da administração colonial. Além disso, sua mudança para o Brasil certamente está vinculada, conforme apontamos em outro artigo, à vinda do bispo D. António do Desterro Malheyro, que aportou no Rio de Janeiro em 1º de dezembro de 1746, cuja *Relação da Entrada que fez o Excellentissimo e Reverendissimo Senhor D. F. Antonio do Desterro Malheyro, Bispo do Rio de Janeiro, em o primeiro dia deste prezente Anno de 1747, havendo sido seis Annos Bispo do Reyno de Angola, donde por nomiação de Sua Magestade, e Bulla Ponficia, foy promovido para esta Diocesi*, escrita por Luiz Antonio Rosado da Cunha, foi o primeiro livro escrito, editado e impresso em terras brasileiras.[3]

A atuação do impressor-editor Isidoro da Fonseca no Brasil é até hoje um campo pouco explorado por nossos historiadores e menos ainda pelos

---

2 Ler o texto integral em Bragança, 2007, p.2n.

3 Cf. Bragança (2009), que também apresenta brevemente a produção editorial de Isidoro da Fonseca no Rio de Janeiro.

colegas portugueses,[4] embora seja reconhecida sua importância em Lisboa, onde foi editor de grandes nomes, como o de António José da Silva, o Judeu,[5] e do primeiro tomo da *Bibliotheca lusitana* (1741).

No Brasil, o nome do "patriarca de nossa imprensa" tem sido lembrado especialmente no contexto das discussões sobre as possíveis razões da hipertardia implantação da tipografia na América portuguesa mais pela sua interdição que pelo reconhecimento de seu trabalho.[6] A proibição de funcionamento de sua oficina tem servido como motivo para invectivas contra o sistema colonial e contra a metrópole, em produções de intelectuais herdeiros de uma tradição historiográfica de combate, que, em geral, não vão além de uma condenação simplória da política portuguesa para a colônia, como, por exemplo: "O regime de Portugal, por todo o período da colônia, asfixiou a manifestação do pensamento por meio da palavra impressa, sendo responsável pelo atraso do Brasil na montagem de prelos e tipografias" (Bahia, 1972, p.13), a que se segue a referência ao documento de 1747.[7]

Um dos poucos estudos que escapa das armadilhas da historiografia "engajada", a qual critica, é *Sociologia da imprensa brasileira, a implantação* (1973), de José Marques de Melo, que aponta, para explicar a hipertardia "chegada" da tipografia na colônia, a existência de fatores socioculturais e não o "sistema político repressor" metropolitano.[8] Ao contrário, afirma que "não existiu uma legislação expressamente restritiva à instalação de tipografias no Brasil", considerando o texto de 1747, que extinguiu a tipografia de António Isidoro da Fonseca, do Rio de Janeiro, uma ação "isolada de confisco [de] oficina montada sem autorização dos governantes metropoli-

4 Artur Anselmo (1997, p.92), afirma que, com sua primeira oficina, em Lisboa, Fonseca foi um dos dez maiores editores portugueses da "fase esplendorosa" do reinado de D. João V (1707-1750), em "número de obras acabadas".

5 O processo sofrido pelo dramaturgo brasileiro, queimado nas fogueiras da Inquisição em 1739, pode ter sido a razão principal, mas certamente não a única, da vinda do tipógrafo para a colônia.

6 Uma louvável exceção, além dos trabalhos de Moraes, é a pesquisa apresentada na obra de Pacheco (1931).

7 Para um panorama geral das posições "tradicionais" da historiografia brasileira sobre a questão, cf. Melo, 1973, especialmente o cap. III, "Implantação da imprensa no Brasil – Fatores socioculturais que geraram o seu retardamento".

8 Sua tese seria fortalecida, parcialmente, com o trabalho de Hallewell (2005, p.80), que afirma: "Nesse primeiro século e meio de colônia, a administração do Brasil era tão rudimentar e a população tão pequena e espalhada por uma área tão vasta que a indústria da impressão não era administrativamente necessária nem economicamente possível".

tanos" (op. cit., p.97-8), e também que, "na realidade, o governo português não chegou a expedir disposições legais que vedassem taxativamente a instalação e funcionamento de tipografias no Brasil".

Melo, ao apontar a necessidade da "autorização dos governantes metropolitanos", lembra-nos que as atividades das "gentes do livro" foram sempre objeto de regulações pelos poderes, quer o real quer o religioso ou ambos.[9] E mais: há que levar em conta a formação e permanência das corporações de ofícios, que buscavam garantir, diante do poder real e do interesse de outros artesãos ou oficiais mecânicos, os privilégios políticos, sociais e econômicos, e as benesses alcançadas, especialmente diante de concorrentes estrangeiros (cf. Guedes, 1993; Domingos, 2000).

O pesquisador Nireu Cavalcanti (2004, p.145-6) afirma que a iniciativa de Isidoro "provocou imediata reação dos impressores e livreiros das cidades de Lisboa e do Porto", mas que a ordem régia, além de atender "às reivindicações dos impressores de Portugal", visava a manter "o controle sobre a impressão de textos e principalmente resguardava sua política colonial cerceadora do desenvolvimento de indústrias no Brasil, inclusive a indústria gráfica".

Poucos anos depois, em 1754, os livreiros estabelecidos no Rio de Janeiro requereram à metrópole que lhes fosse permitido organizar-se numa corporação, para que pudessem receber os mesmos "privilégios, isenções e liberdades" que gozavam os de Lisboa, submetidos, desde 1733, ao "Regimento do Ofício de Livreiros". Segundo Cavalcanti (2004, p.146), "para instruir o processo, o Conselho Ultramarino solicitou os pareceres dos livreiros de Lisboa e dos vereadores da Câmara do Rio de Janeiro". Como era previsível, para evitar a concorrência, os livreiros foram contrários ao atendimento da reivindicação. E registra também que, "estranhamente, da mesma forma se posicionaram os vereadores, argumentando que o grupo de livreiros da cidade ainda não era suficientemente numeroso para justificar a criação de uma corporação".[10] Entretanto, a reivindicação do "grupo de oficiais livrei-

9 Fernando Guedes (1993, p.14) destaca que já em 1501 ou 1502, alguns anos depois da introdução da imprensa em Portugal, "surge o primeiro arremedo de protecção àquele que custeava uma edição: eram os privilégios reais".

10 Nesse mesmo ano também as corporações em Portugal, com o decreto que criou a Junta de Comércio destes Reinos e seus Domínios, teriam de suportar "os vendavais" do período pombalino (Guedes, 1993, p.80-1).

ros – restauradores, encadernadores e comerciantes de livros" – do Rio de Janeiro indica que a cidade, em meados do século XVIII, já tinha um "promissor mercado específico" (idem, ibidem). Depois de António Isidoro da Fonseca, não houve mais tipografia no Brasil até 1808 (Moraes, 1979, p.70)

Frei Veloso e a Casa Literária do Arco do Cego

Desde as primeiras décadas do século XVIII, o ouro e os diamantes brasileiros foram fundamentais para o equilíbrio da balança comercial da metrópole, que, a partir da assinatura do Tratado de Methuen com a Inglaterra, em 1703, cada vez mais pendia em favor dos ingleses, acentuando a fragilidade econômica portuguesa.

Em 1750, com a ascensão de Pombal como secretário de Estado do Reino de D. José I, a colônia americana passou a ocupar lugar central nos planos de desenvolvimento da riqueza de Portugal e do império lusitano. Dentre as várias medidas tomadas, incluíram-se a criação de companhias monopolistas de comércio e a racionalização da atividade produtiva na colônia, com a determinação de uma "complementaridade" na relação com a metrópole, o estímulo ao aumento e à diversificação da produção agrícola, com a implantação de novos cultivos, além dos tradicionais da cana-de-açúcar e do algodão. A "estratégia do Iluminismo de Estado de Pombal", além de envolver as elites coloniais nos projetos, deveria caracterizar-se por um "claro valor pedagógico em relação a novas formas de produção e circulação de mercadorias", procurando-se criar "uma nova atitude perante a atividade produtiva e as riquezas naturais" (Barboza Filho, 2000, p.378 ss.).

As diretrizes de Pombal foram retomadas, com o fim da "viradeira", pelo ministro nomeado pelo príncipe regente D. João, D. Rodrigo de Sousa Coutinho.[11] Convidado para ocupar o cargo de ministro e secretário de Estado da Marinha e Negócios Ultramarinos, regressou a Portugal e tomou posse em 7 de setembro de 1796, em conjuntura política de "grande agitação, sem precedentes" (Pedreira; Costa, 2008, p.83), tanto internacionalmente

11 Nasceu em Chaves, norte de Portugal, em 1755, de família aristocrática, afilhado de batismo do marquês de Pombal. Cursou o Colégio dos Nobres e a Universidade de Coimbra, iniciando sua carreira diplomática aos 22 anos, como ministro plenipotencário em Turim, onde ficou por quase vinte anos.

quanto em Portugal, onde começaram a delinear-se, no interior do governo, o que viriam a ser considerados os "partidos" inglês (ou "pombalista") e francês (ou da "grande nobreza"), nos quais pontificaram, respectivamente, D. Rodrigo de Sousa Coutinho – futuro conde de Linhares – e o marquês de Ponte de Lima. Além de divergências ideológicas, essa divisão inseria-se no contexto do grande conflito entre as duas maiores potências da Europa.

Frei José Mariano da Conceição Veloso,[12] a convite do vice-rei Luís de Vasconcelos e Sousa, em 1783, iniciou oficialmente seus trabalhos como naturalista. Durante oito anos, em sua *Expedição botânica*, fez várias viagens pela província fluminense, dentre as quais a primeira que se realizou no sul do país, coincidindo com a *Viagem filosófica*, de Alexandre Rodrigues Ferreira (1783 e 1792), destinada à observação da terra, do homem, da flora e da fauna das capitanias do norte. Mesmo sem contar com os recursos daquela, a empresa de frei Veloso chegou a contar com mais de quarenta pessoas (a metade composta de escravos), tendo como colaboradores principais frei Francisco Solano, que desenhava as espécies, e frei Anastácio de Santa Inês, que escrevia as definições científicas. No grupo havia também treze militares, dos quais quatro eram "desenhadores" (Damasceno, 1999, p.19-33).

Após oito anos de trabalho, em 1790, Veloso foi convidado e aceitou acompanhar Luís de Vasconcelos e Sousa, que retornava à Corte. Levou, além dos originais de sua obra *Florae fluminensis*, vasto material museológico contido em "70 caixões" para o Real Museu e Jardim da Ajuda. Nos primeiros anos de permanência em Lisboa, trabalhou nessa instituição e na Academia Real das Ciências de Lisboa

> com as operações museográficas de estudo e classificação de espécies naturais, especializando-se em Ictiologia – domínio no qual utilizava um método taxidérmico inovador – sem deixar de se preocupar com a missão primordial da

---

12 Nascido em São José del Rei, comarca de Rio das Mortes, hoje Tiradentes, na então província de Minas Gerais, em 14 de outubro de 1741 (Stellfeld, 1952, p.7 ss.). Tornou-se franciscano no convento de São Boaventura em Macacú (hoje área do município de Itaboraí-RJ), em 1761. Professou em 1762 e em 1766 foi ordenado no convento de Santo Antônio, no Rio de Janeiro. Em 1771 era docente de Geometria no convento de S. Paulo, onde recebeu o título de confessor. Posteriormente deu lições de História Natural no convento de Santo Antônio. Começou desde cedo a dedicar-se aos estudos de Botânica, tendo transformado a sua cela, no convento, num museu e herbário. Em 1779 foi eleito lente de retórica do convento de S. Paulo (Borgmeier, 1961, p.3 ss.).

sua presença na Corte, o aperfeiçoamento e publicação da *Florae fluminensis*. (Brigola, 2003, p.289 ss.)

Embora tenha sido comparado a Linneo e aos melhores naturalistas europeus, Veloso encontrou enormes dificuldades para publicar sua obra,[13] o que teria sido o motivo que o levou a entrar em crise com a Academia de Ciências de Lisboa, da qual viria a ser excluído em 13 de janeiro de 1798. Segundo Brigola (2003, p.291n.), não há dados que expliquem o desligamento de frei Veloso da Academia Real de Ciências de Lisboa, pois "as próprias Actas não se referem ao episódio". Sugere, no entanto, que tenha decorrido "do processo de impressão da sua obra botânica, que se arrastava desde o decreto real de 9 de julho de 1792, muito mais do que de qualquer desentendimento de carácter científico".

A atividade de Veloso como editor em Lisboa começou com a publicação, em 1793, da obra *Alographia vegetal da potassa mineral ou soda e de seus nitratos*, impressa na Oficina de Simão Tadeu Ferreira. Em 1795, ele encomendou na Oficina Patriarcal a 4ª edição da *Arte da grammatica da língua do Brasil*, de autoria do padre Luís Figueira, bem como a primeira parte de um *Diccionario portuguez e brasiliano*, que saiu anônimo (Leme, 1999, p.78-9).

No mesmo ano de 1796, em que D. Rodrigo assumiu o Ministério, frei Veloso, que continuava a receber benesses reais, publicou o periódico agrário *Paládio Portuguez e Clarim de Palas que annuncia periodicamente os novos descobrimentos e melhoramentos n'agricultura, artes, manufacturas, commercio, & offerecido aos senhores deputados da Real Junta do Commercio*, sendo um dos primeiros jornais dedicados à divulgação de novos conhecimentos de economia agrícola em Portugal, impresso na Oficina Patriarcal (Nunes, 2001, p.67 ss.).

Convidado por D. Rodrigo de Sousa Coutinho, que o acolheu em sua casa, frei Veloso começou a colaborar nos projetos *iluministas* do ministro desde 10 de agosto de 1797.[14] Um ano depois, já estavam sendo impressas

13 Para conhecer as vicissitudes da publicação de *Florae Fluminensis*, que se transformou em verdadeira "saga", cf. Borgmeier (1961).

14 Cf. "Conta ao Il.mº e Ex.mo. Sr. D. Rodrigo de Souza dos *Trabalhos velosianos*, de 10 de Agosto de 1797 a 1798 no Mesmo Dia em um Ano Mandados fazer por S. Ex.ª", apud Leme (1999, p.79).

nos principais tipógrafos de Lisboa brochuras, diretamente redigidas em português ou traduzidas principalmente do francês, de caráter pedagógico e prático, que tratavam, segundo o caso, da cultura de plantas ou a manufatura de produtos os mais diversos. Até 1799, foi muito intensa a atividade de frei Veloso através das tipografias particulares e da Regia Officina Tipográfica de Lisboa. Como apontou Condorcet (1993, p.109), ao se referir aos benefícios da invenção da tipografia: "As luzes se tornavam, de alguma maneira, um objeto de comércio".

Andrée Mansuy-Diniz Silva (2006, p.123) afirma que, "diferentemente das memórias científicas publicadas pela Academia Real das Ciências, que se endereçavam a uma elite, tratavam-se de brochuras de caráter prático e pedagógico, que se dirigiam a um público *médio* de pequenos proprietários, agricultores e artesãos". Ainda segundo a autora de *Portrait d'un homme d'État*, será certamente a questão dos custos que "levará D. Rodrigo a propor um projeto de grande envergadura no qual frei José Mariano terá uma grande responsabilidade" (ibidem). Dessa forma nasceu o estabelecimento complexo que recebeu o nome de Oficina da Casa Literária do Arco do Cego.

Foi um empreendimento editorial que visou à autossuficiência, abarcando várias funções ligadas às artes gráficas, a começar pela tipografia e incluindo uma oficina de calcografia "provida de um corpo autônomo de gravadores, a que se juntou também uma oficina tipoplástica, na qual se produziam seus próprios tipos e mesmo se vendiam a outras tipografias". A maior amplitude nas atividades se expressou nas diferentes e sucessivas denominações que a editora foi recebendo ao longo de sua breve existência: Officina da Casa Litteraria do Arco do Cego, em 1799; Typographia Chalcographica e Litteraria do Arco do Cego, em 1800-1801; e, finalmente, a partir de fevereiro de 1801, Typographia Chalcographica, Typoplastica e Litteraria do Arco do Cego (Leme, 1999, p.80-1).

Segundo o historiador Artur Anselmo (1997a, p.110), "o estabelecimento de frei Mariano Veloso teve uma actividade febril: bem equipado [...], beneficiou-se das vistas largas do ministro e da criatividade industrial do seu director". Anselmo sintetiza:

> Veloso tinha duas preocupações principais: mandar traduzir (sobretudo do francês) o que de melhor se publicava lá fora no campo da divulgação científica

e abastecer o Brasil, seu país natal, de manuais de botânica, agricultura e actividades congêneres, desde a herborização de produtos tropicais (café, cacau, chá, tabaco) à apicultura, aos lacticínios, à construção, à hidráulica e às experiências eléctricas, estas então uma novidade que fazia abrir de espanto a boca dos curiosos. (Ibidem)

Tal editora, segundo Maria de Fátima Nunes e João Carlos Brigola (1999, p.51-75), "nascida de uma vontade política, de um projecto iluminista de operar reformas no Reino", se transformou também "num cadinho intelectual de jovens brasileiros que se encontravam na metrópole e que gravitavam em torno de Mariano Veloso", como Hipólito José da Costa, os irmãos Antonio Carlos e Martim Francisco de Andrade e Silva, José Feliciano Fernandes Pinheiro, Vicente Seabra da Silva, Manuel Rodrigues da Costa, José Ferreira da Silva, José Viegas de Meneses, João Manso Pereira, Manuel Arruda da Câmara e Manuel Jacintho Nogueira da Gama, dos quais muitos trabalharam fazendo "traduções ou edições próprias".[15]

Além da "constelação brasileira", como Maria de Lourdes Viana Lyra definiu o grupo em sua obra *A utopia do poderoso império* (1994, p.83 ss.), frei José Mariano envolveu a comunidade científica formando em torno dele um "centro de arregimentação do saber", no qual se incluiu o poeta Manoel Maria de Barbosa du Bocage, que teve várias traduções publicadas pelo Arco do Cego, além de obras originais. Dedicou a Veloso – "por seu muito devedor, e amigo" – sua última peça, o drama *A virtude laureada*, apresentada no Teatro do Salitre e publicada pela Impressão Régia em dezembro de 1805, pouco antes de falecer.

D. Rodrigo de Sousa Coutinho, talvez o principal defensor da centralidade da colônia americana no império português,[16] incumbiu frei Veloso de

15 José Feliciano Fernandes Pinheiro, visconde de São Leopoldo (1874, p.15), relata em suas *Memórias*: "Encontrando-me um dia com Antonio Carlos, meu patrício e amigo, que igualmente vivia [em Lisboa] desempregado, referiu-me que Manoel Jacintho Nogueira da Gama o convidara a entrar de collaborador em um estabelecimento litterario e typographico, que se ia fundar [...], no sitio denominado Arco do Cego. [...] As vantagens offerecidas eram aposentamento no edifício comprehendendo as despezas de mesa, e sobretudo o conhecimento de nossas habilitações pelo governo: tinhamos por obrigação fazer a traducção das obras que nos designassem".

16 Pelo menos a partir de 1803 Coutinho aconselhará o príncipe a transferir a Corte para o Brasil, argumentando que este, e não Portugal, era a melhor parte do Império (Barboza Filho, 2000, p.424).

> ajuntar e trasladar em português todas as memórias estrangeiras que fossem convenientes aos Estabelecimentos do Brasil, para melhoramento da sua economia rural e das fábricas que dela dependem, pelas quais ajudadas houvessem de sair do atraso e atonia em que actualmente estão e se pusessem ao nível com os das nações nossas vizinhas e rivais no mesmo continente, assim na quantidade como na qualidade dos seus generos e produções,

conforme registra Vellozo no prefácio ao tomo 1, parte I, de *O fazendeiro do Brazil* (1798). A partir daí foi desenvolvido enorme esforço para, a exemplo das "nações cultas e civilizadas", oferecer conhecimentos dos processos técnicos da Nova Agricultura, baseada nos princípios da Filosofia Natural setecentista, aos fazendeiros de todo o império, especialmente da colônia americana. O plano, os investimentos e as ações desenvolvidas pelo governo, por meio do Arco do Cego, poderão ser considerados a primeira ação pública de promoção da leitura e do aperfeiçoamento técnico através do conhecimento veiculado pelo livro impresso em Portugal e no Brasil.

Em todas as edições, como compilador, coordenador e tradutor ou prefaciador, nota-se a prioridade de frei Veloso dada à divulgação científica, sob o lema "Sem livros não há instrucção" (cf. Vellozo, 1800a, p.iv). Segundo Miguel Faria, a vertente lúdica do "instruir deleitando", na qual o recurso à imagem da "facilitação" e do "ornamento" constituíam, juntamente com a "linguagem de fácil entendimento", duas "faces da mesma moeda, caracterizaram o padrão das edições do Arco do Cego". Destaca, ainda, Faria (1999, p.120) que Veloso tinha a preocupação de fazer chegar os livros ao maior número de leitores justificando as traduções "para que nada falte a estes homens uteis, que habitão os campos, e sustentão as Cidades", conforme o Prefácio no livro *Tratado histórico e fysico das abelhas*, de Francisco de Faria e Aragão, publicado no Arco do Cego, em 1800.

No estudo pioneiro e até hoje fundamental sobre o Arco do Cego, Rubens Borba de Moraes (1979, p.76) afirma que "não há assunto útil ao progresso do Brasil que frei Veloso não tivesse abordado"; como

> um grande empreendedor e homem de vistas largas; viu o atraso da Colônia e procurou dar-lhe remédio, o remédio aconselhado pelos cientistas do tempo, fisiocratas e filósofos da Ilustração. Dirigiu a publicação de mais de sessenta obras sem contar as de autoria exclusiva de seus colaboradores diretos. É um

fabuloso esforço editorial quando se levam em conta a época e os poucos anos que durou.

De agosto de 1799 a dezembro de 1801, o Arco do Cego publicou mais de oitenta títulos bibliográficos. Somando-se a este número as edições que, de alguma forma, tiveram participação de frei Veloso, a soma irá a mais de 140 títulos. Muitos outros projetados ou que estavam no prelo quando do encerramento e transferência do Arco do Cego para a Impressão Régia de Lisboa foram aí publicados, mas alguns nunca chegaram a ser editados (Leme, 1999, p.82-3).

Em sua pesquisa nas "raríssimas fontes documentais do gênero hoje conservadas" sobre a "economia da edição" das Oficinas do Arco do Cego, Manuela Domingos (1999, p.91-106) concluiu:

> Projecto megalômano ou generoso? É a questão que fica, conforme o olhar que se tiver sobre uma instituição de cultura, verdadeiramente vocacionada para objectivos dessa natureza, quase nunca directamente *rentáveis*. [...] [frei Veloso] trouxe os temas do Brasil à primeira linha das preocupações culturais da metrópole, forneceu instrumentos de trabalho para o futuro; implantou um bem civilizacional novo, com a expansão, até então nunca vista, da divulgação *viva* pelo auxílio inestimável da imagem, verdadeira marca desses tempos e dos vindouros. [...] Apesar de afastado das Academias Científicas, produziu – sem peias nem censuras dos seus "pares" – tudo ou quase tudo o que projectou. Mesmo se não viu feita realidade a obra da sua vida e ponto mais alto do seu projecto – a *Flora fluminense* –, que o trouxera a Lisboa na última década de Setecentos.

Em nota, acentua ainda Domingos que todas as obras editadas por frei Veloso eram publicadas "por ordem superior", destacando que "nem o Desembargo do Paço nem a própria Academia das Ciências – que tinha Censura privativa – se pronunciaram jamais sobre os seus escritos, pelo menos a título oficial".[17]

17 Este aspecto singular do Arco do Cego no sistema de censura da época, em Portugal, mereceu a atenção do historiador Luiz Carlos Villalta, que a analisou em um artigo em vias de publicação.

Parte da historiografia, especialmente em Portugal, não compreendeu a razão do fim da Casa Literária do Arco do Cego, buscando motivos de gestão, baseados quase sempre em fontes interessadas e certamente comprometidas em desqualificar a grandeza do empreendimento de D. Rodrigo e frei Veloso – o que se pode creditar em boa parte às disputas políticas e, mais ainda, à mágoa ou ao ressentimento, justo ou não, dos que ficaram e sofreram as agruras da ocupação do país, diante da melhor sorte dos que conseguiram abrigar-se nas acolhedoras terras tropicais do Brasil (como foi o caso dos dois grandes responsáveis pelo êxito do Arco do Cego). Ademais, deve-se registrar que esse tipo de crítica foi feito após terem falecido Veloso e Rodrigo, respectivamente, em 1811 e 1812.

Tudo nos indica que, de modo simples, se pode compreender o fim do Arco do Cego, ao menos em seus principais fundamentos: essa editora atendia aos superiores interesses de difusão de ensinamentos técnicos, práticos e artísticos (especialmente de desenho e artes gráficas) de D. Rodrigo de Sousa Coutinho e frei Veloso e a eles, como agentes públicos, estava ligada. Quando o ministro foi promovido a um lugar mais proeminente na estrutura de poder, o de ministro de Negócios da Fazenda e presidente do Real Erário, passando consequentemente a ser o dirigente superior da Régia Oficina Tipográfica, será a ela, como instituição editorial mais representativa do poder central e de maior alcance potencial, que o ministro irá favorecer. Logo após assumir as novas funções, Coutinho promoveu nela uma ampla reforma, transformando-a na Impressão Régia,[18] a qual enriqueceu transferindo para lá todo o acervo material e simbólico do Arco do Cego, acumulado no intenso e extremamente produtivo período de sua existência, encerrando assim a editora vinculada ao antigo ministério, que não mais dirigia. Por outro lado, ratificou sua confiança na atuação de frei Veloso, nomeando-o um dos seus diretores literários, junto com Hipólito José da Costa, além de ter, por decreto, feito comprometer a nova instituição com a continuidade de todos os trabalhos antes desenvolvidos pelo frei na editora que se encerrou.

Assim, aponta o caminho para a compreensão dessa mudança o historiador Diogo Ramada Curto (1999, p.49) quando afirma que "os ritmos

18 Decreto de 7 de dezembro de 1801. *Gazeta de Lisboa*, 30 jan. 1802, segundo suplemento; cf. nota de Rodolfo Garcia apud Varnhagen (1956, t.V, p.30-40).

da instituição reflectem [...] as fases da actividade política do ministro" e que seu fim corresponde "a uma nova posição pessoal de Sousa Coutinho, a quem porventura deixa de interessar a manutenção da oficina enquanto instituição autónoma". Para esse historiador, o Arco do Cego era um "empreendimento do regime", mas no qual D. Rodrigo de Sousa Coutinho "tinha intervenção pessoal e directa pelo interesse que votava aos territórios ultramarinos, nomeadamente ao Brasil, [que também] era preocupação primeira dos 'trabalhos literários' do franciscano".

Rubens Borba de Moraes (1979, p.78-80) aborda um aspecto importante do empreendimento do Arco do Cego, que, parece-nos, merece a atenção do pesquisador, pelas lacunas ainda existentes no conhecimento da área de comercialização, circulação e consumo e recepção de suas edições; "publicar somente esses livros úteis ao progresso da agricultura não era o suficiente para se obter o resultado desejado. Cumpria fazer com que chegassem às mãos dos lavradores". Lembra que foram remetidos para os capitães generais do Brasil "caixotes de livros para ser vendidos por preço barato e até, se fosse o caso, dados de graça aos interessados", mas que "é difícil avaliar-se o resultado que obteve a iniciativa em todo o Brasil", já que "se em algumas capitanias os livros foram bem recebidos, em outras, ao contrário, a iniciativa do governo não alcançou o fim previsto".

As remessas de volumes feitas pelo Arco do Cego para os funcionários e agentes da administração colonial – para que fossem vendidos a todos que, com sua leitura, se pudessem beneficiar – têm sido identificadas com as referências à experiência paulista, então "uma terra pobre e de população dispersa", onde houve dificuldades de encontrar leitores, conforme ficou registrado em correspondência do governador ao ministro Coutinho em 1801.[19] Ela foi apropriada, de forma galhofeira, por Mello Moraes em seu livro *Phytographia ou botânica brazileira aplicada á medicina, ás artes e á industria* (1881), no qual afirma que tais edições, tendo sido "repartidas por varias capitanias, a serem distribuidas pelos fazendeiros, nunca sairam das secretarias dos governos, em modo que se inutilisaram, ou antes foram bem aproveitadas pelos *tres famosos litteratos* que temos, que são Mrs. *Cupin, Tray* e *Bichá*, (isto é, cupim, traça e bicho)".

19 Cf. *Documentos interessantes para a História e costumes de São Paulo*. São Paulo, 1899, v.30, p.37, doc.15.

Ainda que seu êxito de vendas, circulação e leitura não tenha sido grande, os livros foram bem vendidos em Pernambuco e na Bahia, por exemplo. Sua presença tem sido localizada em diferentes regiões do país em várias bibliotecas (cf. Araújo, 1999). Afirma Moraes (1979, p.90) que, se

> os livros editados por frei Veloso não deram os resultados imediatos esperados, como, aliás, não deram na França as publicações feitas pelos fisiocratas, [...] a iniciativa dos brasileiros ilustrados, apoiada e incentivada pelo governo português é prova de que ambos não pouparam nem esforços nem despesas, para espalhar livros úteis e baratos pelo Brasil.

A utilização de funcionários da administração dispersos pela colônia como canais de distribuição faz lembrar o que fez Monteiro Lobato em sua "revolucionária" busca de criar pontos de venda país adentro, por intermédio das indicações das agências do Correio espalhadas pelo Brasil. Embora distintos, em seus respectivos contextos históricos e culturais, empreendimentos em busca do leitor defrontam-se com dificuldades permanentes para fazer chegar os livros a seu público num país grande e de leitura ainda "rarefeita".

Rupturas e continuidades

Não durou muito tempo a atuação benfazeja de d. Rodrigo de Sousa Coutinho à frente do governo do príncipe regente d. João e, consequentemente, também na Impressão Régia. Em agosto de 1803, por pressão do governo francês e do grupo dos alinhados com a sua posição no palco das forças em conflito na Europa, a situação de D. Rodrigo no cargo ficou insustentável. Pedindo demissão, afastou-se e viveu um certo ostracismo durante os anos da pior crise política de Portugal, quando foi obrigado a se confrontar com os interesses das potências em guerra, que cobiçavam o seu território estratégico e suas colônias – especialmente as riquezas do Brasil.

Ao fim de quatro anos, o príncipe regente decidiu seguir para o Brasil com a família real, o séquito, a Corte e alguns escolhidos, como forma de preservar a nação e fortalecê-la, em projeto longamente sonhado de construir um império luso-brasileiro – conforme vinha, muito tempo antes, defendendo Coutinho. Ao chegar, d. Rodrigo é novamente chamado para ocupar o mesmo ministério que inicialmente ocupou no governo do príncipe regente, agora com o nome de Secretaria de Estado da Guerra e Estrangeiros. Uma de suas primeiras providências foi criar a Impressão Régia do Rio de Janeiro, utilizando a tipografia que o anterior ocupante da pasta, seu desafeto, António de Araújo de Azevedo, futuro conde da Barca, havia trazido na nau Meduza, junto com sua imensa e valiosa biblioteca e sua coleção de história natural.

A Impressão Régia do Rio de Janeiro beneficiou-se também dos artistas gráficos formados no Arco do Cego que haviam sido transferidos para a Impressão Régia de Lisboa e que conseguiram vir para o Brasil, alguns inclusive por serem brasileiros de origem (Ferreira, 1994), acompanhando frei José Mariano da Conceição Veloso – que voltou ao Brasil sem ter conseguido ver publicada sua *Florae fluminensis*, o que só viria a acontecer, ainda parcialmente, por iniciativa de D. Pedro I.[20]

Frei Veloso e D. Rodrigo, o Conde de Linhares,[21] faleceram no Rio de Janeiro, em 1811 e 1812, respectivamente. Ambos foram sepultados no convento de Santo Antônio. Seus nomes, juntamente com o de António Isidoro da Fonseca, não poderiam ser esquecidos nas celebrações dos duzentos anos de livros brasileiros.

---

20 Sobre a saga de publicação da obra botânica de frei Veloso, cf. *Florae fluminensis*, 1961.

21 A obra de Coutinho mereceu excelente estudo de Silva (2006). Foi também reeditada no Brasil, em edição facsimilar, a biografia feita pelo Marquez do Funchal (2008). Seus escritos, reunidos e publicados em dois tomos, na Coleção *Clássicos do pensamento econômico português*, pelo Banco de Portugal, em 1993, são fonte indispensável ao pesquisador da história de Portugal e do Brasil colônia.

2
Duzentos anos: os primeiros livros brasileiros

Márcia Abreu

No dia 13 de maio de 1808, encerrou-se um longo período de interdição à publicação de impressos no Brasil, com um decreto assinado pelo príncipe regente dom João instituindo a Impressão Régia no Rio de Janeiro. Durante o século XVIII, houve algumas tentativas de estabelecer tipografias, mas todas malograram.[1] Foi preciso esperar a transferência da família real para a América para que ficasse evidente a impossibilidade de manter a sede da monarquia no Rio de Janeiro sem imprensa.[2] Apesar da inegável

1 Segundo Carlos Rizzini, no início do século XVIII, houve uma pequena oficina instalada no Recife que imprimia letras de câmbio e orações, suprimida pela carta régia de 8 de junho de 1706 que mandava que "não imprimissem nem consentissem que se imprimissem livros ou papéis avulsos" (Rizzini, 1946). A falta de documentos comprobatórios da existência tanto da oficina quanto da carta régia gerou duradoura polêmica sobre a suposta instalação da imprensa em Pernambuco (Martins, 1996; Romancini, 2004). Em 1806, foi publicado em Vila Rica, sem que lá houvesse uma tipografia, um opúsculo intitulado *Canto encomiástico de Diogo Pereira Ribeiro de Vasconcellos*. Para compô-lo, o padre José Joaquim Viegas de Meneses abriu chapas de cobre e utilizou-as para imprimir. [*Uma raridade bibliográfica: o Canto encomiásstico de Diogo Pereira Ribeiro de Vasconcellos impresso pelo padre José Joaquim Viegas de Menezes, em Vila Rica, 1806.* Edição fac-similar com estudo histórico biobibliográfico de Lygia da Fonseca Fernandes da Cunha. Rio de Janeiro: Biblioteca Nacional; São Paulo: Gráfica Brasileira, 1986.] Em 1747, Antonio Isidoro da Fonseca chegou a instalar uma casa tipográfica no Rio de Janeiro, mas foi impedido de prosseguir por ordem régia de 10 de maio de 1747. No mesmo ano, apresentou um requerimento pedindo que o rei suspendesse a proibição e o autorizasse a manter uma tipografia no Rio de Janeiro, o que lhe foi negado em 1750 (Dines, 1999).

2 Antes de se instalar no Brasil, a imprensa já estava presente no Novo Mundo desde longa data. Segundo Alberto Dines, "o Brasil foi o 12º país da América Latina a obter, da respectiva metrópole, o direito de impressão. A primeira oficina do Novo Mundo foi instalada no México, em 1535, e seguiu-se a de Lima, Peru, 1584" (Dines, 1999, p.75). Hallewell traz informações que permitem perceber a progressão da instalação da imprensa nas colônias americanas: Havana (1707), Jamaica (1718), Barbados (1730), Virgínia (1736), Bogotá (1739), Santiago

importância da Impressão Régia, ainda restam consideráveis dúvidas sobre sua produção, bem como sobre os responsáveis pelos primeiros livros brasileiros. Neste volume, que comemora os duzentos anos do estabelecimento da imprensa no Brasil, o texto apresenta dados acerca do funcionamento da primeira casa impressora instalada no país, discorre sobre os livros possivelmente saídos de seus prelos e dá a conhecer os primeiros editores em atividade no Rio de Janeiro.

Instalação e funcionamento da Impressão Régia

Entre a chegada da família real ao Rio de Janeiro, em 8 de março de 1808, e a instalação da imprensa, toda a documentação política e administrativa teve de se processar por meio de manuscritos, o que causava evidente incômodo a alguns, como ocorreu com dom Fernando José de Portugal, por exemplo, que, em informe dirigido a dom Rodrigo de Souza Coutinho, ministro da Guerra e dos Negócios Estrangeiros, ressaltou sua insatisfação, advertindo: "como ainda naõ há Impressão remeto a V. Exª. por copia assinada" o documento de 22 de abril.[3] No mesmo e exato dia em que dom Fernando escrevia essa sutil admoestação, 13 de maio de 1808, dom João oficializava a instalação de uma casa impressora destinada a publicar os papéis oficiais do governo e "todas e quaisquer outras obras".

> Tendo-me constado, que os Prelos, que se achão nesta Capital, erão os destinados para a Secretaria de Estado dos Negocios Estrangeiros, e da Guerra; e Attendendo á necessidade, que há da officina de impressão nestes meus estados: Sou servido, que a caza, onde elles se estabeleceram, sirva interinamente de Impressaõ Régia, onde se imprimaõ exclusivamente toda a Legislação, e papeis diplomaticos, que emanarem de qualquer repartiçaõ do meu Real Serviço; e se possaõ imprimir todas, e quaesquer outras obras; ficando inteiramente pertencendo o seu governo, e administração á mesma Secretaria. Dom Rodrigo de Sousa

do Chile (1748), Quito (1760), Nova Orleans – sob domínio espanhol – (1764), Buenos Aires (1780), Santo Agostinho – Flórida – (1783) (Hallewell, 1985, p.13).

3 Registro de Avisos e Ofícios – notações dos livros da Corte. Série Interior/Gabinete do Ministro. Código do Fundo: A6. Seção de Guarda: Codes. Livro 1. Ano 1808-1809. IJJ-1155, p.39. Arquivo Nacional do Rio de Janeiro. Nas citações foram mantidas a ortografia, a pontuação e a sintaxe originais.

> Coutinho, do meu Conselho de Estado, Ministro, e Secretario dos Negocios Estrangeiros, e da Guerra o tenha assim entendido; e procurará dar ao emprego da officina a maior extensão, e lhe dará todas as Instrucçoens e ordens necessárias, e participará a este respeito a todas as estações o que mais convier ao meu Real serviço. Palácio do Rio de Janeiro, em treze de Maio de mil oito centos, e oito.[4]

Estava criada, por decreto, a Impressão Régia, mas ainda não estava permitido, em caráter geral, o estabelecimento de tipografias, já que cabia "exclusivamente" à casa oficial publicar documentos, papéis e livros, o que lhe garantia o monopólio da impressão no Brasil.[5]

Assim que se estabeleceu a Impressão Régia, foi designada uma comissão para administrar a casa, composta por José Bernardo de Castro, Mariano José Pereira da Fonseca e José da Silva Lisboa, a qual foi encarregada também de examinar todos os papéis e livros que se desejasse publicar. Seu papel era garantir que nenhum atentado à religião, ao governo ou à moral ganhasse forma impressa. Pouco depois, foi nomeada uma junta de censores, composta por: frei Antônio Arrábida, Luís José de Carvalho e Melo, padre João Manzoni e José da Silva Lisboa. Subordinada à Mesa do Desembargo do Paço, deveria submeter a exame os manuscritos que tencionavam chegar aos prelos da Impressão Régia. Dessa forma, separava-se a função administrativa da atividade censória. A partir de 1815, quando a Impressão Régia passou a chamar-se Real Oficina Tipográfica, um quarto nome foi acrescentado à junta diretora: Silvestre Pinheiro Ferreira, que nela permaneceu até o começo de 1820. No mesmo ano de 1815, a administração da casa foi modificada com a entrada de José Saturnino da Costa Pereira no lugar de Mariano José Pereira da Fonseca. Já em 1821, Francisco Vieira Goulart substituiu José Bernardo de Castro, que retornara a Portugal juntamente com dom João VI e parte da Corte. Em 25 de abril de 1821, as Cortes Gerais, Extraordinárias e Constituintes da Nação Portuguesa elaboraram um decreto pelo qual "todos os bens da Coroa de qualquer natureza que sejam pertencem à Nação e se chamarão em consequência bens nacionais" (Cabral, 1998, p.20), razão pela qual, em setembro desse ano, a Real Oficina Tipográfica passou a

4 *Código Brasiliense, ou Colecção das Leis etc promulgadas no Brasil.* Tomo I. Rio de Janeiro, 1811.

5 Em 1811, o monopólio foi suspenso, pela autorização concedida a Manuel Antonio da Silva Serva para que instalasse uma tipografia em Salvador. No Rio de Janeiro, até 1821, a Impressão Régia continuou a ser a única tipografia autorizada a funcionar.

denominar-se Tipografia Nacional, ainda sem nenhuma autonomia em relação às leis e determinações portuguesas. Com a independência do Brasil, recebeu o nome de Imprensa Nacional, o qual mantém até hoje.

Os títulos saídos dos prelos da Impressão Régia[6]

A Impressão Régia do Rio de Janeiro não se limitou a colocar em letra de forma "toda a Legislação e papéis diplomáticos" produzidos pela administração régia, mas prestou-se à impressão de toda sorte de escritos: obras de Belas-letras, de Medicina, de Economia, de Direito, de História e de Teologia, além de periódicos e de livros didáticos. Passados duzentos anos, ainda é pouco segura a identificação do conjunto de obras saídas dos prelos da Impressão Régia, apesar dos esforços realizados por diversos pesquisadores.

O primeiro conjunto de informações sistematizadas sobre a casa foi apresentado por Alfredo do Valle Cabral em *Anais da Imprensa Nacional do Rio de Janeiro (1808-1822)*. Nesse trabalho, publicado em 1881, ele ofereceu inestimável estudo acerca do funcionamento da Impressão Régia e do sistema de censura a ela relacionado, dando a conhecer documentos posteriormente desaparecidos em incêndio ocorrido nos arquivos da Tipografia Nacional (Cabral, 1998). Ele procurou reconstituir o conjunto dos títulos publicados recorrendo a diversas fontes: os registros do acervo da Biblioteca Nacional, os arquivos da Tipografia Nacional e os anúncios de livros publicados em periódicos em circulação na época. Apesar dos esforços, ele mesmo declarou não ter visto todos os exemplares que arrolou e concluiu: "pela dificuldade de não se encontrarem hoje algumas das obras publicadas naquele período, não é trabalho completo" (Cabral, 1998, p.9). Assim, a relação elaborada por Cabral não é, segundo ele mesmo, acabada ou segura. Por exemplo, o primeiro romance mencionado nos *Anais* não foi jamais visto por ele, sendo, portanto, assim indicado:

> DIABO (o) coxo, verdades sonhadas e novelas da outra vida. *Rio de Janeiro, na Impressão Regia,* 1810, 2 v., in...

---

6 Uma discussão acerca das dúvidas relativas aos títulos publicados pela Impressão Régia foi apresentada por Abreu, 2005.

> Indicado no Registro da Biblioteca Nacional e na *Gazeta* de 26 de janeiro de 1811. (Cabral, 1998, p.52)

Está claro que ele jamais teve o livro em mãos, deixando, portanto, incompleto o registro de seu formato ("*in*..."). Não tendo encontrado um exemplar sequer, recorreu aos registros da Biblioteca Nacional, a qual, embora não possuísse mais a obra em seu acervo, conservava as indicações bibliográficas. Isso permitiu que Cabral indicasse a casa impressora, o local e número de volumes. Diligente, ele anotou também o registro do livro em outra de suas fontes: o periódico *Gazeta do Rio de Janeiro*.

Supondo que o anúncio de uma obra veiculado no Rio de Janeiro significasse que sua impressão havia sido feita na cidade, Cabral completava as referências bibliográficas dos títulos localizados em propagandas, anotando, invariavelmente, *Rio de Janeiro, na Impressão Regia* e indicando como data de publicação o ano do anúncio. Utilizando-se desse sistema, ele catalogou, além de *O diabo coxo*, outros 25 romances como tendo sido publicados no Rio de Janeiro entre 1810 e 1822, mas chegou a ver apenas sete deles.

Há pouca sustentação para a hipótese de que toda obra anunciada pudesse ter sido impressa no Rio de Janeiro, sobretudo porque a prática da importação de livros era corriqueira e volumosa.[7] Maria Beatriz Nizza da Silva, no livro *Cultura e sociedade no Rio de Janeiro (1808-1821)*, publicado em 1978, indicou claramente a dificuldade de partilhar do pressuposto de Cabral:

> Ora, há novelas que aparecem na sua lista apenas por indicação da *Gazeta do Rio de Janeiro*, periódico no qual não só são anunciadas as obras publicadas no Rio, como aquelas que eram importadas, o que se presta a uma certa confusão, dado que os livreiros anunciavam por vezes, indiscriminadamente, umas e outras. (Nizza da Silva, 1978b, p.205-6.; 1978b, p.205-6)[8]

7 A respeito dos envios de livros de Portugal para o Brasil no período colonial, ver Abreu, 2003.

8 Anos antes, no artigo "Livro e sociedade no Rio de Janeiro (1808-1821)", Maria Beatriz já havia indicado claramente o "erro" em que incorrera Cabral: "a estrutura do anúncio, repetida em todos os números do periódico [*Gazeta do Rio de Janeiro*], fornece-nos deste modo duas séries paralelas e aparentemente independentes uma da outra: numa os textos publicados na Corte, na outra os livros à venda, que incluíam os importados da metrópole. Não nos teríamos certamente detido neste problema das duas séries, se não fossem elas as responsáveis por certos erros cometidos por Alfredo do Valle Cabral nos *Anais da Imprensa Nacional do Rio de Janeiro (1808-1822)*" (Nizza da Silva, 1973, p.443).

Cautelosa, tomou como publicação da Impressão Régia apenas as obras que pôde ler na Biblioteca Nacional, pois "quanto a essas não existe qualquer dúvida sobre a edição no Rio de Janeiro", e reduziu drasticamente o conjunto de textos ficcionais a apenas quatro.[9]

Suas dúvidas acerca do recurso aos anúncios como fonte para o estabelecimento dos títulos publicados no Brasil são bastante fundadas. Em sua bibliografia, Cabral incluiu, por exemplo, o título *A cadelinha pelo author do Piolho Viajante*, por tê-lo localizado em uma propaganda divulgada na *Gazeta do Rio de Janeiro* de 6 de julho de 1816, embora jamais o tivesse visto. Depois dele, nenhum outro pesquisador foi capaz de encontrar um exemplar da narrativa impresso no Rio de Janeiro. Entretanto, há uma edição publicada pela Viúva Neves e Filhos, em Lisboa, em 1816, mesmo ano em que se veiculou o anúncio.[10] Assim, a propaganda da *Gazeta* muito provavelmente dizia respeito a um livro enviado de Portugal para o Rio de Janeiro, e não a uma obra publicada na cidade, razão pela qual não se localizou nenhum exemplar de *A cadelinha* impresso no Rio de Janeiro.

Situações como essa fizeram com que Maria Beatriz Nizza da Silva decidisse descartar, do conjunto das possíveis publicações da Impressão Régia do Rio de Janeiro arroladas por Cabral, as que tivessem sido publicadas em Portugal na mesma época, acreditando ser "pouco provável que houvesse outra edição carioca dos mesmos textos com um intervalo tão curto, tanto mais que o custo de impressão era superior no Rio" (Nizza da Silva, 1978b, p.206). Tampouco esse é um método seguro para identificar os títulos efetivamente publicados pela Impressão Régia do Rio de Janeiro, pois, embora Nizza da Silva julgasse pouco provável, diversos títulos tiveram edições portuguesa e brasileira em data muito próxima. É o caso, por exemplo, dos livretos *O castigo da prostituição*, *As duas desafortunadas* e *Triste efeito de huma infidelidade*, todos os três publicados no Rio de Janeiro, pela Impressão Régia, em 1815, e pela Impressão Régia de Lisboa, em 1818.[11]

9 Maria Beatriz Nizza da Silva trabalhou com *O castigo da prostituição, As duas desafortunadas, Historia da donzella Theodora e triste effeito de huma infidelidade.*

10 *Novella, ou conto intitulado: Cadelinha pelo author do Piolho Viajante.* Lisboa: Impressão Régia, 1816, p.59. A Biblioteca Nacional de Lisboa guarda um exemplar dessa obra.

11 *O castigo da prostituição.* Novella: Traduzida do francez. Rio de Janeiro: Impressão Régia, 1815. Com Licença. *O castigo da prostituição.* Conto moral traduzido do francez por ***. Lisboa: Impressão Régia, 1818. Com Licença. *As duas desafortunadas.* Novella: traduzida do francez. Rio de Janeiro: Impressão Régia, 1815. Com licença. *As duas desafortunadas.*

Alfredo do Valle Cabral inseriu a obra *O castigo da prostituição* em sua bibliografia sem jamais a ter visto, valendo-se apenas de um anúncio na *Gazeta do Rio de Janeiro* de 24 de janeiro de 1816. Nesse caso, o método conduziu à identificação de um livro realmente dado à luz pela Impressão Régia, uma vez que a publicação lisboeta é posterior. Dessa forma, não seria prudente desconsiderar as obras referidas apenas em anúncios, assim como seria inadequado descartar da lista das possíveis publicações cariocas os títulos saídos dos prelos portugueses em datas próximas.

O esforço para identificação dos títulos publicados pela Impressão Régia do Rio de Janeiro teve continuidade no trabalho de Rubens Borba de Moraes e Ana Maria de Almeida Camargo, que deram prosseguimento às perquirições de Cabral, recolocando em circulação a bibliografia por ele estabelecida e localizando novos títulos.[12] No texto introdutório à valiosa *Bibliografia da Impressão Régia do Rio de Janeiro* (Camargo; Moraes, 1993), publicada em 1993, Ana Maria de Almeida Camargo apresentava o objetivo do trabalho – "atualizar a clássica e rara bibliografia elaborada por Alfredo do Valle Cabral" – e admitia que, no final do século XX, as condições de localização e identificação das obras publicadas pela Impressão Régia eram ainda mais adversas do que haviam sido no final do XIX. Nos cento e poucos anos que separam as duas investigações, o Arquivo da Imprensa Nacional, fonte importante do trabalho de Cabral, foi consumido por um incêndio em 1911, enquanto o acervo da Biblioteca Nacional, surpreendentemente, diminuiu, não contando mais com diversos documentos consultados por Cabral. Apesar das adversidades, os pesquisadores consultaram um conjunto de instituições muito mais amplo do que aquele a que Cabral teve acesso – o que permitiu a localização de livros cuja publicação fora, até então, apenas suposta – e acrescentaram dois novos periódicos ao conjunto de fontes compulsadas: *Diário do Rio de Janeiro* e *Diário Extraordinário do Rio de Janeiro*. Rigorosos, os pesquisadores indicaram a sigla da insti-

Conto moral traduzido do francez por ***. Lisboa: Impressão Régia, 1818. Com Licença. *Triste efeito de huma infidelidade*. Novella: traduzida do francez. Rio de Janeiro: Impressão Régia, 1815. Com licença. *Triste effeito de huma infidelidade. Conto moral traduzido do francez* por ***. Lisboa: Impressão Régia, 1818. Com Licença.

12 Em *O bibliófilo aprendiz*, Rubens Borba de Moraes afirmava: "Valle Cabral arrola 1251 impressos entre 1808 e 1822. Mas há mais. Não muito, mas bastante se incluirmos as Cartas Régias, Alvarás e outras peças oficiais que lhe escaparam e algumas dezenas de folhetos que ele não cita, mas que existem" (Moraes, 1975, p.172).

tuição ou coleção em que foi consultada a obra descrita, mas mantiveram na *Bibliografia* livros indicados por Cabral e jamais vistos. Ana Maria de Almeida Camargo advertia que

> as indicações deram preferência, sempre, às fontes mais dignas de crédito: os próprios *Annaes*, no caso das obras efetivamente vistas ou citadas conforme os registros consultados na Biblioteca Nacional; e as referências feitas por outras bibliotecas e os anúncios de venda na imprensa da época, livres das intervenções a que foram submetidos por Cabral. (Camargo, 1993, p.xv)

Os resultados de suas investigações conduziram a um aumento no número de títulos possivelmente dados à luz no Rio de Janeiro, muito embora se mantivesse a dúvida sobre vários deles.

Rubens Borba de Moraes chamou a atenção para a publicação de Belas-Letras pelos prelos cariocas, afirmando que "na realidade a sua maior produção é de literatura", em cujo interior destacava a produção de obras de ficção (Moraes, 1993, p.xxvii). Às 26 obras ficcionais listadas nos *Anais da Imprensa Nacional do Rio de Janeiro*, Camargo e Moraes acrescentaram outras três, por tê-las identificado em anúncios divulgados em periódicos cariocas, sem que tivessem, entretanto, localizado exemplares que atestassem sua publicação no Rio de Janeiro. Por outro lado, lograram obter o primeiro romance aqui impresso, o qual Cabral não tivera a oportunidade de ter diante dos olhos:

> O primeiro romance que apareceu foi *O DIABO COXO*..., de Lesage. Foi publicado em 1810, em dois pequenos volumes sem nome de autor. Continuam a série duas novelas francesas, as duas obras imortais de Bernardin de Saint-Pierre: *A choupana India*... e *PAULO E VIRGINIA*..., ambas impressas sem nome do autor. As *Cartas de huma peruviana*..., famosa novela epistolar de Madame de Graffigny, continuam a série de obras francesas bem conhecidas. Segue-se uma quantidade de histórias sentimentais com títulos sugestivos. A publicação de romances deve-se à iniciativa de Paulo Martin filho, nosso primeiro editor. (Moraes, 1993, p.xxix)[13]

---

13 As maiúsculas nos títulos fazem parte do original.

O arrolamento de títulos embaralha obras efetivamente localizadas como *Paulo e Virgínia* e *O diabo coxo* – as quais Rubens Borba de Moraes não apenas recuperou, mas teve a sorte de adquirir e incorporar à sua biblioteca[14] – com livros anunciados em periódicos, porém jamais vistos, como *A choupana índia* ou *Cartas de huma peruviana*, mantendo as incertezas existentes nos *Anais*.

O desejo de circunscrever precisamente os títulos publicados pela Impressão Régia animou a pesquisa de Simone Cristina Mendonça de Souza. Em *Primeiras impressões: romances publicados pela Impressão Régia do Rio de Janeiro (1808-1822)*, tese de doutorado defendida em 2007, ela buscou "os títulos em prosa de ficção que efetivamente foram publicados no Rio de Janeiro, eliminando dúvidas que já duravam mais de 100 anos" (Souza, 2007, p.7-8). As condições de realização de seu trabalho foram mais favoráveis do que as encontradas por seus predecessores, pois ela pôde consultar catálogos virtuais das mais importantes bibliotecas mundiais e efetuar buscas em diversas instituições lusitanas e brasileiras.

Com esses recursos, tratou de obter cada um dos títulos de prosa ficcional referidos nos *Anais da Imprensa Nacional do Rio de Janeiro* e na *Bibliografia da Impressão Régia do Rio de Janeiro*. Realizadas as pesquisas, teve em mãos nove obras em cuja folha de rosto se grafara "na Impressão Régia do Rio de Janeiro" e localizou a autorização para impressão de outros três títulos pelos prelos cariocas. Dessa forma, concluiu que a casa não teria dado à luz 26 ou 29 obras, como imaginaram Cabral, Camargo e Moraes, mas apenas 12: *O diabo coxo, verdades sonhadas e novellas de outra vida traduzidas a esta* (1810), *A filósofa por amor ou cartas de dous amantes apaixonados e virtuosos* (1811), *História de dois amantes ou o Templo de Jatab* (1811), *Paulo e Virginia* (1811), *Aventuras pasmozas do célebre barão de Munkausen* (1814), *O castigo da prostituição* (1815), *As duas desafortunadas* (1815), *Historia da donzella Theodora* (1815), *Triste effeito de huma infidelidade* (1815), *Aventuras galantes de dois fidalgos estudantes* (1818), *Leituras para os meninos* (1818) e *Carta escrita pela Senhora de *** rezidente em Constantinopla a huma sua Amiga* (1819).[15]

14 Hoje, os exemplares fazem parte da Biblioteca Guita e José Mindlin, à qual foi integrada a biblioteca de Rubens Borba de Moraes.

15 Além destas, Alfredo do Valle Cabral indicava as seguintes obras de prosa de ficção: "*A Choupana India*, escripta em francez pelo autor de *Paulo* e *Virginia* (o abbade Saint-Pierre),

Resultados como esse indicam a necessidade de rever as estimativas da quantidade geral de obras atribuídas à Impressão Régia, que, nos *Anais* e na *Bibliografia*, superam os mil títulos publicados em pouco mais de 14 anos.[16] Se parece difícil conceber a publicação de cem títulos por ano (o que corresponde ao aparecimento de dois novos livros por semana), é preciso ter cautela antes de cortar pela metade o número de obras produzidas no Rio de Janeiro, estendendo ao conjunto o resultado das investigações de Souza, pois é possível acreditar que ainda venham a ser localizadas outras obras publicadas pela casa, além das identificadas até aqui.

Observando-se com atenção as páginas de rosto de algumas das obras ficcionais dadas à luz pela Impressão Régia, vê-se que várias delas trazem, no rodapé, um pequeno texto advertindo "Vende-se na Loja de Paulo Martin filho" junto com uma pequena série de títulos. Entre o conjunto de obras listadas encontram-se não apenas aquelas localizadas por Simone Cristina Mendonça de Souza, mas também *A choupana índia* (referida na folha de rosto de *História de dois amantes ou o Templo de Jatab* como estando à venda na Loja de Paulo Martin filho por 640 réis) e *Cartas de uma peruviana*

---

e vertida em portuguez. Rio de Janeiro: Impressão Régia, 1811"; "*Cartas de huma peruviana,* traduzidas do francez na lingua portugueza por huma senhora. Rio de Janeiro: Impressão Régia, 1812", tomos I e II; "*O amor offendido, e vingado.* Novella: traduzida do francez. Rio de Janeiro: Impressão Régia, 1815"; "*A boa mãi.* Novella: traduzida do francez. Rio de Janeiro: Impressão Régia, 1815"; "*O Bom marido*"; "*História verdadeira da princeza Magalona, filha del rei de Napoles, e do nobre, e valeroso cavalleiro Pierres Pedro de Proença, e dos muitos trabalhos, e adversidades que passárão, sendo sempre constantes na fé, e virtudes; e como depois reinarão, e acabárão a sua vida virtuosamente no serviço de Deus.* Rio de Janeiro: Impressão Régia, 1815"; "*A infidelidade vingada.* Novella: traduzida do francez. Rio de Janeiro: Impressão Régia, 1815"; "*A má mãi*"; "*Amante militar*"; "*O amigo traidor*"; "*A cadelinha pelo author do Piolho Viajante*"; "*Combate da paixões*"; "*Lausus e Lydia*"; "*Metusko, ou os Polacos*". Ana Maria de Almeida Camargo e Rubens Borba de Moraes repetem os títulos arrolados por Cabral e acrescentam *Renato, Epizodio do Genio do Christianismo, e as Aventuras de Aristonoo,* anunciado no *Diario Extraordinario do Rio de Janeiro* de 4 nov. 1821, e *Cartas americanas,* propagandeado no *Diário do Rio de Janeiro* de 10 jan. de 1822.

Os livros de prosa ficcional saídos dos prelos da Impressão Régia do Rio de Janeiro, assim como boa parte dos atribuídos à casa, estão disponíveis em versão fac-similar no site do projeto Caminhos do romance no Brasil: séculos XVIII e XIX. (Disponível em: <www.caminhosdoromance.iel.unicamp.br>. Acesso em: 15 mai. 2009.)

16 Alfredo do Valle Cabral arrolou 1.251 publicações como tendo sido publicadas pela Impressão Régia do Rio de Janeiro, ao passo que Ana Maria de Almeida Camargo e Rubens Borba de Moraes chegaram a 1.428 títulos.

(anunciada em *Triste efeito de huma infidelidade*, *As duas desafortunadas* e *O Castigo da prostituição* como estando disponível no mesmo local, em dois volumes, por 1$600).[17]

Assim, é possível que Rubens Borba de Moraes tenha tido razão ao reunir *O diabo coxo* e *Paulo e Virginia* com *A choupana índia* e *Cartas de huma peruviana* como obras publicadas pela Impressão Régia, embora nenhum exemplar das duas últimas tenha sido localizado até hoje. Da mesma forma, ainda que nenhum pesquisador contemporâneo tenha obtido nem um exemplar sequer de *O amor offendido, e vingado*, parece seguro que este tenha saído dos prelos cariocas, pois Alfredo do Valle Cabral advertiu que o arquivo da Tipografia Nacional, local onde ele trabalhava, possuía um exemplar desse livro.[18]

Resta apenas a esperança de que arquivos, bibliotecas e alfarrabistas ainda possam guardar alguma boa nova.[19]

---

17 Alfredo do Valle Cabral parece ter chegado a ver alguns livros depois desaparecidos. Ele descreveu minuciosamente a obra "*Cartas de huma peruviana*, traduzidas do francez na lingua portugueza por huma senhora. Rio de Janeiro: Impressão Régia, 1812", descrita como possuindo 2 tomos, in-8, de XVI-129 e 131 páginas numeradas (Cabral, 1998, p.72). Também deu detalhes acerca da forma material de a "História verdadeira da princeza Magalona, filha delrei de Napoles, e do nobre, e valeroso cavalleiro Pierres Pedro de Proença, e dos muitos trabalhos, e adversidades que passárão, sendo sempre constantes na fé, e virtudes; e como depois reinarão, e acabárão a sua vida virtuosamente no serviço de Deus. Rio de Janeiro: Impressão Régia, 1815", caracterizada como sendo "in-4, de 44 p. num", tendo "na folha de rosto, abaixo do título [...] uma gravura em madeira representando a Princesa Magalona" (Cabral, 1998, p.90). Ele também descreveu "*A infidelidade vingada*. Novella: traduzida do francez. Rio de Janeiro: Impressão Régia, 1815" como sendo "in-8, de 18 p. num." (Cabral, 1998, p.91). Essas descrições podem ter sido feitas a partir de exemplares impressos em outras casas, embora, como foi dito, ele costumasse deixar por completar os dados relativos à forma material de livros não localizados, como fez no caso de *O diabo coxo*, aqui comentado.

18 Alfredo do Valle Cabral assinalou *O amor offendido, e vingado* com um asterisco e explicou: "as obras precedidas de um asterisco pertencem ao arquivo da Tipografia Nacional". Infelizmente, o incêndio ocorrido nos arquivos da Tipografia Nacional, em 1911, fez desaparecer o único exemplar até hoje visto por um pesquisador (Cabral, 1998, p.88).

19 A publicação de obras ficcionais pela Impressão Régia do Rio de Janeiro foi também objeto de estudo de Maria Lígia Coelho Prado, que, em *América Latina no século XIX: tramas, telas e textos*, analisou nove obras, sete das quais efetivamente publicadas pela Impressão Régia – *O diabo coxo, História de dois amantes ou o Templo de Jatab, Paulo e Virgínia, O castigo da prostituição, As duas desafortunadas, Historia da donzella Theodora* e *Triste effeito de huma infidelidade* –, além de duas outras – *A choupana índia* e *Cartas de huma peruviana* – não localizadas e estudadas a partir dos originais franceses (Prado, 1999).

Os primeiros editores em atividade no Rio de Janeiro

As dúvidas relativas à atuação da Impressão Régia não se restringem ao estabelecimento do conjunto de títulos saídos de seus prelos, mas incidem também sobre os responsáveis pela seleção dos títulos e pelo financiamento das publicações.

Há alguma certeza sobre a ação de Paulo Augusto Martin (em geral referido como "Paulo Martin filho"), tido como "nosso primeiro editor" (Moraes, 1993, p.xxix). Seu pai publicava obras em Portugal, pelo menos desde 1804, quando submeteu à censura um pedido de autorização para imprimir o "Catalogo de varios *Livros impressos á custa de Paulo Martin*, e de outros q'o mesmo tem em grande numero, com os preços por q' se vendem Encadernados na sua Loja de fronte do Chafariz do Loreto, nº 6" [grifo nosso],[20] no qual arrolava 143 obras de assuntos tão variados como Medicina, Religião, Química ou Belas-Letras.

No Rio de Janeiro, tão logo se tornou possível imprimir, os filhos de Martin, Paulo Augusto e João José, também se dedicaram a essa atividade, como se vê em catálogos que indicam obras impressas na cidade "*á custa de Paulo Martin filho*". Apenas dois anos após o início do funcionamento da Impressão Régia, já se anunciavam, no *Catalogo dos folhetos impressos á custa de Paulo Martin filho,* 24 títulos dados à luz por sua iniciativa.[21] No ano seguinte, em 1811, retomava-se a publicidade, divulgando-se um "Catálogo de algumas obras que se achão na loja de Paulo Martin filho rua da Quitanda nº 34", no qual se ofereciam 35 títulos.[22]

O ritmo de crescimento no número de publicações é impressionante. Se em 1810 o catálogo advertia que, além das 24 obras anunciadas, havia outras quatro no prelo, meses depois elas não só já estavam disponíveis

20 RMC – ANTT – Caixa 53 – [1804 – nov. – 24].

21 *Catalogo dos folhetos impressos á custa de Paulo Martin filho, que se achão na sua Loja na Rua da Quitanda nº 34.* Impresso no final de *O Plutarco Revolucionario, na parte que contem as Vidas de Madama Buonaparte e outros desta familia.* Traduzido do inglês. Rio de Janeiro: Impressão Régia, 1810. Com licença de S.A.R. O catálogo está transcrito em Nizza da Silva, M. B. *Cultura no Brasil colônia.* Petrópolis: Vozes, 1981. p.147-8.

22 Inserido em *Paulo e Virgínia,* depois de "Advertência do auctor". Ver: *Paulo e Virgínia, história fundada em factos.* Traduzida em vulgar. Nova edição. Rio de Janeiro: Impressão Régia, 1811. Com licença de S.A.R. Disponível no site do projeto Caminhos do romance no Brasil: séculos XVIII e XIX. (Disponível em: <www.caminhosdoromance.iel.unicamp.br>. Acesso em: 15 mai. 2009.)

como haviam surgido 15 novos títulos. Não é pouca coisa, tendo em vista a constante ocupação dos prelos com a impressão de documentos oficiais e o tempo necessário para obter as licenças de impressão expedidas pelo Ordinário e pelo Desembargo do Paço, o qual examinava cada texto duas vezes, primeiramente em manuscrito, autorizando a impressão e, em seguida, na versão impressa a fim de liberar a circulação da obra, que só então poderia ser anunciada e vendida.

Não se pode considerar os Martin como editores dos 43 títulos anunciados em 1811, haja vista a inclusão do *Almanak da Corte* no rol. Mas é bastante provável que a maior parte das obras listadas tenha sido produzida por sua iniciativa, pois praticamente todos os títulos anunciados em 1810 são novamente mencionados, além de se fazer referência a obras como *O diabo coxo* e *A choupana índia*, cuja edição foi associada à "Loja de Paulo Martin filho" em folhas de rosto de diversas obras. Embora a produção de mais de quarenta títulos em três anos seja bastante significativa, ela não esgota o leque de publicações feitas a expensas dos Martin, pois nenhum dos dois catálogos menciona *A filósofa por amor* e *História de dois amantes ou o Templo de Jatab*, ambos de 1811 e indicados como sendo de responsabilidade da casa Paulo Martin em sua página de rosto, nem tampouco inclui *Paulo e Virgínia*, livro no interior do qual foi publicado o *Catálogo*.

No curto período que medeia a divulgação das duas listagens de livros, ao mesmo tempo que a quantidade de títulos aumenta, deixam de ser mencionadas sete obras – *Discurso relativo ao estado presente de Portugal*. 480; *Ode á Restauração de Portugal*. 160; *Ode Offerecida ao Principe Regente N.S. pela gloriosa Restauração de Portugal*. 160; *O Verdadeiro valor Militar*. 160; *Sonho de Napoleão*. 160; *Reflexões sobre a Invazão dos Francezes em Portugal* por 800; e *Obras completas de José Acurcio das Neves os folhetos*. 3600 – permitindo supor que já tivessem se esgotado. Essa hipótese ganha força quando se considera o preço extremamente reduzido de algumas delas, que não deviam passar de folhetos. Nesse momento, um número avulso da *Gazeta do Rio de Janeiro* custava 80 réis, de modo que o preço das mais baratas equivalia ao valor de dois exemplares do jornal, ao passo que as mais caras não ultrapassavam o custo de dez números do periódico. A exceção seriam as *Obras completas de José Acurcio das Neves os folhetos*. 3600. O catálogo oferece diversas obras desse autor, que vieram a ser conhecidas como "Obras patrióticas" – um conjunto de opúsculos destinados a estimular a reação contra os franceses. Provavelmente é a esse grupo de escritos, e não a um livro, que se refere a indicação, sobretudo pela designação "os folhetos", feita após o nome do autor. Assim, o que poderia estar sendo oferecido em 1810 seria o conjunto de escritos patrióticos de Acúrcio, de modo que, se os folhetos tiverem se esgotado, a oferta do conjunto deixa de ter sentido, em 1811.

Muito provavelmente, os opúsculos anunciados eram vendidos rápido, pois, além de terem preço acessível, tratavam de assunto de grande interesse no momento: as invasões francesas e a guerra peninsular. A curiosidade pelo tema fica patente no fato de um dos escritos de Acúrcio – *Manifesto da Rezão contra a (sic) usurpações Francezas por José Acurcio das Neves* por 640 –, anunciado em 1810 por Martin como tendo sido impresso à sua custa no Rio de Janeiro, ter tido uma edição lisboeta em 1808,[23] repetindo a situação observada na publicação de romances, que, em curto intervalo de tempo, ganhavam edições brasileiras e portuguesas.

A casa Martin, entretanto, não investiu apenas na publicação de livretos, conforme se costuma pensar. Além de mandar imprimir "romances, novelas, folhetos políticos, poemas, orações fúnebres" (Moraes, 1975, p.173), ocupava-se, também, de obras volumosas e de incontestável importância para as Letras, como *Marília de Dirceu*, de Tomás Antônio Gonzaga, impresso em 1810 no Rio de Janeiro por iniciativa de Martin, em três volumes, ou como *Ensaio sobre a crítica*, de Alexander Pope, saído à luz no mesmo ano e anunciado no catálogo inserto em *Paulo e Virgínia* em 1811.

Infelizmente, os pedidos de autorização para imprimir os títulos anunciados como tendo sido publicados por Martin não foram conservados nos arquivos do Desembargo do Paço, que registram o nome de Paulo Martin como responsável por vinte solicitações de licença de impressão, submetidas entre 1817 e 1821,[24] requerendo autorização para imprimir matéria tão

---

23 *Manifesto da razão contra as usurpações francezas. Offerecida á nação portugueza, aos soberanos, e aos povos.* Por José Accursio das Neves. Lisboa: Of. de Simão Thaddeo Ferreira, 1808. E *Manifesto da razão contra as usurpações francezas offerecido á nação portugueza, aos soberanos e aos povos* por José Acursio das Neves. Rio de Janeiro: Impressão Régia, 1809. A Biblioteca Nacional do Rio de Janeiro conserva as duas edições.

24 Mesa do Desembargo do Paço – Licenças. Código do Fundo: 4K. Seção de guarda: codes sde. Caixa 821 (antiga 171), pacote 03, doc. 39. Arquivo Nacional do Rio de Janeiro. Os pedidos de autorização para imprimir e para fazer entrar livros no Brasil, conservados pelo Arquivo Nacional do Rio de Janeiro, foram estudados por Abreu, 2003; Algranti, 2004; Neves; Ferreira, 1989; Neves, 1992.

variada quanto "Noticia historica da vida e das obras de Jozé Hayde, Doutor em Música", "Sinaes evidentes sobre a Vinda do AntiChristo", "Jornal para uzo do Charope Anti-Siphilitico de Boyreau Laffecteur", "Condições da Companhia de Seguro = Probidade =", "Novo Epitome de Gramatica Latina", "Oração Funebre q' nas solemnes Exequias da Muito Alta, Muito Poderoza Rainha Fidedelissima D. Maria Primeira, recitou no Rio das Mortes, o Pe. Manoel Joaqum. Ribeiro", "Instruções sobre os Contheudos necessarios a hum Official", "O Balão aos habitantes da lua", "Aventuras galantes de dois Fidalgos Estudantes", além de pedidos para imprimir indecifráveis "*obras* juntas", "*um manuscrito*", "o *folheto* incluso", "o *original* incluso" etc.

Os pedidos feitos em nome de Paulo Martin ao Desembargo do Paço deixam clara a multiplicidade de funções desempenhadas por Paulo Augusto (e, possivelmente, também por seu irmão João José) no Rio de Janeiro. Em alguns casos sua ação parece restrita à tramitação dos papéis nos órgãos de censura e, eventualmente, nos prelos da Impressão Régia, como deve ter ocorrido quando da publicação das "Condições da Companhia de Seguro = Probidade =", cuja edição, que traz as normas de funcionamento da companhia, deve ter sido decidida e financiada pela própria Companhia Probidade.[25] Nesses casos, os Martin desempenhavam atividades próximas das realizadas por proprietários de tipografias, pois não se responsabilizavam pela seleção e comercialização do texto.[26]

25 O Arquivo Nacional conserva dois exemplares impressos dessas "Condições...", nos quais sequer consta o nome de Paulo Martin, havendo apenas, na última página do impresso, a indicação: "RIO DE JANEIRO. NA IMPRESSÃO REGIA. 1817. *Com licença da Meza do Desembargo do Paço*". Nesse caso, ele provavelmente atuou como intermediário entre a Companhia de Seguro e a Mesa do Desembargo do Paço, tendo, eventualmente, acompanhado sua impressão.

26 Aníbal Bragança estabelece "três tipos básicos" de editor: "o impressor-editor, o livreiro editor e o editor pleno ou independente". O primeiro deles, ligado mais diretamente às atividades tipográficas, seleciona os livros a editar, cuida da obtenção das licenças e dos privilégios previstos nas leis, encarrega-se de sua composição e impressão, assim como de sua venda. O segundo tipo, mais distante da tipografia e mais próximo da livraria, também se encarrega da seleção dos títulos, da obtenção de licenças e privilégios e da venda, mas não se envolve diretamente na composição e impressão dos exemplares, arcando apenas com os gastos decorrentes. O terceiro tipo volta-se, sobretudo, para a seleção de originais e para o financiamento de sua impressão. Segundo Bragança, o mundo editorial caracterizava-se por ações do primeiro tipo até meados do século XVI. O segundo tipo predominou entre 1550 e 1850, quando passaram a ter destaque as ações do terceiro tipo. Paulo Martin seria um "livreiro editor" como os caracterizados por Bragança, embora desenvolvesse também atividades não previstas na tipologia estabelecida, cuidando

Em outros casos Martin parece ter atuado como editor, selecionando o título, acompanhando a tramitação das licenças e financiando a impressão. Assim como ocorria na Europa, onde, até meados do século XIX, a maior parte dos editores era também livreiro, os Martin desempenhavam as duas funções em ambos os lados do Atlântico, tomando decisões sobre as obras a ser publicadas e responsabilizando-se por todos os trâmites necessários para que elas se transformassem em livros, postos à venda em suas livrarias e na de seus colegas. Em Lisboa, Paulo Martin, o pai, também desempenhava a dupla função de editor e de livreiro, comercializando não apenas as obras dadas à luz por ele e por outros em Portugal, mas também aquelas saídas dos prelos cariocas por iniciativa de seus filhos.

Em 1812, ele solicitou ao Desembargo do Paço de Lisboa autorização para imprimir e colocar em circulação o "Catalogo das Obras *impressas no Rio de Janeiro* e que se achaõ de *venda em Lisboa*, na loja de Paulo Martin e filhos, nº 6 defronte do Chafariz do Loreto" [grifo nosso],[27] no qual anunciava 45 livros impressos no Brasil, compondo um rol de obras de Direito, Geografia, Medicina, Matemática, Economia, Agricultura, Biologia e Belas-Letras, das quais três estavam presentes no catálogo dado à luz por seu filho, no Rio de Janeiro, no ano anterior. Martin revelou tino na seleção do material a ser anunciado, o qual incluía primeiras edições, títulos esgotados e obras de sucesso e mostrava uma eficiência dos prelos cariocas e uma competitividade de suas produções jamais suposta. No mesmo ano, os Martin fizeram circular um anúncio na *Gazeta de Lisboa* em que indicavam:

> Sahírão á luz, impressas no Rio de Janeiro, as seguintes obras: Henriada Poema Epico de Voltaire, traduzido por Thomaz de Aquino Bello e Freitas, 2 tomos em 12.°; Encomio Poetico ao Illmo. e Excmo. Conde d'Arcos, sendo eleito Governador e Capitão General da Bahia, folheto em 8º, ambos se achão de venda na loja de Paulo Martin e filhos, nº 6, defronte do chafariz do Loreto.[28]

dos trâmites legais e, possivelmente, do acompanhamento da impressão de obras que não eram selecionadas, custeadas ou comercializadas por ele (Bragança, 2002, p.57-83).

27 O manuscrito obteve autorização de impressão em 17 de outubro de 1812 e autorização para circular em 27 de outubro de 1812. RMC – IAN/TT – Caixa 72. O catálogo está transcrito em Abreu, 2005.

28 *Gazeta de Lisboa*, Lisboa, 31 dez. 1812. Agradeço a Simone Cristina Mendonça de Souza que, gentilmente, concedeu-me uma cópia desse anúncio.

Se o Catálogo de 1812 e o anúncio publicado na *Gazeta de Lisboa* não trazem novidades sobre os títulos impressos no Rio de Janeiro,[29] têm forte impacto sobre a avaliação das atividades da Impressão Régia e sobre as relações livreiras entre Portugal e Brasil, revelando a atenção despertada, na Europa, pelos livros produzidos na América. Há, entre as obras transportadas, publicações de interesse político-administrativo, como o "Codigo Brasiliense, ou Collecçaõ das Leys, Alvarás, Decretos, Cartas Regias &c. promulgadas no Brasil desde a feliz chegada do Principe Regente N. S. áquelles Estados", o qual seguramente não foi produzido à expensa dos Martin ou por sua solicitação. Entretanto, são remetidas também obras impressas "á custa de Paulo Martin filho", anunciadas em seu catálogo de 1810, como "Improvisos de Bocage na sua mui perigosa enfermidade, dedicados aos seos bons amigos. 1810 em 8º". Trata-se de reimpressão de obra saída dos prelos da Impressão Régia de Lisboa em 1805, talvez sob os auspícios de Paulo Martin, pai, e que seguramente se encontrava esgotada, justificando a realização de nova impressão no Rio de Janeiro e seu envio para venda em Lisboa. É possível que eles tenham sido responsáveis também por outros impressos relacionados no rol de livros a ser vendidos em Lisboa, uma vez que haviam sido incluídos no catálogo publicado no Rio de Janeiro em 1811: "Ensaio sobre a Critica de Alex. Pope, traduzido em Portuguez pelo Ex$^{\underline{mo}}$ Conde de Aguiar, com notas do traductor e o texto Inglez ao lado. 1810 em 8º" e "Elogio do Ill$^{\underline{mo}}$ e Ex$^{\underline{mo}}$ Senhor Sebastião Jozé de Carvalho e Mello, Marquez de Pombal. 1811 em 4º" É provável que Martin fosse responsável também pela edição carioca das "Obras Poeticas de Pedro Antonio Correa Garçaõ. 1812 em 8º 2 tom.", pois o livro traz, na última página, a informação "Vende-se em Casa de Paulo Martin Filho, na Rua da Quitan-

29 Todos os livros incluídos no catálogo constam da bibliografia preparada por Ana Maria Camargo e Rubens Borba de Moraes (as obras se encontram na bibliografia final do livro). Há apenas uma pequena diferença no modo de se referir a "Memoria sobre as Quinas, e Ensaio da Brasiliense pelo Dr. Antonio Jozé das Neves Mello. 1811 em 8º" citada por Paulo Martin. Na *Bibliografia da Impressão Régia do Rio de Janeiro* o livro é mencionado como: "Optimo celsissimo ac potentissimo principi Portugalliae regenti litterarum protectori munificentissimo has circa stipae-arenariae aristam, atque cinchonam brasiliensem, et alias, observationes etc. D. Antonius Josephus das Neves Mello &". Segundo informação dos autores, "Cabral descreve o folheto como 'in 8º gr. de 14 pp. num.' e informa que a memória acerca da quina, em Língua Portuguesa, traz por título 'Memória sobre as Quinas; e Ensaio da Brasiliense, remettida pelo Principe Regente Nosso Senhor para o uso dos Hospitaes deste Reino', ocupando as páginas 6-12; seguem-se as 'Ephemerides botanicae'" (p.85-6).

da nº 34". Essa é a segunda edição da obra, também possivelmente esgotada em Lisboa, razão pela qual Martin, pai, julgou que teria boa aceitação em Portugal. Reforça essa hipótese o fato de a terceira edição, produzida pela Impressão Régia de Lisboa, em 1825, ter sido "feita á custa dos livreiros Martin & Irmão, estabelecidos por esse tempo na rua das Portas de Sancta Catharina" (Silva, 2001).

A partir da instalação da Impressão Régia no Rio de Janeiro, coube aos moradores de Lisboa ter de esperar para receber e ler obras impressas do outro lado do Atlântico, invertendo uma condição secular, que forçava os habitantes do Brasil a aguardar pelos impressos produzidos na Europa. O interesse do livreiro lisboeta em fazer, transportar e vender títulos dados à luz no Rio de Janeiro revela que os livros saídos dos prelos cariocas pareciam atrativos, mesmo para aqueles que tinham à disposição diversas tipografias e casas impressoras, como era o caso dos que viviam em Lisboa.

Geralmente, considera-se que as obras saídas dos prelos da Impressão Régia deixavam a desejar do ponto de vista econômico, devido aos custos da impressão, muito mais elevados do que os praticados em Portugal.[30] Efetivamente, os livros eram muito mais caros no Rio de Janeiro do que em Lisboa. Basta ver os preços anunciados no "Catalogo de alguns Livros que ha para vender brochados em Casa do Editor F. B. O. de M. Mechas, Mercador de Livros no Largo do Caes do Sodré, N. 3. A.", inserido, em 1819, nas páginas finais de *O honrado negociante*, publicado em Lisboa,[31] em comparação com os preços praticados no Rio de Janeiro na mesma época. Enquanto, em Portugal, a obra "Vida do Grande Filosofo Abeilard, e de sua Esposa Heloiza. em 8. 1818. br." saía por 200 réis, no Rio de Janeiro, em 1818, era anunciada por 960 réis.[32] Já "O Castigo da Prostituiçaõ. Obra Moral de Young, em 8. 1819. br." poderia ser adquirida, em Lisboa, por 120 réis e,

30 Laurence Hallewell afirma que Manuel Antonio da Silva Serva "fez várias viagens ao Rio para obter encomendas. Como os preços cobrados pela Impressão Régia eram escandalosamente altos, tornava-se fácil conseguir tais encomendas" (Hallewell, 1985, p.60). Maria Beatriz Nizza da Silva diz: "quanto ao custo da impressão, sabemos pela correspondência de Luís dos Santos Marrocos que no Rio de Janeiro era mais elevado do que em Lisboa ou na Bahia" (Nizza da Silva, 1979, p.25).

31 Marmontel. *O Honrado Negociante*, Novella de... Parte I. Lisboa: Typografia Rollandiana, 1819. Com licença da Meza do Desembargo do Paço.

32 *Gazeta do Rio de Janeiro*, Rio de Janeiro, 8 jul. 1818.

no Rio de Janeiro, por 330 réis.[33] Na mesma data, o livreto "A Infidelidade Vingada. Conto Moral, em 8. 1819. br.", vendido, em Lisboa, por 80 réis, custava exatamente o dobro no Rio de Janeiro (160 réis).[34] É bem conhecido o comentário do bibliotecário luso Luis dos Santos Marrocos a propósito dos altos preços praticados pela Impressão Régia do Rio de Janeiro:

> Não pode aqui imprimir-se cousa alguma; [...] Tem-me por isso lembrado q.^{e} faria aqui negocio Simão Thaddeo, se fizesse aqui estabellecer seu Irmão com hum bom Preto, pelos preços commodos dahi, ou pouca differença, só p.^{a} deitar por terra este ladrão de Impr.^{am} Regia: em fim o preço ordinario das Folhinhas d'algibeira he de 320 r.^{s} e hũ Livreiro Encadernador, q.^{e} faz dellas hũ famoso monopolio; as vende por fim a 1$600 r.^{s} Varios Negociantes p.^{a} fazerem publicas as suas fazendas p.^{a} os Leilões do estilo, mandão á Bahia imprimir as suas Listas, pois lhes não convém fazer estes gastos ridiculos.[35]

Se é verdade que os preços lisboetas eram inferiores aos cariocas, ainda assim é preciso ter cautela antes de concordar com as ideias de Marrocos, pois os "preços commodos" praticados em Lisboa não eram transferidos para o Rio de Janeiro quando os mesmos livros lá impressos eram aqui vendidos, como se vê, por exemplo, no anúncio das *Novellas, vindas proximamente de Lisboa,* em que se anunciam livretos como "*Amante Militar,* 1 vol." e "*Amigos Rivaes,* 1. vol." por 960 cada,[36] preço muito superior ao praticado em Portugal e, até mesmo, ao cobrado por livretos semelhantes impressos na Impressão Régia do Rio de Janeiro. Da mesma forma, não deviam fazer muito bom negócio aqueles que, conforme indicou Marrocos, encomendavam serviços na tipografia baiana. Basta ver que o único romance produzido na Bahia – *Atala,* de Chateaubriand – era comercializado no Rio de Janeiro por preço semelhante ao de publicações cariocas e exatamente idêntico ao que se cobrava por obras impressas em Lisboa, como se percebe no anúncio, publicado na *Gazeta do Rio de Janeiro,* oferecendo "*Atala*

33 Ibidem, 26 fev. 1817.

34 Ibidem, 26 fev. 1817.

35 Carta 9, 16 nov. 1811, p.47-8. *Anais da Biblioteca Nacional;* Cartas de Luiz Joaquim dos Santos Marrocos, escritas do Rio de Janeiro à sua família em Lisboa, de 1811 a 1821. Rio de Janeiro: Serviço Gráfico do Ministério da Educação, 1939. v.56, p.1934.

36 *Gazeta do Rio de Janeiro,* Rio de Janeiro, 4 jun. 1817.

ou os Amores de Dois Selvagens, no deserto, traduzida do celebre Chateaubriand do Francez em Portuguez, um volume nitida impressão e lindamente encadernado por 960".[37] Não se deve, portanto, atribuir o elevado preço dos livros no Rio de Janeiro apenas aos custos tipográficos cobrados pela Impressão Régia.

Mesmo custando caro, as publicações cariocas pareceram interessantes para o experiente livreiro europeu Paulo Martin, que considerou vantajoso importá-las, ainda que tivesse de pedir autorização à censura, transportar os livros pelo Atlântico e liberá-los na alfândega lisboeta, antes de poder colocá-los à venda. Talvez seu interesse viesse do fato de os títulos não estarem disponíveis em Portugal ou se devesse à reconhecida qualidade tipográfica dos impressos dados à luz no Rio de Janeiro.[38] De qualquer forma, a remessa de livros produzidos no Brasil para ser vendidos em Lisboa revela a perspicácia dos Martin, que eram capazes de tirar proveito das melhores condições, fosse como livreiros, fosse como editores.

Outros trilhavam o caminho inverso, mandando imprimir obras fora do Reino para tentar vendê-las no Rio de Janeiro. Era o que fazia o francês Pierre Constant Dalbin, que, em 1818, divulgou um "Catálogo de alguns livros *impressos à custa* de P. C. Dalbin e C^{a}, e outros, que o mesmo tem em grande numero, em Rio de Janeiro", apenso ao livro *Vida de D. João de Castro*, de Jacinto Freire de Andrade, dado à luz "em Paris, na officina de J. Smith", no qual anunciava obras em português, ao lado de outras em inglês, italiano e espanhol [grifo nosso] (Moraes, 2006, p.53).

Enquanto os Martin utilizavam os prelos da Impressão Régia para publicar obras que, conforme acreditavam, teriam boa aceitação tanto no

---

37 *Gazeta do Rio de Janeiro*, 13 mar. 1819. O romance de Chateaubriand foi publicado em Salvador por Silva Serva: *Atala ou os amores de dous selvagens no deserto*, por Francisco Augusto Chateaubriand, traduzido na linguagem portugueza por ***. Bahia: Typographia de Manoel Antonio da Silva Serva, 1819, 197 páginas. O livro é conservado pela Biblioteca Nacional de Lisboa. Segundo Renato Berbert de Castro, a biblioteca de Rubens Borba de Moraes também possuía um exemplar (Castro, 1968, p.161-2).

38 Rubens Borba de Moraes era um entusiasta dos trabalhos produzidos pela Impressão Régia do Rio de Janeiro: "Sob o ponto de vista tipográfico, não há a menor dúvida de que os impressores de hoje teriam muito o que aprender, vendo os livros e folhetos da Imprensa Régia. Esses compositores anônimos, vindos de Portugal, conheciam o *métier*. Eram mestres. Sabiam escolher tipos, paginar, compor uma página de rosto. Com poucos recursos obtinham efeitos admiráveis. Certas obras impressas nessa época são obras-primas de tipografia. Nunca mais se fez coisa igual no Brasil" (Moraes, 1975, p.175).

Brasil quanto em Portugal, Dalbin recorria a tipografias parisienses com a mesma finalidade. Tanto ele quanto os Martin agiam como editores em busca das melhores condições de impressão para os livros que davam à luz. Difícil era conseguir autorização para entrar no Rio de Janeiro com as obras em português impressas na França, como logo percebeu Dalbin, que, entre 1818 e 1822, teve vários dissabores com a censura.[39]

Livros impressos na França, como todos sabiam, não estavam sujeitos a exame prévio no país, razão pela qual as autoridades luso-brasileiras não permitiam a circulação no reino antes que fossem examinados pelos censores reunidos no Desembargo do Paço. Assim, os livros de Pierre Constant Dalbin – entre os quais estava justamente a *Vida de D. João de Castro*, no qual se inserira o Catálogo das obras por ele publicadas – ficaram meses retidos na alfândega, enquanto ele multiplicava os argumentos em favor da liberação das obras, alegando que eram há muito conhecidas, que se encontravam à venda "em qualquer Livreiro de Lisboa, e desta Côrte", que os textos já haviam sido censurados em Portugal, que se tratava de "clássicos, e de escolhida Literatura".[40] Não era fácil, entretanto, convencer os censores, que sabiam da possibilidade de inserção de novos elementos e de alterações nos textos a cada edição, razão pela qual apenas liberavam os livros depois que fossem examinados a fim de se verificar se "se acha[va] algum acrescentamento estranho aos Auctores".[41]

Dalbin, entretanto, não desanimava. Seguia publicando e importando obras, como se vê em outro catálogo divulgado por ele em 1820 – "Catálogo de livros portugueses que se achão de venda em casa de P. Dalbin & Cª." –, no qual anunciava 170 títulos, entre os quais havia diversos "impressos com caracteres novos e em bom papel *à custa* de P. C. Dalbim & Cia".[42]

Nesse mesmo ano, tentou liberar na alfândega um volumoso carregamento de livros, alguns com centenas de exemplares, como, por exemplo, "199 Paulo e Virginia", "199 Atala", "144 Collecção de Pedaços de Prosa

39 Para uma apresentação mais detalhada do caso ver Abreu, 2003, p.50-5; Neves, 2002.

40 Arquivo Nacional do Rio de Janeiro, Mesa do Desembargo do Paço, Caixa 171, pacote 3, doc. 43. Documento datado de 10 de outubro de 1822.

41 Arquivo Nacional do Rio de Janeiro, Mesa do Desembargo do Paço, Caixa 171, pacote 3, doc. 43. Documento datado de 22 de junho de 1820.

42 *Catálogo de livros portugueses que se achão de venda em casa de P. Dalbin & Cª*. Rio de Janeiro: [Typ. Régia], 1820 apud Neves, 2002.

em portuguez ou em francez".[43] Esta última referência, muito provavelmente, diz respeito ao livro *Recueil de morceaux en prose, extraits des meilleurs auteurs français et portuguais*, obra bilíngue, com duas páginas de rosto, uma em francês e outra em português, na qual se indica "Rio de Janeiro, vende-se casa de P. C. Dalbin e Ca." (Moraes, 2006, p.53-4.). As outras duas já haviam sido impressas no Brasil havia vários anos: *Paulo e Virgínia*, na Impressão Régia do Rio de Janeiro, em 1811, muito provavelmente por iniciativa de Martin, e *Atala*, em 1819, na tipografia de Manoel Antonio da Silva Serva, em Salvador, título que tinha duas edições lusitanas disponíveis.[44] Mesmo assim, Dalbin acreditou que essas obras teriam boa saída, apesar de, no Rio de Janeiro, o preço do livro produzido em Paris ser superior ao cobrado pelo livro saído de prelos brasileiros ou lusitanos. Enquanto o *Atala* soteropolitano era vendido no Rio de Janeiro por 960 réis, preço equivalente ao cobrado por romances trazidos de Portugal para venda na cidade,[45] o *Atala* produzido em Paris era bem mais caro: "Na loja de *Paulo Martin* se achão as seguintes obras, impressas em *França*, em *Portuguez*, nítida impressão, e linda encadernação, *Atala ou os amores de dois Selvagens*, 1:280: *Belizário de Marmontel*, 1280".[46] Os livros, que custavam 33% mais caro do que os romances produzidos em Portugal ou no Brasil, haviam sido editados em Paris por iniciativa de Dalbin.[47] Nem sequer se pode atribuir o alto custo à "nítida impressão, e linda encadernação", já que o anúncio de *Atala*, saído dos prelos em Salvador, também enaltecia suas qualidades materiais: "nítida impressão e lindamente encadernado".[48] Assim, fica difícil concordar com as críticas do bibliotecário Marrocos, que, como se

43 Arquivo Nacional do Rio de Janeiro, Mesa do Desembargo do Paço, Caixa 171, pacote 3, doc. 43. Documento datado de 17 de abril de 1820.

44 *Atala ou os Amantes do deserto, a armonia da religiaõ Christaã com as scenas da natureza, e paixoens do coraçaõ humano*. Lisboa: s. n., 1810. 1 v. em 12. p.157. *Atala, ou os amantes do deserto* por Chateaubriand. Lisboa: Impressão Régia, 1820, 1v.

45 Ver, por exemplo, o anúncio publicado na *Gazeta do Rio de Janeiro* de 22 de novembro de 1819: "Na loja da Gazeta se achão as seguintes Novellas. – *Tristes Narrações de hum solitário, ou o fim trágico da desgraçada Sofia. – Henrique e Emma. – Historia de Diofanes Principe de Thebas. – Amor e Probidade. – O Perigo das Paixões. – Laura e Inesilla, ou as Órfãs Hespanholas*; a 960 cada huma" [grifos nossos].

46 *Gazeta do Rio de Janeiro*, Rio de Janeiro, 22 jun. 1822.

47 Rubens Borba de Moraes informa que, em 1820, Dalbin lançou o livro *Belizário*, de Marmontel, impresso em Paris com imprenta do Rio de Janeiro (Moraes, 2006, p.54).

48 *Gazeta do Rio de Janeiro*, Rio de Janeiro, 13 mar. 1819.

viu, considerava excessivamente altos os preços cobrados no Rio de Janeiro, pelo "ladrão da Impr.^{am} Regia". É provável que seus contemporâneos não concordassem com ele, pois buscavam continuamente a casa para imprimir obras que, segundo julgavam, teriam boa saída.

Zeferino Vito de Meirelles foi um dos que recorreu aos serviços tipográficos da Impressão Régia a fim de dar à luz alguns livros. Ele conhecia bem a casa, pois ali desempenhara diversas funções: fora porteiro, depois alçador (ou seja, responsável por juntar e ordenar os cadernos impressos para formar um volume), chegando a vice-administrador (Berger, 1984, p.7). Ao mesmo tempo, encarregava-se dos trâmites necessários para obter autorização para imprimir diversas obras.

Em algumas ocasiões, atuou como procurador em solicitações submetidas por Paulo Martin à censura, o que parece significar que se encarregava da apresentação e do acompanhamento dos pedidos, responsabilizando-se, assim, por uma das etapas do processo de edição de um livro. A obtenção da licença de impressão podia ser bastante trabalhosa, como ocorreu quando da liberação da obra "Sinaes evidentes sobre a Vinda do AntiChristo", apresentada por Paulo Martin, por intermédio de seu procurador Zeferino Vito de Meirelles.[49] Tratava-se de uma reimpressão, mas, mesmo assim, todas as fases tinham de ser cumpridas: apresentação do original para obtenção de licença de imprimir, seguida da apresentação do impresso para conseguir a licença de circulá-lo. A tramitação dos "Sinaes evidentes sobre a Vinda do AntiChristo" foi dificultada porque, achando-se a impressão já pronta, não foi possível encontrar o "Original, em que estava o Despacho = Reimprima-se e volte p^{a}. conferir =", sem o qual era impossível granjear a "licença para a dita reimpressaõ poder correr".[50] Zeferino Vito de Meirelles e Paulo Martin devem ter se visto em apuros, pois não obtiveram a autorização para colocar a obra em circulação sem a apresentação do despacho, o que "cauz[ou] notavel prejuízo" ao "suplicante", que já tinha arcado com todas as despesas necessárias para produzir o livro.

Em outros momentos, Zeferino Vito de Meirelles dirigiu-se à censura, em seu próprio nome, visando a conseguir autorização para imprimir obras que seriam dadas à luz por sua iniciativa, como "Carta escrita pela Senho-

49 Arquivo Nacional do Rio de Janeiro, Caixa 821 (antiga 171), pacote 3, doc 39.

50 Arquivo Nacional do Rio de Janeiro, Caixa 821 (antiga 171), pacote 3, doc. 39.

ra de... rezidente em Constantinopla"[51] ou "Drama Tito, ou o Triunfo do Amor e da Virtude".[52] Além de se envolver com a publicação de ficção e de teatro, ele cuidou também da edição de "= Leitura para os Meninos, contendo varias Historietas moraes. &c. =", que seria, segundo Camargo & Moraes, "o primeiro livro para crianças publicado no Brasil".[53]

Diferentemente de Martin e de Dalbin, Zeferino Vito de Meirelles não era livreiro, e sim funcionário da Impressão Régia, o que não o impedia de agir como editor, conforme declarou, explicitamente, em uma das requisições submetidas à Mesa do Desembargo do Paço em maio de 1818, na qual se propunha "a fazer imprimir, na qualidade de *Editor*, hum Discurso recitado na Villa de Alcantara do Maranhaõ" [grifo nosso].[54] Nesses casos, ele encarregava-se da seleção dos títulos, da obtenção das autorizações necessárias e do financiamento da impressão, tendo, ao final do processo, de negociar com mercadores de livros que se encarregariam da venda dos exemplares, como aconteceu por ocasião da publicação de *Leitura para meninos*, anunciado na *Gazeta do Rio de Janeiro* como estando à venda "na loja da Gazeta, e na de Manoel Joaquim da Silva Porto na rua de S. Pedro, por 480 réis".[55] A experiência deve ter sido favorável, já que, anos depois, ele decidiu utilizar os serviços tipográficos da Impressão Régia para, em 1821, colocar em circulação seu próprio jornal, o *Diário do Rio de Janeiro*.[56]

Considerando-se a atuação de Paulo Augusto Martin, de Pierre Constant Dalbin e de Zeferino Vito de Meirelles, é difícil concordar com ideias sobre a edição no Brasil joanino que se cristalizaram. Os impressos saídos

---

51 O livro *Carta Escrita pela Senhora de *** rezidente em Constantinopla a huma sua Amiga, em q trata das mulheres Turcas, do seu modo de viver, divertimentos, vestidos, maneira de tratar os maridos &c.* não foi localizado por Cabral nem tampouco por Camargo e Moraes, sendo indexado a partir do registro da Biblioteca Nacional e do anúncio publicado na *Gazeta do Rio de Janeiro*, em 22 de dezembro de 1819 (Camargo; Moraes, 1993, p.215).

52 Os documentos relativos a Zeferino Vito Meirelles estão na Caixa 821 (antiga 171), pacote 4, doc. 78.

53 O livro não foi localizado por Cabral nem tampouco por Camargo e Moraes, sendo indexado a partir do registro da Biblioteca Nacional e do anúncio publicado na *Gazeta do Rio de Janeiro*, em 10 de junho de 1818 (Camargo; Moraes, 1993, p.202).

54 Arquivo Nacional do Rio de Janeiro, Caixa 821 (antiga 171), pacote 4, doc. 78.

55 *Gazeta do Rio de Janeiro*, Rio de Janeiro, 10 jun. 1818.

56 Segundo Ernesto de Senna, Zeferino Vito Meirelles fundou, em 1821, a Imprensa do Diário, na qual foi impresso, a partir de 1º de abril, o *Diário do Rio de Janeiro*, que fora publicado pela Impressão Régia nos seis meses anteriores (Senna, 1908, p.43-60). Paulo Berger afirma que o jornal foi impresso na Impressão Régia até 1º de abril de 1822, quando Meirelles fundou sua própria tipografia, a Imprensa do Diário, na rua da Ajuda, 106 (Berger, 1984, p.7).

dos prelos da Impressão Régia ultrapassaram largamente a publicação de pequenos folhetos e livretos, e também havia diversos agentes envolvidos com a edição, contrariando a ideia de que Paulo Martin fosse "o único caso de livreiro-editor".[57]

Em 1821, encerrou-se o monopólio da Impressão Régia no Rio de Janeiro e diversificou-se ainda mais o conjunto de editores e as possibilidades de impressão. Começaram a surgir diversas tipografias, como a Nova Tipografia e a de Moreira e Garcez, aberta nesse mesmo ano. Em seguida, em 1822, surgiram outras quatro: Silva Porto & Cia (de Felizardo Joaquim da Silva Moraes e Manuel Joaquim da Silva Porto), a de Santos e Souza, a do *Diário do Rio de Janeiro* (de Zeferino Vito de Meireles) e a de Torres e Costa (de Inocêncio Francisco Torres e Vicente Justiniano da Costa) (Sodré, 1977, p.42). Nas primeiras décadas do século XIX, outros estados brasileiros fundaram suas oficinas tipográficas: a de Ricardo Rodrigues Catanho, no Recife, em 1817; a instalada no Maranhão pelo governador Bernardo da Silveira, em 1821; a de Daniel Garção de Melo, em Belém do Pará, em 1821; a tipografia Patrícia e a Provincial, em Vila Rica, Minas Gerais, em 1822. A partir da independência, as diversas províncias passaram a contar com tipografias ali instaladas: o Ceará, em 1824; Paraíba, em 1826; São Paulo e Rio Grande do Sul, em 1827; Goiás, em 1830; Santa Catarina e Alagoas, em 1831; Rio Grande do Norte, Piauí e Sergipe, em 1832; Espírito Santo e Mato Grosso, em 1840; Paraná, em 1849; e Amazonas, em 1852 (Rizzini, 1946, p.322).

A história dos livros e das leituras surgidos a partir daí é o que este livro pretende contar.

---

57 Disse Maria Beatriz Nizza da Silva: "Paulo Martin é o único caso de livreiro-editor no Rio de Janeiro deste período, mas dedicava-se sobretudo à edição de 'folhetos', cujo custo de impressão era baixo. Não se abalançava a obras mais volumosas, como podemos ver pelo 'Catálogo dos folhetos impressos à custa de Paulo Martin Filho, que se acham na sua loja na rua da Quitanda nº 34', publicado em anexo a *O Plutarco revolucionário*, folheto de 1810" (Nizza da Silva, 1986, p.463). É preciso considerar ainda que, além de Martin, Dalbin e Meirelles, seguramente houve outros que desempenharam as funções de editor, como o fez André Jacob, tradutor das "Aventuras pasmozas do Baraõ de Munchhausen", livro impresso "às suas custas" em 1814. Simone Cristina Mendonça de Souza localizou documento, datado de 18 de junho de 1814, dirigido a José Bernardes de Castro, censor do Desembargo do Paço e membro da Junta Diretora da Impressão Régia, em que se declara: "O Príncipe Regente Meu Senhor é servido que revendo V.M. o Manuscrito intitulado Aventuras pasmozas do Baraõ de Munchhausen com uma Viagem á Lua, A Canícula traduzido do Inglez pelo Capitão da Mar. e Guerra André Jacob, e naõ achando inconveniente na sua Impressaõ o faça imprimir ás custas do seu Tradutor" (Souza, 2007, p.81).

3
Leitores de além-mar: a Editora Garnier e sua aventura editorial no Brasil

Eliana de Freitas Dutra

Mirar el río hecho de tiempo y agua
Y recordar que el tiempo es otro río
Saber que nos perdemos como el río
Y que los rostros pasan como el agua
Jorge Luis Borges

A peregrinação em velhos catálogos de uma livraria que, embora não exista mais, ainda persiste no presente como vestígio de outra realidade histórica, se assemelha ao que já foi chamado no discurso da história "um jogo da vida e da morte" ou "uma troca entre vivos" (Certeau, 1982, p.57), uma vez que, por meio de antigos catálogos da livraria Garnier – os quais, ao perdurar no tempo, mostram-nos o que seus editores propunham aos leitores de outrora –, é possível pensar hoje, por contraste, em nossa própria condição de leitor e em nossos horizontes de leitura.

O trabalho com catálogos de livraria, usado aqui para contar a história de uma aventura editorial no estrangeiro, permite-nos explorar as relações entre a livraria e Editora Garnier no Brasil e a Garnier Frères na França, analisando, sobretudo, o papel de seus editores Baptiste Louis Garnier, no Rio de Janeiro, e Hippolyte Garnier, em Paris, na divulgação e distribuição no Brasil de obras de autoria europeia vendidas e/ou editadas pela casa Garnier. Como veremos, esse trabalho de divulgação não apenas assegurará a expansão e consolidação dessa casa editorial no Brasil, mas, sobretudo, definirá um repertório de leituras que traçará uma topografia de temas, de assuntos, de interesses e de práticas que perpassarão, para além da vida intelectual e política, os hábitos citadinos e a vida cotidiana dos brasileiros dos principais centros urbanos da segunda metade do século XIX à década de 1920.

O que se lia no Brasil à época? Que livros e gêneros de publicação integram o repertório de leituras que um editor francês julgava importante oferecer aos leitores brasileiros? O que atribuía autoridade a certas obras e publicações? Que segredos de organização guardam os catálogos da Garnier? São algumas questões sobre as quais pretendemos nos deter neste texto.

No rastro dos catálogos

Se admitirmos que o discurso sobre o passado tem como estatuto ser o discurso do morto e que o ausente é o que possibilita o diálogo entre o narrador e seus leitores,[1] é necessário interrogarmos sobre o que os catálogos de livraria nos comunicam. Não qualquer catálogo de livraria, mas aqueles dos primórdios da atividade livreira como negócio sem fronteira de nacionalidade ou língua, em que, ao lado da variedade e amplitude de temas e assuntos – dos chamados clássicos da literatura mundial aos livros de *savoir-faire* e aos modelos de cartas, formulários etc. –, pontificava a figura do editor, cujo surgimento na paisagem editorial europeia da primeira metade do Oitocentos revolucionaria o mundo da livraria. A figura moderna do editor ultrapassaria, em muito, a condição de fiador intelectual e financiador econômico dos talentos literários, para se afirmar entre o final do século XIX e as primeiras décadas do século XX, tanto nacional como internacionalmente, como um poder de tipo midiático e um poderoso instrumento cultural de troca intelectual, artística e literária, bem como de construção identitária.[2]

O ponto de partida teórico deste texto se ancora, por um lado, na noção do catálogo de livraria como instrumento topográfico, o qual define e estabelece lugares, ou seja, disposições espaciais, e ordens, ainda que por vezes imaginários, para leitores e leituras. Tal como nas literaturas, é neles que se assenta o significado destas linhas.[3] Ao incorporar saberes, no caso, os

1 Tal como proposto por Certeau, 1982, p.56.
2 Ver Mollier, 2005, p.183-92. Ver também WALTY, et. al, 2009.
3 Como nos lembra Piglia, 2006, p.66.

saberes da modernidade, o catálogo de livraria cria uma ordem na maneira como coloca e classifica os livros.

De outro lado, a ideia do catálogo como complementar à biblioteca, entendida não como um espaço físico para a acumulação de livros ou um lugar de leitura, mas, sobretudo, como um lugar simbólico que acolhe novas relações com o tempo, tal como sugerido por Goulemot (2006): um tempo de acumulação, um tempo de leitura, concebida, neste caso, primeiro como um diálogo diferenciado entre leitores e editores, um tempo de difusão, que acompanha a história do surgimento das bibliotecas.[4] Pensar o catálogo nesse registro parece-nos o mais adequado para a abordagem dos catálogos da livraria Garnier, típicos exemplares de um tempo da história das livrarias e de certa cultura da leitura como instrumento de construção da modernidade. É essa relação com o tempo, mais do que a coerência ótica do desenho intelectual do catálogo, que pretendemos explorar aqui. Interessa-nos, sobretudo, reter como as informações e sua disposição no catálogo estabelecem uma relação com o mundo exterior e o fixam.[5]

O imaginário que se apresenta nos catálogos de livraria, como se verá à frente, tal como o da biblioteca na sugestão de Goulemot, parece habitado por mitos, a exemplo da biblioteca de Babel. O francês, no nosso entender, no caso dos catálogos da livraria Garnier, é a língua que unifica a "diversidade cacofônica do saberes",[6] e a tradução parece-nos seu instrumento privilegiado para vencer os empecilhos à comunicação. O editor, homem dos livros, é aquele que, tal como o compreendemos, realiza plenamente a vocação de pôr fim "à dispersão dos saberes e à errância dos homens de cultura".[7] Assim, no interior dos catálogos, a biblioteca, por via do mito de Babel, compõe-se com a perspectiva topográfica que modifica a relação com o espaço, retirando as culturas do seu lugar e aproximando-as por meio da difusão e divulgação aos leitores de leituras e livros que propiciam outros

4 Ainda que esta ideia não conflite ou invalide a noção de *biblioteca*, tal como proposta por Jacob (2001, p.53-76) e por nós utilizada para pensar a noção de *coleção* e de *enciclopédia*, a perspectiva aberta por Goulemot (2006), permite-nos explorar de maneira mais pontual alguns aspectos do catálogo da livraria Garnier. Ver Dutra (2006, p.299-314).

5 Em outro texto sobre o *Catálogo da exposição da história do Brasil de 1888*, trabalhamos com a ideia do catálogo como um lugar de inscrição, desenho intelectual, submetido a um olhar escrutinador, tal como sugerido por Latour, 1996, p.23-43. Ver Dutra, 2004, p.159-79.

6 Segundo expressão de Goulemot, 2006, p.47.

7 Idem, ibidem.

deslocamentos. Não por acaso, os livros de viagem, que contêm descrições geográficas, bem como os mapas, constituem enormes listas de títulos oferecidos no catálogo da livraria Garnier.

Um pouco da história da livraria Garnier

Instalada no Brasil desde 1844, a livraria Garnier é um exemplo eloquente das novas estratégias do comércio livreiro no movimento internacional de produção e circulação de mercadorias na segunda metade do século XIX, bem como da inserção brasileira nesse circuito de negócios com livros e livrarias.

A história da Garnier remonta à França, em 1837,[8] quando os irmãos François Hippolyte, Auguste Désiré e Pierre Auguste instalaram a livraria Garnier Frères no Palais Royal, considerado então "o centro mais animado de Paris", em parte pela proximidade do grande teatro da Comédie Française e, em parte, pelo fato de que suas galerias já abrigavam vários livreiros.

Com métodos inovadores, entre o quais o de expor os livros na rua para o manuseio dos transeuntes, os irmãos Garnier – num momento em que a cena literária francesa era marcada pela emergência do romantismo, pela presença e influência da *Revue de Deux Mondes*, em que autores como Chateubriand, Saint-Beuve, Benjamim Constant pontuavam o debate intelectual do período – acolheram jovens autores, como Musset, Théophile Gautier, George Sands e vários outros que, ao se afirmar como figura de primeira grandeza, carrearam-lhe parte da sua reputação no mercado livreiro e editorial.

Outro irmão, Baptiste Louis, ligou-se à empresa com uma missão específica: expandir o negócio dos irmãos instalando e dirigindo uma filial da livraria Garnier Frères na cidade do Rio Janeiro. O Brasil era considerado um mercado promissor, além de um ponto estratégico para a distribuição de livros em espanhol para os países vizinhos, latino-americanos.

Uma vez no Brasil, Baptiste Louis iniciou suas atividades no Rio de Janeiro em sociedade com a livraria de seus irmãos em Paris, passando a comercializar no Brasil os títulos editados pela Garnier Frères de Paris e

8 Sobre a trajetória dos irmãos Garnier no comércio de livros em Paris, ver Champion, 1913; Mollier, 2005; e Martin, 1990, p.176-226. Sobre sua atuação no Brasil, ver Hallewell, 1985; e Dutra, 2000, p.477-504.

encarregando-os da impressão das edições dos autores brasileiros, os quais não foram poucos.

Rapidamente, a livraria tornou-se a principal casa editorial brasileira entre as aqui instaladas, editando e comprando os direitos de edição de obras dos mais importantes nomes da literatura brasileira da segunda metade do século XIX, no domínio da poesia, do romance, da crítica, do ensaio.

O editor Baptiste Louis manteve sociedade com os irmãos parisienses até 1852, quando assumiu a condição de proprietário exclusivo da então livraria de B. L. Garnier. O rompimento da sociedade não o impediu, contudo, de continuar a imprimir as obras de autores brasileiros em Paris, bem como comercializá-las e, sobretudo, de vender no Brasil os títulos, traduzidos ou no original, publicados pela parisiense Garnier Frères. Com a morte de B. L. Garnier em 1893, a livraria retornou, por direito de herança, a seu irmão Hippolyte, da Garnier Frères.

Até a década de 1920, a livraria Garnier monopolizou o melhor comércio de livros da capital, tornando-se a principal referência no Brasil na importação de livros de autores europeus em língua francesa e na difusão de autores franceses em geral, bem como de almanaques e revistas publicados na França, além de manter sua condição de centro catalisador de publicação das obras dos nossos maiores homens de letras.

Como tal, seus catálogos guardam a condição de fonte preciosa para o resgate da aventura editorial no além-mar vivida pela livraria Garnier. Se sua leitura, feita numa época em que o catálogo tinha a utilidade de fornecer uma informação premente e necessária àquele tempo, era o que lhe dava valor, sua leitura hoje, passado mais de um século, guarda outro valor que não apenas o utilitário. Assim, sua topografia, suas edificações temporais imaginárias nos interessam, sobretudo, por sua capacidade de nos fazer mergulhar em alguns ângulos do mundo dos livros forjado como parte do patrimônio cultural e intelectual do Brasil, entre a segunda metade do século XIX e as primeiras décadas do século XX, e que teve no horizonte a Europa como uma miragem.

Perambulações

Maiores ou menores em número de páginas, mais ou menos detalhados, editados em francês ou em português, mas sempre com divisões bastante elucidativas que mostram os arranjos e composições organizativas dos títulos, bem como a concepção de seu enquadramento em meio às miríades de temas e assuntos, assim são os catálogos da Livraria B. L. Garnier de 1857-1858, 1863 e 1920,[9] aqui percorridos. Passaremos rapidamente pelo Catálogo Geral da Garnier Frères de Paris em 1912-1913.[10]

Produzidos num espaço temporal que abrigou eventos significativos tanto da história da França (Revolução de 1848; Guerra Franco-Prussiana; queda de Napoleão III, advento da III República) quanto do Brasil (constituição do Estado nacional, crise do Império, supressão do tráfico negreiro, abolição da escravatura e advento da República), os catálogos, com sua linguagem silenciosa, levam-nos a percorrer meandros sutis de tantas mudanças e a sugerir os interesses de leitura dos presumidos leitores.

Assim, no catálogo de 1857-1858, os títulos são um celeiro de dados sobre os dilemas, os debates e os combates no campo da política francesa, às voltas com as ideias dos intelectuais da Restauração, e sobre o tema das revoluções políticas e os desafios na definição e na organização política da ordem institucional, os quais vão ressoar pelas plagas brasilenses, às voltas com questões do mesmo calibre, ainda que integrantes de outra fatura.

Na sua relação inequívoca com a atualidade política, os autores e títulos editados no catálogo 2, de 1857, sob a cobertura da rubrica Direito, Legislação, Política, Administração, Economia Política, Finanças, Estatística e Comércio, desenham um panorama rico que aponta para a sagacidade e o senso de oportunidade dos editores – como veremos abaixo – seja em capturar os melhores autores do momento político em anos tão efervescentes; seja em buscar no passado obras clássicas da tradição greco-latina, as quais, como textos fundadores, nutrem as referências dos autores em questão; seja em indicar tais autores e obras aos seus leitores dos dois lados do Atlântico, confrontados com semelhantes problemas políticos, tais como o princípio

---

9 Catalogue de la Librairie B. L. Garnier a Rio de Janeiro, 69, Rua do Ouvidor, 1857, n. 2-10, Même Maison à Rue de Saints Pères, 6, et Palais Royal, 215. Bibliothèque National de La France, 8º Q. 10B; Catalogue de la Librairie B. L. Garnier a Rio de Janeiro, 69, Rua do Ouvidor, 1858, n. 12. Bibliothèque National de La France, 8º Q. 10B ; Catalogo da Libraria B. L. Garnier a Rio de Janeiro, 69, Rua do Ouvidor, Paris, mesma casa, 1863, n.23. Catálogo Geral da Libraria Garnier, 109, Rua do Ouvidor, Rio de Janeiro, 1920. Bibliothèque National de La France, 8º Q. 10B.

10 Catalogue Général. 1912-1913, Librarie Garnier Frères, 6, Rue de Saints-Pères, Paris, Bibliothèque National de La France, 8º Q. 10B.

da representação, a normalidade do imperativo constitucional, a prática democrática e a escolha do regime político. Entre os autores temos polemistas, jornalistas, publicistas, cronistas, literatos, filósofos, historiadores, acadêmicos, professores, exploradores, economistas e políticos.

A sintonia com as questões mais candentes do debate político e com a vivacidade deste introduziu interesses que ultrapassaram livros e ensaios e foram contemplar obras de referência, como os dicionários políticos, nomeados como enciclopédia da linguagem e da ciência política, os dicionários históricos das instituições, dos usos e costumes da França e também as seções, com as respectivas resenhas, da Academia de Ciências Morais e Políticas da França, a qual desde 1832 voltara a ocupar lugar de destaque na cena política e intelectual francesa, após ter sido fechada em 1803 por Napoleão Bonaparte. Não por acaso, François Guizot, artífice da recuperação da abertura da Academia, teve títulos importantes no catálogo, entre os quais *Dos meios de governo e de oposição no Estado atual da França*, *Do governo da França após a Restauração*, *Da pena de morte* e *História do governo representativo na Europa*.

A política, de Aristóteles, *O Estado ou A república*, de Platão, *O príncipe e o discurso de Tito Lívio*, de Maquiavel, *O espírito das leis* e *Grandeza e decadência dos romanos*, de Montesquieu, trazem a autoridade do passado exemplar para o presente e têm como companheiros na mesma seção desse catálogo de 1857 autores como Aléxis de Tocqueville, com *A democracia na América* e *O antigo regime e a revolução*, Mably, com seu livro *Teorias sociais e políticas*, Auguste Comte, com as obras *República ocidental* e *Ordem e progresso*, Victor Cousin, com seu *Discursos políticos*, o qual vem acompanhado de uma introdução sobre o princípio da Revolução Francesa e do governo representativo, Benjamin Constant e seu *Cursos de política constitucional* e Lamartine, que tem três obras indicadas no catálogo de 1857, a saber: *Tribuna política ou estudos oratórios e políticos*, *O passado e o futuro da república* e *O conselheiro do povo*. Obras de cunho social se compõem, de forma complementar e harmônica, com os temas políticos. Esse é caso de *O povo*, de Michelet, e *Visão sobre a propriedade e a legislação*, *Catecismo político dos industriais* e *Parábola política*, de Saint-Simon.

Chama atenção o pequeno *abstract* que acompanha o livro *Da liberdade ilimitada da imprensa*, de autoria de C. P. Lasteyrie, no qual se diz que a imprensa livre é "a base inquebrantável da liberdade civil, política e religiosa em qualquer espécie de governo; o único meio de impedir as revoluções e comoções populares; o meio poderoso de fazer florescer a ciência, as artes, a indústria e o comércio; de moralizar e civilizar as nações". Essa é uma plataforma com muitos adeptos entre os autores acima citados, em que pesem suas diferenças. Não por acaso, junto aos livros mencionados acima, com igual dignidade se faz anunciar a *Revue de Deux Mondes*. Compartilhando esse importante espaço de indicações de leituras, ela segue altaneira como uma referência para a intelectualidade de aquém e além-mar, com seus artigos de reflexão filosófica, de crítica literária e de análise histórica. Modelo para outras revistas que surgiram na mesma paisagem intelectual e política do século XIX, a *Revue de Deux Mondes* foi um importante veículo de formação de opinião, de estilo e de gosto no tocante às artes, à literatura e às questões políticas do Oitocentos, desde sua criação, por Buloz, em 1829.

De postura liberal conservadora, a revista defendia o princípio da representação parlamentar, o sufrágio universal e a imprensa livre, com grande destaque para os ensaios históricos. Publicada para ser lida, sobretudo, no estrangeiro, reatualizando, em nova conjuntura, a ideia da universalidade dos receituários políticos do pensamento francês, teve entre seus autores exponenciais muitos daqueles nomes que, na qualidade de *maître à penser*, integraram a seção do católogo aqui em análise. Entre eles podemos citar Benjamin Constant, Guizot, Lamartine, Michelete e Tocqueville.

Também os estudos comparados – no tocante às relações constitucionais, legais, judiciárias, religiosas, comerciais, industriais e científicas – em que pontificavam os inevitáveis contrastes com os vizinhos do outro lado do Canal da Mancha, ou seja, os ingleses, que seriam presença importante, abrigando reflexões tais como a de Guizot, no livro *Porque a Revolução na Inglaterra foi vitoriosa*; a de Montalembert, em seu *Do futuro político da Inglaterra*; a de Delacroix, em suas reflexões sobre *Constituições dos principais Estados da Europa e dos Estados Unidos da América*; e também a de Domingo Faustino Sarmiento, em *Protesto contra o governo de Rosa* e *Facundo*.

De fato, esses autores foram uma presença legitimadora dos discursos políticos de uma elite que, no caso brasileiro, antes mesmo da chamada crise do Império, após 1870, estava às voltas com problemas similares àqueles tratados por algumas das obras aqui referidas e dezenas de outras, que na mesma linha povoam o catálogo de 1857. Dentre os temas abordados, podem ser destacados: a garantia da ordem pública do Império, ameaçado entre a primeira e segunda metade do século XIX pelas várias rebeliões provinciais; os debates sobre as teorias do sistema de governo representativo; os desafios da construção de um sistema eleitoral em uma monarquia constitucional; as vantagens e desvantagens da centralização política e da descentralização administrativa; a necessidade de mudanças na ordem social e a reorganização das bases econômicas do país com a premência da abolição (Alonso, 2005). Nesse ponto deve-se notar a presença, nesse mesmo catálogo, de uma seção dedicada aos assuntos: Finanças, Comércio, Estatística, Colonização, Crédito Rural, Finanças e Indústria. Aqui o ponto alto são as obras sobre as colônias agrícolas, que, a exemplo do livro *Des colonies agricoles et de leur avantages*, continham uma nota de recomendação do editor sobre a significância e eficácia delas para "assegurar ajuda à honesta indigência, extirpar a mendicância, reprimir os malfeitores e assegurar uma existência segura aos condenados liberados, tudo fazendo crescer a prosperidade da agricultura, a segurança pública, e riqueza do Estado". O editor insistia ainda sobre outro aspecto que considerava positivo na obra, que são as análises comparativas sobre os diversos modos de segurança pública, de colonização e de repressão de delitos, as experiências de estabelecimento de colônias agrícolas na França, Holanda e Bélgica e a presença de quadros com "estatísticas justificativas". Entre essas obras, encontram-se *De la Guyane Française et de ses colonisations*, de Laboria, e vários títulos de Victor Schoelder, como *Des colonies françaises: abolition immédiat de la esclavage, la verité aux ouvriers et aux cultivateurs de la Martinique*, que, conforme se diz, vinha acompanhado de relatórios, decretos, projetos de lei relativos à abolição imediata da escravidão; *Histoire de l'esclavage pendant le deux dernières années* e *Colonies étrangères et Haiti: resultats de l'émancipation anglaise*. Não nos esqueçamos que por essa época o discurso burguês sobre o trabalho, com sua perspectiva de profilaxia moral e sanitária, acomodou-se e respondeu às inquietações com as chamadas *classes perigosas*, que cada vez mais povoavam as cidades. Não bastassem as saídas oferecidas pela filantropia, também a nascente economia política faria muitos ensaios de resolução da questão de classe e da segura utilização de uma mão de obra que se queria ordeira e disciplinada.

Os demais catálogos de 1857[11] tratam de: Filosofia; História Natural, incluindo Geologia, Química, Física, Botânica, Agricultura e Horticultu-

11 Catálogo do número 3 ao 10.

ra; Medicina, lado a lado com Cirurgia, Anatomia, Farmácia, Homeopatia, Veterinária e Magnetismo; Matemática, agrupada com Astronomia; Geodésia e, curiosamente, máquinas a vapor, caminhos de ferro, mecânica, telegrafia, eletricidade. O de *Arts et Métiers* inclui economia doméstica, indústria, pesca, caça, jogos, Belas-Artes, fotografia e manuais, formando uma enciclopédia de ciências e artes para sábios e práticos. Na sequência, vem o catálogo de Arte Militar e Marinha. O de Belas-Letras anuncia poetas, autores dramáticos, contos, crítica; outro se dedica especialmente às novelas, romances e variedades.

Os campos do conhecimento moderno, ainda não totalmente definidos e alguns em transição; as novas descobertas, como a eletricidade e a telegrafia, aparecendo como domínios difíceis de serem acomodados nas áreas mais conhecidas da ciência; o culto às técnicas e às artes dos afazeres cotidianos e do lazer; e o lugar da fotografia oscilando entre a técnica, a arte e a diversão – todos são aspectos que mereceriam maior profundidade analítica, que escapa aos limites deste texto.

Em 1858, o catálogo da Librairie Baptiste-Louis Garnier, em particular o de número 12, contendo 50 páginas, introduziu uma nova forma de apresentação dos títulos em dois grandes arranjos: de um lado, História, Biografia, Lembranças, Memórias, Crônicas e Anedotas, vale dizer anedotas históricas e literárias; de outro, Geografia, Viagens e Descrições. Esse catálogo é um exemplo de alguns outros aspectos que queremos assinalar neste texto.

O primeiro é a História e a biografia, as memórias e as crônicas em total complementaridade, ou seja, como domínios afins, incluídos aí os anuários históricos, a exemplo dos da *Revue de Deux Mondes*. As obras chamadas de *biografia universal*, sejam antigas, sejam modernas, são consideradas pelos editores não só como dicionários, mas também como "uma história da vida pública e privada dos homens que se destacaram por seus escritos, seus atos, seus talentos, suas virtudes ou crimes; redigidas por homens de letras e sábios". Da enorme lista de colaboradores desse gênero literário, avultam os nomes de Benjamim Constant, Chateaubriand, Victor Cousin, Guizot, De Bonald, Michelet, Michaud, madame de Staël e Cuvier.

Universais são também vários dicionários, como os de Bouillet, o da antiguidade sagrada e profana e os dicionários de História e Geografia, com sua inumerável *table de matiére,* que percorre a história dos povos antigos e modernos, as cronologias dos soberanos de cada Estado, notícias sobre as instituições públicas, ordens monásticas de cavalaria, seitas religiosas, políticas e filosóficas, guerras, batalhas, tratados de paz, mitologias, heróis etc. Estes complementam os dicionários de datas.

Nessa perspectiva, a também chamada História Universal tem seu lugar assegurado. O catálogo inclui desde o clássico de Bossuet, o *Discurso sobre a História Universal*, com sua visão providencialista da História, e os livros do conde de Ségur e de César Cantu que tiveram o mesmo título – *História Universal* – até autores de menor notoriedade tanto na Europa como no Brasil, como Gaillardin, Dumont e Magin – que dão continuidade, no começo do século XIX, à *História Universal* do autor setecentista Burette –, em obras que vão de 3 a 13 volumes. Este gênero, que fez fortuna desde o final do século XVIII, adentrou o século XIX e se fez presente no catálogo aqui analisado.

Produzido num século em que era marcante o advento da ideia moderna de História, o catálogo de 1858 é rico em sugestões e ideias. Nele aparecem autores que fazem um trajeto da Filosofia à História, como M. Buchez e seu livro *Introdução à ciência da História* e outros que transitam pela Filosofia, História e Literatura, como Madame de Staël, com *Considerações sobre os principais eventos da Revolução Francesa e da Alemanha*. São destaque também Chateubriand, com *Análise racional da História da França*, e o historiador e escritor romântico Prosper Merimée, que, além dos *Estudos sobre a História romana* e *Episódios de História da Rússia*, escreveu uma obra originalmente intitulada *Mélanges historiques et littéraires*.

Muitos autores são invocados na condição de clássicos da Antiguidade, da Renascença ou da Ilustração. Esse é o caso de Heródoto e suas *Histórias*; Tucídides e *A Guerra do Peloponeso*; Plutarco e *Vida dos homens ilustres*; Tito Lívio, com *Obras completas*; Maquiavel, com *História de Florença*, *Discursos sobre Tito Lívio* e *O príncipe*; Vico, com suas *Memórias*, introduzidas por Michelet, o qual comenta a vida e a obra dele; Voltaire, com *História de Charles XII*; e Montesquieu, com *Grandeza e decadência dos romanos*.

Outros autores, membros da Academia Francesa, fazem das reflexões do passado um instrumento pragmático para o melhor exercício da política. Esse é o caso de Alphonse de Lamartine, figura-chave do romantismo literário, poeta, historiador e político, que escreveu diversas obras históricas, sendo oito delas indicadas no catálogo de 1858, entre as quais *Histórias de César*, *Histórias constituintes*, *Vida dos grandes homens*, *História dos giron-*

dinos, História da Restauração, História da Revolução de 1848. Há outros autores com perfil semelhante ao dele, como o filósofo Victor Cousin, com seus estudos e perfis de mulheres ilustres do século XVIII, Chasles Philatère, jornalista, homem público importante e também crítico literário na *Revue de Deux Mondes*, e Edmond e Jules de Goncourt, que escreveram um livro sobre a *História da sociedade francesa durante a Revolução Francesa e durante o Diretório.*

Por fim, há os que fazem da História um *métier* e acabam por fundar as bases de uma disciplina, como o célebre M. Daunau, membro da Academia de Ciências Morais e Políticas, historiador, homem de letras, jornalista, cuja obra foi objeto de análise do crítico literário Saint-Beuve, também na *Revue de Deux Mondes*. O livro de Duanau, *Curso de estudos históricos*, vem anunciado no catálogo com uma resenha expressiva, a qual dá conta de que a obra em questão seria resultante dos cursos dele no Collège de France, entre 1819 e 1830. Além disso, o livro seria marcado pela pesquisa e pelo método crítico da História, cujas etapas são detalhadas na resenha e na exposição dos capítulos. Outros autores fundamentais são François Guizot e Jules Michelet, historiadores da restauração, os quais escreveram a maioria dos títulos indicados no catálogo, e que correspondem ao conjunto importante da obra editada de ambos até a data da publicação do catálogo. Ambos, aliás, faleceram no mesmo ano, 1874.

A indicação aqui dos inúmeros títulos desses autores que foram disponibilizados aos leitores brasileiros da editora de Baptiste Louis Garnier seria algo enfadonho para os leitores. Apontaremos apenas alguns dos mais importantes títulos. De Guizot, podemos citar *Ensaio sobre a História da França, História geral da civilização na Europa e na França* e *História da Revolução na Inglaterra*. De Michelet, que também traduziu, organizou e apresentou vários títulos nessa seção do catálogo, destacaríamos *Cursos de História (1847-1848)*, dados no Collège de France, o célebre *História da Revolução Francesa*, em oito volumes, *Manual de História Moderna* e *Introdução à História Universal*, este com o adendo que conteria ainda os discursos de Michelet pronunciados na Faculté de Lettres em 1834 e um fragmento sobre a educação das mulheres na Idade Média.

Ainda entre os franceses mais conhecidos, há Emile Lefranc, com vários títulos; o antigo ministro de Napoleão e membro da Academia Francesa Victor Duruy, com seus conhecidos títulos *História grega, História romana* e *História santa* e também histórias compactas sobre a História Antiga e as idades Média e Moderna; e o conde de Gobineau, com seu *Ensaio sobre a desigualdade das raças humanas*, o qual vem com uma nota de destaque que afiança sua condição de obra histórica sobre a qual se diz "*Cet ouvrage a pour but de développer une nouvelle formule historique. Il resume, dans um tableau complet, les grands phases de l' humanité et appuie ses demonstrations sur l' ensemble de plus récentes découverts de la science*".[12] Outros autores de destaque são o inglês Thomas Macaulay, com sua conhecida obra *História da Inglaterra*, e o alemão Leopold von Ranke, com seu não menos reputado *História da França*.

No Brasil, a oferta dessas obras coincide com os anos de consolidação do Instituto Histórico e Geográfico Brasileiro (IHGB) e seu grande interesse pelos estudos históricos, assim como com a publicação de importantes obras historiográficas[13] inspiradas pelas regras do método da crítica histórica, as quais encontraram em boa parte desses autores afinidades intelectuais e, por vezes, o modelo inspirador.[14]

As memórias aparecem com menor peso na seção, com destaque para as literário-políticas de Goethe, madame de Staël, Chateaubriand, Bevenuto Cellini, Mirabeau, conde de Richelieu, Benjamin Franklin, entre outras.

Outra preciosidade é a seção relativa à geografia, viagens e descrições. Ela nos traz um repertório de indicações bastante interessantes que dão a ver, de um lado, o prestígio, a importância e a amplitude do saber cartográfico europeu, em particular o francês, e sua difusão por meio de uma enorme variedade de cartas, atlas, dicionários de geografia, histórias descritivas, atlas topográficos e administrativos, todos em diferentes proporções e condições de impressão. Também aí se incluem as memórias de viagem, ao Oriente ou às Américas, na perspectiva literária, etnográfica, científica, exploratória. A experiência colonial francesa, sobretudo no Oriente, deixa sua marca no interesse das descrições geográficas, humanas e culturais, nos relatos, pitorescos ou não, nas experiências do contato "com o outro", pre-

---

12 "Esta obra tem por objetivo desenvolver uma nova fórmula histórica. Ela resume, em um quadro completo, as grandes fases da humanidade e apoia suas demonstrações sobre o conjunto das mais recentes descobertas da Ciência."

13 Este é caso da obra de Francisco Adolfo Varnhagen, *História geral do Brasil*, escrita entre 1854-1857.

14 Sobre o assunto, ver Guimarães, 1988, p.5-27; 1997. p.288; Schwarcz, 1998.

sentes nas obras selecionadas para serem oferecidas ao leitor. Aqui não poderiam faltar nomes como Chateaubriand, Máxime du Camp, Ferdinand Denis, Victor Considérant, Lamartine, Edouard Auger, Orbigny Horace Vernet, Alexandre de Humboldt, Volney, Lindley, com sua *Narrativa de uma viagem ao Brasil*, Saint Hilaire e até Victor Hugo, com *Le Rhin*.

O Brasil naturalmente é destino e alvo preferencial dos catálogos e sua entrada na civilização letrada parece se dar na medida do progresso das cidades que à época eram seus principais centros urbanos e cujas plantas e traçados ocupam espaço considerável entre o material anunciado.

O Oriente, por sua vez, é tema constante e é bem mais documentado e narrado do que a África e a Ásia. Algumas obras coletivas com títulos como *Universo pitoresco* e *Viagem pitoresca ao redor do mundo* dão conta da perspectiva eurocêntrica de boa parte das obras, como era comum à época, sobretudo da necessidade de um esquadrinhamento dos povos, dos costumes e das terras, a Ocidente e a Oriente, e do papel do editor e dos livros no contato entre povos separados por descontinuidades históricas e temporais, para ficar aqui com o conceito já conhecido de "zona de contato" (Pratt, 1999), em que livros, livreiros e livrarias se inserem como uma luva.

Novidades chegam com o catálogo de 1863. A primeira e mais importante delas, a língua: escrito em português e com títulos oferecidos também nesse idioma, diferentemente dos catálogos dos anos anteriores, em que todos os livros ofertados aos leitores estavam em francês. Assim, o de número 23, por exemplo, além dos destaques da chamada de abertura, com o *Jornal de Famílias* – que teve entre seus principais colaboradores o escritor Machado de Assis – traz ainda a *Bíblia Sagrada*, traduzida em português segundo a Vulgata Latina, e o anúncio do célebre *História do Brasil*, de Robert Southey, traduzido do inglês por Luiz Joaquim de Oliveira de Castro e anotada pelo cônego Fernandes Pinheiro. Não obstante, o catálogo ainda traz a indicação de que os seis magníficos volumes foram *primorosamente impressos e encadernados em Paris*, prática de B. L. Garnier.

Outra mudança interessante é a dos núcleos temáticos, que, com oferta de obras traduzidas, mostram um catálogo agora montado exclusivamente para o público brasileiro e bem de acordo com as características da sociedade do país; as necessidades do Estado nacional em construção e das políticas educacionais então implementadas pelo Estado imperial; e o gosto e as práticas culturais, sobretudo, do público das capitais.

Os núcleos se dividem em Religião; Livros de Educação e Clássicos de Instrução; História e Geografia; Direito, Economia Política, Finanças e Comércio; Medicina, Homeopatia e Magnetismo; Poesias e Literatura; Romances e Novelas; Obras Diversas.

Os livros de Religião, cujo número é menor do que os de Instrução, incluem sermões, livros de orações sacras, livros de moral cristã. Nos de Instrução, além dos compêndios de gramática da Língua Portuguesa, dos títulos de retórica, dos manuais de conversação, dos elementos de matemática e geometria, predominam os chamados cursos de Estudos Elementares, de Álgebra, de Astronomia, de Geografia, de Literatura, de História Pátria e de História Santa, os manuais de História da Europa em geral e ainda métodos para aprender a ler e para aprender línguas estrangeiras, em particular o francês e o alemão. O cônego Fernandes Pinheiro é o autor que tem o maior número de títulos, destinados, alguns deles, aos jovens estudantes do Colégio Pedro II. O cônego se faz presente também na seção de História e Geografia – com sua *História sagrada ilustrada* – ao lado de Joaquim Norberto de Souza e Silva, com seu livro intitulado *Brasileiras célebres*, e de Justiniano José da Rocha, com seus compêndios de Geografia, de História Antiga e da Idade Média; este concorre com o compêndio de J. B. Calógeras, *História da Idade Média*. Por sua vez, *A História da fundação do Império Brasileiro*, de J. M. Pereira da Silva, que 68 anos depois inaugurará a Coleção *Brasiliana*, da Companhia Editora Nacional, é um título também sugerido no catálogo, embora com menos destaque que o livro *História do Brasil*, de Robert Southey, praticamente com uma página de recomendação no catálogo.

Os mapas das várias capitanias do Império também têm seu espaço assegurado entre as ofertas do catálogo, comprovando o lugar privilegiado do conhecimento do território na edificação da nova nação, ainda que a essa época, apesar dos esforços do Estado imperial, o país ainda careça das comissões geográficas e cartográficas nacionais e de seus estudos sistemáticos sobre o território. A organização desse Estado parece orientar os títulos na área de Direito, Economia, Política e Finanças, na qual se encontram, além do *Código Criminal do Império*, os *Apontamentos sobre o Direito Público brasileiro e os Apontamentos sobre o Direito Civil*, todos do célebre José Antônio Pimenta Bueno. *Ensaio sobre o Direito Administrativo*, do visconde do Uruguay, os *Estudos sobre colonização*, com as considerações sobre as colônias de imigrantes, do senador Vergueiro, os *Regulamentos para a Casa de Depósito dos Cadáveres* e *Para a Companhia de Pedestres do Município da Corte, O sistema métrico decimal* e o *Tratado Prático dos Bancos* aparecem ao lado dos vários manuais – *Dos juízes de Direito, Dos promotores públicos, Do edificante, do proprietário e dos inquilinos* – e dos diversos *Consultores* – comercial, civil, criminal, orfanológico. Outro destaque são os *Elementos e as preleções de Economia Política*. Enfim, os problemas enfrentados pelo Estado, a perspectiva da busca de soluções, as áreas de interesse e a organização de seu aparato legal e institucional parecem se alocar nos títulos oferecidos aos leitores.

A realidade social e sanitária brasileira adentra também o catálogo dos títulos de Medicina, por meio dos vários tratados sobre a cólera, a febre amarela, as doenças venéreas.

No tocante à Literatura, os autores nacionais fazem sua *entrée* com os poemas de Thomas Antonio Gonzaga; Gonçalves de Magalhães, com seus *Suspiros poéticos e saudades*; Manoel Ignácio da Silva Alvarenga; Joaquim Norberto; Augusto Emílio Zaluar; e os portugueses Garret, Camilo Castelo Branco e Antônio Feliciano de Castilho. Várias obras vêm com a chancela dos comentários críticos e introduções de Joaquim Norberto, Pereira da Silva, cônego Fernandes Pinheiro, Antônio Joaquim de Macedo Soares, que se afirmam como uma espécie de consciência crítica da época.

Também *O guarani*, de José de Alencar, em segunda edição, é indicado ao lado dos autores Camilo Castelo Branco e Antônio Feliciano de Castilho e das traduções de Dumas, Eugene Sue e Fenimore Cooper. Joaquim Norberto de Souza e Silva, diferentemente de José de Alencar, tem sua obra *Romances e novelas* destacada, para o que é lembrado Lamartine, que dizia que "o romance é a poesia do povo". E, para valorizar o gênero de composição de Joaquim Norberto, diz-se ainda que é por intermédio do romance que "pode-se difundir pelas classes menos esclarecidas os grandes princípios da religião, moral e amor à pátria. É [o romance] o vaso figurado de Tasso cujas bordas são untadas de mel, é a realização do preceito de velho Horácio quando mandava juntar o útil ao doce". Vale registrar aqui a imprecisão, vacilação, na categorização das obras para acomodar, sobretudo, o gênero da prosa. Nos romances e novelas, por sua vez, predominam as historietas e anedotas portuguesas de gosto popular.

Quanto ao teatro, os nacionais indicados são naturalmente Martins Pena (*Quem porfia mata caça*) e Joaquim Manoel de Macedo, com vários títulos. No mais, são as traduções dos franceses Dumas, Maquet, Anicet Bougeois e D'Ennery que respondem pela maioria das obras ofertadas. O predomínio das comédias justifica-se pela inclusão de Lope de Vega, com os *Ingleses no Brasil*, comédia em dois atos.

Antes de darmos um salto para a década de 1920, vale a pena olharmos para o outro lado do Atlântico e conferir o catálogo geral da Garnier Frères de Paris, 1912-1913, no qual encontramos a oferta, pragmática, do *Secretário brasileiro*, com "306 modelos de cartas sobre todos os assuntos e um formulário de requerimentos e memórias", e a coleção de clássicos da Garnier, indicada como *Collection des meillheur ouvrages français et étrangers. Anciens et modernes*, e a presença de Machado de Assis, com *Mémoires póstumes de Brás Cubas et quelques comptes*. Machado de Assis tem como companhia no catálogo da Garnier Frères autores como Benjamim Constant, Bocage, Bossuet, Byron, Camões, Cervantes, Comte, Corneille, Descartes, Diderot, Fénelon, Goethe, Maquiavel, Mirabeau, Montaigne, Molliére, Rabealais, Petrarca, Rousseau, Racini, Schiller, Shakespeare, Spinosa, Stendhal, madame de Staël, Augustin Thiery, Voltaire, entre outros.

Outro fato de destaque é a presença das coleções como novo elemento organizador das obras no interior do catálogo, com títulos como: Fora de Série, Obras de Luxo, Chefs D'Oeuvre da Literatura Francesa, Coleção *Merimmée* – dedicada aos Lycées –, Para a Juventude, Para as Crianças, Coleção *Panckoucke*, ou Biblioteca Latina-Francesa, entre várias outras. Essa forma, no entanto, não vai chegar a se aplicar à organização do catálogo da filial da Garnier Frères no Rio de Janeiro, a Garnier brasileira. Afinal, lembremo-nos que, desde a morte de B. L. Garnier, a livraria da rua do Ouvidor volta à antiga condição de parceira/filial da congênere francesa.

O catálogo geral de 1920 impressiona por alguns detalhes importantes. Há o aumento dos títulos disponibilizados, e também dos assuntos, tais como *alfabetos e livros de leitura elementar*: aqui se incluem cadernos de escrita e de leitura manuscrita, cadernos de caligrafia, alfabetos, livros de noções de aritmética e sistema métrico, de leitura, de redação e estilo e de estudo da Língua Portuguesa, dicionários universais e enciclopédicos da Língua Portuguesa e de línguas estrangeiras, atlas de Geografia e História, corografias, livros de História Universal e História do Brasil. Nesta última categoria, entre os autores, destacam-se J. Mello Moraes, João Ribeiro, Sebastião da Rocha Pitta, Joaquim Norberto de Souza, Ramiz Galvão, cônego

Fernandes Pinheiro, Laudelino Freire, Estácio de Sá e Menezes (*História do Brasil contada aos meninos*) e Robert Southey. Também os livros de Matemática, Ciências Naturais, Química, Física, Retórica e Poética, Pedagogia, Música, na mesma linha dos anteriormente citados, sugerem que o campo dos livros didáticos e das obras de referência, voltados à educação dos jovens e à tradição bacharelesca, é um mercado em expansão, em anos em que já se colhem alguns frutos da política educacional e da reorganização dos arranjos e correlações políticas de caráter republicano. A preocupação pedagógica que acompanha o anúncio dos títulos pode ser aquilatada no texto que acompanha a oferta do *Dicionário popular*, no qual se lê:

> O *Dicionário popular* é, como se vê por seu sumário, uma verdadeira enciclopédia de história e geografia antiga e moderna, de biografia de homens célebres, de cronologia, religiões e cultos, de arqueologia, de instituições e costumes de todos os homens, e uma apreciação exata e minuciosa das principais obras e literárias e artísticas. O primeiro livro de uma nação é o dicionário de sua língua, disse Volney, e nós acrescentaremos que o segundo deve ser o dicionário da sua história, das suas instituições, das suas antiguidades, de tudo enfim quanto fez e faz a sua grandeza, a sua glória e o seu poder.

A área de Religião, agora aliada à de Moral, continua a ter um espaço expressivo no catálogo de 1920 e a área de Medicina agora se vincula à de Higiene, bem de acordo com as preocupações de ordem sanitária que desde a década anterior são manifestadas pelas autoridades na área de políticas públicas, o que pode ser exemplificado pelo combate à febre e a repercussão disso nos projetos de reurbanização das cidades, tal como Rio de Janeiro e Santos, entre outras. A de Jurisprudência reflete organização mais racional, com a divisão em Direito Administrativo, Civil, Comercial, Eleitoral, Internacional e Diplomático, Penal etc., o que expressa os avanços na definição das áreas do Direito, a consolidação judiciária e o aparato legal, agora sob a égide da República.

A parte mais expressiva do catálogo é a de Literatura, agora dividida em prosa, poesia, teatro, e também, embora em menor número, viagens, história, memórias, como *Um estadista no Império,* de Joaquim Nabuco, e política, em que se vê *Brazil social e político*, de Mello Morais, e *Situação internacional do Brasil*, do escritor, diplomata e jornalista Salvador de Mendonça.

O catálogo traz ainda uma seção de obras de Espiritismo e Magnetismo, tão ao gosto da época por provocar curiosidade, uma Biblioteca de Utilidade Prática, voltada às artes, ofícios, economia doméstica e recreação e humor. Ao final, há uma lista de obras a preço reduzido, certamente encalhadas, em que se veem nomes de autores como J. M. Pereira da Silva, com várias obras, Araújo Porto Alegre e Joaquim Norberto, com seus poemas, e Antônio Feliciano de Castilho, entre outros, e também um Saldo de Obras Diversas, a serem compradas exclusivamente na casa Garnier do Rio de Janeiro.

Conclusão

Pelo que vimos até agora, ocorre pensar que as mudanças nos catálogos aqui examinadas não se dão ao largo das correntes culturais que atravessam o Atlântico nas duas direções. As transformações na ciência, no ensino, na expansão do pensamento laico, as políticas de alfabetização de massas, os deslocamentos da literatura religiosa para o romance, a presença incisiva do pensamento republicano e a nova cultura histórica são elementos que, ao lado das transformações por que passa a sociedade brasileira entre a segunda metade do século XIX e as primeiras décadas do século XX, fazem dos catálogos o reverso de um "orbe autônomo"[15] autossuficiente, seja pela vontade de seus editores, seja pelo imaginário que o conforma e ajuda a conformar.

E que dizer de seus leitores? As voltas e reviravoltas de autores e títulos presentes em suas páginas implicam alguma correspondência estreita com os então leitores/consumidores de livros e outras publicações? Certamente que não, embora não tenhamos acompanhado sua trajetória rumo às bibliotecas públicas e particulares ou sua presença indicada em memórias e citações. Contudo, é preciso lembrar, por um lado, algumas condições da leitura no país que na certa favoreceram a compra e a difusão dos títulos dos catálogos da Garnier. Esse é o caso do Museu Nacional, que em 1847, quando ainda era chamado de Museu Real, possuía uma biblioteca com três mil volumes, a qual, no fim do século XIX, era a mais rica da América Latina em obras referentes às ciências naturais (Souza Lima, 2005, p.13).

15 Estamos tomando de empréstimo a expressão utilizada por Williamson, 2006, p.9.

E, ainda, a constatação de estudos recentes (Schapochnik, 2005, p.229-43) que mostram o ritmo crescente de instalação de bibliotecas, gabinetes de leitura e várias outras instituições voltadas à leitura e aos empréstimos de livros, bem como sua diversificação espacial no país entre 1841-1860 e, sobretudo, entre 1861-1880.

Por outro lado, os dados relativos à exportação de livros franceses para o Brasil, ainda que digam respeito apenas às primeiras décadas do Novecentos, apontam para um mercado seguro e sempre crescente de venda de títulos (Levrier, s.d.).

Tabela 3.1 Títulos exportados para o Brasil

Ano	Títulos
1903	278
1905	525
1906	520
1907	721
1909	634
1910	997
1911	1.119
1912	1.745
1913	1.106
1914	999
1915	707
1916	1.047
1917	618
1918	1.200
1919	2.026
1920	2.485

Entretanto não nos escapa que, para além de uma elite ilustrada, de bibliotecas públicas, centros de educação, grêmios e associações literárias, é certo que a B. L. Garnier, posteriormente Garnier do Rio de Janeiro, a exemplo da Biblioteca Nacional do Rio de Janeiro, teve clientes de vulto e foi um canal importante para a recepção dos títulos anunciados e vendidos. Como atestam documentos da Biblioteca Nacional de 1894, 1901, 1902,[16]

16 Ver Biblioteca Nacional. Documentos manuscritos, 48, 1, 003, n. 19, 1894; 66, 3, 005, n. 44, 1902; 66, 3, 005, n. 48, 1902; 66, 4, 001, n. 007, 1901.

são longas as listas de encomendas de títulos, na faixa de 36 a 45 por encomenda, feitas à Garnier, que vão de assuntos como paleografia e diplomática a títulos variados de autores como Flaubert, Norton, Koch, Dumas, Lombroso, Charcot, entre dezenas de outros. É claro que a Biblioteca Nacional tem outros fornecedores tal como a Bernard Snariteck, à qual encomenda, em Londres, catálogos franceses e italianos, catálogos do Museu Britânico, fac-símiles e obras inglesas, alemãs, italianas e latinas.

Ainda assim, não podemos deixar de lembrar que certamente muitos dos títulos dos catálogos nunca foram encomendados, e, mesmo que tenham sido, isso não significa a inexistência de leituras superficiais e de leitores fictícios. Estes eram os que se apropriavam das resenhas e longas notas explicativas sobre as obras com maior autoridade no período, as quais recheavam os catálogos, ou mesmo os artigos de divulgação e de polêmicas da *Revue de Deux Mondes*, que era uma fonte deveras importante de atualização do movimento intelectual e artístico francês e mesmo europeu, à qual não se furtou, entre outros, um escritor do porte de Machado de Assis.[17]

Entretanto, seria ingenuidade supor que a citação de obras dos catálogos em exame aqui poderia nos assegurar da efetiva leitura delas. Ontem como hoje, citação[18] não significa necessariamente leitura, e o conhecimento do autor estrangeiro pode se dar por outras leituras que não a direta.

Mas uma livraria com a presença marcante na vida intelectual brasileira e o êxito comercial que teve a Garnier é de saída um indicador não da ilusão de uma mediação,[19] mas do papel de agente cosmopolita dos catálogos aqui percorridos, os quais deram sua contribuição a um novo tempo da História do Brasil, a uma nova ordem política e cultural do país na segunda metade do século XIX e no alvorecer do século XX e em seu novo espaço mental.

17 Daniel Piza, na sua biografia de Machado de Assis, comenta que este acompanhava o movimento dramático francês e, em publicações como a *Revue de Deux Mondes* e *Moniteur Universel*, que chegavam por navio à capital brasileira, lia e apreciava críticos severos como Louis Ulbach e Émile Montégut (Piza, 2006, p.97).

18 Sobre esse ponto, lembra-nos José Murilo de Carvalho, em interessante artigo, que nessa época "raramente se cobrava a fidelidade das citações", o que indicava seu caráter retórico e instrumental. Daí que, segundo ele, a estratégia de leitura do historiador das ideias tem de "ultrapassar a barreira retórica para tentar chegar ao que poderia estar mais próximo do sentido do autor, ou mesmo, do sentido dos leitores". Ver Carvalho, 1998, p.149-68.

19 Em diferente contexto, inspiramo-nos na ideia de Piglia, 2006, p.66.

4
Ao gosto do povo: as edições baratíssimas de finais do século XIX

Alessandra El Far

As edições populares e o além-mar

No início de 1808, a família real ancorava na sua vasta colônia tropical. Depois de uma breve parada em Salvador, a nau Príncipe Real, que atravessara o oceano trazendo consigo nobres representantes da Coroa portuguesa, seguia viagem para a ainda pequena cidade do Rio de Janeiro, seu destino final. Foram preparadas inúmeras festividades, encomendados mantimentos e celebradas missas. Findas as saudações dignas de uma tradicional Corte europeia, chegava a hora de estabelecer o terreno propício a suas atividades.

Pouco a pouco, o aparato do governo foi aumentando e criando pastas, cargos e secretarias com áreas específicas de atuação. No entanto, apesar das visíveis diferenças administrativas, todos esses setores reclamavam algo em comum: uma tipografia capaz de publicar seus ofícios, documentos e legislações. Assim, no dia do aniversário de dom João VI, 13 de maio de 1808, foi inaugurada a Impressão Régia, pondo fim ao decreto de trezentos anos que proibia todo e qualquer tipo de impressão em nosso país. Tínhamos, então, o início da vida editorial brasileira.

Mesmo estando, nesse começo, atrelada às demandas burocráticas do império português, a dinâmica editorial da Impressão Régia, depois de algum tempo, passou a atender também aos anseios de um público leitor mais amplo. Essa abertura incentivou a entrada de novos agentes no mercado de livros do Rio de Janeiro, em especial, livreiros estrangeiros, que traziam na bagagem um bem-vindo conhecimento tecnológico e comercial. Além do famoso B. L. Garnier e dos irmãos Laemmert, que vendiam sobretudo obras bem encadernadas e de autores apreciados no mundo das letras, outros livreiros menos conhecidos lentamente ganharam a simpatia dos leitores, oferecendo, por sua vez, um produto mais em conta: o livro popular, de capa brochada e papel barato e produzido com um baixo custo de edição.

O chamado "livro para o povo" não foi uma invenção brasileira. Os portugueses, que muito tinham aprendido com o comércio de livros na França, possuíam grande habilidade na confecção em larga escala desses pequenos volumes e, graças ao diálogo, durante todo o século XIX, com a antiga metrópole, o mercado editorial em nosso país, em especial no Rio de Janeiro, cresceu e ganhou um perfil bem mais heterogêneo.

No início do século XIX, em Portugal, somente uma pequena burguesia tinha condições financeiras para comprar os romances da moda, e prevaleciam nas estantes das livrarias as edições caras e luxuosas. Com o passar dos anos, a preocupação em vulgarizar a leitura fez das edições populares uma meta até mesmo para o governo português. Nas décadas de 1820 e 1840, por exemplo, o Estado tomou a iniciativa de compor algumas séries econômicas dos clássicos portugueses e também da tradução de obras célebres da literatura mundial (Santos, 1985, p.229).

Os livreiros de Lisboa, do Porto e de Coimbra seguiram o mesmo caminho. A famosa Tipografia Rollandiana criou coleções literárias de preços irrisórios, como a coleção do Teatro Estrangeiro e o Pecúlio do Recreio, uma biblioteca composta de duzentos volumes. Outro feito nesse sentido foi a Livraria Clássica Portuguesa, levada a cabo pelos irmãos Antonio e José Feliciano de Castilho, na década de 1840. O célebre poeta cego português Antonio Feliciano e seu irmão José, eminente advogado, publicaram nessa coleção vinte obras de "todos os principais autores portugueses de boa nota, assim prosadores como poetas". A preocupação era divulgar antologias de escritores consagrados da literatura lusitana, como Bocage, Manuel Bernardes e Garcia de Resende, em volumes atraentes e manuseáveis. Além de difundir a instrução e o entretenimento, esses intelectuais engajados queriam que os pensadores clássicos não estivessem mais fadados aos pesados e antiquados volumes, distantes do grande público em razão do alto custo exigido por exemplar.

Na segunda metade do século, as coleções populares em Portugal continuaram em bom ritmo. Vistas como verdadeiras "enciclopédias de conhecimentos úteis", essas séries tinham como atrativo "o baixo preço, o reduzido volume e uma apresentação relativamente cuidada". Logo no início da década de 1850, apareceriam ainda a Biblioteca Portuguesa, a Biblioteca Literária, a Biblioteca das Damas e a Biblioteca Econômica. Em 1859, A. A. Teixeira de Vasconcelos planejou seus Livros para o Povo, uma reunião de cem volumes com textos de 128 páginas cada um. O próprio Pinheiro Chagas, em 1870, dirigiu a Coleção *Educação Popular*, formada por 13 títulos mensais (Torgal, 1998, p.580).

Em meio a essas tentativas de proliferar a leitura em Portugal, alguns editores ganharam uma visibilidade até então pouco conhecida nesse tipo de negócio. Entre eles, destacou-se David Augusto Corazzi, um livreiro que durante quase duas décadas, do fim de 1870 até o início de 1890, soube mostrar sua capacidade empresarial, colocando no mercado publicações de interesse geral, a preços extremamente convidativos. Um romance traduzido de Verne, Zola, Bellot ou Montepin, por exemplo, ilustrado e em brochura, era anunciado pelos catálogos da Casa David Corazzi com preços entre 500 réis e mil réis. Uma quantia razoável numa época em que as encadernações de luxo custavam no mínimo o triplo.

David Corazzi foi o editor da Empresa Horas Românticas que reuniu um seleto grupo de tradutores para vender sob a forma de fascículos semanais autores de prestígio no exterior. Em 1881, o editor publicou o primeiro volume de seu principal projeto, a Biblioteca do Povo e das Escolas. Essa coleção permaneceu no mercado por 32 anos, somando ao todo 237 volumes. Por apenas 50 réis, o leitor teria em sua casa um folheto quinzenal de 64 páginas, no formato 15,5 × 10,5 centímetros, sobre temas de diversas áreas do conhecimento. Nas palavras do próprio Corazzi:

> Ninguém deixará de, por tão diminuto preço, alcançar gradualmente a instrução, a ciência, a explicação de tantas maravilhas da natureza e do gênio artístico, a sabedoria enfim. O operário, o estudante, o chefe de família, ou o professor, não hesitarão em formar a sua "Biblioteca econômica" com estes livrinhos que lhe explicam tudo quanto poderiam aprender em outros preços elevadíssimos relativamente aos haveres da maior parte das pessoas. (apud Domingos, 1985, p.25-6)

Pelos títulos destes "livrinhos" pode-se ter ideia da diversidade dos assuntos abordados. Entre eles cito: *Fotografia*, *Máquinas de vapor*, *O cólera e os seus inimigos*, *Direito internacional marítimo*, *Manual do carpinteiro*, *Ana-*

tomia humana, História natural das aves, Cristais, Romanceiro português, A luz elétrica, Os balões em Portugal, Leitura e recitação, Noções de musica, Copa e cozinha e *O macho e a fêmea no reino animal*. Essas edições "tão úteis como baratas" (Grande, p.655) tiveram a tiragem inicial de dez mil exemplares, atingindo o dobro desta quantia oito meses após seu lançamento (Domingos, 1985, p.78). Com a aprovação do governo da adoção dos fascículos idealizados por Corazzi nas escolas e liceus sua difusão aumentou ainda mais.

Em 18 anos de trabalho, o editor levou ao público "nove coleções, centenas de títulos de dezenas de autores, nacionais e estrangeiros, além de numerosas obras de autores portugueses e de várias edições artísticas" (Viana, 1990, p.112-3). Para conquistar o maior número de compradores, os romances da moda recebiam da pena de artistas como Raphael Bordallo Pinheiro aquarelas coloridas que animavam os trechos arrebatadores da trama. Pelo mesmo motivo, clássicos da literatura mundial – como o *Inferno*, de Dante; *O paraíso perdido*, de Milton; e *Orlando furioso*, de Ariosto – foram profusamente ilustrados a pedido de Corazzi. Atento ao gosto de seus clientes, o editor muitas vezes lançava o mesmo título em encadernações mais ou menos trabalhadas. Essas e outras iniciativas fizeram com que a Casa Editora David Corazzi fosse premiada na Exposição Portuguesa do Rio de Janeiro, de 1879, "pelo esmero e nitidez das suas edições" (Rodrigues, 1906, p.1130), na Exposição Universal de Paris, de 1889, e em algumas exposições industriais realizadas em Portugal em 1884, 1888 e 1890. Até a sua morte, em 1896, Corazzi colheu os louros e a consagração de seus projetos editoriais. Mas, se por um lado o editor soube como ninguém dar continuidade à produção de coleções populares já em voga no país, por outro podemos dizer que o sucesso de suas publicações residia também em um elemento verdadeiramente pioneiro para a época: a publicidade de seus produtos.

Um jornalista daquele período lembrava que "foi David Corazzi quem primeiro ofereceu brindes aos assinantes das suas publicações por meio da loteria, sendo o primeiro desses brindes uma taça de prata, quando saíram *Os cavalheiros da noite*".[1] Se os prêmios sorteados conquistavam a simpatia dos consumidores, os anúncios, ora publicados nos jornais, ora colados nas paredes das ruas sob a forma de cartazes, mantinham o leitor a par dos preços e das últimas novidades.

1 *O Século*, Lisboa, 29 nov. 1896.

Os livros produzidos por Corazzi não ficaram restritos ao mercado português. Nos catálogos da editora estavam inscritos correspondentes dos quatro cantos do mundo: África, China, Europa e América. A perspicácia empresarial do editor fazia com que sua rede de distribuição, sob encomenda, ultrapassasse as fronteiras de seu país, levando a outros lugares os volumes das suas publicações. No Brasil, José de Mello, localizado no Rio de Janeiro, à rua da Quitanda nº 40, comunicava no *Almanak Laemmert* de 1885 ser ele "filial à antiga casa editora David Corazzi de Lisboa". Seu estabelecimento comercial responsabilizava-se pelas "assinaturas de todas as publicações da mesma casa" e da "remessa gratuita de catálogos e prospectos" (Almanak, 1885. p.695).

Sem sombra de dúvida, o Brasil beneficiou-se, e muito, dos avanços conquistados no mercado editorial português em função de seus laços comerciais com a antiga metrópole. Não só importou os volumes vendidos em Lisboa e na cidade do Porto como ampliou suas atividades a partir da intensa comunicação com aquele comércio livreiro, repleto de autores, ideias novas e de tecnologias avançadas de impressão e edição.

Os livros "baratíssimos" em nosso país

Já na segunda metade do século XIX, dom Pedro II governava o Brasil deixando claro sua predileção por Artes Plásticas, Música e Belas-Letras. Não por acaso, o jovem imperador passou a patrocinar um grupo específico de escritores vinculados ao romantismo (Schwarcz, 1998) e também, a exemplo de Portugal, tipógrafos que pudessem imprimir e divulgar essas obras. Com a ajuda de dom Pedro II, o livreiro Paula Brito, por exemplo, inaugurou sua Imperial Tipografia Dois de Dezembro, e não só publicou teses de Medicina, estatutos de associações, discursos e regulamentos como divulgou importantes trabalhos literários feitos por Teixeira e Souza, Joaquim Manuel de Macedo, Gonçalves de Magalhães e Martins Pena. Machado de Assis, que nessa época iniciava sua carreira literária, viu nascer nas oficinas de Paula Brito os dois primeiros volumes impressos de suas obras.[2]

2 A tipografia de Paula Brito publicou, em 1861, duas obras de Machado de Assis: uma tradução intitulada a *Queda que as mulheres têm para os tolos* e *Desencantos: fantasia dramática*.

Ao longo dos anos, o mecenato foi perdendo espaço para um tipo de relação mais dinâmica entre os comerciantes do livro e seus consumidores. O gosto do público passou a falar mais alto, e os editores, por sua vez, em busca não só de uma independência financeira, mas sobretudo de um lugar de destaque no concorrido mercado editorial que se formava no Rio de Janeiro, atentavam cada vez mais às predileções em voga. Nos reclames da grande imprensa, essa situação era bastante evidente. Repetidas vezes, os editores lançavam frases de efeito afirmando ser suas obras um relato "cheio de sangue", "comovente", "arrebatador", do "jeito que o povo gosta" (Caminha, 1895, p.150), sempre por um preço acessível a todos os bolsos.

As edições de bolso e coleções econômicas, sob as mais diversas denominações, tornaram-se pouco a pouco corriqueiras. Se a princípio os livreiros já estabelecidos tomaram as primeiras iniciativas, com o tempo, comerciantes recém-instalados nas ruas do centro da cidade, diante de um nova arena a ser explorada, passaram a anunciar seus romances, livros de poesia, histórias infantis e livretos por preços realmente em conta.

Em 1873, a respeitada livraria de B. L. Garnier, localizada no comércio chique da rua do Ouvidor, que até então havia privilegiado as encadernações de luxo, anunciava o lançamento dos vinte volumes da sua Biblioteca da Algibeira. As obras em "formato acomodado a qualquer bolso que não seja do colete" confrontariam a literatura de Alencar, Bernardo Guimarães e Fausto com os reconhecidos nomes das letras francesas: Feuillet, Sandeau e Edmond About. Como salientou Ernesto Senna, um jornalista da época, essa célebre biblioteca concorreria "em extremo para difundir o gosto da leitura, pondo bons livros ao alcance de todas as posses".[3] Evidentemente, os leitores não foram os únicos a ganhar com tal iniciativa, a Garnier, segundo Senna, chegou a arrecadar cerca de 30 contos de réis com essa novidade (Senna, s.d., p.20).

No começo da década de 1880, outros editores, ainda com um capital tímido, entraram em cena. Além de publicarem livros a baixos custos, esses negociantes procuravam também oferecer enredos inéditos e de fácil leitura, capazes de entreter o público heterogêneo e diversificado da grande cidade, que não tardou a receber a denominação de "povo". Nos catálogos das livrarias ou nos anúncios dos jornais, multiplicavam-se os títulos com

3 *O Mosquito*, Rio de Janeiro, 12 jul. 1873.

tal indicação. Livros como o *Orador do povo*, *Médico do povo*, *Trovador do povo*, *Lira popular*, *História natural popular*, *Mistérios do povo*, *Cozinheiro popular* e *Livro do povo ou o silabário brasileiro*, este último um compêndio didático "ao alcance dos deserdados da fortuna",[4] encontravam-se em constante divulgação.[5]

Esses negociantes queriam vender ao "povo" aquilo que até então havia sido reservado a grupos específicos. Em vez de delimitar, segmentar, restringir, tinham o propósito de estabelecer um comércio capaz de ampliar, extrapolar, superar as fronteiras econômicas e sociais. Foi exatamente isso que fez o jovem editor Pedro da Silva Quaresma, cujo tino comercial muito lembrava o de David Corazzi. Quaresma abriu no fim da década de 1870 sua Livraria do Povo. Além de vender livros usados e algumas raridades bibliográficas, editou inúmeros romances, livros de trovas e cantigas e até mesmo os chamados "romances para homens", de teor picante e proibidos às moçoilas de boa família.

De modo frequente, a Livraria do Povo anunciava nas páginas da *Gazeta de Notícias* listas e mais listas de livros a baixos preços. Sob títulos bastante chamativos, o editor brincava: "tudo de bom e barato no Treme Terra e terror dos careiros",[6] "todos sabem: vivos! mortos! espectros! que só na Livraria do Povo se encontram livros baratíssimos" e "até os cadáveres se levantam para aproveitar as pechinchas à venda na Livraria do Povo".[7]

Como diziam os anúncios, os livros à venda eram, de fato, baratos. Enquanto uma edição bem cuidada da Garnier ou dos irmãos Laemmert custava entre 3 e 5 mil réis, dependendo, é claro, do número de páginas e do gênero em questão, as obras da Livraria do Povo, em formato brochura, variavam de 100 a 2 mil réis. Nessa época, um trabalhador especializado, como um ferreiro, ganhava por uma diária de serviço 3.333 réis, ao passo que um trabalhador sem nenhuma especialização recebia em torno de 1.400 réis. Os salários de serventes, contínuos e amanuenses empregados no funcionalismo municipal eram maiores, indo de 60 mil réis a 100 mil réis por mês (Damazio, 1996, p.48-50) Nos primeiros anos da República, as novas políticas econômicas postas em prática pelo governo provisório geraram uma

---

4 *Gazeta da Tarde*, Rio de Janeiro, 4 nov. 1895.

5 *O Besouro*, Rio de Janeiro, 27 jun. 1878.

6 *Gazeta de Notícias*, Rio de Janeiro, 12 mar. 1883.

7 *Gazeta de Notícias*, Rio de Janeiro, 4 set. 1882.

significativa inflação e, por conseguinte, o aumento dos preços e salários (Damazio, 1996, p.48-50).

Quer dizer, um trabalhador pobre tinha de gastar em média um terço do que ganhava em um dia de serviço para comprar um romance de sucesso para "o povo" ou então algumas moedas de 100 ou 200 réis para obter um enredo de menor repercussão. O profissional mais bem qualificado possuía uma margem maior de gastos, podendo adquirir ao longo do mês bem mais do que um exemplar. Apesar das diferenças, as publicações impressas de baixo custo já se mostravam acessíveis a setores sociais bastante distintos.

Cientes disso, os editores apostavam suas fichas em uma grande variedade de gêneros literários. O romance sempre esteve na pauta do dia. Com a crescente repercussão de autores nacionais, diversos foram os jornalistas, ensaístas e críticos literários que colocaram à prova seu talento ficcional. Foi nesse período que Max Fleuss escreveu *Femina* (1896);[8] Pardal Mallet, *O lar* (1888); Valentim Magalhães, *Flor de sangue* (1897); Horácio de Carvalho, *O chromo* (1888); Marques de Carvalho, *Hortênsia* (1888); Adolfo Caminha, *O bom-crioulo* (1895) e *A normalista* (1893); Raul Pompeia, *O ateneu* (1888); Domingos Olímpio, *Luzia-Homem* (1903); e o eminente filólogo Júlio Ribeiro, *A carne* (1888).

Até mesmo algumas mulheres que já escreviam nos jornais diários aproveitavam as oportunidades editoriais em curso para lançar narrativas de sua autoria. Nessa época, destacaram-se, dentre outras, Ignez Sabino, Júlia de Almeida e Délia, pseudônimo de Maria Benedita Bormann. Esta última, casada com seu tio materno, um herói da Guerra do Paraguai, escreveu histórias polêmicas que em geral contestavam os valores da família e do casamento, como: *Magdalena* (1881), *Aurélia* (1883), *Angelina* (1886), *Celeste* (1893) e *Lésbia* (1890).

Ao lado de escritores de talento, ainda consagrados nos dias de hoje, uma variedade de autores menos rigorosos com seus trabalhos aderia às fórmulas de sucesso, sedimentando, assim, seu lugar na concorrida vida literária carioca do fim do século XIX. Com o intuito de atrair a atenção dos consumidores, esses escritores procuravam causar "sensação" nos leitores. Em seus livros, as personagens não tardavam a entrar em um cotidiano guiado por sequestros, facadas, intrigas, envenenamentos, assassinatos e

8 Max Fleuss escreveu *Femina* com o pseudônimo Rodrigues de Almeida.

aparições de fantasmas, dentre inúmeras outras situações surpreendentes. Elas atravessavam o oceano, perambulavam por terras distantes, cometiam atrocidades e chegavam a conhecer lugares que lembravam um verdadeiro inferno na Terra. Quanto mais inesperado e mirabolante fosse o ocorrido descrito nas páginas dessas brochuras, mais o leitor, preso ao texto, vibraria.

Na verdade, esses literatos interessados em ganhar a simpatia do grande público seguiam uma velha receita. Desde o invento da impressa no Ocidente, histórias desse teor circularam em folhetos de ocasião, comercializados por vendedores ambulantes a preços populares. Divulgavam eventos espantosos, fatos curiosos e informações de última hora. Na França do século XVIII, essas publicações foram extremamente abundantes e receberam o nome de *canards*. Ao preferirem o "individual ao geral", "o concreto ao abstrato", "a imaginação à realidade" (Seguin, 1959, p.35), fizeram grande sucesso, disseminando os escândalos da nobreza, fofocas reais e crimes escabrosos envolvendo pessoas comuns. Esses panfletos preconizaram o nascimento dos jornais diários, que, mesmo tratando com especial dedicação as notícias políticas e econômicas, nunca deixaram de ceder considerável espaço aos *faits divers*, ou seja, aos casos do dia.

O romance de cunho "sensacional", na iminência de sucesso, absorveu com perspicácia a narrativa desses acontecimentos de feitio curioso e inusitado, obrigando seus heróis e heroínas a enfrentar, sem descanso, situações que, para a satisfação do leitor, quebravam o ritmo previsto de todos os dias. O homem, dizia nosso célebre escritor Machado de Assis, em 1892, sempre gostou dos grandes crimes. Assim, não o espantava que um cadáver mutilado de mulher, encontrado no largo do Depósito, no Rio de Janeiro, fosse suficiente para fartar toda uma cidade, que antes expirava de tédio em sua rotina diária.[9]

Nesse contexto editorial, surgiram também os "romances para homens", ou seja, as narrativas de teor pornográfico proibidas às mulheres, consideradas na época, pessoas de personalidade frágil e, portanto, suscetíveis aos enlevos amorosos do enredo. Esses romances ganharam um sem-número de leitores, que acompanhavam nos jornais os lançamentos de sucesso.

Na ocasião, por exemplo, do lançamento de *O aborto*, o polêmico "romance para homens" de Figueiredo Pimentel – quando se lia na impren-

9 *A Semana*, Rio de Janeiro, 25 set. 1892.

sa diária "no curto prazo de quinze dias", "caso nunca visto!!!" –, foram vendidos cinco mil exemplares. Cifras que nas semanas seguintes subiram ainda mais: "grande sucesso. O maior da literatura brasileira! Quase 7.000 exemplares vendidos em três meses!!! Acha-se no prelo a 2ª edição". Seguindo as propostas do naturalismo, o autor de *O aborto*, depois de escolher um tema "escabroso", mas, segundo ele, presente na sociedade "degenerada" do Rio de Janeiro, introduzia nas cenas amorosas descrições audaciosas e pouco veladas. Esse romance contava o trágico destino de Maricota, uma menina pervertida que seduzia seu primo Mário, engravidava e morria ao ingerir um abortivo produzido por ele.

Ao lado desses romances, encontravam-se também nas estantes das livrarias folhetos, histórias para crianças, manuais de ajuda prática, dicionários, livros para estudo, entre vários outros gêneros literários. Hoje em dia, muitos desses títulos soam estranhos aos nossos ouvidos. Por exemplo, quem já ouviu falar no *Dicionário das flores, folhas e frutas*, igualmente conhecido como o *Manual dos namorados*, publicado várias vezes pela Livraria do Povo e mesmo pela Garnier? Pois bem, esse sucesso editorial, vendido a preços módicos, ensinava aos amantes como se comunicar por meio dos símbolos da natureza. Numa época em que os jovens, em especial as mulheres, apenas com muita discrição podiam expressar suas emoções e paixões, essa pequena brochura tornava-se bastante útil. Depois de aprender o significado de cada flor, fruta e folha, os amantes podiam, por meio dessa linguagem alternativa, dar vazão aos sentimentos.

Se uma moça recebesse uma "abóbora menina", isso queria dizer que seu admirador estava, por meio desse fruto, afirmando "jurei ser teu". Se a rapariga enviasse como resposta ao pretendente "figos brancos", ele poderia ter esperanças, pois, sob os signos da natureza, ela lhe declarava "beijos de amor". Mas, se ela escolhesse como réplica um simples "cravo amarelo", o recado estava dado: "desprezo" (Dicionário, 1886).

Algumas edições do *Dicionário das flores* ofereciam aos leitores um "telégrafo amatório", no qual cada letra do alfabeto representava um gesto corporal, para que as pessoas apaixonadas comunicassem seus sentimentos sem embaraços ou repreensões alheias. Se um indivíduo quisesse revelar os segredos da sua alma, dizendo a uma moça "amo-te", bastava fazer a seguinte mímica: "por a mão direita sobre a cabeça (A), a mesma mão sobre o ombro esquerdo (M), ainda a mesma mão sobre o coração (O), depois mostrar três dedos da mão direita (T), e finalmente o dedo grande da mão direita sobre o nariz (E)" (Dicionário, 1886, p.46). Outras versões do *Dicionário das flores* ocuparam-se da arte de fazer sinais por meio de leques e bengalas, exibindo também um "completíssimo oráculo" (Diccionario, s.d.) que informava as verdadeiras intenções dos namorados.

Essas publicações, na verdade, como tantas outras, evidenciavam cada vez mais que o livro deixava de ser algo atrelado ao saber erudito ou ao aprendizado escolar, passando a ser visto também como entretenimento, diversão e passatempo. Assim, os editores das últimas duas décadas do século XIX, que tanto aprenderam com a publicação de obras populares em Portugal, investiram largamente nas edições de baixo custo. Para compensar a má qualidade do papel, as brochuras, destinadas a uma venda significativa, traziam capas coloridas, desenhos criativos e uma repetitiva propaganda nos jornais com a intenção de despertar a curiosidade dos consumidores. Diante das palavras "acaba de sahir á luz" e "já se acha á venda", o leitor podia esperar por mais uma novidade disponível nas estantes das livrarias.

5
SÃO PAULO: CIDADE DOS LIVROS ESCOLARES

Marcia de Paula Gregorio Razzini

> *O viajante é convidado a visitar a cidade ao mesmo tempo em que observa uns velhos cartões-postais ilustrados que mostram como esta havia sido [...]. Evitem dizer que algumas vezes cidades diferentes sucedem-se no mesmo solo e com o mesmo nome, nascem e morrem sem se conhecer, incomunicáveis entre si.*
>
> Italo Calvino, 1990

Nas décadas de 1970 e 1980, São Paulo era chamada "a cidade dos livros didáticos" brasileiros (Hallewell, 1985, p.515) por causa da grande concentração de editoras que se especializaram nesse segmento. Tal vocação editorial, no entanto, teve início no final do século XIX, com a expansão da escola pública elementar no estado e com o consequente e substantivo aumento da produção de livros escolares, assunto deste capítulo.

A expansão da escola elementar na Europa e América, especialmente a partir do século XVIII (Manacorda, 2002; Giolitto, 2003), portanto dentro do processo de "formação da sociedade disciplinar" (Foucault, 2004, p.179), gradativamente aumentaria o número de alunos e de professores a ponto de estes representarem um grupo expressivo de consumidores de produtos destinados às práticas escolares (Julia, 2002; Hébrard, 2001), produtos ligados à escrita e ao impresso, os quais, ainda que sujeitos à variação de período e localização, permaneciam um tanto restritos às classes sociais mais abastadas, às corporações de ofícios e às congregações religiosas.

Foi, entretanto, ao longo do século XIX, sobretudo na segunda metade, período considerado em alguns países europeus como o da "universalização" da educação popular (Pujol, 1896, p.34-5), que a escola primária conheceu uma expansão sem precedentes, o que criou grandes demandas para a indústria e o comércio, os quais foram se especializando para enfrentá-las, oferecendo produtos cada vez mais adaptados ao uso escolar.

Nesse período, tanto as inovações tecnológicas quanto a produção em série concorreram para o acesso e disseminação da educação popular. A fabricação do papel se viu sensivelmente aumentada e barateada com a substituição da pasta de trapos pela pasta de madeira, embora houvesse perda na qualidade e durabilidade, o que, junto com a substituição da pena de ave pela pena metálica, facilitou a "generalização do caderno na escola primária" após 1860 (Hébrard, 2001, p.119). A indústria de instrumentos de escrita iniciou sua escalada rumo à internacionalização (Razzini, 2007b), como ocorreu com a Faber, fábrica de lápis fundada em Nuremberg, em 1761, que inaugurou filiais e agências em Nova York (1849), Londres (1851), Paris (1855), Viena (1872) e São Petersburgo (1874) (Faber Castell, 2007). Da mesma forma, a fabricação de livros didáticos foi decisiva para o crescimento da produção editorial (Mollier, 1988), cuja difusão atravessaria fronteiras e cruzaria oceanos, impulsionada pela exibição, circulação e consagração de mercadorias e "de ideias em escala internacional" nas exposições universais (Pesavento, 1997, p.15).

No final do século XIX, verifica-se, no Brasil, maior desenvolvimento do sistema de educação pública das regiões mais urbanizadas, algumas voltadas para a exportação e incrementadas por ferrovias e pela imigração europeia. Assim, depois da Proclamação da República (1889), São Paulo foi o primeiro estado a colocar em prática um projeto de modernização da educação popular para toda a sua área e, ao renovar seu sistema oficial de ensino elementar, influenciou outras unidades da federação na instalação de sistemas similares e promoveu novas demandas para o mercado de material escolar, em especial de livros didáticos.

O modelo paulista para a educação elementar e sua expansão

A reforma e a expansão da escola pública elementar no estado de São Paulo, a partir de 1890, provocaram mudanças significativas no sistema de educação pública ao eleger o modelo de instrução popular que vinha sendo adotado por estados nacionais da Europa e América no século XIX. Fundamentado nos princípios da obrigatoriedade, gratuidade e neutralidade religiosa, dentro de uma lógica que considerava a escola alavanca do progresso e símbolo de civilização, o modelo de escola elementar escolhido pelos republicanos paulistas também promovia "a institucionalização da nova ordem política" (Carvalho, 2002b).

Cabe assinalar que os republicanos transplantaram para as escolas públicas de São Paulo métodos e inovações que nas últimas décadas do Império já eram bem-sucedidos em instituições privadas, como o Colégio Abílio e o Colégio Menezes Vieira, da Corte, ou o Colégio Pestana, a Escola Neutralidade e a Escola Americana (depois Colégio Mackenzie), de São Paulo, cuja influência foi preponderante na implantação da reforma republicana.

As mudanças foram operadas a partir da inauguração de novos espaços, os grupos escolares, projetados por engenheiros e arquitetos renomados especialmente para o funcionamento de escolas primárias (Corrêa et al., 1991; Ferreira et al., 1998). Construídos com material nobre importado, seguindo preceitos médico-higienistas, os grupos escolares foram organizados conforme uma hierarquia administrativa, a qual estava sob o comando de um diretor (cargo público que até então não existia) e era regulada pela fiscalização do estado, por meio de inspetores escolares.

A paisagem das cidades paulistas passou a conviver com "palácios de educação" ou "templos de saber" (Souza, 1998), cujas fotografias seriam difundidas em cartões-postais e em várias publicações oficiais, o que significa que eram modelos de escola moderna e civilizada, a representação[1] desejada e buscada pelos republicanos paulistas para seu projeto político.

Embora sua instalação fosse muito dispendiosa, o sucesso dos grupos escolares no estado de São Paulo é patente nas sucessivas inaugurações de novos prédios, no aumento das matrículas ou ainda no desdobramento dos

1 Refiro-me ao conceito de *representação*, de Roger Chartier (1990), esmiuçado por Sandra Pesavento, que aqui também é autora (ver Capítulo 25, "O que se lia na velha Porto Alegre: do romance da vida para a vida levada como um romance"). "A representação deixa ver uma ausência, estabelecendo-se a diferença entre aquilo que representa (o representante) e o que é representado. Mas, ao mesmo tempo, a representação afirma uma presença daquilo que se expõe no lugar do outro. Entre uma e outra função, viabiliza-se a construção de um sentido, sendo a tarefa do historiador atingir esta inteligibilidade, usando o conceito como um instrumento para interrogar o mundo" (Pesavento, 1995, p.280).

turnos das unidades situadas nas zonas mais populosas, que, em 1908, passaram a funcionar em dois ou até em três períodos (Monarcha, 1999, p.234).

Os dados levantados sempre confirmam a ampliação desse novo modelo escolar na rede estadual de ensino, quer pelo aumento geral de prédios, alunos e professores, quer pela crescente concentração das matrículas nos grupos escolares. Em 1918, conforme pode-se perceber na Tabela 5.1, as escolas estaduais respondiam por mais de 72% das matrículas do ensino primário (sendo 45% nos grupos escolares e 27% nas escolas isoladas). O sucesso dos grupos escolares confirma-se, ainda, nos índices de frequência, pois eles concentravam quase 65% dos alunos que cursavam o primário na escola pública estadual, justificando a iniciativa e os investimentos oficiais para a modernização da escola elementar.

Tabela 5.1 Ensino primário no Estado de São Paulo em 1918

Ensino primário	Escolas estaduais				Escolas municipais	Escolas particulares		Total
	Grupos escolares		Escolas isoladas					
	Capital	Interior	Capital	Interior	Interior	Capital	Interior	
Matrícula geral	28.018	73.111	9.101	52.320	12.464	24.362	24.025	223.401
Matrícula nas escolas estaduais*	101.129		61.421		–	–		162.550
Frequência**	19.450	49.053	4.288	32.820	–	–	–	105.611
Número de classes	618	1.794	–	–	–	–	–	3.982
Número de escolas	30	146	176	1.394	358	362	589	2.697

Fonte: São Paulo, 1918.

* Não foram incluídas 31 escolas reunidas, que tiveram as matrículas totais de 5.439 alunos e a frequência de 3.462 alunos.

** Não há dados sobre a frequência das escolas municipais e particulares.

A alteração, porém, não ficou restrita à paisagem urbana. Os republicanos paulistas apregoavam a mudança do espaço para promover a mudança da organização das turmas, da distribuição do tempo, do relacionamento professor-aluno, do modo e do método de ensino. Ao reunir num só prédio pequenas escolas preexistentes, o grupo escolar tornava possível a formação de turmas maiores, em torno de quarenta alunos por sala de aula, então projetada e mobiliada para receber essa quantidade de alunos, os quais passaram a ser divididos não só pelo sexo, mas também conforme a idade e os estágios de aprendizagem, o que também reorganizou o tempo escolar, agora fracionado em níveis graduados, em que a duração de cada nível passou a corresponder a um ano letivo, e, salvo oscilações, o curso primário ficou estabelecido em quatro anos (Pujol, 1896).

Esse novo modelo se contrapunha ao da escola de primeiras letras, comum nas cidades brasileiras e paulistas do século XIX, que se resumia a uma única sala de aula, estabelecida na casa do mestre ou subvencionada pelo governo e arranjada em pequenas turmas (ou classes) de alunos, de diferentes idades e níveis de aprendizagem. Tinham um único professor, que mais seguia o método de compêndio, do que um programa de ensino, situação que os republicanos queriam mudar com o modelo do grupo escolar. De qualquer modo, esse tipo de escola primária, rebatizada de escola isolada, continuou a existir na zona rural e na zona urbana de algumas cidades paulistas e existe até hoje no Brasil, em lugares com poucos habitantes.[2]

O cumprimento de um programa graduado de estudos, preestabelecido, era a maneira de garantir a mesma formação aos alunos nos grupos escolares, impondo a escolha dos mesmos métodos e dos mesmos materiais de ensino. Daí a importância atribuída à formação dos professores e à escolha do material didático.

Para a formação dos professores, a Escola Normal de São Paulo, fundada em 1846, ganhou maior notoriedade depois da virada do regime político, com a inauguração de seu portentoso prédio, em 1894, na praça da República, topônimo então recente e sugestivo para abrigar uma instituição que serviria de vitrine e de laboratório para as inovações didáticas pretendidas pelos republicanos. Incumbida de servir de modelo para o ensino nos grupos escolares, a Escola Normal da Praça, como ficou conhecida mantinha uma escola-modelo (com duas seções, masculina e feminina), onde os normalistas dos últimos anos faziam estágios, e um jardim da infância, a primeira escola pública infantil, inaugurada em 1896 (São Paulo, 1907-1908; Rodrigues, 1930; Polianteia, 1946).

Com a preocupação de profissionalizar a carreira docente, até 1913 o governo já havia instalado mais nove escolas normais nas cidades de Itapetininga, Piracicaba, Campinas, Guaratinguetá, Pirassununga, São Carlos,

2 A escola multisseriada, como é conhecida hoje, sobrevive não só no Brasil, mas na zona rural de países como a França. Chamada de *école de classe unique*, ficou celebrizada em 2002 no filme documentário *Être et avoir*, de Nicolas Philibert.

Botucatu, São Paulo (Brás) e Casa Branca (São Paulo, 1918; Corrêa et al., 1991; Ferreira et al., 1998). Publicações oficiais, como revistas e anuários de ensino, complementavam os conteúdos oferecidos pelas escolas normais, não só reforçando-os e amplificando-os, mas tentando atingir os professores que já lecionavam antes das reformas.

Dentro da sala de aula, na relação professor-aluno, evitava-se o emprego do modo individual e estimulava-se o modo simultâneo para toda a classe, que, segundo Felisberto de Carvalho, é o modo de ensino "dado ao mesmo tempo e directamente pelo professor, a todos os alumnos, entre os quaes existe uma certa igualdade de forças" (Carvalho, 1909, p.58). O modo simultâneo de ensino era tido também como o mais recomendável para a aplicação do método intuitivo (Calkins, 1886), processo de aprendizagem que dava importância à experiência do aluno, por meio da intuição, da observação dos objetos e fenômenos, dos sentidos (Faria Filho, 2000).

Privilegiando a visão, com o emprego do desenho, de ilustrações e de fotografias, o método intuitivo influenciaria a concepção dos livros dirigidos ao ensino elementar (assim como os livros de literatura infantil), em que a imagem ocupava espaço tão importante quanto o texto na página, demanda que ampliaria o mercado de trabalho para artistas que até então atuavam em jornais e revistas. O uso cada vez maior da imagem em sala de aula foi facilitado pelas técnicas de impressão e de reprodução. Desta forma, além de livros ilustrados, os alunos do curso primário passaram a conviver com mapas geográficos e quadros murais (de História, Ciências, pesos e medidas) pendurados nas paredes das salas de aula, muitos deles coloridos.

Ainda que restrito aos grupos escolares, o projeto republicano para a instrução popular previa a renovação dos materiais didáticos como meio de garantir a uniformidade e o cumprimento dos programas de ensino. Os materiais escolares tiveram de ser reelaborados ou reinventados para se adequar aos programas, então acrescidos de matérias e de conteúdos, que passaram a ser oferecidos "intuitivamente", de maneira gradual e seriada. A principal consequência de tal uniformização, aliada ao emprego do modo simultâneo para toda a sala de aula, foi a exigência de que cada aluno tivesse seu próprio material escolar, aumentando a demanda por produtos que se tornariam cada vez mais de uso individual, como penas, lápis, ardósias, folhas de papel, cadernos e livros, antes partilhados por vários alunos em diferentes momentos. Vê-se, desta forma, que uma nova cultura material vai sendo instalada junto com essa cultura escolar.

Nesse contexto, o aumento do consumo de livros didáticos representa um marco no acesso à educação elementar, e o expressivo crescimento do mercado de livros escolares deve ser encarado como parte das condições de infraestrutura (física e cultural) criadas para a consolidação dos sistemas de educação pública (Carbone, 2003, p.14).

Em São Paulo, desde o início da República, o governo controlou a escolha dos livros didáticos nas escolas públicas primárias, nas quais só poderiam entrar aqueles que fossem aprovados previamente pelo Conselho Superior de Instrução Pública e, mais tarde, quando este foi extinto (1897), pelas sucessivas comissões designadas pela Diretoria Geral de Instrução Pública (Pujol, 1896; São Paulo, 1907-1908, 1918, 1936-1937).[3]

Ao lado disso, o governo estabeleceu que somente os livros de leitura deveriam ser destinados ao uso dos alunos, o que desobrigava o fornecimento de livros das demais matérias, as quais ficariam a cargo da "palavra do mestre" (Pujol, 1896, p.46-7). É importante frisar que a determinação de adotar apenas "cartilhas e livros de leitura corrente" para uso dos alunos persistiria até o final da década de 1930 (São Paulo, 1936-1937, p.185), colocando tais produtos no centro das adoções oficiais e do interesse das editoras.

Fora do controle do Estado, mas igualmente importante para o processo de produção e circulação do livro didático, era a progressiva (e massiva) evasão escolar das escolas públicas paulistas. Em 1904, calcula-se que 40% das classes dos grupos escolares eram destinadas ao primeiro ano (Monarcha, 1999, p.234), fato que tornava economicamente muito mais atrativo o segmento editorial dirigido aos iniciantes do curso elementar. Em 1930, registra-se que 52% do total de matrículas do curso primário eram para o primeiro ano, 27% para o segundo, 13% para o terceiro e só 7% para o quarto (São Paulo, 1942). Tal situação, reproduzida durante muito tempo, pode ser notada nas múltiplas tiragens das cartilhas de alfabetização e dos primeiros volumes dos livros de leitura graduada, e a grande quantidade de títulos constantemente lançados no mercado brasileiro reflete a concorrência acirrada entre as editoras, que comporia a base sobre a qual a produção didática ficaria polarizada.

---

3 *Revista de ensino*, São Paulo: Typographia do Diario Official, 1902; 1904; 1910.

A produção de livros para as escolas elementares em São Paulo

A década de 1890, em São Paulo, foi marcada pelo desenvolvimento da indústria gráfica em geral, especialmente das tipografias dedicadas ao impresso comercial (rótulos, embalagens, propagandas, folhinhas, cartões-postais, envelopes, papéis de carta, cartões de visita, livros em branco, livros de escrituração etc.), que, junto com o jornal, a revista e o cartaz, aliava-se "às melhorias dos transportes, ampliando os meios de comunicação e potencializando o consumo de toda ordem" (Martins, 2001, p.166).

Ao acompanhar o movimento de expansão do setor gráfico, a produção didática se beneficiava das inovações técnicas (litografia, cromolitografia, fotolitografia, zincografia; impressão sobre cobre, com gelatina sensível à luz, com rotativa; novos processos de fabricação e branqueamento do papel) e do aumento do público leitor, que ela mesma ajudava a formar nas escolas elementares.

A reforma oficial do ensino, com a finalidade da expansão da escola elementar, e a preferência pela adoção de obras de autores locais são consideradas as principais causas da abertura da primeira agência da Livraria Francisco Alves em São Paulo (Razzini, 2005), editora carioca já tradicional no segmento de livros escolares. A agência da Alves & Cia foi inaugurada em abril de 1894, antes, portanto, da mudança da Escola Normal e de suas escolas-modelo para o novo e vistoso prédio da praça da República, ocorrida em 2 de agosto (Rodrigues, 1930).[4]

A entrada da Livraria Francisco Alves em São Paulo, entretanto, esbarrou em algumas resistências. Em junho de 1893, a Livraria Clássica de Alves & Cia enviou ao Conselho Superior de Instrução Pública do Estado, por meio de um representante, a Livraria Garraux,[5] vários pedidos de aprovação de seus livros didáticos, os quais foram, na maior parte, atendidos, entre agosto e setembro de 1893. Em seguida, a Secretaria Geral da Instrução Pública publicou edital para o fornecimento de "livros didáticos às escolas

4 *O Estado de S. Paulo*, 3 ago. 1894.

5 Para o estudo da Casa Garraux, consultar Deaecto, 2006. Para a trajetória da Livraria Francisco Alves, consultar Moniz, 1943; Bragança, 2000, 2001 e 2004. Para a análise da produção didática da Livraria Francisco Alves, consultar Razzini, 2005; 2007a.

públicas",[6] provavelmente a primeira concorrência pública desse tipo sob o novo regime político. Em novembro, foram abertas e lidas as propostas dos três concorrentes: livraria clássica de Alves & Cia, Teixeira e Irmão e a do engenheiro Manuel F. Garcia Redondo, este último apenas "com respeito ao livro – *Contos infantis*", das irmãs Júlia Lopes de Almeida e Adelina Lopes Vieira.[7]

Como vimos antes, a principal compra governamental referia-se aos livros de leitura, os únicos destinados ao uso dos alunos; portanto, era natural que eles fossem o centro das atenções oficiais. Em meados de dezembro de 1893, o doutor Ernesto Goulart, membro do Conselho Superior de Instrução Pública, emitiu um longo parecer sobre as propostas apresentadas. Sob a alegação de preço alto, os livros de leitura da Livraria Clássica de Alves & Cia, ou seja, os de Felisberto de Carvalho e os de Hilário Ribeiro, que lecionavam no Rio de Janeiro, embora elogiados e aprovados, foram preteridos em favor da adoção dos livros de leitura de João Köpke e de Thomaz Galhardo, autores oriundos do sistema de ensino paulista e publicados pela livraria de Teixeira e Irmão.[8]

A Livraria Teixeira, dos irmãos José Joaquim Teixeira e Antonio Maria Teixeira, foi aberta em 1876, na capital paulista, à rua São Bento, 65, como Grande Livraria Paulista, comercializando livros, sobretudo os importados de Portugal. A partir da década de 1880, os irmãos Teixeira publicaram títulos didáticos, literários, jurídicos e obras populares, geralmente impressos na cidade do Porto, com a chancela "Teixeira & Irmão – Editores".

Em levantamento feito em bibliotecas e nos próprios livros, apurou-se que a Teixeira e Irmão publicou, nas décadas de 1880 e 1890, as seguintes obras didáticas: *Cartilha da infância*, 2ª edição, 1891, de Thomaz Galhardo; *Leituras escolares brazileiras, 1ª* e *2ª serie*, 1889, de Adolpho Coelho; *1º, 2º e 3º Livro de leitura* [188-], de João Köpke; *Fábulas*, 1891, de João Köpke; *Código juvenil*, 1891, de Latino Coelho; *Grammatica da puericia*, 1891, de Julio Ribeiro; *Grammatica portugueza*, 3ª edição, 1891, de Julio Ribeiro; *Principios de pedagogia*, 1891-1893, de J. Augusto Coelho; *4º Livro, leituras moraes e instructivas*, 1892, de João Köpke; *Leituras praticas*, 1892, de

6 *Diario Official*, 18 out. 1893.
7 *Officios*, 1893.
8 *Livro de Actas*, 1893.

João Köpke; *Nouveau dictionnaire portugais-français*, 1892, de Jose Ignacio Roquete; *Geographia elementar*, 2ª edição, 1893, de Tancredo do Amaral.[9]

O parecer de Ernesto Goulart foi aprovado, em 15 de dezembro de 1893, pelo Conselho Superior, tendo a Teixeira e Irmão vencido a concorrência para fornecer os livros didáticos ao governo paulista. No entanto, a disputa terminaria de maneira surpreendente, pois, sete dias após a aprovação da proposta dos irmãos Teixeira, o *Livro de Actas* do Conselho Superior de Instrução Pública registrava a notícia da falência dos vencedores:

> Officio do cidadão Tancredo do Amaral, comunicando que, tendo sido declarados fallidos os livreiros Teixeira e Irmão, tomava a si a proposta por estes feita ao governo para fornecimento da obra – Geographia Elementar – de que é autor, mantendo os preços estabelecidos. – Á 2ª secção – Dr. Goulart.[10]

O caso chegou até o secretário do Interior, doutor Cesário Motta Junior, que pediu ao Conselho Superior, em 2 de março de 1894, que lhe fosse enviada

> copia da proposta feita por Teixeira e Irmão para a impressão das obras didacticas – 1º, 2º e 3º livros de leitura (lições de cousas) e "Leituras Praticas", do dr. João Köpke, bem como a "Cartilha da Infância", do professor Thomaz Galhardo, acompanha[da] dos pareceres emittidos pelo Conselho. – Satisfaça-se.[11]

Além da falência dos irmãos Teixeira nunca ter sido mencionada pelos historiadores do livro e da leitura, não foi possível obter mais detalhes sobre

---

9 Nesse período, os irmãos Teixeira haviam publicado, também, livros de literatura e de Direito, tais como: *A comedia dos deuses: poema*, 1887, de Teóphilo Dias; *A carne*, 1888, de Julio Ribeiro; *Poesias* (Panoplias, Via-Lactea, Sarças de Fogo), 1888, de Olavo Bilac; *Espumas fluctuantes*, 1889, de Castro Alves; *Demônios*, 1893, de Aluízio de Azevedo; *Loucura, estudos clínicos e medico-legais*, 1889, de Julio de Mattos; *Systema penitenciario*, 1889, de A. M. Senna; *Sciencia política*, 1891, de Alberto Salles; *Menores e interdictos*, 1891, de Hypolito de Camargo; *Legislação commercial das fallencias*, 2ª edição, 1891; *Prolegomenos ao estudo do direito repressivo*, 1891, de Fernando Puglia; *Sobre a legitima defeza*, 1891, de Julio Fioretti; *Alucinações e ilusões*, 1892, de Julio de Mattos; *Projecto de organisacao judicial do Estado de São Paulo*, 1891, e *Estado civil*, 1892, de Hypolito de Camargo; e *Historia do Brazil*, 1894, de José Maria da Silva Paranhos Filho, barão do Rio Branco.

10 *Livro de Actas*, 1893.

11 *Livro de Actas*, 1894.

ela nem saber o que a motivou ou se, de fato, efetivou-se, porque foram encontradas duas pequenas notas sobre a Teixeira e Irmão no *Diario Official* de 14 de dezembro de 1893, uma pedindo o "archivamento de seu contracto social" e a outra solicitando registro da firma, sendo que ambos os pedidos foram aceitos pela Junta Commercial do Estado. De qualquer maneira, a consequência para os irmãos Teixeira foi o cancelamento da compra dos livros didáticos pelo governo paulista.

Os livros de Thomaz Galhardo e de Tancredo do Amaral, que antes eram publicados pela Teixeira e Irmão, passaram, a partir de abril de 1894, a fazer parte do catálogo de lançamentos da Livraria Clássica de Alves & Cia., ironicamente a editora que perdera a concorrência para os irmãos Teixeira.[12] Coincidência ou não, logo em seguida, a Alves & Cia. inaugurou sua primeira filial em São Paulo, a 23 de abril de 1894.

Quanto aos livros de leitura de João Köpke, amplamente adotados em São Paulo, foram publicados com a chancela de Miguel Melillo a partir de 1896, pois este comprou a Livraria Paulista dos irmãos Teixeira. Os livros didáticos de João Köpke seriam reeditados, depois, por outra firma sucessora, a N. Falcone & Cia (1904), que foi adquirida pela Livraria Francisco Alves em 1908, na qual eles continuariam sua longa trajetória, ao menos até o final da década de 1940 (Razzini, 2007a; Hallewell, 1985, p.211).[13]

Um dos irmãos Teixeira, Antonio Maria, voltou para Lisboa, onde abriu a Livraria Clássica Editora (Hallewell, 2005, p.263), a qual publicaria muitos autores brasileiros, com o selo A. M. Teixeira e Companhia. No Brasil, José Joaquim continuaria a tocar a livraria Teixeira, que se instalara no número 4 da rua São João. Em 1929, foi substituído por seu funcionário José Vieira Pontes, que se tornou o único dono da Livraria Teixeira. Os lançamentos de livros saíram com o selo C. Teixeira & Comp. (Editora, 1998, p.33-4; Hallewell, 2005, p.331).

Já as obras didáticas da Livraria Clássica de Alves & Cia., apresentadas na referida concorrência pública, só a partir de 1902 é que os livros de leitura de Hilário Ribeiro (que tinham sido lançados em 1885) apareceriam nas listas oficiais de São Paulo, para uso das escolas públicas (Razzini, 2005),

12 Thomaz Galhardo assinou contrato com a Alves & Cia. em 3 de abril de 1894, para a publicação da *Cartilha da infância* e, em 6 de setembro de 1894, para a publicação do *Segundo livro de leitura* (Bragança, 2000, p.464-5).

13 Catálogo da Livraria Francisco Alves, 1941.

o que comprova que, enfim, a editora conseguira seu intento de fazer parte das compras do governo paulista. Enquanto isso, os livros de leitura de Felisberto de Carvalho (lançados entre 1892 e 1895) permaneceriam afastados das escolas públicas paulistas. Diferentemente do que ocorreu em outros estados (Cabrini, 1994), sua adoção em São Paulo deve ter sido esporádica, pois não foram encontrados registros nas listas oficiais de livros didáticos até o final da década de 1930 (São Paulo, 1936-1937).

Convém apontar que a Livraria Clássica de Alves & Cia., fundada pelo português Nicolau Alves em 1854, no Rio de Janeiro, vinha se destacando desde o início de suas atividades no segmento de livros escolares, primeiro de nível secundário, depois de nível primário, em especial após Francisco Alves de Oliveira, sobrinho de Nicolau, ter assumido "a direção plena da empresa", em março de 1883 (Bragança, 2004). O lançamento de *Coração*, de Edmundo de Amicis, em 1891, livro que seria amplamente adotado nas escolas brasileiras, inclusive nas de São Paulo, atesta o acerto de Francisco Alves ao apostar nos livros dirigidos ao ensino elementar.[14]

A entrada da Alves & Cia. no mercado paulista pode ser vista, portanto, como um empreendimento bem-sucedido, cujo capital investido seria multiplicado em razão do constante crescimento do sistema público de ensino primário.

A grande expansão do catálogo da Livraria Francisco Alves,[15] entre 1894 e 1917, período que compreende a inauguração da filial em São Paulo e a morte do editor Francisco Alves, contou com a entrada de muitos autores que atuavam no ensino primário e secundário de São Paulo (Razzini, 2005). Dos 264 títulos didáticos lançados nesse período, 72 obras eram de autores que atuavam no ensino público de São Paulo. Entre estes, destacam-se 44 livros de leitura, os quais reforçariam bastante o catálogo da Livraria Francisco Alves, não só pela aprovação oficial em São Paulo, mas também porque eram títulos gerados dentro de um sistema de ensino que começara a servir de modelo para as reformas de outros estados, fornecendo até mesmo mão de obra especializada para a instalação de sistemas similares nos

14 Para o estudo do *Coração*, de Amicis, ver Bastos, 2004.

15 A análise dos lançamentos da Livraria Francisco Alves apontou que, do início de suas atividades até 1893, a editora havia publicado 96 títulos, dos quais 81 eram didáticos. No período da grande expansão, de 1894 a 1917, foram lançados 516 títulos, dos quais 264 eram didáticos (Razzini, 2005).

estados de Espírito Santo, Goiás, Mato Grosso, Paraná, Pernambuco, Piauí e Santa Catarina (Polianteia, 1946). Tais livros de leitura tinham, portanto, grande potencial de adoção, como se verificou com as cartilhas adotadas em Minas Gerais, Rio Grande do Sul e Mato Grosso (Frade; Maciel, 2006).

Os onze autores e respectivas obras publicadas pela Livraria Francisco Alves são: Tancredo do Amaral (*História do Estado de S. Paulo*, 1894; *Geografia elementar*, 1895; *Analectos paulistas*, 1896; *O Estado de S. Paulo*, 1896; *Livro das escolas*, 1913), Thomaz Galhardo (*Cartilha da infância*, 1895; *Segundo*, 1895, e *Terceiro livro de leitura*, 1906), Arnaldo Barreto (*Primeiras leituras*, 1908; *Cartilha analítica*, 1909; *Leituras moraes*, 1909; *Cartilha das Mães*, 1911), Romão Puiggari (*Cousas Brasileiras*, 1895; *Album de Gravuras*, 1898, e, com Arnaldo Barreto, *Série Puiggari-Barreto – Primeiro*, 1909, *Segundo*, 1911, *Terceiro*, 1911, e *Quarto livro de leitura*, 1909), Ramon Roca[16] (*Pequenas leituras*, 1913), Alfredo Bresser (*Leitura manuscripta*, 1909, com Romão Puiggari e Ramon Roca, sob a sigla BPR, das iniciais dos sobrenomes), João Köpke (*Fábulas*, 1910; *Leituras praticas*, 1915; *Primeiro*, 1908, *Segundo*, 1908, *Terceiro*, 1908, *Quarto*, 1908, e *Quinto livro de leituras moraes e instrutivas*, 1911), Diogo Esteves da Silva (*Instrução moral*, 1897), Mario Bulcão (*Vida infantil – Primeiro*, 1906, *Segundo*, 1906, *Terceiro*, 1906, e *Quarto livro*, 1906), Francisco Viana (*Leituras Infantis:cartilha*, 1912; *Histórias para pequeninos, leitura preparatória*, 1909; *Primeiro*, 1908, *Segundo*, 1908, e *Terceiro livro*, 1908; *Primeiros passos na leitura*, 1915; *Aprendizagem da leitura*, 1916; *Cadernos de linguagem*, 1909) e Rita de Macedo Barreto (*Corações de crianças: leituras preparatórias*, 1914; *Primeiro*, 1913; *Segundo*, 1913; *Terceiro*, 1913; e *Quarto livro*, 1916).

É importante assinalar o movimento de transferência de obras que já tinham sido testadas em pequenas editoras para a Livraria Francisco Alves, que se tornaria a maior editora brasileira de livros didáticos, especialmente a partir de 1908, com sucessivas aquisições e associações com outras editoras, pois grande parte dos livros citados acima já havia sido publicada por editoras menores de São Paulo, como a Teixeira e Irmão (da Livraria Paulista, e seus sucessores, Mellilo e Falcone), Costa & Santos (da Livraria Civilização) e a Tipografia Siqueira, outra editora que se destacou no mercado de livros escolares de São Paulo (Hallewell, 2005, p.330-1).

---

16 Ramon Roca Dordal nasceu na Espanha, por isso Roca é o sobrenome principal.

As publicações da Tipografia Siqueira[17] tiveram início em 1894 com relatórios oficiais e obras destinadas à Academia de Direito, mas, logo em seguida, apareceram vários títulos direcionados ao ensino elementar, especialmente de educadores paulistas vinculados à Escola Normal da capital e à administração pública de ensino. Foram localizados 346 títulos, publicados de 1894 a 1962, dos quais 55 eram destinados ao ensino elementar e 43 eram dirigidos ao ensino secundário, que incluía o curso normal.

Os negócios da Tipografia Siqueira com o governo paulista incluíam, além do fornecimento de livros em branco, para escrituração administrativa, a publicação de obras oficiais extensas, como os anuários de ensino, cujo primeiro número, o *Annuario do Ensino do Estado de São Paulo 1907-1908*, saiu em 1908, fartamente ilustrado com quadros estatísticos e com fotografias de escolas normais e de grupos escolares. Essa obra era destinada à grande Exposição Nacional, do Rio de Janeiro, que comemorou o centenário da abertura dos portos do Brasil, por dom João VI (São Paulo, 1907-1908, p.VI).

Com relação aos livros de leitura da Primeira República,[18] foram localizados 23 títulos publicados pela Tipografia Siqueira, entre 1900 e 1927, os quais foram escritos pelos seguintes autores oriundos do sistema de ensino paulista: Arnaldo Barreto (*Leituras moraes*, 1900; *Cartilha das mães*, 1901; *A pobre abelhinha*, 1926), Romão Puiggari (*Álbum de gravuras*, 1901; *Cousas brasileiras*, 1901), Alfredo Bresser (*Leitura manuscripta*, 1901, com Romão Puiggari e Ramon Roca, sob a sigla BPR, correspondente às iniciais dos sobrenomes), João Pinto e Silva (*Historietas*, 1901; *Cartilha do lar*, 1914; *Leituras nacionaes*, 1902; *Minha pátria – Segundo*, 1914, e *Terceiro livro*, 1914; *Meus deveres – Segundo*, 1926, *Terceiro*, 1914, e *Quarto livro*, 1926), Ramon Roca (*Cartilha moderna*, 1902), Mariano de Oliveira (*Novas leituras – Segundo*, 1927, e *Terceiro livro*, 1914, com Ramon Roca), Carlos Alberto Gomes Cardim (*Cartilha infantil*, 1919; *Tradições nacionaes*, 1914;

17 A Tipografia Siqueira teve várias denominações: Typographia a Vapor Espindola, Siqueira & Comp., de 1894 a 1905; Typ. Augusto Siqueira & Comp., de 1906 a 1922; Siqueira, Salles & Comp., em 1910; Siqueira, Nagel & Comp., de 1911 a 1915; Siqueira, Salles Oliveira, Rocha & Comp., de 1927 a 1933; Typographia Siqueira, de 1912 a 1947; Casa Siqueira, Salles Oliveira & Cia. Ltda., em 1934; Gráfica Siqueira e Indústria Gráfica Siqueira S/A, de 1950 até 1962 (Razzini, 2007c).

18 As datas de publicação referem-se aos exemplares localizados em acervos e bibliotecas, maneira pela qual foi reconstituída a história e a produção didática da Tipografia Siqueira, por se tratar de editora que não existe mais (Razzini, 2007c).

Comemorações cívicas das festas escolares, 1916) e Theodoro de Moraes (*Cartilha do operario*, 1918; *Meu livro: primeiras leituras*, 1920).

A Tipografia Siqueira destacou-se, ainda, por ter sido durante várias décadas a casa impressora da Coleção *FTD*, sigla que homenageava o *frère* Théophane Durand. Os livros didáticos da Coleção *FTD*, elaborados pela Congregação Marista do Brasil a partir de 1902, foram inicialmente impressos em Lyon, na França, pela tipografia de Emmanuel Vitte. A boa aceitação de tais livros em outras escolas confessionais do país, além dos colégios maristas de São Paulo, Rio de Janeiro e Congonhas do Campo (MG), levou os Irmãos Maristas a firmar contrato de distribuição com a Livraria Francisco Alves em 1906 e, quando aumentaram as dificuldades com a distância do impressor, em 1908, passaram a ser impressos também em São Paulo, na Tipografia Siqueira. Em 1963, "a Coleção *FTD*" seria "transformada em Editora FTD S/A" (Editora FTD, 2003, p.61) e, anos mais tarde, torna-se uma das maiores editoras brasileiras especializada em didáticos, paradidáticos e em "livros de literatura para uso na escola" (Editora FTD, 2003, p.74). Para se ter ideia da importância dos livros didáticos que formavam a Coleção *FTD*, o catálogo da Livraria Francisco Alves de 1941 oferecia ao público 241 títulos das diversas matérias que compunham o currículo das escolas elementar e secundária, inclusive o ensino de religião.

A Melhoramentos também se destacou no segmento de livros didáticos desde o início de suas atividades editoriais. A sociedade com o conterrâneo Bühnaeds, natural de Hamburgo, introduziu os irmãos Weiszflog nas artes gráficas, em 1899, na capital paulista. Em 1905, os Weiszflog compraram a parte de Bühnaeds e, sob a denominação de Estabelecimento Graphico Weiszflog Irmãos & Comp. (Donato, 1990), saiu em 1907 a primeira publicação da casa, a *Gramática expositiva*, de Eduardo Carlos Pereira, professor do ginásio do estado, cujo exemplar foi localizado no Instituto de Estudos Brasileiros (IEB) da Universidade de São Paulo (USP). O direcionamento dos negócios para o mercado de material escolar continuou em 1909, quando foram publicados os *Mappas Parker* "para o ensino de Arithmetica" e os cadernos de *Caligrafia vertical*, de Francisco Viana, coleção que teria sucesso duradouro, atingindo centenas de edições em 1990, com mais de 51 milhões de exemplares produzidos (Razzini, 2007c).

Só em 1915 é que foi lançado *O patinho feio*, de Hans Christian Andersen, livro considerado (a meu ver, equivocadamente) a primeira publicação da

Editora Melhoramentos (Hallewell, 1985, p.257; Donato, 1990, p.44-50; Razzini, 2007c), obra ilustrada por Frans Richter e adaptada por Arnaldo de Oliveira Barreto, organizador deste e dos volumes seguintes da Biblioteca Infantil, coleção que foi indicada para "leitura supplementar" nas escolas primárias paulistas (São Paulo, 1918).

A opção dos irmãos Weiszflog pelo segmento didático fica patente, ainda, no catálogo da editora, de 1917, quando foram apresentados 49 títulos, entre livros e outros materiais de ensino, incluindo nove títulos da Biblioteca Infantil, todos reunidos em duas páginas, cuja capa anunciava "Weiszflog Irmãos, Lista de Preços de Livros Escolares, Edições da Casa, 1-7-17".

Até o final de 1920, antes, portanto, da fusão com a Companhia Melhoramentos de São Paulo,[19] os irmãos Weiszflog já haviam publicado 27 livros didáticos, sendo 12 para o ensino primário e 15 para o ensino secundário. Com relação aos livros de leitura, saíram dos prelos dos Weiszflog, três obras de Mariano de Oliveira (*Nova cartilha analitico-sintetica*, 1916; *Paginas infantis*, 1916, e *Nova cartilha ensino rapido da leitura*, 1917);[20] e três de Erasmo Braga (*Leitura I*, 1919; *Leitura II*, 1919; *Leitura III*, 1921).

Na mesma época, outro editor que logo optou pela publicação de livros didáticos foi Monteiro Lobato. A trajetória de Lobato como editor [21] começou em 1918, quando adquiriu a *Revista do Brasil* (Bignotto, 2007, p.182). Em 1920, publicou *A menina do narizinho arrebitado*, marco da literatura infantil brasileira, que, no ano seguinte, daria origem a uma versão escolar intitulada *Narizinho arrebitado: segundo livro de leitura para uso das escolas primárias*, publicado em formato menor, porém com muitas páginas a mais, para poder abrigar as outras histórias acrescentadas. Em 1923, o catálogo da Monteiro Lobato & Cia. Editores,[22] anunciava que a primeira edição desse livro de leitura atingira o "50º milheiro" e que cada exemplar era vendido

---

19 *Diario Official*, 22 dez. 1920. Ver o Capítulo 8, "Os irmãos Weiszflog em busca dos mercados escolares: identidades das Edições Melhoramentos dos primórdios à década de 1960", de Gabriela Pellegrino Soares.

20 A *Cartilha ensino rapido da leitura* teve trajetória excepcional, com 2.230 edições, até 1996, e mais de 6 milhões de exemplares produzidos, marca ultrapassada apenas pela *Cartilha do povo* (1928), de Manoel Bergström Lourenço Filho, que teve mais de 11 milhões de exemplares produzidos até 1994, em 2.204 edições (Razzini, 2007c).

21 Ver Capítulo 6, "Monteiro Lobato: editor revolucionário?", de Cilza Bignotto.

22 Todos os catálogos da editora de Monteiro Lobato aqui referidos foram consultados na tese de doutorado de Bignotto, 2007.

por 2,5 mil réis. Edgard Cavalheiro aponta que o governo paulista adquiriu 30 mil exemplares de *Narizinho arrebitado* para adoção nas escolas públicas elementares, segundo Lobato, "uma avalanche nasal" (apud Azevedo et al., 1998, p.161), adoção que deve ter contribuído para que ele se tornasse, "talvez, o maior sucesso comercial da editora" (Bignotto, 2007, p.240), ainda que não haja notícia de ter sido reeditado.

Mesmo se tratando de um livro de leitura, cujo consumo é bem mais amplo que o dos demais, a tiragem de cinquenta mil exemplares em uma única edição de fato parece uma quantidade excepcional, sobretudo se for confrontada com tiragens de livros escolares similares, como a primeira edição das *Fábulas*, do próprio Lobato, que saiu em 1922, com tiragem bem inferior, de dez mil exemplares, vendido pelo mesmo preço, segundo informações do referido catálogo de 1923. A altíssima tiragem sugere, ainda, que Monteiro Lobato confiava muito nas possibilidades de adoção oficial de *Narizinho arrebitado*, opinião que pode ter sido dada previamente por algum leitor crítico da área educacional. Como mostra Bignotto, a rede de relações que Lobato mantinha com homens de letras e com autoridades, inclusive as de ensino, era densa o bastante para facilitar a venda e distribuição dos livros que editava (Bignotto, 2007, p.280-327), o que pode ter ocorrido com a adoção oficial de *Narizinho arrebitado* e das *Fabulas*, assim como de outros livros didáticos que publicaria até 1925.

Outros editores na mesma época e cidade preferiram arriscar pouco inicialmente, como os irmãos Weiszflog com relação aos três livros de leitura da série de Erasmo Braga, cuja tiragem da primeira edição foi de cinco mil exemplares para cada volume, embora o autor tivesse firmado compromisso, no contrato com os editores, de dar à obra um feitio técnico que pudesse habilitá-la à aprovação oficial. O "successo incomparavel" desses livros, alardeado no catálogo de 1922 da Companhia Melhoramentos de S. Paulo, seria duradouro, atingindo 206 edições em 1956, com a inusitada marca de quase dois milhões de exemplares produzidos. O volume que teve maior potencial de venda foi o primeiro, *Leitura I*, anunciado no catálogo pelo preço de 2$500 e cujo pico de consumo ocorreu entre 1919 e 1940, período em que foram produzidos 700 mil exemplares, do total de 1.010.000 até 1956 (Razzini, 2007c).

Entre 1923 e 1924, Lobato reclamou das dificuldades na "vendagem" dos livros, em face do "câmbio infame, aperto geral, vida cara", apontando o didático como exceção, e, em duas cartas que escreveu ao amigo Rangel, comentou a sazonalidade da sua produção:[23]

> Tomo nota do teu plano de traduções. Estamos refreando as edições literárias para intensificação das escolares. O bom negócio é o didático. Todos os editores começam com a literatura geral e por fim se fecham na didática. Veja o Alves (Lobato, 1964, p.260).[24]

> Teu livro está impresso e dobrado. Se demora, é porque a proximidade da abertura das aulas põe a mercadoria didática à frente de tudo mais. Só cuidamos agora de cartilhas, gramáticas, aritméticas – todos os instrumentos de torturar as crianças (Lobato, 1964, p.263).[25]

Mesmo sem obter o sucesso do livro didático de estreia, Monteiro Lobato continuaria a investir nas edições escolares, das quais deveria se ocupar quase que exclusivamente no final e início do ano, como sugerem as datas das cartas. Na contracapa do livro *Da collocação dos pronomes complementos*, de Leonardo Pinto, "Lente da Escola de Commercio 'Alvares Penteado'", encontra-se uma lista de dezessete "Livros escolares editados por Monteiro Lobato & Cia.", cujos autores são os seguintes: o próprio Lobato (*Narizinho arrebitado*, 1921; *Fabulas*, 1922), Thales de Andrade (*Saudade*), Benedito Maria Tolosa (*Cartilha de alphabetização*; *Livros* [ou *Cadernos*] *de problemas para o ensino primário e ensino do Francez pelo methodo analytico*), Antonio de Sampaio Doria (*Como se aprende a língua*, em dois volumes; *Curso elementar* e *Curso complementar*; *O que o cidadão deve saber*), Miguel Milano (*Sciencias physicas e naturaes: higiene*), Eduardo Carlos Pereira (*Grammatica expositiva*, em 2 volumes; *Curso elementar* e *Curso superior*; *Grammatica historica*), Leonardo Pinto (*Conjuncções*; *Conjugação dos verbos regulares, irregulares e defectivos da lingua italiana*), Fausto Lex (*A pesca*, Biblioteca do Escoteiro) e Antonio de Almeida Junior (*Cartilha de hygiene*).

---

23 Agradeço a Emerson Tim, autor da tese sobre a correspondência de Monteiro Lobato defendida em 2007 no Instituto de Estudos da Linguagem da Universidade Estadual de Campinas (Unicamp), por ter-me enviado as duas cartas citadas.

24 São Paulo, 1º dez. 1923.

25 São Paulo, 3 jan. 1924.

No catálogo geral de 1925 da Companhia Graphico-Editora Monteiro Lobato, registra-se a publicação de mais 18 obras didáticas, dos seguintes autores: Monteiro Lobato (*Contos escolhidos*), Thales de Andrade (*O trabalho*), Othoniel Motta (*Selecta nacional*; *Lições de Portuguez*; *O meu idioma*), Orlando C. da Silva (*Enredos de Historia patria*), Sampaio Dória (*Como se aprende a língua*; *Curso medio*; *Como se ensina*), Edgard Vieira (*Factoração algebrica*), H. Geenen (*Compendio de Psychologia*; *Compendio de Lógica*), João Gomes Junior (*Cantigas de minha terra*; *Aulas de Musica*), Mello Cunha (*Algumas regras de calculo mental*), J. P. de Camargo (*Lições de Tachygraphia*), Ataliba de Oliveira (*Maria Angela, leitura media*) e Alduino Estrada (*Estrada luminosa*).

Depois da falência da editora de Monteiro Lobato, em 1925, sua sucessora, a Companhia Editora Nacional,[26] continuaria a editar as obras literárias e didáticas do antigo catálogo, mas se voltaria, cada vez mais, para a produção de livros escolares, garantindo aos editores o lastro seguro das vendas de *best sellers* didáticos:

> Lobato entusiasma-se com a empresa, que se firma no mercado. "A nossa nova companhia vai muito bem, apesar de não ter feito ainda o grande negócio", relata a Heitor de Morais, seu cunhado, em março de 1926. "Basta te dizer que o movimento de vendas deste mês talvez exceda de 100 contos. Ora, isto para o segundo mês de trabalho é maravilhoso. No primeiro mês vendemos 60 contos. Cala o bico. Mas eu e o Octalles havemos de provar aos povos que somos inderrotáveis. Imagina tu que o capital social da grande empresa é só de 50 contos; no entanto, as 20.000 gramáticas [de Eduardo Carlos Pereira] que vendemos este mês, só elas, nos dão um líquido de 55 contos!". (Azevedo et al., 1998, p.190)

Por causa da Faculdade de Direito do Largo São Francisco, havia ainda, em São Paulo, editoras e comerciantes especializados em livros jurídicos, que depois acabariam publicando livros didáticos, como a Livraria Acadêmica, do português Joaquim Ignácio da Fonseca Saraiva, que inicialmente só comercializava livros usados. De sebo de livros jurídicos, Saraiva passou

26 Sobre a Nacional, ver Capítulo 7, "A Companhia Editora Nacional e a política de editar coleções: entre a formação do leitor e o mercado de livros", de Maria Rita de Almeida Toledo.

a publicá-los em 1917 e, a partir de 1934, lançou vários títulos escolares que fariam da Saraiva (assim como ocorreria com a Nacional) uma das grandes editoras de livros didáticos brasileiros (Editora Ática, 1998, p.35-8).

Observa-se, ao longo de duas ou três décadas no início do século XX, que o movimento de expansão da escola pública elementar no estado de São Paulo não só impulsionou a produção didática na capital, como também manteve forte o segmento voltado para as edições escolares. As empresas do setor, ainda que muito suscetíveis às oscilações de mercado – algumas chegaram até a ser penalizadas com falência, como ocorreu com as firmas dos irmãos Teixeira e de Monteiro Lobato –, conseguiram se recuperar rapidamente, superando dificuldades e restabelecendo logo a oferta de livros didáticos, o que acabaria constituindo um mercado resistente e duradouro, capaz de absorver, cada vez mais, demandas vindas de outros estados. Foi por causa dessa concentração de editoras que tinham o livro didático como principal produto que São Paulo ficaria conhecida como a cidade dos livros didáticos brasileiros.

6
Monteiro Lobato: editor revolucionário?

Cilza Bignotto

Entre 1918 e 1925, Monteiro Lobato esteve à frente de editoras que ficaram registradas na história do livro nacional como *revolucionárias*, em decorrência de inovações realizadas em setores como os de projeto gráfico e de vendas. Neste capítulo, pretendemos rememorar um pouco da história dessas empresas e analisar em que medida elas teriam sido revolucionárias – se é que de fato o foram –, particularmente no aspecto da distribuição nacional de livros.

Monteiro Lobato começou a publicar livros em 1918, pela Seção de Obras d'*O Estado de S. Paulo* e pela *Revista do Brasil*, a qual comprara em maio do mesmo ano e vinha desde então dirigindo. Em 1919 formou, com Olegário Ribeiro, entre outros sócios, a Olegário Ribeiro, Lobato e Cia., que tinha oficinas tipográficas próprias, vindas da Olegário Ribeiro. A sociedade, entretanto, foi dissolvida no mesmo ano. Em 1920, Lobato estabeleceu, com Octalles Marcondes Ferreira, a Monteiro Lobato & Cia., que agregou novos sócios e teve o capital ampliado em 1922 (Bignotto, 2007, p.221).[1]

O crescimento contínuo do negócio levou à criação, em maio de 1924, da sociedade anônima Cia. Graphico-Editora Monteiro Lobato. A abertura de capital permitiu a Lobato e Ferreira captar fundos para pagar dívidas da Monteiro Lobato & Cia. e financiar o projeto de expansão da empresa, que vinha ocorrendo pelo menos desde 1922. A editora já figurava, então, entre as maiores do país e tinha grande prestígio no meio intelectual, de

1 A história das editoras foi desenvolvida de modo aprofundado na tese de Bignotto, 2007.

modo que vale a pena nos debruçarmos mais demoradamente sobre alguns aspectos de sua constituição e sua história.

A Cia. Graphico-Editora Monteiro Lobato reunia, entre seus sessenta sócios fundadores, a "nata da classe dirigente paulista" (Azevedo, 1998, p.137).[2] O capital da empresa era de 2,2 mil contos, divididos em 4,4 mil ações no valor de 500 mil réis cada.[3] Sua sede ficava no elegante Palacete São Paulo, na praça da Sé, centro da capital paulista. A maior parte dos funcionários batia ponto na fábrica, que ficava na rua Brigadeiro Machado, no Brás. No edifício de 5 mil metros quadrados, 197 operários – entre eles, mulheres – dividiam-se nas seções de impressão, pautação, encadernação, linotipia e monotipia, coordenados por um gerente e um subgerente.

Em relatório de março de 1925,[4] os diretores da companhia afirmam ter "esperanças" de ver funcionando "antes de findar o primeiro semestre" as esperadas "máquinas da Europa e da América do Norte", importadas para tornar mais completo e moderno o parque gráfico, equipado com o objetivo de imprimir em larga escala os livros publicados pela editora. O mesmo relatório registra que, desde junho de 1924, haviam sido "editadas ou impressas" 142 obras, totalizando "quase 258 mil" volumes. A companhia tivera lucro líquido de 124 contos e 434,162 mil réis nas vendas dos meses de setembro, outubro, novembro e dezembro de 1924. Os três meses anteriores não haviam sido levados em conta por causa dos seguintes fatores:

> Dos 7 mezes decorridos de 1º de Junho a 31 de Dezembro de 1924, devemos descontar o primeiro perturbado completamente pela mudança dos escriptorios e officinas, e os mezes de Julho e Agosto, perdidos em consequencia dos lamentaveis acontecimentos que tiveram por theatro essa cidade, e que nos custaram, além da perda de tempo, cerca de 70 contos de réis. (apud Bignotto, 2007)

Os "lamentáveis acontecimentos" mencionados pelos diretores referem-se aos bombardeios, tiroteios, incêndios e saques ocorridos durante a revo-

---

2 A sociedade era presidida por José Carlos de Macedo Soares e reunia nomes como Martinho Prado, Paulo Prado, Renato Maia e Heitor de Moraes – antigos sócios de sua antecessora –, além do conselheiro Antônio Prado e seu filho Antônio Prado Jr., Ramos de Azevedo, Ricardo Severo, José Maria Whitaker, Alceu de Amoroso Lima e Goffredo da Silva Telles.

3 Esses valores, bem como os salários de diretores e empregados, são analisados em Bignotto, 2007, p.221.

4 O relatório está integralmente reproduzido em Bignotto, 2007.

lução dos tenentes, comandada pelo general Isidoro Dias Lopes, que tomou São Paulo no dia 5 de julho e durou 22 dias. O conflito paralisou a indústria, o comércio e os serviços da capital, incluindo os trabalhos da Cia. Graphico-Editora Monteiro Lobato.[5] Derrotados os tenentes e reiniciados os negócios na cidade, a empresa procurou recuperar o tempo e os contos perdidos. Era com otimismo que seus diretores viam o ano de 1925 e os seguintes.

> Como se depreende do nosso balanço, estatísticas e deste relatório, os nossos negócios vão em franco e constante progresso, a nossa casa já é bem conhecida e as nossas produções são de primeira ordem e muito procuradas. Por isso estamos convencidos de que poderemos encarar o futuro com todo o desassombro. (apud Bignotto, 2007)

Assim termina o relatório. Quatro meses depois, Lobato pediria a autofalência da editora.

O requerimento de falência, assinado pelo editor e pelo jurista Waldemar Ferreira, deu entrada na 5ª Vara Cível e Comercial da capital paulista em 24 de julho de 1925. Waldemar Ferreira fora sócio de Lobato na Editora Olegário Ribeiro, Lobato & Cia. Era autor de várias obras publicadas por Lobato, entre elas o *Manual do comerciante*. O requerimento sintetiza a história da empresa, definida como "a maior casa editora do Brasil, para cujo desenvolvimento intelectual contribuiu sobremodo" e, na sequência, elenca as razões do pedido de falência:

> Surge-lhe o primeiro imprevisto: a irrupção do movimento revolucionário do anno passado, que lhe impoz uma completa paralysia.
>
> Reiniciado o trabalho em setembro, tudo correu bem. As vendas mensaes apresentavam um movimento de alta muito accentuado, que, em dezembro, ultrapassou de quatrocentos contos de réis. Com a inauguração de novas secções este ano, e com a montagem das novas machinas, que vinha ampliar as secções antigas, era natural, fatal mesmo, a ampliação de negocios, eis que cada dia se alargava a zona de seus clientes, para o que contribuia o apuro da escolha e a perfeição material das obras editadas.

5 Sobre a Revolução de 1924 e seus efeitos sobre a produção da editora, consultar Azevedo, 1998, p.151.

> Sobrevem o facto absurdo e fóra de todos os calculos da crise de energia electrica, que tanto mal fez ao commercio e á industria de São Paulo. A principio, teve a companhia uma reducção de 70% da força consumida pela sua fabrica, reducção que, depois, passou a ser de 50%, que perdura até hoje e que não se sabe até quando irá. Este subito golpe na producção das officinas, deu como resultado cairem as vendas á media de trezentos contos de reis mensaes, metade da que estava na previsão de seus directores.
>
> Como se accumulassem, no decurso do anno, fortes pagamentos de machinas e material, além das despezas forçadas de installação, ficou a companhia em má situação financeira, que a levou a contrair um emprestimo, por meio de debentures, que foi levado a effeito, mercê das difficuldades da epoca, quando, infelizmente, já se desenhava a aguda crise actual.
>
> A persistencia da baixa das vendas, occasionada, sobretudo, pela paralysação que o movimento revolucionario trouxe para o comercio paulista no sul do paiz, e a impossibilidade de augmental-as emquanto não dispuzer da força necessaria para o trabalho continuo de todas as machinas, tornou impossivel a resistencia e improficuos os esforços de seus directores, collocando-a na posição de não poder effectuar o pagamento de suas obrigações mercantis liquidas e certas, no seu vencimento. Suspendeu ella, pois, desde homtem, seus pagamentos. (Bignotto, 2007, p.261)

A longa transcrição parece necessária, pois permite conhecer a versão de Monteiro Lobato para as razões da falência de sua editora, que tinha em estoque mais de quatrocentos títulos editados, totalizando 412.466 volumes, com valor de 868 contos, 321,2 mil réis.[6] Outros textos foram produzidos no decorrer do processo. O relatório dos síndicos da massa falida, por exemplo, inicia lamentando a falência da empresa e reconhecendo a importância dela nos meios "literários e livreiros do país". Em seguida, resume as causas da falência, que vão do endividamento inicial da firma aos problemas de energia elétrica que levaram a sua paralisação. Conclui que "as três causas principais, além das secundárias" da falência foram a "falta de tino administrativo e comercial de seus diretores", a "falta de numerário" e o "abuso de crédito". No entanto, não existiriam, segundo os peritos, elementos que

6 O "Ato de arrecadação da massa falida da Cia. Graphico-Editora Monteiro Lobato", bem como outros documentos do processo de falência, está reproduzido em Bignotto, 2007, p.263.

pudessem qualificar o procedimento dos diretores, antes da falência, de "desabonatório ou censurável" (Bignotto, 2007, p.262).

Em outro relatório, produzido pelo escritório dos advogados Plínio Barreto e Antônio Mendonça, contratado por um dos síndicos, a Sociedade Anônima O Estado de São Paulo, os peritos afirmam que a editora "nasceu inviável". Eles apontam, entre as causas da falência, o endividamento inicial, a crise no setor elétrico, a falta de numerário na praça, o congestionamento do porto de Santos e os prejuízos causados pela Revolução de 1924, "desde a qual a falida perdeu as encomendas do governo, que era o seu melhor cliente" (Bignotto, 2007, p.262). Segundo Azevedo, Camargos e Sacchetta (1998), o governo de Artur Bernardes teria cancelado as compras de livros didáticos da editora em virtude da oposição feita por Monteiro Lobato durante a revolução, explicitada em carta aberta ao então presidente (Azevedo, 2008, p.151).

O processo de falência, que se arrastou por dois anos, custou a Monteiro Lobato a perda de bens pessoais e de algo menos palpável, mas provavelmente mais difícil de recuperar. Para Enio Passiani, "a perda da editora significou para Lobato sua ruína financeira e, talvez pior do que isso, a mudança vertical, de cima para baixo, de parte de seu *status* literário" (Passiani, 2003, p.227) – *status* que a editora ajudara a construir. Embora ele tenha fundado com o sócio Octalles, ainda em 1926, a Cia. Editora Nacional, permaneceria na empresa apenas até 1929.[7] Nos anos seguintes, iria se envolver em outros empreendimentos, dos quais a exploração de petróleo costuma ser o mais lembrado. Também iria se tornar o "pai" da moderna literatura infantil brasileira, título que pode ter auxiliado na recuperação de sua influência no meio literário.

Apesar da falência de sua maior companhia, Monteiro Lobato entrou para a história do livro brasileiro como editor revolucionário. A trajetória de suas empresas já foi contada em linhas gerais por seus principais biógrafos e aparece em estudos fundamentais da história do livro e da leitura no Brasil. Em todos esses trabalhos, o adjetivo "revolucionário" é o mais

7 Em 1929, Lobato vendeu suas ações da empresa ao sócio Octalles, para se recompor de perdas sofridas com o *crash* da Bolsa de Nova York, na qual investira todos os recursos que pudera reunir. Ao vender as ações, parece ter vendido também os direitos autorais sobre suas próprias obras, que pertenciam à companhia. A hipótese é analisada em Bignotto, 2007, p.392.

frequentemente utilizado para expressar o que essas firmas fizeram de importante para o desenvolvimento do mercado editorial brasileiro.[8]

O título de editor revolucionário foi reivindicado pelo próprio Monteiro Lobato, em entrevistas que deu a jornais e revistas nos anos finais de sua vida. Em depoimento à revista *Leitura*, ele afirma: "fui um revolucionário nos métodos empregados" (Lobato, 1943, p.251). Esses métodos, segundo Lobato, seriam a criação de uma rede nacional de distribuição de livros, a publicação de novos autores, o pagamento de direitos autorais e a renovação gráfica dos impressos. Desde então, essas inovações são mencionadas nos textos que tratam da editora de Monteiro Lobato e que a qualificam, quase sempre, como revolucionária.

No entanto o editor Lobato é tributário de práticas relativas à produção de livros desenvolvidas no Brasil ao longo do século XIX. Quando ele começou a publicar livros seus e de terceiros, encontrou um sistema literário[9] consolidado e uma indústria livreira ainda em formação, mas com algumas práticas já estabelecidas. Assim, para saber quanto Lobato teria sido realmente inovador em alguns setores do mercado editorial, é preciso analisar os métodos que ele teria criado em comparação a atividades exercidas nos mesmos setores por profissionais anteriores e contemporâneos a ele.

Foi justamente o estudo da contribuição de diferentes escritores e editores para a renovação do projeto editorial brasileiro no período entre a Primeira Guerra e a Revolução de 1930 que levou Rafael Cardoso a propor nova visão sobre as inovações gráficas geralmente atribuídas a Lobato:

> A atuação de Monteiro Lobato foi decisiva, sim, na adoção da capa ilustrada como prática comercial corrente e, por conseguinte, na sofisticação da programação visual dos livros brasileiros. Porém, não obstante sua grande importância como um dos principais modernizadores do meio editorial no Brasil, é um erro admitir tais mudanças apenas à sua iniciativa e, pior, ignorar o que foi feito à mesma época por outras editoras. (Cardoso, 2005, p.174)

Outras mudanças no meio editorial no início de século XX que costumam ser consideradas conquistas particulares de Monteiro Lobato tam-

8 Como exemplo desses trabalhos, já que não é possível citar todos, ver Azevedo, 1998, p.101; e Hallewell, 1985, p.236.

9 A noção de *sistema literário* é usada aqui conforme Candido, 1993, p.23.

bém ganham outra dimensão quando analisadas em contexto maior, que abrigue não somente a atuação do editor, mas também o *solo histórico* (para usar expressão da historiadora Marisa Deaecto) em que elas ocorreram e as atividades de profissionais coetâneos. É o caso da criação de uma rede nacional de distribuição de livros que, segundo alguns historiadores do mercado livreiro nacional e biógrafos lobatianos, teria ocorrido graças à iniciativa de Monteiro Lobato de enviar a comerciantes de todo o Brasil uma circular em que oferecia a mercadoria livro.

A rede dos Quixotes

Quando defendia para si o título de editor revolucionário "nos métodos empregados", como fez na entrevista à revista *Leitura*, em 1943, Monteiro Lobato costumava narrar o modo como teria inovado a distribuição de livros no Brasil:

> Redigi uma circular que mandei remeter ao endereço de pessoas conhecidas, ou, quando não, do prefeito de cada localidade. Essa circular dizia, mais ou menos: pedimos o favor de indicar-nos um livreiro, ou um vendeiro, ou um açougueiro... qualquer pessoa honesta, estabelecida, que possua no mínimo uma porta onde expor a mercadoria que possamos oferecer-lhe. Vieram os endereços. A estes, nova circular propondo essa coisa simples: aceitar nossos livros em consignação. O senhor, escrevemos ao interessado, não terá que pagar-nos. Se a mercadoria encalhar, devolva; se for vendida, remeta-nos o dinheiro menos a porcentagem que lhe toca [...] Negócio da China! Recebemos inúmeras propostas, fomos fazendo nosso fichário. Criamos novas possibilidades antes nem sonhadas. (Lobato, 1943, p.13, 32)

O sistema de difusão criado com base nessa circular é citado como inovador em todas as biografias de Lobato e nos principais estudos sobre a história do livro no Brasil.[10] No entanto, a circular "que iria constituir a pedra básica da indústria editora brasileira" (Lobato, 1964, p.187) ainda não foi

10 Como exemplos, ver Cavalheiro, 1957, p.242; Hallewell, 1995, p.266; Koshiyama, 1982, p.74; e Lajolo, 2000, p.31.

localizada. O próprio Lobato (1964, p.253) lamentava não haver guardado cópia dela. Essa circular, que ele resume de forma levemente diversa a cada depoimento, é caso curioso de documento mencionado em praticamente todas as obras que abordam a história de suas editoras mesmo sem jamais ter sido visto pelos autores dessas obras.

A criação de uma pioneira rede nacional de distribuição costuma ser mencionada em depoimentos de pessoas que trabalharam nas editoras lobatianas entre 1918 e 1925, caso de Léo Vaz. Para o escritor e antigo auxiliar de Lobato, o editor teria sido o primeiro a vender "livros a varejo". A distribuição dos livros era garantida por "uma teia de agentes e correspondentes em toda parte, a quem enviava em consignação alguns volumes dos que ia editando" (Vaz, 1957, p.84). Essa rede de correspondentes começara com livrarias e editoras que haviam contatado a *Revista do Brasil*, em 1918, para encomendar exemplares de *Urupês* (Vaz, 1957, p.73), primeiro livro de contos de Lobato, cujo sucesso teria impulsionado as atividades editoriais do autor. No entanto é preciso lembrar que a revista, quando Lobato a comprou, já dispunha de uma rede de agentes distribuidores, provavelmente compartilhada com o jornal *O Estado de S. Paulo*, a cujo grupo originalmente pertencera (Bignotto, 2007, p.280).

Além dos depoimentos de Lobato e de Léo Vaz, há documentos ligados diretamente à história dessa rede que ajudam a entender como ela foi constituída e como funcionava. Consistem em cartas inéditas dos acervos do Centro de Documentação Alexandre Eulálio (Cedae)[11] e da Biblioteca Infanto-Juvenil Monteiro Lobato, no processo de falência da Cia. Graphico-Editora Monteiro Lobato[12] e em anúncios feitos na *Revista do Brasil* e nos livros editados pelas casas editoras comandadas por Lobato. Esses documentos mostram que o editor realmente distribuía livros para pontos distantes do país empregando o método da consignação.[13] Sugerem, também, que livreiros, vendeiros e talvez açougueiros não foram os únicos a formar a teia de agentes que possibilitou a "virada de esquina da nossa cultura".

11 O Cedae do Instituto de Estudos da Linguagem (IEL), da Universidade Estadual de Campinas (Unicamp), abriga desde 2000 o Fundo Monteiro Lobato, acervo doado em regime de comodato pelos herdeiros do editor e escritor.

12 O Processo de Falência da Cia. Graphico-Editora Monteiro Lobato pode ser consultado no Museu da Justiça de São Paulo.

13 Esses documentos são analisados de modo mais aprofundado em Bignotto, 2007.

Parte significativa dos distribuidores de Lobato parece ter sido composta por homens de letras. Ao que indicam várias cartas que permaneciam inéditas, o sistema nervoso da rede era formado por letrados, e não por comerciantes.

No início de 1919, a *Revista do Brasil* contava com oito "diretores regionais", cuja principal atribuição consistia em administrar assinaturas do periódico. Eram eles: José Maria Bello, no Rio de Janeiro; José Antonio Nogueira, em Minas Gerais; Mário Sette, em Pernambuco; J. de Aguiar Costa Pinto, na Bahia; Antônio Sales, no Ceará; João Pinto da Silva, no Rio Grande do Sul; Seraphim França, no Paraná; e João Baptista de Faria e Souza, no Amazonas. Todos esses diretores regionais eram intelectuais. Parte deles teve artigos publicados pela *Revista do Brasil* e alguns, como Seraphim França, João Pinto da Silva, José Antonio Nogueira e Mário Sette, tiveram livros publicados por Lobato nos anos seguintes. O fato de os representantes regionais da editora serem escritores é significativo. Afinal, eram eles que administravam o funcionamento da rede de distribuição em seus estados. Documentos sobre a relação entre Lobato e seus representantes regionais podem ajudar a compreender melhor como homens de letras foram fundamentais para a organização da rede de distribuição de livros que viria a mudar o mercado editorial brasileiro.

Tomemos como exemplo o pernambucano Mário Sette, que teve vários artigos publicados na *Revista do Brasil* e três romances editados por Lobato: *Rosas e espinhos* (1919), *Senhora de engenho* (1920)[14] e *O palanquim dourado* (1922). *Senhora de engenho*, aliás, é considerado precursor do romance regionalista, que ganharia força, como gênero, na década de 1930. O escritor recordou, em artigo publicado no *Diário da Noite*, como obteve o cargo de diretor regional em Pernambuco:

> Mandou-me [o livro *Urupês*] o autor em 1918, mal íamos atando nossas relações epistolares: ele já em começo de glória literária; nós, em começo de nossa ensombrada faina de escrever. Monteiro Lobato tomava conta, então, da REVISTA DO BRASIL, e me escolhia para um de seus "Diretores" nos esta-

14 *Rosas e espinhos* foi lançado em 1918 pela Imprensa Industrial, de Recife, que também publicou a segunda edição de *Senhora de engenho*, em 1921. Essas informações foram extraídas da segunda edição de *Senhora de Engenho*, que omite a primeira edição da *Revista do Brasil*.

dos. Coubera-me a representação em Pernambuco [...]. Desses distantes dias de após Primeira Guerra Mundial me falam algumas cartas e recados de Lobato com aquela sua letra inconfundível num desalinho de quem a projeta no papel sem mais revê-la, com uma assinatura de maiúscula quase sempre esparramada. E os "bilhetes" nos próprios volumes de suas obras, ao lado dos oferecimentos? Em uma delas, ele me pedia "cutucar" determinado livreiro a quem enviara obras e revistas em consignação.[15]

O depoimento de Mário Sette permite reflexão sobre o modo como a figura do autor Monteiro Lobato estava profundamente ligada à do editor.[16] Em página de uma de suas obras enviadas a Sette, o autor faz dedicatória ao passo que o editor pede "cutucão" em livreiro. É possível que as obras literárias de Lobato servissem a ele de ponto de partida para fazer contato com outros intelectuais, para obter favores, para manter alianças no interior do sistema literário. Da mesma forma, a chancela da *Revista do Brasil* serviria de "moeda de troca" entre Lobato e escritores: por um lado, autores ajudariam a vender assinaturas, para manter a revista em que poderiam ter seus trabalhos publicados; por outro, Lobato favoreceria com a publicação de artigos aqueles escritores que o ajudassem a vender a revista.

As cartas que Lobato enviou ao romancista Antônio Sales, diretor regional do Ceará, são exemplos de como o editor paulistano pedia a contribuição de homens de letras para aumentar a rede de distribuidores da *Revista do Brasil* e dos livros por ela editados. Em carta datada de 9 de outubro de 1918, Lobato – que havia pouco comprara a *Revista do Brasil* – escreveu a Sales:

A *Revista* está organisando um corpo de directores estaduaes. Lembrei-me de convidar no Ceará ao padeiro mór; mas informado de que elle não residia ahi effectivamente, mandei convite ao Papi Junior, não recebendo resposta até agora.

---

15 O artigo está colado no Álbum nº 1 de *Dona Purezinha*, que faz parte do acervo da Biblioteca Infanto-Juvenil Monteiro Lobato. Infelizmente, ainda não foi possível localizar a data de publicação.

16 Segundo Enio Passiani, a posse da *Revista do Brasil* "permite a realização de uma das fases do projeto criador de Monteiro Lobato, sua atividade propriamente literária, pois o periódico serve como escoadouro de boa parte da produção do próprio Lobato" (Passiani, 2003, p.201). As editoras de Lobato também teriam servido, nesse sentido, de "escoadouro" da obra do escritor.

> Meu caro Ant. Salles, é de velha data que sou seu amigo – somos todos naturalmente amigos, embora nunca avistados [...]. Precisamos nos approximar, pois, sobretudo agora que a Rev. do Brasil, nas minhas mãos, se tornou um centro propicio.
>
> Trabalho por tornal-a de facto a revista do Brasil, e não apenas sulista como tem sido, e tbem pª. congregar em torno della todos os espiritos largos, todos os bons escriptores que tenham idéas [...].
>
> Preliminar^{te}. trato de divulgal-a o mais possivel, porque a prosperidade commercial da empreza permittirá o selecionamento e o apuro da collaboração. Vae tudo m^{to}. bem. Em quatro mezes apenas de trabalho já houve um augmento de assignaturas de perto de 800, o que me faz admittir a hypothese de uma victoria completa.
>
> Posta a mira nesse objectivo e fazendo a divulgação da Revista uma idéa fixa – prego mettido na cabeça – peço a todos os amigos a cooperação preciosa duma sympacthia activa. A Revista é *nossa*; que todos, pois, ajudem-n'a o seu bocado – todos que tem nas veias umas gotas de D. Quixote.
>
> Como? Preconisando-a aos amigos, influindo-os a assignarem-n'a, remettendo o que encontrar digno de publicidade, gravuras antigas, documentos preciosos, notas pitorescas – ou suggestões, conselhos... Tudo é contribuição e o total de pequenas parcelas avulta. Ahi nessa poetica terra do Ceara temos... seis assignantes! Menos do que em qualquer lugarejo de S. Paulo ou Minas. Menos que em Tres Lagoas (onde alias temos 24!) cidade com oito annos de ~~vida~~ idade em Matto Grosso!
>
> Conhecedor que é do Norte pode indicar-nos os nomes mais convenientes para o lugar de director nos Estados visinhos?[17]

Lobato recorre a imagens poderosas para convencer "o padeiro-mor" Sales a atuar como divulgador e colaborador da revista. Afirma seu empenho em torná-la realmente "do Brasil" e sua pretensão de "congregar em torno dela todos os espíritos largos, todos os bons escritores que tenham ideias". Dessa forma, aqueles que tivessem "nas veias umas gotas de D. Quixote" deveriam auxiliar a publicação, definida, com grifo enfático, como "nossa". A menção à personagem de Cervantes sugere que o empreendimento

17 Carta de Monteiro Lobato a Antônio Sales, 9 out. 1918. Coleção Antônio Sales. Arquivo-Museu de Literatura Brasileira. Fundação Casa de Rui Barbosa. Localização: Col. AS/Cp 139 – fl. 1-2.

poderia ser visto como "louco", tal qual D. Quixote, mas, como ele, teria as qualidades do ideal, do sonho, da honestidade.

Lobato também recorreu ao fictício cavaleiro andante em cartas para outros intelectuais, como metáfora para si mesmo e para os homens de letras que colaborassem com a *Revista do Brasil*. Vejamos, como exemplo, trecho de carta a Edgard Roquete-Pinto, de 23 de setembro de 1918, na qual Lobato solicita ajuda para a revista:

> Ella tem grande necessidade de que todos os seus amigos a apoiem com andar quixotesco. É, de si, uma quixotada. Revista seria e grave, expoente de cultura, n'um paiz de incultura e de analphabetismo intransigente, se os 300 de Gedeão que salvam os creditos intellectuaes da terra não n'a apoiam de maneira positiva a pobresinha não vinga crescer. Porisso eu, como o Quixote-mór da empreza venho te pedir um auxilio pratico: arranjar uns tantos assignantes no circulo das tuas relações. Mostra-a aos teus amigos e obriga-os a assignarem. Manda-me o nome e o endereço desses abnegados para os remetter ao nosso agente ahi, Dr. Eloy Ribeiro (Jornal do Commercio, sala 14, 3º andar) caso não queiras tu proprio arrecadar o producto da assignatura e nol-o enviar. Neste caso terá (que mina!) 20% de commissão. Se todos nos ajudam assim, com um pouco de cada lado, ella ira para a frente e vencerá. Adeus, meu caro, e dá o teu empurrão na *nossa* revista, que bem o merece.[18]

Como na carta para Sales, Lobato pede a Roquete-Pinto que arranje assinantes, sugerindo até que "obrigue" amigos a tomar assinaturas. Menciona comissão de 20% caso Roquete-Pinto queira "arrecadar o produto da assinatura", oferecimento que ridiculariza – "que mina!". Também chama a revista de "*nossa*", grifando o possessivo.

No final da carta a Sales, Lobato pede ao cearense que ajude a revista "preconizando-a aos amigos, influenciando-os a assinarem-na, remetendo o que encontrar digno de publicidade".[19] Informa que "na poética terra do Ceará" – e o adjetivo não parece eventual – há apenas seis assinantes, menos do que na novíssima Três Lagoas, no Mato Grosso. Finalmente, pede indicação de nomes "convenientes para o lugar de diretor nos Estados vi-

18 Carta a Roquete-Pinto, 23 set. 1918. Acervo da Academia Brasileira de Letras.
19 Ibidem.

zinhos", o que insinua propensão a continuar a ter homens de letras em posição de administração das vendas da revista.

Lobato chama de "fora de moda", em outra carta a Sales,[20] as tentativas de distribuição feitas no passado, sugerindo novos métodos, pautados "na organização", para alcançar maior número de assinantes em outras partes do país. A descrição dos novos métodos é reforçada por termos referentes às novas tecnologias que transformavam a vida cotidiana daqueles anos. Ao detalhar os progressos que vinha conseguindo com a difusão de livros, Lobato comenta: "julgo ter nas mãos uma espécie de rede telefônica que ligue todos os homens de letras e os ponha em contato com a sua clientela – a meia dúzia de pessoas que em cada cidade se preocupa de ouvir intelectuais, lê e compra livro".

A imagem da "rede telefônica" condensa modernidade, praticidade, contato dos homens de letras entre si e com sua "clientela", termo, aliás, mercantil, tal como a rede que Lobato tentava consolidar. No entanto, apesar da metáfora moderna, a rede de difusão de livros pensada por Lobato estava intrinsecamente ligada a uma rede de sociabilidade entre homens de letras e entre escritores e leitores de existência muito mais antiga (Lajolo; Zilberman, 2001).

Escritores brasileiros, desde pelo menos o início do Novecentos, contaram com seus pares para distribuir livros, obter críticas favoráveis em periódicos e anunciar novas produções a leitores em potencial. Basta lembrar a "propaganda maciça", como a chamou Ubiratan Machado, feita por amigos intelectuais de Gonçalves de Magalhães em jornais cariocas quando da produção e da publicação do livro de poemas *A confederação dos Tamoios*, em 1846 (Machado, 2001, p.71). Bem antes de a obra vir à luz, pela tipografia Dous de Dezembro, de Paula Brito, já era enaltecida em periódicos como a revista *Guanabara*, dirigida por Joaquim Norberto de Souza Silva, Araújo Porto-Alegre, Gonçalves Dias, Joaquim Manuel de Macedo – todos amigos de Magalhães.

Pelo que se depreende do estudo das biografias e correspondências de autores brasileiros, redes de sociabilidade entre homens de letras perpassa-

20 Carta de Monteiro Lobato a Antônio Sales, 9 out. 1918. Coleção Antônio Sales. Arquivo-Museu de Literatura Brasileira. Fundação Casa de Rui Barbosa. Localização: Col. AS/Cp 139 – fl. 7-8.

vam o país havia muito. Por meio dessas redes, escritores enviavam obras a pontos distintos do Brasil, comentavam trabalhos próprios e alheios, vendiam assinaturas de revistas ou subscrições de livros, apresentavam colegas uns aos outros, pediam emprego ou publicidade de livros para amigos bem colocados em jornais, discutiam novidades literárias nacionais e estrangeiras e solicitavam e prestavam favores. Editores, livreiros e tipógrafos também faziam uso dessas redes para contratar negócios, discutir a materialidade de determinada impressão, enviar lançamentos a cidades distantes. No entanto, aparentemente essa malha funcionava ao sabor de uma sociabilidade que pouco tinha de organizada.

A grande contribuição de Monteiro Lobato para uma reviravolta na distribuição de livros no Brasil talvez se deva mais ao reconhecimento da importância dessa rede e aos esforços para organizá-la de modo profissional do que ao envio de uma circular para comerciantes. Não há como negar a importância dessa circular, que realmente teria ajudado a aumentar e a manter os nós da rede de distribuição, mas parece um erro atribuir somente a esse documento o sucesso do editor Lobato em enviar livros e revistas para lugares distantes da capital paulista.

A lugares como Assú e Caicó, no interior do Rio Grande do Norte, os livros das editoras de Monteiro Lobato chegavam graças ao trabalho de um jovem intelectual, Luís da Câmara Cascudo. Os dois trocaram cartas a partir de 1918,[21] quando Cascudo, vivendo no Rio Grande do Norte, ainda era autor inédito em livro. Segundo Marisa Lajolo:

> Luís da Câmara Cascudo, muito mais do que um interlocutor para as preocupações folclóricas de Monteiro Lobato, é visto pelo editor paulista como um virtual divulgador da *Revista do Brasil* e agenciador de assinaturas para ela. Como prática até hoje vigente, remunera-se a indicação de novos assinantes com a gratuidade de assinatura. (Lajolo, 2006)

Realmente, Lobato solicita, em carta não datada: "Cascudo: Pegue a laço aí quatro assinantes e mande os cabras: ficas assim com a tua assina-

21 No Fundo Monteiro Lobato há uma carta de Lobato a Cascudo, datada de 1º de agosto de 1920 (MLb 3.1.00165cx3). Esse documento levou a professora Marisa Lajolo a estabelecer contato com a família do folclorista, que enviou ao Cedae, em 2002, 15 cartas fac-similadas de Cascudo a Lobato.

tura de graça" (apud Lajolo, 2006). Ainda conforme Lajolo, "há também recompensas simbólicas, eventualmente de valor maior". Em carta de 26 de setembro de 1920, Lobato indica que publicará artigo de Cascudo na *Revista do Brasil*. Em 1924, a Cia. Graphico-Editora Monteiro Lobato lança *As histórias que o vento leva*, segundo livro de Cascudo. O primeiro, *Alma patrícia*, saíra em 1921 pelo bem menos prestigioso Atelier Typ. Vitorino.

Entrementes, o editor paulista pede vários favores a Cascudo. Solicita a indicação de comerciantes em Assú e Caicó, em carta de 5 de maio de 1922. Em carta sem data, pede auxílio para conseguir a adoção de livros didáticos no Rio Grande do Norte: "pode informar-me do processo para apresentação de livros didáticos que pretendem a adoção na escola desse estado? A quem se requer? Quer o amigo requerer por mim, como procurador?". Entre os livros didáticos editados pela Monteiro Lobato & Cia. estava *Narizinho arrebitado* (1921), versão escolar do álbum *A menina do narizinho arrebitado* (1920), de autoria do próprio Lobato. Para obter a adoção de *Narizinho* nas escolas cearenses, Lobato contou com a ajuda de Lourenço Filho, antigo colega da *Revista do Brasil* e então diretor da Instrução no Estado. Em carta de junho de 1922, o educador escreve ao editor:

> V. não tem razão. A esta hora já terá recebido o jornal com a nota oficial da aprovação e adoção dos seus livros, bem como do Dr. Doria.
>
> E veja como V. é ingrato: o único embaraço na minha ação, aqui, foi exatamente o resultado da aprovação de Narizinho arrebitado. O clero me moveu tremenda guerra, sob o pretexto de que a adoção do livro visava ridicularizar a sagrada religião católica. Foi preciso, para manter a aprovação, que eu inventasse haver uma 2ª edição, sem os inconvenientes da primeira.
>
> Lembra-se V. de que lhe falei sobre aquele tópico dos freis com os sacramentos etc. Esse tópico, aí mesmo, ofendeu a muitos professores. V. só terá vantagens em suprimi-lo, quando reeditar o livro.[22]

Homens de letras como Câmara Cascudo e Lourenço Filho – este último ocupando um posto que era importante para a realização do pedido de Lobato – parecem ter sido fundamentais, portanto, para a distribuição e a

22 Carta de Manuel Bergstrom Lourenço Filho a Monteiro Lobato. Fundo Monteiro Lobato. Localização: MLb 3.2.00284cx6.

venda dos livros da editora. Antônio Sales teria dado "parecer favorável" à adoção de *Narizinho* no Ceará,[23] o que confere vigor à importância da rede de letrados para a venda e a difusão de livros. Lourenço conseguiu a adoção, no Ceará, de *Narizinho* e de uma obra assinada por Sampaio Dória.[24] A passagem de *Narizinho* em que um frei e um padre são retratados como insetos, no reino das Águas Claras, foi suprimida nas edições posteriores. Após dar conta da aprovação dos livros, Lourenço Filho comentou, em carta, o sucesso da reforma educacional que empreendia no Estado e informou a Lobato que mandaria "jornais com notícias, para que você fale das minhas habilidades na *Revista*".[25]

Ainda faltam pesquisas que aprofundem o modo como ocorreu a adoção de livros didáticos das editoras de Lobato em vários estados brasileiros. Mas já é possível supor que integrantes da rede de sociabilidade mantida pelo editor tiveram papel fundamental na negociação de livros das empresas lobatianas com governos estaduais e talvez mesmo com o governo federal, que, afinal, contribuiria para a falência ocorrida em 1925. Também podemos especular que parte significativa da rede de distribuição de livros criada por Lobato já existia antes dele, mas seus membros não dispunham de "método". Monteiro Lobato, usando da influência que já começava a exercer naquele período entre 1918 e 1925 como autor e, posteriormente, como editor de sucesso, teria aproveitado os benefícios dessa malha para inovar a distribuição de livros no país. Nessa perspectiva, ele não teria sido revolucionário por *criar* uma rede de distribuição nacional, mas por empregar novos métodos – como bem disse naquela entrevista de 1943 – para tornar sistemática e organizada uma antiga prática da atividade comercial.

O modo como ele empregou homens de letras em postos-chave de suas editoras e utilizou discursos de escritores consagrados para promover a *Re-*

---

23 Em carta sem data, Lobato escreve: "Parece-me que o Ceará adoptou os meus livros. Houve objeções contra o Nariz. Que é 'offensivo à igreja' (!!!!) mas esperam 2a edições 'desagravadas'. Não sabia que era V. quem dera parecer favoravel. Obrigado por mais isso, meu caro amigo. Mande o artigo para a Revista e escolha no catalogo os livros que o interessam que te não custarão nada" (Coleção Antônio Sales. Arquivo-Museu de Literatura Brasileira. Fundação Casa de Rui Barbosa. Localização: Col. AS / Cp 139 – fl. 30).

24 Dória teve publicados por Monteiro Lobato os livros *Como se aprende a língua* (curso complementar e curso médio) e *Como se ensina*.

25 Carta de Manuel Bergstrom Lourenço Filho a Monteiro Lobato. Fundo Monteiro Lobato. Localização: MLb 3.2.00284cx6.

vista do Brasil, assim como os procedimentos que utilizou para pagar direitos autorais e lançar autores inéditos em livro, merecem ser mais bem estudados. Esses temas, se analisados em contexto que leve em conta a tradição editorial brasileira e as atividades de outros editores atuantes nas décadas de 1910 e 1920, prometem trazer novidades para a história das editoras comandadas por Monteiro Lobato.[26]

26 Esses temas são parcialmente estudados em Bignotto, 2007.

7
A Companhia Editora Nacional e a política de editar coleções: entre a formação do leitor e o mercado de livros

Maria Rita de Almeida Toledo

A atuação da Companhia Editora Nacional (CEN), entre 1920 e 1970, marca a história da cultura brasileira. Por meio de seus projetos editoriais e de seu abrangente catálogo, fez circular títulos, autores, ilustradores e editores que são referência em diferentes áreas do conhecimento. Seja pelo tamanho dos negócios que realizou durante boa parte do século XX, seja pelos títulos e autores que publicou em diferentes campos da cultura, ou pela frequência com que seus títulos comparecem ainda hoje em bibliotecas públicas e privadas, as narrativas sobre a história da Nacional são recorrentes. Muitas delas estão marcadas pela atuação de seus principais editores e proprietários: Monteiro Lobato e Octalles Marcondes Ferreira.

Com a perspectiva de ampliar os horizontes da história já escrita da Nacional, objetiva-se, neste texto, acompanhar a atuação da empresa, analisando uma de suas principais estratégias[1] político-editoriais: editar coleções assinadas por especialistas.

As coleções de livros são compreendidas como modalidade específica de impresso, que carrega em sua materialidade dupla estratégia de intervenção cultural: a intervenção editorial, que, por meio da reorganização dos textos, objetiva a ampliação do mercado do livro; a intervenção no campo da cultura, que é fruto da seleção e adaptação do conjunto de textos e autores, assim

1 Adota-se aqui o conceito de *estratégia* proposto por Michel de Certeau (1990) e Chartier (1990).

como da prescrição de seus usos em um programa para formação do leitor destinatário da coleção.[2]

A Nacional converteu as coleções em instrumento de organização de seu fundo editorial, a fim de atender aos diferentes seguimentos do mercado para o qual destinava os materiais que publicou e de ampliá-los. Essa prática permitiu à editora articular, permanentemente, os materiais editados e o mercado leitor, constituindo uma *geografia da cultura* em seus catálogos. Também lhe permitiu associar projetos político-culturais de diferentes intelectuais, em diferentes períodos, que se apresentavam na forma de coleções.

Os dispositivos editoriais de produção dessa classe de impresso – a coleção – são identificados e analisados por Olivero (1999). Partindo do estudo feito por ela, pode-se compor um modelo de análise, generalizável para além do caso francês por ela examinado. Esse modelo não só possibilita a reconstrução histórica das práticas específicas desenvolvidas pelos editores, como também permite redesenhar os leitores almejados por essas práticas. Na materialidade do livro e nos dispositivos editoriais constitutivos da coleção, torna-se possível reconhecer estratégias que prescrevem leituras e modos de ler a seus diferentes públicos. Com essa perspectiva, privilegiou-se uma das coleções assinadas por intelectuais de renome do catálogo da editora: Biblioteca Pedagógica Brasileira, de Fernando de Azevedo.

Editar coleções: a política da CEN

A Companhia Editora Nacional foi fundada por Monteiro Lobato e Octalles Marcondes Ferreira, em 1925, depois da falência da gráfica e editora que também possuíam em sociedade. A Monteiro Lobato e Cia., premida pela necessidade de aumentar sua produção, resolvera investir em uma oficina gráfica de grande porte, contraindo dívidas enormes. Somadas a uma conjuntura desfavorável, essas dívidas a levaram à bancarrota: a Revolução

2 No caso da França, a publicação de coleções é intensificada no século XIX. Valendo-se das perspectivas de investigação abertas por Chartier e Martin (1990), em *Histoire de l'édition française,* Isabelle Olivero (1999) historia esse processo. Para maiores informações, consultar Olivero, 1999.

de 1924, em São Paulo, que paralisou os trabalhos da editora; a seca prolongada de agosto de 1925, que impediu a realização dos trabalhos da gráfica; e a política deflacionária de Bernardes, baseada na retratação dos créditos, não permitiram que a empresa conseguisse pagar as dívidas, levando-a à falência em 1925. Apesar de sua arrojada política de expansão, a gráfica e editora não suportou o crescimento muito rápido, baseado em dívidas.

Assim, a Companhia Editora Nacional se iniciou com os fundos editoriais da antiga empresa falida e deu continuidade aos padrões de edição por ela estabelecidos. Usando muitas das estratégias testadas pela Monteiro Lobato e Cia., a Nacional começou a retomar o terreno perdido com a falência anterior.[3] Em 7 de fevereiro de 1927, Lobato comentou em carta ao amigo Godofredo Rangel:

> A nossa nova empresa editora vai com todos os ventos favoráveis [...]. Queres ver como entre nós vão as coisas evoluindo e como já está ficando *yankee* a nossa técnica editora? Anos atrás, na velha companhia, quando tirávamos de uma obra 3.000, todo mundo achava que era arrojo. Pois, hoje começamos com 10.000; se a obra tem qualidades excepcionais. [...] E soltamos uma avalanche de papel sobre o público como se fosse droga de farmácia, um Biotônico. Anúncios, circulares, cartazes, o diabo. O público tonteia, sente-se asfixiado e engole tudo. [...] Editar é fazer psicologia comercial. (Lobato, 1956, p.298-9)

Desde o primeiro ano de existência, a Nacional dividiu sua produção em livros escolares e de literatura e poesia. Com base nessas duas fatias do mercado, começou a diversificar seu fundo com obras de diversos tipos: de higiene, saúde, área jurídica, divulgação científica etc. As obras, como herança das estratégias usadas na fase anterior, eram ordenadas em séries ou coleções,[4] ou seja, o acervo editorial era classificado e organizado de acordo com as fatias do mercado às quais estava destinado – em 1931, houve um grande esforço para isso (Beda, 1987, p.236). As coleções também permitiam à editora trabalhar com diferentes públicos, cujas competências de lei-

3 Sobre a fundação da nova editora de Lobato e Marcondes Ferreira, ver Beda, 1987, p.177.

4 A Monteiro Lobato e Cia. já trabalhava com a estratégia de coleções; tinha, por exemplo, as coleções Brasílica e A Novella Nacional. Sobre as práticas dessa editora, consultar Bignotto, 2007.

tura eram diferenciadas, bem como selecionar, adaptar e ordenar os textos sob sua rubrica.[5]

Em 1939, o fundo de edições já se encontrava praticamente todo organizado em coleções. Cada coleção era definida de acordo com o público que pretendia atingir: Biblioteca para Moças, "a mais criteriosa coleção para moças, publicada em nossa língua"; Biblioteca do Espírito Moderno, "visa coordenar para o público leitor brasileiro, dentre as obras consagradas pela aceitação pública, aquelas que mais diretamente buscam condensar, esclarecer e popularizar a herança cultural da espécie"; Coleção *Terramarear*, "não basta aprender ler. É preciso que o menino leia! Mas ler que livros? Ler os livros da Coleção *Terramarear*, livros especialmente feitos para os meninos, para a juventude em geral" etc. No catálogo da Nacional de 1939, os livros estão dispostos em vinte coleções diferentes,[6] definidas de acordo com os interesses do leitor almejado.[7]

A especialização do livro, pelo perfil do leitor, permitia à Nacional uma organização interna também especializada. Cada coleção ganhava um responsável que deveria acompanhar atentamente os movimentos do mercado, selecionar os manuscritos adequados e perceber, pelo conhecimento das práticas culturais em torno dos leitores almejados, as novas possibilidades de expansão do livro naquela determinada fatia do mercado. Esse responsável poderia ser um dos editores da equipe permanente da editora ou um convidado externo. Algumas dessas coleções, portanto, ganharam desenhos

5 Para Lajolo e Zilberman, as editoras Globo e Nacional teriam introduzido, na década de 1930, o romance policial traduzido, educando o público leitor brasileiro para o consumo deleitado de crimes, suspeitas e detecções (Lajolo; Zilberman, 1997, p.116). No caso da Nacional, os romances policiais pertenciam à mesma série – Série Negra –, que selecionava e adaptava os romances para o gosto do público brasileiro.

6 As coleções são: *Coleção Para Todos*; *Série Negra*; *Biblioteca para Moças*; *Coleção Terramarear*; *Literatura Infantil (BPB)*; *Livros Didáticos (BPB)*; *Livros Didáticos (Coleção Don Bosco)*; *Atualidades Pedagógicas (BPB)*; *Iniciação Científica (BPB)*; *Brasiliana (BPB)*; *Biblioteca de Estudos Comerciais e Econômicos*; *Biblioteca de Cultura Jurídica e Social*; *Biblioteca do Espírito Moderno*; *Biblioteca Médica Brasileira*; *Coleção Cristina*; *Coleção Viagens*; *Coleção Os Mais Belos Poemas de Amor*; *Coleção Os Grandes Livros Brasileiros*; *Coleção Livros do Brasil*; *Romances do Povo*. As obras fora de coleções são classificadas em: Contos e Crônicas de Nossa História; Literatura, Biografia, Filologia, Crônicas, Ensaios de História e de Crítica; Regionalismo e Humorismo; Obras Diversas (Catálogo Geral da CEN nº 14, 1939-1940).

7 Catálogo Geral da CEN nº 14, 1939-1940.

editoriais assinados por editores especializados – intelectuais especialmente contratados para produzir determinada coleção.

O editor geral – no caso, Octalles Marcondes Ferreira –, ao delegar a administração das coleções aos organizadores especializados, garantia a pesquisa de manuscritos adequados ao público-alvo, atualizando permanentemente a imagem da coleção para este; isso também permitia a homogeneização dos textos pelo editor responsável, assegurando que as formas materiais da coleção fossem condizentes com os usos aos quais ela estava destinada, e controlava os lugares de difusão do livro e seus impactos. Com essa política, as coleções tinham, na economia interna da empresa, função fundamental para a produção do livro: permitiam a homogeneização dos textos, a especialização no segmento de leitores e a constante reordenação dos títulos de acordo com os espaços de expansão no mercado.

Além disso, o organizador da coleção funcionava como autoridade legitimadora da seleção empreendida, indicando os títulos e autores necessários para a formação dos leitores. Na constituição das coleções, como já foi indicado, havia regras determinadas de acordo com objetivos que eram definidos por seus organizadores e que se mostravam, sobretudo, no nome dado a elas. Além disso, a escolha do nome do organizador, do ponto de vista da estratégia comercial, muitas vezes garantia o convencimento do público de que a seleção era confiável e servia aos fins a que se propunha – funcionava, assim, como propaganda para o público, constituindo-se em uma das chaves da difusão dos títulos selecionados.

Logo a noção da relação "popularidade do nome do autor/sucesso do livro" era transferida para a relação "nome do responsável pela coleção/sucesso da coleção". A popularização do nome do organizador da coleção funcionava como propaganda e autorização dos textos publicados: a Biblioteca de Cultura Jurídica e Social era assinada por Hermes de Lima;[8] a Biblioteca do Espírito Moderno, por Anísio Teixeira;[9] a Biblioteca Médica, pelo dou-

8 Hermes de Lima tinha grande projeção como professor de Direito Constitucional; havia dado aulas na Faculdade de Direito da Bahia, na Faculdade de Direito do Largo São Francisco, em São Paulo, na Universidade do Brasil e na Universidade do Distrito Federal.

9 Anísio Teixeira foi diretor geral da Instrução Pública na Bahia e diretor do Departamento de Educação do Distrito Federal. Escreveu vários livros de educação e participou ativamente do debate político de educação nas décadas de 1920 e 1930.

tor Barbosa Correa; e as cinco séries da Biblioteca Pedagógica Brasileira, por Fernando de Azevedo.[10]

Os nomes que encabeçavam as coleções as distinguiam e funcionavam como selos de qualidade dos títulos a elas pertencentes. Considerados como especialistas ou técnicos em suas áreas de atuação, esses organizadores podiam selecionar o que teria maior importância para os leitores cujos perfis se enquadravam na proposta da coleção.

A Nacional, ao convidar os nomes de prestígio para fazer parte de seu corpo de editores, fazendo circular seus respectivos projetos, colocava-os em um lugar de projeção e de coroamento. Fazer parte da Nacional significava circular por um seleto grupo de intelectuais que vinha se constituindo desde os tempos da Monteiro Lobato e Cia., o que provocava disputa entre os que pretendiam dele participar.[11] Com a projeção que a própria editora adquire – com seu sucesso comercial e seu renome de fomentadora da cultura –, transforma seus postos de organização de coleção em colocações de prestígio intelectual. Esses postos tornam-se importantes posições de poder para seu organizador, que, por meio do projeto difundido na coleção, interfere no universo de publicação de obras, autores, títulos, impondo

10 Fernando de Azevedo também era educador de grande projeção nacional. Dirigiu o Inquérito sobre a Instrução Pública Paulista, organizado pelo *O Estado de S. Paulo* em 1926; foi diretor da Instrução Pública do Distrito Federal e diretor do Departamento de Educação em São Paulo, em 1933, participando ativamente dos debates sobre educação nas décadas de 1920 e 1930. Tanto Fernando de Azevedo como Anísio Teixeira fizeram parte da Associação Brasileira de Educação (ABE) e participaram ativamente da produção do *Manifesto dos pioneiros da educação nova*, lançado em 1931. O nome de ambos poderia, assim, credenciar escolhas de títulos conformadoras de coleções voltadas para a educação (Toledo, 2001).

11 Uma das entradas possíveis na Nacional passava pelas indicações de Monteiro Lobato, que continuava a credenciar textos e autores para Octalles Marcondes Ferreira, único dono da editora desde 1930. Lobato constituiu em torno de si, nos primeiros tempos da nova empresa, o que chamou de *irmandade da inteligência*: grupo seleto de homens que participaram da Nacional fornecendo textos, projetos de coleção ou fazendo traduções. Foi por intermédio de Lobato que começou a amizade entre Anísio Teixeira e Fernando de Azevedo e que Teixeira passou a ser um dos tradutores da Nacional, autor e diretor de coleção, ganhando posição de destaque diante de Octalles. A correspondência entre Lobato e seus companheiros indica como esses intelectuais se encontravam e articulavam seus projetos comuns. A editora, nesse sentido, transformou-se em um dos lugares onde se davam esses encontros e onde esses projetos foram gestados. Como epicentro da "irmandade", Lobato fazia as intermediações entre os "irmãos" e Octalles, apresentando-os e pedindo para que o antigo sócio os publicasse ou lhes desse guarida na casa-editora. Para uma descrição da entrada na "irmandade", consultar Toledo, 2001, e também a correspondência de Lobato publicada por Vianna e Fraiz em 1986.

suas representações sobre o que é fundamental para a cultura e para o leitor, prescrevendo temas, abordagens, problemas etc. que imagina serem essenciais para a sociedade a que pertencem.

Numa carta a Anísio Teixeira, Afrânio Peixoto, por exemplo, comenta a possibilidade de, juntos, formarem uma coleção de cultura:

> tomei da pena para lhe dizer, quanto à coleção de "Cultura", sim, três mil vezes sim! Com você tudo. Que belo escolher e divulgar... Quisera, por exemplo, fazer uma edição do "Discurso do método", anotada... arte de pensar ou arrumar o pensamento... pré-lógica, lógica, super-lógica, tudo! E em língua que fosse tão simples e pura que não desdourasse a Descartes... [...] Que coleção de cultura faremos! É preciso, porém, desconfiar de F. A. e por logo Lobato de nosso lado, colaborando ele. Que com livros definitivos se poderia traduzir... prefácio de cultura, introdução a Educação, credenciais do espírito humano... Muito bonito... Falaremos muito disso. A bola de neve terá avalanche.[12]

Da carta de Afrânio Peixoto podem-se destacar duas questões fundamentais, alocadas no espaço político em que a editora se converte. A primeira diz respeito à possibilidade política que o lugar de organizador da coleção oferece de interferir diretamente na cultura escolhendo obras, traduzindo, simplificando leituras para a formação do leitor nos temas fundamentais eleitos pelo próprio organizador. Assim, Descartes *bem traduzido, simplificado, explicado*, fornece ao leitor toda *a arte de pensar*; uma coleção, bem trabalhada, transforma-se em *prefácio de cultura*, em introdução à educação, em credenciais do espírito humano. A segunda se refere à questão política representada pelas posições de poder dentro da editora, que dão maior ou menor grau de liberdade de ação ao organizador de coleção.

Para Afrânio Peixoto, ao organizador de coleção é conferido lugar de destaque e de importância no cenário cultural, sendo este assediado tanto pela própria vaidade como pelos que pretendem fazer parte do seleto grupo publicado. Assim, ele deve consolidar tanto seu lugar de poder dentro da editora – fortalecendo seu programa de publicação – como sua condição de organizador da cultura para evitar desvios que a fama e o assédio de interessados possam causar ao programa proposto. A coleção, na representação de

12 Carta de A. Peixoto a A. Teixeira de 23 de janeiro de 1936 – A.T. 32.00.00.

Peixoto, torna-se fonte fundamental de poder na produção e circulação da cultura, canalizando, selecionando e difundindo conteúdos, autores, temas. O lugar de organizador de coleção permite fazer *estrondar bacamartes* no campo cultural.

O jogo de espelhos de legitimação e credenciamento entre a editora e os que dela participam vai constituindo-se à medida que se desenvolvem os programas de edição e sua projeção comercial junto ao público: a Nacional, tanto pelas coleções que publica, assinadas por importantes nomes, quanto pela propaganda que faz dos livros, reforça sua condição de agência da educação moderna do público leitor, e isso destaca os nomes que fazem parte de seu corpo de editores, os autores que ela publica e os textos que oferece.

A própria política de publicação adotada – livros de alta qualidade editorial – pode ser entendida como fator fundamental do que o negócio com livros representava para os editores. Assim, a ideia do "melhor", publicado em qualquer gênero, consta nas apresentações dos livros nos catálogos da Nacional: "os melhores livros de ficção em Língua Portuguesa"; "a mais criteriosa coleção para moças publicada em nossa língua"; "a melhor e a mais rica coleção para crianças"; "o mais rico documentário com que se poderá tentar compreender e acompanhar o longo esforço do pensamento humano" etc.

A ideia de que a Nacional constitui e reproduz em suas publicações a cultura nacional e universal, contribuindo para o desenvolvimento da nação brasileira, é eixo fundamental da formação do empreendimento, a começar pelo próprio nome da empresa, que, por um lado, propõe a unificação do território em termos de distribuição comercial e, por outro, sugere a identidade cultural constituída pelos livros por ela produzidos.

O catálogo de 1939 sintetiza a representação que a empresa tem de si mesma:

> Leitor!
>
> Acompanhe com interesse o desenvolvimento da COMPANHIA EDITORA NACIONAL que coopera com o crescente progresso de São Paulo e do Brasil, pondo os seus leitores ao par da cultura universal.[13]

13 Suplemento do catálogo geral da CEN, 1939-1940, n.14, p.14.

A Nacional é, nas representações que seus editores fazem dela, um dos motores do *progresso do Brasil e de São Paulo* porque contribui para o desenvolvimento da *cultura* dos *seus leitores* e, por consequência, do próprio Brasil. Ao mesmo tempo, esses editores reforçam sua condição de agência educadora dos leitores, alocando, entre as listagens do catálogo, conselhos sobre a compra de livros. Assim, no catálogo da editora de 1939, lê-se:

> Forme a sua biblioteca com livros que ao mesmo tempo o distraiam e instruam, considerando sempre o nome do editor. Editar é selecionar e só bem seleciona quem tem um nome a zelar. As edições da Companhia Editora Nacional impõem-se pela idoneidade e pelo seu nome já consagrado.[14]

O nome da editora funciona como credenciamento do livro para aqueles que ainda não sabem bem discernir o que lhes deve ser mais adequado e supõem a utilização dos critérios anteriores. Assim, a editora sabe selecionar para o leitor, que nela pode confiar. A Nacional representa-se como agência educadora do público leitor e promotora da cultura adequada à nação.

A Biblioteca Pedagógica Brasileira

Foi no contexto em que se depositavam na escola e no professor, bem como no livro, as missões de nacionalizar a cultura brasileira pela conquista do público leitor para a literatura nacional, instrumentalizar uma escola remodelada em prol da civilização e produzir uma nova opinião pública sobre a política e a cultura nacional que a Companhia Editora Nacional lançou, em 1931, a Biblioteca Pedagógica Brasileira (BPB), organizada pelo *eminente educador* Fernando de Azevedo. Com tal projeto, a editora participou ativamente dos embates estabelecidos, na década de 1930, em torno da reforma da cultura pela reforma da escola.

Nessa década, o debate no campo educacional ganhou novos contornos com a polarização e rearticulação dos grupos – na época denominados *católicos* e *renovadores da educação* – em torno dos principais temas da política educacional nacional: o estabelecimento do Ministério de Educação e

14 Catálogo geral da CEN, 1939-1940, n.14, p.110.

Saúde e de uma nova política de educação para a nacionalidade; a produção da nova Carta Constitucional, que determinaria as regras de produção e funcionamento do sistema educacional do país; a constituição de universidades capazes de produzir as elites intelectuais do país e formar o professorado e os técnicos em educação; a criação de órgãos técnicos capazes de assessorar o professorado nacional sob perspectivas coesas e unificadoras do trabalho educacional.

Esse debate era acompanhado pelo lançamento de novas coleções de livros cujos organizadores participavam ativamente das discussões instauradas no cenário nacional. Para as editoras, a aposta em determinados nomes poderia significar credenciamento e legitimidade das novas frentes que vinham sendo abertas no mercado de livros voltados para a educação.

A escolha do nome de Azevedo pela Nacional devia-se justamente à projeção que este vinha obtendo desde o Inquérito de 1926, aumentada com a reforma de 1928, no Distrito Federal, e a suas relações pessoais com Lobato. Participante ativo do movimento educacional, ele possibilitaria a projeção da editora na nova frente da literatura educacional e da literatura sobre o Brasil, colocando-a em condições de concorrer comercialmente nesse novo mercado.[15]

A BPB foi lançada um ano antes da deflagração aberta do conflito entre duas *hostes*[16] de educadores: os *renovadores* e os *católicos*. Ao selecionar Azevedo para diretor da BPB, a CEN acaba por escolher um dos representantes de uma destas *hostes*. A BPB é definida e apresentada pelo editor como:

---

15 Beda comenta a escolha do nome de Azevedo para organizador da BPB nos seguintes termos: "Outro grande adepto da Escola Nova foi o Professor Fernando de Azevedo que, em 1926, então professor da cadeira de Latim, paraninfou a turma de professorandos da 'Escola Caetano de Campos', em São Paulo, fazendo a apologia a Escola Nova. Com a eleição de Washington Luiz para a Presidência da República, foi para o Rio de Janeiro, a convite do Prefeito Antonio Prado Jr., sendo por este nomeado Diretor Geral da Instrução Pública do Distrito Federal, cargo que ocupou até 1930. [...] Voltando para São Paulo, Fernando de Azevedo assumiu a cadeira de Sociologia na 'Escola Caetano de Campos', recebendo de Octalles Marcondes Ferreira o convite para dirigir a 'Biblioteca Pedagógica Brasileira', com a qual pretendia que a Nacional se ombreasse à 'Biblioteca de Educação' da 'Melhoramentos'. Tendo aceito o convite, deu início à obra básica que projetou definitivamente a 'Companhia Editora Nacional' no campo da Pedagogia e do livro didático, em todos os níveis (Beda, 1987, p.286).

16 Van Acker, ao datar o início do conflito entre os dois grupos, refere-se a eles como *hostes*. Para ele, o conflito é detonado por três acontecimentos: o lançamento do livro de Fernando de Azevedo *Novos caminhos e novos fins* (1931), o lançamento do *Manifesto dos pioneiros da educação nova* (1932) e a V Conferência Nacional de Educação (1932) (Van Acker, s. d., p.13).

> larga ofensiva de renovação cultural sobre quatro frentes: as crianças, pela série I, de Literatura Infantil; os estudantes de todas as escolas primárias, profissionais, secundárias e superiores, pela série II – de Livros Didáticos (livros de texto, manuais e livros fontes); os professores de todos os graus de ensino, pela série III – Atualidades Pedagógicas e o público escolar, como a população extra e pós escolar, pela série IV – Iniciação Científica. O caráter eminentemente nacional desse movimento é dado não só pela orientação do plano editorial, como também especialmente, pela série V, Brasiliana, a mais vasta sistematização de estudos brasileiros.[17]

As séries I e II foram compostas por títulos e autores já há muito publicados pela Nacional, articulados a novos expoentes, agora reunidos em forma de coleções assinadas por uma autoridade técnica em educação. Verifica-se que, na série I, Literatura Infantil, aparecem títulos como *Narizinho arrebitado*, *O marquês de Rabicó*, *O Sacy*, *As aventuras do barão de Münchausen*, entre outros, que já eram editados desde 1924. Na série II, Livros Didáticos, os títulos *Saudade*, *Gramática expositiva*, *Gramática histórica* e *Cartilha de higiêne* também já faziam parte dos títulos da Nacional antes da data de organização da coleção. Essas e outras obras não eram, necessariamente, escolha do organizador da Biblioteca. A dinâmica de composição das séries I e II, portanto, era diferente daquela usada para outras que compunham a BPB, já que estas faziam parte da política anterior de produção da editora e, assim, eram frentes de atuação garantidas no mercado editorial. Essas obras consagradas davam legitimidade aos novos autores e títulos, facilitando sua circulação no mercado escolar e da literatura infantil.

As outras séries da BPB se organizaram como frentes de inovação no programa editorial da Nacional. A inovação se devia ao fato de elas estabelecerem um público específico para o qual eram destinadas, destacando-o de conjuntos mais genéricos como o dos estudantes ou o da literatura brasileira. Assim, com a série III – Atualidades Pedagógicas –, os professores eram alçados a público autônomo: o livro para o professor deixava de ser o livro destinado à criança ou à sala de aula propriamente dita.

O mesmo se deu com os livros das séries Brasiliana e Iniciação Científica: os pertencentes à primeira eram destacados da literatura em geral para constituir uma classe específica de textos de estudos da cultura brasileira

17 Orelhas da Coleção *Atualidades Pedagógicas*, 1934 a 1949.

para formação da nacionalidade; os textos da segunda, embora pudessem ser utilizados também no circuito escolar, serviam para popularizar as ciências fora dele e, portanto, diferenciavam-se da genérica classificação *público escolar*. A operação de reclassificar os textos segundo os critérios propostos supunha a autonomização do público para o qual cada série se destinava.

A organização das séries implicava, como já foi indicado, uma permanente realimentação dos títulos destinados à nova categoria de público a que se visava. Assim, havia todo um investimento, por parte da editora, para encontrar textos adequados para alimentar os programas editoriais contidos nas diferentes séries. Cabia ao editor, portanto, a organização de uma rede de autores e textos que atendesse a essas expectativas.

Neste sentido, a Brasiliana publica sistematicamente autores como Oliveira Vianna, Alberto Torres, Pandiá Calógeras – reconhecidos como estudiosos do Brasil – e títulos como *Vultos e episódios do Brasil*, de Batista Pereira; *Evolução do povo brasileiro*, de Oliveira Vianna; *À margem da História do Brasil*, de Licínio Cardoso; *História da civilização brasileira*, de Pedro Calmon, entre outros, em que a referência ao Brasil é explícita. Dos autores aos títulos, o tema Brasil era central no programa da Brasiliana, explicitando permanentemente a identidade da série. Os diferentes institutos histórico-geográficos, assim como os museus, converteram-se em instituições que alimentavam a série com autores, temas, problemas e gêneros de escrita (Dutra, 2006, p.309 *passim*).

Já a Iniciação Científica apresentava títulos como *Cinco lições de Psicanálise*, de Freud; *Eugenia em cinco lições*, de Otávio Domingues; *ABC da Psicologia*, de A. Cuvillier; *Princípios de Sociologia*, de F. de Azevedo; *Cinco lições de economia racional*, de G. Bessière, entre outros, cujo destaque era dado ao sentido de iniciação às ciências: o nome da ciência e a referência de que era uma iniciação (*lições*) estavam explicitamente colocadas no título, afirmando permanentemente o objetivo da série. O mesmo vale para a Atualidades Pedagógicas, em cujos títulos as palavras *educação* ou *educacional* apareciam com grande frequência, acompanhadas pela referência à ciência que empresta seus fundamentos para a análise do campo educacional: *Noções de História da Educação*, de Afrânio Peixoto; *Sociologia educacional*, de Delgado de Carvalho; *Educação e Psicanálise*, de Arthur Ramos; *O médico e a cducação da criança*, de Adalbert Czerny, entre outros, explicitavam a identidade da série (Leal, 2003).

Cada uma das séries pressupunha um trabalho específico de organização material dos textos, adequando-os ao público-alvo e aos usos previstos. E, ainda, era necessário encontrar os melhores espaços de divulgação para as diferentes séries, a fim de atingir o público-alvo e constituir uma identidade deste com a publicação.

No que se refere ao formato dos livros, eram os seguintes: os livros da série I, Literatura Infantil, tinham formato maior, que variava conforme o título, e apresentavam capa muito ilustrada. A série II, Livros Didáticos, era reclassificada pelas áreas de estudo nas quais os volumes estavam inseridos (Língua Portuguesa, línguas estrangeiras, cartilhas, Matemática, ciências físicas etc.), e o formato variava de acordo com as especificidades das séries e das idades para as quais eram voltados; além disso, os livros não eram numerados como os das outras séries. A série III, Atualidades Pedagógicas, apresentava livros de formato um pouco maior que os das séries IV e V (14 × 19 cm) e tinha capa tricolor. A série IV, Iniciação Científica, possuía livros de formato 13 × 19 cm e capa bicolor. Já na série V, Brasiliana, os livros eram menores (12 × 18,5 cm) e a capa, bicolor, continha o mapa do Brasil.

Acompanhando um pouco o ritmo de produção dos títulos das diferentes séries entre 1931 e 1939, verifica-se que variavam de uma para outra: a Literatura Infantil tinha, no período, 29 volumes publicados; a série Livros Didáticos, 223; a Atualidades Pedagógicas, 31; a Iniciação Científica, 16; e a Brasiliana, 131.

Assim, cada série adquiriu uma dinâmica interna de desenvolvimento independente, com ritmo próprio em termos de novos títulos e reedições: enquanto a série Livros Didáticos, por exemplo, cresceu em ritmo acelerado entre 1931-1939, a Iniciação Científica compôs-se lentamente, alcançando apenas 16 volumes no mesmo período. Essa independência garantia a adaptação das séries às demandas às quais eram destinadas.Em relação aos autores, também havia grande autonomia entre as coleções: pouquíssimos nomes faziam parte de séries diferentes; cada série tinha sua própria rede de autores.[18]

Outro indício do funcionamento autônomo das séries e de sua adaptação à demanda era a subdivisão da série IV, Iniciação Científica, em série IV

18 Entre os autores que figuravam em mais de uma série encontravam-se Fernando de Azevedo (Iniciação Científica, Atualidades Pedagógicas e Brasiliana), Almeida Júnior (Livros Didáticos e Atualidades Pedagógicas) e Venâncio Filho (Livros Didáticos e Atualidades Pedagógicas).

e série IV A, Iniciação Técnico-Profissional,[19] "destinada àqueles que se dedicam ou venham a se dedicar ao trabalho técnico, como a todos os que desejam ter uma noção, ainda que elementar, mas exata, dos benefícios materiais da civilização moderna".[20]

No entanto, em cada um dos volumes, de qualquer uma das séries, havia a indicação de que pertenciam à Biblioteca Pedagógica Brasileira, organizada por Azevedo. Há que considerar, portanto, a articulação geral das séries na Biblioteca Pedagógica Brasileira, a qual devia dar sentido aos programas particulares de cada uma delas. O primeiro sinal de unificação de todos os títulos escolhidos para compor a BPB era a assinatura destacada de Azevedo (aparecia na página de rosto dos volumes e nas listas dos títulos publicados nas séries). Por essa lógica, havia para todos os títulos, mesmo para aqueles que já faziam parte do programa editorial da Nacional, o crivo de seleção do educador. Assim, os livros didáticos e infantis, já publicados pela Nacional, recebiam uma espécie de selo de qualidade dada pela autoridade do organizador da coleção e eram acolhidos *pela orientação do plano editorial* da BPB, formando um conjunto com as novas séries propostas.

A orientação do plano editorial articula e arregimenta todos os públicos, porque pretende fornecer livros para todas as idades, dos leitores iniciantes àqueles habilitados a compreender a sistematização de estudos brasileiros contida na Brasiliana, atendendo à política de formação do brasileiro.

A própria numeração das séries tinha uma ordem que acompanhava as faixas etárias e os graus de formação do leitor: do livro para crianças – que se iniciam no mundo das letras – ao livro para o brasileiro culto – presente na Brasiliana. Ao mesmo tempo, havia um certo trânsito entre os públicos de cada série: a Literatura Infantil podia ser lida pelos alunos aos quais eram destinados os Livros Didáticos, assim como o público dos Livros Didáticos, que frequentava as escolas superiores, podia ler a série Iniciação Científica e a série Brasiliana; além disso, os professores que liam a Atualidades Pedagógicas podiam articular as leituras da Iniciação Científica e da Brasiliana. Portanto, a *larga ofensiva de renovação cultural* constituiu-se nos dois sentidos: oferecer livros para a formação de leitores de todas as idades e

19 No catálogo de 1939 constava apenas um título e nenhuma indicação de publicações seguintes. Ver catálogo geral da CEN, 1939-1940, n.14, p.48.

20 Catálogo geral da CEN, 1939-1940, n.14.

compor uma bibliografia que, na sua complementaridade, pudesse formar o leitor brasileiro.

As últimas três séries se entrelaçavam à medida que visavam disponibilizar ao leitor as bases da ciência moderna: em forma de lições, como nos títulos da Iniciação Científica e da Atualidades Pedagógicas;[21] em forma de produtos acabados, como nos estudos da Atualidades Pedagógicas ou da Brasiliana;[22] ou, ainda, na forma de instrumental para a produção da ciência, como no caso de alguns títulos da Brasiliana.[23] Se as duas primeiras séries (Literatura Infantil e Livros Didáticos) tinham explicitamente a função de formar o leitor iniciante, seja pela idade, seja pelo grau de formação escolar, as duas séries seguintes preparavam o leitor para ascender à alta cultura contida na última de todas.

Em carta oficial da Diretoria Editorial da CEN a Anísio Teixeira com pedido de colaboração, O. F. Rocha expõe a função da BPB e, nela, a Brasiliana:

> No plano da B.P.B. [...] figura a "Brasiliana", como a série a que se subordinam e para a qual convergem as outras coleções, destinadas a uma obra editorial de renovação do livro didático, para todos os graus de ensino, e difusão de cultura, em todos os setores de conhecimento, a que só o critério de seleção e o estímulo constante da produção nacional, como por si mesma, a série "Brasiliana", imprime o caráter de uma iniciativa inteiramente dominada pela vontade de servir à nação, servindo à organização e orientação do público brasileiro.[24]

O sentido de *renovação cultural*, depositado na Biblioteca pelo editor, estava na proposta de selecionar títulos e autores, entendidos como necessá-

---

21 Aqui me referi aos textos da série Iniciação Científica já citados e aos textos de Atualidades Pedagógicas organizados para introduzir o leitor em um universo científico como: *Noções de história da educação*, de Afrânio Peixoto; *Noções de higiene escolar*, de Aristides Ricardo; ou *Introdução à psicologia educacional*, de Noemy Rudolfer.

22 Há títulos que são resultado de pesquisa em determinada área do conhecimento, como *A representação do tempo na criança*, de Silvio Rabello, ou *A criança problema*, de Arthur Ramos, da série Atualidades Pedagógicas; *Fitografia do Brasil*, de A. J. Sampaio, ou *Sobrados e mocambos*, de Gilberto Freyre, da Brasiliana.

23 Os textos que reúnem documentos para auxiliar o desenvolvimento de ciências como a História e a Sociologia são publicados na Brasiliana, como *Cartas do imperador Pedro II ao barão de Cotegipe*, organizado por Wanderley Pinho, *A instrução e o Império*, de Primitivo Moacir. Para um estudo sistemático da Brasiliana, consultar Dutra, 2006.

24 Carta de Rocha a Anísio Teixeira de 12 de junho de 1937 – A.T. 28.04.27.

rios para o novo leitor brasileiro, orientando-o por meio dos critérios dessa seleção e do estímulo à produção nacional. A missão destinada à Biblioteca Pedagógica Brasileira era pedagógica, porque devia renovar a cultura, oferecendo ao leitor os elementos necessários para sua formação. Mas também era cívica, pois estimulava o desenvolvimento da cultura nacional e, ao mesmo tempo, de um público capaz de compreender e apreciar essa cultura. Tal projeto reforçava, ainda, a autorrepresentação da editora como agência educadora da nação, à medida que era *obra editorial de renovação do livro didático, para todos os graus de ensino, e difusão de cultura, em todos os setores de conhecimento.*

O ambicioso programa da BPB – de *larga ofensiva de renovação cultural* – era uma espécie de síntese das propostas preconizadas pelo grupo de educadores do qual Azevedo fazia parte,[25] em que se pretendia reformar a cultura, realizando ampla reforma educacional que atacasse dois pontos fundamentais: a modificação da mentalidade das novas gerações das classes média e alta por meio de uma educação mais realista, com o objetivo de formar a consciência nacional, preparando melhor as elites do país; e a educação das classes populares para que encontrassem meios mais racionais de viver e, assim, elevassem seu nível econômico, moral e intelectual, o que lhes daria a possibilidade de participar da circulação das elites dirigentes do país. A solução educacional seria o modo mais racional de gerar as transformações necessárias para o Brasil.

Do ponto de vista comercial, o convite a Azevedo para dirigir a coleção significou uma resposta editorial à demanda por livros, considerados de qualidade, para a formação de professores (Beda, 1987). Essa qualidade advinha do renome de Azevedo e da rede de autores que este mobilizou para publicar na coleção. Mais especificamente, significava a sintonia entre

25 Em 1937, o Inquérito de 1926 é editado na Brasiliana com o título *A educação pública em S. Paulo*. Nele há um prefácio em que Azevedo considera a existência de uma *nova geração de educadores* que teria realizado um movimento em prol da *consciência educacional* no Brasil: "Se se quiser remontar a fonte de que desceu a torrente das maiores forças espirituais da nova geração de educadores, montadas em meios diversos, mas impelidas na mesma direção, não será preciso recuar mais de dez anos para termos as origens de um movimento cujo alcance não se podia prever e cuja intensidade, mercê de circunstâncias especiais, de varia natureza, foi suficiente para criar a 'consciência educacional' e para inaugurar uma política de educação no Brasil". Ver Azevedo, 1937, p.xxix.

o programa de leitura da coleção e a demanda específica por uma nova literatura educacional, produzida pelas reformas educacionais empreendidas pelo próprio educador e por seus pares. A CEN, por meio do prestígio de Azevedo, pôde fazer negócios com o governo do Distrito Federal, atendendo a suas necessidades em relação ao livro escolar, assim como às necessidades de outras diretorias de Instrução Pública, como a de São Paulo e a da Guanabara.

A inserção de Azevedo na editora significou também maior trânsito desta entre as instituições e associações de educadores, cujos resultados foram propostas de publicação de revistas, livros, anais de congressos etc.,[26] bem como um plantel de novos autores, não só ligados à educação, mas também à literatura, à história, à filosofia etc.

A situação transformou-se, no final dos anos 1930, com a acirrada oposição dos católicos a Azevedo e a seu projeto político-educacional.[27] Seu prestígio constituído no mundo editorial sofreu forte abalo: a rede de autores por ele montada se dissolveu com a derrota política de parte do projeto sintetizado na reforma de Teixeira do Distrito Federal, no Instituto de Educação da Universidade de São Paulo (USP) e no desenho da Faculdade de Filosofia, Ciências e Letras da USP. Com o processo de encerramento do regime varguista, esses três âmbitos da ação reformadora sofreram intervenção e foram ou desmontados ou modificados e, no fim, a própria ação política de Azevedo foi inviabilizada.

Entre os anos 1930 e 1940, o educador tornou-se alvo de propaganda desmoralizadora produzida pelo Centro Dom Vital.[28] Seu nome foi recusado pelos católicos para diferentes cargos na condução da política educacional realizada pelo novo Ministério de Educação e Saúde,[29] além de sua obra ser criticada e proibida para o uso dos professores católicos.

26 Por exemplo, é a Companhia Editora Nacional que edita, em 1932, o *Manifesto dos pioneiros da escola nova*.

27 Sobre as diversas estratégias de oposição dos católicos, consultar Carvalho, 2003, e Sgabi, 2001.

28 Consultar, por exemplo, o panfleto distribuído pelo Centro Dom Vital assinado por Alexandre Correia, 1936, "Ao sr. Fernando de Azevedo, a sua sociologite aguda e o que mais lhe aconteceu...". Ver também as críticas sobre as obras de Azevedo publicadas na revista *A Ordem*, além de Van Acker, s. d. Para uma descrição mais detalhada do itinerário de Azevedo no período, consultar Toledo, 2001.

29 Ver Schwartzman, Bomeny; Costa, 2000.

O insucesso político levou parte dos autores que publicavam nas coleções dirigidas por Azevedo a pedir sua liberação dos vínculos contratuais.[30] Sem conseguir revitalizar o prestígio da Biblioteca, atingida pelas sucessivas derrotas políticas, Azevedo abandonou a ação editorial, articulando um novo espaço de atuação política dentro da USP.

Com a derrota desse modelo, sobretudo com o controle do campo educacional pelos católicos, também fracassou o projeto da BPB, que, para sobreviver, precisou ser profundamente modificado, adequando-se às condições do mercado.[31] A CEN passou a produzir novas coleções que se adaptassem ao mercado, com novas assinaturas de intelectuais, como a Biblioteca do Espírito Moderno, de Monteiro Lobato e Anísio Teixeira, a Biblioteca Universitária, de Cruz Costa, Florestan Fernandes e outros, e a Coleção *Cultura, Sociedade e Educação*, de Anísio Teixeira.

30 É o caso, por exemplo, de Delgado de Carvalho, que pede a liberação de seus livros para outra coleção (Carvalho, D. 3 set. 1943, Arquivo Fernando de Azevedo, cx8/4).

31 J. B. Damasco Penna remodela a Atualidades Pedagógicas transformando por completo o modelo de leitura e formação por ela veiculado; também assume a Coleção *Iniciação Científica*, modificando seu desenho editorial. Jacobina Lacombe assume a Coleção *Brasiliana*. No anos 1950, a CEN lança uma nova coleção de livros didáticos, a Biblioteca Escolar Brasileira, que lentamente substitui a série II da BPB. A coleção de literatura infantil é dissolvida com a saída de Monteiro Lobato da CEN e a transferência de muitos de seus títulos para a Editora Brasiliense.

8
Os irmãos Weiszflog em busca dos mercados escolares: identidades das Edições Melhoramentos dos primórdios à década de 1960

Gabriela Pellegrino Soares

A Companhia Melhoramentos de São Paulo foi fundada na região de Caieiras por Antonio Proost Rodovalho. Condecorado com a patente de coronel por sua contribuição na Guerra do Paraguai, Rodovalho esteve à frente de variados empreendimentos relacionados à urbanização de Caieiras, à sua inclusão no circuito ferroviário da São Paulo Railways e à exploração dos recursos naturais locais, como a cal. Foi em uma olaria que, em 1887, Rodovalho iniciou experimentos para a confecção de fibra de papel, os quais logo dariam ensejo ao erguimento de uma fábrica, às margens do rio Juqueri. Em setembro de 1890, na sede do Banco do Brasil, no Rio de Janeiro, procedeu-se a instalação da companhia e a venda de ações. O papel era apenas um dos negócios envolvidos nos "melhoramentos" almejados, e as dificuldades concernentes à produção e ao escoamento dos diferentes gêneros não tardaram a aparecer.

Em maio de 1894, o jovem Otto Weiszflog chegou a São Paulo a bordo do trem que tomou em Santos, após uma longa travessia oceânica iniciada em sua cidade natal na Alemanha, Hamburgo. Pouco tempo depois estava empregado na papelaria de seu conterrâneo Bühnaeds, estabelecida na rua Libero Badaró. Bühnaeds tinha sociedade com Antonio Rodovalho e desdobrara o negócio papeleiro em oficina de encadernação e confecção de cadernos.

Em 1896, Otto convenceu o irmão Alfried a também mudar-se para São Paulo. Em 1900, seria a vez de o irmão Walther imigrar, depois de uma etapa de formação no *métier* das artes gráficas financiada pelo pai, Wilhelm Weiszflog. Um ano antes, com a visita do patriarca ao Brasil por ocasião do casamento de Otto, a família decidira associar-se a Bühnaeds. A partir daí, os investimentos aumentaram e foi aberta uma tipografia, alimentada com o papel fornecido pela Companhia Melhoramentos de São Paulo.

Com problemas de saúde, Bühnaeds preferiu afastar-se da empresa e vender sua parte à Weiszflog Irmãos, novo nome a timbrar os artigos de papelaria e tipográficos. Em 1906, foi a vez de a Companhia Melhoramentos de São Paulo solicitar-lhes a impressão de um relatório anual. A essa altura, a sede de reunião dos acionistas da companhia transferira-se do Rio de Janeiro para São Paulo, e Rodovalho afastara-se da diretoria.

Em ambos os empreendimentos – a Companhia Melhoramentos e a Weiszflog Irmãos –, os anos que abriam o novo século foram marcados pelo afã de incorporar novas soluções tecnológicas e investir na criação de parques industriais modernizados. A fabricação de papel e a impressão de mapas, álbuns, blocos, baralhos e cadernos de caligrafia passavam a contar com um maquinário de alto padrão, o que ajudava a agregar prestígio e credibilidade às empresas. Preparando as vendas de 1912, os prelos da Weiszflog Irmãos estrearam a produção de livros escolares, que haviam sido encomendados por Francisco Alves. O negócio suscitou o contato dos editores com professores da Escola Normal Caetano de Campos, base do sistema educacional público que vinha sendo estabelecido no estado de São Paulo. Pouco tempo depois, a Weiszflog Irmãos enveredava pelo caminho da edição dos seus próprios livros, voltados ao mundo escolar e infantil.

Entretanto, os efeitos da Primeira Guerra se fizeram sentir no mercado de papel e de livros e demandaram ajustes. A antiga história de aproximações entre a Companhia Melhoramentos e a Weiszflog Irmãos culminou com o processo de incorporação da segunda pela primeira, encerrado em 4 de dezembro de 1920. Alfried e Walther tornaram-se importantes acionistas da empresa – Otto havia falecido em abril do ano anterior, após contrair a gripe espanhola. A incorporação atendia a problemas que a Weiszflog Irmãos, assim como as outras editoras nacionais, vinha enfrentando com a crise no abastecimento de papel. De sua parte, em virtude, dentre outros desgastes, dos atritos na esfera administrativa, a Companhia Melhoramentos precisava de injeção de capital para recuperar seu maquinário e a qualidade de sua produção. De fato, nos anos seguintes, a fabricação de papel cobraria novo impulso a partir do desenvolvimento de projetos para papel celulose.

Para viabilizar o negócio, os Weiszflog venderam o imponente prédio da editora entre a rua Libero Badaró e o vale do Anhangabaú e transferiram as oficinas para o bairro da Lapa. Mantiveram, entretanto, um escritório e uma livraria no endereço do centro, que atraía o público que passava até sua vitrine e os autores que compareciam ao café da tarde oferecido por Walther e, desde 1945, pelo assistente editorial Francisco Marins.

Foi assim que o timbre *Companhia Melhoramentos de São Paulo*, mais adiante *Edições Melhoramentos*, passou a figurar nas edições Weiszflog, preservando-se ainda a imagem do corvo que os impressores alemães haviam escolhido para simbolizar o saber. Todavia, aos poucos, um novo lema acabaria por se estabelecer, capturando as novas dimensões do empreendimento: "Do pinheiro ao livro: uma realização Melhoramentos".

Livros para crianças e para educadores

O passo da impressão e encadernação à edição foi dado no ano de 1915 e inaugurou uma escalada vertiginosa. Entre 1938 e 1943, a Melhoramentos já figurava como uma das seis maiores editoras brasileiras e como aquela com o maior índice individual de publicação de livros voltados ao público infantil: 38% de sua produção (Miceli, 2001, p.153). Outros 28% de seu catálogo reservavam-se, então, a obras didáticas.

A ênfase nas obras literárias escritas ou adaptadas para crianças deveu muito à participação de Arnaldo de Oliveira Barreto, professor da Caetano de Campos e autor cativo nos catálogos de Francisco Alves nos primeiros anos da trajetória editorial da Weiszflog Irmãos.[1] Foi ele o criador e primeiro coordenador da Biblioteca Infantil, responsável, segundo Nelly Novaes Coelho, por 28 dos 100 títulos que a coleção alcançou em 1958.[2] A coleção foi inaugurada com uma adaptação – assinada por Barreto –, de *O patinho feio*, de Hans Christian Andersen, publicada em formato 15,5 × 12 cm, com 64 páginas, capa dura e ilustrações de Francisco Richter. A tiragem

1 Sobre a Biblioteca Infantil e a atuação de Lourenço Filho como coordenador de coleções e parecerista da Companhia Melhoramentos, ver também Soares, 2006; 2007.

2 Arnaldo Barreto foi apontado como "autor" predileto por meninos e meninas de 8 a 11 anos no inquérito sobre leitura promovido por Armanda Álvaro Alberto para a Associação Brasileira de Educação (ABE), em 1926. Todos os títulos da Biblioteca Infantil foram incluídos na sugestão de leituras para crianças de até 11 anos da *Bibliotheca para creanças e adolescentes*, publicada em 1928 pela Seção de Cooperação da Família da ABE (Rio de Janeiro, Escola Profissional de Artes Graphicas).

da primeira edição, de 1915, foi de quarenta mil exemplares. Até sua 16ª edição, em 1957, haviam sido publicados 135 mil exemplares da obra. Em todas as páginas, uma moldura cor-de-rosa envolvia o texto, entrecortado com frequência por ilustrações delicadas, em sua maioria em branco e preto, ocupando cerca de um terço da página. A linguagem empregada na adaptação era coloquial, rica em diálogos e em frases curtas, com um tom suave e envolvente de conto de fadas.

Os outros 27 volumes publicados sob a direção de Arnaldo de Oliveira Barreto foram adaptações de contos estrangeiros, retirados sobretudo da obra de Andersen e, entre aqueles originários do folclore universal, da obra de Perrault, dos irmãos Grimm e da condessa d'Aulnoy e de *As mil e uma noites*. Após a morte de Barreto, a coleção se diversificou: além de novos contos de fadas, foram incorporados a ela textos de autores brasileiros, como *O coração que vê tudo*, de João Câmara, e, mais tarde, *A gigantinha*, de Ofélia e Narbal Fontes, e também romances de autores europeus que se tornaram clássicos da literatura infantil, como *D. Quixote de la Mancha*, de Miguel de Cervantes; *Aventuras de Robinson Crusoé*, de Daniel Defoe; e *A conquista da cidade sagrada* – adaptação de *Jerusalém libertada* –, de Torquato Tasso.

Para substituir o recém-falecido professor na coordenação da Biblioteca Infantil, a Melhoramentos convidou, em 1926, o educador paulista Lourenço Filho. Ao lado de Oliveira Barreto, Carneiro Leão e Fernando de Azevedo, entre outros porta-vozes da renovação educacional que disputava espaço no país, Lourenço Filho já havia colaborado com a *Revista Nacional*, que a Melhoramentos lançara em 1921 e que conferiu aos assuntos de educação um lugar de destaque.

A partir de 1926 e "mais intensamente a partir de 1937", Lourenço Filho realizou

> uma revisão completa dos volumes do texto da "Biblioteca Infantil", de modo a simplificar o vocabulário e expungir as histórias de certas passagens menos satisfatórias, por inspirarem sentimentos de medo, ou terror. Bastará comparar alguns volumes das edições do texto original e do revisto. Muitas dessas histórias foram, na verdade, reescritas.[3]

3 Parecer de Lourenço Filho, de 1966, sobre a obra de Leonardo Arroyo, *Literatura infantil brasileira*, que foi publicada pela Weiszflog Irmãos no ano seguinte.

As mudanças introduzidas na Biblioteca Infantil – assim como no universo das cartilhas, livros didáticos e outras coleções de literatura para crianças que a editora vinha publicando – traduziam inflexões nas diretrizes pedagógicas que a Escola Normal Caetano de Campos abraçava e, na sua esteira, as demais escolas normais e grupos escolares paulistas. Inspetor da Seção Masculina da Caetano de Campos, Arnaldo de Oliveira Barreto publicara cartilhas e livros de leitura escolar afinados com o método intuitivo-analítico. Ao assumir, em 1925, a cadeira de Psicologia e Pedagogia da Escola Normal da Praça da República, Lourenço Filho empenhou-se em reorientar esse modelo, com base nas estratégias da psicologia experimental, para analisar o comportamento e sistematizar a conduta dos alunos.

As referências teóricas e científicas abraçadas pelo educador encontraram um importante veículo de difusão no Brasil quando, em 1927, ele criou a Biblioteca de Educação da Companhia Editora Melhoramentos de S. Paulo.[4] A coleção, que chegou a reunir 36 títulos, entre traduções e obras nacionais, teve ampla circulação nas escolas normais e institutos de educação do país durante as décadas seguintes.

Entre os primeiros títulos traduzidos ou prefaciados por Lourenço Filho, constavam: *Psicologia experimental*, de Henri Pierón (1927); *A escola e a psicologia experimental*, de E. Claparède (1928); *Educação moral e educação econômica*, de A. Sampaio Dória (1928); *Educação e sociologia*, de Émile Durkheim (1928); *A lei biogenética e a escola ativa*, de Adolphe Ferrière; e *Testes para a medida da inteligência*, de Binet e Simon (1929). De autoria do próprio diretor, três obras vieram a integrar a coleção: *Introdução ao estudo da escola nova* (1930), *Testes ABC para verificação da maturidade necessária à aprendizagem da leitura e da escrita* (1933) e *Tendências da educação brasileira* (1941).

Esses livros apresentavam concepções educacionais e psicológicas que, articuladas a concepções literárias, estéticas e editoriais, pautaram o trabalho de apreciação e edição de obras didáticas e de literatura infantil que a Melhoramentos estudava publicar – e que excedeu a esfera específica da

4 A coleção perdurou presumivelmente até 1979 – ano da 13ª edição da obra *Introdução ao estudo da escola nova*, de Manoel Bergström Lourenço Filho – e teve publicados, desde 1927, 36 títulos. A partir de meados da década de 1940, a dimensão combativa e doutrinária abrandou-se e a coleção assumiu outras características, sem deixar, no entanto, de ter sucessivamente reeditados alguns títulos consagrados nas décadas de 1920 e 1930. Cf. Monarcha, 1997. p.28.

Biblioteca Infantil –, levado a cabo por Lourenço Filho até o ano de sua morte, 1970. Expressão desse diálogo entre os referenciais teóricos e a prática editorial foi a *Cartilha do Povo*, de sua autoria, que recebeu mais de duas mil edições e vendeu, entre os anos 1920 e 1980, 20 milhões de exemplares (Donato, 1990, p.88).

Os critérios empregados pelo educador nessa minuciosa tarefa de seleção e edição das obras para crianças foram desenvolvidos e explicitados nos quase trinta mil pareceres que ele escreveu para a editora por um longo período.[5] Nesses pareceres, os critérios educacionais dialogavam com preocupações relativas à qualidade literária e a contingências do mercado editorial. Editar literatura representava, na visão de Lourenço Filho, uma forma específica de ir ao encontro da criança, por vias criativas e recreativas, mais ou menos cuidadosamente dosadas dependendo das circunstâncias.

Pois o trabalho de edição supõe diferentes instâncias de mediação, que interagem no resultado final da obra publicada. E as formas de mediação envolvem não apenas o confronto entre concepções plurais sobre o conteúdo, o estilo e a apresentação do livro, mas também a dinâmica das sociabilidades e das relações de poder que se estabelecem dentro e fora da editora. Nesse sentido, os critérios definidos por Lourenço Filho se tornavam mais frouxos ou mais rígidos conforme os interlocutores envolvidos em cada obra.[6]

Vejamos alguns dos eixos fundamentais de sua atuação nos bastidores da Melhoramentos.

Na perspectiva do educador, a literatura infantil tinha um papel a cumprir que era complementar àquele desempenhado pela escola, por si só insuficiente para a formação integral do homem. Entretanto, ele não a concebia como um instrumento de doutrinação e disciplinamento dos leitores, como se a relação destes com o texto fosse fechada e unívoca e a leitura, uma resposta fiel às intenções do autor. No universo teórico de Lourenço Filho, aliás, essa postura passava a orientar o próprio ensino da leitura. Em *Tes-*

5 A cifra é dada por Donato, 1990, p.82. No levantamento que realizei em 2000 no Arquivo da Companhia Melhoramentos, no bairro da Lapa, em São Paulo, tive acesso a centenas de pareceres, mas que não alcançavam trinta mil. Vale mencionar o depoimento de Hasso Weiszflog colhido por Donato, citado nessa mesma obra, de que Lourenço Filho foi "um segundo ego da editora".

6 É possível notar, por exemplo, um menor rigor nos pareceres escritos por Lourenço Filho acerca de histórias infantis assinadas por Renato Sêneca Fleury, que exerceu diferentes funções administrativas junto à Companhia Melhoramentos.

tes ABC, obra publicada pela Biblioteca de Educação da editora, Lourenço Filho afirmava que leitura e escrita são processos dinâmicos de "reação em face do texto ou material de leitura, mais do que impressão desse material simbólico sobre o leitor". A leitura deixava de ser definida, como outrora, como "o processo ou a habilidade de interpretar o pensamento, exposto num texto escrito ou impresso", uma vez que o pensamento seria uma "reação individual, diversa em cada leitor" e as palavras, "possíveis estímulos da atividade do pensamento" – e não veículo de ideias – e de "estruturas emocionais" (Magnani, 1997, p.65).

Nesse sentido, Lourenço Filho condenava as obras que desrespeitavam o estágio de desenvolvimento em que se encontrava a criança, desfavorecendo a formação harmoniosa da psique infantil. Seus argumentos exploravam as relações entre experiência artística e formação psicológica e moral infantis:

> Como expressão de arte, que é, a leitura para crianças deve [...] tender a fornecer ao espírito infantil certa provisão de beleza, de graça, de harmonia, a fim de que não agrave os conflitos mentais e sentimentais, mas procure resolvê-los de forma suave e criadora. A criança precisa acreditar na vida, acreditar no bem, na bondade, na justiça, nas formas criadoras da vida social e não nas forças que a corrompem e a destroem.[7]

Daí, o sentido de "expungir as histórias de certas passagens menos satisfatórias, por inspirarem sentimentos de medo, ou terror" – conforme definiu anos antes para sua "intervenção" na Biblioteca Infantil – ser, insistentemente, retomado em seus pareceres editoriais. As histórias narradas deviam despertar interesse, sem ocasionar "impressão profunda".

Lourenço Filho também censurava as obras que contrariavam a ideia de uma formação social harmoniosa, objetivo perseguido, com diferentes matizes, pelo movimento de renovação social escolanovista. No prefácio a *Educação para uma civilização em mudança*, de Kilpatrick, Lourenço Filho ressaltava o mérito da obra em indicar como a educação poderia contribuir para a busca de maior equilíbrio social, em um contexto histórico marcado por mudanças tão profundas. Entre elas, mencionava a tendência à especia-

7 Lourenço Filho, M. B. Parecer 1.341/1.326, 1950.

lização do trabalho, que poderia ocasionar incompreensão e confrontos entre diferentes grupos sociais. Cabia à educação compensar essa tendência, fornecendo aos indivíduos uma "visão integral do trabalho e da harmonia social sobre a qual ele deve repousar" (Kilpatrick, 1933).

Assim, para o parecerista, os livros de literatura infantil não deviam "apresentar temas que inspirem a falta de confiança nos costumes e instituições, ainda que, é claro, possam e devam despertar o espírito crítico dos jovens".[8] Ao analisar a obra *Aventuras de uma abelhinha inteligente*, de Maria Nunes de Andrade, alertou: "julgamos, por outro lado, que há duas ideias, mais ou menos insistentes, que não devem figurar em historietas para os níveis de idades a que a história pode interessar: a *de sexo* e a de revolta contra *as leis*".[9]

O matiz que ele próprio conferiu ao ideal de harmonia social caracterizou-se, sobretudo a partir de meados dos anos 1930, por uma preocupação em conciliá-lo com as perspectivas alimentadas pelos grupos católicos, então fortalecidos no cenário político e educacional brasileiro. No mencionado prefácio à obra de Kilpatrick, lamentou que o autor não tivesse se aprofundado sobre o papel da religião na conduta humana: "A aceitar-se, como quer Bergson, que religião é 'como um reação defensiva da natureza contra tudo quanto possa haver de deprimente para o indivíduo, de dissolvente para a sociedade, no exercício da inteligência'" (Kilpatrick, 1933, p.13).

Em diferentes pareceres, rechaçou o tratamento sarcástico ou irônico de temas ou personagens religiosos, recurso, aliás, que considerava de modo geral inadequado à literatura infantil, dada a incapacidade da criança para perceber "a verdadeira intenção do autor".[10]

Desempenhando funções de destaque junto à máquina administrativa do Estado Novo, num período em que diversos livros destinados às crianças foram censurados pelo governo, Lourenço Filho fazia ele próprio a triagem ideológica de o que a Melhoramentos devia ou não publicar. Classificou como "tradução não recomendada de modo algum" a obra inglesa *Other children's homes*, de D. M. Forsaith, que, por conter um capítulo sobre a Rússia, poderia ser considerada propaganda subversiva.[11]

8 Ibidem. Parecer 32.014, 1968.
9 Ibidem. Parecer 2.023, 1957.
10 Ibidem. Parecer 1.486, s. d.
11 Ibidem. Parecer 638, 1939.

Outro critério central nos comentários que produziu, em particular no tocante a obras traduzidas ou adaptadas, dizia respeito à possibilidade de o texto ser do interesse da criança brasileira, assim como à inteligibilidade do tema ante as referências culturais dela. É preciso "referir-se a cenários que ela conheça", esclareceu em um parecer, "ou, então, a cenários que sejam descritos de modo completo".[12]

Preocupado com a inteligibilidade, Lourenço Filho discutia em minúcias opções dos tradutores, como em *Alice no país das maravilhas*:

> Deslizes da tradução, realmente só encontramos dois: à pág. 18 dos originais de "Encontra as flores falantes", as expressões "*you see*", "*I do not see*" não se traduzem com o verbo *ver*, mas com o verbo *compreender*; e, na página final, 25, "bugs", que é *pulgões*, e que foi traduzido por "duendes", melhor ficará traduzido por *insetos*. "Flores e insetos gostam de ser pequeninos".[13]

Por acreditar que a leitura infantil se destinava a elevar os padrões de linguagem das crianças, ele condenava o que chamava de "plebeísmos", "modismos" e "regionalismos" – afinal, o país todo era mercado da Melhoramentos.[14] Ao mesmo tempo, prescrevia à leitura recreativa infantil "vocabulário que não ofereça nenhuma dificuldade ao leitor para perfeita compreensão da narrativa".[15] As inversões sintáticas e os textos metrificados, por exemplo, eram mal acolhidos.[16]

Foram ainda alvo da atenção de Lourenço Filho a concepção gráfica e as ilustrações dos livros:

> A correção que tivemos de fazer atendeu, pois, menos a incorreções da tradução, propriamente dita, que às dimensões dos dizeres de cada página, e de cada linha (45 letras, cada linha).[17]

Com respeito às imagens, um exemplo das preocupações do parecerista diz respeito ao problema da coerência em relação ao tema do livro: "quanto

12 Ibidem. Parecer 1.599, 1952.
13 Ibidem. Parecer 1.476, 1951.
14 Ibidem. Parecer 1.541, 1952.
15 Ibidem. Parecer 1.544, 1952.
16 Ibidem. Parecer 1.427, 1951.
17 Ibidem. Parecer 1.476, 1951.

às ilustrações, achamos que deveria ser corrigida a da pág. 17, pois, *na época não havia lampiões de querosene*; deveria ali figurar uma *candeia de azeite*".[18]

Por fim, os contornos das convicções literárias, educacionais e políticas de Lourenço Filho combinavam-se com estratégias editoriais mercadológicas. Por julgá-lo inadequado a público específico e remunerador, ele deu parecer negativo ao clássico *Os meninos da rua Paulo*, de Molner Ferenc, em tradução de Paulo Ronai revista por Aurélio Buarque de Holanda:

> 2. Considerada a estrutura e dado o assunto, pode ela ser examinada como romance e como obra de literatura infantil.
> 3. Como romance, só interessará mais profundamente a quem tenha conhecido o ambiente e o tempo. [...]
> 4. Por isso mesmo, na excelente versão que agora apresenta, conservava numerosos termos e expressões húngaras, as quais reforçam a cor local.
> 5. Como obra de literatura infantil, no entanto, pode este livro ser julgado pela mesma forma?... Cremos que não. Narrativa romanceada com meninos e rapazes, não nos parece que ela tenha sido mesmo concebida para esse efeito. E, se o foi, não chega a possuir aquelas altas qualidades que poderiam recomendá-la à tradução.
> 6. Com efeito, pelo fato de seu próprio realismo e aspecto quase documentário, o entrecho (luta de rapazes organizados em bandos, com sociedades secretas) oferece sugestões pouco recomendáveis.
>
> Não poderíamos aconselhar para pré-adolescentes, por essas circunstâncias. Para adolescentes, mudada a época e os costumes, a narrativa não tem o necessário sabor.[19]

Os critérios que Lourenço Filho adotava para seleção, edição ou revisão de obras para crianças referiam-se, portanto, a múltiplos aspectos do trabalho do editor, envolvendo questões que iam da esfera educacional à literária, da esfera comercial à política, da esfera do público leitor à dos mediadores, da esfera do conteúdo à da forma. Suas perspectivas apresentaram fortes continuidades ao longo dos mais de quarenta anos em que ele esteve ligado à editora, contribuindo para definir as identidades que ajudaram a Melho-

18 Ibidem. Parecer 1.424, 1951.

19 Ibidem. Parecer 1.390, 1950. A obra veio a ser publicada no Brasil por outra editora.

ramentos a conquistar o segmento dos leitores crianças, assim como a confiança dos pais e educadores que procuravam orientar as leituras infantis.

A Companhia Editora Melhoramentos em outros segmentos do mercado de livros

O mercado escolar seguiu sendo o carro-chefe nos primeiros tempos da editora. Por ocasião das comemorações do centenário da Independência, em 1922, publicaram-se volumes de história nacional assinados por Affonso Taunay e Oliveira Lima, entre outros. Se em 1915 havia sido impresso um total de 23 mil exemplares, em 1921 esse número saltara para 217 mil e, no ano do centenário, a previsão era de que ultrapassaria a casa dos 340 mil. Os editores gabavam-se de vender livros para diferentes estados do Brasil, aprovados pelos departamentos oficiais de educação, e de já contar com um representante no Recife. Em breve haveria representantes no Rio de Janeiro, em Salvador, em Belo Horizonte, em Porto Alegre...

Os nichos de aprendizado se especificavam. Nos anos 1930, os *Atlas* do padre Geraldo José Pauwels ganharam sucessivas edições e a Coleção *Na roça*, de Renato Sêneca Fleury, procurou ir ao encontro das demandas dos alunos da zona rural. Desde a década anterior, a Coleção *Encanto e Verdade*, de Thales de Andrade, procurava colocar o livro infantil a serviço dos projetos de modernização agrícola e de fixação do homem no campo.

A eclosão da Segunda Guerra Mundial e a declaração de guerra por parte do Brasil ao Eixo acarretou problemas políticos a uma empresa presidida por imigrantes alemães. Em julho de 1941, a Melhoramentos foi colocada na lista negra elaborada pelo Estado Novo, o que praticamente implicava a paralisação de seus negócios. Os Weiszflog afastaram-se temporariamente da diretoria e, no ano seguinte, obtiveram a exclusão da empresa da lista.

Outra fonte de desgastes para os gestores da empresa veio à luz em 1946, sem que se encontrasse de imediato uma solução definitiva nesse terreno. Com motivações variadas, as greves trabalhistas passaram a acompanhar a dinâmica anual da Melhoramentos, nas oficinas de Caieiras e da Lapa, até a assinatura de um acordo coletivo de trabalho em maio de 1960.

A despeito das turbulências externas e internas, a Melhoramentos não perdeu vigor. Foi fechada a compra de uma fazenda em Camanducaia para fins de reflorestamento e de instalação de uma fábrica de papel e celulose. No domínio editorial, o período pós-guerra assistiu a diferentes iniciativas, como a distribuição gratuita da revista trimestral *Folhas Avulsas*, que abordava assuntos culturais e divulgava a produção da Melhoramentos. Em 1948, instituiu-se o Prêmio Arnaldo de Oliveira Barreto para revelar novos talentos da literatura infantojuvenil e, pouco tempo depois, procurou-se reforçar esse segmento editorial com a criação da Coleção *Ficção Nacional*. Também foi lançado um *Almanaque Melhoramentos* com "leitura recreativa infantojuvenil e para a família brasileira".

Em 1953, o projeto Livro Luz pretendeu fazer chegar em domicílio, por um sistema de crediário, livros das coleções Obras Célebres ou Cultura e Ciência, ofertados por catálogo. Experiências de reembolso postal conviveram com o esforço de ampliação da rede de lojas. A essa altura, em São Paulo, além da tradicional, na Libero Badaró, foram abertas livrarias na rua Augusta e na Treze de Maio. Em 1960, a livraria do centro mudou-se da Libero Badaró para o largo do Arouche, em virtude da demolição do prédio.

No Rio de Janeiro, a livraria foi transferida em 1955 para a avenida Nossa Senhora de Copacabana, deixando o endereço que ocupava desde 1921, na rua Almirante Gonçalves. As lojas comercializavam os populares artigos de papelaria que haviam dado vida à Weiszflog Irmãos, ao lado das ofertas editoriais.

Em 1954, a editora homenageou São Paulo em seu IV Centenário com a publicação de álbuns de fotografia, obras sobre a história da cidade e até mesmo um guia turístico fartamente ilustrado. No universo da literatura, autores de prestígio despontaram no catálogo da Melhoramentos. Em particular, José Mauro de Vasconcelos, autor do sucesso *Meu pé de laranja lima*.

Por fim, a partir da década de 1950, a editora investiu em obras de referência, como o *Dicionário Brasileiro Contemporâneo Ilustrado*, de Francisco Fernandes, e o *Novo Dicionário Michaelis*. Na década de 1960, o projeto passou a incorporar enciclopédias com o lançamento da Barsa e, logo adiante, da Enciclopédia Britânica do Brasil, esta última apenas impressa pelas gráficas da Melhoramentos.

Em 5 de junho de 1962 faleceu Walther, o último dos três irmãos Weiszflog que se estabeleceram no Brasil na virada do século e tomaram as rédeas de uma papelaria e encadernadora situada no centro de São Paulo.

Nesse mesmo ano, as Edições Melhoramentos desativaram sua linha de obras didáticas, mantendo apenas alguns títulos considerados marcos. A reforma ortográfica de 1943 e as mudanças que vinham se introduzindo nos currículos escolares acarretaram perdas à empresa nesse segmento.

Em 1970, a seção de livros para crianças perdeu a assessoria de Lourenço Filho. Entretanto, a chegada de autores como Ziraldo reafirmaram o lugar da Melhoramentos nesse domínio, em um contexto de renovação que ajudou a demarcar melhor as fronteiras entre os livros de literatura infantil e os livros escolares.

9

Livros para ensinar a ler e escrever: uma pequena análise da visualidade de livros produzidos no Brasil, em Portugal e na França, entre os séculos XIX e XX

Isabel Cristina Alves da Silva Frade

Meu interesse pelos aspectos gráfico-editoriais na pedagogia da alfabetização vem da observação crescente de alguns modelos de livros produzidos em períodos, métodos e países diferentes, como França, Portugal e Brasil. Com a experiência adquirida em outro trabalho (Frade, 2005) e analisando edições diferentes da *Cartilha analytica*, de Arnaldo Barreto, pude ampliar o nível de estranhamento para pensar sobre o significado da presença ou ausência de recursos gráficos nesses livros.

No entanto, precisamos ter cuidado com as possibilidades e os limites desse tipo de análise. Em primeiro lugar, não podemos estabelecer significados para tudo o que vemos nos livros e fazer suposições apenas por alguns indícios. É possível que cometamos certos contrassensos ao analisar recursos gráficos sem um aprofundamento nas artes gráficas. Em contrapartida, observando certas escolhas, podemos verificar protocolos de leitura mais variados nos livros de iniciação à leitura do que nos livros para o ensino da leitura corrente, por exemplo.

Em segundo lugar, as especificidades gráficas dos livros para iniciantes nos levam a relacionar determinada problemática da escolarização da escrita com o dispositivo material que a apresenta, o livro. Embora haja polarização nas discussões metodológicas sobre como ensinar a leitura e escrita para principiantes, alguns fatores são específicos da problemática do ensino e da escolarização desse saber: a análise necessária de unidades linguísticas que não correspondem ao sentido, mas aos mecanismos de decifração; o trabalho com o sentido e a compreensão; os novos conteúdos que vão compondo o campo da alfabetização, as relações com a cultura escrita escolar, seus modos de ler e formas de escrever e, por fim, a sua relação com a cultura escrita em geral, como tão bem nos revela Batista (2005) na análise que faz dos livros de leitura manuscrita usados em fases posteriores à alfabetização, denominados paleógrafos.

Em terceiro lugar, é preciso muita cautela para pensar no uso que os professores e leitores fazem do material. Vidal (2005) cita Anne-Marie Chartier e De Certeau para nos alertar sobre o perigo de acreditar que podemos inferir do estudo dos objetos, seus usos e os fazeres que os envolvem. No entanto, a análise de textos e exercícios, a observação da *mise en page* e de aspectos da materialidade também nos permitem compreender mais amplamente a relação entre o livro e as práticas culturais de seu uso.

Com base nesses pressupostos, cabe perguntar: os recursos gráficos fazem parte de uma escolha editorial ou carregam também elementos de uma intenção pedagógica definida pelo autor do método de alfabetização e do livro? Há modelos de livros de alfabetização herdados de outros livros? As escolhas gráficas procuram dar visibilidade a que aspectos da língua? Como essa visibilidade é utilizada para pensar formas de escolarização da cultura escrita?

Buscando-se responder a algumas indagações, foram selecionados alguns livros brasileiros que podem ser agrupados como pertencentes aos métodos sintéticos de alfabetização, publicados a partir do final do século XIX:[1] *Primeiro livro de leitura*, de Felisberto de Carvalho; *Cartilha de infância*, de Thomaz Galhardo; *Cartilha nacional*, de Hilário Ribeiro; e dois livros representantes dos métodos analíticos: *Cartilha analytica*, de Arnaldo Barreto, e *Primeira leitura: methodo para ensinar a ler*, de Artur Joviano, publicados na primeira década do século XX. Para efeito de comparação, serão analisados livros franceses publicados antes, ou no mesmo período, e um livro produzido em Portugal.

A análise será realizada tendo em vista alguns protocolos de leitura (Batista; Galvão, 2003, p.178) e a composição tipográfica materializada na escolha de tipos, na forma de apresentação da página e no uso de marcadores como espaçamento, colunas, linhas e números ou outros sinais. Também

1 Outros estudos sobre esses livros atestam sua circulação no final do século XIX e no início do século XX, mas os exemplares conservados são de períodos posteriores. Entretanto, tendo em vista certa permanência de modelos gráficos, pode-se dizer que a análise dos exemplares encontrados permite aproximações com edições anteriores.

serão analisadas algumas instruções dirigidas aos usuários e outros discursos sobre as características gráficas dos livros. Pretende-se utilizar os pressupostos teórico-metodológicos de autores como Roger Chartier (1996b) e Donald Mckenzie (1991), que nos indicam que as formas comandam os sentidos. Pode-se dizer que no texto do livro didático há diferentes maneiras de relacionar os elementos relativos à configuração textual (*mise en texte*) e os elementos gráfico-editoriais que extrapolam o texto (*mise en page*) e se constituem em protocolos de leitura e de escrita. Estudos de Jean Hébrard (2001) e de Anne Marie Chartier (2007a) sobre a configuração dos cadernos escolares e as operações cognitivas presentes nesse artefato da cultura escrita também servem de inspiração para analisar as páginas dos livros.

A discussão se organiza em algumas categorias, a saber: autoria pedagógica de alguns recursos tipográficos; alguns recursos gráficos de livros que usam estratégias dos métodos sintéticos; e alguns recursos gráficos de livros brasileiros que adotam uma perspectiva analítica.

Autoria pedagógica de alguns recursos tipográficos

Nos manuais para o ensino inicial da leitura e da escrita do final do século XIX e início do século XX, parece haver uma força pedagógica que define certa visualidade dos livros. Como a materialidade das páginas pode ajudar a concretizar determinados procedimentos mentais? Que relação os recursos gráficos mantêm com os métodos específicos de ensino da leitura e, ainda, com as outras formas – individuais e coletivas – de transmissão da leitura? A partir dessas questões, procurarei explicitar a autoria de recursos tipográficos, assim como os sujeitos envolvidos nas decisões sobre essa questão.

Convém ter alguns cuidados para não confundir uma pedagogia mais ampla para o ensino da cultura escrita com uma pedagogia mais escolarizada, pois muitos livros podem ser classificados como escolares apenas por seu uso e não por sua concepção (Julia, 1990). No entanto, não se pode dizer que não há invenções de caráter pedagógico para ensinar em espaços e situações diversas.

Dominique Julia apresenta uma discussão sobre uma série de inovações efetivadas em Paris, no início do século XVIII, ressaltando a atuação dos preceptores particulares e dos mestres de pensões aristocráticas. Nesse período, inicia-se o ensino da leitura em francês nas escolas cristãs e inventa-se o método de soletração *port-royal* que faz seguir cada consoante de um *e* mudo. Nesse contexto, em que a pedagogia se preocupa com o lúdico, com o sentido e que pode se valer do apoio de uma teoria da língua proposta pelos gramáticos, uma inovação destacada por Julia são os dispositivos tipográficos inventados para auxiliar a memória:

> Py-Poulan de Launay[2] utiliza caracteres tipográficos vermelhos ou itálicos para distinguir, no interior de uma página de leitura, letras que não é necessário pronunciar. Louis Dumas[3] propõe "A.B.C em preto, em vermelho, em azul e em mais cores. Esta diversidade é sempre em benefício do aluno: os recursos podem ser empregados indiferentemente no começo, mas, em seguida, as letras pretas e vermelhas servirão para distinguir o romano e o itálico, o latim o e francês, na função ou na composição a ser feita sobre um quadro de um escritório tipográfico. (Julia, 1990, p.624, tradução e notas nossas)

Analisando abecedários de uso escolar e doméstico do século XIX, Segolene le Men (1984, p.132) aborda a tipografia como auxílio na aquisição do mecanismo da leitura:

> a divisão se reporta *stricto sensu* à disposição tipográfica particular que permite ao aprendiz-leitor ver a palavra sílaba após sílaba e a soletração designa o método de soletração... mas ela pressupõe o artifício tipográfico que é implícito na maioria dos casos.

A autora assinala que, embora o método de soletração e o recurso tipográfico de divisão sejam questões separadas, em alguns casos os títulos dos abecedários reúnem os dois, indicando também que o recurso ajuda a soletrar em menos tempo ou facilita a soletração. Segolene le Men afirma que a divisão de sílabas era comum, sendo considerada como um recurso importante o bastante para ser assinalada no título de abecedários, e que essa estratégia ganhou reformulações tidas como revolucionárias, tais como separar as palavras por três pontos dispostos na vertical (pontos em lugar

---

2 Publicação de 1719.
3 Publicação de 1733.

de traços evitavam confundir o leitor pela similaridade dos traços com as formas das letras *l* e *i*), ao mesmo tempo que as sílabas eram separadas por hífens, ora maiores, ora menores.

Discutindo o contexto espanhol, Benito (1997, p.28) salienta que ao final do século XIX os manuais escolares apresentavam modos de organização da página, composição, edição, encadernação, tipografias e ilustrações bem peculiares, ou seja, ganharam certa identidade como livro escolar. Os livros de ensino da leitura e da escrita para iniciantes apresentavam recursos mais específicos ainda, mostrando certa complexidade na relação entre a visualidade e os aspectos formais do conteúdo que se queria ensinar. Nesse sentido, destaca-se que não eram apenas a legibilidade e as possibilidades técnicas de impressão que estavam em jogo. Afinal, como materializar numa página algo extremamente formal como o estudo das correspondências grafofonêmicas? E como fazer isso com concepções didáticas diferenciadas? Sendo assim, alguns recursos "estranhos" aos olhos de hoje teriam alguma relação com a autoria pedagógica? O que significariam do ponto de vista de uma autoria pedagógica? De onde vieram as decisões sobre sua permanência ou mudança?

Pode-se dizer que havia um conjunto de autores na produção de um impresso e que em determinados momentos a visualidade podia ser matéria de outras áreas. Se hoje ela parece pesar mais do ponto de vista dos agentes do campo da edição, pode ser que tenha sido matéria de autoria pedagógica, mas não sem intervenções.

A visualidade pode ter sido objeto de negociações entre editores, impressores e "pedagogos" da leitura. Um exemplo interessante é dado por Benito (1997, p.28) ao comentar sobre o movimento higienista que no século XIX afetou vários aspectos da educação e também determinou algumas condições que um livro escolar deveria reunir. Esse movimento estabeleceu algumas regras sobre a gramatura do papel, a cor da folha, a qualidade e tamanho dos tipos, a impressão e o tamanho das margens e mesmo o "gosto artístico" das imagens.

Em outros países, há indícios desse mesmo movimento no campo da Medicina e percebemos, no discurso de autores, tanto a adesão a essas prescrições como a invenção de ordenamentos gráficos, como se pode verificar no *Nouvelle méthode simplifiant l'enseignement de la lecture: par la décomposition du langage en sons purs et en sons articulés*, da Coleção Syllabaire *Ré-*

gimbeau: Lecture, Ecriture, Orthographe, possivelmente publicado depois de 1900:

> O emprego de letras vermelhas intercaladas ou de caracteres inclinados (escritura inglesa) alternando linha por linha por caracteres tipográficos comuns é aqui intencionalmente descartado. A razão é que essa disposição perturba o olho e o fatiga; ela foi sempre marcada e formalmente condenada pelos médicos higienistas como muito noviça ao órgão da visão das crianças. Inútil então insistir sobre esse ponto. (RÉGIMBEAU, [s.d., s.p.])

O *Mèthode néel,* publicado em 1874, apresenta, em seu "Guide general", uma explicação para algumas características gráficas de seus *tableaux* e das tabelas utilizadas no livro: "Procedimento – nos *tableaux* as articulações são impressas em negro e os sons, em vermelho; no livro as articulações são impressas em negrito e os sons, em tipos comuns". Esse mesmo livro também usa outros recursos gráficos nas páginas seguintes para marcar letras que não se pronunciam.[4]

No livro de J. M. Peloni, edição de 1887, o autor apresenta uma nota explicativa: "para distinguir as sílabas de uma palavra, em lugar de separá-las com um hífen nos intervalos, nós demos caracteres grossos a uma das sílabas dessas palavras". Nesse livro, em especial, os quadros denominados *tableaux* apresentam uma conjugação intrincada de letras, colunas, imagens, números e outros símbolos, que misturam o ensino da decifração com cálculo, geometria e lição de coisas. As páginas 3 e 4, por exemplo, exigem grande complexidade de uso e são construídas supondo o estabelecimento de vários tipos de relações entre os dados de uma tabela.

No livro português *Cartilha maternal,*[5] do poeta João de Deus, publicado ao final do século XIX, parece que há determinadas inovações na escolha

4 São exatamente as especificidades da língua francesa que vão mostrar que recursos extras precisam ser inventados, a fim de que se transformem símbolos escritos em oralização, para ensino dos princípios da leitura e para a fase de leitura corrente. No *Méthode Néel* é usado negrito para algumas letras, formas comuns para outras, separação intersilábica com hífen, um tipo de letra vazada para marcar as que não se pronunciam nas palavras, numa parte do livro que visa alfabetizar (p.15), acrescentando o asterisco para marcar elisões na fase de leitura corrente (p.21).

5 Esta obra ainda é publicada e utilizada em escolas portuguesas e, comparando várias edições, constatamos estabilidade na utilização dos recursos gráficos.

tipográfica, pois Mortatti salienta a presença da informação num exemplar consultado: "todos os direitos reservados compreendendo a distinção silábica" (2000, p.62). Não se pode ter certeza se a expressão *distinção silábica* se refere às escolhas linguísticas ou às escolhas tipográficas. Os critérios de organização gráfica parecem chamar a atenção de pedagogos, e a visualidade é objeto de atenção, conforme as palavras de Silva Jardim, um dos propagadores do método João de Deus no Brasil:

> chama a attenção do auditorio para a feliz innovação no processo typographico da Cartilha, adoptando os dous tipos de lettra, lizo e lavrado, – para distinguir as syllabas. Nos antigos métodos eram separados pela linha de união (–) ou de separação que, como sabemos, não tem tal fim. Na leitura corrente não encontramos tal separação nas syllabas: e o alumno a ela habituado nos syllabarios, estranha sensivelmente a sua ausencia. O prelector revela a intenção primitiva do auctor em apresentar lettra preta e vermelha, intenção modificada pelo receio fundado de prejudicar o órgão visual do aluno quando passa a leitura corrente. (apud Mortatti, 2000, p.64)

Nos livros brasileiros de marcha sintética analisados, não encontramos justificativas explícitas para a definição dos aspectos gráficos, o que não quer dizer que eles não tenham sido explorados, embora com com maior ou menor profundidade. Com exceção do *Primeiro livro de leitura*, de Felisberto de Carvalho, que faz uma breve menção ao valor da ilustração nas instruções iniciais, os outros livros brasileiros, como o *Primeiro livro de leitura para uso da infância brasileira*, de Abílio César Borges, a *Cartilha Nacional*, de Hilário Ribeiro, e a *Cartilha da infância*, de Thomaz Galhardo, usam recursos gráficos específicos, mas não explicitam o porquê disso, e pode ser que esses recursos tenham sido herdados de outros modelos ou que sejam frutos de uma intuição.

Por outro lado, nos livros analíticos brasileiros a *Cartilha analytica* e o *Primeira leitura: methodo para ensinar a ler*, produzidos no início do século XX, encontramos algumas informações sobre o uso ou não uso da ilustração, mas não sobre os caracteres tipográficos. Constata-se também que, embora tenham partilhado de uma perspectiva metodológica próxima e tenham sido produzidos numa época em que possivelmente era mais fácil encontrar técnicas de reprodução de imagem e letras, fizeram opções de visualidade bem diferentes, o que revela certa força das opções pedagógicas.

Alguns recursos gráficos de livros que usam estratégias dos métodos sintéticos

Neste tópico tratarei de alguns recursos tipográficos, como hífens, espaço e tipos de caracteres que distinguem ou não partes de palavras. Constata-se que a maioria dos silabários e abecedários brasileiros e franceses usam o procedimento de separar as sílabas por hífen ou espaçamento. Isso seria um recurso herdado, independente da questão linguística ou do método empregado para ensinar a ler, ou teria ligação apenas com o processo de soletração?

Numa perspectiva mais cultural, pode ser que os livros escolares tenham se valido de um recurso existente em outros livros ou gêneros textuais, como pautas musicais, por exemplo, que dão indicações sobre como as palavras se separam ou se juntam na execução de uma música. Se esse conhecimento faz parte de um repertório cultural partilhado, o formato dos livros pode ser reconhecido com base em alguma experiência prévia com o impresso.

A divisão das sílabas pode ter também explicações pedagógicas, e verificamos, por meio de Segolene Le Men (1984), que seu uso visa a ajudar a aquisição do mecanismo e não pode se vincular a apenas um método. Podemos também relacionar esse artifício aos manuais que ensinam a ler o sistema alfabético de escrita, mas sua divisão tanto pode ajudar, como no caso da Língua Portuguesa, quanto dificultar, como no caso das línguas em que a separação gráfica das sílabas acompanha muito pouco a pronúncia. Por isso reforçamos a hipótese de que há um peso cultural na utilização do recurso.

Analisando vários livros, podemos dizer que o recurso de destacar graficamente as sílabas, que parece próprio dos métodos silábicos, é utilizado em quase todos os que adotam procedimentos sintéticos em diferentes métodos: de soletração, de articulação de sons e fônicos.

Em contrapartida, o uso ou abandono desse recurso nos livros não obedece a um mesmo critério e é preciso indagar sobre as diferentes lógicas subjacentes.

Consultando o *Méthode de lecture sans épellation par Abria*, de 1852, proposto por Abria, observamos aspectos gráficos interessantes numa mesma lição de leitura. Na página 5, todas as palavras têm sílabas separadas e o protocolo gráfico é um espaço entre elas, com todas as frases separadas por um hífen e, se ainda sobra espaço na mesma linha, são acrescentados novos trechos de frases que terminam na outra linha, como por exemplo, "*jo li a fi ni sa sa la de. - la pi pe de...*" (a frase continua na outra linha). A estratégia é mantida nas primeiras linhas da página seguinte, mas é modificada no meio da 4ª linha, na qual se apresentam palavras inteiras e frases separadas por hífen. É como se houvesse um apelo para o reconhecimento das sílabas aprendidas no início de cada lição e depois um comando para a síntese, ou seja, para o abandono da análise. O *Syllabaire-Régimbéau* também parece se valer desse recurso de forma curiosa, pois ora separa com hífen as palavras, ora as apresenta inteiras na mesma linha. Por outro lado, essas oscilações no uso de alguns recursos podem estar relacionadas a fatores puramente materiais da edição, e não podemos interpretá-los sem conhecer as condições de sua produção.

Uma estratégia diferente de marcação de sílabas é encontrada nas páginas da *Cartilha maternal*, de João de Deus, em que o autor distingue as sílabas com letras em tipo "lizo e lavrado",[6] desde as primeiras lições em que são apresentadas apenas palavras. Constata-se uma separação gráfica que se revela pela escolha do modo de apresentação do tipo, e não por espaçamento. Esse recurso permanece até quase o final do livro nas lições que apresentam textos completos. Sem classificar o livro como uma proposta analítica ou sintética de alfabetização, cabe perguntar: que papel essa visualidade cumpre na percepção dos componentes das palavras e textos? Onde é que se faz a marcação da letra "lavrada" e qual a relação disso com a decomposição ou operação mental que se pretende que o leitor faça?

Sabe-se que essa cartilha teve uso doméstico e também escolar. Sendo assim, quais aspectos essa visualidade destaca para um instrutor leigo e para um professor que vai fazer uso escolar do texto? Que metodologia pode ser utilizada com base nesse artifício criado por João de Deus? Pode-se levantar a hipótese de que a configuração gráfica que ele apresenta seja um recurso de mão dupla ao permitir duas opções: ler a palavra inteira ou ler fazendo alguma análise silábica. Permite também que seu material seja utilizado com um procedimento aprendido nos métodos de soletração. Silva Jardim (Mortatti, 2000) salienta as qualidades da opção de João de Deus de

---

6 Por *liso* podemos entender as letras cuja sílaba aparece com preenchimento completo do grafismo, e por *lavrado*, uma forma de apresentação de sílabas cujo grafismo é hachurado.

não fazer separações com hífens e dá uma pista interessante sobre a relação pretendida entre o recurso e o procedimento mental que se intenta provocar: a análise e a síntese. Embora ele faça críticas sobre a validade desse recurso para os dois procedimentos, também afirma que, na época, se acreditava que o hífen servia tanto como traço de união quanto como traço de separação, ou seja, ele poderia ser uma pista para a análise e um indicativo para a síntese.

De qualquer forma, essa cartilha parece inaugurar certa visualidade e marca essa invenção até no campo dos direitos autorais. A organização da página (palavras inteiras escritas com dois tipos de caracteres) não permite recuperar o método empregado para sua decifração, mas mostra até que ponto se faz o exercício de emissão sonora ou a análise. Sabemos que o método João de Deus ultrapassa os métodos de soletração, sendo chamado por alguns de *syllabismo* ou *palavração*. Por outro lado, notamos mais objetivos para as escolhas gráficas relacionadas a outros aspectos quando observamos, por exemplo, qual sílaba se marca com o tipo "lizo" e qual se disfarça com a tipografia "lavrada". Na *Cartilha maternal* marca-se melhor aquelas sílabas que são objeto da lição, como na lição 21 das páginas 50 e 51 da edição de 2005. Além de serem empregados com essa suposta intenção, os recursos tipográficos também são usados para fazer algumas transições que prepararão o leitor para ler outros livros, conforme os objetivos da leitura corrente.[7]

Em geral, outros livros parecem fazer uma transição abandonando o recurso de divisão intersilábica nas páginas finais, para facilitar a leitura corrente. Se a *Cartilha maternal* marca uma divisão por escolha de tipos, e não por espaços ou hífens, talvez essa maneira discreta seja a sua inovação.

O fato é que esse livro circulou no Brasil desde o final do século XIX e percebemos que alguns livros brasileiros do início do século XX usaram uma estratégia gráfica parecida, dentre os quais podemos citar a *Cartilha nacional*, de Hilário Ribeiro, cujo método é o da emissão de voz. Nesse mé-

7 João de Deus observa: "Para o discípulo passar metodicamente da 'arte da leitura' a algum livro é necessário que esse livro condiga na forma gráfica com a 'arte da leitura', condição que se dá na metade da Cartilha Maternal – segunda parte, que é igualmente silabada. E como por 'saber ler' se entende ler em várias formas de letra, na Cartilha Maternal – segunda parte o discípulo vai por um plano inclinado até o cursivo, donde depois se achara folgado com o tipo ordinário de livros e jornais" (apud Mortatti, 2000, p.62).

todo é preciso realizar exercícios orais específicos relacionados à articulação de fonemas, e essa dimensão de análise não aparece explicitamente num protocolo gráfico nas páginas destinadas ao aluno, apenas nas instruções dadas ao professor. Dessa forma, o método pode ser confundido com uma abordagem silábica cuja unidade de análise e observação é a sílaba.

Voltando à possível herança do "lizo" e "lavrado" que aparece em suas páginas, podemos dizer que existem outras questões que tornam mais complexa esta apresentação, pois, logo na página 6, o autor usa de uma disposição que separa com espaçamento a letra que quer distinguir dos fragmentos restantes que compõem a palavra. Além disso, separa com uma linha vertical a lista de palavras em letra de imprensa descontínua da lista em letra de tipo manuscrito contínuo reproduzida ao lado. Sendo assim, ele usa dois tipos de letras (tipo contínuo manuscrito e tipo descontínuo de imprensa), recursos de separação (espaço e linha) e somente na página contígua (7) é que aparecem o tipo "lizo" e "lavrado". Este artifício de apresentar dois tipos de letra parece se referir ao conteúdo leitura, já que, sobre a escrita, o autor observa: "só depois que os alunos souberem ler perfeitamente, tanto o caráter romano como o manuscrito até a quarta lição é que o professor ensinará a escrever na tábua preta, primeiro a letra *v* e depois as palavras formadas por ele".

Quanto ao uso dos tipos "lizo" e "lavrado", o que se destaca são as sílabas ou fragmentos de palavras nos quais o aprendiz precisa prestar atenção, como nos exemplos da letra *b* (p.18-9), do *l* em posição inicial de sílaba e em final de sílaba (p.20-1), entre outras. Nas páginas 23 e 24, por exemplo, inverte-se a coluna de apresentação, colocando-se primeiro o fragmento inicial da palavra e depois a letra que a completa.

Na segunda parte da *Cartilha nacional*, constituída por pequenos textos, o critério da alternância de tipos passa a ser o de mostrar a letra maiúscula inicial (p.50) e a divisão silábica em todas as palavras do texto, talvez para possibilitar um reconhecimento das sílabas para quem ainda precisa dessa estratégia, e o recurso é alternar "lizo" e "lavrado" em todas as sílabas das palavras.

Com base nisso, surge a pergunta: recursos gráficos semelhantes fazem parte de uma mesma estratégia didática? Começam com livros destinados especificamente ao uso escolar? A história dos livros franceses mostra que há estratégias híbridas; além disso, não temos como saber se uma perspectiva didática foi considerada elemento primordial nos livros usados para alfabetizar. Descrevendo livros para alfabetização encontrados nas impressões de Troyes do século XVIII, Jean Hébrard (2002) observa que há livros que fazem ou não separação intersilábica, mas pode-se dizer que essa estratégia é frequente, sobretudo nos livros de soletração, como abecedários cristãos e silabários. Observando abecedários franceses do século XIX, verifiquei diferenciações quanto ao seu uso.

O *Alphabet et premier livre de lecture*, por M. M. Hachette e Firmin Didot, publicado em 1832, usa separação nas palavras que exemplificam sílabas, mas nas leituras que se seguem apresenta esse recurso em apenas 13 dos 81 textos. O *Abécédaire des enfants*, sem autor, publicado em 1855, usa separação apenas nas frases iniciais que se referem à letra ilustrada, e apenas na lição "Mots a épeler" (p.36-7) é que se apresenta divisão por hífen; o restante do livro é de historietas sem nenhuma divisão.

Talvez o recurso de separação intersilábica com hífen ou com espaçamento tenha sido inventado ou incorporado para ajudar a ler por soletração ou para promover um reconhecimento imediato de unidades maiores que as letras. A questão que se coloca é como esse uso inicial pretendido pode ser modificado conforme a escolha das palavras ou de textos como os que constam em livros de preces ou textos laicos desconhecidos. No caso dos abecedários cristãos, se o aprendiz sabe de cor o texto das preces, pode usar a pista visual da separação seguindo na escrita o que oraliza. No entanto, se as palavras e textos apresentados são desconhecidos e não fazem parte de um universo semântico e textual partilhado, é preciso que algum leitor esteja presente para ler primeiro, indicando pela oralização o que é mostrado nas pistas visuais; isso nos remete a uma modalidade de ensino, a individual. Se os textos são lidos antes de forma intensiva e são decorados, talvez a presença do leitor-guia possa ser relativamente dispensada, facilitando certo autodidatismo.

Quando se reflete sobre a relação entre o recurso e o método de leitura, a questão parece ficar mais complexa. Vamos verificar que livros dos métodos silábicos surgem usando recursos parecidos, como a *Cartilha da infância,* de Thomaz Galhardo, edição de 1938.

Esse livro apresenta divisão de palavras e frases com hífen desde a primeira lição, ou seja, muda-se o método, mas permanece o recurso. Embora esse tipo de divisão seja bastante coerente com o método silábico, não se pode tratar o recurso gráfico como indicativo do método de alfabetização, sob o risco de se cometer anacronismos.

No entanto, o autor não separa todas as palavras da mesma forma e utiliza o artifício de apresentar sílabas e palavras monossílabas. É preciso fazer uma transição para ver as sílabas no contexto de palavras, e isso é marcado com determinados protocolos. O autor não usa tipos manuscritos e apresenta somente letra de imprensa minúscula, mas diminui gradativamente a fonte das letras marcando essa divisão com títulos como *lição, vocábulos* e *exercícios*, mostrando que outras categorias gráficas e textuais vão organizar a escolarização da escrita.

De forma geral e para além dos recursos de separação intersilábica, nota-se na maioria dos livros brasileiros de métodos sintéticos, assim como na *Cartilha maternal*, um arranjo "mais limpo" da página, revelando, na variação de recursos e na quantidade de informações que constam de uma mesma página, maior parcimônia do que em livros franceses como o de Peloni.

Um livro brasileiro de base sintética que se diferencia bastante dos demais é o *Primeiro livro de leitura*, de Felisberto de Carvalho, produzido em 1892 (com exemplar de 1926), que parece ampliar o uso de determinadas marcações gráficas e utiliza raramente o recurso de separação intersilábica. Esse livro de 144 páginas foi publicado pela Livraria Francisco Alves e apresenta um aumento expressivo de páginas em relação aos modelos da época. Adota-se nele o método de emissão de sons que "mostra ao menino não as letras isoladas, como na escrita, mas sons e articulações como na palavra falada".

O livro apresenta uma diversidade de conteúdos e propostas e, por suposição, de objetivos, revelados na escolha das ilustrações, no espaçamento e no ambiente tipográfico. As ilustrações foram feitas por Epaminondas de Carvalho, e o estudo de Cabrini (1994, p.32) informa que os srs. Aillaud e Cia., de Paris, pediram autorização para reproduzir ilustrações em livros que tratassem do Brasil.[8]

A apresentação das diferentes letras que vão entrar na lição – numa sequência de maiúsculas e minúsculas, tipo impresso e tipo manuscrito, nem sempre na mesma ordem em que aparecem na palavra escolhida para a lição –

8 Segundo Cabrini, "os seus textos de alfabetização são amplamente ilustrados, desde as letras do alfabeto que estão relacionadas a uma figura, até os textos, nos quais a presença de uma gravura indica uma situação. Uma vez que o raciocínio deveria ser despertado através dos sentidos, a imagem é fundamental para estimular a aprendizagem" (1994, p.32).

mistura conteúdos de escrita e de leitura. Elas podem parecer desordenadas ou confusas, pois, se umas servem de modelo para escrever, outras servirão de modelo para ler.

Em algumas páginas, as palavras são escritas com leve distanciamento entre as sílabas e na página contígua aparecem sem separação. A separação gráfica que se faz da palavra *dado* na lição 7 não se faz na lição 8 com a palavra *dedo*. O mesmo ocorre na lição 11, que não separa a palavra *fita*, e na 12, que separa a palavra *vela*. A questão mostra duas funções para a mesma letra cursiva e para os espaçamentos: uma escolha gráfica é facilitadora da leitura, outra é facilitadora da escrita. Nas lições 9 e 10 esse não parece ser o critério: as palavras não apresentam leve separação silábica. Por quê? Esse recurso gráfico, que parece aleatório, de manter ou não marcar a separação talvez mostre a ambiguidade de se priorizar ora comandos para ler, ora para escrever, e é preciso observar que somente se propõe a escrita de palavras inteiras, não de letras ou sílabas.

O uso sistemático do objeto escolar lousa é evocado pela apresentação de um quadro-negro reproduzido em várias páginas, do início ao final do livro, toda vez que aparece um "exercício logográfico". Uma das páginas modelares do ambiente tipográfico apresenta letras soltas em vários tipos, que vão aparecer na palavra-chave (lições 11 e 12). Nela há também uma marcação que utiliza tamanhos decrescentes de letras, antes de um pequeno traço para marcar a passagem para um exercício logográfico que se refere à escrita de uma palavra ou frase inteira, em letra cursiva. A escolha das letras, que variam de tipos manuscritos contínuos a tipos de imprensa descontínuos, parece obedecer também a objetivos diversos: estabelecer relações de continuidade entre partes dos textos, ou seja, interromper um texto com uma atividade e retomá-lo em página seguinte com a mesma letra (p.17-8), bem como relações de contiguidade, exibindo o mesmo texto na forma de imprensa e, na página ao lado, de forma manuscrita (p.120-1); oferecer um resumo como exemplo, na apresentação de um texto extenso, alguns trechos são marcados em tipos manuscritos e essas mesmas partes são reunidas depois, formando um resumo coerente; servir de comando de leitura para antecipar que o trecho marcado será reapresentado depois, num exercício de cópia (p.62-3); e, finalmente, funcionar como comando de escrita, quando um trecho é retomado e enquadrado por uma lousa negra (p.62-3). Num certo ponto do livro, os exercícios logográficos vão aumentando de tamanho e, ao mesmo tempo em que se destacam graficamente, dão continuidade ao texto sem interromper o fluxo semântico. A descontinuidade gráfica é marcada para o leitor por uma mudança de tipo e um enquadramento em negro.

Verifica-se que não se trata mais apenas de aprender os princípios da leitura, mas de realizar cognitivamente uma série de atividades comandadas também pela visualidade. Essa complexidade revela a ampliação dos conteúdos focalizados para além do ensino dos princípios da leitura: é preciso ler, copiar, escrever, compreender e ainda fazer exercícios retóricos.

Assim, há diferentes formas de marcar elementos linguísticos e de indicar protocolos de análise e de síntese nas cartilhas sintéticas de vários países e há recursos que vão tornando mais complexo o uso da página, segundo o que se pretende com a leitura e com a escrita.

Recursos gráficos de livros brasileiros que adotam uma perspectiva analítica

Num *corpus* de mais de 35 livros franceses publicados no final do século XIX, não foi encontrado nenhum que representasse uma perspectiva analítica. Em contrapartida, temos no Brasil, no início do século XX, alguns exemplares dessa tendência: a *Cartilha analytica*, cujo contrato com a editora é de 1907, e *Primeira leitura: methodo para ensinar a ler*, cujo contrato é de 1908.

Como os métodos de base analítica utilizam os recursos gráficos? Tendo em vista sua diferença em relação aos métodos sintéticos, poderíamos dizer que esses livros se preocupam em apresentar unidades de sentido mais amplas. Em 1908, Arthur Joviano produziu seu livro em resposta à reforma de ensino mineira que "prescreveu o methodo de palavras, em substituição ao do syllabismo, por soletração ou vocalização das letras" (Joviano, 1910, prefácio).

> Todos nós que adquirimos o hábito de ler constantemente, examinando o que se passa no acto da leitura, verificamos que os vocabulos são percebidos e destacados por inteiro na pagina, e até mesmo as frases sem nos determos na deletreação dos sons componentes. A creança não ha de encetar a pratica de leitura

> de modo diverso sinão tomando a palavra como um todo inteiriço para ligar a idèa à forma que a representa. Esta se desenhara na sua retina, figurando-lhe como se fosse a propria constituição organica da idèa expressa. Assim é que palavras como mesa, cavallo, matou, quente etc. ao serem lidas, trazem, sob sua fórma, como que corporificados, o utensilio, o animal, o facto, a sensação etc., que estas idéias exprimem. (Joviano, 1910, p.xi)

Essas afirmações do autor revelam uma concepção e uma intenção pedagógica que pretendem ligar a forma à ideia. Quais serão os protocolos gráficos dados para essa percepção?

A primeira estratégia é apresentar nas páginas do livro palavras e frases não relacionadas entre si, "de forma que o alumno lê, fixando sempre a forma das palavras e não as repetindo de cor pelo enredo da leitura que ouviu ou fez anteriormente" (Joviano, 1910), que caracteriza a aplicação do método. É preciso, então, evitar que a criança se engane buscando o encadeamento de sentidos e que, de fato, reconheça as palavras como um todo[9] e, por isso, a operação com o sentido é transferida para discussões orais. Afinal, é preciso escapar do sentido para que palavras e frases apareçam como imagens nas páginas do livro. Essa operação de reconhecimento é antecipada quando o professor escreve a palavra no quadro-negro, de modo que, a cada vez que se estuda uma nova lição no livro, busca-se o reconhecimento imediato do que já se viu. Uma forma gráfica de exercitar essa habilidade de reconhecimento é repetir a mesma palavra em várias posições a cada linha horizontal. Nos exercícios que se seguem, cada expressão ou frase é separada por um traço e a novidade é uma das linhas escrita em manuscrito.

Em muito menor proporção aparecem atividades denominadas *decomposição* e *plural*. Após cinco lições se faz um primeiro exercício de recapitulação que parece ser uma etapa fundamental, pois, para se seguir em frente, é necessário reconhecer todas as palavras apresentadas. Na sexta lição é dado um exercício de decomposição que ocupa apenas duas das 14 linhas da página e no qual as sílabas das sete palavras dissílabas são "separadas" com três pontos, talvez indicando a necessidade de juntar tudo rapidamente. Essa concessão à análise e a posição que a análise ocupa graficamente no livro mostram o peso

9 Letras separadas das palavras são apresentadas na página 84 (vogais), e algumas letras, como *s*, *x*, *c*, *p*, *c*, *h*, *e*, *r*, na página 92; os sinais de abreviatura são focalizados na última lição.

que o autor dá ao reconhecimento global da forma da palavra. Os exercícios de decomposição são discretos e apenas na página 72 é que se começa a dividir algumas palavras ao final da linha. A partir da lição 9, as letras vão diminuindo e o espaço entre a forma de uma palavra e da outra se torna cada vez mais distinto, facilitando a percepção. Nas instruções, prescreve-se que não se faça nenhuma observação sobre acentos nem variedade de sons, pois só depois que as palavras tiverem sido aprendidas empiricamente é que as leis fonéticas das notações gráficas serão transmitidas. Na lição 17, aparecem as frases com pontuação e se dispensa o traço horizontal existente antes entre elas.

Há uma diferenciação entre a lista de palavras e a segunda parte de página, com palavras e expressões separadas por um traço, a maioria delas com tipos de imprensa e somente algumas com tipo manuscrito.

Parece não haver critério ou lógica para a escolha das palavras ou frases apresentadas em tipo manuscrito no meio de um conjunto sempre desordenado de sentidos, mas várias das que se destacam na página, mediante o recurso da mudança de tipo de letras, referem-se a comportamentos morais: "Dei um beijo na mão do meu pai"; "O menino não deve trahir o amigo"; "O menino, numa sala, não deve dizer toleima"; "Sempre que bebo vinho me faz mal" (Joviano, 1910). Essa escolha tipográfica pode fazer parte de um jogo semântico que se materializa em certa visualidade. No entanto, quando essas palavras em manuscrito aparecem, talvez a lógica seja copiá-las.

Outro exemplo é o da *Cartilha analytica*, publicada no mesmo período (cujo exemplar localizado é de 1923), contemplando outras questões em sua visualidade. A cada lição, uma imagem antecede o texto, sem a qual fica mais difícil compreender o enunciado. A escolha desse recurso gráfico e de sua descrição está condicionada, segundo Frade (2005), ao método intuitivo.

E como se provoca a análise do texto, apresentado como um todo, no decorrer do livro? Uma série de outros recursos gráficos vai, depois, proporcionar um tipo de análise dos elementos da frase.

Na página 13, algumas frases são separadas em colunas, o que faz cada frase da lição ao lado ser lida na vertical. Com esse recurso gráfico, cada palavra aparece numa linha e isso é uma forma visual de análise e recorte do todo. Na página 40, consta um quadro dividido em oito células, com duas palavras destacadas em sílabas. Esse recurso gráfico, que permite uma análise mais discreta das sílabas, não se parece com nenhum daqueles utilizados nos livros sintéticos aqui analisados.

Outras pistas gráficas também apontam para uma forma de análise. O recurso do desenho oscila entre duas funções: há desenhos que recuperam o aspecto semântico e outros que indiciam uma análise sonora das palavras que entraram na lição.

Outro recurso relativo a uma repartição da palavra em unidades menores aparece na configuração visual das páginas 29 e 35, quando se apresenta o alfabeto, com a letra, desenho e expressões como "avestruz começa em *a*, barrica começa por *ba*". Na página 80, há uma tabela de palavras que não se referem ao desenho ou aos sentidos antes trabalhados, mas sua apresentação em colunas, com as primeiras letras alinhadas uma embaixo da outra, permite analisar o que muda nas palavras quando se altera apenas a primeira letra. Não há destaque no tipo das letras iniciais e é preciso ver como as palavras estão alinhadas para perceber que a operação mental de análise é dada na própria leitura.

Embora haja muito mais marcas gráficas de análise nesse livro do que no de Arthur Joviano, pode-se dizer que estas são muito mais sutis do que as presentes nos livros de marcha sintética. Mas, se a *Cartilha analytica* deixa essas pistas de análise registradas no impresso, outras operações mentais envolvendo a observação de aspectos formais da língua são incentivadas nas instruções e transferidas para o plano dos exercícios orais. Assim, é o que se faz antes do livro, tanto nos exercícios escritos como na análise oral, que vai mostrar a complexa relação entre o que o livro apresenta e o seu modo de uso.

Existem recursos que vão além da operação de análise e se referem aos modos de uso dos textos em sala de aula. Na *Cartilha analytica*, todas as frases dos textos do livro são numeradas, à moda dos textos de lei que serviram de modelo para alguns livros didáticos, conforme comentado por Benito (1997, p.36) com base nos estudos de Alain Choppin. Embora, ao que tudo indica, essa numeração não tenha origem em textos utilizados no ensino, sua função parece indicar usos escolares de controle e localização das frases que serão lidas. Os sinais de pontuação apresentados antes e depois das frases, estratégia não utilizada no português, são um recurso a mais para promover a leitura expressiva das frases.

A relação entre o ensino intuitivo e os métodos de alfabetização se concretiza na *Cartilha analytica* pela escolha de recursos gráficos que estão na gênese da própria lição, porque a imagem que inaugura cada lição é objeto de descrição, originando um gênero textual específico: o descritivo. Nessa perspectiva, uma conduta epistemológica de caráter mais geral se mistura ao tipo de texto escolhido para implementar o método e ao uso de determinada ilustração.

No entanto, na mesma relação entre livro de leitura e método intuitivo, encontramos posições diferentes daquela de Arthur Joviano, que separa bem as intenções de ensinar a ler e de ensinar outros conteúdos, justificando a não utilização das ilustrações no ensino da leitura.[10] Assim, parece que não é apenas a possibilidade ou impossibilidade de imprimir páginas com desenhos o que condiciona a escolha gráfica feita por esse autor.

Outro comentário que ele faz depois sugere que as lições de coisas sejam trabalhadas de forma oral, durante o período de ensino da leitura. Se ele concorda e adota as lições de coisas, faz questão de separar o que é específico do ensino da leitura e o que se relaciona com os métodos gerais de ensino, assim também não apresenta nenhuma ilustração em seu livro.[11]

Em contrapartida, a *Cartilha analytica* propõe, para o desenho, várias utilizações que se ligam a outras estratégias. Na edição de 1923, excetuando-se o texto, que parece ser o suporte principal do livro, há diversas funções para as imagens, não só na configuração da visualidade da página, mas também nos exercícios, tais como: repetição de desenhos para reforçar palavras-chave do texto, porém situados abaixo de uma linha divisória e sem o apoio da escrita; reprodução de desenhos em meio a frases para dar pistas semânticas; desenho ornamental para organização visual da página; desenhos que visam a dar ênfase ao fonema inicial das palavras que começam da mesma forma, sem apoio paralelo da palavra escrita; desenhos para ilustração de frases ou textos, entre outros.

---

10 "Por falta desta ultima observação, preoccupados mais com a ideia de que com a forma do vocabulo, que é o objetivo da leitura, alguns autores dos métodos de ensino por palavras firmam o seu processo em apresentar para o analfabeto desenhos e gravuras ou os proprios objectos, animais etc. Os quaes a palavra a ler tenha que exprimir. No falso pressuposto de que essas imagens lembrem mais depressa ao novo leitor o vocabulo desejado, dão a este uma excelente lição intuitiva, de linguagem oral, mas a interpretação da escripta ele so fara fixando bem a forma vocabular, sem outra imagem que a venha confundir" (Joviano, 1910, p.xi).

11 Comparando a posição de Arthur Joviano com a de alguns modelos de livros que o antecederam, como alguns abecedários franceses, entre os quais se podem citar *Syllabaire-Régimbéau* e o *Syllabario portuguez ou novo método para aprender a ler em breve tempo a língua portuguesa e o sistema métrico ilustrado com numerosas estampas*, de J. R. Galvão, publicado em 1879 no Brasil, percebe-se uma distinção entre o objetivo pedagógico de ensinar a ler e o de ensinar outros conteúdos que acabavam se encontrando em alguns modelos até o século XIX, fazendo do primeiro livro de leitura um livro único.

Conclusão

Nos livros analisados vemos que a preocupação ora com o sentido, ora com a análise formal da língua, assim como a emergência de outros conteúdos, condiciona escolhas gráficas que também se relacionam a questões mais amplas da escolarização. Assim, não se pode dizer que os livros sejam homogêneos nem que apenas os métodos de alfabetização condicionam as escolhas relacionadas à *mise en page* e a alguns de seus componentes.

Podemos afirmar que, embora as decisões editoriais tendam a se impor cada vez mais nos livros didáticos, em determinados momentos a pedagogia parece dar certo tom à visualidade.

Sabemos que muitos fatores não tratados aqui se explicam pelas técnicas, pelas decisões de editores e programadores gráficos e pela economia do livro didático. Existem também aqueles recursos que não parecem tão pedagógicos, mas que devem sua presença a "repetições" de signos, como uma vinheta ou um ornamento que aparece em mais de uma cartilha. Sendo assim, fatores específicos do mundo da edição explicam por que determinados recursos não são feitos especialmente para determinados livros e são indícios de outras materialidades. Em outro texto sobre a *Cartilha analytica* (Frade, 2005), saliento a utilização de um mesmo clichê tipográfico que se repete em livros de métodos diferentes, do mesmo autor e da mesma editora.

Em outros momentos históricos, a pedagogia retoma a visualidade. No Brasil, com os ventos do movimento escolanovista das primeiras décadas do século XX, aparecem alguns critérios de legibilidade como aspectos a serem analisados na produção e escolha dos livros. Estudos (Vidal, 1999; Peres, 2006) indiciam critérios relacionados à legibilidade, ilustração e organização de página, que são abordados por se constituírem em componentes de pareceres sobre a qualidade de livros didáticos ou em elementos importantes na elaboração de cartilhas do método global. Resta saber como essa discussão se relaciona com uma pedagogia da leitura.

No entanto, é preciso realizar outros estudos com equipes multidisciplinares para discutir a natureza pedagógica e editorial das escolhas gráficas, com um acompanhamento dos movimentos pedagógicos e das inovações no campo da edição.

10
Impressos e liberdade: notas para uma história da tipografia em Pernambuco (1817-1850)

Denis Antônio de Mendonça Bernardes

É conhecida a ironia com a qual Hipólito José da Costa registrou a instalação da Imprensa Régia no Rio de Janeiro, que foi um dos mais imediatos resultados da fuga da Corte portuguesa para o Brasil.[1] Embora os impressos saídos da Imprensa Régia ainda estivessem submetidos à dupla censura do antigo regime, ou seja, do Estado e da Igreja, sua existência no Brasil indicava dois elementos essenciais. O primeiro era a necessidade do uso dos impressos como instrumento de governo na divulgação dos atos oficiais, dos decretos, dos alvarás, dos avisos, enfim, de todas as comunicações que o poder desejava fazer conhecidas. O segundo era o reconhecimento de uma *opinião pública*, que, mesmo submetida aos controles ainda presentes no prolongamento do absolutismo real em terras do Novo Mundo, era necessário manter informada e dirigir segundo os objetivos do Estado.[2] A segunda tipografia do país foi instalada por Manuel Antonio da Silva Serva na

1 "Tarde; desgraçadamente tarde: mas em fim aparecem tipos no Brasil; e eu de todo o meu Coração dou os parabéns aos meus compatriotas Brazilienses. Por ora nada mais digo, mas esta matéria é de suma importância para que eu deixe de tornar a falar sobre ela, logo que tenha lugar" (*Correio Braziliense*, Londres, 1808. Edição fac-similar. São Paulo: Imprensa Oficial, 2000, t.I, p.394).

2 A vasta produção da Imprensa Régia, entre 1808 e 1821, foi objeto de um minucioso e precioso levantamento apresentado em Camargo; Moraes, 1993. Dois exemplos, entre inúmeros outros, da produção saída da Impressão Régia, para além das publicações de leis, decretos e avisos, são o *Discurso sobre a utilidade da instituição de jardins nas principaes províncias do Brasil offerecido ao Príncipe Regente Nosso Senhor por Manuel de Arruda Câmara. Doutor em Medicina* (Rio de Janeiro: Impressão Régia, 1810. Por ordem de S. A. R.) e o *Ensaio sobre a crítica de Alexandre Pope traduzido em português pelo conde de Aguiar* (com as notas de José Warton, do tradutor, e de outros; e o comentário do Dr. Warburton. Rio de Janeiro: Impressão Régia, 1810. Com licença de S. A. R.).

Bahia e foi autorizada a funcionar pela carta régia de 5 de janeiro de 1811.[3] Essa disseminação, ainda limitada, da imprensa no Brasil, era consequência da dinâmica comercial e urbana propiciada pela abertura dos portos desde janeiro de 1808, que tornou o impresso não apenas um indispensável instrumento do poder – o que já não era mais uma novidade –, mas também um instrumento necessário à vida cotidiana de uma sociedade atravessada por trocas mercantis internas e externas.

Alguns anos depois, a Coroa concedeu licença para o funcionamento de mais uma tipografia particular, em Pernambuco. Ricardo Fernandes Catanho havia importado da Inglaterra um prelo e os indispensáveis tipos e, em 1815, "solicitou do governo real a licença para dela fazer uso" (Carvalho, 1908, p.30). Segundo a praxe oficial, a Corte remeteu o pedido ao governador de Pernambuco, Caetano Pinto de Miranda Montenegro, para que desse o parecer competente sobre o assunto. Em 22 de maio de 1816, o governador oficiou ao ministro marquês de Aguiar, apoiando o pedido e fazendo *ilustradas* considerações sobre o papel das *luzes* e do conhecimento na *civilização*, papel no qual a imprensa se destacava:

> A ignorância é inseparável da barbaridade; e as luzes e conhecimentos inseparáveis da civilização. Embora se louvem em um discurso sobre a origem e fundamento da desigualdade entre os homens, e se dê preferência aos homens silvestres, as artes e ciências serão sempre o ornamento da vida social, e quanto mais elas florescem tanto maior será a prosperidade das nações.
>
> Sendo, pois, a tipografia uma das mais úteis invenções, e a que mais contribuiu para adiantar e propagar os conhecimentos humanos, parece-me que o seu uso se deve introduzir em Pernambuco, concedendo-se a Ricardo Fernandes Catanho, a quem agora chegou uma imprensa da Inglaterra, a licença que pede no requerimento incluso, o qual V. Exc. me dirigiu com o Aviso Régio de 29 de março do ano passado, pondo-se aqui em prática o mesmo plano de licença, revisão e censura que se acha estabelecido na Bahia.[4]

3 Continua de grande valia para o panorama geral da imprensa no Brasil o estudo de Rizzini, 1988. Sobre a tipografia de Manuel Antônio da Silva Serva, com ampla bibliografia e reprodução documental, ver Nizza da Silva, (1988a) e Marcello e Cybelle de Ipanema, 2010.

4 "A licença requerida foi concedida pelo aviso do Ministério do Reino, de 9 de novembro de 1816, devendo contudo preceder licença civil e eclesiástica 'para a impressão ou reimpressão de qualquer obra'" (Carvalho, 1908, p.30-1). Alfredo de Carvalho está largamente baseado em Pereira da Costa, s.d., p.25-50.

Essa licença, no entanto, não chegou a ser posta em prática por seu requerente, provavelmente por falta de pessoal capaz de fazer funcionar a tipografia, e o material permaneceu encaixotado até que a eclosão da revolução de 1817 deu-lhe um inesperado uso. Caetano Pinto de Miranda Montenegro jamais poderia ter previsto que sua defesa das *luzes* e da *civilização*, contra o *bom selvagem* de Rousseau e do papel da tipografia na propagação dos conhecimentos, ganharia efetividade em um movimento que o destituiu do cargo de governador de Pernambuco e que suspendeu a soberania real por pouco mais de dois meses em Pernambuco e por tempo variado em uma vasta área que ia de Alagoas ao Ceará.

Dispomos de um precioso registro sobre uma posição do governo provisório da República quanto a um possível uso da tipografia importada por Ricardo Fernandes Catanho. Trata-se das anotações de Louis-François de Tollenare, comerciante francês então estabelecido no Recife, com amplas relações com a elite local e que tinha especial apreço pelo padre João Ribeiro Pessoa de Melo Montenegro, a figura principal do governo provisório. Em 30 de março de 1817, Tollenare anotou:

> Je disais, il y a peu de jours, à l'abbé Jean Ribeiro qu'il devrait publier une gazette pour endoctriner le peuple qui n'entend encore rien à ce qu'on lui fait faire. Je lui assurais qu'un grand nombre d'individus de la classe moyenne ne se considérait point en révolte contre le roi, croyais seulement avoir chassé un mauvais governeur, et s'attendait à en recevoir un meilleur de la Cour de Rio de Janeiro. 'Il nous convient de les laisser dans cette erreur', me répondit l'abbé. J'avoue que je n'entends rien à la sublimité ou à l'obscurité de cette politique.[5] (Tollenare, 1972, p.592)

Essa posição do padre João Ribeiro não deixa de parecer estranha, mas pode ser entendida como a percepção da força, ainda fundamental, da aceitação da soberania real e da submissão a esta, elemento que foi central na

5 [Eu dizia, há poucos dias, ao abade João Ribeiro, que ele deveria publicar uma gazeta para doutrinar o povo que ainda não entende nada daquilo que lhe fazem fazer. Eu lhe assegurava que um grande número de indivíduos da classe média não se considerava absolutamente em revolta contra o rei, [mas] acreditava somente ter expulsado um mau governador e esperava receber um outro, melhor, da Corte do Rio de Janeiro. "Convêm-nos deixá-los nesse erro", respondia-me o abade. Confesso que não entendo nada da sublimidade ou da obscuridade dessa política.]

não consolidação e derrota da revolução de 1817. No entanto, apesar dessa resistência inicial do padre João Ribeiro ao uso da imprensa por meio da publicação de uma gazeta que fosse instrumento de propaganda do governo da República, há registro de um projeto para isso.[6] A gazeta projetada não chegou a ser editada, mas o governo provisório utilizou a tipografia para a impressão de vários papéis destinados a conseguir adesões dentro e fora de Pernambuco. Evidentemente teria sido impossível não fazer uso de um instrumento de propaganda tão importante, sobretudo quando a liberdade de expressão constituía um dos pontos mais inovadores e essenciais do *Projeto de constituição da república*.[7]

O primeiro impresso saído dos prelos da *República de Pernambuco* foi o famoso *Preciso*, de autoria de José Luís de Mendonça, datado de 10 de março, mas impresso no dia 28 do mesmo mês. Da tipografia, batizada de Officina Typographica da 2ª Restauração de Pernambuco, ou Officina Typographica da Republica de Pernambuco 2ª vez Restaurada, saíram ainda diversas pastorais do Governo do Bispado de Olinda, uma proclamação destinada aos habitantes do Ceará e outra aos "Denodados Patriotas Baianos", entre outros impressos. As pastorais tiveram difusão fora de Pernambuco, havendo registro de sua recepção na Paraíba. A proclamação aos baianos fazia parte dos papéis que o chamado *padre* Roma levara como

6 "Le gouvernement provisoire songea en effet à publier une gazette. Le rédacteur devait en être l'ouvidor du sertão, José da Cruz Ferreira, qui, emprisonné par les rebelles pour les avoir dénoncés au gouverneur le Ier mars, avait racheté à ce prix sa liberté. José da Cruz Ferreira avait commencé à rédiger 'umas reflexões sobre a república' dont il n'écrivit que sept pages. Il semble donc que se projet n'ait été que de fort peu antérieur à la défaite des républicains." [O governo provisório cogitou, de fato, em publicar uma gazeta. Seu redator devia ser o ouvidor do sertão, José da Cruz Ferreira, que, preso pelos rebeldes por ter-lhes denunciado ao governo em 1º de março, havia novamente comprado, por esse preço, sua liberdade. José da Cruz Ferreira havia começado a redigir 'umas reflexões sobre a república', das quais escreveu apenas sete páginas. Parece, portanto, que esse projeto só tenha sido muito pouco anterior à derrota dos republicanos.] Cf. *Documentos Históricos*, CII, p.56, CIII, p.80. Nota de Léon Bourdon, op. cit., p.595.

7 "A liberdade de imprensa é proclamada, ficando porém o autor de qualquer obra, e seu impressor sujeito a responder pelos ataques feitos à Religião, à Constituição, bons costumes e caráter dos indivíduos na maneira determinada pelas leis em vigor" (Artigo 25 do Projeto de Constituição da República). O texto completo do decreto com a Constituição provisória da República consta em: Ministério da Educação e Cultura. Biblioteca Nacional. Divisão de Obras Raras e Publicações. *Documentos Históricos*. Rio de Janeiro, 154, v.CIV, p.16-23. Este artigo está inspirado no artigo 11 da Declaração dos Direitos do Homem e do Cidadão, igualmente reproduzido na Constituição francesa de 1791.

emissário do governo provisório para a Bahia. Não chegou, contudo, a ter difusão devido à prisão dele tão logo aportou no litoral da Bahia.[8]

Com a derrota da revolução de 1817, foi cassada, por aviso de 15 de setembro do mesmo ano, a licença de funcionamento da tipografia que fora concedida a Ricardo Fernandes Catanho e foi dada ordem de envio de todo o material da tipografia para o Rio de Janeiro. Essa ordem teve execução parcial, sendo reiterada mais de uma vez (Pereira da Costa, 1984, p.116-26; s. d., p.25-50). Permanecendo no Recife parte da tipografia, ela voltaria a funcionar em um novo momento político: a ocasião em que o movimento constitucionalista iniciado no Porto, em 24 de agosto de 1820, aboliu, de fato e de direito, os séculos da censura política e religiosa sobre os impressos e permitiu a instalação de tipografias e a eclosão de jornais em diversas províncias do Reino do Brasil.[9]

Há uma certa ironia nessa nova fase da história da tipografia bem como dos impressos em Pernambuco, pois esta foi iniciada pelo militar e governador que fora enviado a Pernambuco para combater a liberdade de opinião e restaurar, o máximo possível, o domínio e o controle da censura sobre as opiniões políticas e religiosas. Mas os tempos já eram outros e a legitimidade do absolutismo que pudera se impor em 1817 perdera as condições de se manter; assim era preciso aceitar as limitações impostas pelo movimento constitucionalista que era vitorioso aquém e além-mar.[10]

O prelo importado por Ricardo Fernandes Catanho, que, de modo inesperado, servira ao *governo dos patriotas*, teria um novo uso, marcado, essencialmente, pelas novas condições da vida política, nas quais era impossível ignorar a *opinião pública*, cujo controle, convencimento e direção não dependiam mais das tradicionais bases nas quais se assentavam a legitimidade do poder real e de seus agentes. Essa foi a grande virada que o gradativo conhecimento dos acontecimentos metropolitanos fez predominar no território do Reino do Brasil. Luís do Rego Barreto, o último representante do poder régio em Pernambuco, que tentou com grande determinação conter o

8 Sobre a missão do *padre* Roma, ver Tavares, 1917, p.cxlii-cxlix, com as respectivas notas de Oliveira Lima.

9 As *Bases da constituição política da nação portuguesa* instauraram a liberdade de pensamento e de sua difusão, reafirmada, em seguida, na Constituição. Os debates nas cortes de Lisboa sobre a questão foram reunidos em Dias, 1978.

10 Sobre as lutas políticas em Pernambuco na fase do constitucionalismo luso-brasileiro, ver Bernardes, 2006.

constitucionalismo nos estreitos limites de um constitucionalismo outorgado pelo trono, teve a plena consciência dos novos tempos e da necessidade de novos meios de ação:

> Desde que pelo paquete Chesterfield tive notícias (ainda que muito confusas) da nossa ditosa restauração, formei o propósito de repetir o grito regenerador na Província, determinando-me antes disso a chamar a opinião pública ao seu verdadeiro caminho para evitar lutas, e tropeços difíceis de remover. [...] Além disto os sucessos de 817 [sic] tinham lançado a parte mais considerável da gente de Pernambuco em dois partidos, inimigos irreconciliáveis por princípios, que foram a causa das últimas sedições, de que eu fui testemunha, e parte. (Barreto, 1991, p.24-5)[11]

Havia duas importantes expressões nesse depoimento de Luís do Rego Barreto: *opinião pública* e *partidos*. Foram elas que, a partir do movimento constitucionalista do Porto, deram a base para a existência de uma vigorosa imprensa, bastante distinta do que fora até então. No entanto, em Pernambuco, até a saída do último governador português, mesmo se reconhecendo que era necessário levar em conta a existência de uma opinião pública e de partidos,[12] o governo tinha ainda o controle sobre o único prelo então existente na província e dele fazia uso.

Em 3 de março de 1821, já chegada ao Recife a notícia do juramento feito em 26 de fevereiro por dom João VI da futura constituição portuguesa, o governador Luís do Rego Barreto fez publicar uma proclamação impressa na Oficina do Trem de Pernambuco, usando justamente o que restara do

11 A primeira edição foi feita em Lisboa, 1822.

12 O termo *partidos* aparece mais de uma vez na citada *Memória*. Ainda um exemplo: "Com as alterações e inconstância de opinião próprias de tempos de grandes mudanças, tempo em que reinam partidos contrários" (Barreto, 1991, p.33). O uso desse termo tem, em primeiro lugar, o sentido do reconhecimento de que a tradicional unidade do corpo político, característica da concepção *Ancien Régime* da política fora, para muitos, lamentavelmente rompida. No sentido da realidade política do Pernambuco de então, os *partidos* aos quais se refere o governador não significam agremiações políticas definidas programaticamente e de alguma maneira institucionalizadas, mas, sim, a existência de sensibilidades políticas diversas e atuantes, formadas de um lado pelos *patriotas* remanescentes de 1817 e, de outro, pelos portugueses, especialmente comerciantes, militares e burocratas que, havendo atuado na contrarrevolução, temiam represálias e preferiam a manutenção do poder real sem as limitações do constitucionalismo.

prelo que fora empregado em 1817 (Pereira da Costa, 1984, p.112-4).[13] Não seria a única das proclamações editadas na Oficina do Trem de Pernambuco durante o governo de Luís do Rego Barreto.[14] Por mais uma ironia da história, caberia a essa oficina a iniciativa de publicar o primeiro jornal impresso em solo pernambucano. Significativamente intitulado *Aurora Pernambucana*, teve seu primeiro número datado de 27 de março de 1821.[15] Com o número 30, circulou pela última vez em 10 de setembro do mesmo ano.

Essa interrupção na circulação do primeiro jornal editado em Pernambuco se explica pelo contexto político do Império português, iniciado com o movimento constitucionalista do Porto, em 24 de agosto de 1820, e que teve, como é sabido, fundamentais desdobramentos no Brasil. Em Pernambuco, para nos atermos ao âmbito de nossa análise, tais desdobramentos foram de especial intensidade e marcados por grande acirramento das lutas políticas. Para compreendermos plenamente como o novo contexto político foi essencial para o entendimento da história do impresso em Pernambuco, devemos lembrar dois fatos capitais. O primeiro foi a anulação da devassa sobre os envolvidos na revolução de 1817 e a libertação dos que se achavam ainda presos na Bahia.[16] Libertados dezenas de prisioneiros políticos, eles voltaram a Pernambuco e, recebidos como heróis, foram se reintegrando em suas atividades anteriores, mas, sobretudo, voltaram à ação política, então plenamente legitimada pelas Cortes Gerais Extraordinárias e Constituintes da Nação Portuguesa. O que antes era um crime sujeito até mesmo

13 Entre outras considerações, dizia: "Pernambucanos! É chegado o tempo de mostrardes o vosso verdadeiro caráter e as vossas virtudes políticas. A opinião pública e as luzes do século demandam novas instituições, fundadas sobre os princípios liberais, que igualmente concorrerão para a grandeza, prosperidade e ventura dos povos". Essa proclamação terminava com o seguinte registro: "Com licença do Ministro da Polícia".

14 Na Oficina do Trem de Pernambuco trabalhavam, em diversos ofícios, 53 meninos indigentes para cujo sustento era destinado o produto da venda do jornal.

15 "*em formato de 25 x 17, com quatro páginas, utilizando papel de linho. Sobre o título pequena vinheta, cujo desenho mostra montanhas, um trecho de praia e, ao fundo, o nascer do sol. Abaixo, a seguinte quadra de Camões: Depois de procelosa tempestade/Noturna sombra, e sibilante vento,/Traz a manhã serena claridade/Esperança de porto e salvamento.* O redator da *Aurora Pernambucana* era o português Rodrigo da Fonseca Magalhães, secretário do governador, impresso na *Oficina Nacional do Trem de Pernambuco, com licença do Ministro da Polícia*" (Nascimento, 1969, p.19).

16 Apenas dois dos presos políticos de 1817 não foram libertados de imediato, sendo, contudo, posteriormente anistiados pelas cortes: o capitão de artilharia Pedro da Silva Pedroso e o secretário do mesmo regimento, José Mariano de Albuquerque, ambos acusados de crime de sangue.

à condenação à morte, passara a ser um direito do cidadão.[17] O segundo fato foi a eclosão, na vila de Goiana, em 29 de agosto de 1821, de um levante liberal em oposição ao governador Luís do Rego Barreto. O movimento de Goiana instalou uma junta provisória invocando a legitimação das cortes e tinha como principal objetivo a expulsão do governador e a realização de eleições para a escolha de uma junta, como já havia sido realizado no Pará e na Bahia, o que seria institucionalizado pelas mesmas cortes como a nova forma de governo civil das províncias do Brasil em substituição aos antigos governadores capitães-generais, de nomeação régia.

Isolado no Recife, sem condições de opor resistência eficaz ao movimento de Goiana, Luís do Rego Barreto aceitou a convocação de eleições para a escolha de uma junta de governo e se retirou de Pernambuco.[18] Eleita em 26 de outubro, a junta de governo teve como presidentes o ex-preso político de 1817 Gervásio Pires Ferreira.

O segundo jornal a circular em Pernambuco, cujo primeiro número saiu em 8 de dezembro de 1821, foi o *Segarrega*.[19]

A gênese da tipografia e da circulação de impressos produzidos em Pernambuco está, pois, associada à história política da província: inicialmente em 1817 e, em seguida, a partir do desmonte do absolutismo da Coroa portuguesa em consequência do movimento constitucionalista do Porto e da adesão e apoio que encontrou, de variadas formas, no Brasil.[20]

É impossível, no espaço deste capítulo registrar e analisar os jornais, tipografias e impressos que passaram a existir em Pernambuco a partir da

17 A bibliografia, hoje bastante renovada, sobre o período do primeiro constitucionalismo luso-brasileiro aquém e além-mar é imensa. Entre alguns trabalhos mais recentes, em uma difícil seleção que constitui apenas uma pequena amostra de um vasto conjunto: Miranda, 2001; Berbel, 1999; Mattoso, 1993; Alexandre, 1993.

18 Sobre o constitucionalismo luso-brasileiro em Pernambuco e seus desdobramentos, ver: Mello, 2004; Bernardes, 2006.

19 Foi impresso sucessivamente na Oficina do Trem de Pernambuco, depois denominada Tipografia Nacional, sinal dos novos tempos, e, posteriormente, na Tipografia de Cavalcanti & Cia., que havia adquirido do governo a Tipografia Nacional. Salvo indicação em contrário, as informações sobre a imprensa pernambucana do período aqui utilizadas estão baseadas na minuciosa e vasta obra de Nascimento, 1969. Sobre o *Segarrega*, grafia errônea para *Cegarrega* (Nascimento, 1969, p.24-8). Seu redator foi o português Filipe Mena Calado da Fonseca, participante de 1817 e secretário da junta provisória de Goiana. O jornal estava sob patrocínio da junta, presidida por Gervásio Pires Ferreira. Maria Graham fez um importante registro sobre a junta de Goiana e seu secretário, cujo discurso a fez lembrar "alguns dos mais bem escritos manifestos dos carbonários da Itália" (Graham, 1990, p.149).

20 Os ensaios de instalação de tipografia em Pernambuco durante o século XVIII foram por demais efêmeros e logo cerceados pela censura metropolitana. Ver Carvalho, 1908, p.28-9.

quebra da censura real e religiosa depois de 1821. Mas é fundamental constatar que desde então já não era mais possível eliminar da vida cotidiana de importante parcela da população a existência das tipografias e de seus produtos sob as mais diversas formas. No plano político, mesmo que houvesse algum tipo de censura, não era mais possível governar sem o uso da imprensa.[21] Sobretudo após a Independência, como veremos adiante, os mais diversos aspectos da sociabilidade, especialmente nas cidades portuárias e de mais intensa atividade comercial e cultural, tiveram na imprensa sob suas diversas formas uma expressão sem a qual não teriam podido existir plenamente.[22] Como atividade mercantil, ou seja, como empresa, a tipografia não mais dependia do privilégio real ou eclesiástico para existir. Passou a ser uma atividade empresarial ao alcance de quem tivesse o capital necessário e o interesse em investir nela. Como atividade política e cultural, podia ser de iniciativa de um só homem, como tantos exemplos que existiam, especialmente em seus momentos iniciais, nas diversas províncias brasileiras. De Pernambuco, basta citar o *Typhis Pernambucano*, de frei Caneca, a *Sentinela da Liberdade na Guarita de Pernambuco*, de Cipriano José Barata de Almeida,[23] e *O Carapuceiro*, do padre Miguel do Sacramento Lopes Gama.[24]

21 O ministro do príncipe regente dom Pedro, José Bonifácio de Andrada e Silva, reconheceu a impossibilidade de eliminar a imprensa nas novas condições da vida política do ainda Reino do Brasil e foi dele a iniciativa do decreto de 18 de junho de 1822 criando "Juizes de Fato para julgamento dos crimes de abusos de liberdade de imprensa". Decreto que suscitou acerbas críticas da parte de frei Caneca. O texto do decreto de 18 de junho de 1822 pode ser lido em Nogueira, 1973, p.87-8.

22 O fundamental papel da imprensa na existência cotidiana das sociedades a partir da queda do antigo regime foi, na verdade, quase universal. Criou tipos sociais, definiu os rumos da política, foi instrumento do poder e da oposição, criou ou destruiu celebridades literárias e artísticas, possibilitou a fortuna de alguns, moldou os gostos do consumo e da moda e tantas coisas mais. Uma genial percepção do papel da imprensa no mundo pós-Revolução Francesa encontrou expressão no romance de Honoré de Balzac *Les illusions perdues*. Para o papel da imprensa no Brasil, nos anos da gênese do Estado nacional, além das obras clássicas da história da imprensa ver, para o espaço da Corte do Rio de Janeiro: Lustosa, 2000; Morel, 2005; Neves, 2003.

23 "O acolhimento que logo teve a *Sentinela* foi extraordinário; os exemplares eram disputados com ânsia e lidos às portas das boticas, às esquinas a numerosos grupos que saíam repetindo as frases de Barata 'Independência e Imperador, eis a nossa senha; ódio, extermínio, vingança contra os vândalos portugueses: eis a nossa missão'. Tamanha foi a procura do jornal que houve mister reimprimir várias vezes os primeiros números, donde resulta ser ainda hoje a *Sentinela* o menos raro do periódicos daquele tempo" (Carvalho, 1908, p.76-7).

24 Uma recente reedição do *Typhis Pernambucano* encontra-se em Mello, 2001. *O carapuceiro* teve reedição fac-similar, em três volumes, pela Fundação de Cultura Cidade do Recife, 1993. Prefácio de Leonardo Dantas Silva e estudo introdutório de Luiz Nascimento.

Para situarmos a dinâmica e a complexidade da imprensa, cuja existência depende dos mais diversos fatores, façamos uma sucinta periodização dela para o que se classifica na parte propriamente jornalística e para o espaço de Pernambuco no período 1817-1850.

O primeiro momento da imprensa Pernambucana começa em 1821, com a fundação do *Aurora Pernambucana*, e encerra-se em 1822, quando, entre outubro e novembro desse ano, chegam as notícias da Independência e da aclamação de dom Pedro como imperador. Portanto, nesse primeiro momento, a imprensa existia dentro do quadro político institucional do Reino Unido de Portugal, Brasil e Algarves. Nesse período foram editados no Recife sete jornais, todos de caráter político e quase todos como órgãos oficiais.[25]

Entre 1822 e 1831,[26] quando da abdicação de dom Pedro I, foram criados no Recife vinte jornais, mas, entre 1825 e 1829, foi criado apenas o *Diário de Pernambuco*. Ou seja, após a brutal repressão da Confederação do Equador, com a execução, entre outros, de frei Caneca, não havia um clima que favorecesse a eclosão de novos jornais. Para o conjunto do período 1821-1850, existiram em circulação em Pernambuco 216 publicações periódicas entre jornais e revistas. Muitas delas foram efêmeras, porém o mais importante é o significado de seu aparecimento e sua variedade. Ora eram iniciativa de um indivíduo, por vezes imbuído de uma missão de esclarecimento cultural ou político, ora eram órgãos partidários com uma estrutura mais sólida de produção e de distribuição, ora eram a expressão de determinada instituição. Contudo, quaisquer que fossem as motivações, os seus agentes, os

---

25 A aclamação do príncipe regente dom Pedro como imperador do Brasil somente foi conhecida no Recife em 9 de novembro de 1822. No dia 27 do mesmo mês, a *Gazeta Pernambucana* publicou a ata da solenidade da aclamação de dom Pedro I imperador constitucional do Brasil e seu defensor perpétuo.

26 Uma segunda tipografia foi trazida a Pernambuco em 1822 por Manuel Caetano do Rego Cavalcanti. Este, associado com Felipe Mena Calado da Fonseca e James Pinches, comprou do governo a Tipografia Nacional. Da nova empresa, denominada Tipografia de Cavalcanti e Companhia, saíram importantes obras, entre as quais *Memória hidrográfica sobre a represa do rio Beberibe*, do sargento-mor dos engenheiros Conrado Jacob de Niemeyer; *Dissertação sobre o que se deve entender por pátria do cidadão*, de frei Caneca; diversos jornais e muitos dos valiosos panfletos depois reunidos sob o título de *Peças oficiais relativas às revoluções de Pernambuco de 1871 e 1824*. Informações constantes em: Pereira da Costa, 1984, p.269-75, com notícia sobre o envio de tipografias para o Ceará e o Rio Grande do Norte, por ocasião da Confederação do Equador. O autor deste capítulo e a professora Vera Acioli preparam uma edição anotada desse importante conjunto documental.

interesses envolvidos e os meios de sua execução, eles eram a expressão de uma nova sociedade somente possível com a Independência e a criação do Estado nacional brasileiro. Sem a Independência, essa nova sociabilidade, que exigia a existência da imprensa e do impresso em suas variadas formas, dificilmente poderia ter surgido. Um exemplo pode ser dado pela apresentação do primeiro número do *Diário de Pernambuco*, em 7 de novembro de 1825:

> Faltando nesta cidade assaz populosa um Diário de Anúncios, por meio do qual se facilitassem as transações, e se comunicassem ao público notícias, que a cada um em particular podem interessar, o administrador da Tipografia de Miranda & Companhia se propôs publicar todos os dias da semana, exceto os domingos somente, o presente Diário, no qual, debaixo dos títulos de Compras – Vendas – Leilões – Aluguéis – Arrendamentos – Aforamentos – Roubos – Perdas – Achados – Fugidas e Apreensões de escravos – Viagens – Afretamentos – Amas de leite, etc., tudo quanto disser respeito a tais artigos; para o que tem convidado a todas as pessoas que houverem de fazer estes ou outros quaisquer anúncios a os levarem à mesma Tipografia, que lhes serão impressos grátis, devendo ir assinados. Também se publicarão todos os dias as entradas e saídas das embarcações do dia antecedente, portos de onde vieram, dias de viagem, passageiros, cargas e notícias que trouxeram. Além disto, todas as semanas se darão os preços correntes dos gêneros de importação e exportação, com um atestado de dois negociantes desta praça. (apud Nascimento, 1968, p.21-2)

Foram, pois, os novos interesses de habitantes de uma sociedade atravessada por relações mercantis aquilo a que a imprensa buscou atender e de que pôde viver, mesmo com a gratuidade dos anúncios. Assinale-se que a referência aos possíveis anúncios de fugas de escravos não está em contradição com esse novo momento da sociedade brasileira pós-Independência. Registram a importância da escravidão urbana e das novas oportunidades de fuga em uma cidade que crescera demograficamente, ultrapassara o espaço de seus bairros iniciais e vivenciava uma ampliação do movimento do seu porto, aberto desde 1808 ao comércio mundial sem os entraves do exclusivo colonial.

Vale lembrar, também, que não apenas cresceu em quantidade e variedade o número de jornais, mas aumentou, especialmente no espaço do Recife, o número de empresas tipográficas, muitas delas vinculadas a determinadas correntes políticas, conservadoras ou liberais, outras sem tal vinculação e passíveis de serem empresas de cunho mais comercial, atendendo a uma clientela da qual não se olhava a cor política, mas sim seu caráter de usuário de um serviço comercial lucrativo.

Ainda após a Independência ampliou-se o consumo dos impressos no Brasil, não apenas sob a forma de jornais e periódicos ou de diversos avulsos, mas também de livros. Romances, poesias, ensaios políticos e, de importância capital, livros didáticos e manuais escolares. A criação de estabelecimentos de ensino secundário, mantidos pelo poder público ou por particulares, e os de ensino superior, notadamente no período em exame os Cursos de Ciências Jurídicas e Sociais, fez surgir um público novo. Daí terem surgido os primeiros manuais das mais diversas matérias impressos no Brasil. No início eram meras traduções e adaptações de manuais estrangeiros, mas logo passaram a ser criações mais originais, concebidas para atender às normas baixadas pelo governo imperial ou provincial para o ensino.

No caso de Pernambuco, deve-se mencionar o Seminário de Olinda, cujas aulas iniciaram em 1800 e que, depois da Independência, suscitou a elaboração de manuais escritos por seus professores, tornando, de alguma maneira, o ensino nele praticado menos dependente de manuais importados da Europa. Grande importância teve, naturalmente, a instalação do Curso Jurídico em Olinda, em 1831, e do Liceu Pernambucano, em 1827, que passou a ser denominado de Ginásio Pernambucano em 1855.

Em um universo bastante vasto de publicações, damos alguns exemplos de tipografias e suas respectivas edições de livros voltados para o público de estudantes dessas instituições que foram mencionadas:

SERPA, J. J. *Tratado de educação físico-moral dos meninos, extraído das obras de Mr. Gardien, e ampliado com ilustrações extraídas do melhores autores.* Pernambuco: Typ. do Diário, 1828.[27]

27 "Em 1834, o doutor Serpa foi provido por concurso na cadeira de botânica e agricultura do Jardim Botânico de Olinda, a insuficiência dos compêndios adotados nas aulas do Jardim Botânico o levou a 'elaborar um resumido compêndio da obra de Richard'" (Pereira da Costa, 1981 p.507).

______. *Compêndio de botânica para o uso dos alunos que se quiseram dedicar ao estudo desta sciencia.* Pernambuco, na Typographia de M. F. de Faria. 1835.[28]

ORTOLAN. *Da soberania do povo e dos princípios do governo republicano moderno.* Traduzido por Antônio Pedro de Figueiredo. Livraria do Bacharel B. Coutinho, Esquina do Colégio. Pernambuco, 1848.[29]

LIÇOENS de direito público constitucional, por Ramon Salas, doutor de Salamanca. Nova edição traduzidas por D. G. L. D'Andrade. Olinda: Typ. de Pinheiro, Faria e Comp., 1831.[30]

CONSIDERAÇÕES do duque de Broglie, acerca da obra, que tem por título: Do systema penal, do systema repressivo em geral, e da pena de morte em particular, publicada pelo sr. Carlos Lucas... Pernambuco: Typ. da União, 1846.

CORDEIRO, pe. J. B. (Trad.). *Arte de falar e escrever, ou tratado de rethorica geral, por Augusto Husson.* Pernambuco, 1848.

FERREIRA, S. P. *Noções elementares d'ontologia.* Recife: Typ. de M. F. de Faria.

MILL, S. *Elementos de Economia Política.* Tradução do francez confrontada com o original inglêz pelo Dr. Pedro Autran da Mata e Albuquerque e os então acadêmicos Álvaro Teixeira de Macedo e seu irmão Sérgio Teixeira de Macedo. Olinda: Typ. de Pinheiro, Faria e Comp., 1832.

*TÁCTICA das Assembleas Legislativas; obra extrahida dos manuscritos de Mr. Jeremias Bentham por Mr. Et. Doumont, de Genebra, traduzida do francez por *** e revista e depurada por ***.* Olinda: Typ. de Pinheiro, Faria e Comp., 1832 (Veiga, 1984, p.243-66).

O catálogo dos impressos pernambucanos do século XIX, excluídos os jornais e periódicos, ainda está por ser feito, assim como um levantamento

28 "Guia de puericultura e de educação da primeira infância, adaptado de obra semelhante de Gardien" (Briquet, 1949, p.194). Essa tradução foi feita durante a prisão do doutor Serpa na Bahia por seu envolvimento na revolução de 1817. Informação contida no necrológio do doutor Serpa, pelo padre Lopes Gama, e publicada no *Diário de Pernambuco*, de 2 de agosto de 1842. Reproduzido em Mello, 1985, p.214-5.

29 Antônio Pedro de Figueiredo foi o editor da revista *Progresso, Revista Social, Litteraria e Scientífica.* Pernambuco: Typographia de M. F. de Faria, 1846-1847. Em números sucessivos dela, publicou uma tradução do romance de George Sand, *As sete cordas da lira.* Dessa importante revista existe uma reedição prefaciada por Amaro Quintas e publicada pela Imprensa Oficial de Recife em 1950. Ver Bernardes, 1998, p.131-52; Marson, 1994, p.99-110.

30 A instalação do curso jurídico em Olinda levou à instalação ali da Tipografia de Pinheiro, Faria e Companhia, que certamente, tendo em vista o público formado pelos estudantes de Direito, editou vários livros e jornais. Ramon Salas, *doutor de Salamanca* e importante teórico do constitucionalismo espanhol, foi um dos autores então editados.

mais completo das tipografias e das livrarias que foram igualmente editoras. Mas a pequena amostra aqui presente é indicadora de uma atividade editorial não desprezível e ainda em grande parte inexplorada em muitos dos seus aspectos. Podemos apontar como questões que merecem investigação: os aspectos gráficos das edições, os assuntos das obras publicadas, o uso de ilustrações, as obras traduzidas e as que tiveram brasileiros como autores e as correntes políticas e filosóficas defendidas nos livros e folhetos publicados.

No pouco espaço que ainda resta e com plena consciência de quanto não foi possível tratar aqui, vale lembrar que após a Independência a história do Brasil e a história das províncias ganharam espaço entre os temas sobre os quais são realizadas investigações e publicados vários livros, entre os quais podemos citar: *Memórias históricas da província de Pernambuco*, de José Bernardo Fernandes Gama; *Sinopse dos fatos mais notáveis da história do Brasil*, do general José Ignácio de Abreu e Lima; e *História da Revolução de Pernambuco de 1817*, do monsenhor Francisco Muniz Tavares.[31]

Terminemos com a menção a duas publicações, com públicos específicos e que igualmente somente puderam ter plena expressão a partir da nova sociabilidade tornada possível com a Independência. A primeira é uma obra cujo público pertence a uma categoria profissional que pode se organizar em uma sociedade própria e que passou a ter um importante papel no enfrentamento de diversos problemas urbanos. Trata-se de *Annaes da Medicina de Pernambuco*, cujo primeiro número foi publicado em 1842 pela Sociedade de Medicina de Pernambuco.[32] A outra obra é destinada ao público feminino, que passou a ser objeto de publicações especiais, tendo, de alguma maneira, sido associado aos novos tempos de construção da nacionalidade. É *Espelho das brazileiras*, primeira publicação impressa em Pernambuco para o público feminino, em 1831.

---

31 As *Memórias históricas da Província de Pernambuco* foram publicadas em 1844, na Typographia de M. F. de Faria. Existe reedição fac-similar, pelo Arquivo Público Estadual, Recife, 1977. A *Sinopsis ou dedução cronológica dos fatos mais notáveis da história do Brasil* foi publicada pela mesma tipografia, em 1845; a *História da revolução de Pernambuco em 1817* foi publicada pela Typ. Imparcial de L. I. R. Roma, ligada aos liberais pernambucanos e que daria guarida a publicações relacionadas ao que ficou conhecido como Movimento Praieiro.

32 Dos *Annaes da Medicina de Pernambuco* foram publicados seis números, entre 1842 e 1844, impressos na Typographia de Santos e Companhia.

11
Os intermediários da leitura na Paraíba do Oitocentos: livreiros e tipógrafos*

Socorro de Fátima Pacífico Barbosa

Os intermediários da leitura: tipógrafos e editores

A presença dos jornais e periódicos no século XIX foi tão marcante na Paraíba quanto no resto do país. De forma geral, os periódicos foram os principais responsáveis pela circulação e divulgação da cultura escrita, pois, além do suporte jornal, as tipografias fabricavam toda a sorte de impressos, inclusive livros. Neste capítulo, são apresentados alguns intermediários da literatura e da leitura, com ênfase em figuras representativas da indústria tipográfica e do comércio livreiro da Paraíba[1] no século XIX, como José Rodrigues da Costa, Manoel Henrique de Sá e Jayme Seixas, homens que, com suas lojas e tipografias, desempenharam relevante papel na divulgação da cultura escrita na Paraíba. Tornar visível, portanto, esse processo histórico é o objetivo a que se propõe este texto.

Como várias pesquisas têm demonstrado, por trás desses periódicos havia quase sempre aqueles "intermediários esquecidos", que eram os tipógrafos e os donos das tipografias, homens de letras do seu tempo, comprometidos com a divulgação e a difusão do saber. O termo intermediário foi utilizado por Darnton para nomear "as figuras pouco familiares" envolvidas no processo de circulação da literatura por meio da palavra impressa:

---

* Parte do Projeto Jornais e Folhetins Paraibanos do século XIX, financiado pelo Conselho Nacional de Desenvolvimento Científico e Tecnológico (CNPq). Disponível em: <http://www.cchla.ufpb.br/jornaisefolhetins/index.html>.

1 Paraíba aqui se refere à cidade de João Pessoa, antiga Parahyba.

"são os trapeiros, fabricantes de papel, tipógrafos, carroceiros, livreiros e até leitores" (Darnton, 1990, p.132). No Brasil, tal qual se verificava na França (Minard, 1996), alguns deles encarnavam também a função de livreiros, vendendo, anunciando, produzindo e divulgando o saber na província e fora dela.

A investigação empreendida aqui é inédita e, consequentemente, aborda apenas uma parte do processo histórico que envolve os tipógrafos, aqui tomados no sentido de donos da tipografia, uma vez que raro foi o jornal que indicou o nome do ou dos operadores das máquinas tipográficas. Ela abrange um período que se iniciou na década de 1830, com a publicação sistemática dos periódicos, e terminou na década de 90 daquele século. Como a história e os rastros daqueles sumiram, abordaremos os últimos sob a mesma perspectiva de Darnton (2005) ao discorrer sobre os filósofos do iluminismo, com mais de um século de distância. Nesse sentido, os tipógrafos e jornalistas do século XX eram homens de letras, comprometidos com o saber, que reconheceram rapidamente o poder da imprensa e sua força na divulgação do conhecimento. Mesmo assim, é desafiador pensar a prensa tipográfica, "principal instrumento na criação de uma nova cultura política" (Darnton, 1999, p.16), instalada em pequenas e lúgubres oficinas da pequena província paraibana, iletrada, escravocrata e recém-incluída no circuito da cultura letrada. A história que pretendo construir, a despeito da pesquisa que venho realizando nos jornais e folhetins do século XIX, carece de matéria palpável. Na ausência de algumas fontes primárias, a tentação é acreditar nas pesquisas de estudiosos anteriores e endossar parte da versão que construíram para essa história, aliando-a às pesquisas que desenvolvi por dois anos nos jornais e periódicos.

Outra saída é restituir os lugares simbólicos desses discursos ao presente da sua enunciação. Um deles diz respeito ao mito de fundação da imprensa paraibana. Repetido ou rechaçado, há o mito de que a imprensa foi introduzida na Paraíba a partir de uma tipografia encontrada na praia de Cabo Branco que estaria em um barco inglês naufragado. Tal máquina teria servido para imprimir *O Português,* ou o *Mercúrio Político, Comercial e Literário* (1814-1821), o primeiro jornal paraibano, para alguns uma invenção (Araújo, 1986). Na verdade, como prova Eduardo Martins (1976), o jornal existiu e sua leitura, publicação e distribuição foram censuradas por despacho da Mesa de Desembargo do Paço em 6 de julho de 1818. Era publicado em Londres pelos mesmos impressores do *Correio Brasiliense*, W. Lewis e L. Thompson, e pelo jornalista João Bernardo da Rocha Loureiro. Outra história que omite até mesmo o nome do jornal é a contada por José Leal (1962), para quem o primeiro jornal que circulou na Paraíba foi impresso no Recife e "dali transportado por algum canoeiro para a capital", lá pelos anos de 1818, quando a província ainda não contava com tipografias.

Considerando-se que à historiografia paraibana interessou, até recentemente, a política, os feitos e os "heróis" das suas elites, é comum não encontrar aspectos relativos à vida, muito menos à vida cultural daqueles que não pertenciam a essa classe. Portanto isso justificaria o fato de que estudos voltados para a história da imprensa da Paraíba não tenham sequer mencionado o nome das tipografias que imprimiam os seus jornais, muito menos os dos tipógrafos. Dessa maneira, essas histórias recuperam um pouco daquela tradição iniciada com a história da prensa aparecida milagrosamente nas praias de Cabo Branco. Assim, destituído de um fato histórico, esse discurso "imprime", "instaura" e cria a imprensa paraibana como uma mágica, destituindo do processo histórico os tipógrafos e impressores que tiveram suas histórias apagadas por essa historiografia e sugerindo ter sido a imprensa instalada como um processo "fortuito", e não histórico. Isso talvez justifique o fato de sabermos tão pouco sobre a história desses intermediários esquecidos da leitura paraibana, pois, como afirma Robert Darnton (2005), "os mitos moldam as mentalidades".

Na Paraíba, como no resto do país, os periódicos do século XIX foram abordados sempre de uma perspectiva política e, como consequência, essa abordagem colocava a fonte imprensa "em suspeição" (Luca, 2005). Diferentemente, porém, do que supunham os historiadores políticos, os jornais se revelam como fonte para a história cultural, uma vez que raros foram os proprietários que se limitaram a publicar apenas matéria política. Em certo sentido, esses tipógrafos tinham um compromisso com a "ilustração" dos leitores, tanto que raro era o jornal paraibano que não se dedicava também às variedades, à literatura e ao conhecimento, o que incluía a impressão e venda de livros didáticos e a publicação de livros da literatura local.

Na Corte, são exemplos acabados desse modelo de tipógrafo livreiro Pierre Plancher, Paula Brito e Garnier (Hallewell, 2005). O processo parece ter sido universal, pois, segundo Ian Watt, na Inglaterra os livreiros, também denominados por ele intermediários do mercado literário, aproximaram o "autor de seus leitores", uma vez que "ocupam posição estratégica entre o escritor e o impressor e entre estes e o público" (Watt, 1990, p.49). Essa posição seria de tal magnitude que Watt sugere ter o editor contribuído para o desenvolvimento de uma das inovações técnicas características do romance: as descrições e explicações. Seja em Londres, no Rio de Janeiro ou na Paraíba, eles, os tipógrafos editores, favoreceram a circulação da leitura ao aproximar o conteúdo do jornal do gosto do público, bem como o exercício da escrita ao contratar jovens estudantes para traduzir romances e matérias de outros jornais, além de escrevê-las.

Em certo sentido, parte dos impressores brasileiros do século XIX que publicavam e faziam circular matéria literária parece ter tomado para si "os conselhos a um jornalista" dados por Voltaire, a reboque da influência francesa em todos os campos do saber, em que adverte:

> Sê imparcial. Tens ciência e gosto; se além disso fores justo, predigo-te um sucesso duradouro. Nossa nação aprecia todos os gêneros literários, da matemática ao epigrama. Nenhum jornal fala comumente da parte mais brilhante das belas-letras, que são as peças de teatro, nem de tantos encantadores livretos de poesia que afirma todos os dias o caráter amável de nossa nação. Tudo pode entrar na tua espécie de jornal, mesmo uma canção bem feita; nada desdenhes. (Voltaire, 2006, p.3)

A rigor, podemos afirmar que os periódicos brasileiros foram além dos ensinamentos de Voltaire e permitiram não só a presença desse "tudo" a que ele se refere, mas até mesmo a criação de gêneros e práticas (as mais variadas) de leitura e escrita, instituindo, além dos gêneros, uma linguagem própria que em maior ou menor grau determinou o padrão de escrita da literatura brasileira do século XIX.[2] A concepção de que o suporte jornal

2 Não cabe nos limites deste trabalho uma análise detalhada da função e do significado dessas epígrafes no contexto da história da cultura e da literatura no século XIX brasileiro. No entanto, ainda está por se fazer uma pesquisa que avalie de forma sincrônica e diacrônica essas representações da imprensa, seja por meio dessas epígrafes, seja por meio dos "programas", ou editoriais. Essa análise possibilitaria uma aproximação, se não mais verdadeira, pelo menos mais verossímil com as mentalidades e concepções dos periódicos do século XIX.

poderia servir à literatura – no seu sentido mais amplo – sedimentou o hábito de leitura dos jornais, sobretudo com base no ideal de civilização que a imprensa brasileira tomou para si a partir da década de 1820.

Nessa época, surgiram várias revistas e periódicos criados também por sociedades literárias e grêmios escolásticos. Em todos, é flagrante, até mesmo em seus títulos, a adesão à instrução popular, ao desenvolvimento da inteligência, ao progresso das artes (Barbosa, 2007). Como exemplo, temos os *Anais Fluminenses de Ciências, Artes e Literatura* (1822), o *Jornal Científico, Econômico e Literário* (1826) ou a singela *Beija-Flor: Anais de Ciência, Política, Literatura, etc., etc.* São vários os exemplos em que o teor literário parece ser o ideal dos jornalistas. Um dos mais famosos periódicos do Recife, *O Carapuceiro*, de 1832, deixa clara a sua função de corrigir os vícios quando afirma ser um "Periódico sempre moral, e só por acidente político". Seu objetivo, portanto, revela-se na epígrafe: "Guardarei nesta Folha as regras boas, que é dos vícios falar, não das pessoas", de autoria de Marcial, Liv. 10 Epist. 33. Na Paraíba, o *Argos Paraibano* (1854), de Felisberto Toscano de Brito, defende a liberdade de expressão como pressuposto para o desenvolvimento da inteligência: "O progresso da inteligência é inevitável, havendo liberdade de falar, escrever e publicar o que se pensa", de autoria do marquês de Maricá.

Conforme já foi abordado aqui, o predomínio da história política e econômica apagou a importância dos periódicos na contribuição para a história cultural do século XIX. No caso da Paraíba, não bastasse essa abordagem, havia o anacronismo dos estudos que buscavam no século XIX o modelo do jornal contemporâneo. É essa a premissa de José Leal, que reivindica para os periódicos paraibanos a inserção de notícias, cuja falta é justificada pelo fato de ser pequeno o desenvolvimento da província. Segundo sua opinião, "o jornal só tinha utilidade como veículo dos desaforos que os políticos trocavam, reciprocamente, com o ardor e a veemência dos paladinos das boas causas" (1962, p.17).

Por isso, a contribuição desses tipógrafos na promoção da leitura e da literatura pode ser evidenciada em várias frentes, entre as quais se destacam a contratação dos editores, a publicação de livros considerados importantes (mesmo que algumas vezes em forma de "contrafação"), a divulgação de gêneros apreciados pelos leitores e, principalmente, a possibilidade de que os leitores participassem e colaborassem nos periódicos.

Tipógrafos e livreiros paraibanos: uma história

Os pioneiros

A primeira tipografia paraibana, a Nacional da Paraíba, situada na rua Direita, 62, funcionou com a ajuda do inglês Walter S. Boardman, responsável pela *Gazeta do Governo da Paraíba do Norte*, órgão oficial do governo da província da Paraíba. Walter Boardman veio do Recife, contratado pelo governo provincial, para dirigir os serviços de impressão. Segundo Martins (1976), a junta do governo determinou, em 13 de março de 1823, que o negociante Francisco Jordão Stuart mandasse vir da Inglaterra uma oficina tipográfica que deveria ser paga pela Fazenda Pública. Em 7 de julho do mesmo ano era publicado um edital que, ao mesmo tempo que revelava o nome do primeiro tipógrafo paraibano – o cidadão Francisco João de Azevedo –, demonstrava como era concebida a arte da tipografia na época e como deveria se dar o acesso a esse mercado de trabalho.

> Convido ao Bem Público que apenas chegue a Tipografia que se mandou vir da Inglaterra entre logo a trabalhar e a esparzir os luminosos raios que é de esperar de tão profícuo estabelecimento e tendo já o Governo civil mandado o cidadão Francisco João de Azevedo instruir-se em Pernambuco na arte de imprimir donde, voltando pronto dos conhecimentos necessários para execução da dita arte representa serem necessários quatro meninos que saibam ler e escrever para igualmente se ilustrarem naquele exercício a fim de principiarem logo que chegue a sobredita tipografia a trabalhar e a ganhar o seu competente salário que nunca será menos de 160 réis e daí para cima segundo o seu trabalho, habilidade e frequência, convida pois o mesmo Governo por meio deste Edital aos pais de famílias que quiserem dar essa aplicação aos seus filhos para que os levem à casa do sobredito Azevedo para este escolher os que forem mais hábeis e instruídos até a chegada daquela tipografia. (apud Martins, 1976, p.47)

A despeito do edital, Francisco João de Azevedo, quando voltou do Recife, colocou para trabalhar na tipografia seus três filhos – José, João e Francisco – e alguns alunos tipógrafos. Coube a esse tipógrafo a publicação de *Memórias a que se referem as demonstrações da topografia*, ordenadas pela junta provisória da cidade da Paraíba do Norte.

De 1828 a 1829 a tipografia seria responsável pela publicação da *Gazeta Paraibana*, o primeiro jornal de Antonio Borges da Fonseca. Após a sua suspensão, o mesmo editor imprimiria o efêmero *Petiguaré*, e, com o fim deste, a tipografia foi vendida a uma firma do Recife. Em 1831, chega à Paraíba a Municipal, a segunda tipografia, comprada por intermédio do comerciante inglês Ricardo Roger pelo preço de 1:662$899. Segundo Irineu Pinto, essa tipografia foi adquirida por meio de uma subscrição aberta pelos moradores da capital, "no louvável intuito de concorrer para o desenvolvimento intelectual da Província" (Pinto, 1977, p.114).

Foi na Tipografia Municipal que se imprimiu *O Républico*, de Antonio Borges da Fonseca, cuja epígrafe poderia ser tomada como presságio sobre o que viria a acontecer com o seu redator. Ao clamar pela liberdade de expressão, por meio de uma bela epígrafe de Rousseau – "Povos livres, lembrai-vos desta máxima. A liberdade pode-se adquirir; mas depois de perdida não se pode recobrar" –, Antonio Borges da Fonseca se transformaria no primeiro jornalista brasileiro a sofrer um processo por calúnia. O episódio provocou a sua transferência para o Recife, onde implantou sua máquina tipográfica.

Na década de 1840, *O Verdadeiro Monarquista*, que durou de 1840 a 1844, foi impresso na Tipografia Paraibana por Antonio Correa Feio. Essa tipografia continuava a funcionar e a imprimir pequenos jornais, entre eles *O Constitucional Paraibano*. Ao que tudo indica, era uma empresa de pequeno porte, visto que os documentos e papéis do governo da província, como os relatórios, eram impressos por tipografias de Pernambuco até 1849, ano em que se estabeleceu na Paraíba a tipografia de José Rodrigues da Costa, um dos mais importantes tipógrafos da província durante o século XIX.

José Rodrigues da Costa: o tipógrafo ilustrado

O tipógrafo José Rodrigues da Costa costuma entrar na história da imprensa da Paraíba porque foi da sua tipografia, herdada por seus filhos após a sua morte, que surgiu em 1892 o jornal oficial da Paraíba, *A União*, do Partido Republicano do Estado da Paraíba. Não fosse pelo livro de Eduardo Martins *A tipografia do Beco da Misericórdia*, que, como se vê, embora ressalte seu trabalho, também omite seu nome, pouco se saberia acerca das atividades desse tipógrafo/editor, que iniciou suas atividades na Paraíba na década de 1830.

Sua contribuição para a história da leitura e da imprensa paraibana, contudo, é inestimável e se deu em várias frentes: na publicação e edição de jornais importantes,[3] na divulgação de livros e jornais da Corte, bem como na publicação de livros de autores paraibanos. Um dos exemplos do múltiplo papel desempenhado pelo tipógrafo encontra-se no reclame do *Diário da Paraíba* de 5 de março de 1862 em que se anunciou a assinatura de compêndio escolar, numa época em que a província contava apenas com a Botica Imperial:

> *Novo Método Prático Teórico para aprender a ler, traduzir e falar o Francês em seis meses segundo o facílimo sistema alemão do Sr. H. Oilendorff*, por Cícero Peregrino.
>
> Obra inteiramente nova e única escrita em português por aquele sistema; aprovado pelo conselho diretor da instrução pública da província do Pernambuco em sessão de 10 de outubro de 1861. 2 volumes de 500 páginas em 8º francês por 7 $. Recebem-se assinaturas nesta tipografia.

Aproveitando-se do vácuo gerado pela falta de grandes tipografias na Paraíba, o tipógrafo migrou do Recife, em 1834, para essa província a fim de instalar o seu negócio, que seria a primeira tipografia de iniciativa privada. No Recife, José Rodrigues da Costa trabalhou nas oficinas de *O Cruzeiro: Jornal Político, Literário e Mercantil*, cuja redação era de responsabilidade do padre Francisco Ferreira Barreto. Envolvido em questões políticas e na defesa de uma sociedade secreta, a Coluna do Trono e do Altar, o padre se indispôs com alguns dos patrícios, razão pela qual deixou o Brasil e foi para Lisboa. Na ocasião, cessou a publicação de *O Cruzeiro*, e José Rodrigues da Costa, que fazia parte de seu corpo tipográfico, conseguiu arrematar a empresa. O fato de essa tipografia imprimir o jornal paraibano *Correio da Paraíba* garantiu ao tipógrafo a oportunidade de saber que eram raros e de

3 Foram os seguintes os jornais publicados na Tipografia de José Rodrigues da Costa e na de seus herdeiros, após a sua morte: *Correio Oficial Paraibano* (1848); *Alva* (1850); *Jornal da Assembleia* (1853); *O Governista Paraibano: Folha Oficial, Política e Literária* (1854); *O Paraibano: Periódico Literário, Noticiador e per Accidens Político* (1855); *A Época: Jornal Noticioso e Literário* (1857); *O Imparcial: Jornal Político, Literário e Noticioso* (1861); *Diário da Paraíba.*(1861); *O Tipógrafo: Periódico Crítico e Moderador* (1876); *A Opinião: Órgão do Partido Liberal* (1877); *Eco Escolástico: Periódico Científico, Literário e Noticioso* (1877); *O Ensaio Literário: Periódico Científico, Literário e Crônico* (1880); *O Liberal Paraibano: Órgão do Partido Liberal* (1880); *O Norte: Periódico Literário, Recreativo, Comercial e Noticioso* (1882); *O Eco Juvenil: Órgão Escolástico* (1883); *O Independente* (1887); *Gazeta da Paraíba: Folha Diária* (1888); *A Ideia: Órgão Instrutivo e Noticioso* (1890); *Estado da Paraíba* (1893); *O Paraibano: Diário Político, Literário e Noticioso* (1892); e *O Publicador* (1862).

pouca qualidade os estabelecimentos tipográficos da província. Por isso, em 1834 ele arrematou a tipografia, que havia ido a leilão, e se estabeleceu na rua Direita, casa número 2 (Martins, 1978, p.23).

Não interessa a este trabalho o papel desempenhado pelas oficinas de José Rodrigues da Costa na divulgação e publicação das leis e documentos oficiais, entre os quais se destacam os relatórios de presidentes de província, impressos em suas máquinas de 1849 a 1866, ano em que a tipografia passou a pertencer a seus herdeiros, após a sua morte, em 8 de novembro. Entre os herdeiros, lideravam os trabalhos de administração e organização das empresas as suas filhas Elysa dos Anjos Rodrigues da Costa e Calecina Rodrigues da Costa, a quem José Rodrigues havia ensinado e transmitido as artes do ofício. Aliás, foi Calecina quem enfrentou, junto aos jornalistas Arthur Aquiles e Eugenio Toscano de Brito, a fúria do governo Álvaro Machado, quando este invadiu e mandou quebrar a tipografia do jornal *O Paraibano,* que lhe fazia oposição.

Foi das suas oficinas que veio a público a revista *Alva: Jornal Literário*, a primeira revista literária paraibana. Pioneira, a *Alva* representou a terceira tentativa, depois de *O Tapuia e* o *Investigador*, de se ter uma publicação periódica na província paraibana. No seu programa inicial, estava visível o compromisso da revista com a promoção da leitura na Paraíba, em especial por meio da consciência demonstrada sobre o papel da imprensa na ilustração e civilização dos seus leitores, notadamente do jornalismo literário, como se vê neste texto:

> oferecer em benefício da instrução e moralidade do povo, pois que é ele o mais fácil de pôr ao alcance de todos uma variedade de conhecimentos que aliás a poucos chegaria – o jornalismo literário, representante do caráter, das ideias, do estado de um país, e indicador dos passos dados na carreira do Progresso, tem-se tornado elemento indispensável da civilização.[4]

Esse desejo de José Rodrigues da Costa de divulgar a cultura e o saber literário na província justifica o fato de ter sido sua tipografia a responsável pela publicação do livro de poesias daquele que foi considerado o primeiro poeta paraibano, ou, para ser mais realista, o primeiro a ter um livro de poesias editado, mesmo que postumamente. Trata-se de *Vida e poesia*, de Francisco Xavier Monteiro da Franca, publicado em 1854. Não se restrin-

4 *Alva: Jornal Literário*, jan. 1850, t.1, n.I.

gindo ele à poesia, de suas máquinas surgiram os livros, *Lições de Retórica*, de Manoel Caetano Vellozo, recopilado dos originais de J. Ferreol Perrard e Edme Ponelle, preparadores dos aspirantes para a língua vernácula (1849); *Instruções sanitárias populares para o caso de* Cólera Morbus, de Antonio da Cruz Cordeiro (1862); *Mosaico: poesias traduzidas*, de Joaquim Maria Sobrinho Serra (1865). Com a sua morte, cessou a publicação de livros.

Jayme Seixas e Manoel Henrique de Sá: tipógrafos do fim do século

O tipógrafo e livreiro Jayme Seixas soube aproveitar como ninguém as oportunidades oferecidas pelos periódicos. Além de brindar sistematicamente os jornalistas com revistas e periódicos que distribuía, ainda editava e fazia circular gratuitamente um jornal de generalidades, cujo título – *O Pelicano* – remetia ao nome da sua loja, a Livraria Pelicano.

Muito embora haja apenas dois números microfilmados desse jornal, ele parece ter sobrevivido de 1885 a 1890. No periódico, publicaram poetas e jornalistas como Joaquim José d'Abreu e Maximiniano de Figueiredo. Suas páginas também abriam espaço para a produção anônima e homenagens como as que foram feitas na ocasião da libertação dos escravos e da proclamação da República nas crônicas de Antonio Bernardino, F. Machado, D. L. e L. F. Codeceira, respectivamente. Esse jornal, de distribuição gratuita, com tão longa duração, revelava o interesse de parte dos paraibanos pela leitura, ou do contrário o periódico não teria vida tão duradoura.

Da oficina de sua tipografia e litografia, Jayme Seixas & Cia., saiu, em 1905, a revista *A Filipeia*, de caráter literário, comercial, agrícola, político, religioso, científico, artístico, industrial e humorístico; e em sua editora foi publicado, em 1894, o único livro do poeta e jornalista Elyseu César, *Algas*.

Outro tipógrafo de importância para a Paraíba em fins do século foi Manoel Henrique de Sá, que introduziu no estado a máquina de impressão a vapor Marinoni,[5] cuja utilização pode ser tomada como um acontecimento, na medida em que o jornal trazia na primeira página a seguinte nota: "Im-

5 Em 1866, Hippolyte Marinoni inventou a rotativa, máquina que revolucionaria o processo de impressão, ao imprimir dez mil exemplares/hora, necessitando, para tanto, apenas de três operários. Uma das primeiras rotativas de Marinoni foi instalada em 1866 no jornal *Libertè*, dirigido por Emile de Girardin. No mesmo ano, *Le Petit Journal* também começou a ser impresso numa Marinoni (Associação Museu Virtual da Imprensa, 2007).

presso a vapor na máquina MARINONI de propriedade do Sr. Manoel Henrique de Sá". Além da agilidade, a máquina deve ter favorecido a nitidez, um problema recorrente nos impressos do século XIX. As páginas de reclames do *Estado da Paraíba* anunciaram durante muito tempo a sua fábrica de livros, a Torre Eiffel, cuja marca principal era o sistema moderno de impressão, como se vê na figura a seguir:

FABRICA DE LIVROS
TYPOGRAPHIA
LITHOGRAPHIA
M. Henriques de Sá.
ADVOGADO
O Dr. M. Cavalcante Mello, Juiz de Direito em disponibilidade, advoga com o Dr. Souto Maior. Escriptorio à Rua Sete de Setembro n.º 49. Residencia, Cupertino, Capital Federal.

Figura 11.1 – Jornal *O Estado da Paraíba*, 1º jul. 1892

Da sua oficina saíram, na década de 1890, os jornais *Correio Oficial do Estado da Paraíba* e *O Estado da Paraíba*, que deixaram de ser publicados na tipografia de Jayme Seixas, muito provavelmente pelo custo e economia que essa nova máquina proporcionava, além de *A Gazeta do Comércio*. Os dois últimos jornais foram os responsáveis pela publicação de quase todos os romances-folhetins que circularam nas páginas dos jornais na província, acompanhando a tendência nacional da época.

Livros, periódicos e coisinhas à toa: boticas, livrarias e livreiros

A pesquisa em jornais e folhetins paraibanos do século XIX revela um número significativo de livrarias na cidade da Paraíba (Barbosa, 2009). Inicialmente, até meados da década de 1870, os livros eram vendidos em boticas, ao lado de outros produtos, como era prática em todo o Brasil desde os tempos coloniais. Algumas dessas boticas ficaram registradas nos anúncios dos jornais, cujos conteúdos analisados demonstram mais que uma lista de livros e modos de fazer circular a cultura letrada no período e de se apropriar dela. A venda de livros em boticas não era uma prerrogativa da província paraibana, pois o mesmo tipo de anúncio foi encontrado por Eni Rodrigues nos jornais de Mato Grosso (Rodrigues, 2005). Os anúncios revelam a permanência de um processo típico do período colonial, pois esse tipo de livreiro – que vendia livros importados ao lado de peças como chapéus, camisas e botas – já foi identificado em 1959 por Sílvio Gabriel Diniz, que encontrou no Arquivo Público Mineiro a correspondência de Manoel Ribeiro dos Santos, mercador em Vila Rica entre 1741 e 1750 (apud Silva, 2000, p.147-64).

Entre as boticas paraibanas encontram-se a Botica Imperial e a de Batista Júnior, que anunciou no dia 26 de julho de 1877, no jornal *A Opinião*, a venda do livro *O papa e a questão religiosa*, de Janus (Johann Joseph Ignaz Von Döllinger), cujo maior mérito devia-se ao fato de sua introdução e tradução terem sido feitas por Rui Barbosa. O anúncio da botica chama a atenção para esse fato, dando ênfase ao nome do escritor baiano.

As livrarias começam a aparecer nos anúncios dos jornais a partir de 1879. A primeira livraria encontrada foi a Livraria Econômica, de Manoel

E. Pompeu de Oliveira (*A Ideia,* 1879), que, além de vender impressos e objetos, foi responsável pela venda e assinatura da revista *A Ideia*, em que consta o seu anúncio. Observam-se, no anúncio seguinte, as redes de leitura que uma livraria de província podia forjar com práticas que permanecem até hoje, como a encomenda de livros por livreiros. Um dado interessante é que as livrarias eram responsáveis também pela circulação de jornais e periódicos nacionais e estrangeiros:

> Encontram-se nesta casa os mais modernos livros de direito, literatura, romances, poesias, medicina, ensino primário e secundário. Completo sortimento de papéis, tintas, penas, canetas e mais objetos de escritório. Preços baratos. Faz encadernações e encarrega-se de encomendas de livros e jornais de outras províncias e do estrangeiro. Recebe assinaturas de jornais e outras publicações em fascículo como sejam: *Moda Ilustrada, Novo Mundo, Arte, Revista Industrial, Dous Mundos, Revista Brasileira, Dicionário de Geografia, História Universal.* Recebe encomendas de carimbos de borracha. Vende-se folhinha para 1880.

Uma década depois, a Paraíba contava com pelo menos três livreiros responsáveis por esse comércio e representação de periódicos, conforme identificamos na coluna "Jornais" da *Gazeta da Paraíba* de 12 de junho de 1890. Nessa época, somavam-se a Manoel Pompeu de Oliveira os senhores Arantes & Cia. e os senhores Jayme Seixas & Cia., que agenciavam a assinatura de revistas. Além dos anúncios, eles proviam os jornalistas com números dessas revistas:

> Temos sobre a mesa o nº 10 d'*A Estação,* excelente jornal de modas de que são editores os Srs. Lombaert & Cia do Rio de Janeiro, e agentes entre nós os Srs. Arantes & Cia, trazendo este nº duas bonitas estampas coloridas; os números 13 a 20 do não menos procurado *Mundo Elegante*, outro jornal de modas que se publica em Lisboa, e de que são agentes em nossa praça os Srs. Jayme Seixas & Cia, e os nºs 1 a 16 de Ilustracion Espanhola, publicada em Madrid, e um dos melhores jornais que, em seu gênero, se publica na Europa.[6]

6 *Gazeta da Paraíba*, coluna "Jornais", 12 jun. 1890.

Os senhores Arantes & Cia. eram os responsáveis pela Livraria Arantes, que, a julgar pelos anúncios, possuía um variadíssimo acervo, com os mais diversos gêneros e para os mais variados gostos, a ponto de, em um mesmo jornal, dividir seus anúncios conforme as supostas diferenças entre os leitores. Observem-se os dois anúncios que se seguem, publicados em um mesmo dia na *Gazeta da Paraíba* de 24 de março de 1889, os quais também revelam uma divisão entre leitura erudita, instrumental e popular, inexistente, por exemplo, em anúncios do início e meados do século XIX:

> Livros Novos. Artur Azevedo, *Contos possíveis*, Magalhães, *Horas Alegres*, Max Nordau, *As mentiras convencionais da nossa civilização*, Dr. Francisco Farjado *Hipnotismo*, João Ribeiro *Dicionário Gramatical*, Emílio Oto *Gramática Alemã* e *Geografia Atlas dedicado à infância*.
>
> Biblioteca Popular. História da princesa Magalona, da Donzela Teodora em que se trata de sua grande formosura e sabedoria, de João de Calais, do Pele de Asno e a vida do príncipe Cirilo, jocosa dos Três corcovados de Setúbal, do Grande Roberto do Diabo, duque de Normandia e Imperador de Roma, da Imperatriz Porcina, mulher do Imperador Antonio de Roma; Nova História do Imperador Carlos Magno e dos doze pares da França, contando a grande batalha que teve com Málaca; Confissão geral do marujo Vicente, por via das rogativas que fez sua mulher Joana Maria José, sua filha que assassinou, degolou e esquartejou sua própria mãe; Astúcias sutilíssimas de Bertoldo, visão de ... engenho e sagacidade. Simplicidade de Bertoldinho, filho do .... e astuto Bertoldo. Vida de Caca...(ilegível) filho do simples Bertoldinho. Despedida de João Brandão a sua mulher, filhos, ... e colegas da reposta Carolina Augusta a 300 réis; Bertoldo, Bertoldinho e Cacasseno, aventuras divertidíssimas do célebre e astucioso vilão, simplicidade do seu filho e vida do seu neto. 1 vol. 1500 rs. À venda na Livraria Arantes e Cia.[7]

Um dado interessante é que, no mesmo dia em que foram publicados esses dois anúncios, houve outro da Livraria Arantes, que revelava o fato de que, muito embora o termo *botica* tivesse desaparecido dos jornais e periódicos paraibanos em fins do século XIX, a concepção da venda de livros e outros produtos de consumo não desapareceu desses estabelecimentos:

7 *Gazeta da Paraíba*, 24 mar. 1889.

Sabonetes para Banho a 160 e 300 réis ditos para toalete a $800 e 1$000. Guarnições de plaquê a 1$000 2$000 e 3$000. Broches para gravatas a 1$000. Pó para dentes a 3$00 e 5$00 réis a caixinha, pentes para os novos penteados a 3$000 e Escovas para roupa a 1$000 réis.

Em 1893, a Paraíba contava com a Livraria e Papelaria de Antonio Pena, que dispunha também de variado estoque de livros e anunciava as novidades chegadas a bordo dos vapores. É interessante notar a atualidade dos títulos anunciados, embora alguns julgassem que a província vivia alheia ao que se produzia fora de suas fronteiras. Os gêneros também eram variados, alguns divididos por segmento, como o dos romances e as chamadas Edições Portuguesas, em que, além dos romances, estavam incluídos livros traduzidos por portugueses. No conjunto dos anúncios, porém, havia uma predominância de romances, conforme anuncia o *Estado da Paraíba* em 13 de abril de 1893:

> LIVRARIA E PAPELARIA DE ANTONIO PENA ÚLTIMA REMESSA DE LIVROS! *A derrocada (La débacle)* por Emilio Zola, 2 v. brochados 5$. *O Estado de Sítio,* sua natureza, seus efeitos, seus limites, pelo conselheiro Ruy Barbosa, 1 volume brochado 4$. *Memórias e viagens,* por Silva Jardim, 1 grosso volume brochado 5$. DOZE CASAMENTOS FELIZES, romance original de Camilo Castelo Branco, 1 vol. encadernado em couro 5$. COMPÊNDIO DA HISTÓRIA DA CIVILIZAÇÃO, desde os tempos mais remotos até a atualidade, por Ch. Seignobos, traduzido por D. A. Cohen, 1 volume com ilustrações, encadernado em percalina 6 $. A GEOGRAFIA FÍSICA DO BRASIL, por J. E. Wappoeus, 1 volume de mais de 400 páginas, encadernado 4$.[8]

O nosso conhecido Jayme Seixas também foi proprietário de uma dessas livrarias, que era também loja de miudezas e fábrica de livros, além de oficina de tipografia, litografia, pautação, encadernação e fábrica de carimbos de borracha.

O estudo aqui apresentado não esgota nem conclui o papel importante desempenhado por José Rodrigues da Costa, Manoel Henrique de Sá e Jayme Seixas, só para citar os que mais se destacaram. Da mesma maneira, está

8 No caso deste anúncio, tentamos manter as marcas tipográficas do original.

longe de identificar todos os modos e os agentes responsáveis pela circulação do livro e dos impressos na Paraíba do século XIX. Em virtude da extensão desta pesquisa, alguns desses intermediários – livreiros e tipógrafos – deixaram de ser mencionados, sobretudo aqueles que viveram em cidades do interior da capital da província. Assim, há muito que se pesquisar sobre esse assunto, especialmente nos jornais, fonte privilegiada da história da leitura, dos livros e dos leitores paraibanos.

12
Apontamentos para a história do livro na Bahia

Luis Guilherme Pontes Tavares
Flávia Garcia Rosa

A indústria gráfico-editorial da Bahia deu seus primeiros passos na década de 1810 sob a liderança do empresário português Manoel Antonio da Silva Serva. No dia 13 de maio de 1811, ele inaugurou sua tipografia e distribuiu o folheto em que anunciava, para o dia seguinte, a estreia do *Idade d'Ouro do Brazil*, o primeiro periódico impresso em território baiano. Em 2011, a Bahia completará duzentos anos da instalação da imprensa em seu território, mas os passos que se seguiram aos de Silva Serva não levaram a indústria gráfico-editorial do Estado a nenhum patamar elevado. Dois séculos depois, o que há é muito pouco, em vista das providências tomadas no nascedouro dessa indústria na Bahia. Na atualidade faltam editoras e o parque gráfico é cada vez menor e pouco especializado para atender à produção editorial local. É verdade que vivemos na sociedade da informação e as tecnologias da informação e comunicação ocupam novos espaços numa convivência amigável da mídia eletrônica com o impresso. Mas aqui o que importa é tratar da imprensa. O nosso tema é o livro na Bahia. Para a construção de sua história, oferecemos os tópicos a seguir.

Tipografia Silva Serva

Manoel Antonio da Silva Serva chegou a Salvador por volta de 1797, um ano antes da sedição popular contra o domínio português, da qual resultou o enforcamento, em 1799, de quatro mulatos baianos. Ele instalou na cidade seu comércio, que incluía livros importados, e assumiu a missão de representar na província a Real Fábrica de Cartas de Jogar. Em 1809, era o tesoureiro da Irmandade de Nosso Senhor do Bonfim. Há duas iniciativas que o tesoureiro Silva Serva tomou nos primeiros anos do século XIX que devem ser consideradas. Naqueles dias, quando ainda não havia tipografia na cidade, ele decidiu que a irmandade deveria encomendar estampas religiosas e medidas bordadas (que evoluíram para as famosas fitinhas do Senhor do Bonfim) com o objetivo de levantar fundos para a igreja. Alguns anos depois, no início de 1811, com o beneplácito de dom Marcos de Noronha e Brito, o oitavo conde dos Arcos e governador geral da Bahia, o príncipe regente dom João o autorizou a instalar a primeira tipografia na Bahia.

O prelo e os tipos móveis foram adquiridos na Inglaterra, mas, em seguida, Silva Serva cuidaria de substituir tais importações fabricando os próprios prelos e seus tipos móveis. E mais: ele pediu empréstimo à Coroa para construir nas cercanias da cidade de Salvador uma fábrica de papel, na qual utilizaria como matéria-prima a folha de bananeira. Não se tem notícia até agora que confirme se a fábrica chegou a existir.

Um dos primeiros impressos que saiu do prelo de Silva Serva foi o plano da Livraria Pública de Salvador. Um ano depois do *Idade d'Ouro do Brazil*, ele lançou a primeira revista brasileira, *As Variedades ou Ensaios de Literatura*, de curtíssima duração, janeiro a março de 1812, com três números publicados, tendo sido os números dois e três lançados em um só volume. Manoel Antonio, que enfrentava dificuldades para manter o jornal, sobretudo por causa da descontinuidade das assinaturas, não poderia arcar com prejuízo dobrado.

O destemor e a ambição de Silva Serva são as marcas do empresário. Homem de corpo avantajado, barba longa e tez amorenada, nascido no norte de Portugal,[1] realizou entre 1811 e 1819, além de uma viagem internacional, outras quatro viagens ao Rio de Janeiro. Ia à Corte, sede da Impressão Régia, vender serviços gráficos, livros e a assinatura do *Idade d'Ouro do Brazil*. Uma audácia em qualquer tempo. Com o assinante do seu jornal comprometia-se a remeter o novo número na primeira embarcação que zarpasse do porto de Salvador. Da última viagem ao Rio, não retornou. Lá morreu e foi enterrado em 3 de agosto de 1819.

1 Manoel Cadafaz de Matos, diretor do Centro de Estudos da História do Livro e da Edição, Lisboa, sugere que Silva Serva nasceu na vila Cerva, no distrito de Vila Real, na província de Trás-os-Montes.

A história da tipografia de Manoel Antonio da Silva Serva foi objeto de três trabalhos fundamentais: *A primeira imprensa da Bahia e suas publicações: tipografia de Manuel Antonio da Silva Serva, 1811-1919*, do bibliófilo Renato Berbert de Castro; *A tipografia na Bahia: documentos sobre suas origens e o empresário Silva Serva*, de Cybelle e Marcelo de Ipanema; e *A primeira gazeta da Bahia: Idade d'Ouro do Brazil*, de Maria Beatriz Nizza da Silva, cuja segunda edição, revista e ampliada, foi publicada em 2005. Há uma segunda parte inédita da pesquisa de Renato Berbert de Castro relativa às atividades das tipografias da viúva Serva e dos dois filhos do casal, que chegou até meados da década de 1840.

Tipografia Imperial e Nacional

O bibliófilo baiano Renato Berbert de Castro, que faleceu em 1999 aos 75 anos de idade, foi o autor que mais contribuiu para o estudo do livro baiano no século XIX. Advogado de formação, Berbert de Castro destinou expressiva porção dos seus rendimentos – foi representante, em Salvador, de companhias marítimas francesas – para a compra de livros raros, sobretudo edições *princeps*. Reuniu a maior coleção de obras de baianos e sobre a Bahia, o que lhe permitiu estudar a produção da tipografia de Manoel Antonio da Silva Serva e de outras empresas na sua própria biblioteca. Seu acervo pertence hoje à Fundação Clemente Mariani e está aberto a pesquisadores. Ele é autor de *A Tipografia Imperial e Nacional, da Bahia*, obra prefaciada pelo historiador Pedro Calmon. Essa tipografia foi instalada em Cachoeira durante as lutas baianas pela consolidação da independência e, após a expulsão das tropas portuguesas comandadas pelo general Madeira de Melo, foi transferida para Salvador. Berbert de Castro informa que foi menos trabalhoso localizar obras da primeira tipografia baiana do que daquela que lhe seguiu e que foi administrada pelo tipógrafo Francisco José Corte Imperial. Continua inédito o seu estudo sobre a tipografia de Camillo de Lellis Masson, que funcionou no terceiro quartel do século XIX. Lellis Masson foi quem primeiro publicou os poetas Castro Alves (*Espumas flutuantes*) e Junqueira Freire (*Inspirações do claustro*). Berbert de Castro descobriu, inclusive, que Castro Alves não pagou a encomenda, o que acabou sendo feito, mais adiante, pelo marido de sua irmã. A edição final dessa obra de Berbert de Castro tem sido adiada, mas dela fará parte, como apêndice, a transcrição do livro de registro municipal das tipografias do século XIX, localizado pelo pesquisador no Arquivo Público de Salvador.

Associação Typographica Bahiana

Criada em 1871 com o propósito de assistir a classe tipográfica, a Associação Typographica Bahiana teve relevante papel até a primeira metade do século XX. Contribuiu para a formação profissional dos associados e seus familiares, promoveu a mobilização cívica e estimulou as atividades culturais em sua ampla sede, na rua Castanheda, no antigo bairro da Mouraria, no centro de Salvador. Sua história ainda não foi escrita, mas os fragmentos desta estão nos relatórios anuais e nos dois periódicos que a associação patrocinou: a *Revista da Associação Typographica* (1902-1903) e o *Boletim Graphico* (1916-1917, 1923, 1926-1930). Recentemente Kátia Carvalho realizou pesquisa a respeito da instituição, mas ainda não publicou o resultado do trabalho, que contou com a colaboração de estagiários. A sua ligação com o tema é muito grande, pois é estudiosa da imprensa baiana.[2] Na década de 1980, Kátia de Carvalho supervisionou as bibliotecas estaduais do Estado e, dada a oportunidade, adquiriu para o acervo da Biblioteca Pública do Estado da Bahia, situada em Salvador, os livros e periódicos remanescentes da grande e variada biblioteca da Associação Typographica Bahiana. Vários volumes podem ser identificados porque contêm o carimbo dessa instituição.

A Associação Typographica participava, com o seu batalhão patriótico, dos desfiles cívicos de 2 de julho, data em que se comemora a independência do estado do domínio português, e 7 de setembro, contando com Ruy Barbosa nas suas fileiras. Em 1891, a entidade liderou a greve dos gráficos – e dos jornalistas – por melhores salários. Na década de 1910, devido à disseminação da linotipo e, portanto, à substituição da composição manual pela composição mecânica, a associação enfrentou a reação dos empresários de jornais por causa da resistência dos tipógrafos que não conseguiram ou não quiseram migrar para o novo sistema.

2 É autora de *O Diário da Bahia e o século XIX*, 1979.

Arthur Arezio da Fonseca (1873-1940) foi um de seus associados. Ingressou na Typographica em 1902 e colaborou na sua revista. Foi, certamente, um dos membros de maior valor da entidade, pois é autor de cinco livros sobre a área gráfica: *Serões typographicos*; *Esboço typographico*; *Machinas de compor*; *Revisão de provas typographicas*; e o *Diccionario de termos graphicos*. Foi, também, o editor e redator da primeira fase (1916-1917) do *Boletim Graphico*. Arthur Arezio fazia parte do grupo predominante de associados da Typographica, que era constituído de mulatos instruídos.

Typographia Bahiana

Cincinnato José Melchiades, nascido em 1858, na cidade histórica de Cachoeira (BA), ingressou cedo, ainda em sua terra natal, numa oficina gráfica. E não saiu mais do setor. Em Salvador, trabalhou em várias delas. Quando morreu, em 1920, Cincinnato comandava, desde os últimos anos do século anterior, a sua Typographia Bahiana, de onde saíram livros dos escritores Xavier Marques, Afrânio Peixoto, Almachio Diniz, Nina Rodrigues, Braz Hermenegildo do Amaral, Ruy Barbosa, Silio Boccanera Junior e outros. Convém salientar que alguns dos autores citados tinham projeção nacional, mas mantinham a confiança na indústria gráfico-editorial baiana. A trajetória de Cincinnato Melchiades é emblemática. Pelo esforço de toda uma vida, trabalhando duro em oficinas gráficas de jornais, primeiro em Cachoeira e, depois, na capital, ele conseguiu instalar um negócio próprio. O ramo gráfico-editorial baiano na segunda metade do século XIX e na primeira metade do século XX oferecia as condições necessárias para o desenvolvimento do setor.

No final da vida, Cincinnato Melchiades morava no Corredor da Vitória, o endereço dos abonados da cidade de Salvador; ele que, entre os 12 e os 14 anos, fora aprendiz na oficina gráfica do jornal *A Ordem*, de Cachoeira. Em 1897, seu elevado conceito o distinguiu para receber do empresário Luiz Tarquínio, baiano que é uma lenda da iniciativa privada, a tarefa de editar a *Revista Popular*, mensário dedicado ao tema das ciências, de tecnologia e de cultura. Foram 12 números, num dos quais o próprio Cincinnato Melchiades assinou o comentário sobre a temporada de ópera na capital baiana.

Livraria Catilina

Em 1890, a atividade editorial baiana se fortaleceu com o surgimento da Livraria Catilina, que se dedicou também à edição de livros. Segundo Hallewell:

> produziu vários trabalhos literários de grande importância, inclusive as *Poesias até agora não reunidas em volume*, de Castro Alves (1913), os *Contos escolhidos* (1913, reeditados em 1914), *Vargas* (1915) e *Frutos do tempo* (1919), de Coelho Neto, *Paginas Literárias* (1918) e as *Cartas políticas e literárias* (1919), de Ruy Barbosa, e a 3ª edição de *Praieiros* (1910?), de Xavier Marques. A firma publicou também os trabalhos legais de Ernesto Carneiro Ribeiro. (Hallewell, 1985, p.62)

Editoras católicas

A imprensa católica também teve relevância na Bahia, particularmente por intermédio dos monges beneditinos, que fundaram em 1900, no Mosteiro da Graça, uma oficina tipográfica para publicação de *O estandarte católico*. Incumbiu-se da montagem dessa oficina o irmão José Kleimman. Dentro da mesma linha, foi criada, em 1909, a tipografia do Mosteiro de São Bento. Instalada pelo abade Majolo de Caygny, teve como primeira publicação o livro *A vida de são Bento*, em edição de cinco mil exemplares. Muitos outros títulos foram lançados depois, entre eles o *Missal cotidiano*, de 1936, em latim e português, considerado o livro de maior importância saído do prelo beneditino, sobretudo pela perfeição do trabalho tipográfico.

Imprensa Oficial do Estado

Desde 1912, os aliados do governador J. J. Seabra, atendendo à sua orientação, propuseram a criação do *Diário Oficial* (*DO*) e da Imprensa Oficial do Estado (IOE). Em 7 de setembro de 1915, sob o comando do médico José de Aguiar Costa Pinto, que na condição de deputado estadual fora o autor da referida proposta, a IOE foi inaugurada. Houve nesse dia problema com a impressora, de modo que o número de estreia do *DO* só foi lançado no dia 30 de outubro. Em 1915, o governo de J. J. Seabra inaugurou o que viria a ser uma editora de certa expressão, no momento em que a indústria gráfico-editorial baiana perdia relevância no contexto nacional.

Naqueles anos 1910, a indústria gráfico-editorial baiana ainda recebia encomendas de outros estados, sobretudo feitas por escritores baianos residentes no sul do Brasil, e havia a encomenda regular dos formandos da Escola de Medicina. A IOE mudou o panorama em que reinava a distribuição de porções de que muitos se sustentavam. Ela passou a imprimir cada vez maior número de títulos, inclusive as teses de Medicina, sobretudo porque o seu diretor era professor – e, mais adiante, diretor – da faculdade. Esta atuação acabou repercutindo negativamente na iniciativa privada, que não tinha condições de lhe fazer concorrência.

A variedade de títulos impressos na IOE na primeira metade do século XX, sem dúvida, constituiu valiosa contribuição à bibliografia sobre a Bahia, sobretudo no que se refere à sua história e à sua geografia. Publicou *As cartas soteropolitanas*, de Luiz dos Santos Vilhena, e *Memórias históricas e políticas da Bahia*, de Ignacio Accioly de Cerqueira Falcão, em seis volumes, que hoje são raridades. A IOE mudou de nome duas vezes – Imprensa Oficial da Bahia (IOB), criada pela Lei n.90, de 30 de agosto de 1948, e Empresa Gráfica da Bahia (Egba), criada pela Lei n.3.037, de 3 de outubro de 1972. Nos últimos sessenta anos teve três períodos de produção livreira mais expressiva: na gestão do geógrafo Milton Santos (1951-1961),[3] na gestão de Othon Jambeiro (1987-1989) e na gestão de Tasso Franco (1995-1997).

Livraria Progresso Editora

O empreendimento do empresário e professor Manoel Pinto de Aguiar, iniciado na segunda metade da década de 1940 e encerrado por volta de 1960, foi um marco importante na história do livro na Bahia. Homem de muitas iniciativas no campo imobiliário, escritor de diversas obras, um dos criadores do curso de Economia na Bahia, Pinto de Aguiar ocupou, também,

3 Milton Santos, auxiliado pelo escritor Nelson Araújo, lançou a Coleção *Tule*, dedicada a autores novos, um exemplo no qual as administrações seguintes, infelizmente, não se miraram. Ele passou a publicar a *Revista da Bahia*, título que por duas vezes, no início do século XX, fora utilizado, sem continuidade.

diversos postos na administração pública do país, chegando a uma diretoria da Itaipu Binacional. Teve na década de 1930 uma primeira experiência editorial em sociedade com Jorge Calmon. Eles fundaram a Editora Cruzeiro e encerraram o negócio após a publicação de um único livro: *Rio São Francisco e a Chapada Diamantina*, de Teodoro Sampaio. Na experiência seguinte, ao criar a Livraria Progresso Editora, fez uma associação com Armando Souza, que, na retaguarda, construía as condições para Pinto de Aguiar concluir suas iniciativas. Desse modo, a editora baiana, num período de cerca de 15 anos, publicou mais de quatrocentos títulos e os distribuiu Brasil afora.

Há dois trabalhos sobre a Livraria Progresso Editora: *A aventura editorial de Pinto de Aguiar*, que inclui um manuscrito do editor em que ele rascunhou o que foi a sua experiência editorial, e *Progresso Editora: tribuna e paixão de Pinto de Aguiar*, de Fernando Rocha, que inclui catálogo de suas edições. A Livraria Progresso Editora publicou títulos de domínio público e autores novos, tanto ficcionistas como ensaístas. Houve, por exemplo, a Coleção *Paralelo 13*, publicada em coedição com a União Baiana dos Escritores (UBE), de que fazem parte, entre outros, os ensaios *Introdução ao estudo do movimento revolucionário de 1798*, de Luis Henrique Dias Tavares, *Festas de santos e santos festejados*, de Hildegardes Viana, e *À margem d'Os Sertões*, de Luiz Viana Filho. É improvável que haja em Salvador alguma biblioteca que possua todos os livros publicados pela Progresso. Nem sequer o Centro de Estudos Baianos, para onde Pinto de Aguiar remeteu cerca de dez mil volumes de sua biblioteca pessoal, os possui. Talvez a British Library e a Biblioteca do Congresso Americano, para onde o editor remetia um exemplar de cada título, os possuam. A Progresso ofereceu o espaço da capa de suas edições a artistas que mais adiante se tornaram famosos, como Carybé, Lênio Braga e Lygia Sampaio. A editora fez coedições com a Universidade Federal da Bahia.

No mesmo período, o livreiro Abdon Rosado, quando inaugurou, em 1943, a Livraria Universitária, situada na praça da Sé, de onde presenciou as transformações no campo cultural ocorridas em Salvador, empreendeu a edição de alguns livros. Desde os 13 anos ele executou trabalhos ligados ao ramo livreiro, chegando, com 16 anos, a ser gerente de uma livraria. Em 1948 publicou o livro *A cozinha baiana*, de Darwin Brandão, com uma tiragem, inusitada para a época, de cinco mil exemplares. Sua atividade editorial, limitada ao período entre 1948 e 1972, chegou a oito títulos, embora a livraria tenha existido até julho de 2004 (Rosa et al., 1994).

Cadernos da Bahia

A revista baiana de vida mais longa foi *Cadernos da Bahia*, criada em 1940 por Vasconcelos Maia, Cláudio Tuiuti Tavares, Darwin Brandão e Wilson Rocha, e que tinha como proposta a renovação literária e artística do estado. Integravam o seu conselho editorial os críticos de arte Wilson Rocha e Motta e Silva, o crítico cinematográfico Walter da Silveira, os artistas Mário Cravo e Maria Célia Amado. Teve importante participação na vida cultural baiana, não apenas publicando autores locais, como também patrocinando exposições de arte como a Novos artistas baianos, que foi um marco da arte moderna na Bahia. O grupo que publicava *Cadernos da Bahia* encerrou suas atividades em 1951.

Editoras artesanais

Do final da década de 1950 até meados da década de 1980, o que correspondia, grosso modo, ao período que ia do governo Juscelino Kubitschek até o final da ditadura militar, registram-se em Salvador algumas manifestações da chamada edição artesanal, conforme as anotações de Laurence Hallewell e Gisela Creni. Há que se detacar a Dinamene, de Pedro Moacir Maia, e a Macunaíma, de Myriam Fraga e Fernando da Rocha Peres.

Pedro Moacir Maia, professor da Escola de Belas Artes da Universidade Federal da Bahia, editou, com requinte gráfico, livros e plaquetas, sobretudo no período em que foi adido cultural da Embaixada do Brasil na Argentina. Os livros de alguns dos grandes nomes da poesia contemporânea brasileira mostravam o capricho do editor na escolha dos tipos, do papel e das ilustrações.

A Edições Macunaíma estava voltada para obras de literatura e álbuns de artistas locais, elaborados de forma semiartesanal, cuidadosamente produzidos e de baixo custo. Em 1964, a poeta Myriam Fraga publicou seu primeiro livro pela Macunaíma, ilustrado por Calasans Neto. No final da década de 1960, Humberto Fialho Guedes, poeta e animador cultural, propôs a Calasans estruturar a Macunaíma "profissionalmente", estabelecendo uma sociedade – Macunaíma Empreendimentos Editoriais Ltda. – com cinco sócios: Calasans Neto, Fernando Peres, Humberto Fialho Guedes,

Florisvaldo Matos e Myriam Fraga. Eles procuraram publicar obras de poetas representativos da moderna poesia baiana, como Godofredo Filho, Carvalho Filho, Florisvaldo Matos, José Carlos Capinan, entre outros. Por tratar-se de uma editora constituída por um grupo de artistas, caracterizou-se mais por seu ideal do que por pretensões empresariais. *Samba de roda*, de Fred Souza Castro, na década de 1980, foi o último livro que publicou. Durante sua existência, a Macunaíma chegou a publicar mais de cem títulos de tiragens limitadas.

Editoras universitárias e outras

A Universidade Federal da Bahia (UFBA) iniciou suas atividades editoriais em 1959, por meio do Departamento Cultural, em estrutura informal. Em 1993, foi criada a Editora da Universidade Federal da Bahia (Edufba) como órgão suplementar que substituiu o Centro Editorial e Didático/Gráfica Universitária, até então responsável pela publicação da produção técnica e cultural da instituição, bem como pela impressão de formulários demandados por seus setores administrativos. A Edufba é uma importante referência na difusão da produção científica e cultural da universidade, fazendo parte do seu catálogo importantes obras como: *História da Bahia*, de Luis Henrique Dias Tavares, *Diário de Godofredo Filho*, organizado por Fernando da Rocha Peres e Vera Rollemberg, *Centro da Cultura de Salvador*, de Carlota de Sousa Gottschal e Mariely Cabral de Santana, dentre mais de trezentos títulos publicados.

Em 1960, foi criada por Nelson de Araújo a Edições ViceRey. Funcionando na residência dele, não dispunha de infraestrutura específica e tinha como objetivo publicar e divulgar os trabalhos dos autores baianos. Contava com o apoio de Carlos Eduardo da Rocha e do tipógrafo Abílio Cândido de Jesus, oriundo da gráfica beneditina. O empreendimento não tinha fins lucrativos e a distribuição de seus exemplares era feita entre amigos. A produção editorial somou dez títulos, todos escritos por Nelson de Araújo e por Carlos Eduardo (Santos et al., 1994).

Ainda nos anos 1960, por iniciativa de Dimpino Carvalho, foi criada a Editora Cimape, que era também gráfica. Algumas de suas edições eram financiadas pelo próprio autor. Foram publicados títulos como: *Vida de*

Castro Alves, de Raimundo Garcia; *Na cara do seu jeito* e *Fogo pago*, de Guido Guerra; *As aparições do demo*, de Oleone Coelho Fontes; e *Canção silenciosa*, de Oscar Moura Costa.

Em 1967, Dmeval da Costa Chaves criou a Editora Itapuã, que conseguiu sobreviver durante alguns anos por meio de convênios com o governo do estado. Essa editora publicou importantes obras de temática baiana, como *Povoamento da cidade do Salvador*, de Thales de Azevedo; *Estranho mundo dos cangaceiros*, de Estácio de Lima; *Feira de Santana*, de Rottelice Poppin; e *Capoeira de Angola*, de Waldeloir Rego, lançado em 1968 e premiado pela Academia Brasileira de Letras.

A Editora Janaína, fundada em 1968 por James Amado, publicou as *Obras completas de Gregório de Matos*, em sete volumes, e *Junqueira Freire*, em dois volumes.

Em 1979, surgiu a Editora Corrupio, da fotógrafa Arlete Soares, com uma linha editorial voltada para a cultura afro-baiana. De alcance nacional, sobretudo pela difusão de vários trabalhos de Pierre Verger, num total de 12 obras, continua ativa, com um importante catálogo, seja pela temática, seja pelo design gráfico de seus livros.

Em 1981, Luís Ademir Souza fundou a Editora Contemp. Sem uma linha editorial definida, publicou de títulos infantis a didáticos, cujas edições eram pagas pelos autores, com uma tiragem média de mil exemplares.

Entre 1985, ano de sua criação, e 1992, a Editora Ianamá, de José Esmeraldo Souza Coelho, publicou 15 títulos. Os autores colaboravam financeiramente com as edições, cujas tiragens chegaram a alcançar dois mil exemplares.

A Editora Marfim, de Aramis Ribeiro Costa, foi fundada em dezembro de 1989. Publicou três títulos de ficção, *A nota de Rosália*, em 1989, e *Uma varanda para o jardim*, em 1993, da própria editora. Em 1996, publicou *Asas para amar*, de Sérgio Matos. O escritor Guido Guerra esteve à frente de sua Edições Cidade da Bahia.

Instituto Baiano do Livro (IBL)

Entidade de voluntários, sem fins lucrativos, congregou editores, artistas gráficos, escritores, livreiros, distribuidores e jornalistas a partir de

1991. Foi das iniciativas mais atuantes no campo da edição de livro e de estímulo à leitura nos últimos anos na Bahia. Durou até 1997. Promoveu cinco encontros de editoração no estado, que levaram à cidade de Salvador, entre outros, o cartunista e escritor Ziraldo, José Marques de Melo, o editor Plínio Martins Filho (Edusp), o diretor da Melhoramentos, Alfredo Weisflog, e o designer gráfico Victor Burton.

Promoveu dois cursos livres ministrados por técnicos da Gráfica e Editora Gutenberg, de São Paulo, assim como organizou, durante os encontros de editoração, oficinas variadas – preparação de texto, edição de literatura infantil e outros. Promoveu também a primeira e única mostra de design gráfico-editorial da Bahia, que reuniu os profissionais da área. Chegou a ter quase duzentos profissionais como sócios. Ao núcleo executivo cabia organizar os eventos e compor os seus anais. Editou também um livro em homenagem a Arthur Arezio da Fonseca, no evento realizado em 1995, com o patrocínio da Egba, que então comemorava o seu 80º aniversário, e o já citado *A aventura editorial de Pinto de Aguiar*. O sucesso do IBL deveu-se, sobretudo, à parceria informal que estabelecera com *A Tarde*, o periódico de maior circulação da Bahia, em cuja redação o primeiro presidente da entidade, o jornalista Sérgio Mattos, era editor de dois suplementos. Em 1992, o IBL realizou um levantamento das editoras existentes em Salvador. Foi utilizado um instrumento de coleta de dados na forma de questionário e aplicado entre os associados do instituto e outros que desenvolviam atividade editorial. Foram encontradas dez editoras privadas: Círculo do Estudo, Pensamento e Ação (Cepa), Centro de Documentação do Pensamento Brasileiro, Editora do Brasil na Bahia, Editora Ciência Jurídica, Fundação Casa de Jorge Amado/Casa de Palavras, Editora Fator, Edições Ianamá, Editora Marfim, Editora Corrupio e Editora Contemp, e sete órgãos públicos que publicavam livros: Fundação Cultural do Estado da Bahia, Centro de Estudos Baianos da UFBA, Centro de Recursos Humanos da UFBA, Centro de Estudos Afro-Orientais da UFBA, Assembleia Legislativa do Estado da Bahia, Centro Editorial e Didático da UFBA e Centro de Estatísticas e Informações do Estado da Bahia (Rosa; Zobiak, 1992).

Em 2004, Barros (2007, p.277) realizou levantamento, como membro do Grupo de Estudos de Políticas de Informação e Cultura e Comunicações (Gepicc) da UFBA, das editoras existentes em Salvador e obteve o seguinte resultado: 11 editoras privadas – P555 Designers Gráficos e Edições, Editora Helvécia, Ágalma Psicanálise Editora, Fundação Casa de Jorge Amado/Casa de Palavras, Editora Calandra, Edições Cidade da Bahia, Casa da Qualidade Editora, Contexto e Arte Editorial, Editora Corrupio, Maianga Produções Culturais e Livraria e Editora Alvorada (Leal); quatro órgãos públicos que possuem linha editorial: Secretaria da Cultura e Turismo do Estado da Bahia, Superintendência de Estudos Econômicos e Sociais da Bahia, Assembleia Legislativa do Estado da Bahia e Fundação Cultural do Estado da Bahia; e cinco editoras universitárias: Edufba, Eduneb, HR Editora, Editora da FTC e Editora da FIB.

Conclusão

A atividade editorial da Bahia foi fortemente marcada pelo entusiasmo de grupos de intelectuais e artistas que não buscavam o retorno financeiro como objetivo principal. Além disso, sempre houve a atuação do governo, financiando ou mesmo publicando autores baianos. Percebe-se que várias editoras direcionaram suas linhas para autores e temas baianos, aproveitando tendência vigente de valorizar a cultura local, certamente na expectativa de repercussão nacional semelhante ao acontecido com a música, que goza de boa receptividade no país. O porte das editoras (pequenas e médias), agravado por problemas de distribuição, a falta de uma política local para o livro que contemple a aquisição regular para bibliotecas públicas e escolares, além da falta de profissionalização do processo produtivo, constituem fatores decisivos para a fragilidade do setor na Bahia.

13

Breve história da circulação de livros, das livrarias e editoras no Rio Grande do Sul (séculos XIX e XX)*

Elizabeth W. Rochadel Torresini

A partir das primeiras décadas do século XIX, o Rio Grande do Sul envolveu-se em quatro conflitos armados: a Guerra da Cisplatina (1817-1828), a Revolução Farroupilha (1835-1845), as Guerras Platinas (1849-1852) e a Guerra do Paraguai (1864-1870). Seus principais municípios, Santo Antonio da Patrulha, Rio Pardo, Porto Alegre e Rio Grande, desenvolviam atividades em torno da pecuária e da charqueada, no litoral e na região da Campanha (sul do estado), e da agricultura, comércio, artesanato e manufatura, no litoral e no norte do estado. Quando terminou a Revolução Farroupilha, a população livre, liberta e escrava rio-grandense girava em torno de 120 mil habitantes.

Em 1846, segundo a presidência da província, eram reduzidas as escolas e raros os professores, além de o abandono da instrução pública ser geral. Dando-se pouca importância "aos instrutores da mocidade", afugentava-se "da carreira do magistério os que a ela se deviam dedicar com vantagem pública; nem a paga é tal que recompense o incomodo, ou ao menos cheguem para os misteres da subsistência". Ao todo, existiam 51 escolas públicas de instrução para meninos e meninas.[1]

Com o incentivo dado à imigração alemã e italiana, no século XIX, ampliaram-se as diferenças e experiências culturais no Rio Grande do Sul.

---

* Este estudo é parte da pesquisa Práticas de impressão, edição e comercialização de livros no Rio Grande do Sul (séculos XX e XIX), financiada parcialmente pela Fundação de Amparo à Pesquisa do Rio Grande do Sul (Fapergs). Contou com a importante participação do pesquisador Diego Padula, acadêmico do curso de História da Pontifícia Universidade Católica do Rio Grande do Sul (PUCRS).

1 Relatório do presidente da província de São Pedro do Rio Grande do Sul, 1846.

Eram novos idiomas, novas religiões e outras percepções de mundo que se combinavam ao universo das guerras recentes e da economia agropastoril, manufatureira (charqueada), artesanal e comercial. Em consequência da imigração europeia, uma parte das terras devolutas da metade norte do estado (planalto rio-grandense) foram incorporadas ao território da província. Com a adoção de um novo regime de propriedade (lotes menores, chamados coloniais), diversificou-se a economia, surgiram novos municípios e a população aumentou para 434.813 habitantes em 1875. As vias de comunicação, contudo, eram escassas até o início da construção da primeira ferrovia, a Estrada de Ferro Porto Alegre-Uruguaiana (1877), da construção de estradas de rodagem, dos melhoramentos da navegação nas vias fluviais e do incremento aos portos marítimos, sobretudo nas primeiras décadas do século XX.

Traçado em linhas gerais, esse cenário serve tão somente para mostrar que o Rio Grande do Sul, nos primeiros decênios do século XIX, possuía condições limitadas para a circulação de livros e a formação de leitores. Às diferenças locais e culturais, acrescentava-se a distância do centro do Império, onde os meios de produção e de circulação da cultura impressa já estavam mais bem definidos. Contudo, nas décadas anteriores, ao desencadear-se o processo de industrialização regional, tinham acontecido mudanças irreversíveis na dinâmica econômica do estado, favorecidas pela República e pela adoção das propostas de desenvolvimento do hegemônico Partido Republicano Rio-Grandense (PRR), cuja inspiração era o positivismo de Augusto Comte.[2]

Com o aumento da população rio-grandense (1,148 milhões de habitantes, em 1900) e o deslocamento das populações rurais para os centros urbanos, o cenário alterou-se. As cidades tornavam-se cada vez mais os lugares da leitura, da valorização da imprensa e edição de livros, dos gabinetes de leitura e das bibliotecas. Prosperava o comércio e a produção manufatureira e industrial de impressos, nomeadamente de livros. A ampliação do número de leitores e das novas formas de comunicação social fomentava o polo de entendimento geral dos habitantes das cidades, necessário para a circulação e produção de novos conhecimentos e a adoção de uma nova sensibilidade (Torresini, 2007, p.30-6). As habilidades de ler e escrever eram importan-

2 Sobre a influência do positivismo no Rio Grande do Sul, consultar Boeira, 1980, p.34-59.

tes na etapa de aprofundamento das relações capitalistas, bem como na proposta política educacional do PRR. A conquista da ordem e do progresso dependiam da ampliação do acesso da população ao sistema de educação.

Vendedores de livros

Essas dificuldades não impediram, todavia, a circulação dos livros e de outros impressos na província de São Pedro do Rio Grande do Sul. Em Porto Alegre, em 11 de agosto de 1829, o jornal *O Amigo do Homem e da Pátria* anunciava que o vendedor de livros José Justiniano de Azevedo oferecia um ensaio de Alexandre Pope, traduzido por Targini.[3] O mesmo jornal informava que se achavam à venda na sua tipografia os seguintes livros: *Almanaque Imperial; Nitidates, tragédia de I. Racine; Imitação de Cristo; Código Civil; Coleções de Leis e Decretos do Império do Brasil; Gramática francesa, G. Hamoniere; Aventuras do Telémaque; La Jerusalem delivré; Maladies des femmes; Gramática francesa e espanhola*; e *Gramática inglesa e francesa*.[4]

Novos anúncios, em 1830, informavam que se encontrava para vender a *História da Grécia Antiga*, abreviada para uso da mocidade, traduzida do inglês por LPCL (sic), na tipografia de *O Amigo do Homem e da Pátria*, além da *História universal em espanhol*, com estampas, em 17 volumes, entre a casa de Manoel José de Leão e a obra de José Pinto Guedes Filho, onde "se achará com quem tratar".[5]

De fato, o comércio de livros acontecia na tipografia, na casa do vendedor, na rua (entre um endereço e outro), ou numa casa de negócios. Um exemplo característico pode ser encontrado no *Correio da Liberdade*, em que João Batista da Silva informava que vendia em sua loja as seguintes obras: *Voyage du jeune Anachareis*, de Barthelemy, em sete volumes com excelente atlas; *Memoires de Bailly*, em oito volumes; e *Histoire Compareé des Systemes de Philosophe*, de Degerando, em três grandes volumes com estampas, tradução do visconde de São Lourenço.[6]

---

3 *O Amigo do Homem e da Pátria*, Porto Alegre, 11 jan. 1829, n.12, p.4.

4 *O Amigo do Homem e da Pátria*, Porto Alegre, 2 out. 1829, n.27, p.3.

5 Ibidem, 13 mai. 1830, n.109, p.4.

6 *Correio da Liberdade*, Porto Alegre, 17 abr. 1831, n.3, p.12.

Os jornais de Porto Alegre publicavam regularmente os anúncios de vendedores de livros, incluindo seus endereços e outros locais de venda. Entre os vendedores, Luiz Antonio Teixeira Nenhures, José Caetano Ferraz e José dos Santos Mangano ofereciam, de 1831 a 1834, livros de história, viagens e Filosofia, decretos e leis, tratados de filosofia e de política e poesia e literatura universal. Na cidade de Rio Grande repetia-se a mesma prática. Antonio José de Azevedo Machado, informava o jornal *O Observador*, tinha à venda em sua casa: *Obra política*, de Benjamin Contant, e *Espírito da legislação*, de Montesquieu, ambas em francês; *Dicionário de Moraes* (sic), em português, e *Poesias*, de Bocage;[7] e Joaquim Gomes da Costa Silva vendia, também em casa, os nove tomos de *Selectos latinos* e a *Retórica*, de Quintiliano.[8]

Em 1833, Antonio José de Azevedo Machado & Companhia ofereceram as *Lições do doutor Broussais sobre cholera morbus*, impressas em bom papel. O nome do vendedor, acrescido do termo companhia, indicava a adoção de uma nova abordagem comercial. Daí em diante, os anúncios de venda de livros e outros impressos foram feitos por casas comerciais, lojas, armazéns, tipografias e boticas. O jornal *O Recopilador Liberal* anunciou, em 1835, que se achava impresso o *Compêndio de gramática da língua nacional*, de Antonio Álvares Pereira Coruja,[9] "contendo muitas regras da sintaxe moderna adaptadas, e várias observações úteis aos principiantes". Os exemplares encontravam-se nas lojas de João Ferreira de Assis e de João Pedro Freire Barem e na botica de Antonio Pereira Junior.[10]

O professor Antonio Alves Pereira Coruja também vendia livros em sua casa: "*Syntaxe de Dantas, Dicionários franceses da Academia*, obras grandes de Horácio, Eutrópio e Pedro; *Gramática latina*, do Pe. Antonio Vieira, *Dicionário de Moraes*, 4ª edição, *Magnum lexicon latino*, seis volumes da *Coleções de Leis do Brasil*, *Dicionário geográfico de Vasgiem*, teatro eclesiástico e compêndios da gramática nacional".[11]

7 *O Observador*, Rio Grande, 2 fev. 1833, n.79, p.324.

8 Ibidem, 25 mai. 1833, n.107, p.436.

9 Conforme Villas-Bôas (1991, p.65), a primeira edição da *Gramática* do professor Coruja foi impressa na Tipografia Vicente F. Andrade, de Porto Alegre, em 1835.

10 *O Recopilador Liberal*, Porto Alegre, 26 ago. 1835, n.299, p.4.

11 *O Mensageiro*, Porto Alegre, 15 jan. 1836, n.21, p.84 (edição fac-similar).

A prática de anunciar a venda de livros na casa do vendedor e nas casas comerciais mantinha-se regular na imprensa de Porto Alegre, revelando-se comum também no interior do Rio Grande do Sul, nomeadamente em Alegrete, Rio Grande, Pelotas, Rio Pardo e Cachoeira. De acordo com Athos Damasceno Ferreira:

> A partir da segunda metade do século XIX, a imprensa literária, inspirada e atuante, anima com a sua presença, que se faz constante até o final da centúria, a vida intelectual da Província. Veículo de difusão cultural por excelência a toda classe de leitores, esse prelo jornalístico, como também o denominado político e noticioso [...] ganha corpo entre nós, sobretudo na capital, visando a valorização do povo com o estímulo a seu gosto pelas letras, numa época em que a natural carência de meios de toda a ordem não podia ser propícia à indústria, comércio e propagação do livro. (Ferreira, 1975, p.13)

A imprensa literária, inspirada e atuante, marcou a vida intelectual rio-grandense com seus gestos de valorização da leitura, numa região em que a produção e a circulação de livros enfrentavam muitas dificuldades de expansão, conforme Athos Damasceno. Contudo, mesmo durante os anos difíceis que antecederam e precederam a Revolução Farroupilha, muito se fez para organizar os locais de acervo de livros e de leitura no Rio Grande do Sul.

Gabinetes de leitura

Em 1830, fundou-se o primeiro gabinete de leitura do Rio Grande do Sul, em Porto Alegre, com razoável afluência de leitores, logo transformado "em sociedade secreta, de cujos quadros, por estranho que possa parecer, passam a fazer parte políticos das mais diversas e conflitantes colorações ideológicas". Dissolvido em 1831, originou a mais antiga loja maçônica do Rio Grande do Sul, a Filantropia e Liberdade (Ferreira, 1973, p.10).

Durante a República de Piratini (1836-1845), criou-se um gabinete de leitura, por iniciativa de Domingos José de Almeida, com mais de oitocentos volumes e a promessa de ser acrescido dos *bens que fossem arrolados dos inimigos da República*. A iniciativa cultural não chegou a entrar em funcionamento, afirma Athos Damasceno Ferreira, e após o Tratado de Paz, em 1845, "as obras que lhe compuseram o precioso acervo se dispersaram, ignorando-se o destino que tiveram" (Ferreira, 1973, p.10-2).

Em 15 de agosto de 1846, após a pacificação da província, instalou-se o Gabinete de Leitura da cidade de Rio Grande, por iniciativa de uma sociedade de cultura com a "finalidade de pôr o livro ao alcance, senão do povo em geral, pelo menos de um número bastante considerável de pessoas amantes das ciências e das letras". O modesto gabinete de leitura, idealizado por João Barbosa Coelho, prosperou de tal maneira que, em 1866, tornou-se necessário a transferência do acervo e do local de leitura para uma casa maior (Ferreira, 1973, p.13). No jornal *O Amolador*, em 1875, lia-se uma notícia sobre suas atividades: "Pela segunda vez subiu à cena na quarta-feira em benefício do Gabinete de Leitura, a sublime Zarzuela. [...] Nossos louvores a todos esses artistas que nessa noite trabalharam em favor do nosso já quase conhecido Gabinete de Leitura".[12]

Depois da tentativa frustrada de estabelecer o primeiro gabinete em Porto Alegre (1831), registraram-se outras iniciativas: Gabinete de Leitura (1852), Gabinete de Leitura Porto-Alegrense da Firma Wanzüller (1854), Gabinete de Leitura do Livreiro Henrique Rosenhain (1869), que mantinha desde 1866 uma "estante de livros de aluguel, especialmente de autores de literatura de ficção – Alexandre Dumas, Eugenio Sue, Ponson du Terrail, Paul de Koch e outros"; Gabinete de Leitura Porto-Alegrense de Siqueira Coutinho e Companheiros (1872) (Ferreira, 1973, p.18-35). Athos Damasceno Ferreira parece fazer uma síntese das razões do insucesso desses gabinetes quando se refere ao livreiro Henrique Rosenhain:

> Sabemos, contudo, que [Henrique] não lograria realizar seu sonho, por falta de apoio do ilustrado público porto-alegrense, continuando apenas a retirar das prateleiras e a distribuir nos balcões de sua modesta livraria os volumes que com tanto sacrifício reunira e compunham todos o acervo de sua seção de empréstimos remunerados. (Ferreira, 1973, p.30)

Os porto-alegrenses, contudo, insistiram na formação de um local de leitura. José Gertun, dono de um bazar e papelaria no centro da cidade,

12 *O Amolador*, Rio Grande, 20 nov. 1875, a.2, n.86, p.3.

aventurou-se, em 1872, a criar uma seção de obras literárias e científicas "que poderiam ser lidas e consultadas pelo público, mediante prévia inscrição em lista de assinantes e pagamento de módicas mensalidades". No ano seguinte, conforme Ferreira, o catálogo da seção de empréstimos tinha mais de quatro mil títulos, dos quais a maior parte estava em língua alemã. Em português, havia bons autores, como Garret, Castelo Branco, Pinheiro Chagas, Herculano, Castilhos, Julio Machado e outros, além das traduções de obras de romancistas célebres como Dumas, Paul de Koch, Paul Feval, Victor Hugo e Eugenio Sue. Em 1877, o acervo da loja de Gertun alcançou o número de seis mil títulos (Ferreira, 1973, p.35-6), aumentado para sete mil obras, as melhores em português, francês e alemão, informava a *Gazeta de Porto Alegre*.[13] Em 1889, quando o gabinete encerrou suas atividades, havia oito mil e quatrocentos títulos em seu catálogo (Ferreira, 1973, p.36).

Havia outros gabinetes de leitura no Rio Grande do Sul do século XIX: em Pelotas, Gabinete de Leitura de Joaquim Ferreira (1859), registrado pelo jornal *O Brado do Sul*;[14] em Rio Pardo, Gabinete de Leitura de Jozué José Barbosa (1873); Gabinete de Leitura de Canguçu (1881), com acervo de quinhentos livros; Gabinete de Leitura de São Borja (1882), com quinhentos volumes de literatura instrutiva e recreativa; e Gabinete do Club Caixeiral de Bagé (1883), com seiscentos volumes.

Bibliotecas

A primeira biblioteca do Rio Grande do Sul nasceu do Gabinete de Leitura de Rio Grande (1846). Depois de uma trajetória de êxitos constantes, o gabinete teve seus estatutos alterados e, em 1878, tornou-se a Biblioteca Rio-Grandense. Com coleções e estantes multiplicadas, a nova biblioteca promoveu, em 1879, uma série de conferências públicas e um curso noturno, "destinado a fomentar a instrução e criar novos leitores para os numerosos livros de que dispõe e montam então a 16.000 volumes" (Ferreira, 1973, p.13-8). Em 1973, a Biblioteca Rio-Grandense possuía 70 mil volumes, uma extensa e valiosa hemeroteca, preciosas edições *princips* e documentos

13 *Gazeta de Porto Alegre*, Porto Alegre, 7 mai. 1879, a.1, n.106, p.3.

14 *O Brado do Sul*, Pelotas, a.2, n.1859, p.3.

de interesse para o estudo de diversos ramos do saber. Atualmente, contabiliza um acervo de 450 mil títulos, muitos dos quais são de obras raras, algumas do século XVI e outras que não se encontram em nenhuma biblioteca brasileira. Possui uma raríssima hemeroteca, composta por jornais e revistas nacionais e estrangeiros.[15]

Em 1868, com a fundação da Sociedade Partenon Literário (1868-1885), Porto Alegre ganhou uma biblioteca de 6 mil volumes, composta por obras literárias (poesia, teatro e ficção), história, ensaios, ciências e Filosofia, além de revista literária mensal. O acervo era resultado da campanha de doações de livros e de fundos obtidos por meio da realização de espetáculos. Athos Damasceno descreve assim a Biblioteca do Partenon Literário:

> Suas salas de leitura eram, mediante simples e liberal autorização da diretoria da Sociedade, franqueadas ao público – a princípio, em todos os dias úteis, das quatro da tarde às oito da noite e, a partir de 1884, por escassez de meios para seu funcionamento satisfatório, apenas às terças e sábados, das 5 às sete horas, expediente que seria mantido, com algumas interrupções, até o desaparecimento definitivo da associação em meados de 1897. (ibidem, p.57-8)

A Biblioteca Pelotense, fundada em 12 de novembro de 1875 por um grupo de cidadãos, tinha 960 volumes no seu acervo original. No ano seguinte, com o patrimônio aumentado e a criação de cursos noturnos e conferências, preparou-se para construir uma sede própria. Já consolidada em 1884, tinha em seu acervo 6.182 títulos, passando para 30 mil títulos, em 1973, incluindo preciosa e variada hemeroteca. Possui atualmente cerca de 230 mil volumes, entre livros e jornais.

Todas essas bibliotecas resultaram da iniciativa privada. Outras cidades seguiram o exemplo de Rio Grande, do Partenon Literário e de Pelotas. Em São Gabriel, Geraldo Faria Corrêa, sócio do Partenon Literário, fundou uma biblioteca, em 1876, como parte da Sociedade Literária Gabrielense, recebendo o apoio de inúmeros representantes da sociedade local. No ano seguinte, em Itaqui, Pedro Antonio de Miranda, igualmente sócio do Partenon Literário, criou a Sociedade Literária e as bases de uma biblioteca local.

15 Biblioteca Rio-Grandense, Rio Grande. Disponível em: www.dla.furg.br/ecodosul/br.htm. Acesso em: 15 nov. 2007.

Porto Alegre, em 1877, recebeu a primeira biblioteca pública do Rio Grande do Sul, depois de uma espera de seis anos, entre a aprovação do orçamento pelo governo provincial e a composição do acervo. No início do funcionamento, possuía um conjunto de 1.809 obras e 3.566 volumes. Anexada ao Arquivo Público do Estado, em 1906, tornou-se a Biblioteca Pública do Rio Grande do Sul. Em 1922, ganhou uma sede própria, projetada por Afonso Herbert e Theófilo Borges de Barros, com elaborada pintura de Fernando Schlater na parte interna e esculturas, móveis e esquadrias de Adolf Adlof, José Gaudenzi e Eduardo Sá. Teve seu prédio tombado pelo Instituto do Patrimônio Histórico e Artístico Nacional (Iphan) em 2000 e hoje conta com um acervo de 180 mil volumes.

Ainda na capital, em 1881, fundou-se a Biblioteca Acadêmica do Colégio Militar de Porto Alegre, por uma iniciativa dos oficiais integrantes da Sociedade Literária Culto às Letras, que eram estudantes do colégio. Seu acervo principal, com sete mil volumes, compunha-se de tratados de Matemática, ciências físicas e naturais, História, Geografia, Economia e Política.

Houve outras bibliotecas privadas no interior do estado. Em Rio Pardo (1873), São Borja (1882), Bagé (1884), Jaguarão (1884)[16] e Santa Maria, a Biblioteca do Club Caixeiral Santa-mariense (1886), que foi instalada para uso dos sócios, mas logo foi colocada à disposição da comunidade local (Ferreira, 1973).

No começo do século XX, havia no Rio Grande do Sul dez bibliotecas funcionando plenamente. "Dessas instituições, apenas uma – a de Porto Alegre – era oficial. As demais, apesar de, como se sabe, franquearem suas salas de leitura a interessados em geral, eram entidades de caráter privado, organizadas mediante subscrição de ações ou contribuições periódicas" (Ferreira, 1973, p.56).

Lojas de livros, casas editoras e livrarias no século XIX

Até a década de 1870, não houve registro nos jornais rio-grandenses da existência de locais de venda exclusiva de livros. No entanto, em 1879, a *Ga-*

16 *O Ordem*, Jaguarão, 25 nov. 1884, a.10, n.931, p.3. O mesmo jornal, em 11 de fevereiro de 1887, publicou uma nota em que se solicitava à Câmara Municipal a criação de uma biblioteca pública por meio da que já existia.

zeta de Porto Alegre anunciou a Loja de Livros de Gundlach e Companhia, recomendando o seu "grande sortimento de livros de escola, gramáticas, dicionários, etc., etc., assim como livros para escrituração mercantil, pautados de todas as formas e encadernados".[17] No mesmo mês, a Ter Bruggen e Companhia, uma casa de editores, ofereceu *O romanceiro português* (anotado e acompanhado de uma introdução e de um glossário de Victor Eugenio Hardung, em dois volumes encadernados); *Poesias*, de A. Gonçalves Dias (quarta edição); *As pupilas do senhor reitor*, de Julio Diniz; *O Monasticon*, em duas partes; *Eurico, o presbítero* e *O Monge de Cister*, de Alexandre Herculano, em dois volumes encadernados; e *Parnaso português moderno*, com um estudo de Theofilo Braga, em um volume encadernado.[18]

Anunciando com regularidade na imprensa, a Ter Bruggen oferecia seu estoque de livros e aventurava-se na publicação de novos autores. Em fevereiro de 1879, promoveu o lançamento nacional do ensaio *A Philosophia no Brasil*, de Silvio Romero. Diante da pálida repercussão do empreendimento, a *Gazeta de Porto Alegre* afirmou:

> Continua o silêncio glacial da imprensa da Corte sobre o livro do Dr. Silvio Romero. O *Jornal do Comércio* ao menos acusou a recepção, embora, não acrescentasse palavra alguma sobre o mérito da obra, outros nem isso fizeram. Ainda bem que outro tanto não aconteceu em São Paulo. A redação da *Província de São Paulo* acusou a recepção do livro nos seguintes termos: Bom livro. Recebemos um exemplar publicado em Porto Alegre. É um livro de fundo digno, de refletido exame, e sugerem a leitura.[19]

Casa de livros e *casa de editores* são termos usado pela Gundlach e Ter Bruggen. Mas em 1879, apareceu o uso específico da palavra *livraria*: "Consta-nos que o Sr. Carlos Thomas Pinto pretende estabelecer, nesta cidade, uma livraria filial igual a que tem em Pelotas" [Livraria Americana].[20] Em seguida, a Ter Bruggen tornou-se Livraria Teuto Brasileira.

Ao longo da década de 1880, a Gundlach afirmou-se como uma importante livraria e casa editora do Rio Grande do Sul, conhecida por oferecer

17 *Gazeta de Porto Alegre*, Porto Alegre, 1º jan. 1879, a.1, n.1, p.4.
18 Ibidem, 29 jan. 1879, a.1, n.24, p.4.
19 Ibidem, 15 mar. 1879, a.1, n.63, p.2.
20 Ibidem, 30 abr. 1879, a.1, n.100, p.2.

livros escolares, gramática e cadernos impressos. Aumentando suas ofertas com publicações de obras da literatura francesa, livros de geometria, aritmética, Geografia, História universal, retórica e poética, publicou uma obra produzida regionalmente, *Ensaio sobre costumes do Rio Grande do Sul*, de José Cezimbra Jacques (1883).[21] A *Gazeta de Porto Alegre* ilustrou a variedade do estoque de livros da Gundlach: *Elementos de Geometria*, de A. M. Legendre; *Elementos de Geometria, Trigonometria, Aritmética e Álgebra*, de C. B. Otoni; *Curso de Aritmética Elementar*, de B. Alves Carneiro; *Elementos de Geografia Moderna e Cosmografia*, de P. d'Abreu; *Compêndio de História Universal*, de Victor Duruy; *Curso elementar de Filosofia*, com revisão do padre E. Barbe; *Seleta dos quatro autores*, de L. A.; *Q. Horatius Flaccus*, de E. Sommer; e *Apostilas de Retórica e Poética*, do doutor F. Pinheiro.[22]

A Gundlach e a Teuto Brasileira, de Ter Bruggen, encontraram a forte concorrência da Livraria Americana (Pelotas), depois que Carlos Thomas Pinto abriu a filial em Porto Alegre. A Livraria Americana oferecia um estoque completo de livros de todas as categorias. Além dos anúncios extensos e variados em diversos jornais, publicou o *Catálogo de livros da Livraria Americana*, remetendo-o gratuitamente aos solicitantes. Em poucos anos, ampliou seus negócios, abrindo uma filial na cidade de Rio Grande. De 1889 a 1917 publicou o *Almanaque literário e estatístico do Rio Grande do Sul*, dirigido por Alfredo Ferreira Rodrigues.

Laurence Hallewell, a respeito da capacidade editorial da Livraria Americana, lembra que parte das suas publicações faziam-se sem a autorização dos editores legítimos e sem se pagarem direitos autorais (Hallewell, 1985, p.311), acrescentando que em nenhum outro lugar essa prática foi mais evidente que no Rio Grande do Sul, "onde, desde pouco depois da Revolução [Farroupilha] até as primeiras décadas do século XX, algumas editoras fizeram da publicação ilegal de autores que não eram do estado sua principal atividade" (Hallewell, 1985, p.172).

Na década de 1880, a Livraria Universal de Echenique e Irmão (Pelotas e Porto Alegre) apareceu com força no ramos de livros importados e nacionais, promovendo assinatura de jornais nacionais e estrangeiros, além de vender livros por atacado, com grandes abatimentos, e especializar-se

---

21 Ibidem, 31 jul. 1883, a.5, n.714, p.3.
22 Ibidem, 10 ago. 1883, a.5, n.183, p.3.

em livros de instrução, dispondo de um sortimento necessário ao ensino primário, secundário e superior.[23] Sem deixar de lado o rol de obras da literatura universal e nacional, os irmãos Echenique dedicaram-se aos dicionários, às obras da ciência, sobretudo da Medicina, e aos tratados de política e filosofia. Entre as suas publicações, está o *Almanaque popular brasileiro* (1894-1908).

Outras tipografias, editoras e livrarias faziam parte desse mercado regional. Entre elas: Tipografia Brasileira Alemã, Tipografia do Jornal do Comércio, Tipografia do Diário Rio-Grandense, Tipografia de O Rio-Grandense, Tipografia Vicente F. Andrade, Rodolfo José Machado Editor, Livraria Popular, Livraria Mazeron, Tipografia de O Mercantil, em Porto Alegre; Tipografia da Imprensa Literária, Tipografia Comercial, Livraria Evangélica, em Rio Grande; Livraria Inglesa, Marcínio e Irmão, Miguel da Silva Barreiros, em Jaguarão.

As livrarias Gundlach, Americana e Universal tiveram um papel destacado na difusão da prática da leitura e na formação de estoques de livros para as escolas e os cursos superiores no final do século XIX e início do XX. Por meio dos enormes anúncios de venda de livros de autores estrangeiros, nacionais e regionais, pode-se reconstituir o comércio de livros nas três maiores cidades gaúchas (Porto Alegre, Pelotas e Rio Grande) e compreender o gosto e as necessidades dos leitores locais.

Livrarias e editoras nas primeiras décadas do século XX

As importantes livrarias e editoras, Americana, Universal e Gundlach, surgidas no século anterior, mantiveram-se saudáveis nas primeiras décadas do século XX. Elas dividiam a clientela com casas comerciais menores, tanto em Porto Alegre quanto no interior do Rio Grande do Sul. Entre as mais conhecidas, no centro da capital, estava a Livraria Selbach, fundada em 1908, que trabalhava com material para escritório, papelaria, encadernação, pautação e cartonagem. Em 1945, foi citada como editora de livros escolares, sendo suas edições adotadas no Rio Grande do Sul, Santa Catarina, Paraná, São Paulo, Rio de Janeiro, Minas Gerais, Espírito Santo e

23 *A Ordem*, Jaguarão, 18 fev. 1888, a.14, n.4.660, p.3.

Bahia. Com 35 funcionários, vendia mercadorias importadas da Alemanha, França, Inglaterra, Áustria, Itália e Suíça (Pimentel, 1945, p.339).

A Livraria do Comércio também atuava no ramo livresco, mas sua principal atividade era a cartonagem e o fabrico de livros em branco, escolares e comerciais. Na mesma rua, Marechal Floriano, estava localizada a Livraria de João Mayer Filho, com papelaria, objetos de escritório e livros de devoção em diversos idiomas. Apesar da sua significativa clientela, composta em sua maioria por estudantes dos colégios católicos, essa livraria não se dedicava à edições de livros escolares (Gouvêa, 1976, p.24). Na rua da Praia, encontrava-se a Livraria Central, especialista em livros em branco, encadernação, pautação e douração, além de ser agente de jornais de moda, literários e científicos. Trabalhando com livros e jornais, nacionais e estrangeiros, possuía uma filial na rua Duque de Caxias. No final da década de 1940, Kosmos, Gaúcha, Andradas, Nacional, Armando Pimentel, Porto-Alegrense e outras casas congêneres atuavam em Porto Alegre.[24]

Livraria do Globo

No universo das livrarias e editoras rio-grandenses, a Livraria do Globo (Torresini, 1999) destaca-se como a empresa que alcançou projeção nacional e internacional. Nascida em dezembro de 1883, teve como fundador Laudelino Pinheiro Barcellos, natural de Viamão, que se transferiu para Porto Alegre e abriu uma papelaria com o nome de Livraria do Globo, de L. P. Barcellos & Cia. Poucos anos depois, com tipografia própria, Barcellos fabricaria livros em branco para escrita contábil de outras empresas. Nos balcões da livraria vendiam-se livros de todas as áreas, do mesmo modo que faziam as outras livrarias conhecidas de Porto Alegre.

Com o aumento dos negócios, Laudelino Barcellos contratou o menino José Bertaso para auxiliá-lo na limpeza, caixa e balcão da livraria, tornando-o caixeiro, chefe de loja, administrador das oficinas, gerente, sócio e proprietário. Em 1918, a empresa passou a ter a razão social Barcellos, Bertaso e Companhia.

24 *Guia turístico de Porto Alegre*, 1949, p.130.

A Livraria do Globo adquiriu a primeira linotipo do Rio Grande do Sul (1909) e instalou a seção de litografia (1919), transformando-se numa das empresas gráficas mais completas do Brasil. Com essas condições, em 1916, realizou seu primeiro empreendimento como casa editora, com a publicação do *Almanaque do Globo*, dirigido por João Pinto da Silva e Mansueto Bernardi, intelectuais de prestígio em Porto Alegre. Em 1924, a pequena papelaria mudou-se para um amplo edifício, com frente para duas ruas, que eram centro de encontro dos intelectuais e políticos gaúchos.

Desde 1916, a Seção Editora da Livraria do Globo encarregava-se da produção de livros traduzidos e de autores rio-grandenses, como Augusto Meyer, Dyonélio Machado, Ruy Cirne Lima, Paulo de Gouvêa e Vargas Netto. O mercado editorial regional dependia em grande medida do parque industrial da Livraria do Globo, conforme indicou o *Diário de Notícias*: "sem contarmos com uma empresa nas condições da Livraria do Globo talvez não fosse possível o surto literário que tornou rapidamente conhecidos alguns escritores de maior merecimento da nova geração".[25]

Em 1929, além de intensificar a produção de livros, a Livraria do Globo investiu no ambicioso projeto de lançar quinzenalmente a *Revista do Globo* (1929-1967), dirigida por Mansueto Bernardi até 1930, quando Erico Verissimo foi convidado para substituí-lo. Dirigir a revista, traduzir contos e artigos de publicações estrangeiras e, algumas vezes, ilustrá-los eram as tarefas principais de Erico na livraria.

Henrique Bertaso, filho de José Bertaso, entrou em contato com Erico Verissimo, pedindo-lhe sugestões para novas edições, no exato momento em que a literatura anglo-saxônica, por sua projeção mundial, ganhava importância nos projetos da Seção Editora. Para Erico esse contato com Henrique transformou-se numa excelente oportunidade de empregar as lições de inglês aprendidas no Colégio Episcopal Cruzeiro do Sul, de Porto Alegre, e nas leituras realizadas ainda em Cruz Alta.

Ocupando-se das reedições de alguns sucessos da Seção Editora, Henrique Bertaso também adquiriu direitos autorais de diversas obras. A expansão editorial da Livraria do Globo chamou a atenção da imprensa local, que via com entusiasmo o lançamento de novelas policiais, romances, livros de aventuras e outras edições. Erico Verissimo acompanhou de perto

25 *Diário de Notícias*, Porto Alegre, 1º jan. 1929. p.17.

a produção de obras literárias, didáticas e técnicas, além dos dicionários e enciclopédias da Livraria do Globo, depois que aceitou o convite para atuar como editor.[26]

O impulso que a contratação de Erico Verissimo e a organização de outros projetos editoriais deram à Seção Editora obedeceu a uma tendência do mercado de livros no Brasil. Em 1934, a Companhia Editora Nacional publicou uma nota no *Correio do Povo* dando conta da situação favorável às casas editoras brasileiras, lembrando que se tratava de um processo novo que, ao privilegiar o livro, fazia aparecerem casas editoras, oficinas e capitais disponíveis para esse ramo de atividade.[27]

Nessas condições, a Livraria do Globo investiu em muitas coleções (Torresini, 2007, p.115-29). A primeira delas, Coleção *Amarela* (1931), nasceu por influência de Henrique e Erico. Composta por livros de Edgar Wallace e de outros autores norte-americanos, praticamente desconhecidos dos leitores brasileiros, caracterizava-se por suas novelas policiais, de crime, mistério e aventuras, bastante populares e de leitura acessível, em edições baratas e de larga tiragem. Em 1949, foram 85 títulos publicados. Edgar Wallace foi o autor campeão da Coleção *Amarela*, com 31 títulos, em 18 anos – de 1931 a 1949. Atrás dele, estavam Sax Rohmer, com 11 títulos, e Agatha Christie, Wills Crofts e Louis Wilton, todos com cinco títulos. Dezenas de autores tornaram-se conhecidos dos leitores brasileiros por meio da Coleção *Amarela*.

Ao longo da década de 1930, à Coleção *Amarela* sucederam-se outras da Livraria do Globo: Coleção *Universo* (1931), conhecida por seus livros de viagens, aventuras e de leitura amena, cujo principal autor foi Karl May; Coleção *Globo* (1932), formada por romances de amor, policiais e de aventura da literatura universal, divulgada como a mais bonita e barata das coleções brasileiras; e Coleção *Nobel* (1938), composta por obras selecionadas de autores estrangeiros em aprimoradas traduções. Com a intenção de fazer da Livraria do Globo uma das maiores e mais prestigiadas do Brasil, os editores publicaram em português a obra de Honoré de Balzac, Marcel Proust, James Joyce, Thomas Mann, G. K. Chesterton, Joseph Conrad, Virgínia Woolf, Leon Tolstói, William Faulkner, Andre Gide, Bernard Shaw, Aldous Hux-

26 Sobre Erico Verissimo como editor, ver Barcellos, 2002.

27 *Correio do Povo*, Porto Alegre, 11 jul. 1939, p.3.

ley e Sommerset Maugham, entre outros. No mesmo ano, editou a *Enciclopédia Brasileira Globo*, parte importante do projeto de expansão da empresa.

Além da sede, na rua da Praia, no centro de Porto Alegre, existiam filiais em Pelotas, Santa Maria e Rio Grande; depósitos em São Paulo, Belo Horizonte, Recife, Fortaleza e Belém do Pará; e grandes pavilhões no bairro Menino Deus, para onde iam as unidades das oficinas. Na matriz, mais de setecentas pessoas trabalhavam nas várias seções, distribuídas entre a loja, escritório, depósito, tipografia, estereotipia, impressão, fotogravura, litografia, expedição, encadernação, brochura, pautação, atividades de editoração, crediário, publicidade e várias outras seções menores.

Até 1947, a atividade editorial da Livraria do Globo – traduções, confecções de enciclopédias, organização de coleções – foi incessante. A respeito da intensa atividade de tradução, Erico Verisimo afirmou:

> Só lá por princípios da década de quarenta é que nos foi possível pôr em prática o plano de 'saneamento' das nossas traduções. Contratamos vários tradutores com um salário fixo. Nas salas da Editora tivemos excelentes profissionais: Leonel Vallandro, Juvenal Jacinto, o Dr. Herbert Caro (advogado natural de Berlim, mas que havia aprendido a escrever corretamente em português), Homero de Castro Jobim e vários outros. [...] Os livros estrangeiros, publicados durante 4 ou 5 anos em que esse esquema durou, são de excelente qualidade no que diz respeito à tradução. O nosso chefe maior, porém, ficava apavorado – e com razão! – quando examinava o custo da tradução de cada obra. Foi em 1947, ano financeiramente mau para a Seção Editora, que essa admirável equipe foi dissolvida, embora permanecesse intacto o nosso propósito de dar a nossos livros as melhores versões possíveis. (Verissimo, 1972, p.50-1)

Todavia, a produção editorial conviveu com dificuldades que se acentuaram ao longo do tempo. Erico Verissimo viajou aos Estados Unidos (1941) e afastou-se temporariamente da livraria. Em 1942, a Reforma Capanema, que alterou o sistema educacional brasileiro, provocou um enorme baque no planejamento dos projetos das editoras brasileiras, atingindo de modo especial a Livraria do Globo, obrigada a inutilizar cinquenta toneladas de livros didáticos já impressos.[28] Essas condições modificaram os planos dos empresários. Em consequência, diminuíram-se as novas edições e, de acor-

28 Relatório da Diretoria, 100 anos: 1883-1983.

do com os próprios editores, fixou-se a atenção nos livros técnicos, livros-ferramenta (para atender às novas exigências da especialização profissional), na obra Erico Verissimo, na Enciclopédia Globo e no Linguaphone, curso de inglês em discos e fitas sonoras.

Depois de 1948, após o falecimento de José Bertaso, os herdeiros optaram pela transformação da empresa em sociedade anônima – Livraria do Globo S.A. –, da qual a Editora Globo tornou-se uma filial. Aos poucos, o ambicioso e bem-sucedido projeto editorial voltado às coleções, iniciado em 1931, perdeu o seu ritmo. Durante alguns anos, foram mantidas as edições das obras mais vendidas do fabuloso fundo editorial produzido pela Livraria do Globo de Porto Alegre e que constituiu o acervo de 2.830 títulos da Livraria e Editora Globo adquirido, em 1986, pelas Organizações Globo (Torresini, 1999, p.129-48).

Tradição livreira e editorial do Rio Grande do Sul

A Livraria do Globo solidificou a vocação dos vendedores de livros, dos leitores, das tipografias, das casas comerciais, das livrarias e editoras que, desde o século XIX, produziram uma vasta soma de experiências no campo da preservação, da multiplicação do livro e do hábito da leitura, abrindo caminho para a expansão das livrarias e casas editoras gaúchas atuais. Ciente desse patrimônio e seguro do campo que a modernidade proporcionava ao crescimento da indústria cultural, um grupo de livreiros e editores sensibilizou-se com a ideia do jornalista Say Marques, do *Diário de Notícias*, de organizar um evento semelhante ao que ele vira no Rio de Janeiro.

Em 16 de novembro de 1955, nasceu a Feira do Livro de Porto Alegre. "Se o povo não vem à livraria, vamos levar a livraria ao povo", lema dos fundadores,[29] revelou-se uma excelente estratégia de popularização e comercialização do livro. Na segunda Feira do Livro, autores e leitores aproximaram-se durante as sessões de autógrafos por meio da leitura. Os 53 anos de sucesso da Feira do Livro de Porto Alegre explicam-se pelo profundo (e histórico) respeito ao conhecimento humano guardado nos livros.

29 Feira do Livro de Porto Alegre, Porto Alegre. Disponível em: <http://www.feiradolivropoa.com.br/Feira.aspx>. Acesso em: 9 nov. 2007.

Jornais (Museu de Comunicação Social Hipólito José da Costa, em Porto Alegre)

A Ordem. Jaguarão (1884-1896)
Correio da Liberdade. Porto Alegre (1831)
Correio do Povo. Porto Alegre (1939)
Diário de Notícias. Porto Alegre (1929)
Gazeta de Porto Alegre (1879-1883)
Echo do Sul. Rio Grande (1862-1869)
O Amigo do Homem e da Pátria. Porto Alegre (1829-1830)
O Amolador. Rio Grande (1875)
O Brado do Sul. Pelotas (1859-1860)
O Mensageiro. Porto Alegre (1836)
O Observador. Rio Grande (1833)
O Recopilador Liberal. Porto Alegre (1835)

14
Editora Civilização Brasileira: novos parâmetros na produção editorial brasileira

Guilherme Cunha Lima
Ana Sofia Mariz

Fundação e primeiras décadas da Editora Civilização Brasileira

Referência singular na história do livro brasileiro, a Editora Civilização Brasileira (CB), apesar de associada no imaginário intelectual brasileiro à figura de Ênio Silveira, tem sua fundação datada de 1929, quando o referido editor completava apenas quatro anos de idade. Ribeiro Couto, poeta e diplomata, Gustavo Barroso, escritor, e Getúlio M. Costa, livreiro, inauguraram a casa editorial e a livraria de mesmo nome, na elegante rua do Ouvidor, no centro da cidade do Rio de Janeiro. De início, publicava-se principalmente literatura brasileira e estrangeira. No entanto, um dos maiores sucessos de seu catálogo foi o *Pequeno dicionário brasileiro da língua portuguesa* – uma obra de referência –, de Hilberaldo Mateus de Lima e Gustavo Barroso.

A CB ficou sob a administração de seus fundadores cerca de três anos apenas, sendo adquirida por Octalles Marcondes Ferreira, dono de uma das maiores e mais importantes editoras de livros didáticos de nosso país, a Companhia Editora Nacional (CEN), situada na cidade de São Paulo. Com o controle da CB, Octalles ganhou, além do selo editorial com seu catálogo de títulos, uma loja em local privilegiado da então capital do país e uma melhor distribuição dos livros da CEN.

Durante os anos 1930, Octalles aproveitou a CB para publicação de obras literárias, enquanto concentrava a produção da CEN nos livros didáticos e infantis. Segundo as fontes de acervo da editora, além dos clássicos da literatura nacional e estrangeira, inclusive a popular, eram recorrentes títulos nas áreas de História, Política, bem como, na linha atualmente conhecida como *autoajuda*. Livros de orientação de saúde, sexual, comportamental etc. tornaram-se então correntes, continuando a ser regularmente publicados, mesmo durante a gestão de Ênio Silveira.

O nome Civilização Brasileira também foi usado por Octalles para uma filial da CEN em Lisboa – curta experiência de uma fase de câmbio favorável que possibilitou a entrada maciça de livros brasileiros no mercado português. Segundo registro da United Press de outubro de 1933, as capas brasileiras, mais coloridas, seduziram o público lusitano, destacando-se das edições portuguesas de aspecto mais sóbrio (Hallewell, 1985). A farra brasileira, porém, não duraria muito tempo. As editoras portuguesas contra-atacaram na indefectível moeda financeira e, com preços mais baixos, mas sem nenhuma mudança visual registrada, retomaram suas vendas. Com esse desfecho, já na década de 1940, Octalles não viu mais vantagem na manutenção da filial portuguesa, vendendo-a para um gerente local.

Na sequência desses acontecimentos, a produção da Civilização Brasileira sofreu declínio. Sem maior detalhamento, encontra-se, em Hallewell, a observação de que "Octalles parece ter abandonado até certo ponto o mercado literário, deixando editoras como a José Olympio [no Rio de Janeiro] e Martins [em São Paulo], que dele faziam o seu forte" (1985, p.278).

A observação não se explica, mas se confirma nos registros contábeis da CB. O número de livros publicados nos primeiros anos da década de 1930 gira em torno de 21. Há um salto para 77, em 1934, e uma estabilização em 40 nos anos seguintes. A tendência de redução na produção é marcada por apenas 17 novas edições em 1939. Apesar do ano de 1940 ter 21 edições registradas, a média durante os dez anos seguintes é de apenas 5, e, no ano de 1950, são contabilizadas 3 edições.

Por outro lado, em São Paulo, Octalles direcionou seus investimentos especialmente para a área de didáticos e universitários, campo que ganhou impulso no Brasil a partir do final da Segunda Guerra Mundial.

Para a Editora Civilização Brasileira, o ponto de inflexão ocorreu no início da década de 1950, que apresentava o seguinte cenário: Octalles tinha em mãos uma empresa com baixa produtividade e com suspeitas de desvios de dinheiro por parte da administração local; o selo Civilização Brasileira, seu catálogo e sua localização privilegiada constituíam uma bagagem nada desprezível. Na encruzilhada de decisões, dois eram os caminhos possíveis para Octalles: extinguir o selo ou tentar desenvolvê-lo sob uma nova administração.

Ênio Silveira: iniciação profissional na CEN

Se a Editora Civilização Brasileira hoje é objeto de estudo e referência para várias áreas do conhecimento, isso se deve, fundamentalmente, à atuação de Ênio Silveira, seu principal editor. Na trajetória dele, destaca-se, como ponto de partida, a origem familiar. Nas palavras de Ênio, sua família era "de classe média, com uma longa tradição de gerações inteiras dedicadas à advocacia e à vida intelectual" (Felix, 1998, p.20). Seu avô, Valdomiro Silveira, era escritor e membro da Academia Paulista de Letras e fora Secretário da Educação, da Justiça e da Segurança Pública de São Paulo, além de deputado estadual. Seu tio-avô, Alarico Silveira, fora secretário da presidência de Washington Luiz e ministro do Superior Tribunal Militar. Dinah Silveira de Queiroz, premiada romancista, era prima do editor. Essa origem familiar se traduziu em uma privilegiada iniciação cultural.

O hábito de leitura e a proximidade com os livros, cultivados desde cedo, conferiram-lhe vasto repertório cultural e uma inserção privilegiada no meio intelectual. Do mesmo modo, sua origem social privilegiada foi determinante para o ingresso na área editorial, que ocorreu por meio de Monteiro Lobato, apresentado a Ênio por Leonor Aguiar. Lobato, que havia editado o avô de Ênio, indicou o jovem para ser contratado por seu ex-sócio e amigo pessoal, Octalles Marcondes Ferreira (Ferreira, 1992). Em 1944, com apenas 19 anos, Ênio Silveira ingressou na CEN, onde conheceu Cléo Marcondes Ferreira, filha de Octalles, com quem se casou, em 1946.

Da escolha e preparação de originais à revisão, design, produção gráfica, divulgação e venda, muitas são as etapas que devem ser conhecidas para se dominar bem a prática da edição de livros. Na CEN, Ênio teve a possibilidade de vivenciar e aprender esses processos dentro de uma das mais importantes editoras do país e de crescer intelectualmente, já que uma de suas primeiras atribuições foi a de escrever textos de apresentação dos títulos que comumente entravam nas chamadas "orelhas de livros". Essa tarefa inicial, o editor jamais abandonou, tornando-a uma forma própria de comunicação. Seus textos "de orelha" ficaram tão conhecidos que, após sua morte, foram selecionados e publicados em conjunto com outros artigos seus e textos em sua homenagem no livro *Ênio Silveira: arquiteto de liberdades*, organizado por Moacyr Félix.

A CEN, nessa época, tinha em seu corpo de funcionários e colaboradores uma parcela significativa de reconhecidos professores e intelectuais da área educacional, cujos livros eram também publicados pela editora. Atento à conjuntura educacional, Octalles cercou-se dos melhores "assessores culturais", conforme caracterizou Ênio referindo-se a Anísio Teixeira e Fernando de Azevedo (Felix, 1998, p.21). Este último organizou a Biblioteca Pedagógica Brasileira (BPB), um dos mais importantes projetos editoriais da CEN, que se subdividia em cinco séries: Livros Didáticos, Literatura Infantil, Atualidades Pedagógicas, Iniciação Científica e a Brasiliana (Pontes, 1988, p.69). Ao contrário de Fernando de Azevedo, Anísio Teixeira não chegou a ter participação administrativa formal, tendo atuado, principalmente, como consultor, traduzindo e escrevendo livros. Entretanto, sua influência no campo intelectual, sobretudo na área educacional e, por extensão, no próprio conteúdo dos livros didáticos, é amplamente reconhecida. Tomemos as palavras do próprio Ênio a seu respeito:

> Aí apareceu uma dessas figuras que eu chamo de seminais na minha vida: Anísio Teixeira. Este foi um dos maiores brasileiros que eu conheci, por ele tenho o mais profundo respeito até hoje, e a mais terrível saudade, porque Anísio era um desses homens maravilhosos, múltiplos. [...] O Anísio me ajudou muito, porque além de [...] sua cultura, seu desempenho intelectual, sua criatividade de pensamento, ele era um grande leitor. E sempre foi, ao longo de sua vida, no exercício de suas funções públicas, um homem que encorajou o livro. [...] Anísio sempre me dizia que estava lendo um livro muito interessante, americano, inglês ou francês, me dava muita coisa para ler e foi me ajudando a ter contato com o que de melhor se publicava no mundo. (Ferreira, 1992, p.26-8)

Desde o início dos anos 1940, Ênio já tinha envolvimento com a militância política, tendo participado de diversas atividades do Partido Comunista do Brasil (PCB); foi redator do jornal *Notícias de Hoje*, editado em São Paulo pelo PCB, e participante da campanha pela democratização do país, do início da Segunda Guerra Mundial ao fim do Estado Novo (Ferreira, 1992, p.57). Sem esclarecer exatamente as circunstâncias, conta ter sido preso no ano de 1941 na Casa de Detenção em São Paulo (Felix, 1998).

Apesar de sua estreita ligação com o Partido Comunista, seu pensamento e atuação jamais ficaram restritos a uma determinada corrente ou facção ideológica. Ao contrário, desde cedo, procurou preservar sua independência intelectual de quaisquer dogmatismos partidários. Mesmo sendo comunista declarado, Ênio fazia questão de transitar nos mais diversos círculos sociais, nos quais se mostrava sempre disposto a debater e conhecer pessoas, independentemente da linha ou facção ideológica a que pertenciam, "com exceção dos nazistas" – dizia ele. Certamente, essa postura mais transigente lhe facilitou estabelecer uma relação de respeito mútuo com seu sogro, cuja visão ideológica divergia da sua. Octalles, pessoalmente, costumava defender posturas políticas de direita, mas, em relação à sua editora, fazia questão de destacar que não fomentava nenhuma linha política. Desse modo, ao saber das ligações de Ênio com o PCB, Octalles estabeleceu um acordo informal com o rapaz, no qual a neutralidade política da CEN permaneceria resguardada (Ferreira, 1992).

A experiência nos Estados Unidos

Em 1946, Ênio Silveira viajou para Nova York e, durante o ano e meio que permaneceu morando na cidade, pôde aprofundar sua formação. Fez cursos de especialização em *Book Publishing*, Sociologia e Antropologia Cultural na Universidade de Columbia e estagiou na Alfred Knopf, uma das maiores editoras americanas da época, reconhecida tanto pela qualidade literária como pelo cuidado com o design dos livros que publicava.

Uma diferença importante entre a indústria editorial brasileira e a norte-americana incluía a concepção do livro como objeto comercial. Apesar de alguns esforços isolados como os de Plancher, no século XIX, e os de Monteiro Lobato, no início dos anos 1920, os livros publicados no Brasil, de modo geral, ainda mereciam pouco investimento em termos de publicidade, principalmente se comparados a outros produtos comerciais. Uma das explicações para a falta de divulgação do livro no Brasil está na visão elitizada que carregava. Se o livro é mercadoria sofisticada, apenas dado a uma elite esclarecida saboreá-lo, uma campanha publicitária mais ampla seria vulgar;

seria a banalização de um produto que se pretende nobre, perante o distinto comprador (Vieira, 1998). Nos Estados Unidos, ao contrário, o livro era tratado como mais um produto comercial, direcionado a um consumo em massa, sendo vendido amplamente e para as mais diversas camadas sociais. Para facilitar sua aquisição e ampliar as vendas, desenvolveu-se a apresentação em formato de brochura barata, o que, posteriormente, viria a ser a famosa versão "pocket". É ilustrativa a esse respeito a narrativa de Jason Epstein, editor por quarenta anos da Random House, em seu livro de reflexões sobre o mercado editorial americano, do pós-guerra até os dias atuais:

> As brochuras de mercado de massa vendidas nas *drugstores* e nas bancas de jornais [no início dos anos 1950] eram impressas em papel barato, feito de madeira triturada, que ficava marrom ao contato com a luz, e suas capas cobertas com um tipo de celofane que descascavam com o uso. (Epstein, 2002, p.68)

A própria expressão "mercado de massa" já denota uma abordagem nada restritiva em relação ao objetivo comercial do produto. Desta forma, não apenas se lançava mão de diversos recursos de publicidade, como anúncios em revistas, impressos promocionais, cartazes e outdoors, como também se buscava uma apresentação visual mais comercial e popular para o próprio objeto. Embalando os livros de capa dura em coloridas "jaquetas" – que no Brasil são chamadas de sobrecapas – e os apresentando em versão mais barata de brochura aparada, buscava-se diversificar o produto, a fim de atender a diferentes demandas. Nesse contexto, as capas funcionavam como embalagens comerciais que, sem pudor, competiam pelo olhar do comprador. A observação, de perto, desse sistema certamente contribuiu para que Ênio ampliasse seus próprios conceitos na área editorial, vindo a se tornar, posteriormente, um dos editores brasileiros que mais ousadamente investiu no marketing e na apresentação visual de seus livros.

Aos aspectos editoriais, comerciais e gráficos aprendidos por Ênio nos Estados Unidos somam-se os contatos que ele teve oportunidade de estabelecer na área cultural. Na editora de Knopf, conheceu pessoalmente importantes escritores e intelectuais, tais como Tennesse Williams, John Steinbeck, William Faulkner, entre outros que posteriormente editaria no Brasil. Além disso, assessorou Alfred Knopf na área de literatura latino-americana, mantendo contato pessoal com o prestigiado editor.

A convivência nesse ambiente também veio a contribuir para a ampliação de seus horizontes políticos e aprofundar sua formação ideológica. Ao chegar a Nova York, Ênio procurou o escritor e membro do Partido Comunista Americano Richard Wright, cujos livros já editava pela CEN, e, por meio dele, foi apresentado a outros intelectuais comunistas e ao próprio Partido Comunista Americano. Entre os novos contatos estavam escritores judeus e negros, como Howard Fast e Langson Hughes, e o compositor Marc Blitzstein. O partido, no qual, como Ênio destaca, pôde treinar sua "práxis política" também acabou norteando suas futuras publicações. Como exemplo de autores publicados ligados a essa corrente ideológica, temos Roger Garaudy, Antonio Gramsci, Nelson Werneck Sodré, Osny Duarte Pereira e Ruy Facó (Vieira, 1998).

O retorno ao Brasil e o envolvimento com a Editora Civilização Brasileira

Ênio voltou ao Brasil em 1948 (ano da morte de Monteiro Lobato), retomou em seguida suas atividades na CEN e, com ânimo renovado, imprimiu maior dinamismo ao departamento que passou a dirigir. Entretanto, em função de sua disposição em aplicar não apenas o que experimentou na vanguarda editorial norte-americana, mas também suas próprias ideias catalisadas na viagem, sua inserção nos projetos editoriais da CEN tornou-se cada vez mais difícil. Mesmo em posição hierárquica privilegiada, Ênio tinha espaço de manobra limitado. Nesse sentido, houve pelo menos dois pontos determinantes.

O primeiro refere-se às diferenças ideológicas entre Ênio e Octalles, já apontadas anteriormente. Em viagem aos Estados Unidos, Ênio manteve sua via política acesa, ampliou sua percepção ideológica e conheceu autores importantes no campo político internacional, que ainda não tinham sido publicados no Brasil. Ao retornar a São Paulo com esses novos horizontes, deparou com as restrições impostas pela cuidadosa neutralidade ideológica que Octalles mantinha na direção da editora. A tensão ideológica entre o jovem revolucionário e o editor tradicional, como se autointitulava Octalles, seria uma constante na relação profissional dos dois.

O segundo aspecto diz respeito às restrições impostas pelas próprias particularidades do livro didático no Brasil. Ao contrário da literatura e das obras gerais, os didáticos, mesmo nos dias de hoje, são subordinados a regras pouco flexíveis impostas por diversos setores que definem modelos na área educacional. Tais restrições são, sem dúvida, ponto sensível para um editor de perfil crítico e inovador como foi Ênio Silveira. No depoimento que segue, percebe-se como ele deixa transparecer certa ironia, especialmente na expressão "sapiência oficial", reforçando sua contrariedade em relação a esse aspecto:

> Ela [a CEN] já era naquele tempo uma editora predominantemente voltada para os livros didáticos. O livro didático, como nós sabemos muito bem, não é muito criativo em termos de especulação. Ele tem que, mais ou menos, seguir o que é concebido ou o que é geralmente aceito pela sapiência oficial. Quem quer inovar muito não se dá bem, como um autor nosso, professor de História, que possuía um embasamento marxista e queria, portanto, fazer livros didáticos com embasamento marxista. Os demais professores perceberam logo e o livro não foi um sucesso! Eram mais ou menos aceitos os livros do Joaquim Silva e de outros; faziam, digamos, um refogado da História palatável, mas não substancioso. (Ferreira, 1992, p.25)

Não se pode especular qual seria o destino de Ênio na CEN e mesmo se ele continuaria na empresa. Havia grandes limitações, mas também existiam vantagens. Fato é que, nesse momento, surgiu uma nova e sedutora possibilidade para o jovem editor – a Editora Civilização Brasileira. Conforme já visto, o destino incerto da CB no início da década de 1950 exigia de Octalles novas diretrizes. Foi assim que, confiando na competência de seu genro, ofereceu-lhe a direção dessa empresa. Após alguns meses de experiência, a estadia de Ênio na capital ganhou caráter permanente e, em 1952, ele se mudou de São Paulo, assumindo definitivamente suas funções executivas na CB.

Ênio e Civilização Brasileira: estruturação

A CB representava para Ênio não apenas um novo desafio profissional, mas a conquista da autonomia para a implementação de um projeto editorial próprio. Com essa perspectiva, ele propôs sociedade ao sogro e foi comprando, gradativamente, as ações da editora que então dirigia. Como disse o próprio editor, referindo-se à compra das ações da Civilização Brasileira: "foi um negócio de pai para filho". Ênio Silveira era, para Octalles, mais que um representante de confiança à frente de uma empresa sua; era marido de sua única filha, potencial herdeiro de seu patrimônio e sucessor natural de sua atividade.

A participação de Ênio, então como sócio, não correspondia a um imediato afastamento entre as duas empresas. Ao contrário, a CEN e a Civilização Brasileira mantinham-se bastante próximas, funcionando de maneira interligada durante a década de 1950. Um elo importante era o fato de a CB ser responsável pela distribuição de livros da CEN no Rio de Janeiro, o que representava parte importante da receita nos primeiros anos da nova administração.

Outra facilidade, decorrente da inter-relação entre as editoras, foi a rede de fornecedores e colaboradores. Com estrutura de gigante para a época, a CEN trabalhava com ampla rede de empresas e profissionais "terceirizados" – tradutores, revisores, designers etc. –, que, já habituados às demandas de Octalles, atendiam também a Ênio Silveira. Foi o caso, por exemplo, de Rubens Barros de Lima, responsável pelo projeto e produção gráfica dos livros da CEN desde o final da década de 1940, e do artista alemão Walter Lewy, colaborador das capas da CB, relacionado por Hallewell como um dos principais artistas gráficos da CEN. Entende-se, assim, como Ênio conseguiu base logística e financeira para dar fôlego à editora e torná-la, rapidamente, uma das principais do país.

Quando Ênio Silveira se tornou sócio majoritário – e, a partir de 1963, único acionista –, os fornecedores iniciais foram substituídos por outros, mais de acordo com o perfil que se pretendia dar à CB. No que se refere ao projeto gráfico, por exemplo, foi chamado o conhecido poeta Thiago de Mello, que realizou uma série de experimentações tipográficas. Depois disso, Roberto Pontual criou o padrão tipográfico de miolo e quarta capa, seguido, após seu afastamento, por Léa Cauliraux.

No processo de reestruturação da Civilização Brasileira, Ênio adotou uma forma de gerência centralizada. Geralmente, ele acompanhava de perto todas as etapas do processo editorial, desde o contato com autores e agentes literários brasileiros e estrangeiros até a escolha de tradutores, revisores e designers e a orientação do projeto gráfico. Também tinha por costume ler o original dos livros que recebia para publicação. Fazia traduções, revisões, uma grande quantidade de apresentações para os mais diversos livros, e, quando necessário, chegava mesmo a realizar capas, registradas em seu nome nas três entradas de pagamentos por esse serviço na contabilidade da editora.

Apesar da centralidade da figura de Ênio Silveira ou talvez devido a isso, o processo produtivo da CB era relativamente versátil e não burocratizado. O editor não só tinha dinamismo e intensa capacidade de trabalho como também possuía grande carisma e liderança entre os seus subordinados. O quadro que se pinta, assim, é de um dirigente polivalente, efetivamente envolvido com o trabalho, profundo conhecedor da prática de sua atividade e condutor firme de um projeto próprio, e mesmo pessoal, de sua concepção editorial.

Primeiros desafios

O trabalho de dar uma identidade adequada e original a um selo editorial é um dos maiores desafios de um editor. A identidade pela qual uma editora é reconhecida depende de decisões editoriais e pequenos detalhes de produção que, em função de sua consistência, definirão um discurso de identidade mais claro ou ambíguo. A Civilização Brasileira é uma das editoras que conseguiu atingir um grau de identificação e reconhecimento, por parte do público, que é raro na história brasileira. Não é comum o leitor desavisado identificar um livro pela editora. A identidade da CB ultrapassou o limite dos *connaisseurs* da área e conseguiu atingir a disputada atenção do público comprador, especialmente no aspecto da comunicação visual. "Os leitores já estão sabendo, mesmo sem ver o logotipo, sem ver o nome, só pela capa, quais são os livros da Civilização. Isso me deixou muito contente porque eu sabia que a gente tinha criado uma identidade própria" (Thiago de Mello apud Lima; Mariz, 2003, p.8).

A princípio, o processo seria estudado pelo prisma do design gráfico. No entanto, juntando-se as peças do quebra-cabeça de uma extensa pesquisa, obteve-se um todo que ultrapassa tal recorte em respostas. O entendimento da estruturação do projeto editorial da CB fez parte dessa montagem de peças soltas que lança luz na percepção do todo.

Uma das primeiras etapas na formação da identidade de uma editora é o seu catálogo de títulos. No Brasil, diferentemente de empresas comuns de bens de consumo, uma editora lida com a figura do cliente, presente em duas pontas opostas do processo produtivo: o autor, que, longe de ser um simples fornecedor de "matéria-prima" para publicação, é agente que escolhe com quem quer publicar sua obra e acerta prazos e parâmetros mais ou menos específicos para a publicação; e o leitor, que tende, em detrimento da chancela editorial, a observar mais o tipo de linguagem verbal, visual e gráfica que o livro oferece.

O que determinaria, então, a escolha feita pelo autor, ou seu agente literário, de uma editora em detrimento de outra? A disponibilidade financeira da empresa (adiantamento de direitos autorais, por exemplo) é um fator sem dúvida importante, mas não é o único, nem necessariamente o que de fato determina a escolha final. A capacidade do editor-chefe de fazer a articulação correta entre as duas pontas – o autor e seus leitores –, escolhendo, produzindo, distribuindo e divulgando um objeto que não apenas chegue aos pontos de venda, mas que estabeleça a comunicação adequada através dos diversos níveis de linguagem disponíveis, parece bem mais relevante, pois exige muito mais que mero investimento financeiro. No livro *Consagrados e malditos: os intelectuais e a editora Civilização Brasileira,* de Luiz Renato Vieira, encontra-se a questão exemplificada nas palavras de Bourdieu:

> Os editores têm também total consciência de que o sucesso de um livro depende do lugar de publicação: sabem reconhecer o que é "para eles" e o que não é, e observam que tal livro "que é para eles" (por exemplo, Galimard) não funcionou bem em um outro editor (por exemplo, Laffont). O ajustamento entre o autor e o editor e em seguida entre o público é, assim, o resultado de uma série de escolhas que interferem na imagem da marca do editor: é em função desta imagem que os autores escolhem o editor, que lhes escolhe em função da ideia que ele mesmo tem de sua editora. E os leitores fazem então inferir em sua escolha de um autor, a imagem que eles têm do editor, o que contribui sem dúvida para explicar o fracasso dos livros deslocados (*déplacés*). (Bourdieu apud Vieira, 1998, p.123)

Ênio Silveira também se deparou com essa questão na construção de seu projeto editorial. Ao se fixar no Rio de Janeiro, logo avaliou o espaço ocupado por seus concorrentes. Em destaque, estava a editora de José Olympio, que, estabelecida na capital desde 1934, consagrara-se com a publicação de autores nacionais, especialmente nordestinos, no período em que a chamada literatura regional ganhava força, impulsionada pelos ventos favoráveis do nacionalismo getulista. O editor, aliás, era pessoalmente simpatizante de Getúlio Vargas. Em sua "casa", porém, buscava congregar autores de tendências divergentes, fazendo dela um espaço de conversas amenas e debates acalorados entre os literatos da capital. No início da década de 1950, sua livraria representava um ponto de encontro para uma elite de intelectuais ligada a seu editor não apenas por contratos profissionais, mas também por laços de amizade.

Apesar do espaço ocupado pela José Olympio na área literária, havia ainda, nas palavras de Ênio, "um grande vazio" em que se encontravam muitos autores que não estavam no chamado "grupo da José Olympio", mas que poderiam ser ainda "uma vasta área de manobra" para a formação do grupo de um novo editor, que os acolheria e saberia como dar voz a suas ideias (Ferreira, 1992, p.52).

A formação do "Grupo Civilização" (Vieira, 1998) teve, então, como importante aspecto, a postura político-ideológica de Ênio, que, conforme já apontado aqui, era reconhecidamente vinculada ao partido comunista, mas não restrita a determinada corrente ou facção ideológica. Com isso, ele passou a aglutinar em torno da CB um grupo de intelectuais até então dispersos no mercado editorial. Mas, graças à postura pluralista de seu editor, a Civilização Brasileira reuniu em seu catálogo, ao longo dos anos, uma variada gama de autores que, apesar de terem posições políticas diferentes, identificavam-se pela adoção de valores vinculados à "noção de transformação social" (Vieira, 1998). Em entrevista a Vieira, Leandro Konder, que se aproximou do "Grupo Civilização" após o golpe de Estado de 1964, comentou:

> Outro aspecto importante é que também entram muito as relações pessoais aí. O Ênio era uma pessoa que se dava com muitos intelectuais. Muitos intelectuais brigados uns com os outros tinham em comum a relação com o Ênio e ele cuidava dessas relações, como editor e como político. E ele próprio, não sendo escritor, não tinha aquelas rivalidades literárias. (Konder apud Vieira, 1998, p.78)

Dessa forma, Ênio começou a colher seus primeiros frutos na Civilização Brasileira. Assim como foi a José Olympio, a CB tornou-se ponto de encontro, debate e fonte de trabalho para um grupo de escritores, intelectuais, artistas e profissionais do livro identificados com o novo projeto editorial. Ganhando maior autonomia e segurança, o editor buscou enriquecer seu catálogo incluindo pensadores e também "todos que representassem criativamente o processo social, político e econômico brasileiro [...] autores importantes, que não eram autores oficiais, mas que o *establishment* burguês aceitava com amplo sucesso" (Ferreira, 1992, p.56). Além de escritores brasileiros, Ênio enriqueceu o repertório da CB com autores estrangeiros ainda inéditos no Brasil, em grande parte graças aos contatos nos Estados Unidos e à experiência e ao conhecimento adquiridos na Alfred Knopf.

Um projeto plural

É comum a Civilização Brasileira, ao longo de sua história, ser associada genérica ou diretamente à esquerda política ou mesmo ao comunismo. Essa imagem ganha tonalidades mais fortes durante a ditadura militar. No contexto da radicalização dos discursos ideológicos, a CB tornou-se para o regime vigente uma espécie de "bastião comunista" no Brasil. De fato, Ênio continuou a publicar (ou pelo menos a tentar), mesmo no período de maior repressão, obras de Marx, Lênin, Gramsci, John Reed, Leandro Konder, Nelson Werneck Sodré e outros de linhas ideológicas afins. O perfil da CB, no entanto, está longe de ser estritamente político-ideológico. Quanto a isso, note-se que na listagem de títulos publicados entre 1959 e 1970, ao lado de coleções de cunho mais social, como a Retratos do Brasil, têm-se coleções de natureza mais literária, como a numerosa Biblioteca do Leitor Moderno, nas quais figuram obras de Herman Hesse, Scott F. Fitzgerald e Aldous Huxley. Outras coleções representativas do perfil editorial da CB são a Coleção *Documentos da História Contemporânea; Novo Romance Policial; Biblioteca Básica de Cinema; Teatro Hoje* e Coleção *Universitária de Teatro; Poesia Hoje* e *Perspectivas do Homem* (livros de Filosofia). A área de saúde e comportamento, presente desde a década de 1940, é mantida e atualizada com obras da cultura oriental. Como coleções e títulos mais representativos citam-se a série *Livro de Cabeceira do Homem (e da Mulher)* e títulos como *Nossa vida sexual, Homossexualismo, Relações humanas na família e no trabalho, Introdução ao Zen Budismo* e *Hatha Yoga, paz e saúde.*

A CB, na verdade, esteve mais para o perfil ecumênico que para o político. Ênio, como nas palavras de Octalles, era mais "um editor de vanguarda". Seu foco era o questionamento dos cânones tradicionais vigentes e a exposição e debate de assuntos então polêmicos, fosse na área sexual, política, social, artística ou filosófica, que era a base comum de discurso editorial da CB. O editor concebia sua atividade como uma "missão". "Para Ênio Silveira, o livro era um instrumento privilegiado na luta política, mas antes disso, na própria construção do homem enquanto tal" (Vieira, 1998, p.72). A "missão", contudo, não pretendia ser suicida do ponto de vista empresarial. Alternando entre publicações sabidamente não lucrativas, como a *Revista Civilização Brasileira*, e publicações mais populares, a editora, em sua polivalência, garantiu sua saúde financeira até o período de maior repressão da ditadura militar.

Ênio advogava uma abordagem "não elitista" diante do objeto livro. Segundo ele, os livros, como outros objetos culturais, não deveriam ser feitos apenas para uma elite erudita. E declarava: "Nós temos um mito elitista de que cultura é coisa para nós, universitários, profissionais liberais etc. Não é. Cultura é para todo mundo. Desde que você coloque as pessoas em contato com ela" (Ferreira, 1992, p.133).

O próprio Ênio contava que era o introdutor, no Brasil, de uma série de práticas já utilizadas em outros países, mas ainda mal vistas pelos editores mais tradicionais daqui. Um exemplo dessas práticas é a brochura já aparada, que era adotada na maioria dos países desenvolvidos, com exceção da França. Outro é a propaganda agressiva, com o uso de anúncios em periódicos e *outdoors,* por exemplo. Em resposta às críticas de editores mais conservadores, como José Olympio, que acusavam o revolucionário editor de estar transformando o livro num objeto vulgar, Ênio dizia:

> Mas ele é [...] um objeto e quanto mais vulgar melhor para os editores, se você quer saber; e quanto mais vulgar melhor para os leitores. Porque o livro só para a elite brasileira, por quê? O livro tem que ser para todo mundo. Quanto mais amplamente se divulgue o livro, melhor para a cultura brasileira, para o processo cultural. Temos de desmistificar o livro. A exibição de cultura, [...] tem que ser transformada em irradiação cultural, atingindo o mais amplo número de pessoas. É assim que a cultura avança. (Ferreira, 1992, p.155)

Nesse contexto, encontra-se também a importância dada ao design gráfico dos livros. Conforme Ênio ganhava autonomia e amadurecia seu projeto editorial, buscava profissionais que pudessem criar uma apresentação gráfica própria, que traduzisse visualmente o novo discurso de sua editora. A definição de recorte e, principalmente, a limitação de espaço deste texto, não permitirão o detalhamento que merece esse importante aspecto, no caso, na produção da CB. Entretanto, deve-se destacar aqui um breve comentário a esse respeito, uma vez que a nova apresentação dos livros se constituiu em poderosa ferramenta de comunicação institucional, por meio de uma linguagem visual que primou pela alta qualidade gráfica, singularidade e expressão.

Os livros produzidos pela Editora CB a partir de 1959 possuem uma grande unidade visual, que os distingue até hoje. A forte identidade visual, notada, principalmente, pelas capas, foi um fato inédito na época. Com isso, os livros da CB tiveram um destaque maior em relação aos demais nas livrarias, e isso fez os leitores os reconhecerem pela linguagem visual. Diga-se mais: na coleta de exemplares da época, os livros da CB do período áureo (1959-1970) eram reconhecidos apenas pela lombada. Avaliando as capas da editora como um todo, a reconhecida designer da área editorial, Moema Cavalcanti, destaca que "elas chamavam atenção para os livros, sem dúvida, mas também mostraram que havia alguém que cuidava do livro, havia ali uma profissão, um pensamento, uma pessoa. O livro deixa de ser anônimo do ponto de vista gráfico" (Leon, 1991, p.113).

Uma das perguntas importantes levantadas para esta pesquisa foi quem seria o responsável pela direção do projeto visual da CB. Haveria um diretor de arte, ou melhor, um designer gráfico contratado para esse fim, "alguém que cuidava do livro", como definido por Moema Cavalcanti? A pesquisa concluiu que esse "alguém" era o próprio editor Ênio Silveira, que contratou designers, os quais, guardadas suas particularidades estéticas pessoais e profissionais, foram capazes de traduzir visualmente as ideias do editor.

Os dois principais designers desse período áureo foram Eugênio Hirsch e Marius Lauritzen Bern. O primeiro foi quem iniciou o novo estilo gráfico da editora. Nascido em Viena, Hirsch veio para o Brasil em 1956, após ter morado na Argentina. Foi o principal designer de Ênio para capas e marcas de coleções entre 1959 e 1965. O segundo, que assumiu a posição de Hirsch após sua partida para a Europa, manteve o alto nível de qualidade e a identidade visual da editora. Marius também foi autor do desenho do símbolo da CB. A nova marca com as letras *c* e *b* formando páginas de um livro inscrito em um retângulo tem especial destaque no novo design de Marius para as capas da *Revista da Civilização Brasileira*.

Figura 14.1 – Capa da *Revista Civilização Brasileira*

Assim, se por um lado se estabeleceu um discurso institucional de valores progressistas, como ousadia, inovação, disseminação cultural, liberdade intelectual e antissectarismo, por outro, esse discurso se materializou visualmente por meio de uma linguagem visual gráfica que carregava intensidade, experimentação, diversidade e expressividade conceitual. A articulação entre as duas instâncias de projeto – conceitual e formal – resultou numa produção editorial que primou pela consistência e é referência de vanguarda até os dias atuais.

Cabe ainda ressaltar pelo menos mais um aspecto notável na realização editorial de Ênio e sua equipe: o cuidado e o investimento no texto e, em especial, nas traduções. O fato de o editor ter inserção privilegiada entre os intelectuais facilitou a contratação de especialistas que, além de serem os melhores, fizeram do trabalho uma missão cultural, acima do ganho monetário. É o caso da tradução direta de *Ulisses*, de James Joyce, para a qual Ênio contou com ninguém menos que Antônio Houaiss. Na orelha da edição mais recente (de 1998; a primeira é de 1982), sob o título de *O Ulisses de Houaiss*, Augusto de Campos já inicia sua apresentação elogiando a "excelência da tradução de Antônio Houaiss", comparando-a com a de predecessores (de Augusto Morel e Stuart Gilbert revista por Valery Larbaud e pelo próprio Joyce), a seu ver, menos arrojados (Campos, 1998, apresentação de orelha do livro *Ulisses*). Lamentavelmente, nessa edição, apenas dois anos após a morte de Ênio Silveira, não há nenhuma menção ao editor responsável pelo festejado resultado.

Desdobramento e conclusão

O período entre 1959 e 1970 foi considerado o principal para o estudo da produção da CB. Durante essa fase, a produção da editora atingiu seu ápice não só do ponto de vista da forma, mas também do conteúdo. A radicalização política dos anos 1960, que culminou com o Ato Institucional Número 5 após instauração do regime militar, tornou inviável a "pluralidade intelectual" da CB, e isso se traduziu em uma série de obstáculos ao seu funcionamento. Assim, infelizmente, após longos anos de pesados prejuízos financeiros impostos pelo novo regime como forma de quebrar a força de iniciativa tão característica de Ênio na administração de seus negócios, ficou impossível para a Editora CB manter o vigor do início dos anos 1960.

Ênio Silveira e sua editora sofreram inúmeros tipos de boicote e pressões para acabar com suas atividades. O editor esteve preso por sete vezes, a editora sofreu dois ataques a bomba, um dos quais destruiu sua livraria, a maior da cidade na época. Além disso, a editora teve tiragens inteiras apreendidas, cortes de crédito por parte de bancos e diversas outras restrições financeiras. A distribuição e a venda dos livros foram seriamente prejudicadas em função das pressões por parte do governo militar para que as livrarias não aceitassem os livros da Civilização Brasileira.

Graças a reservas econômicas, a conquistas obtidas no período anterior ao golpe militar, ao apoio de amigos e à energia e ao sacrifício pessoais de seu editor, a CB resistiu a esses numerosos ataques durante a década de 1960, surpreendendo o mercado com inovação e um alto padrão de qualidade em sua produção editorial. No entanto, após tantas dificuldades, ao final dos anos 1960 e início dos 1970, a estrutura financeira da empresa não comportava mais a mesma capacidade produtiva. Soma-se a isso um derrame sofrido por Ênio Silveira, em 1970, que o deixou quatro meses fora da editora.

A partir desse período, a CB, apesar de continuar a publicar livros, teve suas atividades significativamente reduzidas, observando-se também uma gradativa queda na qualidade visual de sua produção. Foi assim que, em 1982, após um acordo operacional com a Difusão Europeia do Livro (Difel), 90% das ações da Civilização Brasileira foram vendidas ao banco Pinto de Magalhães, de capital português, e, nos anos 1990, o grupo ao qual pertencia a CB foi comprado pela Editora Record. Apesar disso, Ênio Silveira continuou a trabalhar como editor da casa até seu falecimento, em 1996.

15
Ditadura militar e censura a livros: Brasil (1964-1985)

Sandra Reimão

Censura a livros no Brasil de 1964 a 1968: observações iniciais

O golpe militar de 31 de março de 1964 ocorreu após um período de cerca de vinte anos de democracia. Nesse período pré-1964, consolidou-se no país uma reflexão social presente em boa parte do conjunto das atividades culturais e artísticas nacionais.

Ao assumirem o governo federal "a fim de garantir o capital e o continente contra o socialismo", os militares, "para surpresa de todos" (Schwarz, 1978, p.62), não investiram contra essa produção cultural de esquerda. Assim, entre 1964 e 1969, a característica marcante do panorama cultural brasileiro foi a paradoxal convivência de uma ditadura de direita com uma ampla presença de produções culturais de esquerda – como disse Roberto Schwarz no clássico estudo "Cultura e política 1964-1969": "apesar da ditadura da direita, há relativa hegemonia cultural da esquerda no país" (ibidem). É esse período que Elio Gaspari denomina de "ditadura envergonhada" e que outros chamavam, ironicamente, de "ditabranda".

Fique claro que não podemos considerar a farta produção cultural engajada politicamente durante o período pós-1964 como uma afirmação de que a censura incentivaria a criatividade; o que aconteceu foi exatamente o contrário; "o movimento cultural destes anos é uma espécie de floração tardia, fruto de dois decênios de democratização", como disse Roberto Schwarz.

Na realidade, entre o golpe militar de 1964 e a decretação do AI-5, em 1968, a censura a livros no Brasil foi marcada por uma atuação confusa e multifacetada, pois, além de apresentar ausência de critérios, mesclava batidas policiais, apreensão, confisco e coerção física. Um editorial do *Jornal do Brasil* de 22 de janeiro de 1966 reclamava da falta de critérios nas apreensões de livros que estava transformando essas ações em "peças modelares da ignorância" (apud Stephanou, 2001, p.214).

O alvo predileto dessa atuação aleatória das forças de repressão no que tange à apreensão, coação e censura de livros entre 1964 e 1968 foi o editor Ênio Silveira, dono da Editora Civilização Brasileira. Ele foi preso várias vezes, processado outras tantas e viu a Editora Civilização Brasileira ser invadida e sua produção editorial ser apreendida.

Elio Gaspari descreve assim a reação do então presidente Castello Branco ao episódio da prisão de Enio Silveira em maio de 1965:

> Castello [...] mandou ao general Ernesto Geisel quatro folhas de bloco manuscritas tratando do assunto [...]. Dizia o presidente ao seu Chefe de Gabinete Militar: "Por que a prisão do Ênio? Só para depôr? A repercussão é contrária a nós [...] Apreensão de livros. Nunca se fez isso no Brasil. Só de alguns (alguns!) livros imorais. Os resultados são os piores possíveis contra nós. É mesmo um terror cultural". A expressão "terrorismo cultural" foi criada por Tristão de Athayde (pseudônimo de Alceu Amoroso Lima) e era "ridicularizada pelo governo e pelos intelectuais que o apoiavam". (Gaspari, 2002a, p.96-7, 220, 231)

Muitos anos mais tarde, Ênio Silveira rememorou assim essas apreensões:

> Ao todo eles apreenderam mais de trinta títulos nossos, só isso já basta para dar uma dimensão terrível em termos empresariais. Eles invadiam nosso depósito, iam às livrarias, recolhiam livros e sumiam com eles. Movi uma ação contra o governo [...], mas aí eles vêm com aquele argumento de que houve uma anistia recíproca. Não estou anistiando ninguém [...]. Foi um período terrível. Nós éramos atacados de todas as maneiras possíveis e imagináveis, cerceados: intimidação a livreiros e gráficos, apreensão de livros". (Ferreira, 2003, p.71)

Embora o universo dos livros, editoras e livrarias fosse alvo do vandalismo da direita, não houve nos primeiros anos após o golpe militar de 1964 a estruturação de um sistema único de censura a livros. Essa ausência de regulamentação censória em relação aos livros fez constar entre os *best-sellers* de 1968, por exemplo, clássicos do pensamento nacional de esquerda, como *Um projeto para o Brasil*, de Celso Furtado, clássicos internacionais da literatura erótica, como *Kama Sutra*, da literatura hindu de fisiologia e moral sexual, como *Filosofia na Alcova*, o marquês de Sade e *Minha vida, meus amores*, de Henry Spencer Ashbee, relato autobiográfico de um colecionador de arte erótica (Reimão, 1996, p.43-50).

Observando a complexa e bizarra convivência entre uma ditadura de direita e um mercado editorial razoavelmente "solto", apesar de vítima de vandalismos, o crítico norte-americano Malcolm Silverman, em *Protesto e o novo romance brasileiro*, comenta:

> Reconhecidamente, a influência do escritor sobre a opinião pública era minguada e insignificante. Já se calculou que, em todo o Brasil há apenas sessenta mil leitores de ficção, ou menos do que 0,05% da população! Muitos destes leitores, talvez a maioria, preferem [...] biografias e memórias, os *best-sellers* americanos ou europeus traduzidos e as coletâneas [...] descomplicadas. (Silverman, 2000)

Silverman conclui: "não deveria ser nenhuma surpresa, portanto, que a literatura socialmente engajada [...] permanecesse largamente isenta de censura, embora não de cooptação, nos anos seguintes a 1964; e mesmo após 1968, quando o AI-5 foi promulgado, continuasse livre de interferência direta" (Silverman, 2000, p.32-3).

Censura a livros no Brasil de 1968 a 1978

Em maio de 1961, o então presidente Jânio Quadros concedeu aos estados o direito de exercer a censura. Isso ocorreu simultaneamente à legislação que, desde 1946, dava à Polícia Federal a responsabilidade de realizar a censura prévia a filmes, peças teatrais, discos, apresentações de grupos musicais, cartazes e espetáculos públicos em geral. "O decreto gerou uma confusão de poderes [...] alguns filmes eram proibidos em São Paulo, e liberados na Guanabara, e vice-versa. Resultado: uma guerra de liminares, mandados de segurança" (Stephanou, 2001, p.261, 269).

Em abril de 1965 foi inaugurado um novo prédio para o Departamento Federal de Segurança Pública, onde atuaria o Serviço de Censura e Diversões Públicas (SCDP), em Brasília. Essa edificação indicava o desejo do governo federal de centralizar as atividades censórias. Quando o Ato Institucional Número 5 (AI-5) foi decretado, as atividades censórias já se encontravam centralizadas no governo federal.

Antecederam à decretação do AI-5, no Rio de Janeiro, duas grandes manifestações públicas contra as arbitrariedades do regime militar: a manifestação "Cultura contra Censura", em fevereiro de 1968, e, alguns meses mais tarde, aquela que ficou conhecida como "A Passeata dos Cem Mil", em 26 de junho de 1968.[1]

O ano de 1969 foi um ano de

> cassações em massa, rígido controle dos movimentos operários e estudantis, recrudescimento da censura, instituição da pena de morte e prisão perpétua para crimes políticos e inauguração, no país, da prática de sequestros por parte de guerrilheiros urbanos. [...] As atividades culturais passaram a ser rigorosamente vigiadas e artistas de projeção nacional [...] tiveram de deixar o país".[2]

Não é possível precisar o número de prisões que se seguiram à decretação do AI-5. Zuenir Ventura estima algo em torno de algumas centenas de pessoas efetivamente presas; "algumas centenas de intelectuais, estudantes, artistas, jornalistas [...] recolhidos às celas do DOPS, da PM e aos vários quartéis do Exército, da Marinha e da Aeronáutica em todo o país" (Ventura, 1988, p.155-65).

Em 12 de dezembro de 1968, o general Jayme Portella de Mello "determinou à Polícia Federal que se preparasse para calar as emissoras de rádio e televisão e enviar censores aos jornais do Rio e de São Paulo" (Gaspari, 2002b, p.211). Foram presos o jornalista Carlos Castello Branco, em Brasília, e, Osvaldo Peralva, diretor do jornal *Correio da Manhã*, no Rio de Janeiro.[3] Em 13 de dezembro de 1968, os encarregados da censura invadiram as redações e realizaram uma blitz geral. As prisões da véspera "foram atos de violência destinados muito mais a garantir o sucesso do golpe do que a assegurar a permanência do regime". A partir de 13 de dezembro, houve fortes

1 Ver Ventura, 1988.

2 *Visão*, especial "Assim se passaram dez anos", 11 mar. 1974, p.46.

3 Em setembro de 1969, por falta de opções, a proprietária do jornal, Niomar Moniz Sodré Bittencourt, se viu forçada a ceder o controle do jornal e arrendá-lo a um empreiteiro.

intervenções da censura no jornal *O Estado de S. Paulo*, e, entre 1972 e 1975, foram instalados censores diretamente na redação.[4] A revista *Veja* também foi informada, em dezembro de 1969, que, semanalmente, deveria submeter um exemplar impresso a exame por um determinado militar, que liberaria ou suspenderia a circulação daquela edição (Gaspari, 2002b, p.169).

Correlatamente à censura à imprensa, floresceu a chamada imprensa alternativa, ou nanica. "Os dois semanários impressos em papel jornal que mais se destacavam, *O Pasquim* e *Opinião* [...], vendiam em torno de 100 mil exemplares, quase todos nas bancas. Era uma circulação superior a das revistas *Veja* e *Manchete* somadas" (Gaspari, 2002b, p.219).

Aos poucos, a presença de censores nas redações foi retirada da maioria dos jornais e o controle foi exercido mais diretamente sobre os proprietários dos veículos de comunicação. No entanto, só se pode dizer que houve o fim da censura prévia à imprensa em junho de 1978, quando os jornais *Tribuna da Imprensa, O São Paulo* (da Arquidiocese de São Paulo) e *Movimento* foram finalmente liberados desse ritual (Cotta, 1997, p.44).

Em 13 de outubro de 1978 foi promulgada pelo Congresso Nacional a Emenda Constitucional Número 11 que revogava, a partir de 1º de janeiro de 1979, o AI-5.

Nos dez anos de vigência do AI-5 (13 de dezembro de 1968 a 31 de dezembro de 1978), segundo estimativas apresentadas por Zuenir Ventura, este atingiu direta e explicitamente com punições – como cassação, suspensão de direitos políticos, prisão e/ou afastamento do serviço público – 1.607 cidadãos.[5] No que tange ao cerceamento da produção artística e cultural, nos dez anos de vigência do AI-5 foram censurados, ainda segundo dados apresentados por Zuenir Ventura, "cerca de 500 filmes, 450 peças de teatro, 200 livros, dezenas de programas de rádio, 100 revistas, mais de 500 letras de música e uma dúzia de capítulos e sinopses de telenovelas" (Ventura, 1988, p.285).

A censura à imprensa durante os dez anos de vigência do AI-5 fez deste "o mais prolongado período de censura da história do Brasil independente" (Gaspari, 2002b, p.218).

4 *O Estado de S. Paulo*, caderno especial "Março de 64", São Paulo, 31 mar. 2004, p.H8.

5 A estimativa citada na matéria "Março de 64 – durante", publicada no jornal *O Estado de S. Paulo*, em 31 de março de 2004, p.H3, fala em números bem maiores. "Entre 1964 e 1985 [...] foram cassados – estima-se que em torno de 3.500 pessoas – exilados, presos, torturados e mortos".

Não se pode esquecer que durante os chamados anos de chumbo (1969-1974), "o mais duro período da mais duradoura das ditaduras nacionais", o Brasil vivia altas e inéditas taxas de crescimento econômico e um regime de pleno emprego – era o chamado "milagre brasileiro". "O Milagre Brasileiro e os Anos de Chumbo foram simultâneos. Ambos reais, coexistiram negando-se" (ibidem, p.13).

Durante o "milagre brasileiro", entretanto, como observou Elio Gaspari, "ao êxito econômico não correspondeu progresso político algum. Pelo contrário, entendeu-se que a ditadura era, se não a causa, indiscutivelmente a garantia da prosperidade. O controle da imprensa desempenhou um papel essencial na cantata desse 'Brasil Grande' e na supressão dos conflitos que abrigava" (ibidem, p.210).

Os livros de autores brasileiros censurados entre 1968 e 1978

A censura prévia, já regulamentada para cinema, televisão, teatro, espetáculos públicos, música e rádio e prática presente em várias revistas e jornais impressos expandiu-se para a totalidade do mercado editorial depois da centralização do SCDP em Brasília.

A censura prévia para livros foi regulamentada pelo Decreto-Lei nº 1077/70, cujos artigos 1 e 2 estavam assim redigidos:

> **Art.** 1º Não serão toleradas as publicações e exteriorizações contrárias à moral e aos bons costumes quaisquer que sejam os meios de comunicação;
> **Art.** 2º Caberá ao Ministério da Justiça, através do Departamento de Polícia Federal, verificar, quando julgar necessário, antes da divulgação de livros e periódicos, a existência de matéria infringente da proibição enunciada no artigo anterior.

A portaria 11-B, de 6 de fevereiro, destinada a operacionalizar o Decreto-Lei nº 1077/70, determinava que todas as publicações deveriam ser previamente encaminhadas para o Ministério da Justiça para julgamento. A reação adversa de editores, escritores, intelectuais e associações da sociedade civil – entre elas a Associação Brasileira de Imprensa, a Ordem dos

Advogados do Brasil e a Academia Brasileira de Letras – foi grande, relata--nos, entre outros, Antonio Costela no livro *O controle da imprensa no Brasil*, publicado no calor da hora, em 1970, pela Editora Vozes.

Liderando a oposição à censura prévia para livros destacaram-se Jorge Amado e Erico Verissimo, líderes também de vendagens na época, que declararam publicamente: "em nenhuma circunstância mandaremos os originais de nossos livros aos censores, nós preferimos parar de publicar no Brasil e só publicar no exterior" (Jones, 2001, v.I, p.46).

A incisiva reação contra o estabelecimento da censura prévia para livros e publicações em geral levou o governo a recuar e a publicar uma nova instrução para a portaria 11-B: "estão isentas de verificação prévia as publicações e exteriorizações de caráter estritamente filosófico, científico, técnico e didático, bem como as que não versarem sobre temas referentes ao sexo, moralidade púbica e bons costumes".

Entretanto, note-se também que os limites para decidir se um texto enfoca ou não, engloba ou não e tangencia ou não temas de moralidade pública, bons costumes ou sexo podem ser limites bastante móveis, e essa mobilidade permitiu que relevantes obras – teóricas, conceituais e ficcionais – fossem alvo de rigorosos atos censórios.

Na prática, a censura a livros dava-se, segundo descrição publicada na revista *Veja*, da seguinte forma:

> Alguém que tenha lido um livro, autoridade ou não, e o considere atentatório à moral ou mesmo subversivo, faz uma denúncia ao Ministério. Instala-se, então, um processo no qual é dada a um assessor do ministro da Justiça a tarefa de ler a publicação e emitir parecer. Com base neste, o ministro decreta ou não a apreensão. [...] A tarefa passa a seguir para a Polícia Federal que deve providenciar o recolhimento dos exemplares à venda".[6]

Apesar de os censores trabalharem, no que tange à censura de livros, respondendo a denúncias, continua a descrição da revista *Veja*, "as superintendências regionais da Polícia Federal costumam receber livros para censura prévia, de editoras que temem uma apreensão posterior à publicação".

6 *Veja*, 29 dez. 1976, p.82.

A censura prévia para livros seria inexequível. Uma matéria da revista *Visão* salienta essa impossibilidade técnica: "só em 1971 foram lançados no Brasil 9.950 títulos novos, que exigiriam um número incalculável de censores".[7] O conjunto de funcionários atuando como censores federais passou de 16 em 1967 para 240 ao final do regime militar (Stephanou, 2001, p.246), mas, mesmo com esse inchaço, a censura prévia de todo o mercado editorial brasileiro era algo não executável. A maioria da atividade de censura em relação a livros dava-se, na prática, por denúncias.

Na primeira metade da década de 1970, durante o chamado "milagre brasileiro", a edição de livros cresceu em número de títulos editados e também em número de exemplares. Em 1972, o Brasil ultrapassou, pela primeira vez, a barreira de um livro por habitante ao ano. Em 1972 a população brasileira era de 98 milhões de habitantes e foram produzidos 136 milhões de livros – 1,3 livros por habitante. Para entender esse crescimento é preciso levar em conta, entre outros indicadores básicos, a queda da taxa de analfabetismo de 39% para 29% na população com mais de cinco anos de idade, entre as décadas de 1970 e 1980.[8]

Os dados gerais sobre a ação da censura a livros nesse período são conflitantes. Zuenir Ventura, em *1968, o ano que não terminou*, indica, como já citamos, que entre 1968 e 1978 foram censurados duzentos livros; um levantamento realizado pela equipe de pesquisadores do Centro Cultural São Paulo e publicado no livro *Cronologia das artes em São Paulo: 1975-1995*, volume 1 – Quadro Brasil, indica, esses mesmos números (1996, p.41).

Diferentemente do livro de Zuenir Ventura e da *Cronologia das artes*, *Nos bastidores da censura*, de Deonísio da Silva, indica 430 livros proibidos pela censura federal durante o regime militar,[9] dos quais cerca de 92 são de autores brasileiros.[10] Desses 92, 7 são textos teatrais censurados para publi-

---

7 *Visão*, especial "Assim se passaram dez anos", 11 mar. 1974, p.150.

8 Reimão, 1994, p.59-61, a partir de dados extraídos dos *Anuários Estatísticos do Brasil* e *Censos Demográficos* do Instituto Brasileiro de Geografia e Estatística (IBGE).

9 A mesma lista também foi publicada pelo autor (apenas com a exclusão de um título) no número 34 da revista *Escrita* em um texto denominado "Os livros banidos pela Revolução". Há, nessa listagem, muitos casos, especialmente de literatura aparentemente pornográfica em que não nos foi possível identificar a nacionalidade do autor indicado. Alguns nomes como Camille La Femme e Lili Lamont supomos ser pseudônimos.

10 Depois de eliminados 35 títulos sem indicação de autoria e livros de 14 autores cuja nacionalidade não nos foi possível identificar.

cação em livro, 15 são livros de não ficção e 70 são textos literários. Entre os 70 textos literários cerca de 60 são eróticos/pornográficos.

Arquivo Nacional

Em Brasília, no subsolo do prédio do Arquivo Nacional, encontram-se os documentos que restaram da Divisão de Censura de Diversões Públicas (DCDP). Em 1988, com a promulgação da nova Constituição, que bania a censura, o DCDP foi desativado, e sua documentação foi transferida para o Arquivo Nacional. O DCDP foi substituído pelo Departamento de Justiça e Classificação, e os censores, quando possível, foram aproveitados no serviço público como delegados ou peritos. A preservação e organização do arquivo com os documentos do extinto DCDP estão, desde 1988, a cargo de três funcionários que se incumbiram pessoalmente da transferência, manutenção e catalogação do material.

É claro que, quando o DCDP foi desativado, é possível que muitos documentos tenham sido eliminados, extraviados ou perdidos. Inimá Simões, na apresentação de seu livro sobre censura cinematográfica assinala: "Compulsando os processos, percebe-se que páginas foram arrancadas, ofícios subtraídos e, de vários filmes, não ficou nenhum sinal de sua passagem, apesar da interdição oficial" (Simões, 1998). Mesmo assim, trata-se de um acervo muito grande e de enorme valor histórico.

No que tange ao material dos processos de censura prévia em relação a publicações (livros e revistas), o universo dos documentos é bastante pequeno se comparado com o material referente a obras cinematográficas e teatrais. Segundo levantamento realizado pelos próprios funcionários do arquivo, há registros de cerca de 490 livros e 97 revistas que foram submetidos ao DCDP, como mostra a Tabela 15.1.

Para qualquer afirmação sobre esses dados, não podemos esquecer que se trata da documentação preservada e não sabemos a que percentual do total original essa documentação corresponde. Eliminando os livros nos quais não constam autoria e aqueles cuja nacionalidade do autor não conseguimos identificar (16), da listagem total de aproximadamente 490 livros submetidos ao DCDP, cerca de 140 são de autores nacionais e, destes, 70 foram vetados, sendo que 60 deles podem ser classificados como eróticos/

Tabela 15.1 – Fundo DCDP, Seção Censura Prévia, Série Publicações

Ano	Livros submetidos	Livros vetados	Revistas submetidas	Revistas vetadas
1970	25	5 (20%)	1	1*
1971	6	0	0	0
1972	16	2 (12,5%)	5	3*
1973	11	4 (36,3%)	1	0
1974	20	11 (55%)	2	2*
1975	132	109 (82%)	15	3 (20%)
1976	100	61 (61%)	42	3 (7%)
1977	49	30 (61%)	11	4 (36%)
1978	84	62 (73%)	8	2 (25%)
1979	47	38 (80%)	2	1*
1980	0	0	4	4*
1981	1	1*	2	1*
1982	1	0	3	3*
1988	0	0	1	0

* Não calculamos o percentual por causa do reduzido número de amostras.

pornográficos. (Os números são sempre aproximados, pois há livros que foram apresentados mais de uma vez e há livros que foram apresentados com nomes diferentes.)

Teatro em livros

Em 1970, o Serviço Nacional de Teatro encaminhou vinte textos de peças teatrais de dramaturgos brasileiros para serem publicados em livros; destes, quatro foram vetados pelo DCDP: *Pavana para um macaco defunto*, de Antônio Galvão Naclério Novaes; *Papa Highirte*, de Oduvaldo Vianna; *O sótão e o rés do chão ou Soninha toda pura*, de José Ildemar Ferreira; e *A farsa do bode expiatório*, de Luiz Maranhão Filho.[11]

Segundo levantamento realizado por Deonísio da Silva, sete outros textos teatrais de autores nacionais tiveram sua publicação em livro censurada: *Maria da Ponte*, de Guilherme Figueredo; *Rasga coração*,[12] de Oduvaldo

11 A documentação desses processos encontra-se no Arquivo Nacional.

12 No arquivo do DCDP encontra-se um ofício a respeito de *Rasga coração*.

Vianna Filho; *Canteiro de obras* e *O belo burguês*, de Pedro Porfírio; *Quarto de empregada*, de Roberto Freire; e as peças *Abajur lilás* e *Barrela*, de Plínio Marcos. Note-se que estamos salientando aqui apenas a publicação em livros de peças teatrais, e não a encenação delas.

Quanto à encenação, a atuação da censura era de outra ordem. Apenas em 1965 foram proibidas as encenações de: *O berço do herói*, de Dias Gomes; *Brasil pede passagem*, show com textos de Castro Alves e Sérgio Porto; *Berço esplêndido*, de Sérgio Porto; e mais três peças estrangeiras, de Gorki, Brecht e Feideau, que depois foram liberadas.[13]

A peça *O berço do herói*, de Dias Gomes, escrita em 1963, teve uma trajetória complexa. Sua encenação foi proibida pela censura federal em 1965, ao mesmo tempo em que a publicação em livro alcançou sucesso de vendas. Em setembro de 1965, no número 4 da *Revista Civilização Brasileira*, Nelson Werneck Sodré escreveu: "*O berço do herói*, que foi proibida pela censura/no teatro/ [...] em livro, afirma-se como *best-seller*, e Dias Gomes recebe essa consagração e mais a da reprise de sua peça *O Pagador de Promessas*. Vejam-na ou revejam-na: é muito oportuna".

Dez anos depois, em 1975, Dias Gomes adaptou o enredo básico de *O berço do herói* para telenovela sob o título *Roque Santeiro*. Em 1975, já com 36 capítulos gravados, *Roque Santeiro* teve sua transmissão censurada no dia da estreia. No programa *Globo Repórter 40 anos de telenovela*, transmitido pela Rede Globo de Televisão em 1991, Dias Gomes relatou que havia contado, por telefone, para Nelson Werneck Sodré que *Roque Santeiro* era uma adaptação de *O berço do herói* e que depois soube que o telefone de Nelson Werneck Sodré estava "grampeado". Em 1985, a mesma telenovela voltou a ser produzida e obteve enorme sucesso de audiência. Entre junho de 1985 e fevereiro de 1986, ela "contaminou o país" e "o Brasil se reuniu mais uma vez em frente à televisão" (Fernandes, 1997, p.308-10).

Em casos como esse, em que há uma interdição da obra para exibições públicas, mas o livro está publicado, ocorre um fenômeno curioso, algo "que não pode ser visto por plateias adultas pagando ingressos, está ao alcance de qualquer pessoa que saiba ler".[14] Casos similares ocorreram com os filmes

---

13 *Visão*, especial "Assim se passaram dez anos", 11 mar. 1974, p.143.

14 Com alterações no tempo verbal, esta citação foi extraída de *O anjo pornográfico: a vida de Nelson Rodrigues*, de Ruy Castro, p.197. O autor está se referindo à publicação, em livro, da peça *Álbum de família*, mas essa ambiguidade pode ser generalizada para muitos outros casos análogos.

Macunaíma, *São Bernardo* e *Toda nudez será castigada*. *Macunaíma*, filme de Joaquim Pedro, de 1969, baseado no livro de Mario de Andrade, foi liberado com quatro cortes depois de muita negociação com a censura. *São Bernardo*, filme de Leon Hirzman, de 1972, em razão de embates com os poderes censórios, só estreou um ano e meio depois de pronto. *Toda nudez será castigada*, de 1972, baseado na obra de Nelson Rodrigues e dirigido por Arnaldo Jabor, depois de interditado, foi liberado com cortes, em virtude da pressão dos prêmios em festivais internacionais (Simões, 1998, p.132, 155, 181). *Dona Flor e seus dois maridos*, filme baseado na obra de Jorge Amado e dirigido por Bruno Barreto que foi visto por 11 milhões de espectadores nos cinemas brasileiros, depois da indicação de alguns cortes, passou praticamente incólume pela censura graças à amizade entre o produtor Luiz Carlos Barreto e o censor Coriolano de Loyola Fagundes (ibidem, p.187-8).

Outro caso de ações censoras diversas para diferentes meios de comunicação ocorreu em 1973 em relação à peça *Calabar*, de Chico Buarque de Hollanda e Ruy Guerra. O texto foi liberado pela censura prévia para publicação em livro, porém a encenação foi censurada e a capa prevista para o disco teve de ser alterada. Chico Buarque, no álbum *Bastidores* (2005), relembra assim o episódio: "A peça foi aprovada [...] montamos o espetáculo e aí a censura que teria que aprovar a montagem, [...] não foi aprovada. Aquilo ficou muito esquisito. Por que aí os jornais eram proibidos de noticiar a proibição e as pessoas chegavam na bilheteria e não entendiam [...] e já tinha os cartazes preparados 'leia o livro, assista a peça, compre o disco Calabar'. [...] O livro foi liberado [...] o espetáculo simplesmente deixou de existir [...] e o disco [...] saiu com uma capa branca [...] e ficou sendo *Chico canta*".

Livros não ficcionais

No acervo de documentos do antigo DCDP, encontram-se os processos que geraram os vetos de dois livros de não ficção de autores brasileiros: *Programa de saúde: projetos e temas de higiene e saúde*, de Lídia Rosenberg Aratangy e outros, da Companhia Editora Nacional, vetado em 1978; e *Basta bastardos*, de Helio de Almeida, vetado em 1970.

Deonísio da Silva lista ainda outros 15 textos não ficcionais de autores brasileiros censurados entre 1968 e 1978: *O poder jovem: História da parti-*

cipação política dos estudantes brasileiros, de Arthur José Poerner; *O mundo do socialismo* e *A revolução brasileira*, de Caio Prado Junior; *A universidade necessária*, de Darcy Ribeiro; *Contradições urbanas e movimentos sociais*, de J. Álvaro Moises e outros; *Classes médias e política no Brasil* e *Movimento estudantil e consciência social na América Latina*, de J. A. Guilhon Albuquerque; *América Latina: ensaios de interpretação econômica*, de José Serra e outros; *O despertar da revolução brasileira* e *Torturas e torturados*, de Márcio Moreira Alves; *Dicionário de palavrões e termos afins*, de Mario Souto Maior; *História militar do Brasil*, de Nelson Werneck Sodré; *A verdade de um revolucionário*, de Olympio Mourão Filho; *A automação e o futuro do homem* e *A mulher na construção do mundo futuro*, de Rose Marie Muraro.

O livro *113 dias de angústia: impedimento e morte de um presidente*, que retrata a doença e a morte do presidente Costa e Silva, em 1969, escrito pelo jornalista Carlos Chagas, que à época trabalhava como secretário de imprensa da presidência da República, foi publicado em 1970 pela Editora Agência Jornalística Imagem e ficou proibido por muitos anos pela censura.[15]

Pelo foco e interesse temático que os títulos dos livros acima indicam, percebe-se que o DCDP fazia a expressão *textos que versem sobre sexo, moralidade púbica e bons costumes* ter uma abrangência bastante ampla e atingir praticamente tudo que o poder não tivesse por interesse divulgar.

Livros eróticos/pornográficos

Nos arquivos do DCDP encontram-se indicações de setenta livros eróticos/pornográficos de autores brasileiros vetados entre 1968 e 1978; o livro de Deonísio da Silva, *Nos bastidores da censura*, apresenta 69 títulos com esse perfil; comparando-se as duas listagens e excluindo-se as repetições, resulta que cerca de cem livros eróticos/pornográficos[16] de autor nacional foram censurados na década de 1970.

15 Este livro não consta do levantamento de Deonísio da Silva. Extraímos essa informação de Elio Gaspari, 2002b, p.105.

16 Concordamos com Carlos Fico (2002) no artigo "Prezada censura" no sentido de que "é possível distinguir uma dimensão moral e uma dimensão estritamente política seja na censura da imprensa, seja na censura das diversões públicas".

Entre esses, 13 são de autoria de Adelaide Carrarro, 18 de Cassandra Rios, 22 são assinados como doutor G. Pop, 17 como Brigitte Bijou e 6 como Márcia Fagundes Varella.

Apesar de Adelaide Carraro afirmar que seus livros tratavam de temas políticos, na realidade "a sexualidade assume o primeiro plano em sua obra e a corrupção política, os problemas sociais aparecem apenas como uma questão secundária" (Caldas, 2000, p.189).

Não nos esqueçamos que parte dos militares achava que a sexualidade podia ser utilizada como ferramenta do "expansionismo comunista". Exemplos dessa postura foram coletados por Paolo Marconi em *A censura política na imprensa brasileira*, dos quais podemos citar as palavras do tenente-coronel Carlos de Oliveira: "O sexo é um instrumento usado pelos psicopolíticos para perverter e alienar a personalidade dos indivíduos [...]. Daí partem para o descrédito das famílias, dos governos, e passam à degradação da nação, bem como intensificam a divulgação da literatura erótica e da promiscuidade sexual" (Marconi, 1980).

Romances, contos e poesias

Além dos textos teatrais já abordados aqui, outras obras de ficção de autores nacionais foram censuradas durante os anos de vigência do AI-5. Segundo a listagem do acervo do DCDP e o citado levantamento de Deonísio da Silva, foram elas: *Quatro contos de pavor e alguns poemas desesperados*, de Álvaro Alves de Faria; *Dez histórias imorais*, de Aguinaldo Silva; *Meu companheiro querido*, de Alex Polari; *Zero: romance pré-histórico*, de Ignácio de Loyola Brandão; *Em câmara lenta*, de Renato Tapajós; *Aracelli, meu amor* José Louzeiro; *Feliz Ano Novo*, de Rubem Fonseca, *Diário de André*, de Brasigóes Felício, e os contos "Mister Curitiba", de Dalton Trevisan, e "O cobrador", de Rubem Fonseca.[17]

Os contos "Mister Curitiba" e "O cobrador" foram vetados previamente pelo DCDP quando venceram concursos de contos da revista *Status* em 1976 e 1978, respectivamente. A revista *Status*, assim como as revistas *Inéditos* (re-

17 O conto "Rebelião dos mortos", de Luiz Fernando Emediato, aparece na listagem de Deonísio da Silva. No caso, não se tratou de censura pelo DCDP, e sim pela organização do Concurso de Literatura da Cidade de Belo Horizonte de 1976, que premiou o texto e depois retirou a premiação e não o publicou. Ver introdução de Luiz Ruffato em *Emediato*, 2004, p.12.

vista mineira de cultura e literatura), *Paralelo* (de Porto Alegre), *Homem* (hoje *Playboy*), *Ele e Ela*, *Nova* e *Pais e Filhos* (Marconi, 1980) estavam entre aquelas que, a cada edição, deveriam remeter os originais previamente ao DCDP.

O texto *Meu companheiro querido*, de Alex Polari, consta na listagem de Deonísio da Silva como censurado. Nas listagens de livros examinados pelo DCDP não localizamos referências a esse autor. Alex Polari, militante de um movimento armado de esquerda, foi preso em maio de 1971 e, quando saiu seu primeiro livro, *Inventário de cicatrizes*, ele ainda estava preso, condenado à prisão perpetua. Na quarta capa desse livro, publicado em 1978 pelo Comitê Brasileiro pela Anistia em conjunto com o Teatro Ruth Escobar, está escrito:

> Como preso político, juntamente com seus companheiros, tem participado de todas as lutas de sobrevivência, denúncia e resistência que os militantes políticos são obrigados a travar nos cárceres, principalmente depois de 1968. Se as poesias de Alex ainda não tomaram a forma unitária de um livro – conforme acontece hoje – elas já foram objeto de ampla divulgação dentro e fora do país. Diversas delas foram publicadas e distribuídas por ocasião das manifestações estudantis de 1976 e 1977.

Não conseguimos determinar precisamente a que poema a listagem se refere nem as circunstâncias do veto. Em 1979, em virtude da Lei da Anistia, Alex Polari foi solto e publicou seu segundo livro, *Camarim de prisioneiro*.

Os livros *Dez histórias imorais*, de Aguinaldo Silva (Record, 2ª edição, 1969); *Quatro cantos de pavor e alguns poemas desesperados*, de Álvaro Alves de Faria (Alfa-Omega, 1973); *Diário de André*, de Brasigóes Felício (Oriente, 1974, vetado em 1976); *Aracelli, meu amor*, de José Louzeiro (Record, 1976); *Zero: romance pré-histórico*, de Ignácio de Loyola Brandão (Rio de Janeiro/Brasília, 1976); *Feliz Ano Novo*, de Rubem Fonseca (Artenova, 1976), e *Em câmara lenta*, de Renato Tapajós (Alfa-Omega, 1977), foram publicados, distribuídos, comercializados e algum tempo depois, meses ou anos, foram examinados pelo DCDP, cujo parecer (na maioria dos casos) tornou-se base do decreto de proibição e apreensão assinado pelo ministro da Justiça com a formulação "proíbo a publicação e circulação em todo o território nacional [...] bem como determino a apreensão de todos os seus exemplares expostos à venda, por exteriorizarem matéria contrária à moral e aos bons costumes".

Não podemos esquecer, como já observamos anteriormente ao citar matéria da revista *Veja*, que esses exames pelo DCDP de livros já editados deviam-se às mais variadas solicitações de qualquer pessoa "que tenha lido um livro, autoridade ou não, e o considere atentatório à moral ou mesmo subversivo".

No arquivo dos documentos do DCDP encontram-se os processos e os pareceres de *Quatro cantos de pavor e alguns poemas desesperados*, *Dez histórias imorais*, *Diário de André* e *Feliz Ano Novo*.

Apesar de a temática sexual ser bastante presente nas obras ficcionais, censuradas pela ditadura militar listadas acima,[18] elas não são obras que possam ser classificadas como eróticas ou pornográficas.

O traço que parece ser mais evidente nessas obras literárias é a filiação a uma certa literatura da violência – violência física e psicológica das prisões e torturas, a impunidade dos criminosos como mecanismo propulsor da violência, violência ensandecida e sem rumo dos marginalizados e excluídos –, que o regime militar provocara e se esforçava por ocultar.

Observações finais

Os dados quantitativos gerais listados anteriormente sobre a censura a livros e calculados a partir dos documentos disponíveis no acervo preservado do DCDP indicam que a atividade censória, nesse setor, foi mais rígida entre 1975 e 1980 – período em que mais de 50% dos livros submetidos foram vetados, ao passo que, entre 1970 e 1973, esse percentual ficou muito abaixo de 50%. Ou seja, a censura a livros durante a ditadura militar teve uma atuação mais forte não nos chamados "anos de chumbo" (1968-1972), mas durante o governo Geisel (março de 1974 a março de 1979) e especialmente no final desse governo, no qual, apesar dos momentos de retrocesso, iniciou-se o lento e gradativo processo de abertura política. A censura a livros por parte do DCDP foi maior quando a maioria dos jornais e revistas estava sendo liberada da presença da censura prévia nas redações.

18 "Uma leitura superficial desta obra pode tachá-la de erótica e pornográfica", afirmou Affonso Romano de Sant'Anna sobre *Feliz Ano Novo*, de Rubem Fonseca, antes de a obra ser censurada. Ver Silva, 1989, p.29.

Pode-se dizer que a censura a livros durante a ditadura militar apresentou uma dinâmica similar à de outros setores das diversões públicas; dados do DCDP indicam que também o teatro e o cinema foram mais vetados também durante o governo Geisel (Fico, 2002, nota 170).

Duas hipóteses podem servir de chave explicativa para essa diferença entre a repressão censória a jornais e revistas e aquela feita às diversões públicas.

A primeira hipótese seria de que o DCDP teria, grosso modo, um escopo censório mais moral e menos político, e essa censura moral, nas palavras de Carlos Fico, "obedecia a outros ditames, embora não tenha ficado imune às peculiaridades do regime militar. Ela dizia respeito a antigas e renovadas preocupações de ordem moral, muito especialmente vinculadas às classes médias urbanas" (Fico, 2002, p.22).

A segunda hipótese para que se entenda a grande proporcionalidade da atividade censória do DCDP em relação a livros, teatro, cinema e televisão após a posse de Geisel – e especialmente nos dois últimos anos de seu governo – seria a possibilidade de o próprio DCDP, percebendo a possibilidade do fim das atividades censórias, mostrar-se como necessário ao sistema.

Reforçando essa segunda hipótese podemos mencionar o fato, citado por Gaspari, de que em junho de 1974 a censura proibiu que se publicasse "a declaração de um deputado contando que Golbery lhe disse, durante uma audiência, que se vai acabar com a censura" (Fico, 2002, p.488).

***

A Constituição de 1988 estabeleceu, na área cultural, o fim da censura às artes e aos meios de comunicação. Os livros que não tinham sido ainda liberados foram-no automaticamente,[19] pois na Constituição de 1988 está escrito, no inciso IX do artigo 5º, "é livre a expressão da atividade intelectual, artística, científica e de comunicação, independentemente de censura ou licença"; no mesmo sentido, no parágrafo 2º do artigo 220, no capítulo reservado à comunicação social, afirma-se que: "é vedada toda e qualquer censura de natureza política, ideológica e artística".

---

19 *Feliz Ano Novo*, de Rubem Fonseca, entretanto, por uma questão de instância jurídica do recurso impetrado pelo autor, ainda demorou algum tempo para ser liberado. Ver Silva, 1989, p.46.

16
Uma história em processo: a Companhia das Letras de 1986 a 2006

Teodoro Koracakis

Este capítulo pretende fazer uma reconstituição da trajetória da Editora Companhia das Letras em seus primeiros vinte anos de atividades editoriais, completados em 2006. Para o olhar historiográfico é um risco tratar de um período tão pouco distante já que falta distanciamento temporal que possibilite um amadurecimento da análise. No entanto, essa proximidade temporal possibilita um contato real com o objeto, tanto por observarmos o seu desenvolvimento diante dos nossos olhos, como por termos acesso direto aos protagonistas. Vamos então enfrentar esse desafio.

A Companhia das Letras, ao surgir em 1986, trouxe como novidade um projeto editorial que dizia pretender conciliar profissionalismo e a relevância cultural e literária das obras a serem publicadas, ou seja, autodefinia-se pela união das dimensões empresarial e cultural: a Companhia e as Letras. A atividade da Companhia das Letras marcou o campo editorial brasileiro na virada do século XX para o XXI, tornando-se uma indicação de qualidade para os livros editados e uma possibilidade de consagração literária e lucros financeiros para os seus autores. Acabou se tornando referência para o sistema editorial brasileiro pela qualidade técnica e pelo valor cultural atribuído a seus livros, e não pela quantidade de livros produzidos ou pelo lucro auferido.

No desenvolvimento dos seus primeiros vinte anos de história, ela se tornou a partir do início da década de 1990 editora de referência também no campo de ficção brasileira, reunindo em seu catálogo alguns dos principais ficcionistas brasileiros contemporâneos, como Moacyr Scliar, Rubem Fonseca, Sérgio Sant'Anna, Carlos Heitor Cony e Bernardo Carvalho. O antropólogo argentino Gustavo Sorá, ao estudar a produção editorial brasileira de literatura do final do século XX, corrobora essa hipótese:

> A Companhia das Letras é o referencial que definiu no final dos anos 1980 novos esquemas de percepção e apreciação do bom livro, não a partir da imposição de um movimento literário, escola ou corrente de ideias particular, mas inventando concepções editoriais profissionais, que envolvem os novos livros de prestígio. A imposição desse modo de produção só completou sua irrupção ou legitimação com o aparecimento posterior de editoras assemelhadas que se reconhecem e são reconhecidas por referência à Companhia das Letras e a seu estilo literário-ensaístico. (Sorá, 1997, p.169-70)

O crítico José Castello, em artigo publicado em 2005, como Gustavo Sorá, também constata que a Companhia das Letras – tal como seu editor – teve papel marcante na história editorial brasileira, sendo referência de qualidade para outras editoras a partir da consolidação de sua trajetória de sucesso.

> O aparecimento da Companhia das Letras, no ano de 1986, provocou um salto de qualidade no mercado editorial brasileiro. A partir dos novos padrões gráficos e do grande rigor na escolha dos originais praticados pela editora de Schwarcz, outros editores tiveram que repensar e alterar seus próprios parâmetros profissionais. [...] O nome de Luiz Schwarcz está inevitavelmente associado a esta pequena revolução, da qual, na verdade, ele foi o grande mentor. (Castello, 2005, p.3)

O editor Luiz Schwarcz pode ser visto como um empresário-editor que possui um elo com a tradição personalista do setor ao ser o último responsável pela definição de estratégias e até pela seleção de originais e que, ao mesmo tempo, possui um sistema de produção editorial profissionalizado, no qual uma equipe de editores auxiliares, formada até por alguns sócios, tem relativa autonomia. Schwarcz realiza tanto as atividades de editor na concepção americana do termo, que é a de quem seleciona, lê os originais e se relaciona com os autores, como também as de *publisher*, sendo o responsável pela administração e estratégias empresariais da editora. A Companhia das Letras ainda pode ser encarada como resultado de um projeto pessoal de seu editor e a expressão de sua vontade.

Para estudarmos a origem da Companhia das Letras, devemos inicialmente acompanhar a trajetória de seu editor-proprietário, Luiz Schwarcz, como membro da equipe editorial da editora Brasiliense a partir de finais da década de 1970, onde permaneceu até 1986, quando fundou sua própria editora. A especificidade da Editora Brasiliense na década de 1980, sob a condução de Caio Graco Prado, foi a utilização da estratégia de organizar a produção em coleções para atingir um nicho de mercado específico, o do jovem brasileiro, e ao mesmo tempo formá-lo como leitor. Ao jovem brasileiro que iniciava a maturidade intelectual durante a década da abertura era oferecida uma série de leituras organizadas – inicialmente não ficcionais e depois também ficcionais e poéticas – por uma editora em ascensão. O jovem teria seu gosto formado e direcionado deliberadamente para determinadas opções intelectuais, políticas e estéticas e sem constrangimento. Como alternativa à ditadura que se encerrava, era oferecida uma verdadeira biblioteca libertária, repleta de *beats*, poetas marginais e heróis revolucionários. Se utilizarmos a dicotomia contra/a favor do mercado, podemos dizer que a Brasiliense trabalha contra o mercado, à medida que participa da criação de novas necessidades de leitura, formando um novo leitor, mas trabalha a favor do mercado à medida que capta uma necessidade de consumo latente num nicho determinado. A Brasiliense da década de 1980 moldava e era moldada por seu público preferencial: o jovem leitor.

Foi esse contexto editorial que serviu de escola para o jovem Luiz Schwarcz, nascido em 1956, que ingressou na Brasiliense em 1978, com pouco mais de vinte anos, "para um estágio prático, por sugestão de Eduardo Suplicy, então professor de administração da Fundação Getúlio Vargas, onde Luiz estudava" (Hallewell, 2005, p.663). Em pouco tempo se transformou no principal auxiliar de Caio Graco Prado, participando ativamente da história de sucesso da Brasiliense de 1978 até 1986, quando saiu para fundar a Companhia das Letras. Nesse ínterim, chegou a iniciar uma carreira acadêmica, ingressando no mestrado em Ciências Sociais na Universidade de São Paulo (USP), do qual desistiu em pouco tempo, para se dedicar ao trabalho na Brasiliense (Castello, 2005, p.7).

Em matéria publicada na *Gazeta Mercantil* em janeiro de 2003, feita com base em entrevista com Schwarcz, é dito que o editor decidiu sair da Brasiliense e fundar a própria editora porque Caio Graco insistia em "dirigir suas publicações prioritariamente ao público jovem, considerando que a formação dos novos leitores fosse fundamental para o crescimento do hábito de leitura" (Neves, 2003, p.1). Schwarcz, por outro lado, queria atingir um público adulto, que incluiria também aqueles que já tinham se iniciado na leitura pela Brasiliense.

A rápida ascensão da Companhia das Letras no final da década de 1980 coincidiu com a queda de prestígio da Brasiliense – no mesmo período e com a mesma rápida velocidade. A Brasiliense chegou à década de 1990 sem a sombra do vigor que tinha no início da década anterior, recebendo ainda o golpe da perda da liderança de Caio Graco, que faleceu em junho de 1992.

A Brasiliense não foi o único modelo editorial para Schwarcz. Cecília Costa, em introdução de entrevista realizada em 2002, menciona também a contribuição que tiveram outras experiências editoriais na formação do pensamento de Schwarcz como editor. A empresa editorial que ele fundou aproveitaria tanto as experiências da Brasiliense quanto às de suas principais concorrentes na década de 1980:

> Faz questão de explicar que ela é o resultado de um mix de experiências anteriores: a preocupação gráfica e também de conteúdo da Nova Fronteira, nos tempos de Sérgio Lacerda, a ousadia da Record em tratar o livro como um produto comercial e as inovações da Brasiliense, na época buliçosa da redemocratização. (Costa, 2002, p.1)

Schwarcz abriria sua editora com um capital inicial de 140 mil dólares, proveniente da venda de um apartamento e, em menor parte, de empréstimos da família (Neves, 2003, p.1), proprietária da gráfica Cromocart. O nome Companhia das Letras foi inspirado na empresa mercantilista de comércio internacional da época colonial Companhia das Índias, tendo sido criada para a identidade visual da nova editora uma série de logotipos (Hallewell, 2005, p.662).

O designer responsável pelos logotipos foi João Baptista da Costa Aguiar, que foi buscar na gráfica pré-moderna referências para a montagem dos pequenos desenhos, que se sintonizam com o nome da editora, formando um conjunto que ecoa a expansão marítima portuguesa e a fascinação pela viagem e pela descoberta. Chico Homem de Melo, ao analisar a confecção de marcas na década de 1980, em todo o universo do design gráfico brasileiro, dá destaque ao trabalho de João Baptista da Costa Aguiar na Companhia das

Letras, concebido, segundo Chico Homem, no contrafluxo das tendências construtivas e desconstrutivas que marcavam o design brasileiro da época.

> Utiliza-se para isso das antigas vinhetas tipográficas e de fios de espessuras distintas, produzindo uma atmosfera clássica e sofisticada. No entanto, as reviravoltas não param por aí. Ao invés de estabelecer uma imagem definitiva para o sinal, ele cria uma família de imagens, todas relacionadas a meios de transporte – de novo em sintonia com o nome da editora. Anos depois, o sistema amplia-se ainda mais, sendo criados sinais com grafismos diferenciados para as publicações destinadas aos públicos infantil e juvenil. A marca não é mais uma marca única, mas um sistema de marcas ordenadas segundo um padrão matricial. (Melo, 2003, p.23-4)

Companhia das Letras é o nome fantasia da editora, o nome que ela adotou para ser reconhecida pelo público. A empresa foi efetivamente registrada como Editora Schwarcz, já que pelo direito comercial brasileiro a palavra *companhia* só pode ser a razão social de empresas de capital aberto, constituídas por meio de sociedade anônima. A adoção de determinado nome fantasia pelas editoras – e outras empresas que têm contato direto com o público – é uma forma de construção de identidade. Gustavo Sorá, em ensaio já citado, mostra-nos o que a análise do nome das editoras pode revelar:

> Em sua naturalidade, escondem-se escolhas que descrevem, de maneira condensada, as restritas combinatórias de lógicas culturais e econômicas que cada agente pode assumir para se fazer reconhecer em um espaço de relações e possibilidades. (Sorá, 1997, p.172)

A não adoção do nome Editora Schwarcz como sua identidade reconhecida é bastante significativa à medida que evita a tradicional e personalista adoção do nome do fundador, como José Olympio, Martins Fontes ou Jorge Zahar. Também não foi utilizada designação nacionalista, como Brasiliense, Civilização Brasileira, Tempo Brasileiro ou Companhia Editora Nacional, que identifica a fundação da editora com um novo modo de pensar o país. Gustavo Sorá (1997, p.172-3), ao analisar o nome Companhia das Letras, observa que ele, "como a expressão *marchand* de quadros, reúne os representantes e as representações do mundo dos negócios com o universo literário, artístico: a razão do amor ao mercado e o amor à arte; economia e cultura". O nome Companhia das Letras pode ser visto como verdadeira bandeira: superar a dicotomia entre "o feijão e o sonho" e construir uma experiência em que lucro, qualidade literária e relevância cultural e acadêmica possam caminhar no mesmo sentido.

A editora foi criada em março de 1986, logo após a introdução do Plano Cruzado, em fevereiro, que conseguiu, com congelamento de salários e preços, estancar provisoriamente a inflação e, em consequência, aumentar o consumo, inclusive de livros. A entrada efetiva da nova editora no mercado se deu em outubro, com o lançamento de quatro livros simultâneos: *Rumo à estação Finlândia*, de Edmund Wilson; *A graça de Deus*, de Bernard Malamud; o *Anticrítico*, de Augusto de Campos; e uma antologia de poemas de W. H. Auden (Conti, 1986, p.136; Sorá, 1997, p.163).

O primeiro livro de grande sucesso foi um desses lançamentos: *Rumo à estação Finlândia*, obra ensaística do crítico literário inglês Edmund Wilson, com texto multidisciplinar que traça uma genealogia da Revolução Russa, detendo-se tanto em homens que fizeram a História quanto naqueles que escreveram-na. Um estudo acadêmico complexo e erudito, que não parecia destinado a ser um sucesso de vendas no ano de 1986. No entanto, a primeira edição se esgotou em três dias e foi seguida por dez reedições, vendendo 110 mil exemplares. Para se ter uma ideia do sucesso comercial, basta dizer que esse ensaio apareceu, ainda em novembro de 1986, na lista da revista *Veja* dos dez livros de não ficção mais vendidos, ocupando durante várias semanas de 1987 o primeiro lugar e ultrapassando até o *best-seller* escrito pelo médico João Uchoa Jr., *Só é gordo quem quer*, que chegara a superar os 500 mil exemplares vendidos.

Simultaneamente à chegada às livrarias, *Rumo à estação Finlândia* já tinha merecido uma resenha detalhada e altamente favorável na seção "Livros", da revista *Veja*, do dia 22 de outubro, escrita pelo jornalista Mário Sérgio Conti, que muito tempo depois teria um livro seu publicado pela Companhia das Letras. Na última página da resenha, também aparecia um box onde se registrava o aparecimento da nova editora, com declarações de Luiz Schwarcz, que já anunciava que sua editora pretendia "publicar apenas livros sofisticados", já que, no Brasil "ao menos nas cidades, existe um público interessado em livros de alto nível, principalmente obras, que sejam, ao mesmo tempo, literariamente boas e cientificamente válidas"

(Conti, 1986, p.136). No mesmo número da revista apareceram resenhas de outros dois lançamentos da editora. Na edição seguinte, foi publicada extensa matéria, novamente de caráter francamente positivo, sobre o outro lançamento da editora, o *Anticrítico*, de Augusto de Campos. Essa presença maciça da Companhia das Letras nas páginas da *Veja* – ou em qualquer espaço da grande imprensa ou de publicações menores dedicadas a lançamentos editoriais – estava apenas começando, e em grande estilo. A partir daí os lançamentos da editora intermitentemente apareciam com destaque onde quer que se falasse de livros. Essa utilização intensa da publicidade gratuita, pelo envio à imprensa dos livros antes de chegarem às livrarias e de releases detalhados escritos por profissionais habilitados, tornou-se um dos diferenciais da editora. Como exemplo, podemos citar que, no lançamento dos dois primeiros volumes da monumental obra de Elio Gaspari, que estuda o período do governo dos militares no Brasil pós-1964, o próprio Luiz Schwarcz encomendou pessoalmente um release ao jornalista Zuenir Ventura. Para realizar o trabalho, em finais de 2002, Zuenir passou um "fim de semana de imersão" junto a Elio Gaspari, tendo até acesso ao material utilizado para produzir os dois volumes de *Ilusões armadas*, reunidos na imensa biblioteca pessoal do autor (Ventura, 2002). Essas ótimas condições de trabalho concedidas por Schwarcz até para a confecção de uma *press release* revelam o profissionalismo e a ousadia com que a editora planeja a divulgação dos lançamentos na imprensa.

Contudo, a penetração inicial avassaladora dos lançamentos da Companhia das Letras na imprensa, especialmente na revista *Veja*, gerou uma reação de editoras que já estavam estabelecidas no mercado. Ênio Silveira, da Civilização Brasileira, em depoimento concedido em 1990, faz duras críticas aos possíveis privilégios dados à nova editora:

> É claro que todo editor tenta ter uma boa relação com a imprensa. A Companhia das Letras tem, porque, por exemplo, num dado momento, o seu editor tinha uma boa relação de amizade com o redator de livros da *Veja*, por isso houve um período em que quase tudo que eles publicavam tinha cobertura ampla, o que ajudou muito o estabelecimento da editora. (Almeida, 1993, p.147-8)

No entanto, no mesmo depoimento, o antigo editor reconhece o valor do editor calouro, especialmente pela iniciativa em divulgar seus lançamentos em todos os meios disponíveis:

> Eu disse isso a respeito desse menino, o Luiz Schwarcz, da Companhia das Letras, que é um bom editor, eu acho até que ele é um editor sério, ele está fazendo seu *métier* direitinho, e ele tem uma capacidade de divulgar muito boa e invulgar até. Eu diria que boa parte do sucesso da Companhia das Letras se deve a esta enorme capacidade que ele tem de ter uma boa imprensa; a imprensa ajuda não apenas o *best-seller*, ajuda o bom livro também. (Almeida, 1993, p.146)

A Companhia das Letras surgiu como uma novidade na cena editorial brasileira da segunda metade da década de 1980, estabelecendo-se como concorrente direta das estabelecidas editoras que tinham um catálogo que incluía obras de qualidade, como a José Olympio, a Civilização Brasileira e até a Brasiliense, que iniciava uma curva descendente, e incomodando também grandes editoras com catálogos híbridos, que misturavam obras literárias de qualidade com obras meramente comerciais, como as editoras Nova Fronteira e Record. A nova empresa editorial foi vista pelos concorrentes tanto como uma ameaça quanto como uma experiência inovadora que deveria ser observada para que seus resultados positivos servissem de modelo para essas próprias editoras, como podemos ver pelas declarações de Ênio Silveira.

Nos seus primeiros 12 meses de atividades, a Companhia das Letras lançou 48 títulos – 4 por mês. Em 2003, já eram lançados 150 títulos, cerca de 12 novos títulos a cada mês, e em 2005 atingiu a marca de 170 títulos anuais, ultrapassando a marca total de dois mil títulos (Castello, 2005, p.3). O faturamento em 1986 foi de 4.369.712,90 cruzados. O faturamento em 2003 já era de 37.778.380,00 reais, segundo dados da editora. Em 1988, a empresa Caminho Editorial, do Grupo Moreira Salles, proprietário do Unibanco, adquiriu 33% da participação acionária da Companhia das Letras, com o valor sendo mantido em segredo, ficando os 67% restantes com Schwarcz e sua esposa, Lilia, professora de Antropologia da USP. Pelo menos até 2003, era Fernando Moreira Salles o membro do Grupo Moreira Salles que tinha participação mais efetiva na administração da editora, integrando até seu conselho editorial (Neves, 2003, p.5). Participavam da administração da editora, em 2003, Sérgio Windholsque, diretor da área financeira; Lilia Schwarcz, que dirige a Companhia das Letrinhas e a Cia. das Letras – selos dedicados ao público infantil e juvenil, respectivamente – e cuida das publicações da área de Ciências Humanas; Maria Emília Bender, responsável pela coordenação editorial; e Elisa Braga, que cuidava da área de produção (Neves, 2003, p.4).

Nas informações institucionais do site da editora, em maio de 2005, constava que os quadros fixos da empresa distribuíam-se nos departamentos de edição, produção gráfica, divulgação e atendimento a professores, vendas e administração, contabilizando cerca de 90 funcionários. Contava também com um corpo de colaboradores eventuais nas áreas de tradução, preparação de texto, revisão, pesquisa iconográfica, ilustração e design gráfico.

Consolidava-se um modelo enxuto de editora, não comportando um parque gráfico e terceirizando várias outras atividades. No entanto, com essa equipe permanente mínima conseguiu resultados editoriais e econômicos de vulto considerável, tendo um faturamento de quase 40 milhões de reais em 2003, compatível com o de empresas de porte médio na classificação vigente estipulada pelo Ministério da Indústria e Comércio, que na portaria número 176, de 1º de outubro de 2002, definiu empresa de porte médio como aquela cujo faturamento bruto anual estava entre R$ 10,5 milhões e R$ 60 milhões.

A diferenciação inicial e fundamental da Companhia das Letras em relação às empresas já estabelecidas no cenário editorial brasileiro – e ao próprio *ethos* das empresas artísticas e culturais – é uma assumida proposta de editar e comercializar prioritariamente livros de qualidade e ao mesmo tempo conseguir uma boa margem de lucro com isso. Esse tipo de proposta afasta a editora do modelo de denegação do econômico por abarcar o comercial como algo positivo. A denegação do econômico é um conceito elaborado pelo sociólogo Pierre Bourdieu na década de 1970 para caracterizar a postura mais comum do empresário envolvido com produtos de alto valor cultural ou artístico, incluindo os livros. Para Bourdieu, os atores sociais que realizam essas atividades empresariais devem demonstrar desinteresse pelo lucro e mesmo assim atingi-lo. E é exatamente esse procedimento que ele chama de denegação do econômico. Nesse *ethos*, quanto mais a empresa parecer desinteressada economicamente, maiores serão as possibilidades de sucesso comercial. Autoproclamar-se interessada em ganhos comerciais, por outro lado, pode excluí-la dos ganhos econômicos desse universo específico. A pecha de comercial é quase sempre citada para acusar o concorrente (Bourdieu, 2004, p.19-20).

Para a Companhia das Letras o lucro não é algo que deva ser afastado, mas algo que programaticamente faz parte do objetivo e do discurso de seu editor-proprietário. Ela possui o termo *companhia*, que remete a negócio e a lucro, embutido no próprio nome, ou seja, como um sinal do qual não pode fugir nem negar; uma verdadeira marca de nascença, adquirida na sua própria gestação. No desenrolar dos primeiros vinte anos de história, podemos constatar que esse sucesso comercial foi atingido plenamente se a comparamos com outras editoras brasileiras do mesmo período. Isso fica patente quando observamos a evolução de seu lucro anual, o número de títulos publicados e a quantidade de funcionários e colaboradores que passaram a trabalhar para ela.

Ao examinarmos seu catálogo, observamos que muitas obras têm elevado valor simbólico para a crítica especializada, característica que era ainda mais forte nos primeiros anos de existência da editora. Publica sistematicamente livros de autores que possuem prestígio consolidado como escritores, pensadores ou especialistas em determinados temas. Por outro lado, é constatado com facilidade que ela evita radicalmente obras com menos prestígio acadêmico e que não atingem as exigências do gosto de uma elite intelectual, como livros religiosos, manuais de autoajuda, romances açucarados, ou filões de moda passageira. Autores místicos, extremamente didáticos ou especializados em tramas demasiadamente popularescas dificilmente serão publicados pela Companhia.

Na verdade, o mecanismo inicial de produzir livros de qualidade forneceu tamanho prestígio à editora que, com sua consolidação como produtora de bens de elevado valor simbólico, passou a funcionar como garantia de valor para os livros que viabilizava e para seus respectivos autores. Aos poucos, os sinais se inverteram, e mais importante do que observarmos que publica livros de qualidade é sermos surpreendidos ao constatar que, em determinado estágio de sua trajetória, os livros passaram a ter qualidade ao serem publicados especificamente pela Companhia das Letras. A princípio, o autor dá prestígio à editora, mas, com a consolidação desse prestígio, é ela que passa a dar prestígio ao autor e à obra. Bourdieu, ao falar de empresários culturais de sucesso também constata que o sentido da valorização simbólica pode correr da empresa para a obra.

> Sua autoridade é, por si só, um valor fiduciário existente não só na relação com o campo da produção em seu conjunto, ou seja, com os pintores ou escritores que fazem parte de sua escuderia – "um editor, conforme dizia um deles,

> é seu catálogo" – e com aqueles que estão fora e gostariam ou não de fazer parte dela, mas também com os outros *marchands* ou editores que manifestam mais ou menos claramente a cobiça por seus autores ou escritores, além de terem maior ou menor capacidade para açambarcá-los; na relação com os críticos, que se fiam em menor grau em seu julgamento, falam de seus produtos com maior ou menor respeito; na relação com os clientes, que têm uma percepção mais ou menos nítida da sua marca e depositam nele um maior ou menor grau de confiança. Esta autoridade não é outra coisa senão um crédito junto a um conjunto de agentes que constituem relações tanto mais preciosas quanto for o crédito de que eles próprios se beneficiam. (Bourdieu, 2004, p.24)

Esse papel de consagrador ocupado pelo editor vale para obras não ficcionais, como ensaios acadêmicos, apesar de nesses casos existirem outros parâmetros para se medir o valor dessas obras, como a própria opinião dos especialistas nos campos do saber de que trata a obra, ligados quase sempre às instituições acadêmicas. Na poesia e na ficção, em que o papel da crítica é bem mais subjetivo, a marca da editora é muito mais determinante para o estabelecimento do valor literário da obra. Vivemos em tempos nos quais o papel da crítica diminui e o poder da marca da editora aumenta. E mesmo uma crítica literária e cultural ativa não possuiria autonomia completa em relação à empresa editorial, muito menos desinteresse, como observa Bourdieu ao falar das relações entre a crítica e a empresa artística de forma genérica:

> É por demais evidente que os críticos colaboram também com o comerciante de arte no trabalho de consagração que faz a reputação e – pelo menos, a prazo – o valor monetário das obras: ao "descobrirem" os "novos talentos", eles orientam a escolha dos vendedores e compradores por seus escritos ou conselhos (eles são, muitas vezes, leitores ou diretores de coleções nas editoras ou autores de prefácios, contratados pelas galerias), por seus veredictos que, apesar de pretenderem ser puramente estéticos, são acompanhados por consideráveis efeitos econômicos (júris). (Bourdieu, 2004, p.24)

O comentário de Bourdieu nos remete à lembrança de que uma das características mais marcantes da editora, e ao mesmo tempo uma das mais atacadas por seus concorrentes, é seu modo ostensivo de interagir com a crítica e com os meios de comunicação que divulgam livros, literatura e cultura como um todo. A Companhia das Letras continuamente cria fatos culturais e produz material de divulgação de alta qualidade (incluindo resenhas e críticas de seus livros produzidas pelos inúmeros intelectuais com que mantém relações) que lhe garantem espaço gratuito nos veículos especializados. Essa presença maciça nos espaços dedicados à cultura na imprensa especializada é marca da editora desde a fundação, como é possível perceber nos já citados episódios das repetidas vezes que a editora apareceu na seção "Livros" da revista *Veja* em outubro de 1986, mês em que ela entrou no mercado. É acusada pelos concorrentes de ser comercial e manipuladora pelo modo como age no campo da divulgação editorial, que, como visto anteriormente, é mais pragmático e eficiente do que as atividades de divulgação de seus concorrentes e acusadores. Um fato literário "copatrocinado" pela Companhia das Letras que simboliza o tipo de atitude atacada por seus adversários foi a concepção e realização da Festa Literária Internacional de Paraty (Flip), iniciada em 2003. A participação da Companhia das Letras à frente da Flip foi tão avassaladoramente atacada pelos críticos, que Luiz Schwarcz resolveu diminuir de modo paulatino a participação na condução do evento.

A crescente profissionalização da Companhia das Letras nas relações com seus escritores, as suas estratégias editoriais e a própria figura emblemática de seu editor acabaram influenciando a produção de livros e a própria literatura contemporânea no Brasil de forma decisiva. Um dos fatores preliminares para ela influir tão decisivamente na produção contemporânea é a opção por privilegiar a publicação de lançamentos, quase sempre livros de autores que estão em atividade, deixando de fora obras consagradas do passado, de autores que já caíram em domínio público, o que acontece 70 anos após sua morte. Quando apresenta obras de autores falecidos, esses são "apresentados como redescobertas ou atualizações, constituindo exceção de um estilo de publicação de lançamentos" (Sorá, 1997, p.166). Ao priorizar obras contemporâneas, como se verifica no exame de seu catálogo, a editora pode interferir e sinalizar positivamente para a produção de determinado tipo de obra, especialmente no caso de obras de autores nacionais. Ela se coloca em diálogo constante com a produção nacional, estimulando o aparecimento de determinadas obras e não estimulando de outras. Essa sinalização não se faz fundamentalmente por encomenda de obras, mas pela coerência de seu catálogo. Logo, tentar cumprir as sinalizações do catálogo da editora significava para o autor e sua obra uma possibilidade de fazer parte de um cânone dos mais prestigiados livros e escritores brasileiros.

Este texto para aqui, mas as atividades da editora não. Vivemos, a partir de meados da primeira década deste século XXI, um período em que a cena editorial brasileira muda rapidamente. Tanto por aquisições e uniões empresariais dentro do ambiente nacional quanto pela entrada de grandes editoras internacionais, especialmente espanholas, nesse contexto. Só no futuro saberemos como a Companhia das Letras se comportará nesse novo cenário.

17
"Na nossa terra, em se plantando, elefante dá": Editora Abril (1950-2006) e livros vendidos em bancas de jornal

Mateus Henrique de Faria Pereira

De forma geral, com avanços e recuos, permanências e rupturas, houve certa transformação na história da edição contemporânea (séculos XIX e XX). As editoras se transformaram em empresas de edição e, mais tarde, em empresas de comunicação com caráter nacional ou internacional.[1] Neste texto, pretende-se, assim, compreender e explicar parte da trajetória da Editora Abril, que é, no nosso entendimento, uma das principais editoras a criar, no Brasil, o modelo de empresa de edição e de grupo de comunicação.

A formação de um império

Em dezembro de 1974, a Editora Abril publicou, nas páginas de suas revistas, uma campanha bastante curiosa em comemoração aos 25 anos do grupo. A editora era representada por um elefante e os leitores, com os olhos vendados, encostavam em um pedaço desse elefante, que era o próprio Grupo Abril.[2] Segundo o texto, o grupo fazia revistas e obras culturais em fascículos e volumes. O leitor era informado de que a empresa possuía a maior editora, indústria gráfica e distribuidora da América Latina. A pu-

1 Mollier, 2000/2002. Ver também Michon; Mollier, 2001. Para uma crítica ao atual estado do mercado editorial, ver Bourdieu, 1999, p.3-28; e Schiffrin, 1999. Neste texto, seguimos as sugestões metodológicas de Jean-Yves Mollier para se pensar a história da edição. Ver Mollier, 1996.

2 *Exame*, 1º jan. 1975.

blicidade enfatizava que essas conquistas pareciam impossíveis para uma empresa brasileira, que teve como primeira publicação a revista *O Pato Donald*. Em uma referência indireta ao maior acionista da editora, Victor Civita, afirmava-se que, para o domador do elefante, a Abril era o mínimo que se podia fazer no Brasil.[3] Moral da história: "Na nossa terra, em se plantando, elefante dá".

O fundador da Abril, Victor Civita, nasceu em Nova York, em 9 de fevereiro de 1907, mas, desde os dois anos, foi criado no país onde seus pais nasceram, a Itália. Com 32 anos, mudou-se para os Estados Unidos com a mulher e os dois filhos. Chegou ao Brasil em 1949, com 42 anos. Foi convidado pelo irmão a assumir a filial brasileira da empresa argentina que havia sido fundada sob o nome Editora Abril Ltda., em São Paulo, dois anos antes.[4] A empresa era um desdobramento da Editorial Abril, criada em 1941, em Buenos Aires, por César Civita. Oficialmente, a Editora Abril foi inaugurada no Brasil, em julho de 1950, com a chegada às bancas de jornal, do primeiro exemplar de *O Pato Donald,* cuja edição vendeu 82.370 exemplares. A revista de fotonovelas *Capricho* foi lançada em 1952, com a tiragem de 92 mil exemplares. Em 1956, essa publicação vendia 500 mil exemplares por edição.

Para Victor Civita o editor é aquele que cria necessidades: "o editor tem de se antecipar, tem de ter a coragem e, finalmente, também os recursos que uma grande empresa pode ter e dizer 'bom, vamos fazer isto'" (Quem, 2000, p.164). Tendo em vista esses pressupostos, durante a década de 1950 a Abril dedicou-se basicamente a publicações de revistas em quadrinhos e fotonovelas. Na década de 1960, no entanto, essa casa editorial lançou quatro revistas importantes: *Quatro Rodas* (1960), *Cláudia* (1961), *Realidade* (1966) e *Veja* (1968). Teve início, a partir daí, a produção de livros, fascículos e coleções. Na década de 1970, foram lançadas, dentre outras publicações, *Exame* (1971), *Nova* (1973) e *Playboy* (1978). Em 1982, em função da briga dos filhos por sua herança, Victor Civita dividiu suas empresas em dois grupos: Comunicação, Lazer e Cultura (CLC) e Editora Abril. Richard

3 A ênfase no caráter brasileiro da empresa também era uma resposta aos críticos, pois a editora era acusada, entre outras coisas, de ser financiada pelo capital estrangeiro e de não ter um brasileiro nato como proprietário, conforme determinava a Constituição de 1946. Para se ter uma ideia resumida dessas críticas, ver Rabelo, 1966.

4 Gonçalves, B. *Cronologia histórica da Editora Abril.* s. d. (mimeo.).

Civita ficou com a CLC, que era responsável por uma rede de hotéis, uma empresa de frigorífico e as publicações de livros e fascículos da Abril Cultural, renomeada Nova Cultural. Roberto Civita, junto ao pai, permaneceu na direção da Editora Abril. Na década de 1980, a editora consolidou-se como um grupo de comunicação. Na década seguinte, já sem contar com a presença de seu fundador,[5] a empresa começou a investir na televisão e na Internet.[6]

Todavia, o produto "revistas" permaneceu como a principal fonte de receita do grupo. Em 2000, a Abril detinha 64% do mercado brasileiro de revistas: "a empresa [...] publica hoje 219 títulos, entre eles sete das dez maiores revistas brasileiras, e chega a 30 milhões de leitores. Ainda o principal produto da empresa, as revistas tornaram-se hoje um dos itens de um cardápio" (Abril, 2000, p.4). Em 2004, o Grupo Abril era constituído pela Editora Abril, pela TVA, MTV e Abril Educação (editoras Ática e Scipione, adquiridas em 1999). Nesse ano, a editora publicou 90 títulos regulares, colocando em circulação 170 milhões de revistas e 56 milhões de livros escolares e respondia por 70% do faturamento do grupo.[7]

Victor Civita desejava, desde o primeiro momento, realizar grandes tiragens. A gráfica montada em 1952 tinha capacidade de produção dez vezes superior ao que o mercado suportava na época (Abril, 2000, p.61). Em 2004, a gráfica da Abril era a maior da América Latina "e a única da região a utilizar a rotogravura – processo de impressão recomendado para tiragens superiores a 300 mil exemplares".[8] Nesse ano, a gráfica imprimiu 600 milhões de revistas – 50 milhões por mês e 2 milhões por dia, além de 25 milhões de livros por ano.[9]

5 Victor Civita morreu em 24 de agosto de 1990. Nessa data, o polêmico Paulo Francis afirmou: "[A] Editora Abril, que criou [Victor Civita], é que consolidou a profissão de jornalista no Brasil. Seus fascículos históricos e culturais são o que há de melhor em popularização do que é importante. E sei lá se os chamados 'intelectuais' [...] já produziram coisa melhor" (*Folha de S.Paulo*, 11 set. 1990). A revista *Isto é* o escolheu como o brasileiro do século XX para o setor de comunicações (1º set. 1999).

6 A Abril procurou entrar no setor de televisão na década de 1980, mas, em função de sua postura de relativa "indepedência" à ditadura militar (1964-1985), acabou sendo preterida. Ver Mira, 2001.

7 *Relatório Anual do Grupo Abril*, 2004, p.3; e 2005, p.14.

8 Ibidem, p.14.

9 Ibidem, p.64.

Produção de fascículos, enciclopédias e coleções pela Editora Abril

Apesar do grande investimento em publicações relacionadas à área de Educação,[10] o grande destaque da editora na década de 1970 ocorreu na área de produtos "culturais". A Abril Cultural, de 1968 até 1982, lançou mais de duzentos fascículos, livros e discos no mercado editorial e fonográfico brasileiro. Foram vendidos mais de 1 bilhão de fascículos, 30 milhões de romances e 11 milhões de enciclopédias. Só na década de 1970, a Abril Cultural vendeu 18 milhões de livros em bancas de jornal, por meio de oito coleções de livros, em um total de 465 títulos. A coleção de textos de Filosofia *Os Pensadores*, lançada pela primeira vez em 1972, com um total de 68 títulos, vendeu mais de 4 milhões de exemplares. O primeiro volume, sobre Platão, vendeu 100 mil exemplares em apenas 15 dias.

Boa parte do sucesso dos fascículos da Abril Cultural deveu-se à estrutura de distribuição da Editora Abril. Para Victor Civita, a criação da Distribuidora Abril, em 1961, renomeada posteriormente como Distribuidora Nacional de Publicações (Dinap), era o grito de liberdade: "Eu queria ter a gráfica, a redação e a distribuição para conquistar independência" (Abril, 2000, p.22). A principal estratégia foi a utilização das bancas de jornal para a venda dos produtos, resolvendo o problema do baixo número de pontos de comercialização de livros e congêneres no Brasil.

Em 1969, Roberto Civita afirmou que a Abril, por meio da sua distribuidora, tinha à sua disposição 12 mil pontos de venda *versus* 800 livrarias.[11] Em 1996, a Dinap tinha 23,9 mil pontos de venda, dos quais, 17,1 mil eram bancas de jornal, o que representava 98% do potencial consumidor brasileiro (The Abril, 1996, p.42). Em 2004, a distribuidora contava com mais de 30 mil pontos de venda, sendo 20 mil bancas de jornal e 14 mil pontos de venda "alternativos", cobrindo 3,6 mil municípios do país.[12] Para efeito de comparação, deve-se mencionar que a maior distribuidora de livros no

10 A Abril Educação (1969-1981) produziu vários livros didáticos vendidos em bancas de jornal. Somente em 1969, a empresa vendeu 3,5 milhões de livros didáticos (Abril, 2000, p.12). Talvez a iniciativa mais importante desse setor da editora teria sido a produção, desde 1969, do material didático do Movimento Brasileiro de Alfabetização (Mobral).

11 Civita, 13 out. 1969 (mimeo.).

12 *Relatório Anual do Grupo Abril*, 2004 e 2005, p.60.

Brasil, a Catavento, atingia, em 2003, 3 mil pontos de venda, um número bastante elevado, haja vista que o país contava, naquele ano, com cerca de 1.500 livrarias (Sá Earp; Kornis, 2005, p.46). Isso significa que qualquer livro distribuído pela Dinap atingia dez vezes mais pontos de venda do que os alcançados pelo maior distribuidor de livros do país naquele ano. Assim, praticamente desde sua fundação, a Abril tinha a seu dispor um dos melhores sistemas de distribuição do Brasil, senão o melhor, o que a deixava livre do principal "problema" do livro brasileiro: a própria distribuição (ibidem, p.18).

Além do eficiente sistema de distribuição, os fascículos e as coleções da Abril Cultural tiveram amplas campanhas publicitárias. A publicidade de *Os Pensadores*, por exemplo, valorizava a própria iniciativa da editora: "A Abril Cultural orgulha-se de apresentar um dos maiores empreendimentos editoriais de todos os tempos". Em geral, os anúncios eram divulgados nas bancas e nas revistas da Abril. Mas, *Teatro Vivo,* por exemplo, na campanha de seu lançamento, também patrocinou um grande espetáculo teatral na TV Tupi.[13]

Sobre esse tipo de impresso, Lawrence Hallewell afirma que a comercialização de livros de bolso no Brasil encontrava muita dificuldade nesse período que estamos considerando. Afinal, se a "leitura" é sinônimo de *status*, a maioria dos leitores deseja um belo livro, característica raramente encontrada nas edições de bolso. Foi esse tipo de comportamento do leitor médio que contribuiu para o sucesso da fórmula *fascículo*, "que o comprador adquire na crença (ou esperança?) de que, quando tiver completado o conjunto, mandará encaderná-lo, para que constitua um realce permanente em seu ambiente doméstico".[14] O preço de cada fascículo correspondia ao de uma revista popular.[15] Alguns fascículos foram traduções de publicações estrangeiras, outros foram criados, concebidos e exportados pela própria Abril. A *Enciclopédia de la vida*, por exemplo, vendeu dez milhões de exemplares na

13 Gonçalves, B. *Cronologia histórica da Editora Abril*. s. d. (mimeo.).

14 Hallewell, 1985, p.567-9. Ver também Paixão, 1998. Acredita-se, no entanto, que sejam necessárias pesquisas mais aprofundadas para se pensarem os problemas do livro de bolso e de edições com grandes tiragens no Brasil.

15 Uma matéria de jornal sobre "Os imortais da Literatura" afirmava: "cada livro, acompanhado de um fascículo, custará apenas dez cruzeiros, uma bagatela de preço. A fim de poder oferecer tal coleção por esse preço, a Abril fez uma tiragem-monstro" (Dostoiésvski por dez cruzeiros, *O Estado do Paraná*, Curitiba, 7 fev. 1971).

América Latina.[16] Um documento da Editora Abril, de 1972, oferece-nos uma visão aproximada da editora nos anos 1970, a saber:

> Estamos totalmente integrados: editamos, publicamos, imprimimos e distribuímos revistas, fascículos e livros em uma faixa de aproximadamente *16 milhões de cópias por mês*. Publicamos 37 revistas, já lançamos 32 coleções de fascículos (no momento há 12 delas nas bancas), além de livros escolares e de interesse geral. Empregamos mais de 7.000 pessoas, e nossas publicações cobrem todo o Brasil (15.000 pontos de venda). A partir de 1971, iniciamos a exportação de nossos fascículos, em espanhol, para toda a América Latina e Espanha. Em 1972, nosso faturamento será de aproximadamente US$ 80.000.000. (The scientists, 1972, grifos nossos)

Roberto Civita, em 1969, tornou explícita a concepção de *fascículo* então adotada e as vantagens dessa fórmula:

> Trata-se de uma enciclopédia dividida em pedaços que são comprados nas bancas, semanalmente, colecionados e encadernados pelo leitor. Quais são as vantagens desta fórmula? "Preço": [a obra] comprada pronta custaria de 3 a 4 vezes mais. "Acessibilidade" de dois tipos: a) Física – 12.000 bancas *versus* 800 livrarias, b) De apresentação – linguagem, cores, recursos gráficos que somente as grandes tiragens tornam possíveis. "Dosagem": o suficiente para ler cada semana *versus* um metro de livros a mais na prateleira. [...] o fascículo [...] tem transformado as bancas do País em verdadeiras Universidades Populares. [...] [*Conhecer*] vende mais por semana do que as três grandes revistas ilustradas juntas! Tal é a fome de saber que hoje existe.[17]

Em 1975, Roberto Civita forneceu mais alguns elementos que permitem entender as estratégias comerciais da empresa para a venda de livros e fascículos. Ele afirmou que havia duas maneiras de resolver o problema das pequenas tiragens e dos altos preços para se popularizar o livro. Uma delas era buscar a ampliação do mercado do livro por seus canais de distribuição tra-

---

16 Uma análise mais detalhada dos fascículos da Editora Abril pode ser vista em Pereira, 2005, p.239-58.

17 Civita, 13 out. 1969 (mimeo.).

dicionais. O lançamento da primeira coleção em fascículos da Editora Abril, em 1968, no Brasil, deu início, na concepção do editor, a "uma outra maneira de se vender livros", fora das livrarias, pois "o fascículo pode ser considerado, e o é por muitos, inclusive legalmente, um livro em capítulos semanais".[18]

A *Enciclopédia Abril*, lançada em 1971, foi a primeira obra do gênero a ser apresentada em forma de fascículos semanais no Brasil. A obra continha 3 mil biografias, 15 mil ilustrações, 3 mil verbetes e contou com mais de 100 colaboradores. Na apresentação, Victor Civita afirmava que o objetivo da editora, ao publicar uma enciclopédia daquela proporção, era colaborar para que a cultura "fosse fator de engrandecimento e de alegria para um grande número de pessoas" (Civita, 1971, p.7). O prólogo da Coleção *Grandes Personagens da Nossa História*, dirigida pelo historiador Sergio Buarque de Hollanda, lançada em 1969, destacava a contribuição da Editora Abril para o "engrandecimento da Nação". Se, para Monteiro Lobato, um país se faz com livros e homens, para a Abril, acrescentava ele, eram necessários exemplos, pois, "editores que somos, fazendo da leitura o nosso apostolado, damos ao Brasil, com esta obra, nossa contribuição a essa causa" (Civita, 1969, p.3). Essa publicação vendeu mais de 17 milhões de exemplares.[19]

Os fascículos não eram, portanto, nem livros nem *coleções propriamente ditas*. Eram *coleções em fascículos*, ou seja, folhas avulsas ou "livros em capítulos" que poderiam se transformar em livros de uma coleção, o que de fato acontecia na maioria das vezes.[20] Percebe-se, nas passagens citadas, que o objetivo da Editora Abril era, portanto, montar uma grande estrutura, talvez a primeira do Brasil, de produção, distribuição e venda em massa de livros, impondo-se, no sentido anteriormente apontado, como uma grande empresa de comunicação. Tendo em vista essa questão, tendemos a acreditar que as iniciativas da Abril Cultural tinham como objetivo, dentre outros, levar a cultura dominante para a casa dos dominados e/ou emergentes.[21] Tratava-se, dentro de uma perspectiva iluminista, de divulgar e vender a cultura como um patrimônio.[22] Essa "estratégia" deve, no entanto,

18 Civita, 13 out. 1969 (mimeo).
19 Gonçalves, B. *Cronologia histórica da Editora Abril*. s.d. (mimeo.).
20 Sobre coleções, ver Olivero, 1999.
21 Sobre essa questão ver, entre outros, Bourdieu; Passeron, 1975.
22 Sobre a cultura como um patrimônio, ver Chartier, 1987a, p.249-68.

ser entendida junto com outra, própria da indústria cultural, que é a de formar e cativar um público para conseguir grandes lucros. Do ponto de vista do mercado editorial, pode-se dizer que a Editora Abril contribuiu para a consolidação da indústria cultural e da "comunicação de massa" no país.[23]

Nesse sentido, concordamos com Jean-Yves Mollier quando este afirma que a "magia" do editor moderno – definido como criador de necessidades culturais – é o seu produto. O livro incorpora uma relação que existe entre a economia e a cultura. Em outras palavras, o livro é, ao mesmo tempo, um produto material fabricado de forma industrial e submetido à lógica do lucro e um objeto cultural.[24] Essa relação dupla, que distingue o produto cultural de outras mercadorias, confirmava-se, no caso dos fascículos e das enciclopédias da Abril Cultural, com o comprometimento do dono da editora em assinar cada prefácio, utilizando-o como um instrumento no processo de convencimento do cliente/leitor. Para Victor Civita, o vendedor ideal de livros seria aquele que usasse a persuasão sem alterar a verdade. Para ele, esse vendedor "tem consciência da importância do produto que oferece e vende, vende, vende! E que faz a venda, convicto de que está não só vendendo, mas divulgando conhecimentos, repartindo cultura".[25]

O caso do *Almanaque Abril*: um *best-seller* brasileiro

Em novembro de 1974, foi publicada uma reportagem que contém algumas informações fundamentais para a compreensão do que seria um futuro lançamento da Editora Abril.[26] O texto apresenta um sugestivo título: "Um livro com um milhão de informações: no *Almanaque Abril* os grandes acontecimentos do ano". Os capítulos sobre os assuntos internacionais

23 Sobre esse processo do ponto de vista editorial, ver, entre outros, Reimão, 1996. Numa perspectiva mais ampla, ver, entre outros, Ortiz, 1991, e Mira, 2001.

24 Mollier, 2000/2002, p.23-39. Ver também Mollier, 1998. A justificativa francesa para a manutenção da lei do preço único para os livros, elaborada pelo Ministério da Cultura, em 2003, é embasada no fato de o livro estar situado entre a esfera da economia e da cultura. Ver Sá Earp; Kornis, 2005, p.96. O maior editor brasileiro no início do século XXI, Luiz Schwarcz, é terminantemente contra uma política pública para o livro no país. Para ele, o Brasil "precisa de uma política pública de educação de massa e de criação de bibliotecas. Não precisa de uma política pública para o livro". Entrevista, na *Folha de S.Paulo*, caderno Mais, 12 mar. 2006, p.4.

25 Civita, V. O representante Abril. *Release líder Abril*, 1º mar. 1974 (mimeo.).

26 *Realidade*, 1º nov. 1974, p.111-3.

eram uma versão, "traduzida, atualizada e algumas vezes corrigida", de um almanaque da agência de notícias americana: *The Official Associated Press Almanac*. As temáticas referentes ao Brasil, que correspondiam a 40% do almanaque, foram escritas pelo Departamento de Documentação da Editora Abril. Segundo a reportagem, existiam, em outros países, almanaques prestigiosos e a publicação da Abril viria a se juntar a essas obras.[27]

Tendo em vista o bom desempenho da Editora Abril no mercado editorial, no período, e a possibilidade de extensão desse mercado, ainda pouco competitivo, os Civita perceberam que a Abril deveria se tornar uma empresa de comunicação que atuasse em todas as áreas, pois "as tiragens no Brasil ainda são pequenas; a única forma de manter uma grande empresa em crescimento é ir ao encontro de todos os segmentos do mercado" (Civita, 28 jun. 1972). A Editora Abril tinha uma "vocação" para a produção industrial e para descobrir novos segmentos:

> em termos práticos, o resultado é que a editora não é uma grande empresa, mas a soma de muitas pequenas empresas, que têm as vantagens e desvantagens de pertencer a uma grande empresa. [...] disposição para tentar coisas novas. Esta é uma vantagem de uma empresa grande. Nós tentamos. Sistematicamente, dezenas de coisas por ano que ninguém em sã consciência, ninguém responsável, ninguém lúcido faria se a sua sobrevivência dependesse do sucesso de qualquer uma delas, porque nós sabemos, por experiência, por bom senso, e também por "chutômetro" que uma parte dessas coisas vai dar certo e outras não. A nossa preocupação [...] é uma preocupação constante com a definição precisa da personalidade e do mercado de cada publicação. De vez em quando, a gente consegue identificar um mercado novo, uma área nova onde falta uma publicação. Às vezes a gente faz uma pesquisa, outras vezes a gente sai com a cara e a coragem para ver se existe mesmo esse mercado.[28]

Como se pode observar, o *Almanaque* foi criado em um momento de expansão da Editora Abril e do mercado editorial brasileiro. Seu lançamento esteve, assim, relacionado a uma estratégia de ocupação de todos os espaços

27 Tendo em vista as características do *Almanaque Abril*, tende-se, assim como essa reportagem, a considerá-lo como um livro de referência, apesar de se pensá-lo também a partir da tradição da literatura de almanaques no Brasil. Ver Pereira, 2006.

28 Civita, R. *A conquista de novos leitores pela Editora Abril*, 1º fev. 1973 (mimeo.).

do mercado editorial (e de comunicação), que, como vemos, ainda admitia a adoção de posturas pouco "empresariais". O anuário aqui tratado aproveita da tradição de publicações de cunho educacional e cultural. A obra se inseria no projeto de levar a "cultura legítima" a preços populares para a classe média e baixa, dentro de uma perspectiva da "cultura de massa", reafirmando a representação dos leitores modernos e a função da leitura construídas por Victor Civita em seus prefácios.

Outro ponto que contribuiu para o sucesso dessa publicação que vendeu três milhões de exemplares de 1975 até 1999 foi o fato de a obra ter se aproveitado da estrutura de distribuição e publicidade já estabelecida na Abril. No que se refere ao primeiro item, pode-se afirmar que o pioneirismo do esquema de distribuição da Dinap, em bancas de jornal, foi determinante para a sua consolidação no mercado editorial. O *Almanaque*, desde o seu lançamento, podia ser encontrado em todas as bancas de jornal do país, fato que aumentou enormemente seu público potencial.

No que se refere à publicidade, o *Almanaque* e o "centro de lucro" a que ele pertencia sempre tiveram grandes descontos para fazer sua divulgação nas revistas da Abril, um suporte que, por si só, tornava possível realizar uma excelente campanha de divulgação. Para se ter uma ideia, em 1974, ano de lançamento da primeira edição, encontravam-se peças publicitárias em *Veja*, *Quatro Rodas*, *Realidade*, *Claúdia* e *Placar*.[29] Havia ainda uma reportagem de três páginas, também na revista *Realidade*, sobre o lançamento do anuário. Para o lançamento das edições de 1980 e 1985, por exemplo, encontramos três peças publicitárias para cada ano nas revistas *Veja*, *Quatro Rodas* e *Playboy*.[30] A utilização das facilidades estruturais disponibilizadas para a divulgação do *Almanaque* nas demais revistas da Editora Abril também foi, portanto, determinante para seu sucesso editorial.

Além dessas razões para o sucesso da publicação, há ainda mais uma que gostaríamos de realçar. Sheila Mazzolenis trabalhou no *Almanaque Abril* até a edição de 1990 e foi diretora de redação por mais de dez edições. Ela afirmou que a palavra almanaque significava, "na cabeça das pessoas, um lugar

29 *Veja*, 11 dez. 1974, p.123; *Quatro Rodas*, dez. 1974, p.278; *Realidade*, dez. 1974, p.105; *Cláudia*, dez. 1974, p.129; *Placar*, 13 dez. 1974, p.37.

30 *Veja*, 9 jan. 1980, p.18; idem, 3 abr. 1985, p.97; *Quatro Rodas*, dez. 1979, p.120; idem, jan. 1985, p.35; *Playboy*, dez. 1979, p.170; e idem, mar. 1985, p.42.

em que caberia qualquer tipo de informação que você quisesse dar. Desde informações sérias até receita de bolo, como era nos almanaques antigos".[31] É daí que, provavelmente, surge a força do *Almanaque Abril*. Este não é, pois, herdeiro somente de uma forma editorial que permite colocar tudo em seu interior, mas também de uma ambiguidade relativa à desvantagem simbólica *versus* a vantagem editorial da forma almanaque, que caracteriza parte da história dos almanaques.[32] Essa ambiguidade perpassa toda a trajetória de produção do *Almanaque*.

A Tabela 17.1 contém alguns dados sobre a vendagem da obra e suas datas de lançamento.

Tabela 17.1 Vendagem aproximada e datas de lançamento

Edição	Vendagem aproximada (em milhares)	Datas de lançamento
1975	67	12/1974
1976	92	11/1975
1977	96	11/1976
1978	90	11/1977
1979	94	12/1978
1980	100	12/1979
1981	118	12/1980
1982	189	12/1981
1983	168	12/1982
1984	120	12/1983
1985	105	11/1984
1990	164	10/1989
1991	–	03/1991
1995	160	02/1995
1998	115	02/1998
1999	90 mil	02/1999
2000	110 mil	02/2000
2001	110 mil	02/2001

Fonte: Redação do *Almanaque Abril* e Dinap

31 Entrevista ao autor em 24 jan. 2002.

32 Sarrazin, 1997. Sobre a literatura de almanaques, ver, entre outros, Park, 1999; Dutra, 2005; Casa Nova, 1996; Gomes, 2002; Meyer, 2001; e Lusebrink et al., 2003.

Os dados sobre vendagem confirmam que o *Almanaque* tem uma tiragem muito elevada para um livro brasileiro, estando sempre próxima dos cem mil exemplares. Ele supera a tiragem de um *best-seller* e de obras didáticas, que é de 30 mil exemplares (Sá Earp; Kornis, 2005, p.20). Por não dispormos de dados referentes a todos os anos, bem como de outros que permitam uma análise mais aprofundada, estamos impedidos de fazer algumas generalizações. O que esses dados indicam, no entanto, é que a receptividade da publicação foi muito grande na medida em que a "vendagem" do primeiro número para o segundo aumentou em 25 mil exemplares. Os 71 mil exemplares vendidos a mais pela edição de 1982, segundo os antigos diretores de redação, deveu-se ao fato de esse ano ter contado com uma campanha publicitária bem agressiva. De todo modo, teríamos que comparar essa informação com o investimento publicitário dos outros anos e com o contexto econômico do país. O interesse aqui é apenas mostrar que a publicação vende uma quantidade estrondosa de exemplares anualmente.

Outro aspecto que pode ser observado por meio da análise da tabela diz respeito ao início das transformações que culminaram na edição de 1996. A partir dela, com algumas "idas e vindas", a publicação que tinha como público leitor todo brasileiro de "8 a 80 anos" passa a ser direcionada aos estudantes da educação básica. A mudança da data de lançamento para fevereiro/março, a partir de 1991, já indicava, como foi ressaltado, um direcionamento ao público escolar, o que reforça as constatações sobre o caráter instável do mercado editorial brasileiro, bastante dependente da produção didática (Batista, 1998, p.217-47). A obra deixava, pois, de ser publicada no período de festas, momento em que um público mais vasto poderia comprá-la, passando a coincidir com o início do ano letivo.

Há indícios que permitem afirmar, a partir de outros dados, que o preço de capa da obra – relativamente baixo nos primeiros anos – aumentou à medida que inovações gráficas foram sendo introduzidas, como mapas e fotos. O preço de capa da primeira edição, segundo a redação do *Almanaque Abril*, era de 3,36 dólares; 4,69 dólares para a edição de 1985; 10,70 dólares para a edição de 1992; 20,3 dólares para a edição de 1996, e 17,1 dólares para a edição de 1997.[33] Em 1996, ano em que se utilizavam cores no *Almanaque*

33 Sobre a questão do preço do *Almanaque*, deixou-se de lado neste capítulo a questão do preço "subjetivo". Sobre essa questão, ver Botrel, 2004, p.511-27.

todo e o papel era de melhor qualidade, o preço da publicação chegou ao seu máximo (20,3 dólares). Considerando que há, na história econômica do Brasil, um progressivo aumento do custo de vida, que não foi acompanhado por um aumento correspondente dos salários, percebe-se que até o início dos anos 1990, o *Almanaque* visou ao público dos setores médios baixos. Ao que parece, a tendência de alta no preço de capa da publicação foi independente das oscilações do salário mínimo. Tudo leva a crer que o público-alvo, após 1996, do ponto de vista econômico, ficou ligeiramente mais restrito às classes média alta e alta. Entretanto, no início do século XXI, percebe-se uma nova baixa no preço da publicação.

Se os dados fornecidos pela redação do *Almanaque* são corretos, podem-se realizar algumas comparações. Em dezembro de 1974, o *Almanaque* valia 6,62% do salário mínimo; em 1996, 17,8%; e, em 2006, 10%. Percebemos que o atrativo econômico do *Almanaque Abril* era muito grande para as classes média e baixa, pois ele nunca custou mais que 20% do valor do salário mínimo. O *Almanaque* esteve próximo do valor de um livro brasileiro, que é, no entanto, dos mais caros do mundo (Sá Earp; Kornis, 2005). Tendo em vista o fato de que o período entre 1974 e 1994 foi caracterizado por excessiva instabilidade econômica do país (Carneiro, 1994), percebemos que a capacidade do *Almanaque* de se manter como um *best-seller* foi notável. Ainda mais se levarmos em conta que não havia dotação orçamentária do governo federal para compra de livros de referência e livros em geral para bibliotecas públicas (Sá Earp; Kornis, 2005, p.66-7).

Considerações finais

Qual é a dinâmica histórica que contribuiu para o sucesso dessas obras, fascículos, enciclopédias, almanaques e livros vendidos em bancas de jornal, sobretudo durante os anos 1960 e 1970, no Brasil? Após o golpe militar de 1964, a indústria cultural se desenvolveu para atingir o mercado da classe média, mas sua consolidação no país foi anterior ao golpe (Ortiz, 1991; Hollanda; Gonçalves, 1979-80). Entre 1945 e 1964, ocorreram três processos simultâneos no Brasil: 1) a industrialização; 2) as migrações internas, e 3) a urbanização. Para a maior parte da população, as dimensões mais significativas dessas mudanças, e principalmente seu impacto negativo, não foram visíveis de 1964 a 1979. Mesmo sob a mancha da ditadura militar (1964-85), tinha-se a impressão de uma continuidade de progresso. De 1930 até 1980, o Brasil tinha construído uma economia nos moldes dos países ricos. O rápido crescimento da industrialização e da urbanização criou oportunidades de vida e trabalho para a maioria da população, proporcionando uma certa mobilidade social. Nesse período houve também um aumento da taxa média de escolarização.[34]

A história da Editora Abril está, assim, inserida nesses processos múltiplos, híbridos e contraditórios da história brasileira.[35] Nesse sentido, procurou-se mostrar aqui que a Editora Abril criou um modelo próprio de empresa de edição e de grupo de comunicação. Assim, o livro – e o impresso em geral – é parte de um projeto maior de transformar a cultura em mercadoria. Tal conceito de cultura tem implicações para o bem, para o mal e para além do bem e do mal.[36] No entanto, uma simples frequentação de bibliotecas públicas e privadas do país é suficiente para se compreender que os livros da Editora Abril estão ali presentes, possibilitando que o livro seja, antes de tudo, um bem disponível a todos.[37] Talvez um dos futuros do passado,[38] em que a história da Editora Abril possa ajudar a iluminar o nosso presente histórico, consiste em podermos, a partir dessa história, pensar na necessidade de construir contemporaneamente políticas públicas para o livro no Brasil. Do nosso ponto de vista, não se podem deixar as políticas de democratização do livro apenas a cargo de particulares. Do contrário, ficaremos sempre à espera e à mercê de outros "Monteiros Lobato" e "Victors Civita".

34 Mello; Novais, 1998, p.559-658. Sobre esse processo de modernização, ver, entre outros, Silva, 1996, p.273-91. O Brasil estava, também nesse período, inserido em um processo de crescimento econômico mundial, chamado por Hobsbawn de "Era de Ouro". Ver Hobsbawn, 1995, p.223-63. Para uma interpretação da ditadura militar, ver, entre outros, Fico, 2004. Uma análise da cultura intelectual do período pode ser vista em Ferreira; Neves, 2007.

35 Sobre as relações dessa empresa com a ditadura militar, ver Mira, 2001. Para uma análise mais ampla dos grupos de comunicação desde 1970, ver, entre outros, Abreu, 2002.

36 Sobre essas questões, do ponto de vista do livro, da leitura e da recepção, ver, entre outros, Certeau, 1994; Grignou, 2003; Hébrard, 2005.

37 Sobre a "democratização" do livro e da leitura, ver, entre outros, Petrucci, 1998, p.203-27.

38 Sobre esse conceito, ver Koselleck, 1990.

18
As pequenas e médias editoras diante do processo de concentração: oportunidades e nichos

Marília de Araujo Barcellos

O século XXI evidencia fortes mudanças nas práticas do mercado do livro. No Brasil, o período é marcado pelo fortalecimento de grandes redes livreiras, pela presença de alguns poderosos grupos editoriais, inclusive estrangeiros, e pelo surgimento contínuo de pequenas e médias editoras. Estas enfrentam desafios e procuram se situar no ambiente competitivo, cada qual a seu modo, com o escopo de ocupar um lugar em que possam se manter e desenvolver.

Nosso tempo está marcado por estratégias de gigantes editoriais, que incorporam outras empresas para diversificar seu catálogo e se fortalecer na cadeia produtiva do livro. Excluídas dessa economia de "peixinho", em que o maior abocanha o menor, encontram-se as pequenas e médias editoras. Nesse contexto, a distância entre os extremos fica cada vez maior.

A partir dos anos 1990 se percebe maior inserção de grandes conglomerados no mercado editorial brasileiro, em especial os advindos da Espanha. A aquisição das editoras Moderna, Salamanca, Objetiva e Martin Claret pelo Grupo Prisa-Santillana[1] é exemplo disso. O grupo reúne em seus catálogos uma diversidade de linhas editoriais, que abrangem desde o segmento de livros didáticos e dicionários até o de literatura. Além do Prisa-Santillana, o

1 A Santillana faz parte, desde 2000, do grupo de comunicação, educação, cultura e entretenimento Prisa, que atua em 22 países na Europa e Américas. Proprietário do jornal *El País*, em Madri, o Prisa-Santillana também é acionista do jornal francês *Le Monde* e controla diretamente uma rede de TV e rádio, que inclui o Canal Plus. Também fazem parte do grupo os selos UNO Educação e Richmond.

Brasil acolheu pelo menos mais três grupos espanhóis nos últimos dez anos: Planeta, Oceano e SM.

O Grupo Planeta, com uma linha editorial forte na área de literatura, se inseriu no país com uma política de atração de autores nacionais. As editoras estrangeiras renovam as práticas no mercado. A relação autor-editora foi de imediato mexida, especialmente com autores de prestígio, por meio do oferecimento de "luvas", isto é, o adiantamento de direitos autorais para os escritores brasileiros consagrados, o que estava fora dos padrões praticados até então no mercado interno. Conforme o depoimento de um editor brasileiro "as editoras que aqui se estabelecem [...] antecipam valores para os autores escreverem, e estes deixam de publicar para uma nacional pequena. Estão tirando o autor do mercado!" (entrevista dada em agosto de 2005).[2]

Os grupos estrangeiros têm promovido concursos literários com prêmios significativos, por meio dos quais podem conhecer a produção literária contemporânea e fazer captação de textos.[3] Além disso, acenam aos autores com a possibilidade de eles terem os seus livros publicados quase que simultaneamente em outros países. A nova situação é bem recebida pelos autores em geral, mas transforma-se em motivo de polêmica entre os editores.

Em *O negócio dos livros* (2000), André Schiffrin, ex-editor da norte-americana Pantheon Books, criada em 1941 por seu pai, Jacques Schiffrin, criador da Bibliothèque de la Pléiade, posteriormente adquirida pelo grupo Random House (vendido à alemã Bertelsmann em 1998), levanta algumas das consequências negativas da concentração editorial em grupos gigantes. Ele reafirma a importância do campo literário e os riscos advindos do "monopólio" desses "controladores da palavra". Schiffrin denuncia as casas editoriais que fazem adiantamentos fabulosos para escritores de *best-sellers* como estratégia para garantir o faturamento e os lucros na indústria do livro, com parâmetros equivalentes aos de outras atividades, como cinema, jornais e televisão.

---

2 Os depoimentos e referência à pesquisa neste artigo provêm da tese *O sistema literário brasileiro atual: pequenas e médias editoras*, 2006.

3 O Prêmio Planeta foi criado em 1952. Em 2008, foi de 840 mil dólares o prêmio para o romance vencedor e de 210 mil dólares para o segundo colocado. A Planeta reserva-se o total controle sobre os direitos autorais exclusivos que serão cedidos, para veiculação por meio de qualquer sistema, seja gráfico, eletrônico ou digital, independente da modalidade de comunicação, em qualquer língua. Uma primeira edição do romance vencedor fica entre dois mil e dois milhões de exemplares.

A participação de conglomerados estrangeiros tem alterado algumas posições no campo editorial brasileiro. Entre essas alterações, está a presença marcante das editoras estrangeiras na lista de títulos comprados em programas de políticas governamentais.

Os caminhos da concentração no Brasil parecem ser determinados também pela expansão de grupos nacionais, como Record e Ediouro, que incorporaram editoras menores.

Entre as consequências da concentração editorial e livreira estão os maiores descontos exigidos pelos grupos de varejo que detêm a maior parte do espaço para exposição de livros, além da utilização de práticas de outros setores, como a "venda" de espaços nas lojas em troca de melhores condições para aquisição das mercadorias.

Quando se "joga pra cima" a margem de descontos, os preços de capa dos livros se elevam. Isso, aliado ao fato de que a busca constante de novidades diminui o tempo de permanência do livro nas livrarias e, assim, reduz a sua "vida útil", pois há maior rotação de novos títulos nas prateleiras, levando muitas vezes ao encalhe de obras publicadas. A lógica de rentabilidade abre espaço para os *best-sellers* e empurra o editor para um catálogo com menor número de títulos de ficção, reduzindo ainda mais as possibilidades de publicações de autores desconhecidos.

As pequenas e médias editoras

Para enfrentar essa situação, as pequenas e médias editoras são obrigadas a utilizar alternativas às estratégias criativas e eficazes das grandes redes. Para tanto, algumas iniciativas das editoras e livrarias menores no Brasil têm buscado alternativas que favoreçam a chamada bibliodiversidade.

Segundo o sociólogo Pierre Bourdieu (1999), há determinantes econômicos e sociais nas estratégias para sobrevivência das editoras no mercado. Concebe-se que a estrutura da empresa e sua linha editorial estimulam o editor a uma busca constante de um ponto de equilíbrio entre dois capitais: o financeiro e o de bens simbólicos no sistema literário. Em virtude da pressão das regras que regem o mercado, pode-se dizer que o campo editorial responde a uma constante tensão entre esses capitais.

Por sua complexidade e diversidade, o mercado de livros está sujeito a chuvas e trovoadas, a intempéries econômicas, políticas, culturais e educativas. É em meio a incertezas que autor e editor põem em circulação a produção intelectual disponível e/ou demandada pelos leitores.

Uma das alternativas para a inserção da pequena e média editora no mercado de livros é a criação de espaços para expor seu produto. O atendimento a nichos específicos com um fundo editorial bem construído passa a ser uma boa opção. Peça importante no investimento editorial, o catálogo é elaborado para que um maior número de leitores seja alcançado. Para tanto, algumas alternativas, como a encomenda e desenvolvimento de projetos, são uma saída. Mesmo que não tenha capital para investimento em direitos autorais antecipados, o editor poderá conceber seu catálogo a partir dos leitores que pretende atender. Ao reunir títulos que versem sobre temas afins ou que contemplem um assunto que venha a ser desenvolvido sob olhares *distintos*, ele cria as coleções que fidelizam o cliente e oferecem um leque de leituras direcionado.

Um catálogo pode atender a determinada fatia do mercado e caracterizar-se por ter uma linha editorial voltada para determinado gênero, como Literatura Infantil e Juvenil, literatura sobre temáticas femininas, Literatura GLS, Biblioteconomia etc., ou uma área específica, como Psicanálise, Crítica Literária, Educação, Informática etc.

O catálogo constitui o capital de bens simbólicos da editora, que deve ser revertido também em capital financeiro, inclusive no caso de venda da empresa. A seleção dos títulos a publicar, principal tarefa do editor depois da definição de sua política editorial, formará a imagem da empresa e direcionará suas estratégias de venda a um público predefinido ou imaginado.

O primeiro título de um catálogo pode expressar já os interesses do editor, que preferencialmente investe em temas que considera familiares e sobre os quais tem o conhecimento necessário para a formulação de um projeto.

A origem do livro de "estreia" das editoras pequenas, entretanto, muitas vezes gira em torno de algumas possibilidades mais acessíveis, como originais de amigos ou produções dos próprios editores. Outra alternativa é o lançamento de livros patrocinados com subsídio de alguma lei de estímulo à cultura. Algumas vezes o pequeno editor arrisca-se a lançar algum autor estreante que considera promissor e outras vezes é sua relação pessoal com algum autor já conhecido que lhe permite publicar uma de suas obras. Há editores que investem em obras de domínio público.

O procedimento para publicação obedece a um destes dois movimentos: o escritor vai com seu original em direção ao editor ou o editor em busca de um autor vai à procura de um bom texto.

Tais movimentos poderão se manifestar sob diferentes modalidades. Em um primeiro momento, tem-se como paradigma o recebimento de originais do próprio autor, isto é, a produção de autores que gostariam de ter seu livro publicado e que vão em busca de editoras, seja pelo correio, seja por e-mail ou mesmo por telefone. Tais procedimentos têm como consequência o fato de a grande maioria dos originais ser "depositada" nas estantes das editoras, constituindo parte daqueles caracterizados como "rejeitados". Outra modalidade é a praticada por autores que enviam sua produção por um mediador, seja um profissional de agenciamento literário, seja um autor já conhecido da editora, seja um escritor legitimado pelo sistema, ou seja, um autor da casa editorial ou que tenha de alguma maneira mantido relações profissionais ou afetivas com o editor. Nesses casos, a indicação do agente mediador tem peso na tomada de decisão.[4]

No que se refere à busca dos originais pelo editor para organizar coleções temáticas, ou para publicar títulos especializados ou de interesse de determinado público, o movimento inicial poderá seguir o caminho das relações pessoais, profissionais ou institucionais, por meio de premiações, pesquisas na academia, no meio jornalístico etc.

Deve-se considerar que as empresas classificadas como de pequeno e médio porte têm perfis com características muito heterogêneas, mas há algo em comum entre elas: a quantidade de originais recebidos é muito maior que o número de livros publicados. A escolha depende de várias condições, como o nome do autor, referências sobre a sua produção, a qualidade do original etc. O editor muitas vezes precisa buscar essas informações fora da sua empresa e contratar serviços de avaliação de originais. Segundo as fontes investigadas, uma vez que o original tenha sido selecionado, poderá levar de um a três anos para ser publicado.

Na seleção de originais de autores estrangeiros, pode haver indução à publicação relacionada à modalidade do mediador, como é o caso de autores das áreas de Ciências Humanas ou de Crítica Literária, que estabele-

---

4 Conforme os questionários respondidos, são recebidos de 5 a 360 originais e publicados de 1% a 30% deles, sendo que o maior aproveitamento é de uma editora que publica autores de sua própria rede de comunicação.

cem relações de troca geralmente dentro da academia e são publicados para atender a uma demanda de professores voltada para um nicho específico.[5]

Quanto à tiragem, editoras com faturamento de até 500 mil reais, consideradas microempresas, costumam imprimir até mil exemplares, número que pode aumentar para três mil nas pequenas e para um pouco mais do que isso (entre 3 mil e 5 mil) nas médias editoras, especialmente quando se adotam ações estratégicas direcionadas à coedição.

Segundo alguns editores, parcerias com outras editoras, em especial na área universitária, têm funcionado. O acordo consiste em dividir tarefas e unir esforços na hora da distribuição e vendas. Para que o resultado e a relação sejam saudáveis é necessário que haja transparência nas negociações e confiança entre as partes.

Também é realizada no mercado editorial a prática da parceria entre pessoa física e editora, mas esta implica, na realidade, os serviços prestados pela editora, que o autor remunera, mas que nem sempre insere o título em seu catálogo. Pequenas editoras brasileiras têm aumentado substancialmente o número de títulos publicados por ano devido a essa estratégia.

As pequenas e médias editoras apresentam bons percentuais de reimpressões, comumente chamadas de reedições;[6] nesse momento certos custos de edição podem ser reduzidos, gerando melhores possibilidades de lucros para as editoras e seus autores.

Algumas editoras cujo faturamento anual é de até 1 milhão de reais possuem somente títulos de autores brasileiros em seus catálogos. Esse dado pode indicar que os autores fazem parte de um nicho específico, atendendo a determinado público, que esses autores fazem parte das relações pessoais do editor direta ou indiretamente ou que a editora abriga em seu catálogo títulos financiados pelo próprio autor, como já mencionamos.

---

5 O questionário aplicado na pesquisa (Barcellos, 2006) aponta algumas das práticas utilizadas para captação de originais. Os textos encaminhados por amigos e a busca de autores no mercado foram marcados como as mais frequentes; originais recebidos pelo correio e encomenda de livros têm menor ênfase; já as feiras internacionais e pesquisas com leitores não foram citadas por ninguém. Matérias publicadas nos veículos de comunicação e material selecionado por meio de projetos desenvolvidos em organizações não governamentais (ONGs) com incentivos fiscais também foram apontados como fonte de originais.

6 Como reedição, considera-se o livro que teve em seu conteúdo algum tipo de alteração; por exemplo, livros universitários revisados e atualizados ou mesmo títulos que ganham um novo prefácio.

Uma possibilidade para publicações em conjunto, as coedições são alternativas para as pequenas e médias editoras, sendo uma estratégia viável, se bem planejada. A Editora Zouk, instalada em Porto Alegre, comenta tal prática salientando os pontos favoráveis e os cuidados necessários para se ter sucesso na empreitada:

> Desde o início, achamos que uma coedição seria uma boa maneira de tornar certos projetos viáveis [...] acreditamos que a parceria é, muitas vezes, um modo interessante de realizar uma publicação que seria impossível apenas por uma editora pequena. Além disso, a coedição faz sentido se é concebida a partir de editoras com perfis editoriais "semelhantes". (outubro de 2007)

O editor, Alexandre Dias Ramos, destaca alguns aspectos da coedição, um deles se refere à identificação com a editora parceira, com objetivos e linha editorial semelhantes. Ele também chama atenção para a importância de partes do processo serem favorecidas. Segundo ele, "há, por exemplo, uma complementação na divulgação e distribuição e no contato com o público, pois cada editora tem seu modo de se relacionar com o mercado". Sobre a divisão do produto das vendas afirma: "acho melhor ter 50% de um livro que existe do que 0% de um livro que não foi possível publicar".

Essa editora mantém há mais de cinco anos uma parceria com a universitária Edusp. Ramos aponta algumas das vantagens relacionadas aos serviços e à logística:

> uma parceria com uma editora universitária, que, em primeiro lugar, não visa ao lucro, mas à importância da obra a ser publicada; junto com a Zouk, que possui um interesse particular pelo público acadêmico, principalmente de pós-graduação. A Edusp tem uma distribuição específica, construída ao longo dos anos, que a Zouk certamente não possui, mas, por outro lado, temos inúmeros pontos de venda, espalhados por livrarias de vários estados, somados à agilidade de uma empresa privada, que complementa a distribuição de uma publicação conjunta e casa muito bem com ela.

No contexto internacional, ações de coedição entre pequenos e médios editores são propostas e formuladas a partir de acordos transnacionais. Paradigma de tal proposta é o de instituições como a Aliança dos Editores Independentes, sediada em Paris, que procura viabilizar ações conjuntas dos pequenos e médios editores para coedições e projetos entre idiomas diferentes. Pode-se estabelecer uma semelhança com as atividades da Liga Brasileira de Editoras (Libre) no Brasil.

Em grande parte, os editores das pequenas optam pela especialização na formulação da linha editorial; no entanto, ao se percorrer o catálogo das editoras pesquisadas, ligadas à Libre e ao Clube dos Editores, percebe-se a existência de uma estratégia classificada como "diversificação na especialização". Isso significa que existe uma linha editorial desenvolvida com maior presteza, ou seja, com maior número de títulos e investimento em lançamentos, mas essa linha não está sozinha no catálogo; nele se encontram reunidas muitas outras. Mesmo que cada uma das linhas temáticas comporte poucos títulos, é através dessa "pequena" diversidade que o público leitor será atendido. Tal diversificação busca o ponto de equilíbrio entre os capitais financeiro e cultural.

Quanto aos editores das empresas consideradas de médio porte, pode-se afirmar que muitos demonstram, em sua linha editorial, interesses dispersos; estão mais focados em estratégias de distribuição, em criar pontos de venda em todos os estados, em escritórios de representação ou mesmo no investimento em novos formatos para publicação, como o CD-ROM. Em 1997 a Editora L&PM elegeu um novo formato para seus livros. Segundo Paulo Lima, diretor administrativo da editora, em 2006 os livros de bolso foram responsáveis por parte considerável do faturamento.[7] Essa decisão levou à ampliação dos pontos de venda e à inovação nas estratégias para atrair o leitor, com *displays* espalhados em pontos alternativos no Brasil, o que permitiu conquistar uma posição de destaque no mercado e mesmo oxigenar os rumos da empresa. Em relação ao produto livro, algumas opções editoriais podem reduzir os custos. A escolha do tipo de papel, a forma da compra e o posterior aproveitamento dele, o planejamento de coleções com otimização da capa, a impressão com cadernos bem calculados, o formato, o cálculo preciso da tiragem etc., são passos em que se pode economizar e diminuir o investimento.

As dificuldades apontadas pelos editores de pequenas ou médias, dentre as opções oferecidas na pesquisa, foram: "capital para publicação", "distribuição" e "espaço na mídia". Quando se solicitou um arrolamento de aspectos positivos do fato de pertencer a esse grupo de editoras, as respos-

7 Entrevista com o editor em Porto Alegre, 2005.

tas giraram em torno da liberdade de escolha de temas e autores, de mais autonomia para tomar decisões, de maior possibilidade de envolvimento em todos os livros e da viabilidade de desenvolver produtos diferenciados.

Em grande parte, os catálogos das pequenas e médias editoras procuram brechas, títulos que fogem do interesse das grandes editoras, sejam de originais estrangeiros ou não. A captação dos textos se dá, em grande parte, por indicações em redes de relacionamentos. O meio acadêmico está bem presente na produção brasileira, inclusive como consumidor da produção de autores e pensadores estrangeiros. Daí a presença de muitos títulos voltados para as ciências humanas publicados pelas pequenas editoras. O interesse do autor estrangeiro em ter uma publicação internacional faz as negociações referentes aos direitos autorais serem mais flexíveis e de valor "acessível" para o editor brasileiro. A presença de autores estrangeiros no catálogo, em especial os contemporâneos, também confere prestígio à editora.

A seleção de originais, ou seja, a definição do que será ou não publicado, deve estar de acordo com a imagem e o perfil que o editor deseja ter no mercado. O fato de que "sem os [...] editores de literatura, muitos escritores não chegariam a obter seu espaço", como escreveu Pierre Jourde, no artigo "Elogio da pequena edição", *Le Monde Diplomatique*, deve ser mais bem analisado (Jourde, 2007). Tal afirmativa faz repensar a questão, porque o autor desconhecido pode significar um risco para o pequeno investidor, que por isso poderá hesitar em publicá-lo. Assim, cerca de apenas 1% dos originais recebidos por uma pequena ou média editora são aproveitados na formação do catálogo.

Um olhar sobre a estrutura dos catálogos das pequenas e médias editoras revela que a maioria delas centra seus interesses em livros de não ficção, em especial de ciências humanas e publicações especializadas, tanto em gênero – Literatura Infantil e Juvenil – quanto em temática – Artes Plásticas, Cidades, Comunidades Afro, o que, ainda assim, não elimina a existência da ficção em suas linhas editoriais.

As publicações literárias incluem produção estrangeira e nacional. No primeiro caso, trata-se de obras na maioria já consagradas no país de origem; no segundo, estão a produção de autores brasileiros estreantes e os já reconhecidos[8] no mercado.

8 Essa classificação foi utilizada neste ensaio de forma simplificada para facilitar o estudo, pois se considera que existem muitas divisões entre essas categorias.

O atendimento ao autor é um dos motivos pelo qual uma editora de porte menor poderá adquirir para seu catálogo autores de renome, pois ela apresenta um diferencial no relacionamento tanto com os fornecedores do conteúdo quanto com os prestadores de serviços e o público em geral. A afirmativa de que "todo autor julga sua obra um *best-seller*", proferida por Jacó Ginsburg,[9] vem do fato de ele considerar a complexidade que envolve a rede de relações, pois a função, diz ele, "lida com algo extremamente sensível: a vaidade humana" (Ginsburg, 1997, p.28). É aí que se percebe que, além de produzir o livro, o editor deve ocupar-se também com o lado "humano" do autor. E é justamente essa uma das potenciais diferenças entre publicar uma obra por intermédio de uma pequena ou de uma grande editora: a possibilidade de acesso ao editor, a facilidade de troca de ideias, o atendimento e o cuidado com a produção gráfica e o acabamento do livro podem ser mais viáveis numa pequena estrutura.

A redução dos custos fixos enxuga a equipe de pessoal e leva à necessidade de um maior investimento na capacitação do quadro funcional da editora. A profissionalização do pessoal por meio de cursos de atualização e de graduação voltados para a área, bem como de investimento em pesquisa e busca de textos e notícias pertinentes ao setor, é, cada vez mais, um item explorado na seleção de pessoal para compor a equipe de trabalho. É comum que serviços como diagramação, revisão, copidesque, tradução, capa e ilustração sejam terceirizados. O limitado número de funcionários é apontado por alguns editores como uma das vantagens da pequena editora.

A distribuição aparece como um dos itens mais apontados como problema. As editoras situadas no eixo Rio-São Paulo respondem pelo escoamento e distribuição da maior parte da produção nacional. Para as editoras estabelecidas fora desse eixo, torna-se difícil avaliar a real dimensão de suas vendas em termos de região. Portanto, pressupõe-se que deva haver investimento nas grandes redes de livrarias, quando possível, e circulação nas pequenas livrarias, feiras de livros,[10] escolas, concursos, eventos e ainda na política de vendas para o governo. A participação na cadeia produtiva local

9 Jacó Ginsburg é professor do Departamento de Artes Cênicas da Escola de Comunicação e Artes da Universidade de São Paulo (ECA/USP) e autor, diretor e uns dos fundadores da Editora Perspectiva.

10 Tanto para associados da Libre quanto para o Clube dos Editores, as feiras são mencionadas como espaços de investimento em difusão e contatos, mais do que, propriamente, de retorno financeiro.

ainda apresenta retorno mais rápido que o investimento em regiões territorialmente distantes.

Dispositivos e ações estratégicas em conjunto

Ações coletivas, como a atuação em entidades e alianças, favorecem a busca por melhorias no setor ao permitir que um determinado conjunto, que apresenta características semelhantes, realize propostas e procure soluções para suas empresas.

As feiras de livros inserem-se em imbricado sistema de relações, possibilitando a circulação das obras produzidas pelas editoras participantes. Ações conjuntas entre a Libre e a Aliança dos Editores Independentes têm sido realizadas. Esses órgãos abrem espaço para a atuação internacional da entidade "parceira".[11] Tanto as feiras locais quanto as internacionais são um mecanismo para a circulação de ideias e do produto.

Quanto aos livros didáticos, embora as grandes editoras reúnam um número significativo de autores já conhecidos pelo público escolar, algumas pequenas editoras têm conseguido marcar presença nas vendas governamentais. Manati, Biruta, Peirópolis e Projeto são exemplos de pequenas e médias editoras que tiveram títulos selecionados pelo governo. Todas atuam no segmento de literatura infantil e juvenil e tiveram, também, publicações premiadas pela Fundação Nacional do Livro Infantil e Juvenil (FNLIJ).

Entre os dispositivos para assegurar a procura de uma posição e do ponto de equilíbrio entre o capital e o bem simbólico, temos algumas medidas legais aplicadas em outros países que têm sido discutidas por setores do livro no Brasil. Há, por exemplo, a Lei do Preço Fixo, um dos dispositivos de que os profissionais do setor lançam mão em parte da Europa como medida de regulação do mercado.[12] Batizada de Lei Lang, foi instaurada em 10 de

11 A Aliança participou e organizou encontros na Primavera dos Livros, no Rio de Janeiro; a Libre, por sua vez, conta com o apoio da Aliança em algumas feiras europeias de que esta entidade francesa participa.

12 Jean-Guy Boin, diretor do Bureau International de l'Édition Française du Ministère de la Culture et de la Communication, declara que o governo francês emprega como política cultural a Lei do Preço Fixo, que tem como um de seus propósitos "a regulação da pluralidade editorial existente no mercado e, dessa forma, tem como objetivo garantir a diversidade da paisagem da edição" (entrevista, Paris, 24 ago. 2004).

agosto de 1981 na França e entrou em vigor a partir de 1982.[13] Independente das práticas que cada país adota, é perceptível a existência de diálogo e a constante reflexão sobre o tema.

Citada como uma das maiores dificuldades para o editor de médio e pequeno porte, a conquista de espaço na mídia,[14] em especial na imprensa escrita, visando à inserção das publicações nos suplementos literários, constitui-se em objetivo central entre as editoras de todo o país. A imprensa sugere leituras e divulga lançamentos. Esse espaço permite que sejam disseminadas – principalmente em jornais do centro do país – informações a um público maior de leitores; consequentemente, essa mídia atua como estratégia de apoio às vendas. De certa maneira, pode-se afirmar ainda que ela tem o poder de ditar temas e apresentar autores que poderão vir a ser publicados.

O fato de o mercado apresentar uma grande produção de livros faz os editores dos suplementos estabelecerem critérios de seleção de títulos sobre os quais serão publicadas matérias, resenhas ou críticas. Entre os critérios para a seleção dos livros a serem divulgados pela mídia, há pelo menos três itens a serem observados: autor, temática e indicação. Registre-se, outrossim, que livros reeditados, assim como autores desconhecidos, não constituem prioridade; logo, por ser a importância do autor (conhecido ou não) o que estabelece o primeiro critério classificatório, fica explicado por que os escritores jovens e desconhecidos não têm facilidade de divulgar suas obras.

A produção de editoras de pequeno e médio porte torna-se mais visível por meio da mídia institucional de entidades, porque estas oferecem uma posição de destaque para livros especializados da sua área, que beneficia também a imagem do grupo.

No Brasil, é recente a estratégia usada por algumas empresas e instituições especializadas de investir na criação de revistas que divulguem o livro e temas relacionados à sua produção. São exemplos disso as publicações impressas, como a *Panorama Editorial* e a revista da distribuidora Super-

---

13 O Ministère de la Culture et de la Communication, Direction du Livre et de la Lecture, Département de l'Économie du Livre disponibiliza em seu *site* informações sobre essa lei: <http://www.jp.culture.fr/culture/dll/prix-livre/intro.htm>.

14 Outros meios igualmente utilizados são a mala-direta e a divulgação em escolas por editores que têm uma linha editorial com ênfase em determinados gêneros, como Literatura Infantil e Juvenil, além de didáticos.

pedido, e sítios na Internet, como o *Publishnews*. Por certo que não se pretende esgotar aqui as possibilidades de acesso ao livro, nem de endereços de empresas que tratem do livro; a proposta é apontar alguns itens que podem servir de auxílio a futuros estudos. A existência de suplementos, de periódicos do setor e de sítios especializados é importante para fazer circular a produção literária brasileira e abrir discussões e debates que levem a refletir sobre as condições atuais e as futuras ações para o setor do livro.

Por fim, lembramos que a postura autocrítica e a reavaliação constante da infraestrutura, dos serviços internos e do processo externo à editora são definitivas para que as pequenas e médias editoras percebam as brechas no mercado do livro e possam criar suas oportunidades, sem perder o rumo, para se manter na acelerada situação contemporânea do setor.

19
Editoras universitárias: academia ou mercado? Reflexões sobre um falso problema

José Castilho Marques Neto
Flávia Garcia Rosa

Introdução

Atualmente, pode-se dizer que as editoras universitárias no Brasil têm, como segmento, tanto espaço e reconhecimento quanto as outras – há alguns anos, no entanto, provavelmente não caberia uma afirmação assim. Até em um livro como este, que trata da história da imprensa no Brasil, talvez não fosse garantido um capítulo sobre tais editoras, considerando a pouca relevância e prestígio que tinham junto ao público e aos profissionais.

As editoras das universidades, salvo raras exceções, conformavam-se com o papel subalterno no mundo das edições, e sua atuação, na maior parte dos casos, se restringia ao *campus*, cumprindo quase um papel de gráfica ao imprimir textos universitários. Estes, por sua vez, eram impressos por vontade da universidade o que, na esmagadora maioria, resultava em conteúdos desinteressantes que atendiam às necessidades das carreiras acadêmicas ou políticas das autoridades atuantes e de seus sucessores ou aliados. Alijada da própria missão acadêmica, historicamente determinada no mundo ocidental desde a fundação das primeiras universidades modernas, a editora universitária brasileira teve até a segunda metade dos anos 1980 um papel ínfimo, quase imperceptível, na indústria editorial do país, que crescia e se personalizava cada vez mais. Ocorreram pouquíssimas e honrosas exceções com projetos editoriais autênticos, datados nos anos 1950 e 1960, como o programa editorial da UnB. E mesmo as exceções se mostravam efêmeras, sofrendo descontinuidade por motivos variados.

Na contramão do que deveria representar a editora na estrutura da universidade, muitas das editoras acadêmicas brasileiras também financiaram projetos de outras editoras travestidos de "coedições". Em resumo, a editora vinculada à universidade, geralmente pública, por muito tempo publicou um sem-número de títulos de empresas privadas e, por força contratual, ficava com uma pequena parte da produção (sendo a média das tiragens de 3 mil exemplares) sobre a qual detinha o poder de distribuir ou vender apenas no próprio *campus*. À editora privada cabia a comercialização do restante da tiragem, auferindo, assim, os lucros da empreitada. A universidade pública se via na duvidosa função de mecenas de atividades lucrativas de empresas privadas, o que, adicionado à deturpação do verdadeiro papel de uma editora universitária junto à comunidade acadêmica, tornou-se característico por dezenas de anos. Como consequência, esse modo de publicar obscureceu a real missão do segmento editorial junto aos propósitos da academia – o ensino, a pesquisa e a extensão –, e a edição acadêmica não se justificava como essencial aos objetivos universitários, permanecendo na subalternidade das atividades menos prestigiadas.

Felizmente, na segunda metade dos anos 1980, fortaleceu-se uma reação a esse papel subalterno e submisso da edição acadêmica, tanto com projetos isolados de universidades quanto com a tentativa de unificar bandeiras e buscar forças na união daqueles que se preocupavam em repor o lugar da editora acadêmica no Brasil.

Esta é a questão, necessariamente resumida, que pretendemos abordar neste capítulo, apontando fundamentos que dão base à longa ligação das universidades com o mundo editorial e desdobramentos da cena no mundo e no Brasil. Veremos que a história ultrapassa os limites da comunicação científica para se projetar também ao universo do leitor universitário de fora dos bancos escolares, dos laboratórios e das bibliotecas de pesquisa exclusivamente acadêmica.

A comunicação científica, as universidades, os livros e os periódicos

As universidades são responsáveis por grande parte das pesquisas científicas, produzindo uma quantidade de informação que exige sistematização e difusão. No entanto, para que a comunicação científica produzida nas instituições de ensino superior seja disseminada, é necessário, de um lado, intercâmbio de informações e ideias entre cientistas e, de outro, uma política institucional específica para publicações. Garvey (1979), em *Communication – The Essence of Science*, define comunicação científica como a "[...] troca de informações que abrange a comunicação formal e informal e que acontece entre cientistas envolvidos com pesquisa na fronteira da ciência. Estes realizam atividades associadas a produção, disseminação e uso da informação, desde o momento em que um cientista concebe sua ideia de pesquisa até que a informação acerca dos resultados desta pesquisa seja aceita como constituinte do conhecimento científico".

O grupo de publicações resultantes da comunicação científica é denominado "literatura científica", em referência à existência de publicações que, conjuntamente, contêm a documentação total dos trabalhos produzidos por cientistas. Por meio da publicação, o saber científico se torna público. E o saber público é a essência da universidade moderna.

No transcorrer de sua história, a disseminação da comunicação científica passou por dois processos: o escrito, considerado formal, e o oral, considerado informal. Segundo Le Coadic (2004, p.28), a "formalização da comunicação científica data de mais de 300 anos. Ocorreu em resposta às necessidades de comunicação de um número crescente de resultados e pesquisadores". Essa prática, com o tempo, consolidou-se como meio de legitimação do conhecimento, pelo qual novas contribuições científicas passaram a ser reconhecidas e comunicadas, sobretudo a outros pesquisadores, para devida avaliação e aprovação.

Mas essa prática contemporânea de comunicação científica, com origem nas universidades, tem antecedentes históricos importantes. O surgimento das universidades na Europa – final do século XII, início do século XIII – contribuiu para o aparecimento de um público leitor diferenciado: professores que buscavam textos, obras de referência, comentários (a *glosa* foi fundamental no ensino durante o período medieval), e alunos em busca de material de estudo.

As próprias universidades criaram oficinas para que artesãos pudessem copiar, a baixo custo e no menor tempo possível, obras indispensáveis. Essas obras eram disponibilizadas para os alunos, fosse pelas bibliotecas ou por meio do "livreiro ou do estacionário, este responsável pelos *peciae*, partes do manuscrito-modelo, o exemplar, de cada tratado de teologia ou arte liberal de que a Universidade tratasse". (Bufrem, 2000, p.31)

A introdução da imprensa na Europa do século XV fez aumentar rapidamente a disponibilidade de textos impressos para atender à demanda das universidades. Em 1478, a Oxford University introduziu em suas dependências a primeira máquina para impressão, produzindo o primeiro livro. Em 1558, um decreto da Câmara dos Lordes "confirma seu privilégio de imprimir livros". Em 1534, mediante concessão de funcionamento emitida pelo Rei Henrique VIII, surgiu a Cambridge University Press, da universidade de mesmo nome, "destacada pelos estatutos da universidade para desenvolver a área de publicações", com o "objetivo [...] de disseminar o conhecimento de maneira genérica e de contribuir para o avanço do ensino, da pesquisa e da literatura". (Cambridge, 1990)

Na segunda metade do século XVII surgem as primeiras revistas científicas (Meadows, 1999). Esse tipo de publicação foi fruto de exigências da comunidade científica, que necessitava cada vez mais circular os resultados de observações e experiências empíricas, que passaram a ser impressos, para ser avaliados pelos pares dessas pesquisas. No ano de 1665 foram lançados dois periódicos: o *Le Journal des Sçavans*, produzido na França, e o *Philosophical Transactions*, publicado pela Royal Society de Londres – dando origem ao sistema de revisão de pares, hoje tão usual e importante para a atividade científica (Stumpf, 1996; Meadows, 1999).

Em resumo, na própria origem da ideia de universidade, notadamente aquela inaugurada na modernidade, e também na origem da necessidade da disseminação da produção científica, estão coladas a atividade editorial e a de publicação. Dos textos entre pares passou-se rapidamente aos voltados ao estudo e à sala de aula. Esse movimento dinâmico, que forjou inéditos leitores, transbordou do mundo das academias e se submeteu às necessidades de mercado. Também por isso, a história do livro ligou-se definitiva e intimamente ao surgimento das universidades. Sobre o assunto, Barbara W. Tuchmann (apud Katzinstein, 1986, p.98), afirma que "[...] com o número crescente de estudantes matriculados em universidades e escolas, a demanda de livros aumentou. Na França, a leitura das pessoas eruditas consistia, a par da Bíblia, na Beletrística, bestiários, Astronomia, Geografia, História Universal e da Igreja, Direito, Medicina e Música".

Em razão desse movimento constitutivo da atividade editorial e livreira, que tem origem exatamente nas universidades, é despropositado afirmar que existe separação entre editoras universitárias ligadas às universidades e centros de pesquisa científica e editoras de livros universitários com fins empresariais e comerciais. Estas últimas surgiram para atender à crescente demanda por livros de conhecimento, que caracterizava o desenvolvimento da geração e da transmissão do saber conquistado nas academias. O mundo moderno se afirmou na ideia da difusão do conhecimento, e os suportes fundamentais foram o livro e a revista científica impressa. Editar passou a ser, definitivamente, uma atividade formadora, cultural, educativa.

É possível identificar três tipos de editoras universitárias a partir de tal movimento histórico:

a) Editoras universitárias *strictu sensu* ou clássicas:
   - Criadas por universidades com objetivo de divulgar o saber produzido pela própria instituição ou por outros centros de pesquisa científica.
   - Geralmente são ligadas às universidades tradicionais de ensino e pesquisa.
   - Podem ou não ter atuação voltada ao mercado.
   - Os eixos do catálogo dividem-se em textos científicos e textos voltados ao ensino de disciplinas universitárias.

b) Editoras universitárias com vocação regional:
   - Igualmente criadas por universidades, mas de alcance local, voltam-se prioritariamente à divulgação da pesquisa regional e raramente publicam autores de fora de seus quadros profissionais.
   - O catálogo tem como eixo as pesquisas locais e enfoca temas da tradição cultural regional.
   - Constitui, muitas vezes, o único veículo de preservação da memória cultural da região.

c) Editoras de livros universitários:
   - Criadas por empresários ou grupos acadêmicos com fins comerciais.
   - Dividem-se, genericamente, em duas categorias:
     1. Edição de textos científicos e/ou de divulgação científica e crítica, inclusive periódicos científicos.
     2. Livros e/ou manuais voltados ao ensino superior.
   - Ao contrário das editoras universitárias ligadas às universidades, geralmente têm o catálogo bem definido, objetivo, moldado conforme uma missão e marcado por uma ou outra categoria.

De acordo com sua inserção e sua história, as editoras universitárias de modo geral oscilam entre a publicação de textos economicamente rentáveis e os chamados "fundo de catálogo" – títulos que não são necessariamente lucrativos, mas são prestigiados e garantem à editora o selo de "cultural e acadêmica", o que pode ser uma possível estratégia para o sucesso do empreendimento. Outro vetor determinante para a perenidade desse tipo de editora é o foco na qualidade editorial e gráfica das edições.

Por participarem de um segmento específico, entre a produção de conhecimento e a responsabilidade pela distribuição, podemos afirmar que os livros universitários tornam superlativo o desafio editorial de outros segmentos: "[...] a ambivalência fundamental da atividade editorial e do comércio de livros. Por um lado, somente eles podem assegurar a constituição de um mercado dos textos e dos julgamentos. São condição necessária para que possa ser construída uma esfera pública literária e um uso crítico da razão. Mas, por outro, em virtude de suas próprias leis, a edição submete a circulação das obras a coerções e a finalidades não idênticas àquelas que governaram sua escrita. Entre essas duas exigências, a tensão não se resolve facilmente". (Chartier, 2002)

Universidade no Brasil e edição universitária: outra história

Diferentemente do que ocorreu em alguns países de língua espanhola na América do Sul, nos quais o ensino superior passou a ser realidade desde o século XVI, a criação de universidades no Brasil foi marcada pela resistência de Portugal a essas iniciativas dentro de sua política de colonização. A mesma lógica de dominação proibiu a impressão de livros na colônia, contribuindo ao atraso do Brasil em relação à renovação das letras, das artes e das ciências que a modernidade desenvolvia na Europa no mesmo período.

Enquanto o mundo moderno europeu desenvolvia a geração e a difusão do conhecimento, consagrando a ideia de que "saber é poder", cujo suporte era as publicações geradas nas universidades, a educação formal no Brasil se iniciou com a vinda dos jesuítas em 1549 para a Bahia, com Tomé de Souza, no primeiro Governo-Geral. Os padres jesuítas tiveram como atribuição educar por intermédio da catequese. Criaram a primeira escola elementar, na qual ensinavam índios nativos e a reduzida população a ler, escrever e contar.

Em 1551, padre Manoel da Nóbrega fundou em terras brasileiras o Colégio dos Jesuítas nos moldes do de Lisboa, mais conhecido como Colégio do Terreiro de Jesus, atendendo às orientações da Corte. Essa iniciativa parecia promissora ao apontar similaridade na educação da colônia e da matriz europeia. Em 1556, o Colégio dos Jesuítas se tornou a principal escola da colônia, dotada de cursos elevados e influenciada pela estrutura da universidade medieval, abrangendo desde curso elementar até estudos humanísticos, filosóficos e teológicos. Havia intenção, por parte dos jesuítas, de transformar o colégio em universidade – objetivo frustrado pela expulsão desses religiosos do Brasil, em 1759, pelo Marquês de Pombal. Nesse mesmo ano, junto à frustrada intenção de se criar um curso superior, foram destruídos os livros utilizados pelos jesuítas no processo educacional, que haviam sido trazidos da metrópole lusitana. Até então, na colônia, aqueles livros constituíam o acervo das bibliotecas das escolas religiosas.

Considerando o processo de colonização e o início da educação formal no país, então, não é de se estranhar que a publicação de livros tenha começado tardiamente no Brasil. É interessante notar que a legalização da imprensa na colônia brasileira se deu por necessidades geradas na metrópole com a ameaça napoleônica à Coroa portuguesa em 1808.

A vinda da Família Real para o Brasil obrigou o príncipe regente D. João a tomar medidas que restabelecessem a ordem, centralizassem o poder e criassem condições culturais e tecnológicas para a instalação da Corte na colônia do Brasil (Universidade, 1967). Nesse sentido, uma das iniciativas foi a criação de cursos superiores, tais como a Academia Real da Marinha e Cirurgia, na Bahia e no Rio de Janeiro, e alguns outros que tinham por objetivo atender às necessidades do reino português em terras brasileiras. Com a permanência da Corte no país e após a independência brasileira em 1822, a demanda por novos cursos superiores para formação da elite social e econômica do país se tornava cada vez mais premente. Ainda no primeiro reinado de D. Pedro I alguns cursos que visavam a formar bacharéis e doutores foram implementados, como os de Direito, em São Paulo e Olinda, no ano de 1827.

Atrasado historicamente em relação a países de colonização hispânica e incomparavelmente atrasado em relação à Europa, o Brasil deu os primeiros e tímidos passos na educação superior e na cultura letrada a partir de 1808. Nos ainda acanhados centros urbanos da monarquia brasileira, os cursos superiores passaram a influenciar o crescimento da atividade editorial; repetia-se no país o fenômeno ocorrido na Europa com o surgimento das universidades: a necessidade de textos de estudo fomentava o mercado de livros, que, por sua vez, forjavam novos leitores formados nas franjas das casas de ensino bacharelesco. Tanto em Salvador como em São Paulo, essa influência ficou bastante visível, por exemplo, pela atuação de livrarias que também funcionavam como editoras, produzindo livros direcionados aos cursos.

No entanto, as universidades no Brasil do século XIX não seguiam os moldes europeus, e o país atravessou um longo período sem instituições de educação e pesquisa que a modernidade forjara sobre as antigas universidades medievais. As universidades, que passaram a ser o centro de conhecimento, saber e ciência – elementos fundamentais para transformações da vida humana nos aspectos sociais, econômicos e políticos –, ficaram distantes da realidade do Brasil até os anos 1930.

Getúlio Vargas assumiu o governo, vitorioso na Revolução de 1930. Ao tomar posse, fez um resumo do programa de reconstrução nacional, em 17 itens, contemplando no terceiro a "[...] difusão intensiva do ensino público principalmente técnico-profissional [...]" (Ribeiro, 1987, p.94). Criou o Ministério da Educação e Saúde sob a responsabilidade de Francisco Campos, que por meio dos decretos n. 19.851 e n. 19.852, de 11 de abril de 1931, empreendeu a Reforma do Ensino Superior, objetivando a organização do sistema universitário brasileiro.

Em 18 de abril de 1931, por meio do Decreto n. 19.890, organizou o ensino secundário, dividindo-o em duas etapas. A primeira com duração de cinco anos (curso fundamental) e a segunda com a duração de dois anos, visando à adaptação a futuras especializações profissionalizantes. Essa reforma foi responsável pela introdução de disciplinas obrigatórias como: Sociologia, História da Filosofia, Higiene, Economia Política e Estatística.

Em 1932, um grupo de reformadores liderados por Lourenço Filho e com participação de Anísio Teixeira, Fernando de Azevedo, Francisco Campos, dentre outros que defendiam a nova maneira de pensar acerca da educação e em função do atraso na implantação das reformas propostas pelo próprio governo, Getúlio Vargas divulgou o Manifesto dos Pioneiros da Educação Nova, que defendia, dentre outras coisas, a função social da educação e a responsabilidade do Estado em relação à organização, ao custeio e ao compromisso de assegurar educação a todos.

Nesse contexto, foi fundada, em 1934, a Universidade de São Paulo (USP), definida por alguns historiadores como a primeira universidade do Brasil. De fato, as primeiras universidades brasileiras surgiram de modo disperso e tiveram vida curta, como foi o caso da Universidade de Manaus, criada em 1909 no auge do ciclo da borracha e extinta em 1926. Depois surgiu a Universidade de São Paulo, em 1911, que durou até 1917, e a do Paraná, que se manteve de 1912 a 1915. Na década de 1920 surgiram a Universidade do Rio de Janeiro (1920), a Universidade de Minas Gerais (1927) e a Universidade do Rio Grande do Sul (1928). Um ano depois da USP, foi fundada no Rio de Janeiro a Universidade do Distrito Federal (1935), pelo prefeito Pedro Ernesto Batista. "Essas instituições recrutaram proeminentes professores estrangeiros – majoritariamente franceses – e introduziram novas disciplinas, em especial a Sociologia" (Hallewell, 2005, p.373). A criação destas duas instituições de ensino superior pode ser creditada aos esforços do grupo da Escola Nova, particularmente a Fernando de Azevedo e a Anísio Teixeira.

A partir de então, muitas coleções foram desenvolvidas por editoras voltadas ao mercado da educação superior. A Editora Nacional, por exemplo, além da Brasiliana, lançou a *Biblioteca Médica Brasileira* e a *Biblioteca Pedagógica Brasileira*. A própria livraria Martins (1937) surgiu em consequência da retomada da vida cultural de São Paulo, a partir da fundação da USP. Ela passou a exercer atividade editorial voltada ao público universitário, inicialmente com livros de Direito. Martins criou coleções importantes, como *Biblioteca Histórica Brasileira, Biblioteca de Literatura Brasileira, Biblioteca do Pensamento Vivo*, e procurou "[...] arregimentar colaboradores em instituições de renome, como a Universidade de São Paulo e o departamento de Cultura do Município [...]" (Paixão, 1995, p.111).

Os membros do governo de Getúlio Vargas não demonstravam entusiasmo pelo desenvolvimento do ensino superior e, sobretudo, não eram favoráveis a inovações introduzidas pelo grupo da Escola Nova. Por intervenção do governo, as atividades da Universidade do Distrito Federal foram interrompidas e a instituição, fechada. "Em consequência, as estatísticas da educação superior para o período [...] revelam queda de 25% no número de estudantes entre 1935 e 1940." (Halewell, 2005, p.374)

Em 1942, Gustavo Capanema, que havia se tornado ministro da educação e saúde, realizou a reforma do sistema educacional brasileiro, a Reforma Capanema, "[...] marcada pela articulação junto aos ideários nacionalistas de Getúlio Vargas e seu projeto político ideológico, implantado sob a ditadura conhecida como Estado Novo" (Dicionário, 2001). Foi dado um prazo de quatro meses para que as editoras fizessem adequações dos títulos às normas estabelecidas ao ensino secundário a partir dessa reforma. Para as editoras significava, em curto espaço de tempo, revisar e modificar radicalmente o conteúdo dos títulos, agora voltados para os princípios estabelecidos pela reforma de "[...] valorização da autoimagem do brasileiro e a criação de uma identidade nacional".

A recente e lenta construção de editoras universitárias no Brasil

Apesar da óbvia influência das universidades no mercado editorial brasileiro a partir da iniciativa governamental de investir em educação, fenômeno que perdura até hoje, foram as editoras privadas que despertaram o mercado focado em professores e estudantes universitários. A maioria das editoras universitárias pertencentes a instituições de ensino superior demorou alguns anos para perceber a demanda. Parte dessa lentidão é constitutiva da própria organização das universidades estatais e dos princípios de gestão do setor público, nos quais os termos "negócio" e "comercialização" são vistos como incompatíveis. Em certa medida, essa tradição contribuiu para que os entraves burocráticos impedissem a ampla circulação da produção das editoras universitárias, o que, até hoje, é um desafio.

Conforme apontado anteriormente, as universidades brasileiras em moldes modernos surgiram na primeira metade do século XX e, embora tenham influenciado a implantação da indústria editorial local, não seguiram o exemplo europeu e norte-americano de possuir editoras próprias. Coube, primeiramente, à iniciativa privada explorar essa atividade, exercida no final do século XIX e início do século XX por imigrantes europeus, especialmente franceses e portugueses que se instalaram em São Paulo e no Rio de Janeiro. Em 1955, foi criada a primeira editora universitária brasileira na Universidade Federal de Pernambuco (UFPE), voltada ao livro científico, técnico e profissional (CTP).

Nos anos 1960, surgiram novas editoras universitárias ligadas a instituições de ensino superior. Não havia, no entanto, uma política editorial universitária nos moldes da tradição ocidental e tampouco um perfil de atuação definido, já que as instituições possuíam organizações diversas e peculiaridades. Além disso, o que mais descaracterizava a missão dessas editoras era o funcionamento conjunto com gráficas universitárias, reforçando, assim, o papel da atividade editorial como secundário e distanciando-se de sua atividade-fim.

No Brasil, os anos ditatoriais iniciados em 1964 estagnaram o aparecimento de editoras acadêmicas e abortaram alguns projetos editoriais mais abrangentes e ambiciosos. Mas, como todas as atividades culturais e científicas no país, a dizimação autoritária dos 1960 passou a ser reconstruída lentamente nos 1970; em 1971, foi retomado o processo de criação das editoras universitárias brasileiras. A consolidação dessa tendência aconteceu nos anos 1980, no Seminário Nacional de Editoras Universitárias realizado na Universidade Federal de Goiás, em 1987, com a criação da Associação Brasileira da Editoras Universitárias (ABEU), que atualmente congrega mais de uma centena de associados. Esse movimento associativo contribuiu para a consolidação das editoras universitárias e de novos perfis assumidos nos princípios do século XXI. Embora tardiamente, a partir dos anos 1980, o Brasil começou não apenas a implementar o número de universidades com editoras próprias, mas a questionar o modelo de editora até então vigente.

A criação da ABEU foi antecedida por alguns fatos ocorridos a partir de 1982, no Nordeste brasileiro. Nesse ano, a Universidade Federal do Ceará promoveu o *I Encontro Nordestino de Editoras Universitárias*, no qual se discutiu a problemática do livro universitário, principalmente em relação à distribuição. Naquela ocasião, os editores universitários presentes decidiram criar uma sistemática própria para viabilizar com eficiência a distribuição do livro produzido por eles. Nascia o Programa Interuniversitário de Distribuição do Livro (PIDL) vigente até hoje no âmbito das associadas da ABEU.

Esse intercâmbio entre editoras do Nordeste, que depois foi estendido às demais editoras universitárias brasileiras, foi determinante para mudanças nos critérios de publicação e para a definição de uma política editorial voltada ao mercado. Buscou-se a partir daí um público leitor culto, universitário, não necessariamente frequentador de bancos escolares ou laboratórios de pesquisa. O livro universitário não seria mais restrito aos *campi* das universidades; ele atingiria um público mais amplo, cumprindo a missão da editora universitária postulada no Ocidente.

Nesse rol de mudanças, houve, ainda, multiplicação de pontos de vendas e livrarias nos *campi*, com privilégios a obras de autores nacionais sem projeção ou de alcance regional. A exposição em livrarias possibilitou um interessante processo de avaliação contínua da produção de cada editora universitária em relação às demais, na forma e no conteúdo. (Rosa, 2005)

Em decorrência do intercâmbio entre as editoras universitárias e a imposição de novas metas e missões, foi ampliado o número de títulos produzidos e adotados pelos professores. Além disso, criou-se nas instituições uma nova mentalidade no que se refere a seleção, produção, publicação e divulgação dos títulos editados.

O Encontro Nordestino de 1982 marcou o início de uma série de outras reuniões e seminários que tinham como objetivo discutir os problemas comuns e avaliar a nova sistemática de distribuição adotada, inicialmente, pelas editoras universitárias nordestinas e aos poucos pelas outras editoras das diversas regiões do país.

Motivadas pela união, as editoras buscaram reconhecimento formal da atividade por parte do Ministério da Educação (MEC), com o qual houve aproximação por meio da Secretaria de Educação Superior (SESu), representada, na época, por Lucília Helena do Carmo Garcez, que desde o primeiro contato entendeu a importância desse movimento das editoras universitárias e muito contribuiu nos encaminhamentos feitos à SESu. Para Lucília, as editoras universitárias constituem um importante canal para veiculação da produção acadêmico-científica das instituições de ensino superior. No entanto, para que possam cumprir seu papel, faz-se necessário o estabelecimento de uma política editorial que represente o perfil científico e social da instituição na qual está inserida. Complementando, Lucília (1986, p.114) afirma o seguinte em relação ao papel das editoras universitárias: "a editora universitária tem papel de vital importância no imprescindível fortalecimento dos filtros sistêmicos de seleção de qualidade da informação técnico e científica a ser publicada e divulgada. Através da atuação criteriosa dos conselhos editoriais, podem contribuir decisivamente para o equilíbrio do sistema, identificando a vanguarda da ciência".

As iniciativas de fortalecimento ainda se moviam no terreno do apoio oficial e principalmente na mudança do fazer editorial pretendido pelas universidades que se juntaram naquele período. Por exemplo, foi reivindicada uma parceria mais estreita com o MEC, por intermédio da SESu, para aproximar o PIDL do projeto de estímulo à editoração do trabalho intelectual das instituições de ensino superior (PROED), criado no início dos anos 1980 e que já havia beneficiado 11 editoras universitárias (Caetano, 1983). Em comunicado feito pelo coordenador geral do PIDL durante o Seminário Nacional de Editoras Universitárias, em 1987, ele afirmou: "temos recebido um discreto apoio do Ministério da Educação e Cultura. Acreditamos firmemente na necessidade de integração entre o PIDL/PROED. Temos defendido a ideia de que só deveria ser beneficiada com recursos daquele programa a instituição que tivesse um plano de distribuição editorial definido. Editar não é tudo. É preciso divulgar". (Sampaio, 1987)

O PIDL naquele ano já contava com a adesão de 43 editoras. Na análise de Sampaio (1987), "o PIDL está forte. O livro universitário tem-se valorizado. Foram privilegiados o autor nacional, e o texto com sabor da terra [...] começa a ganhar novo espaço". Adiante ele ressaltou alguns obstáculos como a falta de recursos, a qualificação da equipe de profissionais e o apadrinhamento editorial. Concluiu dizendo que "[...] a distribuição interuniversitária tem-se mostrado como forte defensora das editoras universitárias, enquanto espaço capaz de garantir a editoração do que é necessário, do que é preciso". (Sampaio, 1987)

Articulada nacionalmente, a ABEU passou a buscar fortalecimento e modernização de suas associadas e deu início a um ciclo de crescimento e imposição de editoras universitárias com projetos editoriais definidos e importantes, atendendo à missão original desse segmento editorial.

É claro que esse processo de transformação e imposição de novas estruturas no Brasil foi e ainda é acompanhado pelo crescimento e a afirmação acadêmica das diversas universidades e, ao mesmo tempo, pela maior ou menor qualificação das instituições de ensino superior no país. Não se trata de um processo linear, idêntico, que ocorre harmônica e positivamente em todas as regiões do país; cada editora tem seu projeto editorial, administrativo e de distribuição, convivendo muitas vezes com o atraso de obstáculos burocráticos que não conseguem superar. A diferença fundamental é que, após mais de duas décadas de trabalho cooperado dos associados da ABEU, há um consenso de qual tipo de editora universitária o Brasil precisa e uma identificação aos mais contemporâneos objetivos e missões editoriais do Ocidente.

Alguns casos podem servir para ilustrar a transformação do conjunto. Uns pelas mudanças de rota na condução editorial e nos negócios, outros pela ousadia em trilhar novos caminhos, rompendo paradigmas e inovando na onda modernizadora que ocorreu a partir dos anos 1980.

Os casos são variados, mas tomemos como exemplo apenas uma região e duas universidades com a mesma origem no que tange ao financiamento público: a criação da Editora Unesp, em 1987, e a mudança de rumos da tradicional Edusp, em 1989.

A Editora da Universidade de São Paulo (Edusp) foi fundada no início dos anos 1960, e no parecer da comissão que a criou constava que "a editora não terá interesse comercial e será organizada como autarquia administrativa financeira; [...] poderá publicar livros que darão prejuízo, desde que isso se justifique, para fiel execução de um programa" (Martins Filho; Rollemberg, 2001, p.22). O resultado desses princípios que regiam a Edusp e muitas outras que foram surgindo ao longo dos anos 1970 contribuíram para a edição de obras que não circulavam e se amontoavam nas dependências das instituições, muitas com tiragens superiores às demandas reais, além de coedições que beneficiavam apenas as editoras comerciais, conforme comentado anteriormente.

Em 1989, com uma mudança de direção, a Edusp, que até então tinha uma política de publicações arcaica e desvirtuadora da missão clássica, transformou radicalmente sua linha editorial e se integrou às políticas editoriais contemporâneas. Essa mudança foi bastante importante para o movimento pela modernização da edição universitária, que se afirmava no país desde a criação da ABEU, afinal a qualidade, a tradição e o peso da Universidade de São Paulo eram de destaque no cenário acadêmico nacional. Renovada, a Edusp iniciou, a partir dos anos 1990, uma nova fase, inserindo-se fortemente no mercado editorial nacional, no qual tem uma posição de relevância ainda hoje.

O caso da Editora Unesp teve origem e rumos diferentes. Desde o princípio, a editora se inseriu nos novos moldes anunciados no final dos anos 1980. Criada em 1987, a nova editora universitária paulista estava ligada a uma universidade recém-criada (1976) e já surgira com um formato diferente de suas irmãs, USP e Unicamp, uma vez que sua estrutura e organização era *multicampus*, em várias cidades do interior do estado de São Paulo. O desafio era justamente o alcance e a originalidade de seu projeto editorial; sendo parte do projeto de transformar as instituições de ensino superior do estado, atuava em uma autêntica universidade, coesa nos objetivos de ensino, pesquisa e extensão. Diferentemente da maioria das editoras universitárias brasileiras, a Editora Unesp já surgiu com a identidade que se queria dar à nova universidade do estado. E realizou o desafio: linha editorial criteriosa e ousada, investimentos gerenciados desde o princípio por intermédio de uma fundação de apoio ao desenvolvimento da universidade (Fundunesp). Em 1996, foi criada a primeira e ainda única fundação de apoio universitário exclusiva para gerenciar um programa editorial acadêmico – aprovada em 2005 pelo Conselho Universitário. Em abril de 2006, foi oficialmente instalada a Fundação Editora da Unesp, fornecendo condições ao braço editorial daquela universidade de realizar as três autonomias consideradas ideais para a boa gestão da atividade: editorial (decisão final sobre o que publicar), administrativa (gerencia a estrutura de apoio e meios) e financeira (gerencia os recursos, gerando a maior parte deles).

Essa ousadia editorial e administrativa da Unesp a projetou fortemente no mercado nacional, com catálogo potente e grande penetração junto ao público leitor, apesar de, à época, ser recente e pertencer a uma universidade que ainda se construía. Essa experiência tornou-se particularmente paradigmática não apenas por incorporar uma situação ideal para o funcionamento de editoras universitárias aos moldes desejados do mundo editorial universitário anglo-saxão, mas por demonstrar que, com determinação político-acadêmica e projetos adequados, o Brasil pode avançar nesse setor, no qual, como já descrito, entrou tardiamente e de forma canhestra.

Seja pelas mudanças de rumos, seja pelos novos projetos, os anos 1980 foram de mudanças no perfil das editoras universitárias. A luta pela organização dos editores e o trabalho para profissionalizá-los, procurando contribuir cada vez mais com o desenvolvimento cultural e científico gerado nas universidades, criou novos patamares de qualidade e prestígio para o setor, não mais confundido de forma simplista com "gráficas universitárias". De maneira geral, iniciadas as mudanças nos anos 1980, afirmadas nos 1990 e na primeira década do novo século, o que se presencia atualmente nas exposições coletivas da edição acadêmica brasileira é um padrão superior de qualidade em relação ao passado, conquistado a partir da adoção de critérios estratégicos, sobretudo no que se refere aos princípios rigorosos na seleção de conteúdos acadêmicos para publicação, feita por conselhos editoriais, que, hoje, são presença obrigatória nas editoras universitárias brasileiras.

Esse novo patamar de inserção das editoras universitárias no mercado editorial e sua modernização não foram tarefa fácil e muitas vezes se adiantaram ao próprio crescimento institucional das universidades. Apesar de algumas editoras ainda não terem atingido o profissionalismo desejado, o importante é que os objetivos estão claros. Para Marques Neto, "[...] urge transformar nossas editoras em empresas culturais acadêmicas, não apenas para racionalizar e fortalecer suas atividades, mas porque temos um enorme capital cultural criativo em mãos, pleno da riqueza que a diversidade universitária tem condições de criar de maneira ímpar". (2002, p.8)

Tempos presentes – os novos desafios da editora universitária

Das mudanças dos últimos 30 anos, nenhuma desprezou o fundamental para qualquer projeto editorial: o leitor. Todos os esforços convergiram para fazer chegar ao leitor o resultado do fazer editorial desta ou daquela universidade, considerando-se os limites e as pretensões de cada projeto acadêmico que, como já assinalado, são muito diversificados. Com isso, garantiu-se a bibliodiversidade necessária à rica expressão das culturas escritas do Brasil, particularmente por intermédio da pesquisa acadêmica.

Os novos desafios estão relacionados ao leitor do século XXI e às novas tecnologias, as Tecnologias de Informação e Comunicação (TICs), preocupação que para o segmento editorial acadêmico é antiga, de antes do atual efervescente debate sobre o livro eletrônico. "[...] Esses desafios incorporam, como em outros momentos decisivos para o livro, crise e criação, nas duas pontas midiáticas entre o autor e o leitor: a edição e a circulação." (Marques Neto, 2002, p.2)

Talvez por universidades e centros de pesquisas exercerem a vanguarda da análise e da produção das TICs, as transformações hoje evidentes já estavam na pauta da edição universitária desde o início do novo século. "[...] Em grande escala e com outra dimensão e abrangência, a revolução provocada pelo aparecimento do livro da era Gutenberg, que transformou a circulação do conhecimento e a apropriação de culturas durante os últimos 500 anos, parece tímida frente aos desafios da 'textualidade eletrônica', na terminologia de Roger Chartier ao referir-se à revolução da informática aplicada aos textos e aos livros. A combinação entre os avanços na área da informática com os conhecimentos, infraestruturas e equipamentos produzidos no campo das telecomunicações (com destaque para a utilização de satélites) ofereceram ao mundo atual uma multiplicidade de novos meios de difusão de informações, ideias, conhecimentos e valores, notadamente nas formas de linguagem midiáticas. Quase em tempo real, profissionais da informação e do conhecimento mostram imagens e informações escritas e faladas com tremendo alcance espacial e social." (Marques Neto, 2005)

Os desafios da textualidade eletrônica e os novos suportes das culturas escritas somam-se, principalmente em editoras de universidades públicas, com outras reivindicações contemporâneas que envolvem também o leitor do século XXI. Trata-se do debate em ascensão sobre financiamento público à pesquisa e acesso gratuito aos resultados. Mais que representar um impacto tecnológico dos novos suportes, essa possibilidade de gratuidade na distribuição do conhecimento gerado em espaços de pesquisa públicos vai ao encontro do modo de fazer e distribuir o livro universitário, conforme aprendizado dos últimos cinco séculos.

O desdobramento desse duplo desafio estimulará e, ao mesmo tempo, desafiará a universidade brasileira a reinventar suas editoras, que tão tardiamente chegaram a compreender e tornar visível seu verdadeiro papel no sistema de educação e cultura acadêmica. No entanto, pelos avanços conquistados com cooperação entre pares e atenta profissionalização de seus produtos e produtores, certamente a edição universitária do Brasil completará mais esse ciclo e manter-se-á promissora neste inquietante e transformador século XXI.

20
Em queda livre? A economia do livro no Brasil (1995-2006)

Fabio Sá Earp
George Kornis

Introdução

Este estudo resulta de uma pesquisa realizada pela primeira vez em 2004, por encomenda do Banco Nacional do Desenvolvimento Econômico e Social (BNDES), com o objetivo de localizar obstáculos à expansão da economia de editoras, distribuidoras e livrarias e propor políticas de fomento, seja no âmbito do próprio BNDES, seja na órbita de outras instâncias governamentais. Essa pesquisa vem sendo repetida todos os anos, tomando como base as estatísticas divulgadas pela Câmara Brasileira do Livro (CBL) e pelo Sindicato Nacional dos Editores de Livros (SNEL) e entrevistas realizadas com empresários e acadêmicos, no âmbito das atividades do Laboratório da Economia do Livro do Instituto de Economia da UFRJ (LIV).

Ao longo deste trabalho verificamos que a economia do livro no Brasil vive uma profunda crise, a qual é mais grave do que a de qualquer outra área da economia brasileira. É grave não apenas por sua dimensão, mas por ser sistematicamente ignorada pelas entidades empresariais ligadas ao setor. Para constatarmos essa situação, basta utilizarmos as estatísticas fornecidas por essas mesmas entidades, como faremos a seguir.

Análise das estatísticas disponíveis

Dados gerais

O primeiro dado disponível é o número de títulos publicados no país, incluindo novas edições e reedições (Tabela 20.1). Cabe destacar a queda do número máximo de 52 mil títulos em 1997 para o mínimo de 36 mil em 2004. Desde então o número de títulos publicados anualmente voltou a subir até atingir 46 mil. Essa recuperação, ocorrida em 2005 e em 2006, ainda que à primeira vista seja animadora, expressa apenas a diminuição da tiragem média por título, a qual caiu de 9.183 exemplares em 2004 para apenas 6.966 em 2006 (Tabela 20.2), uma queda de não desprezíveis 24%.

Tabela 20.1 – Títulos publicados e vendas

	Títulos publicados (milhares)	Exemplares produzidos (milhões)	Exemplares vendidos (milhões)	Faturamento em reais correntes (milhões)	Faturamento em reais de 2006 (milhões)
1995	41	331	275	1.857	4.735
1996	43	377	389	1.896	4.498
1997	52	382	348	1.845	4.303
1998	50	369	410	2.083	4.049
1999	44	295	290	1.818	3.218
2000	45	330	334	2.060	3.303
2001	41	331	299	2.267	3.876
2002	40	339	321	2.181	2.570
2003	36	299	255	2.364	2.483
2004	35	320	289	2.477	2.571
2005	42	306	270	2.573	2.573
2006	46	320	310	2.880	2.880

Fonte: Dados fornecidos pela CBL.

Quando concentramos nossa atenção no número de exemplares produzidos e vendidos (Tabela 20.1), os problemas começam a se mostrar. Em primeiro lugar, a produção se reduz de uma faixa média de 376 milhões de exemplares em 1996-98 para 311 milhões em 2003-06, uma queda de 17%. Em segundo lugar, as vendas efetivamente realizadas são, via de regra, menores do que a produção, diminuindo de uma média de 382 milhões em 1996-98 para 281 milhões em 2003-06, uma queda de 26%. Consequentemente, e ainda mais importante do que isso, aparecem os encalhes (diferença entre produção e vendas), que entre 2003 e 2006 atingiram cerca de 260 milhões de exemplares (mais do que o total de livros vendidos em 2003).

Tabela 20.2 – Tiragens e vendas médias

	Tiragem média	Faturamento por título (milhares de reais de 2006)	Preço médio (reais de 2006)
1995	8.073	115	17,22
1996	8.767	105	11,65
1997	7.346	83	13,37
1998	7.380	81	9,88
1999	6.705	73	11,10
2000	7.333	73	9,89
2001	8.073	70	9,62
2002	8.475	64	8,01
2003	8.303	69	9,74
2004	9.183	73	8,91
2005	7.380	61	9,51
2006	6.966	63	9,29

Fonte: Dados fornecidos pela CBL.

Os maiores problemas, porém, só ficam visíveis quando examinamos o faturamento das editoras (Tabela 20.1). Se observamos a receita nominal, temos um crescimento aparente de 1,857 bilhão de reais em 1995 para 2,880 bilhões de reais em 2006, o que nos dá um aumento de 55%. No entanto, essa versão não retira o impacto da inflação, técnica que todo estudante de Economia aprende no primeiro ano da faculdade; na verdade, um real de 1995 tinha um poder aquisitivo muito maior do que tem hoje.

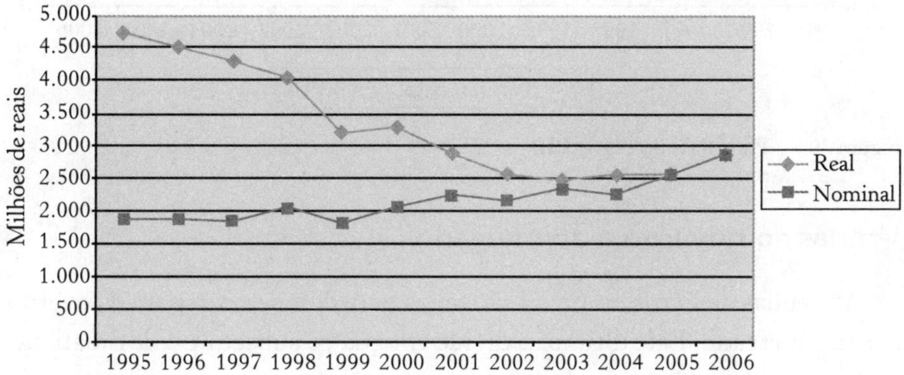

Figura 20.1 – Faturamento das editoras

Quando fazemos essa correção,[1] fica claro que, em reais de 2006, o faturamento do conjunto das editoras brasileiras caiu de um máximo de 4,735 bilhões de reais em 1995 para um mínimo de 2,483 bilhões de reais em 2003, crescendo em seguida até atingir 2,880 bilhões de reais em 2006, resultado que é ainda 39% inferior ao de 1995 (Figura 20.1). O que até então parecia um crescimento sólido transforma-se em uma queda avassaladora. O crescimento de 11,9% verificado em 2006, ainda que alvissareiro, está longe de recuperar os 39% perdidos desde 1995. E mais: suas bases são frágeis, como se verá adiante.

Esse comportamento das vendas de livros está em completo desacordo com o da economia brasileira como um todo. Quando observamos os dados a partir de 1995 (Figura 20.2), fica claro que, enquanto o PIB brasileiro teve um aumento de 31%, que muitos consideram medíocre, as vendas de livros sofreram a já citada queda de 39%. A economia do livro no Brasil tem andado na contramão da história desde o Plano Real – e sem que as entidades responsáveis se manifestem a respeito. Se qualquer segmento significativo da indústria brasileira, do têxtil ao petroquímico, tivesse enfrentado problema semelhante, teria havido um escândalo em escala nacional. Os empresários do livro escolheram o silêncio.

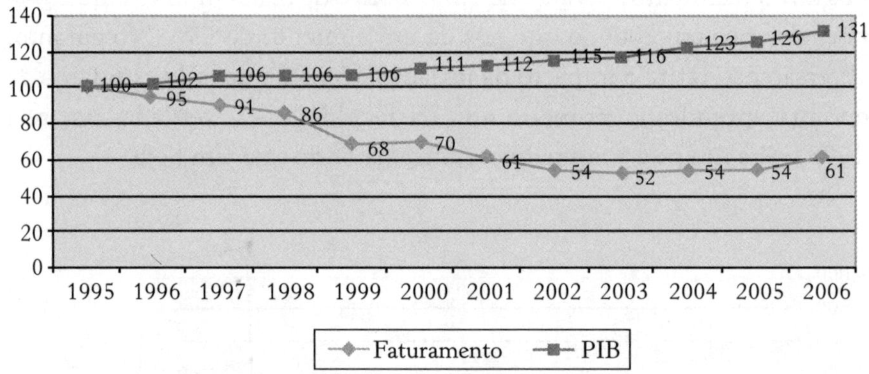

Figura 20.2 – Faturamento real × PIB

Vendas ao governo e ao mercado

As vendas de livros no Brasil são feitas para dois setores: para o governo e para o mercado. Este último se divide em quatro subsetores: de didáticos,

1 O Índice Geral de Preços – Disponibilidade Interna (IGP-DI) foi usado como índice.

obras gerais, religiosos e técnico-científico-profissionais (TCPs). O governo compra 40% dos exemplares, o que representa 25% do total do faturamento das editoras – diferença esta explicada pelo baixo preço médio do livro produzido em grande escala para atender às encomendas de didáticos para distribuição gratuita a estudantes da rede pública. Nas vendas ao mercado são igualmente os didáticos que predominam, seguidos pelas obras gerais (Tabela 20.3). Analisaremos a seguir a estrutura das vendas de modo mais detalhado.

Tabela 20.3 – Distribuição das vendas em 2006

	Exemplares (%)	Valor (%)
1. Ao governo	40	25
2. Ao mercado		
Didáticos	22	31
Obras gerais	19	21
Religiosos	12	8
TCPs	7	15
3. Total	100	100

Fonte: Dados fornecidos pela CBL.

Vejamos a situação em diferentes períodos. Comecemos pelas vendas ao governo. Estas são caracterizadas pela forte irregularidade, como se pode verificar na Tabela 20.4. O número de exemplares comprados pelo governo oscila entre um teto de 162 milhões, em 2002, e um piso de 64 milhões, em 1999. O valor dessas compras também oscila entre 3.978 milhões de reais em 1996 e 1.573 milhão de reais em 1999.[2] Os preços médios são os que apresentam maior variação, atingindo um máximo quando são comprados livros de maior preço unitário para bibliotecas e um mínimo quando as compras incluem livretos infantis para distribuição a estudantes. Isso explica a grande diferença entre o preço médio de 43,24 reais em 1996 e o mínimo de 2,99 reais em 2002. Essa é uma das razões para a grande concentração de vendas em poucos fornecedores: apenas cinco editoras – Moder-

2 Por vezes o programa brasileiro de compras de livros didáticos é apresentado pela imprensa como o mais importante programa do mundo, como em Souza (2007), o que é um absoluto equívoco: as compras brasileiras representam apenas um terço das norte-americanas e um vigésimo das chinesas, como mostrado em Sá Earp; Kornis (2005a).

na, FTD, Saraiva, Ática/Scipione e Positivo – realizam a grande maioria das vendas dos livros voltados para a distribuição a estudantes, ficando as demais editoras praticamente restritas a vendas para bibliotecas.[3]

Tabela 20.4 – Vendas ao mercado e ao governo

	Exemplares vendidos (milhões)		Valor das vendas (milhões de reais de 2006)		Faturamento médio (reais de 2006)	
Ano	Ao governo	Ao mercado	Ao governo	Ao mercado	Ao governo	Ao mercado
1995	130	244	1.175	1.396	9,04	5,72
1996	92	296	3.978	1.677	43,24	5,67
1997	90	258	2.323	1.795	25,81	6,96
1998	114	296	669	1.913	5,87	6,46
1999	64	226	476	1.573	7,44	6,96
2000	133	201	712	1.658	5,35	8,25
2001	117	183	725	1.815	6,19	9,92
2002	162	158	485	1.799	2,99	11,39
2003	111	145	537	1.908	4,84	13,16
2004	135	154	556	1.948	4,12	12,65
2005	88	183	465	2.124	5,28	11,61
2006	125	185	732	2.148	5,86	11,61

Fonte: Dados fornecidos pela CBL.

As compras governamentais, como visto na Tabela 20.5, são majoritariamente para distribuição aos estudantes – esse é o destino de, em média, 85% dos exemplares e é responsável por 91% do valor dessas operações. No entanto, a irregularidade característica das compras públicas aqui aparece com muito mais intensidade. Por exemplo, em 2002 foi dada especial importância ao Programa Nacional da Biblioteca Escolar, o que fez que 51% dos exemplares (que representavam somente 15% dos recursos) tivessem esse destino. No ano seguinte, porém, as bibliotecas receberam apenas 15% dos exemplares e 2% dos recursos. Do ponto de vista das editoras, essa irregularidade das compras cria sérios problemas relativos à escala da produção, o que favorece as grandes editoras, mais flexíveis nesse aspecto.

3 Cassiano (2003) é a principal referência para as compras públicas de livros.

Tabela 20.5 – Vendas ao governo conforme o destino dos livros

	Exemplares comprados (milhões)		Valor das compras (milhões de reais de 2006)		% para bibliotecas	
	Para estudantes	Para bibliotecas	Para estudantes	Para bibliotecas	Dos exemplares	Do valor
1999	60	4	221	24	6	10
2000	129	5	378	24	4	6
2001	184	15	492	46	12	10
2002	78	82	312	59	51	15
2003	161	1	559	9	1	2
2004	86	51	428	113	37	21
2005	93	2	481	12	2	3
2006	118	7	687	44	6	6
Média	114	21	445	42	15	9

Fonte: Dados fornecidos pela CBL.

Quanto às vendas ao consumidor privado, sua característica mais importante é que apresentam maior estabilidade do que as irregulares compras governamentais (Tabela 20.6). Ainda assim sua oscilação é relevante, visto que variam dos 410 milhões de exemplares de 1998 aos 270 milhões de 2005. Os números das vendas ao mercado ficam mais claros quando os dividimos por setor. Em comparação com a instabilidade dos outros subsetores, as vendas das obras gerais e técnico-científico-profissionais contam com relativa estabilidade, sem mudanças bruscas de um ano para outro. No caso do livro religioso, a explicação é simples: em alguns anos imprimem-se mais bíblias, livros grandes e caros, enquanto em outros são privilegiados livros menores e mais baratos. No caso dos didáticos verificamos uma forte queda, de um patamar médio de 145 milhões de exemplares em 1996-98 para 53 milhões em 2002-05.

Ao observarmos o faturamento das editoras (Tabela 20.7), vemos que esse comportamento se modifica. A estabilidade das vendas de TCPs pelo critério do número de exemplares é substituída por uma queda drástica no faturamento, que passa de quase um bilhão de reais em 1995 para menos da metade desse valor a partir de 2002.[4] Já o faturamento obtido com as vendas de didáticos ao mercado cai de 2,137 bilhões de reais para valores entre

4 Esse fenômeno costuma se explicar sobretudo pela pirataria. O elevado preço dos livros desempenha um papel relevante no estímulo a essa atividade. Sobre o tema, ver Ribeiro, 2002.

984 milhões de reais e 926 milhões de reais entre 2002 e 2006. As vendas de religiosos, igualmente, caem de uma média de 357 milhões de reais em 1996-98 para 297 milhões de reais em 2002-05. Por fim, as obras gerais caem de um faturamento médio de 900 milhões de reais em 1996-98 para 537 milhões de reais em 2002-05.

Tabela 20.6 – Exemplares vendidos ao mercado por subsetor (milhões de exemplares)

	Didáticos	Obras gerais	Religiosos	TCPs	Total
1995	102	61	56	25	275
1996	146	62	65	23	389
1997	145	67	62	22	348
1998	145	71	59	21	410
1999	98	63	45	19	290
2000	70	63	46	22	334
2001	59	66	36	23	299
2002	53	55	30	21	321
2003	49	50	26	20	255
2004	57	52	27	17	289
2005	70	57	36	20	270
2006	67	60	37	22	310

Fonte: Dados fornecidos pela CBL.

Tabela 20.7 – Faturamento das vendas ao mercado por subsetor (milhões de reais de 2006)

	Didáticos	Obras gerais	Religiosos	TCPs	Total
1995	1.668	840	391	993	3.891
1996	2.137	874	377	887	4.276
1997	1.929	885	351	882	4.258
1998	1.841	941	344	942	4.462
1999	1.323	729	285	714	3.057
2000	1.240	716	266	712	2.935
2001	1.198	736	277	693	2.910
2002	984	588	232	480	2.282
2003	979	582	227	464	2.248
2004	926	568	250	363	2.047
2005	983	585	240	400	2.205
2006	972	616	242	419	2.148

Fonte: Dados fornecidos pela CBL.

Uma tentativa de interpretação da crise

A crise pode ser medida por meio de uma equação óbvia que nos conduz ao comportamento do comprador de livros no mercado:

Faturamento = exemplares vendidos × preço médio

Aqui somos levados a uma breve incursão na teoria econômica. As oscilações do preço médio constituem um dos fatores que conduzem o consumidor a despender maior ou menor parcela da sua renda na compra de livros. Os economistas denominam esse fenômeno de *elasticidade-preço*, que consiste na medição da variação da compra de determinado produto pelos consumidores em relação à oscilação de seu preço. Assim, se um livro tiver um aumento de preço de, digamos, 20%, caso o consumo caia numa proporção igual ou maior, a demanda será chamada *elástica ao preço* e os vendedores terão uma receita estável ou menor do que antes. Porém, se o consumo cair, digamos, apenas 10%, significa que a maior parte dos consumidores aceita o aumento; sua demanda será chamada de *inelástica ao preço* e os vendedores terão um ganho de receita. Verifica-se o comportamento inverso quando os preços caem.

A elasticidade-preço é afetada por dois fatores. O primeiro é o peso da compra nas despesas do consumidor. Por exemplo, uma variação no preço de uma caixa de fósforos provavelmente passará despercebida, de modo que os consumidores continuarão a comprar aproximadamente a mesma quantidade de antes e os vendedores terão um ganho de receita; assim, a demanda por caixa de fósforos é inelástica à variação de preços. Por outro lado, diante de produtos de elevado preço unitário, como veículos e imóveis, os consumidores não podem manter o mesmo comportamento: diante de preços mais altos eles comprarão uma quantidade menor do produto ou o que os economistas chamam *bens inferiores* (veículos menores ou usados; imóveis menores, usados ou localizados em regiões menos valorizadas). No caso dos livros, bens inferiores são livros usados, apostilas e cópias piratas.

O outro fator que influencia a elasticidade-preço de um produto é a existência ou não de *bens substitutos*, que não são iguais ao produto original, mas podem oferecer resultados até aceitáveis. No caso do mercado de imóveis o bem substituto pode ser um imóvel alugado; já no mercado de veículos pode consistir na aquisição de uma motocicleta[5] ou no recurso ao transporte

5 Uma moto não é um bem inferior ao automóvel, pois, ainda que ofereça menos conforto e capacidade de transporte, tem muito mais mobilidade, o que apresenta vantagens em cidades com trânsito congestionado.

público. Os substitutos para os livros são a Internet e as bibliotecas.[6] No entanto, a elasticidade-preço não é o único conceito relevante para a análise em questão. Os consumidores não reagem apenas a variações no preço dos produtos, mas também a variações em sua própria renda. Quando temos nossa renda aumentada, podemos consumir maior quantidade de produtos nobres, antes menos acessíveis. Inversamente, diante de uma redução da renda, somos forçados a cortar despesas, segundo critérios de peso em nossa renda e essencialidade; continuaremos a comprar caixas de fósforos, mas reduziremos as compras dos supérfluos. Se esse corte não for suficiente, deslocaremos parte do nosso consumo para bens inferiores – novamente, no caso que aqui nos interessa, livros usados, apostilas, cópias piratas e bibliotecas. A esse fenômeno chamamos *elasticidade-renda da demanda*.

Agora podemos observar o que ocorreu no mercado de livros diante da variação dos preços do produto e da renda dos consumidores; para isso selecionamos como ponto inicial o ano de 1998, quando a crise se instalou, e examinamos a situação até 2006. Comecemos pela elasticidade-renda, verificando o que aconteceu com a renda dos compradores de livros no Brasil.

Quem são esses personagens? Segundo a última Pesquisa de Orçamentos Familiares disponível (IBGE, 2004), os 10% mais ricos da população, aquelas famílias com renda acima de dez salários mínimos, gastavam, em valores atuais, cerca de 14 reais por mês com livros, revistas e jornais. No mesmo período o preço médio de um livro vendido no mercado era de 30 reais.[7] Ou seja, parece inútil buscar consumidores relevantes abaixo dessa faixa de renda. Devemos observar que essa parcela da população sofreu uma perda sistemática de renda a partir de 1998 (quando as vendas de livros começaram a cair), como pode ser observado na última Pesquisa Nacional por Amostra de Domicílio (PNAD) (IBGE, 2007).[8] Essa perda chegou a 20% do poder aquisitivo entre 1998 e 2005, e, desde então, só ocorreu uma pequena recuperação de 5%.

---

6 As bibliotecas brasileiras, em sua precariedade, são bens inferiores. Bibliotecas bem organizadas não estão nessa categoria, sendo antes um fornecedor de produto nobre que retira compradores de livros do mercado. Em alguns países, como a Suécia, para não prejudicar autores e editores, a biblioteca paga um direito a cada vez que um leitor pega um livro emprestado.

7 Para se obter o preço médio do livro em livraria, multiplica-se por dois o faturamento médio das editoras.

8 Desenvolvemos esta análise com dados da PNAD anterior constantes em Sá Earp; Kornis, 2006.

A Figura 20.3 mostra que essa perda de poder aquisitivo dos consumidores, de cerca de 15%, foi muito menor do que a queda do faturamento das editoras com as vendas ao mercado, que no mesmo período 1998-2006 foi reduzido a menos da metade. Como explicar esse fenômeno?

Em primeiro lugar, temos o aparecimento de bens substitutos aos livros, sendo notório o crescimento acelerado do uso da Internet. Em 2004 o gasto das famílias com produtos telefônicos – o que incluía o uso da banda estreita para a Internet – era seis vezes maior do que o gasto com livros, revistas e jornais. Não temos números que mostrem a evolução recente da banda larga, visto que o IBGE ainda não atualizou a Pesquisa de Orçamentos Familiares, mas é notória a importância que ela assumiu no país (consumida exatamente pelos 10% de famílias mais ricas) com o barateamento dos computadores pessoais e a venda deles a crédito. Também é notório o crescimento das vendas de telefones celulares, o que teve impacto sobre as despesas familiares, deslocando recursos antes possivelmente destinados à compra de livros.

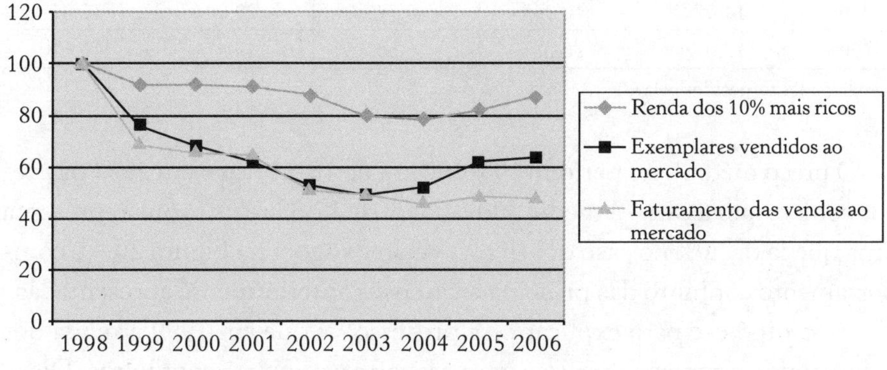

Figura 20.3 – Renda dos compradores e vendas de livros

Em segundo lugar, como consequência do motivo anterior, está o recurso a bens inferiores – livros usados, apostilas e cópias piratas.[9] Entretanto, não temos dados sobre o desenvolvimento da demanda desses produtos, ainda que haja indicações subjetivas de sua expansão.

9 Novamente, a precariedade das bibliotecas as torna pouco atraentes até mesmo como fornecedoras de bens inferiores, como livros antigos, serviços de empréstimos interbibliotecas deficientes e instalações precárias.

Deve-se ressaltar que o uso de bens inferiores não resulta apenas da variação da renda, mas igualmente da elasticidade-preço, ou seja, da reação dos consumidores às variações do preço médio do livro. E, nesse ponto, temos números expressivos.

Tabela 20.8 – Preço médio das vendas ao mercado por subsetor (reais de 2006)

	Didáticos	Obras gerais	Religiosos	TCPs	Total
1995	16,43	13,70	6,98	39,73	15,95
1996	14,63	14,09	5,82	38,75	14,44
1997	13,28	13,31	5,66	40,11	16,50
1998	12,74	13,26	5,84	44,01	15,07
1999	13,50	11,63	6,34	37,55	13,53
2000	17,85	11,36	5,77	33,09	14,50
2001	20,49	11,15	7,55	30,79	15,90
2002	18,57	10,79	7,83	22,86	14,44
2003	19,99	11,63	8,71	23,19	15,50
2004	16,38	11,03	9,38	21,53	13,29
2005	14,07	10,26	6,77	20,00	12,05
2006	13,07	10,28	6,56	19,47	11,61

Fonte: Dados fornecidos pela CBL.

O preço médio[10] no período 1996-98 era de 15,34 reais; em 2004 os preços começaram a cair – a média 2004-06 foi de 12,32 reais, o que representa uma queda de 20% no caso dos livros. Vejamos agora na Figura 20.4 o comportamento conjunto das principais variáveis anteriormente apresentadas.

Uma hipótese para explicar esse processo[11] é que em 1999 a renda dos consumidores começou a cair, o que os levou a comprar menos livros. Diante da queda nas vendas (exemplares e faturamento total), as editoras teriam adotado um comportamento defensivo: o aumento do preço médio dos livros para procurar contrabalançar a queda das receitas. Os consumidores teriam continuado a reduzir suas compras enquanto prosseguiu a alta de preços, até 2003. A partir de então os preços médios começaram a cair, ao

10 Obtém-se o preço médio recebido pelas editoras dividindo-se o faturamento pelo número de exemplares vendidos.

11 Essa hipótese precisa ser reforçada por entrevistas e estudos econométricos, mas é o que podemos supor das evidências disponíveis.

mesmo tempo que a renda da população consumidora começou a crescer, o que levou ao aumento do número de exemplares vendidos – ainda que o faturamento total das editoras tenha permanecido estagnado.

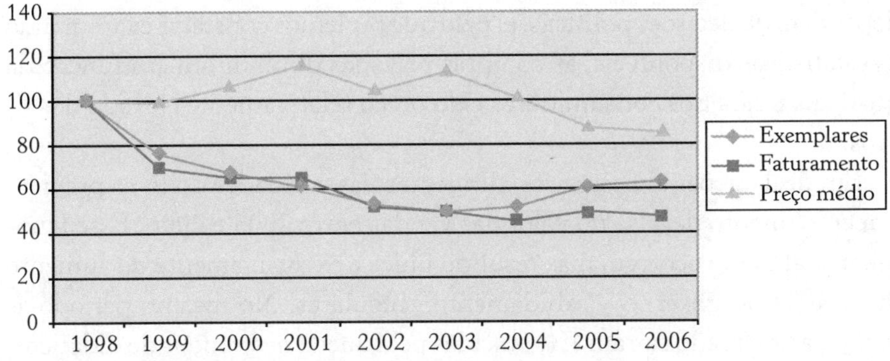

Figura 20.4 – Vendas ao mercado: exemplares, faturamento total e preço médio

Como mostra a Figura 20.5, a queda nas vendas de exemplares e no faturamento, provocada pelo encolhimento da renda da população, antecede a elevação do preço médio feita pelas editoras. Isso fica ainda mais claro no mercado de didáticos. Os consumidores teriam reagido reduzindo mais ainda suas compras e recorrendo aos bens inferiores (apostilas e livros usados)[12], o que agravou a crise do setor. A queda do preço médio levou a uma pequena recuperação no número de exemplares vendidos, o que nem sequer serviu para estabilizar o faturamento do setor.

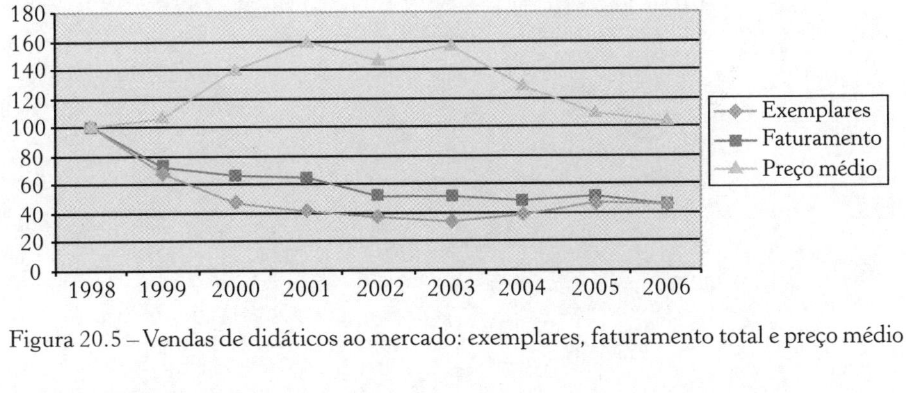

Figura 20.5 – Vendas de didáticos ao mercado: exemplares, faturamento total e preço médio

12 O uso de cópias piratas está concentrado no subsetor técnico-científico-profissional, não tendo ocorrência relevante em didáticos.

Considerações finais

As vendas de livros dependem dos preços desse produto e do comportamento de seus compradores – o governo e o mercado. As compras públicas dependem de decisões políticas, e, pelo que pudemos constatar examinando as estatísticas disponíveis, as compras privadas diminuíram em função da queda na renda dos consumidores e do preço relativamente elevado dos livros.

Em declarações alvissareiras, dirigentes das entidades do livro previam um crescimento de 11% no valor das vendas entre 2005 e 2006. Esse fenômeno realmente ocorreu, mas resultou única e exclusivamente do aumento das vendas ao governo – sabidamente irregulares. No mesmo período as vendas ao mercado caíram 1%, puxadas pela queda nas vendas de didáticos. As vendas dos demais subsetores ao mercado aumentaram, mas não o suficiente para contrabalançar a queda nas vendas de livros escolares.

Voltamos aqui à questão proposta no título do capítulo. Existem razões para crer que a economia do livro vai se recuperar da violenta queda ocorrida? E o que o futuro nos reserva em termos de aquisições de fusões de editoras brasileiras, por vezes realizadas por empresas estrangeiras? Estes são temas que reservamos para a reflexão do leitor.

21
NA HISTÓRIA DAS PUBLICAÇÕES BRASILEIRAS, A CRIANÇA TAMBÉM TEVE VEZ...

Antonio Hohlfeldt

Há várias maneiras de se falar deste tema. E há muitas discussões para se desdobrar em torno do conceito de *literatura infantil*, às vezes, e talvez mais acertadamente, também denominada *literatura para crianças*.

Cecília Meireles afirma, em livro hoje clássico:

> São as crianças, na verdade, que o delimitam [o conceito de *Literatura Infantil*], com a sua preferência. Costuma-se classificar como Literatura Infantil o que para elas se escreve. Seria mais acertado, talvez, assim classificar o que elas leem com utilidade e prazer. Não haveria, pois, uma Literatura Infantil *a priori*, mas *a posteriori*. (Meireles, 1984, p.20)

Mais adiante, na mesma obra, ela volta ao assunto: "Uma simples questão de estilo poderia, a princípio, parecer suficiente para a caracterização dos livros infantis. Seriam livros simples, fáceis, ao alcance da criança... Como se o mundo secreto da infância fosse, na verdade, tão fácil, tão simples..." (Ibidem, p.29).

E insiste, na mesma passagem:

> De modo que, em suma, o *livro infantil*, se bem que dirigido à criança, é de invenção e intenção do adulto. Transmite os pontos de vista que este considera mais úteis à formação de seus leitores. E transmite-os na linguagem e no estilo que o adulto igualmente crê adequados à compreensão e ao gosto do seu público. (Meireles, 1984, p.29)

Nessas passagens, temos, assim, duas conceituações possíveis para a Literatura Infantil: obras que, embora originalmente dirigidas aos adultos, caem no gosto das crianças e são por elas assumidas como *suas* e obras que os adultos escrevem visando intencionalmente às crianças.

E quando nasceu essa literatura, enfim?

Sabemos, sobretudo pelos estudos históricos, sociológicos e antropológicos, que o conceito de *criança* é produto do século das luzes, isto é, o século XVIII. Portanto, é só a partir do surgimento do consumidor *criança* que se pode imaginar um produto a ela dirigido. O livro infantil nasceu, assim, nesse contexto e se desenvolveu paralelamente à evolução dessa perspectiva. O que se diz a respeito da Europa vale sobretudo para o Brasil, onde, embora já naquele mesmo século XVIII circulassem alguns livros dirigidos para as crianças, ou assim considerados, eles vinham do exterior, quer dizer, eram impressos na França ou em Portugal, já que a existência de prelos estava absolutamente proibida na colônia.

No Brasil, com a chegada da família real, em 1808, instalou-se de forma definitiva a imprensa. Assim, se a história dos livros para crianças e, mais especificamente, da literatura infantil dependeu desses fatores *externos* à própria criança, no caso brasileiro dependeu ainda mais da contextualização histórica de nossa transformação em reino e, depois de 1822, em império, ou seja, em um Estado autônomo que começou a se constituir em um país e uma nação. Nesse sentido, é o livro para crianças, de caráter *pedagógico*, o primeiro que deve ser registrado. Efetivamente, foi isso o que ocorreu ao longo do século XIX. Só lentamente os editores franceses ou portugueses aqui estabelecidos e, mais tarde, alguns nacionais, descobriram a importância da literatura infantil propriamente dita, cujas obras pioneiras surgiram ainda marcadas pela exemplaridade e pela preocupação com a educação infantil.

Dessa maneira, podem-se identificar as seguintes fases que aqui serão abordadas, mesmo que rapidamente, e cujas características de produção e textuais serão enfocadas simultaneamente:

a) **Século XIX:** pode-se falar em uma dupla tendência – de um lado, textos importados, na maioria traduzidos e adaptados para uso em sala de aula, com características pedagógicas; de outro, textos que, embora ficcionais, ligaram-se às tradições orais do Ocidente e mantiveram perspectiva de exemplaridade, mesmo quando começaram a ser editados no país.

b) **Final do século XIX e começo do século XX, até a década de 1920:** nacionalização crescente da produção livresca dirigida às crianças, fosse quanto à produção, fosse quanto aos conteúdos.
c) **Anos 1920 a 1960:** a modernização do país, traduzida pela sua urbanização e industrialização, deu origem ao primeiro grande nome literário na área, Monteiro Lobato, e uma produção ficcional de grandes escritores dos anos 1930 e 1940 que, embora não fosse, na maioria, dirigida às crianças, evidenciava preocupação com elas: pode-se dizer que quase todos os principais escritores de então escreveram ao menos algum texto para crianças. Houve também aqueles que se dedicaram, num primeiro momento, primordialmente a tal produção, como é o caso de Erico Verissimo e alguns outros que já escreviam apenas para as crianças, como é o caso de Jerônimo Monteiro; essa tendência favoreceu também o surgimento de revistas dirigidas especificamente a esse segmento.
d) **Anos 1960 a 1980:** a entrada do país num contexto de internacionalização e de indústria cultural levou o governo federal a apoiar fortemente a modernização das gráficas. Antigas e novas editoras descobriram um filão significativo no público infantil, cada vez mais presente na escola (houve uma redução do analfabetismo, principalmente nas cidades). A produção se diversificou, quer tematicamente, quer por meio da especialização da produção de livros para crianças, com a valorização da ilustração e do projeto gráfico.
e) **Anos 1980 em diante:** a conquista de um novo segmento específico de leitores, o público adolescente, com a expansão constante desse tipo de publicação, ganhou espaço em todas as editoras, fazendo surgir até empresas especificamente destinadas a publicar livros para crianças e jovens. O Brasil passou a ser reconhecido no mercado internacional por sua produção textual e de ilustrações, conquistando galardões importantes, como o Prêmio Hans Christian Andersen, que corresponde, no segmento, ao Prêmio Nobel.

De modo geral, no século XIX, os escassos livros existentes no Brasil estavam escritos em francês ou vinham diretamente de Portugal. "A literatura dedicada aos meninos, na época, seguia de perto os critérios de ensino nos colégios", afirma Arroyo (1967). Circulavam obras como *Manual enciclopédico*, de Monteverde, *Ornamentos da memória*, de I. Roquete, *Cartilha imperial*, presumivelmente utilizada por dom Pedro II quando criança, *Guia do professor primário*, de G. Robinson, e algumas coletâneas de textos como *Jardins d'infância*, de Carlota de Carvalho Saavedra e João Clemente de Carvalho Saavedra, *Jogos e rimas infantis*, de F. Adolfo Coelho, além de obras generalistas como *A educação das crianças*, de A. de Sequeira Ferraz, *Enciclopédia das escolas*, de José Maria Latino Coelho, *Enciclopédia popular*, de João José de Sousa Teles, e *Ensino de leitura ou cartilha da infância*, de João Gomes Vicente Rodrigues.

Entre os livros de textos ficcionais, encontramos *Conselhos e avisos de uma mãe a seus filhos*, de Maria da Trindade de Portugal Malheiro e Merlo Baiana, *Os dous Robinsons*, de autor desconhecido, e o *Livro dos meninos*, de Francisco de Martinez de la Rosa. Havia edições de *Os lusíadas*, de Camões, censuradas para consultas em sala de aula, a que se podem somar obras como *Lições de um pae a uma filha sua na primeira edade*, de Roque Ferreira Lobo, e as famosas *Seletas*, primeiro editadas em Portugal e, mais tarde, no Brasil, como a de Clemente Pinto, certamente a mais conhecida de todas.

Livros de autores portugueses ou estrangeiros traduzidos para o português, como *Os caçadores de cabeleiras*, de Mayne Reid, *O Gil Blás da infância*, de José da Fonseca, e *Escolha de histórias morais*, do famoso cônego Schmidt, conviviam com os contos dos irmãos Grimm, traduzidos já no Brasil, por Carlos Jansen, que também verteu para o português *As aventuras do barão de Münchausen*, ao mesmo tempo que alguns títulos de Júlio Verne também aqui aportavam, além de clássicos como *As aventuras de Telêmaco*, de Fénélon, ou textos populares como *História da donzela Teodora* ou *História de João de Calais* etc. Dentre os textos portugueses trazidos ao Brasil, contudo, parece que nenhum volume foi mais popular do que *Os contos da avózinha ou contos nacionais para crianças*, de F. Adolfo Coelho. Trata-se de contos "nacionais" de Portugal, mas cuja naturalidade da escrita os popularizaram entre nós.

A fase de nacionalização da literatura para crianças parece ter nascido por meio da Editora Quaresma. Pedro Quaresma Almeida encomendou ao escritor Figueiredo Pimentel, que já editara, em 1894, *Contos da carochinha*, toda uma coleção de textos dirigidos às crianças brasileiras. A ele se somaram Manuel Bonfim e Olavo Bilac – autores, dentre outros, de *Através do Brasil* –, Tales de Andrade, com *Saudade*, e Adelina A. Lopes Vieira e Júlia Lopes de Almeida – esta, célebre declamadora –, com *Contos infantis*

(1896). Alexina Magalhães Pinto se ocupou da coletânea de cantigas, parlendas e outros textos semelhantes, como *Cantigas das creanças e do povo*, de 1911, porém editado apenas em 1916. Mas uma outra editora logo se afirmou: a Francisco Alves.

Foi Francisco Alves de Oliveira quem encomendou a Bilac o livro *Poesias infantis*, um dos melhores livros para crianças de todos os tempos. Na primeira edição, por esquecimento da oficina impressora, o prefácio de Bilac foi omitido. No entanto, incluído nos demais, mostra explicitamente o caráter de encomenda da obra. E vale a pena transcrevê-lo até por se tratar, de certa forma, de um depoimento sobre o processo de criação poética do próprio Bilac:

> Quando a casa Alves & Cia. me incumbiu de preparar este livro para uso das aulas de instrução primária, não deixei de pensar, com receios, nas dificuldades grandes do trabalho. Era preciso fazer qualquer coisa simples, acessível à inteligência das crianças; e quem vive de escrever, vencendo dificuldades de forma, fica viciado pelo hábito de fazer *estilo*. Como perder o escritor a feição que já adquiriu, e as suas complicadas construções de frase, e o seu arsenal de vocábulos peregrinos, para se colocar ao alcance da inteligência infantil?

Da Francisco Alves foram também algumas das cartilhas mais populares, como *Cartilha das mães* (1938) e *Cartilha analítica* (1955), e livros didáticos, como *Pequenas leituras* (1925) e *Leitura manuscripta* (1909).

A figura de maior destaque, de qualquer modo, foi Figueiredo Pimentel. A *Contos da carochinha* se seguiram *Histórias da avózinha* e *Histórias da baratinha*, ambos de 1896. No total, foram dez obras, todas editadas pela Quaresma.

Brito Broca afirma que *Contos da carochinha* acabou fazendo o termo ser incorporado ao nosso folclore, representando a imagem de "uma velha bondosa e afável a distrair os pequenos, com suas narrativas feéricas" (Broca, 1958).

Saudade, de Tales de Andrade, tornou-se outro clássico. Publicado em 1919, seguiu de perto o modelo de *Coração*, de Edmundo De Amicis, enorme sucesso na edição da Francisco Alves, mas valorizava a herança rural do país, tendência que se enraizaria em nossos textos, e não só infantis, com uma espécie de idealização do campo em contraste com o espaço urbano (então nascente, mas gerando já certa nostalgia do antigo espaço). A primeira edição foi toda ilustrada por J. Wasth Rodrigues. O trabalho se completava com alguns poemas originais de Guilherme de Almeida. Tales de Andrade escreveu outros livros, mas o sucesso de *Saudade* foi tamanho, que continuamos a nos lembrar apenas deste.

Nelly Novaes Coelho (1981, p.342ss) lista outros autores do período, como Antonio Marques Rodrigues (*Livro do povo*, de 1861, no Maranhão), Abílio César Borges, também conhecido como barão de Macaúbas (1868, com uma série de livros que adotam o método Abílio), Hilário Ribeiro (série de livros editada a partir de 1883), Felisberto de Carvalho (série de livros didáticos) etc., todos, evidentemente, com caráter didático e/ou pedagógico.

Foi então que, em 1921, apareceu o gênio criativo de Monteiro Lobato. Regina Zilberman menciona uma série de contextos que permitem a amplitude da leitura e, por conseguinte, da literatura infantil: a) instalação plena da Revolução Industrial e o consequente crescimento da economia capitalista; b) a configuração de novas classes sociais, notadamente a burguesia, o proletariado e um grupo intermediário, chamada de pequena burguesia; c) a expansão da vida urbana; d) a difusão do ideário democrático e liberal, promulgado pela burguesia; e) a consolidação de uma estrutura familiar ciosa de sua privacidade e da manutenção de seus laços afetivos; f) reforma da escola, estimulando a formação pessoal que implica, entre outros princípios, o domínio da escrita e da leitura.[1]

Ora, todos esses princípios e condições se encontram no Brasil de 1920, o que ajuda a explicar o fato de Monteiro Lobato ser, ao mesmo tempo, o renovador do texto dirigido às crianças e o criador da primeira grande editora, justamente a Nacional, que passou a publicar os grandes nomes da literatura pátria e a série de livros do próprio escritor, dirigida para as crianças. Avalia Leonardo Arroyo que

> Embora estreando na literatura escolar com *Narizinho arrebitado*, Monteiro Lobato trazia já com seu primeiro livro as bases da verdadeira literatura infantil brasileira: o apelo à *imaginação* em harmonia com o complexo ecológico nacional; a movimentação dos diálogos, a utilização ampla da imaginação, o enredo, a linguagem visual e concreta, a graça na expressão – toda uma soma de valores

1 Zilberman, R. Literatura infantil: Livro, leitura, leitor. In: Zilberman, R. (Org.). s.d., p.96.

temáticos e linguísticos que renovava inteiramente o conceito de literatura infantil no Brasil, ainda que preso a certos cânones pedagógicos decorrentes da enorme fase da literatura escolar. (Arroyo, 1967)

De fato, *A menina do narizinho arrebitado*, conforme seu título original, surgiu como texto vinculado originalmente à escola, mas seu sucesso foi tamanho que imediatamente Monteiro Lobato deu-se conta do potencial da história, baseada em outra que lhe fora contada por um amigo – de um peixinho que, vivendo fora de um aquário, morre afogado quando é devolvido a seu ambiente natural –, e assim iniciou a série que mais tarde viria a constituir as sucessivas narrativas em torno do Sítio do Picapau Amarelo. Monteiro Lobato tinha, então, 39 anos de idade.

Evidentemente, Lobato já tinha uma visão crítica do que chamava de *galeguices* em que se constituíam as traduções e edições portuguesas. Lobato admirava também a série de narrativas populares em torno de Pedro Malasartes e havia sido aconselhado por amigos a colecionar as histórias do filho Edgar, apelidado de Nelo, para posterior utilização. Além disso, havia realizado uma pesquisa a respeito do saci-pererê, que publicou no jornal *O Estado de S. Paulo*, tema que mais tarde exploraria em outro livro infantil. *Narizinho arrebitado* teve uma edição original de 50 mil exemplares, em 1921, o que era uma fábula para a época. Foi publicado originalmente pela *Revista do Brasil*, de Monteiro Lobato & Comp., em São Paulo. Tratava-se de um "livro de figuras", e o texto original, conforme já mostrou Nelly Novaes Coelho (1981, p.361ss), sofreu fortes alterações quando de sua republicação definitiva, em 1934. Após sucessivas edições de pequenos volumes de sua autoria, idealizou, em 1934, o projeto do Sítio do Picapau Amarelo, atendendo ao entusiasmo do editor Octales Marcondes Ferreira, que o publicara até então e que vinha contratando para aqueles livros excelentes ilustradores, entre os quais se destacou Voltolino. Em 1943, ainda vinculado a Octales, Lobato informava que suas edições ultrapassavam um milhão de exemplares!

Narizinho arrebitado virou opereta, em 1947, produzida na cidade de Salvador, Bahia; virou teatro, segundo adaptação de Fernando Jacques, no Rio de Janeiro, pelo teatro da Carochinha; virou cinema, sob a direção de Artur Neves e, por fim, virou seriado de televisão, pela TV Globo, a partir de 7 de março de 1976, primeiro como projeto da TVE, e depois, assumido pela Globo, sendo a série mais longa da televisão brasileira.

Seguiram-se escritores como Viriato Corrêa, com alguns livros baseados em episódios da história do país, com destaque para *A bandeira das esmeraldas*, de 1945, mas especialmente o romance infantil *Cazuza*, de 1938, que, com base naquele mesmo modelo de De Amicis, renovou-o como "romance de aprendizagem". Não se pode esquecer nomes como o de Orígenes Lessa, que começou a escrever em 1929 e foi "redescoberto" nos anos 1970, com histórias que mesclam realismo e fantasia, como *Aventuras e desventuras de um cavalo de pau*; Vicente Guimarães, que se tornou conhecido como Vovô Felício, criador de um personagem inesquecível, o João Bolinha, um boneco feito de bolas coloridas de diversos tamanhos que ficou popular inclusive pelas páginas da revista *Sesinho*; e também Ofélia de Barros Fontes, Malba Tahan (pseudônimo de Júlio César de Mello e Souza) e, especialmente, Jerônimo Monteiro, outro importante inovador, autor do primeiro detetive brasileiro, Dick Peter, e que assinou, dentre tantos outros livros, *A cidade perdida*, de 1947, em que explora o fantástico, por meio de peripécias que se passam no Brasil Central. Outros nomes de destaque, sucessivamente, são Francisco Marins (com a série de Taquara-Póca, editada pela Melhoramentos, a partir de 1945, que se aproxima do modelo lobatiano, mas abrange outros temas, como a história romanceada do desenvolvimento cafeeiro de São Paulo ou aventuras na serra dos Martírios, que também aborda o Brasil Central); Maria José Dupré (sra. Leandro Dupré), sobretudo com a série Cachorrinho Samba, também a partir de 1945; Lúcia Machado de Almeida, Isa Silveira Leal, Odette de Barros Mott, Stella Leonardos, Maria Heloísa Penteado e outros autores que, iniciando nos anos 1940, prosseguiram com sua produção até quase o final do século.

Outro fenômeno interessante foi a adesão, como iniciantes ou não, dos chamados romancistas do ciclo de 30, aos textos infantis. Dentre eles, pode-se citar Erico Verissimo, cuja obra literária se iniciou com tais textos e que se fixou mais ao ambiente urbano, com histórias que mesclam fantasia, como *As aventuras do avião vermelho* (1936), *A vida do elefante Basílio* (1939) e *Rosa Maria no castelo encantado* (1936), dentre outros títulos que exploram figuras históricas, como *A vida de Joana d'Arc* (1935), ou mesmo personagens que contam a história pátria (*As aventuras de Tibicuera*, 1937, sobre o Brasil, contrafação do *Macunaíma* de Mario de Andrade dirigida às crianças) ou a história do planeta (como no engraçadíssimo *Viagem à aurora do mundo* (1939). É importante notar que também Verissimo tinha um projeto de literatura para crianças, valendo-se de sua forte inserção na Editora Globo, então uma das mais importantes do país, situada em Porto Alegre. Registre-se ainda que ele chegou a apresentar um programa radiofônico, na Rádio Farroupilha, em que improvisava narrativas para crianças, com enorme sucesso, apenas interrompido quando a censura do Departamento de Imprensa e Propaganda (DIP) exigiu que houvesse *script* para ser previamente analisado.

Graciliano Ramos produziu ao menos duas narrativas (*A terra dos meninos pelados*, 1939, e *Alexandre e outros heróis*, 1944), e José Lins do Rêgo, uma (*Histórias da velha Totônia*, 1936). Também se podem citar Rachel de Queirós (*O menino mágico*, 1969, e *Cafute & Pena de Prata*, 1986), Jorge Amado (*O gato malhado e a andorinha Sinhá*, de 1948, mas editado apenas em 1976) e Clarice Lispector, que se destaca nessa produção com obras como *O mistério do coelho pensante* (1967), *A mulher que matou os peixes* (1969) e *A vida íntima de Laura* (1973). Na poesia, vamos encontrar autores como Mario Quintana, com *Batalhão das letras* (1948, reeditado apenas a partir de 1983) e *Pé-de-pilão* (1975), e Vinicius de Moraes, cujo *A arca de Noé* (1970) também alcançaria sucesso no teatro e em gravações (desde 1980), que hoje correm o mundo todo. Mais recentemente, João Guimarães Rosa, que escrevera "Fita verde no cabelo" como um conto dentro do livro *Ave, palavra* (1970) teve aquele texto (infantil?) republicado separadamente, em 1988. Por fim, Chico Buarque de Holanda também teve seu quinhão com *Chapeuzinho amarelo*, de 1979, que teve várias reedições e se tornou peça teatral (musical), com gravações fonográficas de grande sucesso.

Observe-se, nesse contexto que, de experiência eventual, nos anos 1930 ou 1940, essa produção se transformou numa espécie de exigência dos editores, que, diante do *boom* experimentado pela literatura dirigida às crianças a partir dos anos 1970, precisavam manter o ritmo da indústria cultural especializada em livros e espetáculos para esse segmento.

Em 1972, Lygia Bojunga Nunes publicou *Os colegas*, pela José Olympio. Antecipava a questão das crianças de rua, nas praias do Rio de Janeiro, por meio da metáfora dos cachorrinhos vira-latas, tal como Jorge Amado abordara o tema, pioneiramente, em *Capitães de areia*, muitos anos antes. Lygia continuaria sua carreira ao longo das décadas seguintes, tornando-se a primeira brasileira a receber o prêmio Hans Christian Andersen, em 1982.

A partir de 1975, o editor mineiro André Carvalho lançou dois livros do contista Wander Piroli, *O menino e o pinto do menino* (1975) e *Os rios morrem de sede* (1976), pela Editora Comunicação. Criava-se a *Coleção do Pinto,* primeiro com uma série de dez volumes, logo seguida de outra série de mais dez volumes. Em comum, os autores escolhidos tinham tendência à literatura *realista,* problematizando a realidade brasileira e gerando intensa polêmica, especialmente entre escritores mais tradicionais, como o mineiro Vovô Felício (Vicente Guimarães), a baiana Bárbara Vasconcellos e a gaúcha Maria Dinorah, sobretudo porque estávamos em tempos de pesada ditadura militar pós-Ato Institucional Número 5.

O que se verifica, nesse momento, é a crescente organização das editoras brasileiras: ao mesmo tempo que surgiam pequenas editoras fora do eixo Rio-São Paulo, como é o caso da Comunicação, em Belo Horizonte, e da Mercado Aberto e da L&PM, em Porto Alegre, as grandes editoras se reorganizavam, como a pioneira Melhoramentos, a Ática e a FTD, que começaram a investir mais nesse segmento. Houve, ainda, uma forte renovação do equipamento técnico, a valorização maior da ilustração e um trabalho de apoio e de fomento, até com premiações, ao produto dirigido à criança, em especial por meio da Fundação Nacional do Livro Infantil e Juvenil (FNLIJ), com sede no Rio de Janeiro, filiada à International Board on Books for Young People (IBBY), sediada na Suíça.

A literatura infantil não era mais dirigida à escola. Era a escola, especialmente por meio dos cursos de Letras, de Biblioteconomia e de Pedagogia, que se preocupava em estudar a produção literária (e cultural, em geral) dirigida às crianças, com a realização de seminários, criação de disciplinas e uma participação mais ampla do Brasil num mercado mundial que crescia dia a dia.

Daquele momento até os dias de hoje, pode-se, com facilidade, identificar pelo menos uns trinta nomes de autores que se afirmaram no panorama geral dessa literatura, como Sérgio Caparelli, Werner Zotz, Ana Maria Machado, Elvira Vigna, Ganymédes José, Marina Colasanti, Marco Túlio Costa, Eliardo e Mary França, Luiz Galdino, Eliane Ganem, Elias José, Maria de Lourdes Ramos Krieger, Antonieta Dias de Moraes, Giselda Laporta Nicolellis, Sylvia Orthoff, Ruth Rocha, João Carlos Marinho, Mirna Pinsky, Zahira Albuquerque Petry, Jair Vitória, Bartolomeu de Campos Queirós, Henry Corrêa de Araújo, Léo Cunha, Marcos Bagno, Patrícia

Gwynner, Maria Dinorah, Domingos Pelegrini, Joel Rufino dos Santos, Vivina de Assis Viana e muitos outros.

Havia escritores consagrados na literatura para adultos que também visitavam o gênero infantil, como Assis Brasil, Walmir Ayala, Pedro Bloch, Haroldo Bruno, Marcus Accioly, Josué Guimarães, Moacyr Scliar, Deonísio da Silva, Ary Quintella, Mário Donato, Marcos Rey, Edy Lima, Josué Montello, Herberto Sales e José J. Veiga. E existiam aqueles que, sendo ilustradores, começaram também a escrever seus próprios textos, ou vice-versa, como Ricardo Azevedo, Ângela Lago, Ziraldo, Ciça Fittipaldi, Luiz Camargo, Eva Furnari e Juarez Machado.

Havia lugar para todos os escritores, para todas as tendências, para todos os estilos e para todas as correntes. Ruth Rocha destacava-se, por exemplo, por suas histórias engraçadíssimas com Sylvia Orthoff, mas sem perder de vista questões mais imediatas como a Declaração Universal dos Direitos do Homem. Bartolomeu Campos Queirós realizava uma escrita poética extraordinária. Sérgio Caparelli mesclava ficção e realidade sem deixar de falar de questões sociais. Marina Colasanti escolhera a perspectiva psicológica e renovara o conto de fadas tradicional. Pedro Bandeira e Ricardo Azevedo brincavam com narrativas tradicionais e ora as invertiam, ora tratavam de continuar as histórias a partir de seus finais tradicionais ou mesmo introduziam novas personagens e situações.

Os dois nomes de maior destaque, ambos premiados internacionalmente, foram os de Lygia Bojunga Nunes e Ana Maria Machado, cada uma com uma articulação diversa da outra.

Lygia Bojunga Nunes, depois da estreia de 1972, com *Os colegas*, aprofundou as questões psicológicas das personagens, avançando cada vez mais em temas difíceis e até mesmo tabus. Assim aconteceu com *Angélica*, a respeito da condição feminina, *A bolsa amarela*, *A casa da madrinha*, *Corda bamba* – verdadeira obra-prima –, *O sofá estampado*, até os mais recentes, dramáticos e polêmicos, como *Nós três*, *O meu amigo pintor* e, especialmente, *Tchau*, em que uma situação de separação dos pais é abordada sob perspectiva altamente dramática.

Lygia apostou pesado na construção de sua obra, inclusive criando sua própria editora, a Casa Lygia Bojunga, no Rio de Janeiro, em 2002. Com o apoio da FNLIJ, procurou-se verter seus livros para outros idiomas, em especial, o inglês. Houve uma forte organização para ela ser o primeiro caso de autor brasileiro a ser reconhecido pela premiação Hans Christian Andersen. Estabelecida hoje em Londres, a escritora desenvolve projetos pedagógicos mais amplos, sempre com base em seus textos.

Ana Maria Machado, ao contrário, não se prendeu a uma só editora. Além disso, abriu um enorme leque de temas, estilos e maneiras de contar histórias, buscando-os nas mais variadas fontes as, que podem ir do folclore (como em *Bento-que-bento-é-o-frade* ou *Uma boa cantoria*), recriando parlendas e contos tradicionais (como em *Currupaco, papaco* ou *O gato do mato e o cachorro do morro*), aprofundando questões de identidade para a criança pequena (como em *História meio ao contrário*, *O menino Pedro e seu boi voador*, *Raul da ferrugem azul*, *O domador de monstros* e, especialmente, *Bem do seu tamanho* e o já clássico *Bisa Bia, Bisa Bel*), trabalhando questões políticas imediatas (como no premiado *De olho nas penas*, *Era uma vez um tirano* e *Do outro lado tem segredos*). Para Ana Maria Machado, que também recebeu o Prêmio Hans Christian Andersen, em 2000, com meia centena de obras, não há tema impossível, não há linguagem que ela não domine e, sobretudo, há, especialmente naqueles livros dirigidos às crianças menores, uma constante integração entre texto e imagem, que transforma toda a sua obra num encanto permanente para crianças... e adultos.

Outra característica importante da época foi a aposta dos editores em traduções de obras relevantes no panorama internacional. Assim, Michael Ende foi um dos autores mais festejados, não apenas com *História sem fim*, mas também com outras obras, entre as quais, *O teatro de sombras de Ofélia*.

Os textos clássicos de La Fontaine, de Charles Perrault, dos irmãos Grimm, de Hans Christian Andersen e até mesmo de Wilhelm Hauff receberam novas traduções, muitas vezes dos textos originais na íntegra, em edições quase sempre críticas, com estudos introdutórios e sem se esconder das crianças a inteireza dos textos (menos dóceis do que apareciam nas edições adaptadas). Também clássicos mais recentes, como *Pinóquio*, de Carlo Collodi, *Peter Pan*, de James Barrie, e *O mágico de Oz*, de Frank Baum, receberam novas e cuidadas edições.

O que animou toda essa movimentação foi, além do ingresso do país num contexto de indústria cultural, o desenvolvimento de cursos especializados sobre o tema, que provocou verdadeira avalanche de livros e revistas sobre a infância, a psicologia infantil e a teoria da literatura infantil. É certo que ficou faltando um pouco de crítica sobre os textos editados, que se restringia às premiações da FNLIJ, mas isso não impediu que os debates ajudassem a buscar e manter a qualidade necessária, na medida em que não apenas o texto escrito era valorizado, como também se buscou compreender a importância da imagem. Com tudo isso, a indústria editorial brasileira foi se afirmando cada vez mais, de sorte que a etapa seguinte foi, praticamente, consequência da anterior, isto é, caracterizou-se pela preocupação dos escritores e dos editores com o adolescente.

Deve-se lembrar, ainda, que, ao longo de todo esse período, a indústria editorial voltou àquela perspectiva do livro pedagógico, renovando-a. Houve coletâneas de contos folclóricos, a valorização da literatura latino-americana, livros sobre ciências sociais, obras sobre Matemática, uma verdadeira *mania* por livros que discutiam o meio ambiente (muitos tão ruins ou ingênuos que poderiam levar os leitores a odiar a natureza!). Ao mesmo tempo, surgiram novos materiais físicos que serviam de suporte para o livro. Assim, surgiu o livro cartonado, que se abre e constitui paisagens tridimensionais para serem desdobradas e montadas; o de pano, que pode ser levado a todo e qualquer lugar; o sonoro para acompanhar crianças pequenas nos berços; e, mais recentemente, até o de plástico, experiência trazida ao público na 53ª Feira do Livro de Porto Alegre, pela Editora Riani Costa, com apoio da Petroquímica Triunfo.

Outro dado importante foi a modernização do sistema de distribuição e representação das editoras. Com um público potencial diretamente disponível nas salas de aula, as editoras passaram a desenvolver uma agressiva política de visitas às salas de professores, doando livros para exame prévio (e posterior adoção). Algumas instituições públicas desenvolveram projetos de apoio aos escritores, como o projeto "O autor na escola", do Instituto Estadual do Livro do Rio Grande do Sul, criado em 1972 e ainda hoje realizado anualmente, o que gerou iniciativas das próprias editoras para elas mesmas promoverem feiras de livro em escolas e junto com prefeituras municipais.

Até aqui, falamos de livros. Mas não podemos esquecer a imprensa: desde o século XIX, jornais começaram a publicar suplementos dirigidos às crianças. E logo revistas especializadas surgiram, dando lugar, posteriormente, às revistas em quadrinhos.

Leonardo Arroyo (1967, p.131ss) nos mostra que, pelo menos desde 1811, um jornal destinado a esse público foi editado na Bahia, sob a denominação de *O adolescente*. Em 1837, ainda na Bahia, houve *O recompilador* ou *Livraria dos meninos*; no Rio de Janeiro, em 1835, surgiu *O juvenil*; no Maranhão, em 1845, foi a vez do *Jornal de instrução e de recreio*, e assim por diante. Em São Paulo, podem ser destacados três periódicos, o *Kaleidoscópio* (1860), *Ensaio juvenil* (1864) e *Imprensa juvenil* (1870): "Os jornais escolares tiveram grande moda e função nas escolas brasileiras. Muitos escritores ensaiaram suas primeiras tentativas literárias nessas pequenas folhas, as mais das vezes apenas de quatro páginas, formato pequeno" (Arroyo, 1967, p.136).

A partir de 1898 começaram a aparecer jornais dirigidos também às meninas, como é o caso de *Álbum das meninas* (1898), e no século XX a renovação dessa imprensa se fez notar pelo aparecimento de publicações como *O colibri*, também dirigido às meninas, além de *O pequeno polegar*, que era uma "revista bimensal ilustrada para meninos", e mais tarde *O Tico-tico*, no Rio de Janeiro, em 1905, que se considera como verdadeiramente a primeira publicação dirigida às crianças, com histórias, passatempos, quebra-cabeças, desenhos, quadrinhas, jogos etc. *O Tico-Tico* praticamente monopolizou a imprensa infantil: editado por Luís Bartolomeu de Sousa e Silva, sua primeira edição saiu em 11 de outubro de 1905, segundo modelos, dentre outros, da *The Lilliputian Magazine*, que circulara entre 1751 e 1752, e *Le Journal des Jeunes Personnes*, de Julie Gouraud, de 1832.

Luís Bartolomeu era jornalista de larga experiência, repartindo a responsabilidade de edição com Renato de Castro, que era responsável pelos desenhos e que trouxe, pela primeira vez, as historietas em quadrinhos do jornal norte-americano *The New York Times*, com o garoto Buster Brown e seu cachorro Tiger, criação do caricaturista Richard Felton Outcault. O desenho, a personagem e suas aventuras foram abrasileiradas com tal sucesso que sua difusão foi imediata. Recentemente, uma edição fac-similada nos permite compreender o fascínio que por certo *O Tico-Tico* trouxe para as crianças brasileiras. A publicação, que circulava todas as quartas-feiras, constituiu-se, como relembra Carlos Drummond de Andrade, na "segunda vida dos meninos do começo do século" (Vergueiro; Santos, 2005, p.6). Referência interessante é feita a Erico Veríssimo: "Erico nasce em Cruz Alta, em 17 de dezembro de 1905, no mesmo ano em que surgia a revista *O Tico-tico*. Coincidência marcante na existência do menino que vivia mais no mundo da imaginação que no da realidade" (Ibidem, p.147).

No volume fac-similado, está encartada a primeira edição da revista, que abre com a historieta "Manda quem póde" [sic], que, é, de certo modo, o editorial da publicação. Nela, o jornal *O Malho*, personificado (era a editora de outra revista, dirigida para adultos, que também viria a publicar *O Tico-Tico*) indaga das crianças o que elas desejam, e elas reivindicam "um jornal exclusivamente para nós". *O Malho* considera que "chega a ser uma injustiça que no Brasil todas as classes tenham o seu jornal e só vocês não o tenham". Nos quadrinhos seguintes, o pai chega em casa com uma caixa de biscoitos, que é rechaçada: as crianças queriam *O Tico-Tico*, pois era quarta-feira, dia da edição semanal da revista. Enfim, o pai retorna à rua e adquire três exemplares, um dos quais para a sogra, pois "os velhos viram creanças" [sic]. Entusiasmado, em casa, adquire ainda mais dois, para ele mesmo e a esposa, porque agora, "vira tudo creança, daqui em diante! Vira tudo creança!" [sic].

Para os organizadores da edição, no início "o público consumidor eleito pela revista *O Tico-tico* era a criança de classe média, oriunda de uma família solidamente constituída, temente a Deus, respeitadora dos valores pátrios, matriculada em instituições educacionais formais, com uma inteligência superior à média (o que lhe possibilitaria entender os ensinamentos da revista), bem como submissa aos preceitos morais predominantes na sociedade brasileira" (p.215).

Foi *O Tico-Tico* que introduziu os personagens de Alex Raymond, Al Capp, Hal Foster, Lee Falk e outros na sociedade brasileira, apoiou o escotismo, difundiu a valorização feminina, aproximou a publicidade de produtos dirigidos diretamente às crianças de seus consumidores. Mas novos tempos surgiram e muitas mudanças ocorreram: de semanal a revista se tornou mensal; teve seu número de páginas diminuído e encontrou forte concorrência nas publicações como a revista *Sesinho* (desde 1947), dirigida pelo escritor Vicente Guimarães (Vovô Felício), com o apoio do Serviço Social da Indústria (Sesi), a revista *Bem-Te-Vi*, editada desde 1922, e a entrada no mercado da Editora Brasil-América (Ebal), de Adolfo Aizen (a partir de 1948). Acrescente-se a isso a implantação da televisão no país. A última edição de *O Tico-Tico* circulou em janeiro de 1962, encerrando o ciclo das edições bimestrais, iniciada em 1959. A revista chegou, de qualquer modo, à sua edição 2.096, mas ao longo de sua existência, promoveu, além de seus almanaques, a publicação de histórias em livros, como a Biblioteca

Infantil de *O Tico-Tico*, divulgando Humberto de Campos, Osvaldo Orico, Carlos Manhães, Josué Montello e até Luís Jardim, que mais tarde se notabilizaria como ilustrador e artista plástico e que escreveu, entre outros, *O boi Aruá* e *O tatu e o macaco*.

Depois, foi a vez da Ebal. O marco de referência, na verdade, foi o "Suplemento infantil" do jornal *A Nação*, em 1934, logo transformado em "Suplemento juvenil". Em 1945, Adolfo Aizen criou a Ebal e começou a vender as historietas de Superman, Tarzan, Batman e Zorro. Ele era, então, o redator-chefe das publicações *O Malho* e *O Tico-Tico*. Logo depois, Aizen descobriu os *Classics Illustrated*, cujos direitos adquiriu da Gilbert Company, de Albert Raymond. Nascia, assim, em 1948, a série Edição Maravilhosa, que quadrinizava os grandes clássicos da literatura universal. Foram editados Charles Dickens, Robert Louis Stevenson, Jack London, Herman Melville, Dostoievski, Rider Haggard, Shakespeare, Flaubert etc. Mas em agosto de 1950, a edição 24 trouxe uma novidade: *O guarany*, de José de Alencar, com o traço de André Le Blanc, um haitiano nacionalizado. A partir de então, alternaram-se textos brasileiros, ilustrados pela equipe formada por Le Blanc, e textos estrangeiros: *Ubirajara* e *Iracema*; *A muralha*; *Jubiabá*; *Gabriela, cravo e canela*; *O tronco de ipê*; *Os sertões* (ilustrado por José Geraldo); *Amor de perdição*; *A moreninha*; *Os cangaceiros*, e muitas dezenas mais. A partir de 1949, juntou-se à Edição Maravilhosa a série Álbum Gigante, também com quadrinizações, cujas edições culminavam sempre com um aviso: "As adaptações de romances ou obras clássicas para a Edição Maravilhosa e Álbum Gigante são apenas um 'aperitivo' para o leitor. Se você gostou, procure ler o próprio livro, adquirindo-o em qualquer livraria. E organize sua biblioteca – que uma boa biblioteca é sinal de cultura e bom gosto" (Cirne et al., 2002, p.67). Não apenas por convicção, Aizen tratava de se preparar para enfrentar as críticas que os quadrinhos recebiam, a exemplo dos Estados Unidos, de todos os cantos.

No campo dos quadrinhos deve-se mencionar ainda a criação, em 1959, da tira de Maurício de Sousa "Bidu", que evoluiria até o surgimento de revista *Mônica*, em 1970, e de *Cebolinha*, em 1973. Em 1960 aconteceu outro episódio importante: Ziraldo começou a publicar, por meio da gráfica da revista *O Cruzeiro*, do grupo dos Diários Associados, de Assis Chateaubriand, a revista *Pererê*. Mais do que quadrinhos, surgiram, sob a influência do populismo nacionalista, personagens tipicamente brasileiros baseados no folclore nacional, como a onça Galileu, os caipiras, o Pererê (ainda o saci), que deu nome à publicação, o Jaboti etc. A revista durou pouco: foi liquidada pelo golpe de 1964, mas deixou marcas e recentemente teve uma reedição fac-similada.

Ao lado dessas publicações, contudo, existiram outras que realizaram uma espécie de simbiose entre a antiga publicação escolar e a nova edição dirigida ao passatempo e ao divertimento. Dentre as muitas publicações que se podem destacar, a já citada revista *Sesinho* é uma delas. Dessa publicação participaram, entre outros, o próprio Ziraldo e Fortuna (Ricardo Forte), que mais tarde se destacariam em atividades de ilustração.

A revista *Sesinho* tinha uma série de historietas escritas por Vicente Guimarães e alguns quadrinhos, mas a sua grande personagem era João Bolinha, cujas histórias certamente serviram de modelo a muitas crianças. *Sesinho* era vendida em bancas e com sistema de assinaturas. Tinha como público-alvo crianças, jovens e adultos, divulgando contos, fábulas adaptadas e atualizadas, textos teatrais, partituras, passatempos, orientação para trabalhos manuais, reportagens sobre assistência às famílias operárias e outras atividades do Serviço Social da Indústria (Sesi) desenvolvidas no Brasil inteiro. Em 1960, deixou de ser feita, tendo chegado a quase duzentas edições ao longo de sua história.

A partir de 2001, a revista voltou a ser publicada em uma nova fase, dessa vez produzida pela Exaworld Multimedia e distribuída gratuitamente em todo o Brasil, nas unidades do Sesi. Atualmente, esse gibi é um dos mais usados em escolas públicas e particulares como instrumento educacional, seja no incentivo à pratica da leitura ou ajudando a disseminar valores éticos e morais nas crianças. Trata-se, atualmente, do maior veículo de divulgação da marca Sesi, uma vez que a sua tiragem mensal é de um milhão de exemplares/mês.

Outra publicação que ficou no meio-termo foi a *Revista Cacique*, editada a partir de abril de 1954, pela Secretaria de Educação do Estado do Rio Grande do Sul. Tinha um formato pequeno, no tamanho de livro, com pouco mais de trinta páginas, mas toda colorida. Trazia historietas, adivinhações, parlendas, passatempos, histórias que possuíam, evidentemente, um fundo moral e educativo, concursos, palavras cruzadas e artigos de fundo sobre temas diversos. Uma de suas grandes atrações, contudo, eram as "cartas enigmáticas". A publicação foi dirigida por Maria da Glória

Albuquerque, com ilustrações de Nancy Mariante e Lourdes Comparsi, durante sua primeira fase, até dezembro de 1959, quando tinha assinantes em diversos estados do Brasil, como Goiás, Pernambuco, Rio de Janeiro e São Paulo, conforme se lê em sua contracapa. Suas três criadoras (Maria da Glória, Nancy e Lourdes) permaneceram durante todo esse período, mas pode-se ver, pelo expediente da revista, que ela então continha uma grande estrutura de pessoal, com mais de seis desenhistas, um dos quais, o estreante Renato Canini, que mais tarde trabalharia para a equipe Disney.

A posse do governador Leonel Brizola mudou a revista: ela se tornou mais crítica e suas dimensões foram ampliadas para aquelas de *Sesinho*, incorporando um discurso mais nacionalista. O golpe de 1964 também acabou por destruí-la. Na sua primeira fase, chegou a 106 edições.

Caberia ainda um estudo a respeito dos almanaques, com destaque para aquele do Biotônico Fontoura, que havia, de certo modo, popularizado o Jeca Tatu de Monteiro Lobato. Os almanaques foram leitura constante de adultos e crianças, mas esse tema é amplo demais para ser abordado nos limites deste artigo.

O que se pode dizer é que nem o rádio nem a televisão – assim como, certamente, nem a Internet – tiraram das crianças o interesse por livros, revistas e quaisquer outras publicações. O que ocorreu – e isso foi um fenômeno absolutamente natural de contato entre as mídias – foi a constante adaptação de tais publicações a novos tempos. Das pesadas enciclopédias e dos livros portugueses de então, dificílimos (de ler), chegamos a publicações que apostam num bom planejamento gráfico e em atrativas ilustrações e que, sobretudo, são capazes de falar em uma linguagem efetivamente compreensível e interessante para a criança (e/ou o adolescente).

22
Campo editorial e mercado: a série Harry Potter*

Silvia H. S. Borelli

Campos editorial e literário e mercado de bens simbólicos

A série Harry Potter chegou ao Brasil em 2000, três anos depois que os primeiros livros – *Harry Potter and Philosopher's Stone, Harry Potter and the Chamber of Secrets* e *Harry Potter and the Prisoner of Azkaban* – foram lançados na Inglaterra (Bloomsbury Publishing Plc) e nos Estados Unidos (Scholastic Press), foram traduzidos do inglês para variadas línguas e conquistaram um espaço considerável no mercado editorial internacional.

Para recuperar o "tempo perdido" a Editora Rocco, detentora dos direitos autorais no Brasil, publicou os mesmos três volumes – *Harry Potter e a pedra filosofal, Harry Potter e a câmara secreta* e *Harry Potter e o prisioneiro de Azkaban* –, em uma maratona editorial, nos meses de março, agosto e novembro de 2000, respectivamente.

O quarto livro, *Harry Potter e o cálice de fogo*, editado em Língua Inglesa em 2000 (*Harry Potter and the Goblet of Fire*), ganhou o mercado brasileiro no primeiro semestre de 2001, pouco tempo depois da versão original em inglês ter sido lançada. O quinto volume da série, *Harry Potter and the Order of the Phoenix*, foi lançado concomitantemente na Inglaterra, Estados Unidos, Canadá e Austrália, em junho de 2003, além de em outros países

* Este texto toma por base a tese de livre docência *Harry Potter: campo literário e mercado, livros e matrizes culturais*, de minha autoria, defendida na Pontifícia Universidade Católica de São Paulo (PUC-SP) em agosto de 2006.

de línguas não inglesas, e no Brasil, em dezembro do mesmo ano, com o título *Harry Potter e a Ordem da Fênix*. O sexto e o sétimo volumes, *Harry Potter and the Half-Blood Prince* e *Harry Potter and the Deathly Hallows* tornaram-se disponíveis em Língua Inglesa, respectivamente, nos meses de julho de 2005 e de 2007, com lançamentos no Brasil ao final dos mesmos anos e intitulados *Harry Potter e o enigma do príncipe* e *Harry Potter e as relíquias da morte.*[1]

Desde então, a trajetória da série no Brasil acompanhou o ritmo acelerado dos novos lançamentos no mercado internacional e alcançou patamares bem-sucedidos no ranking dos "mais vendidos"; como em todo o mundo, transformou-se, rapidamente, em *best-seller* (Borelli, 1996).

Uma das primeiras informações veiculadas pela mídia impressa brasileira, em 1999, anunciava a possível edição dos livros no Brasil e antecipava algumas de suas potencialidades de mercado, com base em uma avaliação da trajetória bem-sucedida já alcançada pela série em todo o mundo:

> Em plena era da Internet e dos videogames, um garoto de 11 anos, com um estranho relâmpago roxo na testa, está conseguindo fazer milhões de crianças se divertirem com livros de até 300 páginas. O autor da proeza é Harry Potter, um aprendiz de feiticeiro que protagoniza uma das mais bem-sucedidas séries literárias dos últimos anos. Criado pela escritora britânica J. K. Rowling há dois anos, Harry Potter já aparece em três livros, que venderam 15 milhões de cópias em todo o mundo, sendo a maioria para crianças na faixa de 9 a 14 anos de idade. Traduzidas para 30 idiomas, as aventuras de Harry chegam ao Brasil no primeiro semestre do ano que vem, editadas pela Rocco. Na semana passada, Harry foi capa da edição europeia da revista *Time,* esteve no topo da lista de mais vendidos do jornal "The New York Times". (Zanini, 6 out. 1999)

O que podia ter sido apenas um prognóstico tornou-se uma tendência confirmada: a cada novo volume editado, aumentaram os índices de produção e os leitores se multiplicaram em ordem geométrica, transformando Harry Potter em um típico produto culturalmente mundializado; e a série ocupou – e ocupa até hoje – um lugar significativo no mercado de bens simbólicos e provocou, durante todos esses anos, reações positivas ou ne-

1 Todos os volumes da edição brasileira foram traduzidos do inglês por Lia Wyler.

gativas, sempre acaloradas, por parte dos agentes dos campos literário e editorial.

Agrega-se ao mapeamento da produção, divulgação e regras de mercado, o debate sobre o conceito de campo (Bourdieu, 1983, p.122-3) – religioso, científico e, no caso, literário e editorial – concebido por Pierre Bourdieu como um sistema de relações objetivas, gestado em particulares condições sociais de produção; o campo é espaço de lutas entre posições, interesses, autoridades, competências, capacidades técnicas, distinções, legitimidades e poderes. E, nesse perfil conceitual, inclui-se o campo editorial:

> toma-se como objeto o campo editorial como espaço social relativamente autônomo – capaz de retraduzir segundo lógica própria todas as forças externas, especialmente as econômicas e políticas – a partir do qual as estratégias editoriais encontram seus preceitos. Para analisar os determinantes dessas estratégias importa reter, entre as realizações dotadas de uma existência nominal [...], aquelas que dispõem de uma autonomia suficiente para realizar uma política editorial própria [...] as editoras articulam-se por redes complexas de relações financeiras, comerciais e familiares. (Bourdieu, 1996, p.6)

Além de delimitar o alcance e as potencialidades do conceito de campo, Bourdieu analisou, em denso trabalho sobre a gênese e a estrutura do campo literário, as circunstâncias em que, historicamente, os campos culturais foram compelidos a absorver e a gerir, de forma conflituosa, as relações entre "arte e dinheiro". Foi um momento de origem e consolidação de "processos de especialização" que permitiram a emergência de um modelo de "produção cultural destinada ao mercado" (Bourdieu, 1996, p.162). Desses processos resultaram, na perspectiva de Bourdieu, uma profunda cisão interna no campo literário e, consequentemente, a emergência de dois polos, que persistem de certa forma, ainda hoje, em luta permanente: o da "produção pura, destinada a um mercado restrito aos produtores, e a grande produção, dirigida para a satisfação das expectativas do grande público" (Bourdieu, 1996, p.141).

Enfatizando a emergência de uma "estrutura dualista", Bourdieu detectou a "coexistência antagônica de dois modos de produção e de circulação que obedecem a lógicas inversas", um deles voltado para um modelo de "arte pura", que requer autonomia e acumulação de capital simbólico, e o outro alimentado pela lógica econômica, que supõe uma produção com retorno em curto prazo, entre outras características:

> [as indústrias literárias] fazem do comércio dos bens culturais um comércio como os outros, conferem prioridade à difusão, ao sucesso imediato e temporário, medido, por exemplo, pela tiragem, e contentam-se em ajustar-se à demanda preexistente da clientela. (Bourdieu, 1996, p.163)

Ainda que polêmica e merecedora de crítica em muitas de suas concepções – principalmente pela radicalidade com que afirma a existência de campos cindidos, de polos intransponíveis e de lógicas dualistas que não se aproximam –, a perspectiva de Bourdieu não só tem o mérito de identificar as gêneses históricas, responsáveis por essas transformações – elas são lidas por meio de Flaubert e do clássico *L'education sentimentale: histoire d'un jeune homme* –, como permite diagnosticar os mecanismos que ainda hoje persistem na configuração e funcionamento dos campos culturais.

A proposta bourdiana tem por objetivo deslindar as lutas ali travadas para a constituição dos saberes, poderes e legitimidades, capazes de permitir que essa ou aquela obra sejam incluídas – pelo respeito às regras e pela distinção que lhes permite ascender na hierarquia e alcançar um alto grau de legitimidade – ou excluídas – quando se afastam desses mesmos critérios de distinção e buscam, fora do campo, o êxito fácil, a excessiva visibilidade ou o retorno econômico imediato.

Com o objetivo de ampliar a análise sobre produção editorial, campo e mercado de bens simbólicos – e também de mapear algumas tendências fora do Brasil e do circuito de editoração em Língua Inglesa –, segue-se o cotejamento de alguns itens da trajetória editorial da série *Harry Potter* em dois outros países, França e Itália.[2]

Na França, os quatro primeiros livros publicados até 2001, todos pela Les Editions Gallimard, respeitaram a mesma sequência da edição original inglesa e foram traduzidos por Jean-François Ménard sob os títulos: *Harry Potter a l'école des sorciers* (1998), *Harry Potter et la chambre des secrets* (1999), *Harry Potter et le prisionnier d'Azkaban* (1999) e *Harry Potter et la*

2 As informações relativas ao mercado editorial na França e Itália foram inicialmente coletadas em Paris, Florença e Roma, em viagem realizada no início desta pesquisa, em janeiro de 2001.

coupe de feu (2000). Observa-se que os três primeiros foram lançados, cada um deles, um ano depois da edição original inglesa; mas os quatro volumes subsequentes, *... et la coupe de feu, ... l'Ordre du Phénix, ... le prince de sang-mêlé* e *... les reliques de la mort* entraram num ritmo mais acelerado de produção e foram disponibilizados no mercado respectivamente em 2000, 2003, 2005 e 2007, nos mesmos anos das edições originais inglesas.

É importante registrar que, diante da crescente procura por parte do público, a Gallimard ampliou seu sistema de produção e estratégias de mercado editando os livros na Collection Folio Junior e na Hors Série Littérature, ambas do segmento editorial Gallimard Jeunesse: a primeira, com uma versão semelhante aos "livros de bolso", de tipo popular e custo mais barato; a segunda, com volumes fabricados em padrão editorial mais sofisticado e, consequentemente, a custos bem mais elevados. Destaca-se ainda, como estratégia de mercado, a oferta dos livros "no pacote", contendo a coleção de livros disponíveis – ou parte dela – como, por exemplo, o lançado em 2003, *Coffret Harry Potter 5 volumes* ou *Harry Potter, I à V*, da Hors Série Littérature.

Além da versão impressa, a Gallimard disponibilizou em áudio, no ano de 2000, a Coleção *Écoutez Lire*, com algumas histórias integrais de *Harry Potter* em formato de fitas cassete. Esse mesmo projeto foi rapidamente formatado para CD, a partir de 2001, de acordo com os avanços das novas tecnologias de produção e divulgação – as histórias dos quatro primeiros volumes são apresentadas pela voz de um narrador e escutadas por ouvintes interessados.

E, por fim, as alternativas de divulgação na França se completam com um link exclusivo dentro do site da Gallimard (Harry, 2009); ali, não apenas se podem adquirir qualquer dos produtos acima referidos, como também participar de forma interativa e multimidiática, acessando a sala de poções mágicas, a sala dos professores, as notícias veiculadas pela "gazeta do feiticeiro" ou mesmo mergulhar na "penseira",[3] entre outros atalhos de trânsito pelo "mundo" *Harry Potter* e de inserção nele.

O mapeamento das condições de produção e reprodução do livro, numa editora como a Gallimard, é significativo para a compreensão das transformações que vêm ocorrendo nos campos literário e editorial. Um dos pontos

3 Bacia, muitas vezes de pedra, usada para armazenar lembranças; em *Harry Potter*, a "penseira" é um objeto mágico que compõe o cenário do gabinete de Dumbledore, diretor da escola de Hogwarts.

em destaque nesse conjunto de mudanças diz respeito aos mecanismos de migração do livro para outras formas culturais, nas quais estão envolvidos, além da palavra escrita, imagens e sons que resultam em produtos de perfil multimidiáticos e intertextuais: o livro que vira filme, jogos eletrônicos etc.[4]

Coincidentemente, a reflexão de Bourdieu sobre campo literário e mercado de bens simbólicos resultou, como se sabe, de pesquisa realizada na França (Bourdieu, 1996). Nela se incluíram, como um dos objetos privilegiados de análise, as editoras, além de editores e autores, considerados como agentes que atuam dentro do campo com o objetivo de responder por regras e garantir os mecanismos de legitimidade, não apenas internamente, mas também na posição distinta ocupada pelo campo literário em relação a outros campos culturais:

> eu diria que o campo literário é simultaneamente um campo de forças e um campo de lutas que visa transformar ou conservar a relação de forças estabelecida: cada um dos agentes investe a força (o capital) que adquiriu pelas lutas anteriores em estratégias que dependem, quanto à orientação, da posição desse agente nas relações de força, isto é, de seu capital específico. (Bourdieu, 1990, p.172)

No contexto dessa pesquisa de Bourdieu as editoras foram inseridas em um sistema classificatório e a Gallimard ocupou uma posição "intermediária" entre as "pequenas editoras de vanguarda", como a Minuit, por exemplo, e as "grandes editoras", como Laffont e Hachette. E coube à Gallimard o seguinte perfil:

> antiga editora de vanguarda, há muito tempo levada ao topo da consagração, que reúne um empreendimento voltado para a gestão do acervo [...] e empreendimentos de longo prazo [...] cujos autores estão igualmente representados na lista dos *best-sellers* e na lista dos *best-sellers* intelectuais. (Bourdieu, 1996, p.166)

Muitos dos dados que fundamentaram essa pesquisa referem-se à década de 1970, e, numa leitura prospectiva, no início dos anos 1990 – quando da publicação do trabalho sobre as "regras da arte" –, Bourdieu aponta-

4 Para o desdobramento desta reflexão ver: *Textos e imagens, formas em movimento* (Borelli, 2006, p.158-4).

va para as dificuldades de sobrevivência, em médio prazo, desses modelos editoriais intermediários, cujo objetivo seria o de fazer coexistir "duas economias diferentes": uma mais voltada para a "produção e a pesquisa" e outra, para a "exploração do acervo e difusão de produtos consagrados" (Bourdieu, 1996, p.167).

Nota-se que a Coleção *Folio* (Collection Folio Junior, segmento editorial Gallimard Jeunesse) foi citada por Bourdieu como exemplo de "produto consagrado" e, como já apontado anteriormente, foi selecionada pela Gallimard como uma das duas alternativas de edição da série *Harry Potter*.

Bourdieu não apenas diagnosticou as dificuldades de permanência da Gallimard nessa posição "intermediária" como apontou para o fato de que as contradições resultariam na "incompatibilidade entre as duas economias":

> a organização que convém para produzir, difundir e promover uma categoria de produtos é inadequada para a outra; além disso, o peso que as exigências da difusão e da gestão fazem pesar sobre a instituição e sobre os modos de pensamento dos responsáveis, tende a excluir os investimentos arriscados. (Bourdieu, 1996, p.167)

A propósito das exigências inerentes a um projeto editorial, que demanda do editor uma carga excessiva de trabalho de difusão e gestão, Bourdieu, em tom crítico, revelou em nota de rodapé:

> É bem sabido que o diretor de uma das "maiores" editoras francesas não lê praticamente nenhum dos manuscritos que publica e que passa seus dias em tarefas de pura gestão (reuniões do comitê de fabricação, encontro com os advogados, com os responsáveis de filiais etc.). (Ibidem, p.398)

Ainda que expressão de radicalismo, essa crítica de Bourdieu parece conter um tom nostálgico, relacionado a um tempo em que as editoras não eram empresas[5] – como são hoje, muitas vezes integradas a conglomera-

5 Muitas editoras que foram, na origem, pequenas, familiares e artesanais passaram por esse processo que hoje se insere no contexto mais geral das histórias editoriais em muitos países. No Brasil, a Editora Ática, entre outras, serve de exemplo de trajetória similar (Borelli, 1996; Borelli, 2005). Para a relação editor/autor ver tese de doutorado de Aníbal Bragança (2001) sobre o editor Francisco Alves.

dos de mídia, cuja direção pode ser destinada a executivos sem nenhuma formação no campo editorial, e organizadas com base em padrões mundializados de gerenciamento e divisão do trabalho – e os editores não eram empresários ou diretores e participavam de todas as etapas de fabricação de um livro, ocupando, assim, a legitimada posição de "quase" coautores.

No mesmo artigo sobre o campo editorial, Bourdieu retomou o debate sobre a situação das editoras na França (Bourdieu, 1999). Com base em densa pesquisa realizada entre 1995 e 1996 e fundamentada em levantamentos bibliográficos e coletas de dados estatísticos em arquivos e editoras, bem como em entrevistas profundas com editores, diretores de coleções, tradutores, críticos, responsáveis administrativos, entre outros agentes "distribuídos pelo campo editorial", Bourdieu afirmou, numa proposital ambivalência entre termos, a existência de "uma revolução conservadora na edição", título atribuído ao artigo de divulgação dos resultados dessa mesma pesquisa (Bourdieu, 1999, p.3).

Para adensar o debate sobre a Editora Gallimard[6] e sua posição "intermediária" dentro do campo, Bourdieu apoiou-se em depoimento publicado por Michel Deguy (1988), considerado "testemunha preciosa" por sua significativa participação no comitê da Gallimard, e concluiu que a experiência de Deguy oscilava entre o encantamento e o desencantamento, como partes integrantes "da verdade completa de um jogo que, como a produção literária, repousa sobre a crença":

> Descobrir que o comitê não cumpre verdadeiramente sua função oficial de seleção [...] e discernir que a verdadeira utilidade é a do banco de "capital social" e de "capital simbólico", por meio dos quais a editora pode exercer seu controle sobre as academias e os prêmios literários, sobre o rádio, a televisão e os jornais. (Bourdieu, 1999, p.4-5)

---

6 A Gallimard, concebida como "marca" e grupo empresarial, insere-se no mercado editorial com as seguintes linhas: as coleções L'Arpenteur, Denoël, Folio, Gallimard Jeunesse, Gallimard Loisirs, Bibliothèque de la Plêiade e Série Noire e o suplemento literário Mercure de France, todos vinculados à Société de Distribution des Produits de l'Edition (Sodis); além disso, e seguindo os rumos de grandes editoras no mercado editorial, a Gallimard absorveu – ou incorporou, a partir de processos de fusão – outras editoras, tais como: Privat-Le Rocher, Baland, P.O.L., La Table Ronde, Pygmalion, Bayard, Le Centurion, Difusion Sofédis, DAS, La Découverte, Syros, L'Atelier, Payot, entre outras (Piault, 1995, p.247, 251; e dados disponíveis em Actualité, 2009).

Na conclusão desse trabalho, retomou seu insistente questionamento sobre arte, cultura, campo e mercado e apontou para aquilo que acreditava ser uma saída, que estava mais para "revolução" que para "conservação":

> O processo de concentração que afeta o mundo editorial e transforma profundamente as práticas, subordinando-as mais e mais às normas comerciais é irreversível e irresistível? [...] enquanto houver representantes a sustentar os pequenos editores, e pequenos editores a publicar jovens autores desconhecidos, e livreiros a propor e promover livros dos jovens escritores publicados por pequenas editoras, os críticos para descobrir e defender uns e outros [...] o trabalho sem contrapartida econômica, executado "por" e "para" o amor à arte, restará um investimento realista, dotado de garantia por receber um mínimo de reconhecimento material e simbólico. (Ibidem, p.26)

O fenômeno de publicação e divulgação da série na Itália reproduziu os êxitos até então diagnosticados em outros países, e os livros *Harry Potter e la pietra filosofale* (1998); *Harry Potter e la camera dei segreti* (1999); *Harry Potter e il prigioniero di Azkaban* (2000); *Harry Potter e il calice di fuoco* (2001); *Harry Potter e l'Ordine della Fenice* (2003); *Harry Potter e il principe mezzosangue* (2006) e *Harry Potter e i doni della morte* (2007), editados pela tradicional Salani Editore de Milão, fizeram e continuam a fazer muito sucesso; foram reimpressos e reeditados rapidamente, confirmando, mais uma vez, a tendência àquilo que já se podia considerar, desde o início da década de 2000, um padrão mundializado[7] de campo e mercado de bens simbólicos articulado, na Europa, pelos mecanismos geopolíticos de consolidação e expansão da União Europeia.

Do ponto de vista do perfil e da história das editoras, é interessante observar que a Salani, diversamente da Gallimard, inseriu-se de forma mais clara no polo da produção de livros em larga escala, voltada para um segmento particular de leitores. Fundada em 1862, em Florença, num momento de ascensão do romance folhetim em toda a Europa (Eco, 1991, p.102) e em especial na França – como, por exemplo, romances sociais de Eugene Sue

7 Sabe-se que o debate sobre globalização, mundialização, transnacionalização, entre outros, tem sido bastante vigoroso nos últimos anos; ressaltam-se duas das perspectivas que privilegiam o recorte cultural e servem de referência "de fundo" para este trabalho: Appadurai (2004) e Mattelart (1997).

e históricos de Alexandre Dumas –, a Salani responde por um segmento de mercado voltado para as narrativas populares, os grandes clássicos da literatura e livros para jovens; em destaque, a Coleção *Biblioteca dei Miei Ragazzi*, presente na memória de muitos escritores e intelectuais italianos na atualidade; destaca-se, entre eles, Umberto Eco, que, em seu último romance, não só faz uma menção especial à Salani e a sua coleção de clássicos infantojuvenis, como também reproduz imagens das capas de antigas versões de alguns dos livros que serviram de referência para a composição do acervo imaginário de uma época:

> Retirei toda a coleção da *Biblioteca dei miei ragazzi*, de Salani, cujas capas reconhecia e cujos títulos recitava antes mesmo de retirar o volume, com a mesma segurança com que distinguia nos catálogos dos colegas ou na biblioteca da última viúva os livros mais conhecidos, a *Cosmographia de Münster* ou o *De sensu rerum et magia* de Campanella: *O moço que veio do mar, A herança do cigano, As aventuras de Flor-de-sol, A tribo dos coelhos selvagens, Os fantasmas maliciosos, Os prisioneiros de Casabellai, A carreta pintada, A torre do norte, O bracelete indianos, O segredo do homem de ferro, O circo Barletta*... Livros demais...[8]

Harry Potter e la pietra filosofale é lançado em 1998, com tiragem inicial de 20 mil cópias, e, diferentemente da francesa, a edição italiana foi condensada em uma única coleção. Esse título não só percorreu a trilha-padrão de um *best-seller*, como mobilizou muito rapidamente a crítica e os críticos, em razão do alto nível de exposição e visibilidade alcançadas pelo produto. Vale ressaltar que Eco sempre participou ativamente desse debate e tornou-se, não só na Itália, um balizador das tendências sobre o tema:

> [Harry Potter] tem algo de Mary Poppins e de Peter Pan, e a escola [Hogwarts] parece um daqueles castelos misteriosos que líamos na *Biblioteca dei miei ragazzi*, editada pela Salani, assim como os livros de Harry Potter. É óbvio que a saga agrada, até mesmo, aos adultos.[9]

---

8 Eco, 2005, p.142. Nesse livro, *A misteriosa chama da rainha Loana*, o personagem Yambo, livreiro e colecionador de livros raros, perde a memória e mergulha, em busca da vida e da infância perdidas, num velho sótão da casa de campo de seu avô; lá reencontra, em meio aos cacos de uma história passada, livros e revistas lidos durante os muitos períodos de férias ali desfrutados

9 Salani, Milano. Disponível em: www.salani.it/hannodetto.html.

O segundo volume, *Harry Potter e la camera dei segreti*, lançado em 1999, esgotou-se imediatamente e sucessivas edições foram sendo produzidas, num total de sete, até setembro de 2000. O terceiro da série, ... *il prigioniero di Azkaban*, de fevereiro de 2000, manteve um ritmo semelhante: em apenas sete meses alcançou sua quarta edição. Ainda no ano de 2000, por ocasião do Natal, a série ocupou um significativo espaço no campo das mídias sonoras, pois a BBC levou ao ar, por dez horas consecutivas, a leitura integral do livro *Harry Potter e a pedra filosofal*.

Assim, quando o quarto livro, ... *il calice di fuoco*, foi disponibilizado nas livrarias italianas, em janeiro de 2001, com a maior tiragem da história da Salani – trezentos mil exemplares (15 vezes mais que a tiragem do primeiro volume) –, a série já ocupava um lugar de grande destaque no mercado de bens simbólicos e também no imaginário dos leitores. Os últimos três volumes, ... *l'Ordine della Fenice*, ... *il principe mezzosangue*, ... *i doni della morte*, foram lançados respectivamente em 2003, 2006 e 2007, com grandes tiragens, em consonância com os padrões e as lógicas de um mercado com garantias de público fiel, tanto local quanto internacionalmente.

Assim como na edição francesa, a Salani adotou outras estratégias de produção e lançou, em 2002, uma versão em áudio do primeiro volume, *Harry Potter e la pietra filosofale: l'audiolibro*. E também não podia faltar, no contexto da divulgação, um link especial para Harry Potter no site da Salani,[10] em cujo ambiente os visitantes são convidados a escrever suas mensagens, à semelhança dos modelos de blogs.

É interessante observar que, nesse mercado de bens simbólicos integrado pelos mecanismos de circulação e consumo da União Europeia e pelas conexões de um mundo globalizado, um *pool* formado por editoras, uma em cada país, e orquestrado pela editora no país de origem – a Bloomsbury Publishing, de Londres –, aciona, conjuntamente, as estratégias de marketing; assim, o personagem Harry Potter e sua autora, a escocesa J. K. Rowling, são vistos, ao mesmo tempo, em vários pontos do mundo: em outdoors, *busdoors*, cartazes, cartazetes, caldeirões de papelão, anúncios de página inteira, vitrines especiais, sósias do jovem protagonista (Colasanti, 2001, p.D20).

10 Harry Potter. Salani, Milano. Disponível em: www.harrypotter.salani.it. Acesso em: 11 maio 2009.

E a cotação de tudo que envolve *Harry Potter* é impressionantemente alta, assim como é também altíssima a cotação de J. K. Rowling, que ocupa um espaço privilegiado na hierarquia dos autores "bem pagos" dentro do campo literário. Essa excessiva visibilidade, a fama e a fortuna, assim como a circulação por espaços multimidiáticos, trouxeram incontáveis dividendos para a autora e para o esquema que a mantém no mercado de bens simbólicos; mas permitiram, por outro lado, que o produto ficasse sujeito a mecanismos de superexposição resultantes de uma estratégia ousada e agressiva de divulgação; essa estratégia, por sua vez, leva a patamares de consumo exorbitantes e entra num contexto de mercado ainda incapaz de gerenciar os fluxos migratórios paralelos. Tais fluxos fogem às regras e criam práticas com poucos mecanismos de controle e contenção, como plágios, roubos de originais, reprodução indébita, todos submetidos à genérica rubrica de "pirataria", tão usual em tempos de múltiplas e aceleradas reprodutibilidades técnicas. Como se não bastasse, Daniel Hadcliffe, ator inglês que protagoniza Harry Potter no cinema, recebeu ameaças de morte e está vivendo cercado de seguranças providenciados pela Warner (ANSA, 2008).

Agentes do Campo: Umberto Eco et alii[11]

É com a preocupação de "conhecer" Harry Potter que Eco e outros críticos priorizam alguns pontos e indagações, tais como: as relações entre mercado e narrativa e mercado e leitores; qual o papel, na atualidade, dos contos infantis, da magia, do mundo imaginário, do prosaico e do maravilhoso; como reler os mitos da história da humanidade com base nos tradicionais personagens dos contos infantis; que histórias são essas; a que matrizes culturais elas pertencem e com que tradições convivem; com quais territórios de ficcionalidade dialogam:

11 Esclarece-se que aqui se apresenta apenas um dos lados desse debate que divide o campo da crítica literária e dos críticos, a fim de compor uma parte do cenário das lutas travadas pela constituição das hegemonias e distinções: o principal representante dessa tendência é Umberto Eco. No contexto mais amplo desse trabalho (Borelli, 2006), outras posturas foram analisadas – como, por exemplo, a defesa radical dos cânones literários, que encontra em Harold Bloom seu principal patrocinador.

acredito que devo voltar a bater o martelo em favor de Harry Potter. Essas histórias são sim histórias de magos e bruxas, e é óbvio que obtêm sucesso, pois crianças sempre gostaram de fadas, de anões e mágicos e realmente ninguém nunca pensou que Branca de Neve fosse efeito de uma conspiração de Satanás; mas as histórias de Harry Potter obtiveram sucesso e ainda obtêm porque a sua autora (não sei se por cálculo preciso ou por instinto prodigioso) soube recolocar em cena algumas situações narrativas realmente arquetípicas. (Eco, 17 jul. 2002)

Em outras palavras, é concebível encontrar em *Harry Potter*, de acordo com Raymond Willians (1997, p.143-9), traços residuais e emergentes dos contos de fadas, das histórias maravilhosas, das aventuras e das narrativas mágicas e fantásticas que persistem e fazem parte do repertório que se constrói de forma compartilhada entre autores e leitores.

Nesse contexto analítico é lícito atentar para a existência de precursores; é factível considerar que Rowling estabeleça conexões, por exemplo, com Jane Austin, com o poeta português Gedeão, com a tradição dos contos de fadas, da literatura infantil inglesa e de autores como Lewis, Dahl e Tolkien, sem que se suspeite de apropriações indébitas. É plausível, inclusive, que algum crítico estabeleça livres associações entre *Harry Potter* e o *Sítio do Picapau Amarelo*, de Monteiro Lobato:

a trama, como em bons filmes de aventura, interessa menos do que como ela se desenvolve. Para começo de conversa, Rowling manipula com destreza e humor o equilíbrio entre o fantástico e o prosaico. Nesse sentido, o leitor brasileiro certamente vai perceber em Hogwarts ecos do universo do Sítio do Picapau Amarelo, de Monteiro Lobato, no qual o pó de pirlimpimpim e o café com bolinhos de Tia Nastácia tinham a mesma textura de realidade. (Abramo, 2000)

Persistindo no debate circunscrito ao contexto literário, Eco retoma aquele que seria o "esquema clássico" das histórias infantis e apresenta alguns elementos que se cruzam e se interligam na formação da rede narrativa:

É esse o primeiro esquema clássico: peguem uma criatura jovem e tenra, façam-na comer o pão que o diabo amassou e revelem a ela enfim que era filha de raça destinada a destinos luminosos, e que não só existem o Patinho Feio e a Cinderela, mas também Oliver Twist e o Remy dos "Senza Famiglia". (Eco, 17 jul. 2002)

E como não poderia faltar na composição modelo, a escola – ou mais particularmente o colégio interno responsável pela formação de gerações e gerações de meninos e meninas – apresenta-se como o cenário privilegiado, o ponto de partida para o desenrolar da trama:

> Além disso, o colégio de Hogwarts, no qual Harry vai aprender como fazer poções mágicas, assemelha-se a tantos outros "colleges" ingleses, onde se joga um daqueles esportes anglo-saxões que fascinam os leitores britânicos, porque intuem as regras, e os leitores continentais, porque não as entenderão jamais. Mas uma outra situação arquetípica é aquela dos rapazes da Rua Paal. Existe também alguma coisa de "Giornalino di Gian Burrasca", com pequenos estudantes que se reúnem em convenção contra professores excêntricos (alguns perversos). (Eco, 17 jul. 2002)

Acrescenta-se ainda ao esquema clássico uma descrição do perfil desses personagens jovens que enfrentam os mais velhos, adultos do mal, e dão conta da tarefa e dos desafios propostos na origem da história:

> um grupo entrosado de meninos com calças curtas e meninas com longos cabelos dourados [que] desmascaram as manobras de um chefe desonesto, de um tio corrupto, de um bando de patifes, e descobre ao final um tesouro, um documento perdido, uma cripta de segredos. (Eco, 17 jul. 2002)

Para além dos traços residuais das narrativas clássicas que configuraram o imaginário de muitas gerações, Eco estabelece conexões entre *Harry Potter* e os "monstros e desenhos animados japoneses" – em todos há sempre rapazes lutando por "boas causas" – que compõem o repertório cultural e sensorial, hoje em dia, de jovens no mundo inteiro:

> Se em Harry Potter aparecem feitiços de horror e animais assustadores (a história se desenvolve sempre para crianças que cresceram com monstros de Rambaldi e com desenhos animados japoneses), aqueles rapazes lutam, sim, por boas causas, como os "Três Mosqueteiros". (Eco, 17 jul. 2002)

Numa linha semelhante de argumentação, encontra-se o trabalho de Isabel Smadja e a busca de razões capazes de explicar "o sucesso de *Harry Potter*":

> como explicar tamanho sucesso? Aliás, não é bem isso. Talvez o que importa não seja indagar as razões da febre Harry Potter, mas descobrir os motivos pelos quais, uma vez aberto, o livro atrai irresistivelmente aqueles que começam a ler [...] o porquê do encanto, do enfeitiçamento. (Smadja, 2004, p.7)

Smadja remete ao âmago da trama narrativa a resposta a essa pergunta: as relações entre magia e racionalidade, humanidade e bruxaria, valores do bem e do mal, entre outros elementos; para ela, entretanto, a grande razão do sucesso de *Harry Potter* encontra-se na matriz dos contos de fada, "mesmo que a autora tenha preferido trocar o disfarce da fada pela capa do mágico" (Ibidem, p.10). Indicando que os contos de fada ou mesmo os contos maravilhosos possam ser considerados precursores de *Harry Potter*, Smadja sugere a existência de um processo de transferência e captação de referências por meio de "ressonâncias narrativas" (Smadja, 2001, p.8):

> Mitologia grega, relato bíblico, história do mundo, conto de fadas... Em um universo no qual tudo se particulariza e se fraciona, Joanne K. Rowling faz a proeza de unificar e fundir os grandes relatos da humanidade. Por isso, a coerência de seus escritos realiza um dos grandes sonhos do nosso século: reencontrar, para além da fragmentação dos pensamentos e das teorias, um saber enciclopédico perdido e mergulhar de novo em uma época na qual ainda se podiam conciliar todos os conhecimentos. (Smadja, 2004,p.55)

Confirmando a existência de uma forte mobilização de leitores em todo o mundo despertada pela série *Harry Potter*, outros críticos, pesquisadores e professores manifestam-se por meio de jornais, revistas e sites da Internet para reiterar as razões pelas quais os livros de *Harry Potter* são capazes de construir bons repertórios compartilhados entre texto e leitura, narrativa e jovens leitores. A professora de Literatura Inglesa Hilary Minns, do Instituto de Educação da Universidade de Warwick, na Inglaterra, reforça essa tendência:

> Rowling aborda temas que são importantes para as crianças: a passagem para a idade adulta, escola, amizade, bons e maus professores. Ainda que a ação

se desdobre a partir de um mundo fantástico, as crianças ali se identificam porque, de certa forma, há semelhanças com suas vidas cotidianas. Harry Potter confirma até que ponto as histórias podem contribuir para a experiência das crianças, proporcionando-lhes referências e colaborando para a reflexão sobre suas próprias vidas, mesmo que permaneçam em segurança, longe dos perigos contidos no livro. São livros bons e é difícil abandoná-los depois de ter começado sua leitura. (Normal, 2004)

No mesmo sentido caminha Sarah Crompton, crítica literária do *Daily Telegraph*, considerado um dos jornais mais vendidos da Inglaterra:

> Nosso guia nesse mundo é um menino um pouco desorientado e um pouco diferente, que luta incessantemente para atribuir um sentido a sua magia e a sua vida. É por esta razão que as crianças tão bem compreendem Harry Potter. Em seus livros, J. K. Rowling assinala reiteradamente que as vitórias de Harry sobre o mal se devem ao amor. Seu amor e sua lealdade aos amigos transformam-se em coragem. Mas o amor mais significativo é o de sua mãe, morta para salvar-lhe a vida, e isto o torna intocável. Viver a experiência deste amor sem limites, e a segurança que daí resulta, é o que mais deseja cada criança e cada adulto. (Normal, 2004)

Outro eixo analítico diz respeito à relação de *Harry Potter* com os leitores adultos; em outras palavras, o motivo pelo qual uma história inicialmente destinada ao público infantojuvenil vazou fronteiras etárias e despertou o interesse de leitores "mais velhos". O psicanalista Contardo Calligaris, assumido leitor desses livros, contribui para o debate:

> Não sei se Potter subirá ao firmamento da literatura juvenil como Tom Sawyer, Huckleberry Finn, Lord Fauntleroy, o Pequeno Príncipe, Dorothy do mundo de Oz e os outros. O entusiasmo geral depõe a seu favor. Pois, ao redor de todas essas figuras, leitores adultos e jovens sempre se encontraram como hoje acontece com Potter. Desde que há literatura no sentido moderno, muitos *best-sellers* foram livros ditos infantojuvenis, que obviamente não eram lidos só pelos jovens. Na verdade, eram sobretudo livros nos quais uma criança ou um adolescente é o herói. (Calligaris, 2000)

O argumento explicitado por Calligaris não só retoma referências clássicas da literatura infantil, como salienta que o interesse dos adultos por essas narrativas não deveria ser encarado como novidade, pois historicamente isso sempre ocorreu, e que os adultos podem ler *Harry Potter* ou outros livros considerados "infantis" porque eles remetem à sua juventude, retomam os mitos fundadores e colaboram para a formação de leitores modernos:

> A maioria das pessoas, quando lhes perguntam quais livros foram mais marcantes em suas vidas, lembram de alguma leitura de infância. A literatura juvenil é tão importante em nossa cultura porque as histórias que ela conta repetem uma espécie de mito fundador da modernidade: um conto de criança que trata do heroísmo de crescer, se tornar independente, se afastar do amparo dos adultos, descobrir e inventar um destino diferente, autônomo. Em suma, é na literatura juvenil que aprendemos a ser modernos. (Calligaris, 2000)

E ainda a propósito de livros, de crianças e de adultos, vale mais uma vez as considerações de Eco. Quando interpelado sobre a possibilidade de crianças que acreditam em histórias de magia na infância – ou na juventude – se transformarem em adultos crédulos em bruxos e bruxarias, Eco pondera, com um forte toque de ironia:

> Pensamos realmente que, lendo histórias de magia, as crianças, uma vez adultas, acreditarão em bruxas? Todos provamos um saudoso espanto na frente de monstros devoradores de crianças e lobisomens; já grandes, aprendemos a não temer maçãs envenenadas, mas sim buracos na camada de ozônio; ainda pequenos, todos acreditamos que os bebês são trazidos por cegonhas, mas isso não nos impediu de adotar, mais tarde, um sistema mais apropriado (e mais agradável) para produzi-los. (Eco, 17 jul. 2002)

E, num romance recente, Eco retoma sua postura diante da relação entre livros e jovens leitores. É pela fala de Paola, renomada psicóloga, mulher de Yambo, o protagonista em busca da memória perdida, que a perspectiva se explicita:

> uma criança pode viver em mundos diferentes como fazem as nossas, que aprendem a ligar a televisão, assistem ao telejornal, mas em seguida querem ouvir histórias e folheiam livros ilustrados com monstros verdes de olhos bons e lobos que falam. Sandro fala sempre dos dinossauros, que viu em algum dese-

> nho animado, mas não espera encontrá-los na esquina de casa. Eu conto a história da Cinderela, mas depois ele levanta da cama e, sem que os pais percebam, espia a televisão da porta e vê os *marines* que matam dez amarelos com uma só rajada de metralhadora. As crianças [...] distinguem muito bem entre fábula e realidade, têm um pé aqui e outro lá, mas não se confundem nunca, exceto algumas crianças doentes que veem o Super-Homem voando, amarram uma toalha nos ombros e se jogam da janela. Mas são casos clínicos... (Eco, 2005, p.213-4)

O que se pode avaliar, ao final desta jornada, é que uma série como Harry Potter é exemplar para uma reflexão com múltiplas portas de entrada:[12] tematizar as relações entre o livro e os produtos culturais industrializados e mundializados; contribuir para a história das editoras; diagnosticar as tensões entre campos literário e editorial e mercado de bens simbólicos – cultura e mercado, arte e mercadoria; localizar o papel dos agentes, em especial da crítica e dos críticos, que se posicionam para atribuir valores, garantir legitimidades e distinções, incluir autores e livros nos campos consagrados ou excluí-los deles; redefinir o foco em relação aos públicos destinatários, flexibilizando categorias mais rígidas de produção, edição e divulgação; buscar matrizes culturais presentes na narrativa ficcional, a fim de desvendar os mecanismos de consolidação de repertórios compartilhados entre leitores, autores, produtores; e balizar os fluxos de migração do livro, como suporte na origem e base de transformação para outras formas culturais.

12 E aqui, apenas algumas delas foram analisadas, por opção de foco e de objetivos da publicação. As demais entradas podem ser encontradas no texto integral de Borelli (2006).

Parte II

Cultura letrada no Brasil: autores, leitores e leituras

23
Posse de livros e bibliotecas privadas em Minas Gerais (1714-1874)

Luiz Carlos Villalta
Christianni Cardoso Morais

Cláudio Manuel da Costa, um dos inconfidentes mineiros de 1789, em seu poema épico *Vila Rica*,[1] datado de 1773, narra a história da fundação daquela que, no século XIX, ganharia o título de "Imperial Cidade de Ouro Preto". Inspirado em *La Henriade* (Muzzi, 1996, p.353), de Voltaire, *Vila Rica* traz duas estrofes que apresentam atividades econômicas desenvolvidas pela gente de Minas, permitindo ao leitor descortinar um quadro complexo:

> Por entre a pedra estoutro vai buscando
> As betas de ouro; aquele vai trepando
> Pelo escabroso serro, e as águas guia
> Pelos canais, que lhe abre a pedra fria.
> Não menos mostra o Gênio a agricultura
> Tão rara do país, aonde a dura
> Força dos bois não geme ao grave arado;
> Só do bom lavrador o braço armado
> Derriba os matos, e se ateia logo
> Sobre a seca matéria o ardente fogo. (Proença Filho, 1996, p.445)

Conforme o poema, entre as montanhas de Minas achavam-se atividades diversificadas: se em meio a precipícios e canais tinha-se a mineração, na capitania desenvolvia-se também a agricultura, assentada no braço do lavrador e nas queimadas, sem arados ou bois. A combinação entre agricul-

1 O poeta faz o mesmo em *Fundamentos históricos do poema Vila Rica*, publicado apenas em 1833.

tura (para a qual concorriam técnicas agrícolas extensivas) e mineração e a perspectiva comparativa que se evidencia nas entrelinhas dos versos fazem dessas estrofes um emblema da situação das Minas Gerais do Setecentos e – indo além da época da composição do poema – do século XIX: diversificação, por um lado, e *diferença hierárquica* (em relação a algum modelo estabelecido, que pode ser o da metrópole e da Europa) por outro.

Um segundo nome irmanava-se a Cláudio Manuel ao identificar a diversidade de atividades e a *diferenciação* socioeconômica como traços de Minas Gerais. Trata-se de Inácio José de Alvarenga Peixoto, poeta, magistrado, um grande proprietário de terras e de escravos, com seus domínios na comarca do Rio das Mortes, onde desenvolvia a mineração, a criação e a agricultura (Furtado, 2002, p.104-5). Alvarenga Peixoto, em um de seus poemas, o "Canto genetlíaco", faz menção ao trabalhador escravo, denominador comum nas trocas e nas relações de produção coloniais (o tráfico de que o escravo era objeto interligava Minas às outras partes da América e da África; a onipresença da escravidão a irmanava às demais capitanias). No poema, fala-se de Minas como uma terra rica, de onde saía a "força das potências majestosas", de onde se extraía o "lenho" encontrado nos palácios, terra cuja "riqueza [a] todo o mundo assusta[va]". Ao mesmo tempo faz-se um contraste com a miséria da gente (Proença Filho, 1996, p.981). Veem-se essas Minas, ainda, habitadas por homens

> de vários acidentes,
> Pardos e pretos, tintos e tostados,
> São os escravos duros e valentes;
> Aos penosos trabalhos costumados. (Ibidem, p.999)

Cláudio Manuel e Alvarenga Peixoto, enfim, viviam em duas comarcas diferentes (Vila Rica e Rio das Mortes, respectivamente), na mais importante capitania da América portuguesa, no interior de um império cujas possessões estendiam-se pelas quatro partes do globo. Nas posses, atividades e/ou produção poética desses inconfidentes, identificam-se a *diversificação* das atividades econômicas de Minas, a *onipresença* do elemento servil[2]

2 Sobre a economia mineira nos séculos XVIII e XIX, veja Libby, 1988; Libby, 1997; Menezes, 2007, v.1, p.273-7 (veja especialmente as páginas 274-5); Guimarães; Reis, 2007, v.1, p.321-36; Carrara, 2007; Paula, 2007, v. 1, p.279-302; Guimarães; Reis, 1987, p.85-94; Graça Filho, 2002 e 2003.

e, especificamente no poema de Alvarenga, a *diferenciação* entre os *haveres* da terra e a miséria do povo, bem como a percepção de que a *riqueza se esvai* para fora. Desse quadro não se distanciava a comarca do Serro Frio, que tinha centros urbanos importantes como a Vila do Príncipe (atual Serro) e o Arraial do Tejuco (atualmente Diamantina), onde também existia uma combinação entre mineração, pecuária e agricultura de alimentos, às vezes numa mesma propriedade, num dinamismo econômico (Menezes, 2000) intensificado a partir de 1776. Essas localidades abrigavam luxo e opulência, ao mesmo tempo que nelas se faziam queixas sobre a miséria da gente (Furtado, 2002, p.43-5).

No patrimônio e/ou obras dessas personagens, encontram-se alguns aspectos fundamentais para a compreensão da história das bibliotecas e leituras de Minas, no Setecentos e no século XIX, até 1874, isto é, de Minas capitania e província, antes e depois da Independência. Primeiramente, observa-se que, à época, os traços característicos da economia de Minas constituíram condicionantes na relação dos homens com os livros, fixando limites, assimetrias e, ao mesmo tempo, intercâmbios. Em segundo lugar, esses dois inconfidentes aqui focalizados são representativos dos modos pelos quais membros das elites socioeconômicas e intelectuais compunham suas bibliotecas particulares, como poderemos comprovar ao analisarmos bibliotecas como a do doutor José Pereira Ribeiro, inventariada em Mariana em 1798, e do advogado Florêncio Antônio Fonseca, inventariada em 1859, em São João del-Rei. A análise que se segue foi construída com base, sobretudo, no levantamento de dados em inventários *post-mortem* ou em estudos produzidos por terceiros assentados nesse mesmo tipo de documentação, assim como no exame de alguns testamentos. Tais fontes fornecem indícios sobre a circulação e a posse de livros, mas não sobre as práticas de leitura e muito menos sobre as possíveis apropriações dos materiais lidos – se é que realmente os títulos arrolados foram lidos por seus proprietários. Também apresentam limites advindos da falta de detalhes nos registros que trazem: os títulos dos livros e os nomes dos autores, muitas vezes, vêm grafados de modo errado e/ou incompleto ou simplesmente são esquecidos no todo; raras vezes há informações sobre o formato dos livros, a data em que foram publicados, o número exato de volumes das coleções ou sua aparência. Impressos baratos eram ignorados, sendo registrados apenas quando apareciam em grande quantidade, alcançando, por isso, um valor digno de nota.[3] Ademais, fornecem apenas um instantâneo das bibliotecas – o momento em que foram objeto de inventário –, colocando óbices ao acompanhamento de sua trajetória e, muito mais, à realização de um paralelo entre elas e a vida de seus proprietários que tangencie a questão da leitura. Ao mesmo tempo, exprimem o resultado não da história de um leitor, mas de grupos familiares e, até mesmo, de gerações diferentes, e deixam de lado grande parte dos livros manipulados, que não sobreviveram à intensa circulação de que eram objeto, escapando, por isso, de serem inventariados. Os inventários, ainda, podem ter sido vítimas de outro tipo de omissão: aquela resultante da subtração aos arrolamentos dos livros preciosos ou perigosos. Em função desses limites verificados nas fontes, a identificação, classificação e quantificação dos dados referentes aos autores e títulos presentes nas bibliotecas apresentam algumas lacunas.

Neste estudo, ao reunirmos pesquisas feitas em diferentes épocas e por investigadores distintos, com fins igualmente diversos, lidamos com um universo de inventários de periodização variada. Isso vale para aqueles que nós dois investigamos – os de Mariana, analisados no período que vai de 1721 a 1822;[4] os de São João del-Rei focalizados entre 1831 e 1874; e os de São José del-Rei entre 1753 e 1840 –, assim como para os 66 inventários estudados por Júnia Furtado, referentes a Diamantina, de 1787 a 1870 (mas que, de fato, se concentram nas duas primeiras décadas do século XIX) (Furtado, 1996, p.225-6) e Thábata Alvarenga, concernentes a Vila Rica, de 1750 a 1800 (Alvarenga, 2003).

Posse de livros em Minas (1714-1874): padrões, diversidade e assimetrias

Comecemos pela distribuição da posse de livros em Mariana (1714-1822), São João del-Rei (1831-1874) e São José del-Rei (1753-1874). Classificando-se os inventariados em nove categorias, constatamos que o perfil dos proprietários de livros é muito semelhante em todas as localidades analisadas

3 Acerca de impressos baratos que circularam em São João del-Rei no século XIX, ver ABREU, 2008, p.89-112.

4 Sobre a posse de livros em Mariana, cf. Villalta, 2000, p.132-44; 2007, v.2, p.289-311; 1999, p.90-105.

(Tabela 23.1). Em Mariana, entre 1714 a 1822, em 911 inventários *post-mortem* do Cartório do Segundo Ofício (correspondentes a todos os existentes no referido cartório para o período em exame), conforme se observa na Tabela 23.1, 76 inventariados (8,34%) tinham bibliotecas, dos quais 71 (93,42% dos inventariados com livros) eram brancos e livres, 1 era mulato e livre, 1 era negro e forro, e os 3 restantes não tinham cor e condição especificadas. As mulheres somavam 9 (11,84%), e os homens chegavam a 67 (89,15%). Essa distribuição da posse de livros revela o peso das assimetrias sociais, marginalizando os forros, as pessoas de cor e as mulheres, e excluindo, como se imaginaria, totalmente os escravos. Os clérigos formavam, em termos numéricos, a categoria mais expressiva dentre os proprietários de livros. De um total de 37 clérigos inventariados, 22 possuíam livros, o que corresponde a 59,45% do número de padres, 28,94% do conjunto de inventariados com livros e 2,41% da soma dos inventariados no período considerado. Logo em seguida, vinham os proprietários de bens de raiz sem ofício ou patentes e, depois, os detentores de patentes militares, perfazendo as seguintes cifras, respectivamente: 21 (3,79% da categoria, 27,63% dos possuidores de livros e 2,30% dos inventariados) e 17 (13,38% da categoria, 22,36% dos donos de livros e 1,86% dos inventariados). Na terceira e quarta colocações, estavam os boticários e os inventariados que não tinham nem bens de raiz, nem patentes, nem ofícios, respectivamente com os seguintes números: 6 (75% da categoria, 7,89% dos proprietários de livros e 0,65% dos inventariados) e 4 (2,25% do grupo, 5,36% dos proprietários de livros e 0,43% dos inventariados). Os advogados e negociantes marianenses ocupavam o quinto lugar no que se refere à posse de livros, havendo 3 advogados (3,94% dos proprietários de livros e 0,32% dos inventariados) e 1 negociante (1,31% dos donos de livros e 0,10% dos inventariados). A proporção de proprietários de livros no número total de inventariados variou ao longo do período, oscilando entre 5,12% (1746 a 1760) e 11% (1805 a 1822). Entre 1806 e 1822, porém, a participação dos donos de bibliotecas entre os inventariados aumentou, atingindo o nível mais elevado durante o período examinado (11%).

Na Vila de São João del-Rei, entre 1752-1850, de um universo de 320 testamentos pesquisados, em apenas 2 (0,6%) há menção a livros, mas sem a discriminação dos seus títulos ou autores. Em relação à mesma vila, entre 1831 e 1874, de um total de 324 inventários, conforme se vê na Tabela 23.1, foram localizados 26 (8%) em que se registrou a posse de livros, arrolados da

Tabela 23.1 – Posse de livros em Mariana, São João del-Rei e São José del-Rei (1721-1874)

	Localidades					
	Mariana (1714-1822)		São João del-Rei (1831-1874)		São José del-Rei (1753-1840)	
	Número de inventariados com livros		Número de inventariados com livros		Número de inventariados com livros	
Categorias/ofícios	Absoluto	%	Absoluto	%	Absoluto	%
Clérigos[1]	22	28,9	9	36	1	33,3
Advogados[2]	3	3,9	2	8	–	–
Boticários[3]	6	7,8	–	–	–	–
Cirurgiões[4]	1	1,3	4	12	–	–
Negociantes	1	1,3	2	8	–	–
Licenciados (sem identificação)	1	1,3	–	–	1	33,3
Militares de ordenança e de tropa paga	17	22,3	4	16	–	–
Proprietários de bens móveis e imóveis sem patente ou ofício	21	27,6	4	16	1	33,3
Sem ofício, patentes ou bens imóveis	4	5,2	–	–	–	–
Músicos	–	–	1	4	–	–
Subtotal	76		26		3	
Número de inventários analisados	911		324		456	

[1] Um de Mariana e outro de São João del-Rei também eram professores de Primeiras Letras.

[2] Dentre estes, um habitante de São João del-Rei era professor de Filosofia Racional.

[3] Um deles, residente em Mariana, detinha patente de oficial militar, sendo contabilizado apenas como boticário.

[4] Um também possuía o ofício de boticário em São João del-Rei e outro, em Mariana, era ainda militar, estando aqui contabilizados apenas como cirurgiões.

Fontes: Arquivo da Casa Setecentista de Mariana, 2º Ofício, Inventários, 1714-1822, e Arquivo do Museu Regional de São João del-Rei/Iphan, Inventários, 1753-1874.

seguinte maneira: 22 inventários trazem a descrição das bibliotecas (6,7% do total de inventários pesquisados); 1 inventariado (0,3% do total) possuía, em sua casa comercial, livrinhos de santa Bárbara para vender; em 2 casos (0,6%) há referência às bibliotecas, sem descrição de títulos; outros 2 inventariados (0,6%) possuíam peças de música manuscritas e, portanto, não foram contabilizados na Tabela 23.1.[5] Entre os inventariados de São João

5 O levantamento referente a São João del-Rei faz parte da pesquisa de doutorado Morais (2009), trazendo, por conseguinte, resultados parciais. Grande parte dos dados utilizados neste capítulo sobre São João del-Rei foram levantados por Castro (2003).

del-Rei que possuíam livros, a distribuição entre os sexos era a seguinte: 2 eram mulheres (7,6%) e 24 eram homens (92,3%), divisão esta que, em números relativos, está bastante próxima da encontrada em Mariana. Em 456 inventários da Vila de São José del-Rei, entre 1753-1840, por sua vez, foram identificados livros em apenas 3 inventários do século XIX (0,6%).[6] Entre esses 3 proprietários de livros são-joseenses, havia 2 homens (66,6%) e 1 mulher (33,3%). Em São João e São José del-Rei, todos os proprietários de livros eram pessoas livres (100%). Em São João del-Rei, os clérigos que possuíam bibliotecas eram 9 (34,6% dos inventariados com livros e 2,7% do total de inventários examinados). Também essa categoria foi encontrada entre os possuidores de livros em São José del-Rei: 1 clérigo (33,3% dos proprietários de livros e 0,2% do total de inventariados analisados). Em São João del-Rei, os proprietários de bens de raiz e os detentores de patentes militares ocupavam o segundo lugar entre os donos de livros, havendo quatro pessoas para cada uma dessas categorias (o que representa 15,6% dos proprietários de bibliotecas e 1,2% do total de inventariados). O terceiro lugar era ocupado pelos inventariados que se dedicavam à cirurgia: três homens (11,5% dos proprietários de livros e 0,9% do total de inventariados). Nessa vila, o quarto lugar entre os donos de livros era ocupado por advogados e por negociantes: dois em cada categoria profissional (7,6% dos possuidores de livros e 0,6% dos inventariados). Em São João del-Rei, 23 dentre os 26 proprietários de livros (88,4%) possuíam bens de raiz, sendo exceções um cirurgião (3,8%) e um clérigo (3,8%). Entre os três moradores de São José del-Rei que possuíam livros, havia um clérigo e um licenciado com bens de raiz, o que representa 33,3% para cada caso.

Dentre 66 inventários existentes na Biblioteca Antonio Torres – em Diamantina, localidade não contemplada na Tabela 23.1 – referentes ao Distrito dos Diamantes, entre 1787 e 1870, Júnia Ferreira Furtado encontrou bibliotecas em 14 deles (21,2%). Dentre esses 14 inventariados, todos eram brancos, 12 eram nascidos em Portugal, 3 eram padres e outros 3, funcionários graduados da Real Extração, correspondendo cada um desses dois grupos a 20% dos proprietários de livros (Furtado, 2002, p.54). Esses três padres que

6 Os inventários da Vila de São José foram analisados por Douglas Cole Libby e Afonso de Alencastro Graça Filho, no projeto População e Economia de uma Freguesia Escravista: São José do Rio das Mortes, 1720-1850. Os dados referentes à posse de livros foram levantados por Christianni Cardoso Morais, no período em que trabalhou como bolsista do projeto.

possuíam bibliotecas correspondem a 21,4% dos proprietários de livros e a 50% dos eclesiásticos para os quais há inventários (foram inventariados os bens de seis padres). As três bibliotecas clericais compunham-se pelos seguintes números de volumes: 15, 35 e, por fim, 90 (Furtado, 2002). Nos inventários de Vila Rica, entre 1750 e 1800, localidade igualmente ausente da Tabela 23.1, segundo Thábata Alvarenga, a posse de livros alcançava cifras muito próximas às de Mariana. Em 690 inventários, há apenas 62 com menções a livros (9%). Essa posse distribuía-se desigualmente entre os gêneros e as condições jurídicas: 61 dos inventariados eram homens brancos e livres e apenas 1 era livre e pardo (um sapateiro, filho de uma forra); 53 eram homens e 3 eram mulheres; em 6 deles, mulheres e homens compartilhavam os bens (entre eles, os livros). A propriedade de livros, ainda, disseminava-se de modo distinto entre as categorias profissionais e de ocupação: concentrava-se nas mãos dos 13 letrados (6 eclesiásticos, 6 juristas e 1 professor, que detinham 62,9% dos volumes), certamente em função da importância que os livros tinham na vida deles. A maior parte dos donos de bibliotecas, com efeito, precisava de livros para o exercício profissional e constituía um grupo economicamente privilegiado (Alvarenga, 2003, p.72). Nas duas últimas décadas do século XVIII, verificou-se um crescimento da posse de livros.

As cifras referentes à posse de livros em Mariana, Diamantina, Vila Rica, São João del-Rei e São José (embora as desta última vila encontrem-se bem abaixo daquelas verificadas nas demais localidades), enfim, mostram, por um lado, o pequeno número de proprietários de livros entre os inventariados e, por outro, que o grupo de proprietário de livros em Minas Gerais apresentava um perfil elitizado, sendo predominantemente constituído por pessoas livres, brancas, do sexo masculino, com destaque para os padres e, com exceção de Diamantina, para os proprietários de bens de raiz e detentores de patentes militares. Sinalizam, além disso, que a transferência da Corte e a Independência não trouxeram modificações sensíveis no que se refere à distribuição da posse de livros, que era diferenciada, assimétrica e socialmente elitizada. Os números máximo, médio e mínimo de escravos dos proprietários de livros em Mariana, São João del-Rei e São José parecem confirmar a conclusão a respeito do perfil elitizado. Em Mariana, entre os inventariados no geral, têm-se, respectivamente 193, 10,16 e 0 escravos, já entre os que possuíam livros, veem-se 146, 20,63 e 0 escravos: se o número máximo de escravos entre os inventariados era maior do que aquele verificado entre os que possuíam livros, na média os últimos tinham mais escravos. Os números máximo, médio e mínimo de escravos entre os proprietários de livros em São João del-Rei, bem mais modestos do que os encontrados para Mariana, correspondem a 31, 7, 8 e 0. Para São José, são igualmente modestos: 12, 5, 6 e 0 escravos entre os proprietários de livros, talvez porque a região abrigasse pequenas fazendas dedicadas à produção de gêneros alimentícios e, inversamente ao que ocorria em Mariana, os plantéis fossem maiores por causa da mineração. De qualquer modo, o número médio de escravos de São João está bem próximo daquele fixado por outros historiadores, com base em outras fontes, como a média de escravos nos plantéis mineiros.[7]

O predomínio de proprietários de livros com esse perfil elitizado, todavia, não excluiu totalmente a possibilidade de pessoas situadas em posição inferior da escala social terem tido acesso à propriedade de bibliotecas. Em Mariana dois inventariados foram identificados como "homens de cor". Ambos não dispunham de bens de raiz: um deles era mulato, tendo um patrimônio líquido de 656$208,50 e apenas um escravo (números bem inferiores à média de 6.310$686,24 apresentada pelos proprietários de livros marianenses); e o outro era negro forro, detendo um patrimônio de 1.137$875,00 e cinco escravos (números também abaixo da média encontrada entre os que possuíam livros naquela cidade). Este último inventariado era capaz de assinar o próprio nome e, dentre seus bens, havia pratarias, louças e joias.[8] Na Vila de São José del-Rei também houve uma mulher proprietária de livros que se distanciava do perfil elitizado acima definido, uma vez que não possuía bens de raiz e tampouco escravos, sendo, porém, senhora de joias em ouro e prata, de um expressivo guarda-roupas (com direito a "lenços de pescoço bordados" e xales de seda) e de um rebanho de 9 cabeças de gado, 12 de carneiros e "1 potro de tres annos brabo".[9]

---

7 A partir das listas nominativas feitas em Minas Gerais entre 1831 e 1840, Douglas Libby afirma que, de um conjunto de 6.583 domicílios, em apenas 163 foram arrolados plantéis com mais de trinta cativos (1988, p.98). Os plantéis em Minas Gerais giravam em torno de cinco escravos (1988, p.97). Segundo Afonso de Alencastro Graça Filho, em 103 inventários dos maiores fazendeiros da região de São João del-Rei, feitos entre 1831-1885, a média de escravos por fazenda era de 36 cativos (2002, p.111). Utilizando os dados censitários de 1831-1832, Graça Filho localizou 223 proprietários de escravos com ocupações ligadas à agricultura e à pecuária, verificando que apenas 14 deles possuíam plantéis com mais de 50 cativos (2002, p.113).

8 ACSM, 2º Ofício, Inventários (códices, autos e anos): 87, 1888, 1788 e 123, 1813, 2478.

9 AMRSJDR/Iphan: Inventário de Maria Pereira do Nascimento, 1810, cx. 174.

As bibliotecas de Minas: números e títulos

Os números referentes à composição das bibliotecas, como se verá a seguir, eram mais elevados em Mariana do que nas outras duas vilas. Em Mariana, nas 76 bibliotecas inventariadas entre 1714 e 1822, contabilizam-se 1.253 obras, algumas delas repetindo-se com maior ou menor frequência entre um inventariado e outro, perfazendo um total de 2.031 volumes. Nas bibliotecas marianenses havia, assim, um número médio de 16,5 obras e 26,8 volumes. Em São João del-Rei, as 26 bibliotecas, encontradas nos 324 inventários feitos entre 1831-1874, totalizam 398 títulos distribuídos em 1.309 volumes. Havia, portanto, um número médio de 15,3 obras e 50,3 volumes por proprietário de livros. Na Vila de São José, as cifras são de 12 títulos e 146 volumes, número que guarda uma imprecisão em virtude da falta de detalhes dos inventários, conforme alertamos no início deste texto. Havia uma média de 4 títulos e 48,6 volumes por proprietário de livros.

Os números mínimos e máximos de livros por biblioteca eram bastante diferentes. Em Mariana, dentre aquelas inventariadas no Cartório do 2º Ofício, a maior pertencia ao doutor José Pereira Ribeiro, acusado de possuir livros defesos, grandes expressões do pensamento ilustrado: segundo os *Autos de devassa da Inconfidência Mineira*, ele trouxera de Portugal a *Histoire philosophique et politique des etablissements et du commerce des européens dans les Deux Indes*, do padre Raynal; e, segundo uma denúncia enviada à Inquisição de Lisboa, um volume que, sob o título *Sermons de Neuville*, trazia, na verdade, as *Cartas persas*, de Montesquieu, livro trazido por ele de Coimbra até Mariana como contrabando.[10] Sua biblioteca contava com 211 títulos e 476 volumes. Em São João del-Rei, a biblioteca mais numerosa, em títulos e volumes, pertencia também a um advogado, o doutor Florêncio Antônio da Fonseca, que exercera o cargo de professor de Filosofia Racional numa cadeira pública da vila. Em sua biblioteca, havia 122 títulos, distribuídos em 326 volumes. Uma parte menor do acervo era constituída por uma "porção de livros muito arruinados" e não descritos, que foram avaliados em 5$000, mais quatro cadernos de música e "uma pequena porção

10 Leite, 2001, p.221-2. Ambos os títulos não aparecem no inventário, como era de esperar, uma vez que, como se afirmou, livros julgados perigosos eram subtraídos da avaliação (até 1821, com certeza).

de músicas avulsas".[11] Das três bibliotecas de São José del-Rei, a que apresentava o maior número de volumes era a do padre José Gonçalves Torres, com 134 volumes (os títulos não foram arrolados pelo avaliador, que apenas mencionou "quatro Breviários e cento e trinta Volumes de Livros de folha quarto, e Oitavo"). Em Diamantina, a maior biblioteca pertencia a Manoel Pires de Figueiredo, guarda-livros da Real Extração, e era composta por 140 títulos e 360 tomos, sobre os mais variados assuntos, em grande número em latim e em francês (Furtado, 1996, p.54-5).

As 11 menores bibliotecas marianenses reuniam apenas um único título cada uma. Em cinco delas, um missal, e, nas restantes, cada um dos seguintes livros: *Cartilha de Metal*, um jogo de breviários, *Sermoens* (sem especificação de autor), uma obra do médico português João Curvo de Semmedo, um livro de Alves de Faria intitulado *Martinho cedendo* e um "Livro em branco com colchetes preto e capa de veludo",[12] que parece ser apenas um borrão e não um impresso (e, provavelmente, portanto, não constituindo sequer uma biblioteca de um livro só). As menores bibliotecas de São João del-Rei também possuíam um único título: a de Manoel Gonçalves da Costa continha uma obra de Tissot em três volumes e a de Francisca Maria de Jesus se resumia ao livro *Gemido da mãe de Deus*.[13]

Nas bibliotecas analisadas, os livros, em grande parte, tinham relação com as áreas de atuação profissional dos seus respectivos donos, o que corrobora o pensamento do dicionarista E. M. Campagne, segundo o qual: "a eleição de um bom livro não é menos difficultosa, que agradável a sua leitura. O melhor livro é o que mais convem á nossa profissão" (Campagne, 1886, p.675). Foram classificados como profissionais os livros de Religião (Teologia, cânones, dicionários eclesiásticos, História Sagrada e História Eclesiástica, Liturgia e Devoção) para os padres; os livros de Medicina, Farmácia e Química para boticários, médicos e cirurgiões; as obras de leis e cânones para advogados; os textos de Medicina, Farmácia, Artes Militares e História Militar para militares; e, por fim, os livros religiosos e didáticos

11 AMRSJDR: Inventário de Florêncio Antônio da Fonseca, 1859, cx. 431.

12 ACSM, 2º Ofício, Inventários (Ano, Códice, Auto): 1819, 60, 1.351; 1805, 78, 1.681; 1796, 66, 1.456; 1815, 54, 1.220; 1730, 78, 1.674; 1787, 46, 1.027; 1802, 20, 529; 1799, 95, 2.033; 1790, 101, 2.143; 1817, 32, 770; e 1819, 79, 1.690.

13 MRSJDR/Iphan: Inventários de Manoel Gonçalves da Costa, 1835, cx. 351, e Francisca Maria de Jesus, 1835, cx. 380.

para padres-professores. Com base nessa classificação, identificamos 583 obras profissionais inventariadas em Mariana, perfazendo um total de 954 volumes (respectivamente, 46,5% das obras e 46,97% dos volumes). Das 72 bibliotecas para as quais se tem uma discriminação minimamente precisa de títulos e/ou autores, 29 apresentam entre 50% e 100% de obras profissionais e 4 possuem cerca de 1/3 de livros classificáveis na mesma categoria. Somando-se essas cifras, chega-se a 33 inventários, o que corresponde a 43,4% de todos nos quais se anotam livros e a 45,8% daqueles em que o registro contém alguma precisão.[14] As obras profissionais localizadas em São João del-Rei chegam a 205 e, em São José, a 4 (respectivamente, 51,5% e 33,3% do total de títulos identificados). Nos 26 inventários de São João del-Rei que listam bibliotecas, 14 descrevem-nas com precisão (53,8%). Dentre esses 14 inventários precisos, 8 (ou 57%) possuíam livros exclusivamente ligados às profissões de seus donos. Em outros 6 (42,8% das bibliotecas descritas), há menção a 1/3 ou mais de livros profissionais. Em São José, havia quatro livros profissionais: um breviário pertencente a um clérigo e três livros de medicina e cirurgia que eram de propriedade de um licenciado, o que representa 33,3% do total de livros profissionais identificados para a vila em questão. Em Mariana, dentre os livros profissionais, 72 provavelmente tinham um papel didático, escolar ou religioso, totalizando 76 volumes (respectivamente, 5,74% e 3,74%). Em São João del-Rei, 35 livros provavelmente eram usados com fins didáticos, o que representa 9,7% do total de títulos identificados e 17% dos livros profissionais. Em São José, apenas um livro provavelmente era utilizado com fins didáticos: um "manual" no inventário de Maria Pereira do Nascimento (8,3% do total de livros, 25% dentre os profissionais).[15]

Os livros religiosos, em Mariana, além de presentes em 20 das 22 bibliotecas clericais nas quais constituíam entre 60% e 100% dos títulos, predominavam em 15 bibliotecas não clericais, variando de 2/3 à totalidade dos títulos nelas encontrados, os quais, é bem verdade, eram muito reduzidos: dentre as bibliotecas não clericais em que predominavam livros religiosos, a maior tinha 39 títulos, ao passo que a menor possuía apenas 1. Em São João del-Rei, esse tipo de livro também predominava nas bibliotecas clericais:

14 ACSM. 2º Ofício, Inventários (1714-1822).

15 AMRSJDR/Iphan: Inventário de Maria Pereira do Nascimento, 1810, cx. 174

das seis identificadas, em quatro delas os livros religiosos estavam 100% presentes. Nas duas demais, constituíam mais de 80% dos títulos descritos. Assim como em Mariana, em São João havia livros religiosos em inventários de pessoas que não pertenciam ao clero, mas eles não eram predominantes no conjunto das bibliotecas. As bibliotecas em que predominavam os livros religiosos eram apenas três (11,5% do total delas) e bastante pequenas, sendo a maior constituída de quatro títulos e a menor de um. Computando-se os títulos das bibliotecas de Mariana, no geral, percebe-se, ademais, a posição de destaque dos livros religiosos, que correspondiam a 503 livros e 904 volumes (respectivamente, 40,1% e 44,5% do total), cifras inferiores apenas à dos livros profissionais. Pode-se supor que esses livros religiosos fossem usados, principalmente, para o exercício profissional ou como instrumento de vivência de fé na Leal Cidade. Em São João del-Rei, havia 64 livros religiosos nas bibliotecas, o que equivale a 16% do total de títulos e a 31,2% dos livros por nós classificados como profissionais. Em São José, foram identificados três títulos de livros religiosos (25% do total de livros, 75% dentre os profissionais). Esse tipo de livro estava mais presente no inventário de Maria Pereira do Nascimento: dois títulos entre os três que compunham sua biblioteca.[16]

As ciências exatas e naturais – Matemática, Química, Botânica, Física, Medicina, Farmácia e Agronomia – contavam, em Mariana, com 106 obras e 119 volumes (respectivamente, 8,5% e 5,8%), cifras bem mais modestas do que as de outros tipos de livros, mas, de qualquer forma, nada desprezíveis. Em boa parte, tais livros associavam-se às profissões de seus donos. Em São José, havia, na biblioteca de um licenciado, três títulos dessa categoria (60% da referida biblioteca e 25% do total de obras inventariadas para essa Vila). Em São João del-Rei, havia 63 títulos/autores de ciências exatas e naturais, o que corresponde a 15,8% do total de livros identificados e a 30,7% de livros profissionais, porcentagem esta muito superior à encontrada em Mariana para livros da mesma categoria. Como algumas dessas bibliotecas estavam muito ligadas à atuação profissional de seus proprietários, em alguns casos não fazia sentido mantê-las depois do falecimento de seus donos. Isso ocorreu com o cirurgião e boticário Bernardo José Gomes da Silva Flores, em São João del-Rei. Seu inventário foi feito em benefício de seus credores, para que fosse possível satisfazer as despesas de seu fune-

16 AMRSJDR/Iphan: Inventário de Maria Pereira do Nascimento, 1810, cx. 174.

ral.[17] De acordo com a relação feita pelo avaliador de seus bens, o cirurgião--boticário possuía, em sua botica, 16 livros em bom estado de conservação. Além da *Obra de Tissot, in* oitavo, "troncada [truncada], faltando três volumes, toda traçada", "três peças avulsas de Tissot, in oitavo", mais quatro volumes, sendo dois deles tratados de Química – todos estes classificados como "muitos traçados, incapazes de servir", não tendo sido seus preços estabelecidos. Havia ainda "duas arrobas e oito livros que nem para embrulho serve que está traçado" e mais "três arrobas e doze libras de livros que só servem para embrulho", estes últimos avaliados em 3$600. A maioria dos livros em bom estado relacionava-se às suas necessidades profissionais: eram obras de Medicina prática, tratados de Medicina (dois deles em francês), Química, História Natural e um *Dicionário portátil de Medicina*. Havia também várias farmacopeias – *Lisbonence*; *Tubalence*, de Manoel Coelho Rodrigues (primeira, segunda e terceira partes em dois volumes); *Luzitana*; *Londençe*; *Santo Tirço*; e a célebre *Pharmacopeia geral* (primeiro e segundo tomos), cujo título completo era *Pharmacopeia geral para o reino, e domínios de Portugal*, obra sobre o preparo de fórmulas farmacêuticas publicada em 1794, durante a regência de dom João, para ajudar na prática médica. Todos os seus bens foram a leilão para que se pagassem seus credores. Vários foram os leilões, mas ninguém se interessava em arrematar seus pertences. De acordo com os autos de inventário, o herdeiro, padre Flores, escreveu ao juiz, em 1830 e em 1831, afirmando querer se "livrar de qualquer responsabilidade" perante os credores de seu pai, alegando ser necessário que alguém arrematasse logo os livros da botica e demais utensílios, pois "os remedios, e Livros se esta[va]õ deteorando". Finalmente alguns bens do boticário foram leiloados: dois dentre seus quatro escravos, uma besta, um cavalo, alguns móveis e utensílios de louça e a *Pharmacopea tubalence*, primeira, segunda e terceira partes, esta pelo preço de 6$000.

Menores ainda eram os números referentes às obras de autores ilustrados ou precursores das Luzes, que, em Mariana, chegavam a 37, com 88 volumes, o que, em números relativos, corresponde a 2,95% e 4,33%, respectivamente. Esses 37 livros de ilustrados ou de precursores das Luzes distribuíam-se de modo muito concentrado nas bibliotecas marianenses

17 Arquivo da Câmara Municipal de São João del-Rei. Cartas e Editais da Câmara (CAED 68, 1823-1831); e AMRSJDR/Iphan. Inventário de Bernardo José Gomes da Silva Flores, 1829, cx. 333.

analisadas. Em São João del-Rei, os autores ilustrados e precursores das Luzes foram identificados em apenas quatro bibliotecas (15,3% das 26 encontradas). Eram 15 títulos/autores também distribuídos de forma desigual, 11 dos quais estavam concentrados nas mãos do advogado Florêncio Antônio Fonseca (respectivamente, 3,7% e 2,7% do total de títulos identificados). Não foram encontrados livros da Ilustração em São José.

Avaliando-se os tipos de livro, autores e títulos mais frequentes, primeiramente, nota-se a participação numérica sem par dos breviários em Mariana, que chegam a 63, o que equivale a 5% do total de livros. Em São João del-Rei, eram 27 (6,7% do total de livros examinados). Em São José, havia 4 (33,3% do total). É preciso lembrar que, em alguns inventários, não se especificou a quantidade de volumes dos breviários, falando-se apenas em "breviários", o que sugere que a cifra obtida é bem menor do que a encontrada na realidade. Em seguida, vinham, em Mariana, os missais (22; 1,75%); diferentes versões, livros e comentários da Bíblia (21; 1,67%); e, ainda, diversos livros de horas (14; 1,14%). Em São João del-Rei, foram identificados três missais (0,7% do total de livros) e apenas dois livros de horas (0,5% do total). E, em São José, dois livros de horas (16,6%). Em Mariana, entre os autores e/ou títulos mais frequentes, figuravam, em primeiro lugar, os livros de santa Bárbara, totalizando 34 exemplares (2,71%), número pouco menor do que o total das obras ilustradas, atingindo o valor monetário irrisório de 170 réis e concentrando-se nas mãos de um único proprietário, João de Magalhães Maldonado, tenente e mercador, cujos bens foram inventariados em 1815. Em São João del-Rei, também havia livros de santa Bárbara: 80 exemplares (20% do total de livros identificados), avaliados em 960 réis, e mais 150 livros de diferentes santos (37,6% do total), todos na casa comercial de João José de Souza Campos, conforme seu inventário, feito em 1836. Essa concentração da posse dos denominados livros de santa Bárbara (e, por reverso, sua ausência em outros inventários) pode ser explicada por seu baixo preço: sendo pouco valiosos, não eram dignos de figurar *isoladamente* nos diversos róis de bens inventariados, sendo registrados nos dois inventários em questão porque, pela sua quantidade, alcançaram uma cifra economicamente digna de relevância.

Da Ilustração, nas bibliotecas de Mariana examinadas, encontravam-se obras de: Luís Antônio Verney, Bézout, Voltaire, d'Alembert, Teodoro de Almeida, Barão de Bielfeld, Condilac, Mr. de Felice, Bento Feijó, Antônio

Pereira de Figueiredo, Antonio Genovesi (também conhecido como Genuense), Gessner, Simon-Nicolas Linguet, Carl von Linné, Mably, Montesquieu, Manuel Joaquim Henriques de Paiva (ou então, Vicente Seabra Telles, com *Elementos de Química*), E. A. Pluquet et al., William Robertson, Antônio Ribeiro Sanches e Domingos Vandeli. As obras de tais autores distribuíam-se de modo muito concentrado nas bibliotecas marianenses, como já se adiantou: 26 delas pertenciam ao doutor José Pereira Ribeiro;[18] 4 ao padre-mestre Osório e as outras encontravam-se espalhadas por mais de seis bibliotecas, com um ou dois títulos em cada uma delas. Em São João del-Rei, os livros de ilustrados ou de pensadores precursores, ou, ainda herdeiros diretos das Luzes concentravam-se na biblioteca do advogado Florêncio Antônio Fonseca, com 11 títulos/autores (2,7% dos livros identificados). Este possuía livros de precursores como Heineccio, Puffendorf e Locke, assim como de ilustrados (Condilac, D'Alembert, Montesquieu, o utilitarista inglês Jeremy Bentham e a escritora Madame de Staël) e De Pradt. Os demais livros da Ilustração eram propriedade do clérigo José Lameda Oliveira (uma obra de Condillac e uma de Kant). Um livro de Genuense (o filósofo ilustrado italiano Antonio Genovesi) estava em poder do clérigo José Joaquim de Santana e alguns volumes de Montesquieu pertenciam ao negociante João Evangelista de Magalhães. Em Diamantina, obras ilustradas existiam na biblioteca do guarda-livros Manoel Pires de Figueiredo, inventariada em 1818: *O espírito das leis*, de Montesquieu e a *Enciclopédia* (Furtado, 1996, p.55).

Em Vila Rica, entre 1750 e 1800, no que se refere à distribuição do número de obras pelos campos do saber (Religião, Ciências, Artes e Belas-Letras), verifica-se que a tradição mesclava-se à inovação, pois, de um lado, havia uma reduzida presença numérica de livros de pensadores das Luzes (Ribeiro Sanches, Bento Feijó, Luís Antônio Verney, todos eles ilustrados moderados) (Alvarenga, 2003, p.194-6) e difundia-se a posse de obras que tinham um sentido eminentemente prático para seus leitores, relacionadas à jurisprudência e à medicina (Ibidem, p.174), e, de outro, existia um grande número de obras vinculadas à filosofia escolástica jesuítica (os neoescolásticos Roberto Bellarmino, Hermann Busembaum, Luís de Molina e Domingo de Soto, e jesuítas como Antônio Vieira, Jaime Co-

18 Sobre a biblioteca do doutor José Pereira Ribeiro, veja Antunes, 2005 e 1999.

rella, Manuel Fonseca e Alexandre Perier, ligados também à neoescolástica, em grande parte) (Ibidem, p.180-1). Os homens de letras foram os grandes responsáveis pela posse de livros de caráter pragmático, de ciências, artes e belas-letras (Ibidem, p.77). Havia uma preeminência dos escritos científicos (40,6% dos títulos) em detrimento dos religiosos (32,8% dos títulos). Isso se explica pela expressividade numérica das bibliotecas dos juristas e pelo número inferior de bibliotecas de clérigos (em comparação com às de Mariana). Os livros beletrísticos, em boa parte didáticos, e também os de artes práticas tinham alguma expressão numérica, respectivamente, 10,9% e 0,9% dos títulos.

Conclusões

Na capitania e, depois, província de Minas Gerais, num quadro econômico marcado pela diversificação das atividades, pela presença do trabalho escravo e pelo contraste entre riqueza e pobreza, a posse de livros era marcada pela elitização e por uma uniformidade surpreendente. Os dados apresentados no estudo se referem a recortes temporais distintos – com concentração na colônia, mas avançando para o período imperial, ora restringindo-se ao período em que havia censura (até 1821), ora indo para além de sua supressão. Nessa periodização que comporta avanços e recuos ao longo do tempo, a posse de livros e a composição das bibliotecas particulares mineiras foram condicionadas por aspectos socioeconômicos e se concentraram nas mãos de homens livres, brancos, do sexo masculino, sobretudo aqueles que conjugavam a posse de bens de raiz com o exercício de algum ofício que exigisse o uso de livros. Entre esses, estavam os clérigos, advogados, boticários, militares, professores e os funcionários da administração régia/imperial. Houve, contudo, aqueles que, embora ocupassem posições inferiores na escala social, lograram ter acesso à posse de livros: um pequeno número de mulheres, forros, mulatos e negros chegou a possuir modestas bibliotecas.

Muitas pessoas tinham bibliotecas pequenas, algumas delas restritas a um livro, ao passo que outras possuíam acervos maiores, que ultrapassavam uma centena de obras. A composição das bibliotecas privilegiou os livros de uso profissional dos seus proprietários, ao lado dos quais figuravam com destaque aqueles títulos relacionados à religião, que permitiam o exercício da fé e o contato com o sagrado. Houve quem tivesse bibliotecas muito distantes de suas ocupações profissionais e/ou de seus interesses religiosos, mostrando que se interessava pelo conhecimento sobre o mundo físico, priorizando o campo das ciências naturais, ou que valorizava as questões políticas. Essas poucas pessoas, geralmente letradas, concentraram a posse de livros das Luzes ou de seus precursores, alguns deles, até 1821, interditados pela censura.[19]

A transferência da Corte, em 1808, e a Independência, em 1822, surpreendentemente não provocaram alterações substanciais no que se refere à posse de livros e à composição das bibliotecas, pelo que se pode deduzir dos inventários das distintas vilas e cidades de Minas aqui examinados, de diferentes tempos. Os dados referentes a Vila Rica e Mariana, restritos ao período colonial, não apresentam grandes diferenças, no geral, em relação àqueles sobre São João del-Rei, São José del-Rei ou mesmo Diamantina, os quais vão do período colonial até meados do século XIX. Novos estudos sobre Mariana e Ouro Preto, respectivamente, capitais eclesiástica e política de Minas, depois de 1822, poderão confirmar (ou não) essa conclusão. Pode-se supor uma única mudança: as obras ilustradas, algumas delas proibidas até 1821, passaram a ser registradas nos inventários, naqueles das pessoas que compunham as elites letradas da província. Essa mudança, saliente-se, não se evidenciou na documentação aqui analisada.

19 Cf. Leite, 2000, p.222-36; 2001, p.217-26; 1989, p.24-7; Furtado, 2007, v.1, p.317-8; Villalta, 2007, v.2, p.579-607; ABREU, 2008, p.89-112.

24
A cidade e os livros: instituições de leitura e comunidades de leitores em São Paulo (1808-1831)

Marisa Midori Deaecto

Mudam-se os tempos, mudam-se as vontades.

Luís de Camões

O começo de tudo?

Como bem escreve Rubens Borba de Moraes, "a transferência da Corte portuguesa para o Brasil, em 1808, foi o começo de tudo" (Camargo; Moraes, 1993, p.xvii). Foi o começo da história do livro impresso brasileiro pelo decreto de 13 de maio do mesmo ano, o qual vinha atender, segundo reza o documento,

> à necessidade que há de oficina de impressão [...] sou servido que a casa onde se estabeleceram sirva interinamente de Impressão Régia, onde se imprimam exclusivamente toda a legislação e papéis diplomáticos, que emanarem de qualquer repartição do meu Real Serviço; *e se possão imprimir todas, e quaesquer outras Obras*". (Camargo; Moraes, 1993, p.xvii, grifos nossos)[1]

Notemos que, além de corresponder a uma exigência de natureza burocrática, a saber, a de fazer circular os papéis régios, o decreto estendia o uso da Impressão Régia para a produção de "todas, e quaesquer outras Obras",

1 Curiosamente, ao citar o mesmo documento, Carlos Rizzini não faz menção ao trecho grifado (Rizzini, 1988, p.315).

o que não constitui detalhe de somenos importância, bastando lembrar que até aquela data os autores nacionais eram obrigados a mandar imprimir seus escritos na Europa, geralmente em Portugal.[2] Já a compra de livros se dava pela importação regular mediada por livreiros da metrópole ou pela prática do contrabando.[3]

O mesmo decreto abriu caminho para a instalação de novas tipografias, tanto na Corte como noutras partes do Brasil. É verdade que a imprensa jornalística foi a maior beneficiada, o que se explica pelo baixo custo de produção e comercialização dos jornais e pela liberdade que o jornalismo político conquistou nos anos que antecederam à Independência e, sobretudo depois, durante o Primeiro Reinado. Não parece, portanto, obra do acaso o fato de as primeiras capitais a terem acesso a essa novidade se situarem em eixos de intensa atividade política e intelectual desde o final do Setecentos: Salvador, em 1811, e Recife, em 1817.

De modo geral, observamos que a dispersão geográfica dos tipos móveis no território brasileiro se deu em ritmos diferenciados, fazendo eco nas vilas e cidades que passaram a ter alguma projeção na vida política da jovem nação.[4] Nesse sentido, se parece certo que o decreto de 13 de maio "foi o começo de tudo", ao inaugurar o circuito da produção do livro brasileiro, o que repercutiu de modo imediato na Corte, estudos regionais apontam realidades diversas, com maior ou menor atraso no processo de organização e desenvolvimento dos circuitos livreiros. Parece-nos, portanto, mais exato

---

2 Para o período de 1808 a 1821, foram inventariados 1.429 títulos de natureza vária, além de outros 720 relacionados exclusivamente às "leis, alvarás, decretos, cartas régias e demais espécies". (Camargo; Moraes, 1993, p.xiii-xv).

3 Desde o final do século XVIII há registros de comércio regular de livros na cidade do Rio de Janeiro, com o estabelecimento de profissionais voltados para essa área e de outros que incluíam o livro no rol de mercadorias negociadas nas chamadas "vendas" e "armazéns". É provável que esse mesmo comércio tenha existido nessa mesma época em outras cidades, tendo-se até notícias de um livreiro em Vila Rica (Moraes, 1979, p.39-49). Seguindo as trilhas de Rubens Borba de Moraes, muitos pesquisadores têm se debruçado sobre essa temática, não apenas ampliando o rol de títulos que circulavam na Corte neste período, como também lançando questionamentos sobre as práticas de leitura na sociedade carioca de antanho.

4 Seguindo esta linha argumentativa, causa certo espanto o fato de apenas em 1827 a cidade de São Paulo ter conhecido sua primeira tipografia. Nesse caso, faz-se necessário ponderar que desde o início da década os tipos eram reivindicados junto ao governo central, que se comprometera, inclusive, a enviar um profissional para manipulá-los. Desconhecemos um estudo sistematizado da dispersão das tipografias no Brasil no período em questão. Sobre a relação entre a imprensa e a cidade, ver De Luca; Martins, 2007.

avaliar o significado de 1808 como ponto de partida para transformações vindouras, cuja expansão no território nacional deve ser avaliada dentro de seus limites locais e regionais.

Os efeitos do referido decreto sobre a paisagem intelectual paulistana se fizeram sentir de forma lenta e enviesada. Não houve repercussão imediata sobre a produção tipográfica paulistana, que tardou a aparecer.[5] Antes, foram os circuitos de difusão do livro na cidade, organizados desde meados do Setecentos por obra de instituições religiosas, que tomaram diferentes direções nas primeiras décadas do novo século. Tendo em vista tais pressupostos, nossa proposta consiste em mapear e avaliar o conteúdo e funcionamento das instituições de leitura e das comunidades de leitores dispersas na cidade de São Paulo no período de 1808 a 1831, com alguns recuos e avanços, conforme o leitor observará nas seções que se seguem.

Cartografia das instituições de leitura

Em 1837, o quadro estatístico da capital registrava a cifra de 21.933 habitantes, entre homens e mulheres, livres e escravizados, para 4.068 fogos. O que se chamava *cidade*, ou seja, o núcleo urbano central, distribuía-se em três freguesias: a da Sé e a do Bom Jesus do Brás, margeada pelo rio Tamanduateí, e a de Santa Ifigênia, cuja área era demarcada pelo riacho do Anhangabaú. No entorno da "cidade" havia outras seis freguesias e a Capela Curada de M'Boy, distante quatro léguas e meia do núcleo urbano (Müller, 1978, p.49-50, 137). Aproximadamente um quarto dos habitantes de São Paulo – perto de 5 mil almas – pertenciam à freguesia da Sé. Nessa área se concentravam as principais construções, particulares e públicas. Nas ruas a economia medrava, sendo o comércio a atividade mais expressiva, em virtude da presença de ambulantes, de alguns armazéns de secos e molhados e de tropeiros que traziam novidades ao planalto.

5 Autores paulistas publicaram seus livros pela Impressão Régia: em 1819, José Feliciano Fernandes Pinheiro fez editar o primeiro volume dos *Annaes da Capitania de S. Pedro*. O segundo volume apareceu mais tarde, em Lisboa, pela Imprensa Nacional, pois lhe pareceu demasiada a espera pela conclusão dos trabalhos no Rio de Janeiro. De Antonio Rodrigues Velloso de Oliveira, editou-se, em 1822, *Memória sobre o melhoramento da província de São Paulo* (Camargo; Moraes, 1993, p.xx, xxvi). Os primeiros livros impressos em São Paulo de que se tem notícia datam da década de 1830 e estão ligados às atividades da Academia de Direito.

O mapeamento das principais instituições de leitura existentes no burgo planaltino nas primeiras décadas do Oitocentos confirma a sobrevivência de uma tradição religiosa consolidada no período colonial. Como podemos observar no detalhe da Figura 24.1, os edifícios religiosos se situavam em pontos estratégicos do sítio urbano, conformando o Triângulo Central, em cujos vértices se encontram o Páteo do Colégio, a Igreja e o convento de São Francisco e a Igreja e o Mosteiro de São Bento. Em localização um pouco mais recuada, no eixo sudeste, temos o convento e a Igreja do Carmo.

O Mosteiro de São Bento e sua Igreja datam de 1598. Foi o quinto mosteiro beneditino do Brasil. A ordem conheceu décadas de franca decadência na segunda metade do século XVIII,[6] que não parecem, todavia, ter comprometido sua ampla biblioteca. O acervo beneditino constitui, nas palavras de um pesquisador, "singular patrimônio bibliográfico" preservado no flanco da cidade (Araújo, 2007, p.456). Desconhecemos estudo minucioso de sua história que dê conta de seus catálogos e da fortuna bibliográfica que ela encerra. Teria a livraria sido aberta à comunidade, ou os monges adotaram uma postura mais reservada em relação às regras de funcionamento da instituição, preservando certa distância dos hábitos seculares, o que é próprio de sua ordem? Esperamos que tais informações possam ser reveladas em pesquisas futuras.

No Páteo do Colégio se consagrou a livraria de dom frei Manuel da Ressurreição (1718ca.-1789), o terceiro bispo da diocese.[7] Trata-se do primeiro exemplar de que se tem notícia nessa época de um acervo reservado à instrução, portanto franqueado ao público. É o que se apreende da *Relação geral da Diocese de São Paulo, suas comarcas, freguesias, usos e costumes*,[8] por ele escrita no final do terceiro ano de permanência em São Paulo e endereçada ao marquês de Pombal. Neste documento o prelado assevera ter o clero da diocese bons costumes, mas poucos livros. Por essa razão, "pusera pública sua livraria que se compunha de 2.000 volumes" (Lustosa, 1975, p.913).

---

6 "Em 1764 o Conde de Oeyras, futuro Marquês de Pombal, proibiu a recepção de noviços nos mosteiros brasileiros e portugueses. Na mesma época, o Morgado de Mateus informava, em carta a este o primeiro-ministro de d. José I, que a igreja de São Bento ainda não estava acabada" (Secco, L. *Capelas antigas de São Paulo*, mimeo., p.16).

7 Nasceu em Lisboa, pertenceu à Ordem dos Menores Observantes, tendo sido nomeado para o bispado da capital paulista em 17 de outubro de 1771 pelo papa Clemente XIV. Tomou posse apenas em 1774, mantendo-se no seu posto até o fim da vida (Lustosa, 1975, p.913).

8 O documento foi transcrito e publicado na *Revista do Instituto Histórico e Geográfico de São Paulo*, n.4, 1898/1899.

Figura 24.1 – Mapa das instituições de leitura em São Paulo (1789-1831)

No mesmo edifício, ocupando o antigo pavilhão outrora utilizado para a leitura pelos inacianos, o bispo inaugurou o Seminário Diocesano. Cônscio da escassez de recursos públicos destinados à instrução, o que se verificava não só pela falta de mestres régios de primeiras letras para atender a toda a capitania, mas também de infraestrutura para levar adiante as reformas anunciadas na metrópole, o bispo tomou a iniciativa de contratar professores de Retórica, Filosofia, Teologia, Dogmática, Francês e ministrou, ele mesmo, as aulas de Teologia Moral e Escritura Sagrada. Algumas figuras de relevo da política nacional que se inaugurava no novo século XIX frequentaram suas aulas, entre eles, José Bonifácio (Souza, 1957, p.54).

O inventário *post-mortem* de dom frei Manuel da Ressurreição foi copiado e publicado pelo monsenhor Camargo (1952-53, p.402-11). Os livros se apresentam de forma aleatória e vêm anotados com seu equivalente em tomos. Muitos títulos se repetem em diferentes jogos. Entre as duplicatas, destacam-se sermonários, manuais em latim, estudos sobre o Antigo e o Novo Testamentos, autores clássicos em obras completas, que contemplam os escritores latinos, portugueses e franceses, dicionários geográficos, históricos e eclesiásticos.[9]

Embora o Seminário Diocesano se inscreva em nossa cartografia das instituições de leitura, o estudo deste no período que se seguiu à morte do bispo, em 1789, foge ao recorte proposto na presente análise, pois após esse fato o destino de sua livraria se tornou incerto. Isso porque o edifício passou a ser usado como sede do governo da capitania, tendo, portanto, perdido sua dupla função, a de sede episcopal e a de seminário. É provável que essa coleção tenha sido conservada por dom Mateus de Abreu Pereira,[10] o quarto bispo da diocese.

Ao lado da livraria conservada pelos carmelitas, cuja história, infelizmente, quedou no ostracismo,[11] a coleção de dom Mateus causou impressão

9 Para um estudo detalhado da biblioteca do bispo, ver Deaecto, 2006.

10 D. Mateus de Abreu Pereira (1741-1824) nasceu em Funchal, na Ilha da Madeira. Licenciou-se em Direito Canônico, pela Universidade de Coimbra, sendo por fim indicado quarto bispo da Diocese de São Paulo, em 1794. Tomou posse da diocese em 1797 (Ellis, 1957, p.391).

11 "Não esqueçamos do Carmo. A Rua que leva este nome deveu tudo à velha Igreja de Nossa Senhora do Carmo, fundada em 1592. Das mais antigas de São Paulo. Em 1928, o Governo do Estado desapropriou o templo que pertencia à Ordem dos Carmelitas e demoliu a antiga ermida. A Igreja fica agora na Rua Martiniano de Carvalho, na Bela Vista, e o que era um

nos viajantes Spix e Martius por ocasião de sua visita à cidade, em 1818. Segundo os cientistas germânicos:

> a única biblioteca da cidade, além da que existe no convento dos Carmelitas – curiosamente, eles desconsideram nesta passagem a livraria dos beneditinos e a dos franciscanos – é a do venerando bispo, que, embora muito idoso, ainda conserva grande interesse pelos assuntos científicos, e, com vivo entusiasmo, mostrou-nos ele próprio os seus livros. *Ela contém bom número de obras históricas, canônicas, velhos clássicos, e é um importante meio de instrução para os jovens seminaristas,* que fazem durante alguns anos estudos teológicos no seminário, até receberem as ordens. (Spix; Martius, s.d., p.147, grifos nossos)

Por esse breve relato podemos concluir que o bispo manteve viva a tradição de seu predecessor, ao fazer da biblioteca um lugar de estudos para jovens seminaristas. Embora os viajantes não mencionem a frequência de não religiosos na chácara da Glória, é bem provável que dom Mateus a franqueasse para outros leitores, tendo em vista sua ascendência sobre a vida intelectual e política planaltina.

Dentre todas as instituições assinaladas, foi a dos franciscanos a que maior inserção teve na sociedade daquele tempo e, em contrapartida, aquela que sentiu com maior intensidade as mudanças do novo século.

No final do Setecentos, os frades desempenharam papel atípico na área educacional ao se dedicarem à instrução de religiosos e de leigos, tal era a falta de mestres régios na então capitania de São Paulo.[12] Eles chegaram até mesmo a organizar, a pedido do governo local, um curso de Aritmética e Geometria destinado aos militares, o qual não se efetivou em virtude da ausência de inscritos (Silva, 1981, p.105). "Frei José do Amor Divino

---

sítio religioso, tornou-se uma larga avenida: a Rangel Pestana, que principia na Praça Clóvis. Testemunha ocular de tudo isso, e que lá ficou para contar a história, é a Igreja da Ordem Terceira do Carmo" (Secco, L. *Capelas antigas de São Paulo*, mimeo., p.42).

12 Marcellino Pereira Cleto – funcionário da administração portuguesa – sugere algumas mudanças nos rumos da instrução pública. Conclui o autor em sua "Dissertação a respeito da Capitania de S. Paulo, sua decadência e modo de restabelecê-la", que talvez fosse necessário redistribuir "os estudos na cidade de S. Paulo, e na vila de Santos pelas três ordens, S. Bento, S. Francisco e Carmelitas Calçados, pois todas possuíam conventos nas duas localidades. Assim, escreve, 'com as mesmas despesas haverá professores de Filosofia, Retórica, Gramática, ler e escrever em ambas as terras e com dobrada utilidade'" (Pinheiro, 1961, p.122-3).

Mariano", escreve o monsenhor Castanho, "deu aula pública de geometria no convento franciscano de São Paulo, a pedido do morgado [de Mateus]" (Almeida, 1992, p.46). No fim do século, os frades passaram a ter aulas de Artes, Filosofia e Teologia. Todo esse movimento em favor da instrução certamente concorreu para o fomento da livraria conventual.

Como atestam alguns contemporâneos, além de reconhecida importância no cenário espiritual citadino, os franciscanos gozavam de notável popularidade entre os moradores. Sua livraria era franqueada à comunidade, o que despertou a atenção do poder público. Em 1821, diante do esvaziamento do convento e do estado de decadência em que se encontrava, foi regulamentado pelo governo o horário de funcionamento da biblioteca "às pessoas literatas da cidade", no período das 8 às 11 da manhã. Recomendava-se, ainda, que os livros emprestados fossem restituídos à coleção, a fim de servirem mais prontamente aos consulentes (Bruno, 1954, p.410). Notemos que havia a ideia, alguns anos mais tarde reiterada pelo presidente de província Lucas Antônio Monteiro de Barros, de que a biblioteca era, por princípio, um bem destinado ao progresso e à civilização da comunidade planaltina.[13] Com efeito, seu valor era estimado pelas gentes de letras e também dela se serviram muitos jovens aspirantes aos cursos superiores na Europa.

---

13 Ao defender a importância da fundação de uma Biblioteca Pública na cidade, escreve Lucas Antonio Monteiro de Barros: "Illustrissimo e Excellentissimo Senhor – Sendo certo que as Bibliotecas Publicas muito concorrem para os progressos das Artes, e Sciencias, de que dimanão tanto bem aos povos, e vendo a solicitude, com que Sua Magestade (sic) o Imperador Tem protegido a Instrucção, e Letteratura n'este Imperio, julguei, que obrando n'esta conformidade, satisfaria as Suas Beneficas Intençoens, e por isso assentei, de unanime accordo com a Junta da Fazenda, estabelecer n'esta Capital huma Bibliotheca [...] induzindo-me mais, para pôr em pratica esta medida, *a consideração de ser conveniente ir desde já facilitando os meios precisos para o Estabelecimento de huma Universidade n'esta Provincia, como se tinha deliberado na Assembleia geral Legislativa, e de haverem [sic] n'ella muitos homens estudiozos, e de talentos, que não os cultivão pela falta de boas obras, e ainda mais pela de meios, para as obterem, inconveniente este que cessa com similante providencia* [...] Rogo portanto á V. Exa. queira levar ao Conhecimento de Sua Magestade (sic) Imperial, quanto tenho ponderado, esperando da Beneficencia do Mesmo Augusto Senhor, que Haja de Approvar este procedimento, *para o qual também tive em vista, que a multiplicação d'estes, e outros interessantes Estabelecimentos, alem de fazerem avançar rapidamente a Civilização, e Instrucção Publica, dão credito á grande Nação Brazileira.* Deos guarde a Vossa Excellencia. São Paulo, 1º de setembro de 1824" [assinado por Lucas Antonio Monteiro de Barros, Presidente de Província da cidade de São Paulo] (Ellis, 1957, p.400-1, grifos nossos).

O interesse do Estado pela ordem franciscana não se limitou apenas à livraria desta. Em 1827, iniciaram-se as negociações para a instalação da Academia de Direito e, embora o convento apresentasse os contornos arquitetônicos mais modestos, era por certo o de dimensões mais amplas e adequadas para tal finalidade.[14] A cessão do edifício foi comunicada por ofício apenas em 21 de agosto de 1828 e confirmada em ato solene em 2 de outubro. Cumpre ressaltar que a primeira turma tomara assento em 3 de março desse mesmo ano (Vampré, 1977, p.42, 73). Todo esse processo de desapropriação dos bens da Ordem Terceira de São Francisco se realizou de acordo com os princípios liberais então dominantes, no dizer de Antonio Candido, quando se assistiu ao "fim da hegemonia dos conventos e o começo do livre pensamento" (Candido, 1959, p.228).

O inventário da Biblioteca Pública: visão de conjunto

Durante o Primeiro Reinado (1822-1831) a cidade recebeu uma série de benfeitorias,[15] sendo a abertura da Biblioteca Pública, em 1825, e a fundação do Curso Jurídico, em 1827, os projetos de maior envergadura e de maior projeção sobre a vida intelectual da comunidade.

14 Segundo o tenente-general Rendon, entre os três edifícios situados no centro da cidade, o de São Bento, o do Carmo e o de São Francisco, "o primeiro e o segundo não têm capacidade para neles se estabelecer o Curso Jurídico; porque não tendo celas senão nas frentes, estas têm pouca extensão, e apenas, em cada uma delas, se arranjariam as três aulas; e para isso [seria] preciso expulsar os frades, derrubar todas as celas, para delas, e dos corredores, formar salões. Portanto, resta S. Francisco. Este convento tem celas na frente e no lado direito. No lado direito está a igreja e, na retaguarda, um salão antigo e outro sumamente grande, em paralelogramo, destinado para as celas. O primeiro serve sofrivelmente para uma aula, e do segundo se podem formar duas" (Vampré, 1977, p.42).

15 Uma vez reorganizado o governo, coube ao primeiro presidente da província de São Paulo, Lucas Antônio Monteiro de Barros, visconde de Congonhas do Campo (1767-1851), a proposição de uma série de medidas que visavam incrementar os recursos materiais e mentais da urbe. Durante sua administração, entre os anos de 1824 e 1827 – com alguns interlúdios, em virtude da atuação simultânea como senador por São Paulo –, verificou-se a instalação, em 1825, do Seminário da Glória, destinado à instrução de meninas órfãs pobres e de uma roda dos expostos, anexa à Santa Casa de Misericórdia. A reforma do Jardim Público da Luz, fundado em 1799 pelo capitão-general Antônio Manoel de Melo Castro e Mendonça e que, por esses tempos, se encontrava em estado de abandono, foi igualmente executada pelo presidente citado, durante sua gestão (Egas, 1927, p.25; Carvalho, 1953, p.54-60).

O acervo da primeira Biblioteca Pública de São Paulo representa a síntese de duas importantes coleções assinaladas na seção anterior: a livraria de dom Mateus de Abreu Pereira, que totalizava 1.059 volumes e foi arrematada "pela quantia de hum conto quatrocentos e trinta mil cento e quarenta reis" (Ellis, 1957, p.391); e a coleção dos franciscanos, maior e mais bem provida de obras religiosas, pois tivera seu acervo acrescido do espólio de dom Luís Rodrigues Vilares, o bispo de Funchal,[16] totalizando 3.196 volumes.

Passemos em revista o primeiro catálogo do acervo público, elaborado pelo bibliotecário padre Antonio José dos Reis, que o apresentou às autoridades do Império em 1826. A apreciação do conteúdo de ambas as bibliotecas será realizada por meio de domínios temáticos, seguindo os critérios de classificação utilizados pelo bibliotecário. Antes de simples descrição das livrarias que formaram a primeira instituição pública de leitura da cidade, buscamos comparar os acervos e compreendê-los à luz do espírito do tempo. Para uma apreciação quantitativa global, ver Tabela 24.1.

Na coleção dos franciscanos se faz presente a já assinalada tradição dos estudos filosóficos. Entre os manuais de Filosofia, assinalamos: um *Curso filosófico*, por Suarez (um volume, in-fólio), o mesmo por Mastrio e Belluto (dois jogos, seis volumes, in-fólio), outro exemplar homônimo de Coimbra, pelo pe. Anto. Cord.a (dois jogos, dois volumes, in-fólio), e um último por Melgaço (dois volumes, in-fólio); um volume de *Filosofia de Aristóteles*, ilustrado por João Baptista (um volume, in-fólio), o *Compêndio da Filosofia de Bacon*, por Coutinho (cinco volumes, in-4º), e *Lógica e Metafísica*, de Genuense (seis volumes, in-8º), este último, referência constante no compêndio filosófico de Monte Alverne.[17]

Particularmente no que diz respeito às obras de devoção, o acervo dos franciscanos tinha grande vantagem sobre a livraria de dom Mateus. Em

16 Era natural de São Paulo, filho do sargento-mor Lopo dos Santos Serra e de dona Inácia Maria Rodrigues, filha do capitão-mor Luís Rodrigues Vilares, fundador de Camapuam, em Mato Grosso. Formou-se em Direito Canônico em Coimbra. Tinha relações amistosas com dom frei Manuel da Ressurreição, que o nomeou cabido de São Paulo, função que não exerceu, em virtude de sua eleição para a diocese na Ilha da Madeira (Camargo, 1952-53, p.172-3).

17 Até meados do século XIX, escreve Cruz Costa, era essa a Filosofia ensinada do Brasil. Toda ela caracterizada por um forte ecletismo, traço que marcou a geração que sucedeu à dos revolucionários de 1789. Assim o foi a França burguesa de Luís Felipe e o meio intelectual – constitucionalista e liberal – brasileiro (Costa, 1956, p.85-8).

"Sermonários", foram arrolados 174 títulos, o equivalente a 513 volumes. Em "Teologia mística", cujas obras somam 94 títulos e 219 volumes, encontram-se manuais destinados à prática católica, à afirmação das crenças, aos mistérios da Igreja, além de tratados de conduta e moral e obras de santos, todas de frei Jerônimo de São Benedito e de São Francisco. Curioso observar que nessas duas seções a maior parte dos livros se apresenta em grandes formatos, in-fólio e in-4º. Em meio a tantas obras do gênero, os franciscanos não pareciam afeitos à conservação dos velhos missais para uso dos devotos, como os "livrinhos de santa Bárbara", identificados pelo monsenhor Castanho de Almeida nas cidades interioranas (Almeida, 1992, p.47).

Também em maior número do que na biblioteca prelatícia são as obras de Direito Canônico. Ali estão representados doutores portugueses, como frei Luiz de Miranda, "todas as obras" de Antonio Diana, as *Instituições de Direito Eclesiástico*, de Carlos Sebastião Berardo, três jogos do *Enchiridio judicial da Ordem dos Menores*, por frei Manuel da Conceição; constituições dos bispados de Funchal, Lisboa, Elvas, Coimbra, Porto e Évora; além de muitos tratados, bulas, regras etc., obras provavelmente herdadas do bispo de Funchal, que se referiam mais às questões particulares da Igreja, sobretudo as das instituições portuguesas, do que aos debates tão acalorados naqueles tempos em torno da fé e da razão.

Vultosas são as coleções de dicionários e de bibliotecas portáteis de que dispunham ambos os acervos. Do inventário conventual sublinhamos a edição de uma *História Universal*, por uma Sociedade de Literatos; o *Diccionario universal*, por uma Sociedade de Sábios (13 volumes, in-8º); a *Enciclopédia metódica etc.*, por uma Sociedade de Literatos (190 volumes, in-fólio), à qual já nos referimos; a *Bibliotheca do homem público*, de Condorcet (obra truncada, 12 volumes, in-8º), entre várias outras edições do gênero.

A coleção histórica dos franciscanos em muitos aspectos contrasta com a do bispo. Nesta, as obras religiosas são em maior número, assim como o são os livros sobre a história de Portugal. Da França, há a interessante coleção de um panfletário da Revolução, intitulada *História das revoluções de Paris*, por Prudhome (17 volumes, in-8º), e o *Testamento político*, de Colbert (um volume, in-8º). Chamamos a atenção para as obras de Mably, *Direito público da Europa* e *A legislação, ou princípios das leis*; um exemplar de *As reflexões sobre os Estados Unidos e a França*, por Harper (brochura, um volume, in-8º). Eram esses, enfim, os poucos e significativos livros que ajustavam a livraria conventual ao meridiano francês.

Há de se notar que a coleção do bispo fazia frente às grandes livrarias de seu tempo. Para se ter uma ideia da dimensão desse acervo, comparemo-lo com outros, de contemporâneos seus. Estimou-se em 83 volumes a biblioteca de Gonzaga, em 84 a do tenente-coronel Francisco de Paula, em 60 a de Resende da Costa e em pouco mais de 400 a de Cláudio Manuel da Costa. Dentre os inconfidentes, o acervo mais significativo, em termos numéricos e no seu conteúdo, foi o do cônego Luís Vieira da Silva, que perfazia mais ou menos 600 volumes.[18] E, já que estamos compararando o tamanho das bibliotecas que remontam ao último quartel do Setecentos, observemos que as coleções de Mirabeau e de Montesquieu perfaziam 2.852 e 3.241 volumes, respectivamente (Yamazaki, 1997, p.35). Muito diferente da biblioteca de outro erudito europeu, a de Immanuel Kant, que chamou a atenção dos estudiosos por seus tímidos 400 volumes.[19] Em que pesem as idiossincrasias do pensador alemão, há de se levar em conta que os ilustrados franceses tinham a seu favor um mercado editorial em condições de desenvolvimento muito mais favoráveis do que as do alemão.[20]

É muito provável que dom Mateus tenha sido um desses consumidores inveterados de livros d'além-mar. Era homem de "méritos literários", que realizara diversas viagens pela Europa, como escreve o viajante Gustavo Beyer.[21] Do ambiente intelectual coimbrão certamente herdou o interesse pela literatura francesa. Dos autores modernos: Malebranche (1638-1715), *Indagações da verdade* (quatro volumes, in-4º); Racine (1639-1699), *Poema*

18 Para uma análise das bibliotecas mineiras no final do Setecentos, ver Villalta, 1999.

19 "Era aquele quarto onde mantinha sua pequena coleção de livros, algo em torno de quatrocentos e cinquenta volumes, principalmente exemplares que lhe haviam sido dedicados pelos autores. Pode parecer estranho que Kant, que lia tanto, não tivesse uma biblioteca maior; mas para ele uma biblioteca não era tão necessária quanto para a maioria dos estudiosos, visto que na juventude fora bibliotecário da Biblioteca Real de Castelo; e desde então, graças à generosidade de Hartknoch, seu editor [...] tivera condições de ler todos os livros novos à medida que iam sendo publicados" (Quincey, 1989, p.45-4).

20 Sobre o desenvolvimento do mercado livreiro alemão, ver Barbier, 1995.

21 Assim escreve sobre a população de São Paulo: "a população da cidade e seus subúrbios é calculada em mais ou menos 15.000 pessoas, incluindo o clero e militares. Os primeiros são de princípios liberais e o bispo, seu chefe, *é um homem de méritos que fez várias viagens à Europa e muito tem contribuído para a tolerância e o esclarecimento que se notam nesta capitania*" (Beyer, 1992, p.32, grifos nossos).

religioso; La Bruyère (1645-1696), *Os caracteres de Theophrasto*; e Molière (1622-1673), *Obras* (dois volumes, in-8º).[22] E também La Rochefoulcauld (1613-1680). A propósito da ascendência deste autor sobre a juventude acadêmica de Coimbra, conta Carlos Rizzini que "Mariano da Fonseca, futuro marquês de Maricá, envolvido no processo dos jacobinos fluminenses" e que no início do século contava seus vinte anos, trouxe de Coimbra – "na bagagem e por força" – livros proibidos. "Nos seus 97 volumes, uma [obra] havia destinado a influir-lhe poderosamente na maturidade: as *Máximas* de La Rochefoucauld" (Rizzini, 1988, p.267).

Do Século das Luzes a livraria reuniu – com algumas faltas, sendo as obras de Diderot (1713-1784) e de Rousseau (1712-1778) as mais marcantes – toda a plêiade que habitou as livrarias e a mente daquela geração que viveu nos estertores do Antigo Regime. É o que se observa nos autos de sequestro dos livros de insurretos, não só de Minas, mas de outras partes do Brasil. Na biblioteca de dom Mateus figuram obras dos seguintes autores: D'Alembert,[23] Condillac,[24] Mably,[25] Montesquieu,[26] Lesage[27] e Voltaire.[28] Deste último, destacamos uma edição do *Teatro* (dois volumes, in-8º), as *Mémoires de Candide*, "sobre a liberdade de imprensa", como aparece ano-

22 Ao que se somam outros autores em voga na época da Independência: de Milton, *O paraíso perdido* e *A Christiada*, "para servir de continuação do *Paraíso Perdido*"; de Fénelon, *Educação das moças* [e não as *Aventuras de Telêmaco*]; de La Fontaine, *Fábulas*; de Crébillon, *Obras*. Observa Márcia Abreu que os pedidos de livros, por mais diversificados que fossem, apresentavam amiúde essa mesma plêiade de autores. Muitas edições se apresentavam em traduções portuguesas, a exemplo de Fénelon, Milton e Voltaire. Ver as listas dos dez mais pedidos em diferentes períodos e por meio de fontes diversas que a autora apresenta (Abreu, 2003).

23 D'Alembert, *Indagações sobre os diferentes pontos importantes do systema mundo*, três volumes, in-8º. No lugar das obras filosóficas, dominantes no acervo franciscano, o bispo parece dar preferência às obras de Física (em particular de Astronomia) e Botânica.

24 Condillac, *Obras*, 23 volumes, in-8º.

25 De Mably, *Os direitos do cidadão*, um volume, in-8º. Este exemplar foi confiscado na biblioteca do marquês de Maricá, juntamente com um exemplar da *Histoire philosophique et politique des établissements e du commerce des européens et des deus Indes*, de Raynal, e *Émile*, de Rousseau (Moraes, 1979, p.32).

26 De Montesquieu, *O espírito das leis*, quatro volumes, in-8º.

27 *Le diable boiteux*, de Le Sage, constava na lista de obras proibidas pelo Desembargo do Paço, mas foi publicado no Rio de Janeiro em 1810 (Moraes, 1979, p.57)

28 Ao lado dessas obras, encontramos, na seção de Direito Civil, *Sciencia e legislação*, por Filangieri, *Interesses das nações da Europa*, autor desconhecido, e *Indagações sobre os Estados Unidos*, por um cidadão da Virgínia (três volumes, in-8º).

tado (um volume, in-4º), e um exemplar da *Henríada*, não sabemos se uma edição vertida para o português (um volume, in-4º).

Em matéria religiosa a coleção do prelado corresponde a apenas 29,5% do acervo. Boa parte da coleção é composta por edições importantes dos textos sagrados. Não causa perplexidade, portanto, o fato de um inventário – por mais incompleto que se nos afigure – apresentar informações sobre o formato dos volumes, além de seus respectivos organizadores, tradutores ou comentadores, tal a importância dessas edições na tradição cristã.

Dentre os 88 títulos compulsados na seção de História Universal e Particular, pouco mais de um quarto representa os de história eclesiástica. As obras não religiosas formam um conjunto maior e mais heterogêneo, que transita dos estudos antigos às questões prementes do tempo.

O interesse pelas "cousas" do Brasil parece ter se restringido a temáticas contemporâneas, como um *Manifesto do procedimento da corte do Brazil a respeito do governo das prov.as unidas do rio da Prata* (brochura, um volume, in-8º).[29] Nem mesmo a obra de Alphonse Beauchamps, publicada em Paris em 1815, que "teve sucesso entre portugueses e brasileiros", embora não passasse de "um mau plágio do primeiro volume do inglês [Robert Southey]".[30] O conhecimento do mundo, de suas gentes e de seus costumes, antes verificado por meio dos manuais geográficos, revela-se agora na profusão de histórias particulares de países. Além de variegada coleção sobre Portugal e Espanha, há ainda estudos sobre a Dinamarca, Irlanda, Paraguai, Rússia, Holanda e América.

Dois únicos títulos afinavam a livraria prelatícia com a história francesa: *O estado da França no fim do anno 8º* (um volume, in-4º) e uma *História de Bonaparte* (quatro volumes, in-8º), ambos de autoria não identificada. No mais, era por meio da literatura e de seus pensadores que a França se fazia representar na biblioteca. Por outro lado, a história inglesa ocupava lugar

29 Por se situarem no Novo Mundo e por sofrerem forte atração pela Europa, mas também por outros domínios onde portugueses e espanhóis constituíram uma civilização nos séculos XVI e XVII, os ilustrados brasileiros tiveram como traço característico o amplo interesse por povos e culturas distintas, conforme pode ser observado na livraria do cônego Luís Vieira.

30 "É digno de nota o fato que a *History of Brazil* de Robert Southey, impressa em três volumes entre 1810 e 1819, só ter sido traduzida (e pessimamente, com cortes injustificáveis) em 1862 [...] É verdade que a *História* de Southey contém mais de 950 páginas *in*-4º. Acresce que os portugueses e os brasileiros daquele tempo liam com facilidade o francês, mas poucos liam o inglês" (Moraes, 1979, p.117-8).

de prestígio: uma *Hist. de Inglaterra*, traduzida do original, de J. Barrow; um exemplar da *Histor. de Inglaterra*, por Hume; outro da *Histor. das revoluções de Inglaterra*, pelo Padre d'Orleans; a *Historia do Parlamento de Inglaterra*, pelo Abade Raynal; os *Elem.tos de hist. de Inglaterra*, pelo Abade Millot; as *Riquezas de Inglaterra*, de autoria não identificada; e a *Histor. do poder naval de Inglaterra*, pelo Barão de Sta. Cruz.[31] Sobre a América, assunto que levara à perdição o cônego Luís Vieira,[32] uma *Defeza das indagações Filos. sobre os Americanos*, pr. M. de P. e *Memória sobre a América*, pr. Ulloa.

O levantamento é parcial, e não poderia ser diferente. São muitos os caminhos que aproximam essas duas livrarias que, por fim, fundem-se em uma só instituição.[33] A leitura do inventário de livros nos torna sensíveis às escolhas, interesses, paixões e refutações daqueles que organizaram e conservaram as primeiras coleções que deram origem ao acervo público. Essas livrarias, cujo escrutínio privilegiou as grandes linhas de pensamento que marcaram o século XVIII, deixando traços na produção intelectual das gerações vindouras, são produtos de estados d´alma. Mas não são igualmente produtos sociais, de conhecimentos partilhados em conjunturas determinadas?[34]

Prova disso são as inúmeras possibilidades de comparação desses acervos com outros, de tempos e espaços distintos. Afinal, o que poderia aproximar o bispo diocesano de São Paulo ao cônego inconfidente das Minas? Estamos persuadidos de que somente os livros e, com eles, suas ideias são capazes de aproximar personagens e mundos fisicamente tão distantes.

---

31 "Constam no Catálogo de livros defesos neste Reino, desde o dia da criação da Real Mesa Censória athé ao prezente. para servir no expediente da Caza de Revisão (1768-1814), os seguintes autores: Gibbon, Robertson e Raynal. Além destes, pensadores como Hume, Beccaria, Filangieri, Biefeld, Bentham, Hobbes, Helvetius, Locke, Thomas Paine (cuja obra Os direitos do cidadão aparece em tradução francesa, assim como vários outros títulos)" (Moraes, 1979, p.56-7).

32 Assim escreve Eduardo Frieiro: "o próprio cônego não ocultou que lera a história do levantamento da América Inglesa (e não fora o único a lê-la), nem negou que a ela houvesse feito referências, o que bem se compreendia, disse ele, em pessoas aplicadas ao estudo da história. Foi essa, entretanto, uma das causas de suas perdição" (Frieiro, 1981, p.39-40).

33 A partir de 1828, com a abertura do curso jurídico, a Biblioteca passou a ser administrada por essa instituição.

34 "Os livros das bibliotecas antigas falam da grande aventura social das ideias" (Roche, 1988, p.63).

Tabela 24.1 – Quadro demonstrativo do inventário da Biblioteca Pública da cidade de São Paulo (1826)

Domínios temáticas	Bispo d. Mateus de Abreu Pereira											Convento de S. Francisco										
	Títulos					Volumes						Títulos					Volumes					
	Fólio	4º	8º	12º	Total	Fólio	4º	8º	12º	Total	Faltam	Fólio	4º	8º	12º	Total	Fólio	4º	8º	12º	Total	Faltam
Escrip. Sagrada, e ST.os padres	2	4	7	2	15	12	6	42	9	69	1	39	4	12	0	55	126	12	65	0	203	3
Liturgia	3	2	7	0	12	7	4	28	0	39	0	7	13	5	1	26	9	25	8	1	43	2
Theologia N.al, Dogmática e Moral	6	5	47	0	58	10	48	194	0	252	0	71	25	27	10	133	159	82	93	13	347	14
Direito Canonico	0	9	11	0	20	0	34	27	0	61	0	85	39	29	2	155	204	76	59	3	342	0
Direito N.al e Civil	1	8	16	0	25	5	19	50	0	74	0	51	19	20	4	94	122	49	41	7	219	1
Theologia Mystica	0	0	2	1	3	0	0	13	1	14	0	31	52	10	3	96	53	69	12	4	138	2
Sermoarios	0	0	12	0	12	0	0	65	0	65	10	40	101	30	3	174	87	269	154	3	513	23
Filosofia, Mathemat., História n.al e Fisica	0	6	53	0	59	0	9	181	0	190	16	18	14	23	0	55	35	48	82	0	165	7
Rhetorica e Poetica	0	0	6	0	6	0	0	9	0	9	0	0	6	5	1	12	0	8	5	2	15	0
Geografia	2	2	6	0	10	2	2	22	0	26	1	2	1	2	0	5	2	1	14	0	17	0
Diccionarios, e Art. das Ling.	2	0	4	0	6	3	0	4	0	7	0	8	3	0	0	11	30	3	0	0	33	0
Hist. U.al e particular	2	12	73	1	88	13	113	401	1	528	2	97	42	41	3	183	206	139	363	15	723	8
Miscellania	1	8	73	11	93	1	18	221	39	279	5	13	22	59	12	106	215	56	149	18	438	3
TOTAL	19	56	317	15	407	53	253	1.257	50	1.613		462	341	263	39	1.105	1.248	837	1.045	66	3.196	

Fonte: Elaborado a partir do inventário publicado por Myrian Ellis, "Documentos sobre a primeira biblioteca oficial de São Paulo", *Revista de História*, São Paulo, n.30, 1957, p.408-47.

Em busca das comunidades de leitores: um longo recomeço

A cartografia das instituições de leitura nos deu a conhecer um universo muito particular de livros e de leitores que habitavam o burgo de dantes. Nos desvãos das livrarias religiosas, jovens herdeiros da elite local, aspirantes aos cursos superiores europeus, serviram-se de uma vasta fortuna bibliográfica. Conformando outra comunidade de leitores que frequentavam os mesmos espaços, seminaristas e clérigos gozaram do privilégio de uma vida espiritual e intelectual provida abundantemente por livros, em meio ao deserto cultural que os rodeava. Nesse caso, vale frisar que as fronteiras socioeconômicas não eram tão rígidas, pois ingressavam na vida religiosa – particularmente, nas ordens regulares – representantes de diferentes camadas sociais.

No entanto, se essa cartografia nos permite certa intimidade com as comunidades de leitores inseridos em instituições tradicionais da urbe, como devemos proceder em relação aos espaços residuais, o que equivale dizer com o restante da população?

A busca por comunidades de leitores por meio do estudo de inventários *post-mortem* tem se afirmado como um importante caminho de pesquisa. Os resultados se expressam em termos qualitativos, como pudemos observar no estudo das bibliotecas eclesiásticas, ou em termos quantitativos, para os quais interessa uma visão de conjunto dos livros dispersos na cidade. O contato com essa documentação nos permitiu observar que uma fina camada de ricos proprietários não usava ostentar objetos de luxo e não parecia dotada de grandes talentos intelectuais, pelo menos no que concerne à presença de livros entre os bens inventariados. Por outro lado, as camadas médias da sociedade, em geral voltadas para o setor terciário, portanto envoltas em um ambiente urbano, estas, sim, legaram bens culturais, em especial livros.[35]

Essa frágil relação entre livros e fortunas, pelo menos como ela se expressa na sociedade paulistana do início do século XIX, confirmou-se em

35 Com base no levantamento realizado por Maria Lucília de Araújo Viveiros, identificou-se a presença de livros em 40 dos 146 inventários compulsados pela pesquisadora (ou seja, em 27,3% deles) para o período de 1800-1850 (Viveiros, 2003). Para uma apreciação mais detalhada da pesquisa, ver Deaecto, 2006.

outro estudo e por outras vias. Uma leitura cuidadosa do auto de devassa da Bernarda de Francisco Inácio[36] fez transparecer quão incipiente era o nível cultural dos implicados nela, na maior parte "grandes proprietários", "agentes sociais pertencentes à elite intelectual". Quando não eram completamente "analfabetos", segundo conclusão de Arnaldo D. Contier, suas ideias se esboçavam nos documentos "através de uma redação imprecisa, repleta de erros gramaticais e ortográficos, denunciando o semianalfabetismo da elite intelectual que manejava o poder político local".[37] Um fato agravante era que o reconhecimento das facções que disputavam o poder provincial naquela circunstância e de suas bandeiras ideológicas se davam menos por mecanismos racionais de discernimento dos jogos da política (a leitura de jornais, por exemplo) do que pela prática cotidiana do "ouvir dizer". Afinal, não havia tipografias na cidade, tampouco no interior da província, e as notícias eram passadas de boca em boca.

Outros caminhos de investigação ainda estão em aberto, por exemplo, a exploração dos circuitos comerciais, de um comércio de ocasião, é verdade, mas que certamente contribuiu para aproximar a população planaltina dos livros. Como tentamos demonstrar nestas breves linhas, o terreno é fértil e pouco explorado. Por longo período dominou sobre a paisagem paulistana, sobretudo no período do qual nos ocupamos, a imagem de um imenso deserto intelectual. Como se oásis não houvesse para permitir a expansão dos espíritos...

À guisa de conclusão, podemos afirmar que, se a posse de livros aproxima os homens, faz cruzar seus destinos, maiores são os abismos entre aqueles que não leem, que vivem imersos no mundo do "ouvir dizer" e as comunidades de leitores reconhecidas. Essas dissensões se tornariam mais evidentes a partir de 1827, quando dois eventos mudariam a paisagem intelectual do burgo: o aparecimento de *O Farol Paulistano*, primeiro libelo impresso a propagar por estas partes as ideias liberais e a sanção da lei que regulamenta a abertura dos cursos de Ciências Sociais e Jurídicas em São Paulo (e em Olinda).

---

36 Devassa sobre a Bernarda de 23 de maio de 1822, *Revista do Instituto Histórico e Geográfico de São Paulo*, 1906, v.X, p.393-480.

37 Tais conclusões foram reforçadas por meio da análise dos mapas eleitorais da cidade, no período de 1822 a 1842. (Contier, 1979, p.238-9).

A partir de então, uma nova comunidade, formada basicamente por lentes[38] e estudantes se instalaria no flanco da cidade, em espaço antes consagrado aos velhos habitantes (Candido, 2000, p.150). Um novo saber e novas referências distanciariam ainda mais a velha São Paulo daquela que estava por vir. Essas mudanças se evidenciariam a médio e longo prazo pelo fomento da imprensa periódica, na forma de jornais e revistas acadêmicas, da produção de livros, do aparecimento de sociedades e grêmios literários e, mais adiante, de associações de leitura, gabinetes, livrarias... Paremos por aqui, pois isso é assunto para outra ocasião.

38 A distinção se reforça pela própria origem etimológica da palavra utilizada para designar a classe de professores: "lente", do latim *legens, entis*, "o que lê" (*Dicionário Houaiss da Língua Portuguesa*).

25
O que se lia na velha Porto Alegre: do romance da vida para a vida levada como um romance

Sandra Jatahy Pesavento

Porto Alegre crescera no final do século XIX, mas não era exatamente o que se poderia chamar de uma grande cidade, com pouco mais de 74 mil habitantes em 1900. Possuía porto movimentado, animado comércio, várias fábricas, uma elegante artéria central – a rua da Praia –, um ar cosmopolita, dado por levas de imigrantes alemães, italianos e eslavos, rede de bondes, escolas, faculdades, teatro, clubes, velódromo, vários ateliês fotográficos, hipódromos, cafés, confeitarias e um cinematógrafo a partir de 1896. E, a atestar seu crescimento, bordéis e tavernas, espalhados pelos sinistros becos, eram palco de crimes tenebrosos... Apresentava ainda o que se poderia chamar de uma vida cultural, animada por uma intensa circulação de livros, que as livrarias importavam do estrangeiro e do Rio, além de contar com uma série de jornais, em cujas páginas toda uma geração estreava na publicação de crônicas e folhetins, esperando o momento sonhado de publicar seu próprio livro.

Mas o peso do mundo rural se impunha à sensibilidade dos intelectuais, na herança deixada pelo Partenon Literário, que vicejara na década de 1870. Celebrava-se, em prosa e verso, a mítica figura do gaúcho – "centauro dos pampas", "monarca das coxilhas" – e a célebre Revolução Farroupilha. Tais visões trabalhavam com uma homogeneização de valores – todos os rio-grandenses eram herdeiros das "gloriosas tradições de 35" – e com um congelamento do tempo, como se o passado se impusesse, explicando o presente e determinando o futuro. Frente a essa carga de mitificação do rural e de celebração nostálgica do passado, ergueu-se uma *jeunesse dorée*, uma "boêmia literária", atuante na transição do século XIX para o XX e que, em vagas ou subgerações, foi alimentando o que Vivaldo Coaracy chamou de "literatura provinciana", não no sentido pejorativo, mas para indicar o caráter local e a "repercussão limitada destas manifestações do espírito" (Coaracy, 1962, p.52).

A *jeunesse dorée* do sul

Tratava-se de uma verdadeira vida literária na capital rio-grandense do *fin de siècle*, ou, se quisermos estender um pouco mais o período, de uma suposta *belle époque* sulina? Sim, se formos pensar nas preocupações intelectuais que moviam os letrados e no consumo de livros que se fazia na cidade, embora esses letrados tenham produzido apenas esparsos romances, algumas poesias e um número mais significativo de crônicas, o que demonstra as limitações do mercado editorial de então.

Mas era possível viver um *fin de siècle* em Porto Alegre, sentir-se na *belle époque* lá naquele extremo sul do Brasil? A situação era, a rigor, delicada: a *jeunesse dorée* tinha a alma em Paris, os olhos em Buenos Aires e no Rio de Janeiro, mas os pés à beira do Guaíba!

Parte desses personagens, tendo ou não curso superior e saindo ou não da acanhada Porto Alegre rumo ao Rio, teve sensibilidade suficiente para expressar as mutações da cidade que tinha diante de seus olhos e vivenciou, a seu modo, o fim do século, com certa consciência de que eles eram arautos de tempos novos.

Uma primeira leva desses "moços de talento", nascida entre 1860 e 1880, foi chamada por vezes de "Geração *Correio do Povo*", pois encontrou publicação para suas obras nas páginas desse jornal. Otávio Dornelles, Souza Lobo, Marcelo Gama, Pedro Velho, Zeferino Brasil, Mário Totta e Paulino de Azurenha compunham essa primeira "boêmia literária". A esse grupo se seguiu uma nova vaga de boêmios, nascida nas duas últimas décadas do século XIX e tocada em maior ou menor grau pelo simbolismo: José Picorelli, Alceu Wamosy, Alcides Maya e também o chamado "Grupo dos sete", formado por Felipe de Oliveira, Álvaro Moreyra, Eduardo Guimarães, Homero Prates, Carlos Azevedo, Antônio Barreto e Francisco Barreto. Seguindo essa linha de subgerações, o início do século viu explodir um novo grupo, influenciado pelo modernismo na década de 1920: Augusto Meyer, Ernani Fornari, Raul Bopp, Athos Damasceno Ferreira.

Essa elite letrada era integrada, grosso modo, por elementos que compunham as ditas "camadas médias urbanas". Eram, sobretudo, assalariados, na maior parte funcionários públicos que acumulavam tarefas propriamente jornalísticas ou literárias. Sua maior ou menor disponibilidade financeira familiar – ou sua maior ambição de conhecer o "mundo", talvez – era o que os fazia chegar até o Rio ou a Europa.

Mas o que significava a chegada à capital federal para os letrados gaúchos? Não só ver e sentir o "clima" da "capital literária" do Brasil, mas provavelmente obter o reconhecimento externo e colher as oportunidades que a metrópole nacional oferecia aos jovens talentos. No Rio, os gaúchos tinham sua sede na Sociedade Rio-Grandense do Sul, na avenida Rio Branco e alguns dentre eles chegaram a tomar assento na Academia Brasileira de Letras, como Augusto Meyer, Alcides Maya e Álvaro Moreyra. Os afortunados "gaúchos do Rio" publicavam nas prestigiadas revistas cariocas *Fon-Fon* e *O Malho* ou nos jornais *A Imprensa, O País* e *Gazeta de Notícias.*

Para alguns, era possível sonhar mais alto. Em 1913, uma caravana constituída por Felipe de Oliveira, Álvaro Moreyra, Rodrigo Otávio Filho e Araújo Jorge desembarcou em Paris, na Gare Saint Lazare. Álvaro Moreyra foi definido como representante de um "parisianismo agudo", pois "depois de hospedar-se num hotel, resolve transferir-se para Montmartre, 'por literatura'. Mais tarde, numa entrevista, dirá que, se não fosse a guerra, tornar-se-ia poeta francês, pois, ficando em Paris, como pretendia, deixaria de escrever em nosso idioma" (Broca, 1958, p.94).

Mas quem não podia ir ao Velho Mundo ou ao Rio para respirar o ar cultural da civilização tinha de contentar-se com a vida na capital sulina e seus espaços de encontro: os jornais, os cafés, as praças e as livrarias, sem esquecer o *bas-fond*.

A capital gaúcha tinha vários jornais circulando, cujas sede e salas de redação eram ponto de encontro da intelectualidade. Dentre eles destacam-se o *Jornal do Comércio, A Gazetinha, O Independente, Correio do Povo, Jornal da Manhã, A Federação, O Exemplo, A Manhã, Gazeta do Comércio, O Debate, Gazeta da Tarde, Folha Nova, A República, O Dia, O Sul, Diário Mercantil,* os humorísticos *Petit Journal, O Maneca, O Pau Bate* e *A Farpa*, o licencioso *O Badalo* e os pasquins *A Comédia Social* e *A Tribuna*. O primeiro a cumprir o papel de agregar os interessados nas belas-letras foi o *Jornal do Comércio*. No início da década de 1890 contava entre seus colaboradores e redatores Caldas Júnior, Zeferino Brasil, Múcio Teixeira, Alberto Rangel, Aníbal

Teófilo, Octávio Dornelles, Augusto de Sá, João Moreira da Silva, Damasceno Vieira, Paulino de Azurenha, Mário Totta, Souza Lobo. Em 1897, começou a ter em sua primeira página uma seção literária – "Lótus azul", nome tirado da coleção francesa *Lotus bleu* – com contribuição da "prata da casa".

Mas os letrados mudariam para as salas do *Correio do Povo*, fundado por Caldas Jr. em 1895, que suplantou o *Jornal do Comércio* e passou a atrair os jovens poetas e escritores. Foi criada em 1899 a seção "Poetas do sul", com as produções e os dados biográficos dos "novos", com a justificativa de que Rio Grande viveria "quase ignorado nos domínios da literatura nacional" (apud Gonzaga, 1944, p.44), apesar de contar com nomes de talento.

No início do século, o *Correio do Povo* já agregava nomes significativos: Paulino de Azurenha, Mário Totta, Sebastião Leão, Zeferino Brasil, Pedro Velho, Marcelo Gama, Eduardo Guimarães e tantos outros. Com a aquisição renovada de novas impressoras, foi aumentando o número de páginas e a tiragem: em 1907, produzia de 4 mil a 5 mil exemplares por hora e, em 1910, 12 mil. Alcides Gonzaga considera que a tiragem do *Correio do Povo* o fazia o maior jornal do sul, igualando ou mesmo superando os mais importantes jornais do Rio e São Paulo (Gonzaga, 1944, p.167).

De igual importância foi *O Independente*, fundado em 1900 por Otaviano de Oliveira. Vivaldo Coaracy afirma que esse jornal supria, no sul, a ausência de revistas de literatura, sendo muito procurado pelos escritores incipientes (Coaracy, 1962, p.33).

Apesar dessa alusão à carência de revistas literárias, havia o *Almanack Litterário e Estatístico da Província do Rio Grande do Sul*, que era editado na tipografia da Livraria Americana e publicava autores da cidade, do interior do Estado, do Brasil, da América Latina e da Europa. O *Almanaque da Globo*, editado pela Livraria da Globo, também publicava autores locais, nacionais e estrangeiros. No caso específico de romances de autores locais, as opções eram as edições das livrarias Americana e Globo, ou então buscar publicação no centro do país, o que era difícil, mas não impossível...

Dos jornais, passemos aos cafés. Estes eram reduto chique da sociabilidade masculina, como o Café América, "onde se reúnem advogados, médicos, comerciantes, poetas literatos, noticiaristas, boêmios inteligentes e extravagantes e do melhor que possui o nosso meio social".[1] O América, si-

1 *O Independente*, Porto Alegre, 6 out. 1895.

tuado na rua da Praia, junto à praça da Alfândega, era o mais bem frequentado em termos de boêmia literária, mas havia muitos outros na cidade, como o Ferrocarril e o Guarani. O café moderno era um ponto de reunião de intelectuais, jornalistas, artistas e políticos, dizia Achylles Porto Alegre.

> Aí, entre uma fumaça e um gole de café, se combinam os mais arrojados planos literários, artísticos e administrativos. Aí se concebem num relance, diante da chávena ou do cálice inspirador, o poema, o romance, o artigo de fundo, a crônica, o quadro, a eleição do presidente da República ou a organização de um Ministério. (Porto Alegre, 1920, p.21)

Além dos cafés, havia as praças. Na praça da Caridade, em frente à Santa Casa de Misericórdia, se encontravam os simbolistas de Porto Alegre: Zeferino Brasil, Eduardo Guimarães, Marcelo Gama, Felipe de Oliveira, Homero Prates e Álvaro Moreyra. Sobre esse lugar e sua importância para o chamado Grupo dos Sete, Álvaro Moreyra diria em suas memórias:

> Todas as noites, uns rapazes se juntavam por fim na Praça da Caridade, em frente da Santa Casa, e ali se despediam, conversando, declamando, discutindo, pondo no ar irreverência e fanatismos. Todas as noites e todas as estações. Naquele tempo, as estações marcavam principalmente sentimentos literários, apesar do frio de julho e do calor de janeiro. Sete rapazes. [...] Cada um com o seu jeito. Nenhum influía em nenhum. (Moreyra, 1989, p.41)

A praça da Harmonia, dos poetas, namorados e suicidas, se situava no lugar onde antes fora a forca e, tal como a francesa Place de la Concorde, recebera depois um nome apaziguador. Era um espaço de encontro privilegiado: "Jardim dos poetas e dos namorados, dos seresteiros e dos solitários, à sombra de suas árvores se cantaram os mais lindos poemas da cidade [...]; pelas suas alamedas, altas horas da noite, passaram os boêmios e os vagabundos" (Ferreira, 1940, p.31).

Alguns desses literatos (ou talvez muitos) eram boêmios que frequentavam tavernas e bordéis e se embebedavam. No dizer de Alcides Gonzaga, o álcool não era caro. "Um ou dois martelos de puríssima caninha, os de 'lambe-sola' ingeridos no botequim de Damiani e Marchetti [...] bastavam [...] Quem não ingerisse qualquer bebida alcoólica, ou não aspirasse um lenço ensopado em éter ou uma 'prise', não seria o preferido das musas" (Gonzaga, 1944, p.82). Relembrando a vida da juventude literária do início do século, Damasceno Ferreira dizia que eles "agitaram bares e restaurantes de memoráveis noites boêmias" (Ferreira, 1940, p.127), e Vivaldo Coaracy afirmava: "Moços todos, nem é preciso dizer. Muitos ainda cursando escolas superiores. Vida mais ou menos boêmia. Embriaguez de intelectualismo"(Coaracy, 1962, p.60). Já Armando Silveira rememorava que sua geração, no início do século, tinha "sede literária" e que o consumo do álcool em excesso, configurando a bebedeira crônica, era uma espécie de estado de espírito que assinalava a vida intelectual e mobilizava a inspiração: "o entusiasmo está no fundo das taças" (Silveira, 1940, p.16).

As livrarias – a Americana, a Universal, a Livraria do Centro e, mais tarde, a do Globo – eram um importante espaço para a elite cultural da cidade. Jornais, revistas e almanaques da época nos fornecem as listas dos livros recebidos e vendidos. Relembrando a década de 1870, Achylles Porto Alegre situava Alexandre Dumas, Eugene Sue e Ponson du Terrail como leitura dos chefes de família daquele tempo (Porto Alegre, 1922, p.70). Mas, para acompanhar o consumo dos porto-alegrenses, os catálogos dos livros da Livraria Americana são bastante elucidativos.

Na edição de 1890, o *Anuário Literário e Estatístico da Província do Rio Grande do Sul* traz informações sobre livros recomendados pela crítica e postos à venda na Livraria Americana: *O imortal*, de Alphonse Daudet; *A dama das camélias*, de Alexandre Dumas Filho; *O conde de Camors*, de Octávio Feuillet (Almanack, 1890). O estoque da Livraria Americana era também divulgado pelos jornais, mencionando obras de Gabriel D'Annunzio, Edmond e Jules de Goncourt, Gustave Flaubert, Victor Hugo, Anatole France, Théophile Gautier, Dumas, Bourget, Diderot, Prévost, Lamartine, Pierre Loti, Alphonse Daudet, Paul Bourget, Guy de Maupassant, Émile Zola, Alexandre Dumas Filho, Escrich, Dostoievski, G. Ottnet, Jean Lorrain, Marcel Prévost, Charles Nodier, Chateaubriand, Honoré de Balzac, Charles Baudelaire, Feuillet. Mas a preferência dos leitores era, notadamente, francesa.

As listas ou catálogos da Livraria do Centro e da Livraria Universal eram semelhantes e mesmo os almanaques seguiam a mesma tendência. Em 28 de outubro de 1896, por exemplo, ao divulgar o anúncio de venda de folhinhas e almanaques para o ano de 1897, a livraria Universal dizia contar com os almanaques *Les Parisiennnes, Lunatique, Astrologique, Parisien, Des*

Cocottes, Charivari, Amusant, Pour Rire, Comique, Prophétique, Guillaume, Voleur Illustré etc.[2] Mesmo livros para uma fatia muito específica do público – a chamada "Biblioteca Militar" – apresentavam grande quantidade de exemplares em francês e jornais especializados, como *La Mode Nationale* ou *La Mode Elégante*, eram oferecidos aos leitores.

Dentre os autores nacionais, Alencar, Machado, Bilac e Coelho Netto despontavam entre os mais divulgados. A literatura portuguesa comparecia com Eça de Queiroz, Guerra Junqueira, Antero de Quental, Ramalho Ortigão, Camilo Castelo Branco e Almeida Garret, e a russa, com Dostoievski, Gorki, Tourgueneff e Tolstoi. Oscar Wilde, D'Annunzio, Dickens, Goethe, Nietzsche e Shakespeare completavam esse variado repertório de celebridades literárias internacionais.[3]

No século XX, livrarias como as de Gaston Hasslocher Mazeron e Rodolpho José Machado desapareceram, mas outras se criaram ou, no caso das já existentes, se confirmaram como pontos de reunião dos letrados ao longo da rua da Praia: a Livraria do Globo, a Echenique, a tradicional Americana, a do Comércio (Porto Alegre, 1953, p.36-7). Mas, até o inicio da década de 1920, a mais importante de todas era mesmo a Livraria Americana, a mais antiga do Estado, fundada em 1875. Situada na esquina da rua dos Andradas com a rua General Câmara, era "o ponto de palestra de tudo quanto mais ilustre havia na política, na literatura, magistratura, na advocacia, no magistério e nas artes" (Porto Alegre, 1922, p.93).

Era lá que se podia encontrar, exposto na vitrine, sempre o último número do *Almanack Litterário e Estatístico da Província do Rio Grande do Sul*, organizado por Alfredo Ferreira Rodrigues, que, na ausência de um periódico dedicado exclusivamente à literatura, acolhia as produções locais, de prosa e verso (Porto Alegre, 1940, p.180-1).

Atribuímos a essa *jeunesse dorée* a condição de expressar uma "amargura provinciana". Falar mal da cidade, queixar-se da pequenez do ambiente, denunciar a incompreensão do meio diante das manifestações culturais mais avançadas, criticar o abismo existente entre Porto Alegre e o resto do mundo... Eis um traço recorrente de uma "tendência literária" no Rio Grande do Sul que parecia fazer do pensamento de Lord Beaconsfield sua

2 *Correio do Povo*, Porto Alegre, 1896.
3 *Catálogos da Livraria Americana*, 1917.

divisa: *O mundo é Paris e Londres, o resto é paisagem.* Azar mesmo era ter nascido e viver do lado da paisagem...

Eles demonstraram, em seu conjunto, um inconformismo diante da "cidade real"; seu horizonte estava lá fora, no paradigma idealizado de uma metrópole que passava longe do horizonte porto-alegrense. Esse "fosso" cultural urbano era potencializado pela formação literária de tais escritores, que liam, conheciam e tinham como referência a modernidade urbana criada por outros escritores e que não coincidia com a cidade na qual viviam. O que se poderia esperar de uma cidade no sul, não só do Brasil e da América, mas do mundo?

Nas crônicas de jornal, há um viés que se insinua e que percorre a postura da "amargura provinciana": é aquela que associa um "vazio de ideias" a um tédio permanente a ameaçar a pena do cronista, derivado do acanhamento da vida citadina local. Ora, o cronista deve falar da vida de cada dia e dela fazer o seu artigo. E Porto Alegre apresentava primores no domínio da "escrita do nada", como aquela crônica publicada que já se anunciava aborrecida: "Amáveis leitores, cá estou novamente pronto para vos amolar a paciência, com as minhas 'xaroposas' crônicas... [...] posso afirmar que a culpa não é minha, e sim do assunto... o maldito assunto, que não aparece para que eu possa comentar".[4] Outras, um pouco mais elaboradas e espirituosas, esforçam-se para preencher o seu espaço no jornal, sem nada realmente dizer: "Mais uma semana... mais outra... E que elas voam assim como as pombas do poeta, e não voltam mais. De sorte que o cronista é como que um ponteiro no relógio do tempo".[5]

A falta de assunto e a tarefa de fazer dessa ausência uma prosa em letra de fôrma, seriam um desafio constante para os cronistas:

> Quando o sino velho da matriz bem deu ontem a derradeira badalada da meia-noite, eu senti uma grande tristeza [...], pois até esta hora, a trágica e soleníssima hora dos fantasmas e dos monstros d'além túmulo, estava eu à espera que algum caso grave e extraordinário acontecesse, para esplendor e glória deste semanário... [nada ocorreu] [...] Decididamente Porto Alegre era uma cidade morta, não valia dois caracóis![6]

4 *Echo do Povo*, Porto Alegre, 11 jun. 1911.

5 *Kodak*, Porto Alegre, abr. 1913.

6 *Correio do Povo*, Porto Alegre, 17 jan. 1897.

Faltava emoção, faltavam atores e gestos dignos, de impacto; esperava-se que algo acontecesse, e o cronista se punha qual uma solitária Madame Bovary à janela de sua casa, na pequenina cidade onde morava, a imaginar algo que quebrasse a monotonia...

A rotina sem sustos dessa "cidade morta" propiciava que os próprios talentos locais, como Paulino de Azurenha, o "Leo Pardo", reconhecido pelos seus méritos, compusessem uma prosa centrada na imutabilidade de uma Porto Alegre sem novidades. "Quebrando a suave monotonia de delicioso viver dos habitantes de uma cidade assim, em que habitualmente reina uma placidez edênica [...] até a passagem de uma nuvem... de gafanhotos abre ensejo para o comentário e a distração pública" (Azurenha, 1926, p.127).

Tome-se ainda o caso de Rastignac, *nom de plume* do cronista do *Jornal da Manhã*, periódico de duração efêmera da *jeunesse dorée*. O cognome escolhido por José Picorelli é emblemático, pois evoca, às margens do Guaíba, o personagem de Balzac que, vindo do interior, se dispõe a conquistar Paris. Rastignac sabe que, como cronista, sua missão é escrever, para o deleite dos demais, com inspiração, estilo. Mas qual! Ele circula em Porto Alegre, num quente verão de dezembro:

> É um areal de impressões, frio e grisento, sem um oásis para abafar a revolta dos nervos e dar asas a pena esta semigasil [sic] aldeia nossa [...]. A contemplar, suarento, a linha de edifícios sem arquitetura, nem modelada em dórico, nem calçada em coríntio, piso o quente asfalto do Caminho Novo, enquanto, como uma catarata de fogo, o sol acaricia a terra [...]. A tarde, fechando numa hecatombe de ouro, inquiro a alma das coisas nesse farrapo de um mundo novo em uma ruinaria desabitada, a Rua da Praia, que seria a nossa Ouvidor si cá florescera a cidade do Rio, ou o Boulevard des Italiens, se isto fora Paris...[7]

A distância do belo mundo é enorme, e a cidade abrasada pelo calor não ajuda. Os dados do cotidiano da *urbis* – um adultério, um assassinato, um afogamento – dariam páginas preciosas para um cronista parisiense. Talvez Gautier ou os Goncourt fizessem disso um primor de texto para a delícia dos leitores, mas em Porto Alegre...

7 *Jornal da Manhã*, Porto Alegre, 15 dez. 1907.

Entretanto, justo nesse ponto outra estratégia literária se insinua: e se a vida fosse um romance, e se o cotidiano pudesse ser visto – e ser lido – como na grande literatura? Se fosse possível fazer dos acontecimentos do dia a dia a ficção que levaria o público a viver, na pequena cidade de Porto Alegre, os fascinantes e tenebrosos enredos da literatura universal? Assim, e de forma paradoxal, nesse acanhado centro onde se dizia que nada acontecia, na maior pasmaceira do mundo, crimes, contravenções e gestos extremos, como o suicídio, os mesmos intelectuais fizeram, da vida cotidiana, um romance verdadeiro.

A vida como um romance

A estetização do real obedeceu a variadas formas, a começar por um novo estilo de jornalismo, implicando crônicas que pretendiam captar a realidade, sobretudo aquela do baixo mundo, descendo aos subterrâneos da cidade, repleta de adjetivos, de manifestações de emoção e de paixões, a dizer para o leitor como eram os lugares e gentes que ele não frequentava. Um pouco à la João Rio, a descer ao submundo da capital carioca, muito inspirada em Jean Lorrain e no decadentismo de Paris, tecia-se do prosaico uma página literária, dando *frisson* ao leitor, que identificava nos "antros" e "covis" de sua cidade e em seus sinistros personagens, de "fisionomias patibulares", os espaços e os personagens dos romances que lia. Um cotidiano estetizado encontrava matéria no que se poderia chamar de "lugares malditos" da cidade, como uma certa incursão dos jornalistas da *Gazetinha* no beco do Poço, em busca do bordel mais famoso da capital gaúcha, chamado A Flor da Mocidade, da célebre crioula Fausta. É importante seguirmos as estratégias da escrita, de marcado sabor literário, empregadas pelos repórteres. As crônicas ou artigos da visita ao bordel da crioula Fausta seguem o princípio da narrativa folhetinesca: cada episódio se interrompe no momento em que um novo espaço, personagem ou prática vai ter lugar e ação, mantendo o suspenso para o leitor. A ficção toma conta do real, envolvendo o público. O que o repórter viu, o que os atores farão, como a cena terá continuidade? Sendo a narrativa escabrosa, a tratar de lugares, personagens e comportamentos malditos, o sucesso era garantido! Pensar, por exemplo, que a pacata cidade pudesse abrigar prostíbulos onde se davam orgias e bacanais, como nos grandes centros, era um filão promissor:

> ontem, fomos ter á uma rua estreita e suja, ou melhor, a um beco, pouco distante da principal rua de Porto Alegre isto é bem no centro dessa piedosa capital de religiosidades e política. Eram talvez 9 horas da noite. O tal beco parece mesmo apropriado para ter, em meio de sua extensão, um lupanar; a impressão que se recebe ao transitar ao mesmo é péssima. Aqui e ali, de um lado e d'outro, há mulheres de má vida á janela ou junto á porta de suas pequenas moradias e a palestrarem em altas vozes com soldados, marinheiros e crioulos debochados, – a palestra é ponteada com gargalhadas, ditos escandalosos, frases obscenas; mais adiante ha uma venda cheia de uma freguesia bulhenta, no meio da qual estão mulheres que tomam cachaça. Tal casa de negocio prima pelo pouco asseio que se nota logo, desde o assoalho ao próprio dono da casa, – um tipo [l]egitamente [sic] de taverneiro reles. Do lado fronteiro á essa bodega e um pouco acima [,] outra tasca de pior qualidade ainda; aí uma china, sentada sobre uns sacos de milho, feijão e outros gêneros e com uma perna curvada sob a outra, canta desajeitadamente, ao som do buso tocado por um anspessada da brigada estadual encostado ao sujo balcão da casa. Outras mulheres, figuras de relaxadas, bebem de parceria com sujeitos de sua estofa. Ouve-se o vozear de muitas pessoas, vindo do interior da tasca, prova de que lá dentro em outro compartimento ha uma sociedade igual á que se acha na frente.[8]

A narrativa compõe uma cena quase plástica, com formas, cores, sons e cheiros, dando a ver um ambiente sórdido, nesse lugar da cidade onde famílias e gente honesta não transitavam. A descrição levava os sentidos do espectador a ver, imaginar e talvez até mesmo sentir o cheiro do ambiente. O quadro encontra ressonância em outras descrições de becos, igualmente feios, mal frequentados e malcheirosos, com gente de perfil criminoso a demonstrar, lombrosianamente, o vício estampado nas feições, revelando seu caráter baixo. O clímax é atingido quando, na segunda quadra do Beco, à esquerda (note-se a precisão do detalhe do percurso), o rufião Quirino indica o sobrado de Fausta e conduz os jornalistas até o interior do bordel, o que os leva a exclamar: "Estávamos afinal no interior de um lupanar, situado na parte mais central da capital!"[9]

8 *A Gazetinha*, Porto Alegre, 12 maio 1898.

9 Ibidem.

Por vezes, o relato do acontecido transferia-se do espaço público para o do sagrado, em postura nitidamente anticlerical e empenhada na associação dos padres com toda sorte de safadezas, sobretudo aquelas relacionadas com sexo. Um articulista que se denominava "Cardeal" narrava uma cena que surpreendera na Igreja do Menino Deus:

> Apressei também os meus passos e ao entrar no vasto e silencioso recinto, deparei com o vulto ajoelhado, e como que rezava religiosamente, devotamente... Encostei-me à parede que lhe ficava mais próxima e esperei em silencio. Subitamente o vulto levantara-se e dirigindo-se a mim, perguntou-me; Sr., porque me persegue? Quem sois e o que quereis de mim? – Eu ocultando o rosto nas dobras de minha capa espanhola, respondi-lhe com o silencio, mas porque eu havia conhecido a mulher que me falava [...] A cólera de não poder-me reconhecer, o medo de permanecer junto a mim por alguns segundos mais, a necessidade talvez urgente de fazer sua oração em presença do Vigário, fê-la desaparecer como por encanto do recinto da Capela e tomar a direção da sacristia, à cuja porta apareceu um padre que tomando-a nos braços e beijando-a no rosto desapareceu com ela nas trevas de um segundo aposento... Quereis saber quem era o vulto de mulher? Tenho vergonha de vô-lo dizer porque é uma senhora da melhor sociedade e casada... com um... pobre diabo! Eis a prostituição em nome de Deus![10]

Verdade, mentira? Tais relatos de denúncia e crítica tanto podiam ser inventados quanto se referir a cenas do real acontecido, mas agora trabalhadas pelas artes da literatura. No momento mesmo em que os fatos se dão, o acontecimento é estetizado, sendo apresentado aos leitores da época em versão romanceada ou folhetinesca, a incluir personagens e fatos à trama. Dizendo-se ou não que esses relatos se apoiaram em "fatos reais", tem-se a criação do fato pela via literária, por vezes no momento mesmo do seu acontecer. Tais discursos constroem, pela ficção, alternativas para o entendimento do acontecido e dão à realidade um charme especial! A cidade se transfigura e se torna misteriosa...

O folhetim, essa forma de leitura tão ao agrado da época, se prestava admiravelmente para tais fins, ao contar, sequencialmente, dia a dia, pe-

10 Ibidem, 3 nov. 1895.

daços de uma história, prendendo a atenção do leitor e fazendo-o aguardar com ansiedade o episódio seguinte. Por que, então, não usar casos reais, se valer do cotidiano da cidade – mas escolhendo fatos dignos de interesse, escandalosos, sanguinários, escabrosos –, para fazer do dia a dia um foco de interesse renovado? Também os romances – românticos ou realistas, tal como escreviam os franceses – podiam muito bem ambientar-se em Porto Alegre. Pois eles não se inspiravam na vida? E esta, por vezes não se apresentava como uma ficção?

Tomemos alguns fatos ocorridos no *fin de siècle* porto-alegrense. Em 1896, às vésperas da entrada da primavera, murmurava-se que o vigário da Igreja das Dores, templo situado no centro da cidade de Porto Alegre, o padre Bartholomeu Fischer, deflorara a menor Clementina Simionatto, menina de 12 anos que com ele tomava lições de catecismo e que, da nave da igreja, passara a ter lições primeiro na sacristia e, depois, no quarto do vigário! Parecia que a cidade ambientava *O crime do padre Amaro,* de Eça de Queiroz, em que este abordava, de forma literária, algumas questões presentes na sociedade de sua época e que ocorriam também às margens do Guaíba. A identificação foi clara para os leitores dos jornais, em que claramente se aludia à essa obra.

O enredo de Eça ganha força nessa tragédia porto-alegrense. No romance, o padre Amaro, belo, bem falante, sedutor, tem ascendência moral e cultural sobre a moça. Ou seja, tem o controle da situação, é capaz de induzir comportamentos. Amélia é influenciável, apaixonada, e tem a sua sexualidade despertada pela figura, pela palavra e pelo comportamento do padre Amaro. No caso da Igreja das Dores, podia-se pressupor que o padre tivesse total ascendência sobre a seduzida, uma criança.

Em paralelo às investigações que se faziam em várias frentes – pela polícia, pela Igreja, pela justiça, que instaurou o processo criminal –, surgiu nas páginas do jornal *A Gazetinha* um folhetim sobre o escândalo, a misturar drama romântico e graça.

> Ele, o Bartholomeu, não é feio. Tem nas veias a seiva ardente e rica da mocidade; sim, porque aos 28 ou 30 anos o homem está no pleno vigor de sua mocidade. Tem anseios ferozes, calcinantes dos ideais castos da alma de um crente na verdade de céu de arcanjos onde a pureza existe, onde só existe o espírito, para louvar a Deus... sem ser de gatinhas. Ela, cujo nome é suave como um

> beijo voluptuoso, lento, Clementina, é uma criança ainda, uma flor mal entreaberta; veio da Itália, da bela pátria de céu azul e dos tremores de terra. Muito alva e rosada, voz argentina, olhos de onde parece irradiar a chama do Vesúvio... E ele, que tem fogo nas veias e desejos no coração, sente como um cilício férreo que magoa, que dilacera, que mata, pensar sobre as suas aspirações de homem saudável e bem tratado a batina fatal, o sacerdócio da religião; – ele é padre.[11]

O primeiro capítulo narrava em estilo romântico o primeiro encontro durante a missa, com um amor à primeira vista a brotar no coração do sacerdote, quando este contemplara os belos olhos de Clementina, e a desencadear um drama em seu íntimo, mas que em breve seria superado pelo desejo de possuí-la, passando por cima de todas as interdições religiosas:

> Oh! Tortura do inferno!
>
> Ama-a com toda a impetuosidade do seu sangue, de sua virilidade plena, vigorosa; ama-a e não pode possuí-la. Não pode! Ah! Isso não! Há de conquistar-lhe os sorrisos, os olhares lânguidos, ternos, as primeiras palavras do seu primeiro amor... Que importa que ele seja padre?! Ah! O padre também sente, também tem coração para amar, olhos para cobiçar, lábios para beijar, também tem tudo, tudo o que forma um homem sensível. [...] Clementina! Clementina! Hás de pertencer-me! Exclamou à meia voz o padre Bartholomeu, erguendo trêmulo e ofegante a hóstia consagrada.[12]

Um amor sincero, a atormentar a alma desse padre que é também um homem? Amor ou paixão? Simples desejo carnal ou sentimento, deviam se perguntar os leitores dessas páginas... Até aqui, revelava-se no padre uma determinação de vencer todas as barreiras para conseguir seus fins. Um religioso pedófilo, um sátiro, poderiam pensar alguns, dada a realidade dos fatos conhecida a eles. Notemos que essa história folhetinesca devolve aos leitores o que já sabem, mas de forma literária, a atribuir frases e pensamentos a personagens que correspondem a pessoas de carne e osso.

Nesse mesmo ano de 1896 – nada tranquilo, portanto – um duplo suicídio por ingestão de estricnina tinha lugar em Porto Alegre. Tratava-se de

11 Ibidem, 25 out. 1896.

12 Ibidem.

um amor contrariado, devido ao desnível social e à condenação moral: ele, Neco, belo moço de boa família, se apaixonara por Chiquinha, linda, mas uma "decaída". Os jornais noticiaram com minúcias o ocorrido, salientando que a fatalidade se revelara para Chiquinha após ela ter assistido com Neco, no Teatro São Pedro, à *Dama das camélias*, de Alexandre Dumas. "Eu sou Marguerite Gautier", identificou-se a pobre Chiquinha, que, porém, morreu em tormento como Emma Bovary, por ação do veneno ingerido, com descrição minuciosa de sua agonia nos jornais.

Assim, era enfatizado o cruzamento da literatura com a realidade, motivando, de imediato, três moços de talento da cidade – De Souza Lobo, Mario Totta e Paulino Azurenha – a escreverem em conjunto um romance sobre o ocorrido. Mal findava a comoção do acontecido, e este já se transformava em objeto literário. O romance *Estrycnina*, de Souza Lobo, Totta & Azurenha, inspirado na história trágica dos dois amantes suicidas, foi publicado pela Livraria Americana em 1897. O *Catálogo da Livraria Americana*, anos depois, iria referir-se à obra como um "romance de sensação", que tivera "ruidoso sucesso, sendo muito bem recebida pela imprensa" (Almanak, 1913, p.32). O *Correio do Povo* anunciava que no dia do lançamento, haviam sido vendidos mais de duzentos livros.[13] Reportando-se ao lançamento do livro, referia o *Catálogo da Livraria Americana* que, em três dias apenas, tinham sido vendidos seiscentos exemplares de *Estrycnina* e que a obra era esperada com grande ansiedade pelo público e pela crítica. A vendagem obtida é realmente extraordinária, considerando-se a população da cidade e que a tiragem era muito expressiva para a época. A "ansiedade" da espera nos indica que esta teria sido alardeada e anunciada de antemão pelos próprios autores. A arte imita a vida? A ficção é, pois, baseada no real? Ou, atualizando o debate, as fronteiras da história e da ficção são tênues mesmo?

O que é vendido como romance é a história de algo acontecido e transformado em narrativa literária, o que explica a sua ampla recepção pelo público. O texto ficcional se entrelaça com a realidade do acontecido. No encontro da vida com a arte, o romance se inicia com uma encenação de *A dama das camélias*, no Teatro São Pedro, tal como o *Correio do Povo* noticiava em 2 de agosto de 1896: reapresentava-se, com sucesso, pela Companhia

13 *Correio do Povo*, Porto Alegre, 1896.

Modena, a peça comovedora que "não envelhecia e que tão boa acolhida tinha por parte da população local".[14] Como resistir à leitura de um livro desses, que entrelaçava a literatura com o cotidiano da cidade?

Sim, o amor das Marguerites e das Chiquinhas, por mais puro que fosse, não conseguia vencer as barreiras impostas pelo social, dizia o imaginário romântico. Só há redenção pela morte, seja pela tuberculose, no caso de *A dama das camélias*, seja pelo veneno, no caso de Chiquinha e de Emma Bovary. E essa morte é sempre trágica, brutal e dramática, embora Alexandre Dumas acene para a figura arquetípica e bíblica da Madalena e das palavras com que foi acolhida por Cristo: no final da peça, diante de Marguerite, que acaba de morrer, Nichette, que se ajoelhara, diz: "Durma em paz, Margarida! Muito lhe será perdoado pelo muito que amou!"

Em 1899, no bojo do processo criminal movido contra a caftina Fausta, dona do famoso bordel Flor da Mocidade, ao mesmo tempo que os acontecimentos tinham lugar nos tribunais de justiça, um folhetim, de autoria desconhecida, intitulado *A casa da Fausta*, passou a ser publicado no *Jornal do Comércio* apresentando uma história com personagens fictícios, mas arrastados à tragédia pelas artimanhas da terrível crioula. Eles ali desfilam diante do leitor, com os perfis estereotipados do drama romanesco: ela, Olinda, dócil e bondosa, incansável no trabalho, nunca tendo um pensamento que não refletisse o de seu marido; ele, o comerciante Mendes, apaixonado pela mulher, mas que, em viagem de negócios, a trai em virtude da influência perniciosa de um companheiro de navio, Gualberto, "o vagabundo sem espírito e sem vergonha".[15] Então Olinda conhece Artur, um "bilontra", moço sem escrúpulos, elegante, que

> assinava revistas estrangeiras, onde bebia a ilustração ligeira, pela rama, com que entretinha as palestras, deleitando, a seu modo, a nossa mocidade ignorante, frequentadora dos cafés, cujos conhecimentos não vão além do Almanack Hachette com as suas gravuras minúsculas e os seus provérbios idiotas".[16]

Artur seduz Olinda e a leva à perdição por meio dos préstimos de Fausta, alcoviteira e caftina, que no folhetim é apresentada como uma megera

14 *Correio do Povo*, 1896.
15 *Jornal do Commercio*, Porto Alegre, 1899.
16 Ibidem, 27 jun. 1899.

sem escrúpulos ou moral, além de feiticeira, representada em cenas de batuque até então não aludidas nos jornais. As cores são vivas, as acusações moralistas chovem e o folhetim, sem o compromisso das provas da justiça, pode, literariamente, traçar os perfis que quiser, colocando nos personagens o boato, o maldizer, o que se sussurrava na cidade.

No final da história, a moral se estabelece: os maridos não devem se ausentar em viagens de negócios, pois tanto ele como a esposa podem cair em tentação. Ondina não resiste à culpa e, abandonada por Artur quando este fica sabendo que ela espera um filho, se mata com a pistola do marido... E Fausta? Esta continua à solta, debochada e criminosa. Mas não por muito tempo, pois esse folhetim – na verdade, escrito pelo promotor Andrade Neves – influencia na decisão do júri e a crioula Fausta acaba na cadeia...

Uma história como essa, lado a lado com os acontecimentos que tinham lugar na cidade, parecia dizer que a arte imitava a vida. Interessante era essa cidade de Porto Alegre, em que se entrelaçavam vida real e literatura, dando um sabor especial ao *fin de siècle* local.

26
Antigos tipos, novos leitores: circulação de cultura letrada e emergência da comunidade de leitores na Ilha de Santa Catarina (Florianópolis, século XIX)

Felipe Matos

Um dos primeiros desafios que os historiadores do livro e da leitura se deparam ao estudar a circulação da cultura letrada e a emergência dos leitores em Santa Catarina é conseguir transpor a mantilha da homilia de uma parte da crítica literária e da historiografia que caracterizou o fim do século XVIII, o século XIX e as décadas iniciais do século XX como uma paisagem de cores mortas, de uma aridez intelectual descompassada com relação a marcos por eles legitimados. Em particular em Nossa Senhora do Desterro, sob esse véu transparece apenas uma ilha apática, cuja produção artística surge tardiamente, com a ausência de escolas e centros de estudos superiores, a falta de intercâmbio com centros irradiadores de inovações culturais, a carência de talentos e a falta de tipografias, que fazia o que era produzido nesse local ser impresso em outros centros.

Segundo esse discurso, os literatos da terra repetiam tardiamente por meio de versões locais o "traçado estético da literatura produzida no restante do país", sua criação artística de qualidade questionável "limitava-se ao plágio" ao espelhar as condições do meio em que surgiu (Machado, 1986, p.22-5). Livros que na ilha aportavam não serviam para "desemburrar", mas talvez com eles se "calçasse um pé de mesa mais curto", como disse Osvaldo Cabral desavisadamente sobre os livros da tipografia do Arco do Cego, de Lisboa, enviados para a ilha por dom Rodrigo de Sousa Coutinho (Cabral, 1979, p.91).

Tais estudos, cada um a seu modo, possuem o comprometimento com a época em que foram produzidos, tendo sido escritos por autores que dedicaram anos de sua vida à pesquisa de suas temáticas, e muito do que escreveram contribuem ainda hoje para o pensar e o fazer historiográfico em Santa Catarina. Contudo, não devem servir – como habitualmente acontece – de paradigma teórico e metodológico a estancar futuras pesquisas, toldar novas narrativas, anuviar olhares contestadores e não meros reprodutores.

A meu ver, uma história do livro e da leitura em Santa Catarina, da circulação da cultura letrada, das práticas de leitura de pessoas comuns que não obrigatoriamente pertenceram a grupos literários ou estâncias de consagração, mas podem revelar como se dão as relações dos leitores com os objetos impressos e com os textos com os quais se deparam – que, como afirma Chartier, não se restringem absolutamente aos livros (apud Hunt, s. d. p.212) – contribuem para lançar nova gradação de cores à nossa matiz, ou, utilizando-se uma metáfora mais apropriada, novos tipos ao gabinete tipográfico da escrita da história, indo de encontro ao batido estereótipo de ilha atrasada e isolada culturalmente.

Nossa Senhora do Desterro: uma ilha de leitura?

Quando se instalou no Rio de Janeiro a tipografia da Impressão Régia, em 1808, já havia no país, inclusive em Nossa Senhora do Desterro, um comércio de produtos impressos relativamente ativo, embora muito restrito em virtude das condições sociais e políticas de então. Indício desse comércio é a circulação dos livros da oficina tipográfica, calcográfica e litográfica do Arco do Cego em terras catarinenses, ainda em 1799.

Tais livros faziam parte do projeto de dom Rodrigo de Sousa Coutinho, ministro do Ultramar do Estado português, de ajuntar e transladar em português – por meio da publicação de livros sob a direção do frei Mariano da Conceição Veloso – todas as memórias estrangeiras que fossem convenientes aos estabelecimentos do Brasil para o melhoramento da sua economia rural e das fábricas que dela dependem, com a finalidade de espalhar "conhecimentos úteis", técnicas modernas e ideias científicas que arrancariam "a colônia do atraso em que se encontrava" (Moraes, 2006, p.79).

Ao determinar a divulgação científica como pedagogia corretiva dos interesses e técnicas agrícolas e naturalistas, incentivando seu aperfeiçoamento e sua adaptação às condições locais da colônia, os livros demonstram a ilha de Santa Catarina como parte integrante da expansão territorial do império português no Atlântico Sul. Ao longo dos três anos de existência da Casa Literária do Arco do Cego (1799-1801), saíram de suas impressoras mais de oitenta obras – todas marcadas por grande sofisticação gráfica (Cunha, 1976). Entretanto, a circulação de tais obras em Santa Catarina tornou-se ícone do atraso, motivo de pilhéria. Osvaldo Cabral, primeiro historiador a abordar a remessa de livros e que certamente desconhecia a origem das obras e a existência da Casa Literária do Arco do Cego, narra com fina ironia o episódio ao dizer que o então governador João Alberto Miranda Ribeiro deve ter sacrificado seu soldo a fim de adquirir todas as obras enviadas e proteger algum livreiro amigo do vice-rei em Lisboa, pois de graça os habitantes poderiam aceitá-las para "calçar algum pé de mesa mais curto, em chão desnivelado" ou "para ver as figuras, se é que as tinham" (Cabral, 1979, p.93).

Não há como afirmar, como o faz Cabral de forma ácida, que nenhuma das obras foi efetivamente lida porque não havia na ilha quem "as lesse, digerisse e entendesse" (Ibidem). A falta de livros de literatura, também reclamada por Cabral, não deixa de ser exagerada, pois tais livros gozavam de reduzida circulação durante o século XVIII no país, assim como a falta de livros para "desemburrar", ignorando o fato de que até meados do século XIX eram escassos os livros didáticos, sem mencionar as condições de ensino das poucas escolas. Estas, de modo geral, utilizavam como instrumento pedagógico textos manuscritos feitos pelos próprios pais e professores, além de cartas, ofícios e documentos de cartório ou administrativos, enfim, o material impresso ou manuscrito que havia à mão (Batista apud Abreu; Schapochnik, 2005, p.87).

Todos os pesquisadores por mim consultados que citaram tal remessa de livros para a ilha partiram do ponto de vista de Cabral e apenas reproduziram sua fala, fazendo prevalecer a visão dele dos fatos e reduzindo ao chiste um dos mais audaciosos projetos editoriais de então. Certamente os letrados eram poucos e por longos anos muitos assinavam – como diz Cabral – com uma cruz documentos como as atas da Câmara de vereadores (Cabral, 1979, p.91). Não se pode, contudo, negar a existência de uma elite alfabetizada incipiente, capacitada para levar adiante os empreendimentos da metrópole.

Tais letrados se tornaram indispensáveis para que as cidades que eram sede de delegação dos poderes dispusessem de um grupo social especializado ao qual encomendar seus encargos. Em suas memórias, Paulo José Miguel de Brito destacou ser "apoucada" a educação pública na capitania, citando apenas a existência de alguns professores régios e poucas escolas de primeiras letras. Contudo, segundo Brito,

> ha na Capital muitas pessoas que tem instrução (que elas não adquiriram no país), sendo certo que os homens ricos que querem dar melhor educação a seus filhos os mandão para esta Corte; porem aqueles que não tem posses para fazer as despesas necessárias a este fim; também não tem a satisfação de que os filhos saibam mais do que o que podem aprender dos tristes mestres que ha na Capitania. (Brito, 1829, p.72)

A presença em Desterro de "muitas pessoas que têm instrução", configurava na sociedade local uma crescente elite letrada formada na Corte e que se reproduzia ao enviar seus descendentes para estudar no exterior. Essa elite letrada se constituía, em sua maioria, na burocracia das instituições públicas instaladas na capital, a cargo das tarefas de comunicação entre a metrópole e as sociedades coloniais. Em um espaço onde a educação não era acessível a todos, onde não se desenvolvera escolas, universidades ou qualquer forma de "caldeirão intelectual" – contudo, nem por isso se pode estigmatizá-la de "atrasada" já que essa situação no Brasil colônia era praticamente regra, e não exceção –, o que se percebe é uma das principais tarefas que se espera dessa classe letrada: a formação e a (re)produção de uma elite que deveria dirigir a sociedade a serviço do Estado, indispensável para o estabelecimento das exigências colonizadoras, fossem elas administrativas, militares, comerciais ou religiosas.

Se ao fim do século XVIII havia a possibilidade de aferir o aumento, ainda que de maneira restrita, da circulação de produtos impressos em Desterro, foi a partir do século XIX que começaram a pulular registros de leitores que de alguma forma deixaram indícios de suas práticas. É o caso do relato do viajante alemão Georg Heinrich von Langsdorff, médico a bordo da expedição russa de Krusenstern que aportou na ilha em dezembro de 1803. Ao escrever sobre sua permanência na Vila de Nossa Senhora do Desterro e sobre os usos e costumes de seus habitantes, relatou que num de seus passeios pelo continente próximo à ilha visitou uma pequena casa à beira-mar, na qual a esposa de seu hospedeiro

> era a diretora de uma escola para moças. À minha entrada na casa observei jovens moças sentadas sobre uma esteira de palha, estendida ao chão, onde uma

> delas tecia e a outra costurava, a terceira bordava, outra soletrava e aprendia a ler, outra fazia rendas, enfim, todas se entretinham. (apud Haro, 1996, p.170)

A casa em questão era a Fazenda São José, de Matheos Cardoso Caldeira. Apesar de Langsdorff a descrever como uma "pequena casinha", Cardoso Caldeira possuía grande quantidade de terra que cultivava fartamente e na qual mantinha escravos e animais domésticos. A esposa, "diretora de uma escola para moças", é vista como mulher "trabalhadeira e muito habilidosa em artes femininas". Duas de suas filhas adultas são descritas como muito bem educadas, que cantavam canções para entreter o hóspede estrangeiro.

Pela descrição percebe-se que, se a família Caldeira não possuía opulentas posses, tampouco estava inserida na camada pobre e analfabeta. O relato de Langsdorff revela formas alternativas de acesso à erudição dessa parcela da população que contornava as limitações impostas pelo processo de colonização. O próprio viajante reconhece em seu relato que a Coroa portuguesa não parecia disposta a promover e ampliar o precário sistema escolar de então:

> Todos sofrem sob a pressão de uma forma de governo, cuja inteligência consiste em não esclarecer os súditos, para que estes, consequentemente, não se tornem fortes e enfrentem o pequeno reino português e afastem de si a pesada carga. (apud Haro, 1996, p.178)

Um dos caminhos informais para a alfabetização e instrução era contratar professores particulares – adultos alfabetizados que, mesmo sem formação específica, como possivelmente era o caso da esposa de Matheos Cardoso Caldeira, atuavam como mestres de primeiras letras para seus filhos, parentes, vizinhança. Tal situação se manteve ao longo de todo o século XIX, quando era comum aparecer nos jornais anúncios de professores particulares oferecendo seus serviços como alternativa para instalações inadequadas, métodos de ensino obsoletos e instituições públicas de ensino que pagavam salários baixos e sem regularidade.

Percebe-se ainda na fala de Langsdorff o registro de uma prática de leitura comum no início do século XIX, quando uma das moças soletrava em voz alta a lição que aprendia. Aprender a ler soletrando palavras e sílabas em voz alta é um método até hoje empregado em escolas de ensino básico. Contudo, quando nos referimos a uma sociedade da virada do século XVIII para o XIX, há outras implicações subtendidas.

A leitura em voz alta era hábito comum nos salões, nas igrejas, nas sociedades literárias, nos serões, em casa. Em meados do século XVIII em Desterro, era comum que as decisões extraordinárias das autoridades locais fossem divulgadas oralmente ao povo, que se reunia para ouvir a publicação do "Bando", ao toque dos tambores (Rosa apud Melo, 1991, p.157). Segundo Márcia Abreu, além de permitir o contato com ideias codificadas em um texto, esse tipo de leitura era forma de entretenimento e de encontro social de tamanha importância que no século XVIII e no início do XIX o conceito de leitura confundia-se com a fala e a audição (Abreu, 2004). Duarte Schutel, médico, jornalista, escritor e político proeminente nascido em Desterro em 1837, relembra a vida privada de sua família com saudades das noites felizes da infância: "quando no Sul, aos serões, ouvia a leitura ao roncar do fuso do assoalho e ao bater das cardas no algodão que branquejava em brancas nuvens" (Abreu, 2004).

Outro interessante exemplo pode ser encontrado em um romance escrito em Santa Catarina, em 1839, em que a autora demonstra que a prática da leitura oral também fez parte de sua juventude. Nascida em São Francisco do Sul, possivelmente em 1823, Ana Luísa de Azevedo Castro escreveu aos 16 anos o romance *Dona Narcisa de Villar*, no qual a heroína que dá nome à obra – amante de livros de rezas e romances de cavalarias – costumava ler para mãe Micaela, uma velha índia que era sua criada:

> – Está bem, mãe Micaela, como você se recusa aos meus desejos, voltar-me-ei à tia Simôa, e ela me fará a vontade; além disso, não lhe hei de ensinar as Bem-aventuranças, nem lhe hei de ler amanhã a história da Princesa Magalona.
>
> – Um! um! um, Taim! Mecê há de fazer tudo isto?... Virgem Maria! Então vou contar-lhe tudo [...]!
>
> A boa mãe Micaela, temendo-se talvez de minhas ameaças, não quis incorrer na pena de privar-se do que era para ela um grande prazer, ouvir a leitura desses livros, e obter uma lição religiosa que com tanta fé desejava. (Castro, 1997, p.21)

O exemplo de mãe Micaela é claro ao demonstrar como, por meio da leitura oral, os iletrados também podiam entrar em contato com conteúdos registrados por escrito, o que nos faz questionar até que ponto a leitura oral em sociedades com elevado número de analfabetos, como Nossa Senhora do Desterro, tomou parte do conjunto de práticas culturais, das formas de lazer, de sociabilidades e de encontros que habitualmente são considerados apenas circunscritos a uma pequena parcela letrada da população.

Contudo, mesmo quando leitores "indiretos" como mãe Micaela conseguiram se inserir de alguma forma nesses conjuntos de práticas culturais, habitualmente ocuparam as marginálias do palimpsesto da cidade. Como se pode perceber na transcrição das memórias do governador Paulo José Miguel de Brito, já havia na ilha de Santa Catarina "muitas pessoas que tem instrução". O comércio local havia crescido a ponto de encontrarem-se "quase todas as mercadorias, vindas da Europa, necessárias para as comodidades da vida", como o "ferro, vidros, porcelanas, fazendas de seda e algodão, espelho, lustres, papel etc.", mesmo que acessíveis apenas para poucos, afinal "tudo isto é muito caro, como bem se pode supor" (Langsdorf apud Haro, 1996, p.163).

A elite letrada assumiu as funções culturais da estruturação do poder e passou a ocupar os cargos administrativos de maior destaque. Uma plêiade de religiosos, administradores, educadores, militares, múltiplos servidores intelectuais, enfim, praticamente todos os que manejavam a pena estavam estreitamente ligados ao poder, ao funcionalismo e à burocracia, ocupando elevado nível dentro da sociedade. Não foi à toa que o primeiro concurso literário feito em Desterro, entre 1816 e 1819, e organizado por um juiz de fora, Ovídio Saraiva de Carvalho e Silva, contou com participantes como João Prestes Barreto da Fontoura, provedor da Fazenda Real, Diogo Duarte da Silva, que veio a ser deputado à Constituinte brasileira por Santa Catarina, e Antônio Francisco da Costa, futuro deputado provincial (Cabral, 1979, p.93), todos membros da elite letrada e próximos do poder político.

Os "intermediários esquecidos": a atividade tipográfica na ilha

Tal imbricação da elite letrada com o poder público pode ser percebida também na história editorial da cidade, que desde o início esteve intimamente relacionada com os interesses daqueles que podiam arcar com as despesas editoriais. Em Desterro, a primeira tipografia foi fundada para defender ideais políticos relacionados com a Independência do país, o mesmo acontecendo em grande parte do Brasil, quando surgiu uma grande quantidade de gazetas efêmeras e demais produtos propagandísticos, como folhetos, cartas, hinos, discursos políticos.

Desde que Jerônimo Coelho retornou a Desterro e fundou sua tipografia, em 1831, que a história da imprensa de Santa Catarina no século XIX esteve vinculada com a história política da região. Do modesto prelo de madeira[1] no qual Jerônimo Coelho escreveu, compôs, imprimiu e lançou *O Catharinense*, em 28 de junho de 1831, sempre saíram jornais e folhetos que propagandeavam os ideais liberais de um processo de independência genuinamente brasileiro, além de procurar assegurar, é claro, a ocupação de cargos públicos pelo liberais e maçônicos.[2] Com a morte do imperador e a instalação da Assembleia Provincial, não havia mais por que manter a tipografia, considerada propriedade provincial a partir de 31 de maio de 1836 e administrada, a partir de então, pelo governo da província.

Em 1849, Desterro passou a ter outra tipografia além da Tipografia Provincial: o francês Emílio Grain fundou a Tipografia Catharinense, que em tempos distintos serviu tanto ao governo provincial quanto aos políticos da oposição, dependendo de onde saíam as patacas. Mais tarde, Grain vendeu seu gabinete tipográfico para Germano Antônio Maria Avelim, tipógrafo que já havia trabalhado tanto na Tipografia Provincial quanto na própria Catharinense (Matos, 2005).

A Tipografia Catharinense de Germano Avelim[3] e a Tipografia Desterrense do mestre José Joaquim Lopes[4] foram as duas principais tipogra-

1 Callado Jr. (1970, p.130) o descreve como uma prensa de madeira, com o jornal impresso em prova de escova ou prensa.

2 Ministro da Guerra e da Marinha durante o Segundo Reinado, presidente de províncias como as do Pará e do Rio Grande do Sul, além de deputado geral por Santa Catarina, Jerônimo Coelho foi uma das maiores lideranças liberais de seu tempo. Cf. Corrêa, 2006.

3 Segundo Lucas Boiteux, Germano Antônio Maria Avelim nasceu na Freguesia da Lagoa da Conceição, ilha de Santa Catarina. Foi Alferes do Primeiro Corpo de Cavalaria da Guarda Nacional. Em 1879, ou 1880, foi nomeado administrador do Hospital de Caldas do Cubatão, com o ordenado mensal de 20 mil réis. Velho e enfermo, recolheu-se ao Hospital de Caridade, de onde saiu para morrer em idade avançada, entre 1898 e 1901. Cf. revista *O Olho*, 28 jul. 1916.

4 Nasceu na Bahia a 24 de outubro de 1803. Entrou na carreira militar e, com a Guerra dos Farrapos, o batalhão em que servia veio destacado para o sul. Antes do fim da guerra teve baixa, vindo a domiciliar-se em Desterro, onde se casou com Maria Constância Lopes. Além de ter sido professor, jornalista e editor, ocupou vários cargos de nomeação e eleição. Foi ainda deputado à Assembleia Legislativa Provincial de 1850 a 1855 e 1862 a 1863. Cf. revista *O Olho*, 28 jul. 1916.

fias de Desterro em meados do século XIX, não apenas pela longa duração de suas atividades como pela quantidade de jornais e livros que saíram de seus prelos, entre eles a *Memória histórica do exctinto regimento d'infantaria de linha da Província de Santa Catharina*, de Manoel Joaquim D'Almeida Coelho (1853), *Tupaneida*, de Franc de Pauliceia Marques de Carvalhos (1855), *Pedro Martelli*, de Álvaro Augusto de Carvalho (1855), e os *Ensaios oratórios na tribuna evangélica*, do arcipreste Paiva (1862), pela Tipografia Catharinense; e, *Memória histórica da província de Santa Catharina*, de Manoel Joaquim D'Almeida Coelho (1856), a novela *Eulália*, de Juvita Duarte Silva (1862), e em 1857 uma edição de *Bibliotheca das escolas – 1ª série*, pela Tipografia Desterrense.

Dos livros, muitos foram financiados por meio das listas de subscrições, prática usual à época que possibilitou a impressão de grande parte das publicações não oficiais, aquelas não diretamente ligadas à administração pública, como falas, relatórios e mensagens. Sem as listas de subscrições dificilmente haveria possibilidade de se financiar a publicação de livros, haja vista que, segundo Hallewell, ao longo do século XIX a a taxação do papel importado para a impressão de livros sobrepujava as alíquotas impostas ao papel importado já impresso, o que tornava o livro estrangeiro uma mercadoria mais barata que a similar nacional (apud Abreu; Schapochnik, 2005, p.229-30).

Sinal de que Desterro não estava "atrasada" em relação aos horizontes culturais de seu mundo contemporâneo é o fato de a imprensa ter chegado a essa cidade quase ao mesmo tempo que chegou a inúmeras outras províncias do país: o Ceará recebeu um prelo nos princípios de 1824; São Paulo e o Rio Grande do Sul começaram a imprimir em 1827; Goiás, em março de 1830; Santa Catarina e Alagoas, em agosto de 1831. O Rio Grande do Norte recebeu um prelo em 1832, mesmo ano em que Sergipe, apesar de que a primeira gazeta e o primeiro livro terem sido impressos só em 1838. A impressão no Espírito Santo começou em 1840. O Paraná só se desmembrou de São Paulo em 1854, mas possuía um prelo desde 1849 ou 1853 (Hallewell, 2005, p.193-4).

Se as tipografias Catharinense e Desterrense eram as duas mais proeminentes do mercado local, estavam longe de ser as únicas. Durante a segunda metade do século XIX e início do XX, proliferaram oficinas tipográficas e litográficas, encadernadores e demais trabalhadores da chamada rede de "intermediários esquecidos", expressão utilizada por Robert Darnton ao referir-se àqueles cujo ofício possibilitou a difusão, a ordenação, a conservação e o acesso a cultura letrada em meio aos antigos hábitos da leitura oralizada (Darnton, 1990, p.132-46).

Entre as principais oficinas da antiga Florianópolis destacaram-se a Tipografia de Alexandre Margarida, a Tipografia do Cacique, o Gabinete Tipográfico Sul-Americano, a Tipografia Brazil, o Gabinete Tipográfico Natividade, a Tipografia do Povo e outras menores que serviram, sobretudo, a publicações de jornais, folhetos, rótulos e cartões. Principalmente na década de 1880, após a Guerra do Paraguai, a publicação de jornais na província cresceu a olhos vistos, mesmo que de alguns tenham fruído apenas pouquíssimas edições e eles logo tenham sido substituídos por outros, muitas vezes com os mesmos redatores e impressos nas mesmas tipografias.

Entre os fatores que contribuíram para essa movimentação estavam a organização de vários grupos literários – entre os quais o de Cruz e Sousa, Virgílio Várzea, Araújo Figueiredo e outros – e o incremento das campanhas abolicionistas e republicanas, fazendo proliferar jornais que se diziam noticiosos, embora muitas vezes fossem político-partidários (Callado Jr., 1970, p.135). Mais do que um novo ramo de atividade, essa proliferação de gabinetes tipográficos é indício da ascensão de uma elite ilustrada e da ampliação da comunidade letrada na cidade.

As "livrarias" e o que liam os ilhéus

Na primeira metade do século XIX, Desterro consolidou-se como centro comercial, político e administrativo com uma série de benfeitorias que a transformaram em cidade polo da província. Dentre essas benfeitorias é possível destacar, como o fez Itamar Seibert, a criação da Assembleia Provincial em 1834, as melhorias na precária infraestrutura urbana, uma série de empreendimentos particulares, como a agricultura familiar, a pesca, as lides artesanais, e uma série de atividades que fomentaram o crescimento de uma classe de comerciantes, armadores, atacadistas, intermediários para os produtos exportados e importados de outras províncias por meio do movimento crescente do porto local (Seibert apud Brancher; Arend, 2001, p.233).

Todas essas atividades fizeram a riqueza de uma classe que assumiu a política e fomentou a atividade econômica ao seu redor: "os donos do comércio varejista, donos de lojas de tecidos, boticas e armazéns de secos e molhados". Além deles, destacava-se uma incipiente classe média "composta de prestadores de serviços públicos, funcionários e profissionais liberais, como médicos e advogados" (Ibidem, p.233). Foi no interior das lojas desse comércio varejista que começaram a circular na cidade, com frequência cada vez maior, os livros publicados nos grandes centros.

Desde meados do século XVIII, em províncias como a de Vila Rica, era comum a venda de livros em lojas, juntamente com outros artigos importados como velas, cobertores, chapéus, tecidos (Moraes, 2006, p.48-9). O comércio varejista ainda não era especializado e a presença de livros não era mais considerável do que a de outros artigos, situação que permaneceu durante praticamente todo o século XIX em grande parte das províncias.

Mesmo em centros maiores o comércio livreiro ainda engatinhava. Segundo Ubiratan Machado, em 1820 o Rio de Janeiro possuía quatro lojas que vendiam quase tudo: artigos de papelaria, rapé, chá, porcelana, manuais de devoção, *Carlos Magno e os doze pares de França* etc. A venda dos livros era lenta, sobretudo por seu alto preço. Na Bahia, havia apenas duas casas que comercializavam os livros. No Recife, segunda cidade do país, em 1821 não havia nenhum tipo de livraria (Machado, 2001, p.53).

Não é de estranhar, portanto, que apenas em meados da década de 1850 tenham começado a surgir notícias de estabelecimentos congêneres em Nossa Senhora do Desterro – o que não significa a ausência dessas lojas ou da circulação de livros anteriormente na capitania, como demonstra o já citado romance de Ana Luisa de Castro, que na década de 1830 era fã dos livros de rezas e romances de cavalarias. Muitos desses comerciantes mantinham estreita ligação com a vida política da cidade, por laços de parentescos e relações sociais, e não raramente eles próprios desempenhavam os papéis de políticos e comerciantes.

Uma delas é a loja de ferragens de David do Amaral e Silva, que em fevereiro de 1850 vendia uma série de livros jurídicos como *Legislação do Brasil de 1822 a 1837*, *Manual de appellações e aggravos* e o *Princípio de direito divino e natural*. Vendia ainda um *Diccionario latino*, um *Magnum léxico*, o romance *Magdalena* e um *Diálogo francez e portuguez*, anunciado como "muito útil a quem se dedica a apprender a fallar o Francez".[5] O comercian-

5 *O Conciliador Catharinense*, Desterro, 2 fev. 1850.

te possuía laços de parentesco com Polidoro do Amaral e Silva – escrivão da Ouvidoria de Santa Catarina, procurador fiscal do Tesouro Provincial, advogado da Câmara Municipal, capitão promotor da Guarda Nacional e deputado provincial eleito em várias legislaturas (Piazza, 1985, p.531) –, tinha uma daquelas efemérides escriturais da cidade caracterizada por Angel Rama (Rama, 1985) e era um dos poucos que devia ter condições de pagar os 22 mil réis estabelecidos para os oito livros da Legislação do Brasil.

Outro ponto de venda de livros era o bilhar da rua da Cadeia, loja na qual o proprietário, Antônio Jacques da Silveira, vendia o romance *Um inigma*; as *Eneidas*, de Virgílio, traduzidas em oitava rima por João Franco Barielo; dois tomos do *Dicionário de todos os nomes próprios*; e um *Dicionário da fábula*, tudo por "módico preço".[6] Na loja de José Bonifácio Caldeira de Andrade, além de livros de medicina, as *Fábulas de Esopo*, a Coleção *Thesouros de meninos e meninas* e as *Geographias Gaulteer*, faziam sucesso o *Manual de civilidade* e os *Elementos de civilidades*,[7] indícios de uma sociedade preocupada em aristocratizar-se, constituir-se como categoria social distinta na aparência e nos costumes, diferenciando-se das camadas rústicas, sem os refinamentos burgueses.

Uma alternativa para a compra de livros era passar na rua do Príncipe (atual Conselheiro Mafra) e alugá-los na loja de Antônio Francisco de Farias, capitão do Segundo Batalhão da Guarda Nacional e deputado da Assembleia Provincial (Piazza, 1985, p.220). Foi um dos principais comerciantes e incentivadores da circulação das obras pela cidade e um dos primeiros a comercializar autores brasileiros como Joaquim Manoel de Macedo e o seu *O moço loiro*,[8] que muito sucesso fez por estas terras ao ser publicado como folhetim pelo *Argos*, em 1856. O "moço loiro" do título teria sido o desterrense Duarte Paranhos Schutel, companheiro de quarto de Macedo nos tempos de estudante que foi tomado como modelo para a personagem (Cabral, 1979, p.30).

Também estavam disponíveis as brochuras de *O guarany* e *Cinco minutos*,[9] de José de Alencar, que chegaram à capitania logo em suas primeiras edições – impressos, respectivamente, em 1857 e 1860 na Empreza

6 *O Conciliador Catharinense*, Desterro, 3 abr. 1850.
7 *O Cruzeiro do Sul*, Desterro, 11 mar. 1858.
8 *O Argos de Santa Catharina*, Desterro, 8 fev. 1856.
9 *O Progressista*, Desterro, 19 set. 1860.

Nacional do Diário do Rio de Janeiro, de N. L. Vianna – o que demonstra que a circulação de livros nacionais entre as capitanias não era tão lenta como se poderia supor. Disponibilizara-se para comprar ou alugar *Os lusíadas*, de Camões, e outras obras de autores lusitanos, como: *Os portugueses perante o mundo*; o *Diccionário geographico de Portugal*; *O observador lusitano*; uma biografia do *Marquez de Pombal*; e a *Descripção dos festejos reais por occasião do casamento de D. Pedro V, rei de Portugal*.[10]

Por meio da loja de Farias a cidade abastecia-se de alguns dos principais *best-sellers* da época, como: *Ivanhoé*, de Walter Scott; *Nossa Senhora de Paris*, de Vitor Hugo; *Saint-Clair das ilhas*; o *Espião do campo neutral*; o *Anão das pedras negras*; *Arthur, Castello de Charlton ou o testemento singular*; *Casa de campo*; *Cavalheiro da casa vermelha*; a *Porcina donzella*; o *Collar da rainha*; a *Cortezan de Paris*; *Gil Beaz parisiense*; *Diabo a quatro*; *Sete pecados mortais*; *Tumulo*; *Os amores de Pariz*; *Condessa de Monreon*; *Vida de fábulas*; *Izidoro e Horaide*; *Meu vizinho Raimundo*; *Mistérios de Lisboa*; *Duas Dianas*; a *Dama do Lago*; o *Salteador Saxônico*; obras de Henrique Percy e de Luiz de Winchester – entre tantos outros livros de mistério, romance e aventura que tanto sucesso faziam.[11]

A lista é longa e tais obras, cujas narrativas promoviam uma identificação do público leitor com a vida de suas personagens, contribuíram para a criação de códigos de conduta para a vida real ao disseminar na cidade discussões de natureza ética, religiosa, intelectual, moral e estética, contribuindo para a cidade se tornar cosmopolita. Era possível efetuar compras de livros também por meio dos catálogos de grandes livrarias, como a de Paula Brito, a Garnier e a Laemmert, que periodicamente imprimiam extratos dos catálogos nos jornais locais. Jornais e revistas eram vendidos em barbearias e cafés. Aos poucos os livros acabaram se tornando um objeto recorrente, familiar, passível de ser encontrado, lido, obtido.

Os folhetins eram a alternativa popular de acesso a obras literárias. Dentre as que foram divulgadas pela imprensa, além daquelas de autores locais como Lacerda Coutinho, Horácio Nunes, Virgílio Várzea, Eduardo Nunes Pires e outros, estiveram nas páginas dos jornais as seguintes: *A filha do pescador* e *Tardes de um pintor ou as intrigas de um jesuíta*, de Antônio Gon-

---

10 Ibidem.

11 *O Argos de Santa Catharina*, Desterro, 8 fev. 1856.

çalves Teixeira de Sousa; *O moço loiro*, *A carteira de meu tio* e *A luneta mágica*, de Joaquim Manoel de Macedo; *Os três mosqueteiros*, *Dom Fernando de Zuniga* e *Ir a Roma sem ver o papa*, de Alexandre Dumas; *O filho de Talião*, do Conde de Legurat; *Os segredos de um cemitério*, de Leon Gezlau; *João Diabo*, de Paul Feval; *O perdão*, de G. Deslys; *Dois irmãos*, de George Sand; *O segredo de Augusta*, de Machado de Assis; *As minas de prata* e *O guarany*, de José de Alencar, entre outros (Soares apud Melo, 1991, p.145-50).

O papel diretivo do Estado na organização de políticas públicas que incidiam na difusão das práticas de leitura é percebido na criação da Biblioteca Pública. Quase duas décadas após o fechamento do Gabinete de Leitura da Sociedade Patriótica Catarinense e sob os auspícios do presidente da província, João José Coutinho, em 31 de maio de 1854 foi sancionada a Lei n.373 determinando a criação da Biblioteca Pública nas dependências da Assembleia Legislativa. Subsidiada pelo governo e com um acervo em grande parte doado por particulares, ao final daquela década o "Templo de Minerva" já se constituía como importante espaço de sociabilidade e formação, constando em seu acervo, em 1859, quase 1.800 volumes (Schimidt, 2006, p.117).

Grupos particulares também se organizavam na criação de bibliotecas. A alta sociedade poderia se encontrar na Biblioteca do Clube Doze de Agosto, fundada na década de 1890 e que, em menos de dez anos, possuía mais de 1.600 obras (Rosa; Grisard, 1991, p.92-3). Outro exemplo é o caso da sociedade fundada pela comunidade alemã na cidade, em 1866, sob o nome de Euterpe e posteriormente Club Germania. Por meio de ações realizadas por seus sócios, construiu um edifício à rua Tenente Silveira, onde possuía, em 1899, uma biblioteca com 520 obras, distribuídas em 610 volumes.[12]

Toda essa circulação de cultura impressa teve um papel central na transformação das mentalidades. Aquela elite letrada do fim século XVIII formada por funcionários civis e militares da frondosa burocracia administrativa da ilha capital se expandiu ao longo de todo o século XIX, chegando à virada do século seguinte fortemente enraizada nas redes de sociabilidades,

12 Cf. *Annuario de Santa Catharina para 1900*. Florianópolis: Gabinete Sul-Americano, 1899. Em 1917, tensões trazidas pela eliminação da alteridade entre alemães e brasileiros durante a Primeira Guerra Mundial – quando o discurso contra o "perigo alemão" ganhou força – culminaram com a invasão e destruição do clube, na qual o acervo da biblioteca foi atirado na rua e queimado numa das primeiras fogueiras de livros de que se tem notícia na cidade.

com a adição de uma nova classe de comerciantes enriquecidos no mercado local (Pedro, 1998, p.18). As obras literárias, os livros, jornais, revistas, guias, anuários, hebdomadários, ou seja, todo tipo de cultura impressa, bem como a própria leitura em si, tornaram-se fenômenos mais públicos e acessíveis a uma variedade de grupos antes silenciosos e que começaram a engajar-se numa participação mais ativa dos desígnios sociais.

No fim do século XIX, a cidade passava por momentos de ansiedade gerada por diversas mudanças políticas e sociais. Com a chegada da república, cresceram os sonhos e expectativas de uma crescente ordem burguesa que via na proteção da camada superior o seu sonho de ascensão social. A implantação do novo regime exigia a ampliação das políticas públicas de ensino tendo em vista, entre outros interesses, o aumento do número de eleitores. Há de se levar em conta também o fato de que, após a revolução federalista, as novas composições e as tensões sociais aumentaram e a ordem pública "era elevada à condição de preceito fundamental" (Cherem apud Brancher; Arend, 2001, p.331), cabendo também às escolas o papel de cumprir sua missão civilizadora de levar adiante o sistema social ordenado.

Em 1890, Desterro tinha 30.687 habitantes, e, destes, 7.011 sabiam ler e 23.676 eram analfabetos. Contudo, o analfabetismo em todo o Estado estava em curva decrescente: em 1872 os iletrados constituíam 85,3% da população; em 1890 eram 80,4% do número total de habitantes e em 1900, 74,3%, segundo censo oficial (Fontes, 1918). O decréscimo da curva pode parecer lento, mas em 1933, o Estado de Santa Catarina era o que menos analfabetos tinha proporcionalmente ao número de habitantes, atingindo 26,72% deles, em oposição ao Estado do Piauí, que era o último colocado no *ranking* publicado pelo Ministério do Exterior, com 88,37% da população sendo analfabeta.[13]

Uma das consequências diretas do desenvolvimento da cultura letrada sobre uma sociedade está relacionada com o consumo de produtos impressos e as mudanças de hábitos. Não obstante, é difícil descrever exatamente quais são essas mudanças Como disse Eisenstein, uma coisa é descrever os métodos de produção do livro na era pós-Gutenberg ou avaliar sua comercialização e práticas de leitura; outra coisa é "decidir como o acesso a uma

13 *Progresso*, Desterro, 1937, n.42.

maior quantidade (ou variedade) de registros escritos afetou as maneiras de aprender, de pensar e perceber das elites letradas" (Eisenstein, 1998, p.19).

O que se tentou aqui foi percorrer as ruas da antiga Florianópolis à procura de tipografias, livros e eventuais leitores e leituras da cidade para identificar o momento em que os livros passaram a fazer parte do cotidiano dessa "ilha de casos e ocasos raros", como era habitualmente descrita. Ao esforçar-me para demonstrar a existência de uma "vida cultural" num cenário habitualmente apresentado como atrasado, provinciano, isolado, a despeito da penetração da cultura impressa, que lentamente revolucionou hábitos da cultura burguesa, não tive por intento construir a ilusão de uma ilha imaginária que seja um caldeirão efervescente de cultura, mas sim aferir a "sintonia" da ilha com os fatos de seu tempo.

Esse objetivo será atingido se este trabalho – ao lado de outros estudos feitos por autores que buscam analisar a circulação da cultura letrada em Santa Catarina, como Maria Teresa Santos Cunha, Ana Lice Brancher, Iaponan Soares e outros – contribuir para a superação de certos lugares-comuns que se repetem em nossa historiografia do livro e da leitura, ainda carente de maiores sistematizações.

27
Hileia das letras: periodismo e vida literária em Manaus

Maria Luiza Ugarte Pinheiro

Em boa medida, foi a fragilidade do contexto socioeconômico a principal responsável pelo atraso do surgimento da imprensa no extremo norte do país, uma vez que até meados do século XIX a então comarca do Alto Amazonas, subordinada à província do Pará, não apresentava em seus quadros comerciantes ou proprietários cujas rendas permitissem aventurar-se pelo universo das tipografias. No Amazonas, como em todo o país, a montagem de uma tipografia, por mais modesta e artesanal que fosse, exigia investimentos elevados, tanto para a aquisição de tipos e maquinários específicos, quanto para a contratação de profissionais qualificados para o ofício. Nelson Werneck Sodré recuperou essa dimensão, ao reproduzir a fala de um importante jornalista paulistano que, em 1869, lamentava que no Brasil

> a imprensa vegeta sob o peso dos grandes salários do pessoal tipográfico ainda escasso, do custo exorbitante do papel e outros materiais importados, e mais que tudo, do gravoso porte de circulação, verdadeiras asas de chumbo postas à ave transmissora do pensamento – a obra do jornalismo no Brasil requer pesados sacrifícios pecuniários. (Sodré, 1983, p.188)

Não apenas a abertura de tipografias no Amazonas foi tardia como também a manutenção destas parecia não se efetivar com facilidade. A primeira prensa local chegou a Manaus em 1851, motivada pela necessidade de dotar a recém-criada província de uma estrutura mínima que possibilitasse seu funcionamento.

A convite do primeiro presidente, transferiram-se para Manaus inúmeros profissionais de diversas áreas, em sua maioria provenientes do Pará, como foi o caso de Manoel da Silva Ramos, "hábil artista, empregado na grande oficina tipográfica de Honório José dos Santos, em Belém" (Faria e Souza, 1908, p.5). Coube a ele tocar o primeiro jornal produzido no Amazonas, o *Cinco de Setembro* – posteriormente transformado no *Estrella do Amazonas* –, que saiu pela primeira vez em 3 de maio de 1851. Desde o início do funcionamento desse jornal, coube à tipografia de Silva Ramos, por meio de contratos oficiais celebrados com a presidência da província, atender a todos os pedidos de impressão (editais, leis, relatórios etc.), necessários à burocracia governamental.

Tal vinculação com a órbita do poder dá razão à análise de Werneck Sodré quando este enfatiza o caráter tardio do surgimento da imprensa em províncias periféricas e ressalta que esse lento desenvolvimento foi "geralmente iniciado com jornais oficiais, oficiosos ou ligados aos governos provinciais" (Sodré, 1983, p.105). De fato, já em seu primeiro editorial o *Estrella do Amazonas* reconhecia essa dependência, externando-a nos termos seguintes: "Contamos com a coadjuvação dos briosos amazonenses e esperamos merecer a alta proteção do Exm. Governo da Província, sem a qual não podemos continuar".[1]

Com efeito, nos primeiros anos da província do Amazonas, a quase totalidade da impressão dos relatórios oficiais foi feita mediante encomenda a firmas estabelecidas na Corte ou no Recife, sob a alegação de que a precariedade da única prensa local não permitia a execução daquele serviço em Manaus. Em 1859, oito anos após a montagem da tipografia de Silva Ramos, o quadro ainda era de limitações e precariedades, como indica a queixa formulada pelo secretário de Governo:

> Não havendo na Província mais que uma Tipografia, e essa mal montada, aconteceu que só se concluísse a impressão do relatório, por V. Excª apresentado à Assembleia Provincial em 7 de setembro do ano findo, bem como a das leis promulgadas pela mesma assembleia, nos últimos dias do mês de março, o que deu lugar a que tarde se fizesse a remessa dessas peças oficiais a seus destinos: e mesmo tendo as leis sido inseridas na "Estrella do Amazonas" não o foi tanto a

1 *Estrella do Amazonas*, Manaus, 7 jan. 1852, n.1

tempo, que pudessem ser conhecidas por todos os habitantes da Província, logo ao princípio do exercício corrente; porque aquele jornal, em pequeno formato, e falho como quase sempre anda, não pode oportunamente dá-las ao público, e nem isso admira, quando o expediente, que publica efetivamente está em atraso.[2]

No mesmo período em que essas críticas vinham à tona, o naturalista Robert Avé-Lallemant, ao receber do governo provincial um convite impresso para participar de um baile, registrou a presença do *Estrella do Amazonas* de forma mais auspiciosa, reconhecendo-o como um avanço importante no contexto regional e como verdadeiro emblema da modernidade, que contribuía para reverter o "barbarismo" das populações regionais. Seus comentários acabaram também por confirmar a utilização da tipografia e do jornal para a impressão e difusão do material oriundo das demandas governamentais:

> Um convite impresso com letras douradas para um baile no palácio do Governo de Manaus! Isso já é um sinal dos tempos. A quem, aliás, se admirar que em Manaus, no Rio Negro, já se imprima, observarei que lá já aparece um jornal, a "Estrela do Amazonas", duas vezes por semana, impresso em grande quarto e em papel melhor do que da maioria dos jornais alemães, embora esta "Estrela do Amazonas" não estenda até muito longe seus raios de luz e não seja nenhuma estrela de primeira grandeza. (Avé-Lallemant, 1980, p.151)

Foi só a partir de 1867 que as falas, exposições e relatórios dos presidentes de província passaram a ser impressos em Manaus, recorrendo o poder público, nesse momento, à tipografia do jornal *Amazonas*, fundado em 1866 pelo português Antonio da Cunha Mendes. Seis anos mais tarde, o *Almanack Administrativo da Província do Amazonas* trazia a informação de que funcionavam ali apenas três tipografias, todas ligadas a jornais locais: a de Gregório José de Moraes, do *Commércio do Amazonas*; a de José Carneiro dos Santos, do *Diário do Amazonas* e a de Manoel de Cupertino Salgado, proprietário do *Reforma Liberal* (Almanack, 1873, p.79). O empreendimento tipográfico teria de aguardar a expansão econômica que a borracha

---

2 Relatório do secretário de Governo Gabriel Antonio Ribeiro Guimarães, de 1º de maio de 1859. In: *Relatórios da Província do Amazonas*, vol.II, p.283.

produziria no contexto regional para alçar voos mais seguros. Até 1884 o que se viu foi a transferência de titularidade, já que a província continuava com apenas três tipografias – as de José Carneiro dos Santos, Antonio Fernandes Bugalho e Azevedo & Cª.– e 21 tipógrafos registrados (Almanack, 1884, p.173).

Corroborando esse quadro de lenta evolução, uma matéria divulgada no *Diário do Amazonas* fazia um balanço francamente negativo da situação financeira dos tipógrafos estabelecidos na província, razão pela qual esses empreendimentos apresentavam contínuos revezes.

> Nesta Província tem havido desde 1852, muitas tipografias. A da Estrella do Amazonas, o proprietário morreu pobre. Esta foi comprada pelo Sr. Antonio da Cunha Mendes, operário infatigável, que está pobre, e passou seu estabelecimento. A do Catechista, do Sr. Capitão Pará não pode aumentar-se. A do Correio de Manáos, do Sr. Dr. Sérgio morreu, seu proprietário não auferiu lucro algum. O da Reforma Liberal, vai sustentando-se, sem resultado. No meio de tudo isto, brilha a do Sr. Gregório José de Moraes, distinto proprietário de Manáos. Digam os sábios da escritura, Que segredos são estes da natura. O Sr. Carneiro também fará fiasco deixando só o distinto operário Tenente Gregório José de Moraes?! Há homens muito felizes. *Ego sum, quis sum.*[3]

A situação crítica das tipografias e sua exiguidade no contexto regional analisado não devem ser entendidas apenas como de ordem material, já que a ausência de trabalhadores especializados no ofício de impressão era marcadamente sentida em todo o Estado.

O número de tipógrafos habilitados permaneceu baixo até o momento em que a expansão da economia gumífera propiciou a atração e contratação de um contingente técnico, quase todo composto de europeus. João Batista de Faria e Souza, pioneiro no estudo da imprensa no Amazonas, registrou a carência de tipógrafos qualificados, reproduzindo notícia veiculada pelo jornal *Amazonas*, que havia deixado de circular "por haver adoecido na terça feira o único typographo de nossa oficina" (Faria e Souza, 1908, p.87).

Uma "Imprensa Oficial", só apareceria no Amazonas décadas mais tarde, em 1892, já na administração de Eduardo Ribeiro, com o explícito ob-

3 *Diário do Amazonas*, 4 jan. 1874.

jetivo de fugir, no dizer de Mário Ypiranga, da pressão causada pelos "contratos com periódicos que a cada ano custavam os olhos da cara ao Estado ou a Província" (Monteiro, 1986, p.9).

A montagem das primeiras tipografias no Amazonas ensejou um significativo movimento de produção periódica ainda no final do século XIX. Com efeito, isso parece ter sido um fenômeno mais abrangente, já que na virada do século XIX para o XX, o Amazonas partilhou com outras regiões do país da agitada atmosfera cultural que favoreceu a emergência de um vigoroso processo de editoração jornalística:

> No Brasil do século XIX, as taxas de alfabetização eram baixas, mas a atividade jornalística era intensa. Cada facção política disseminava suas ideias através de pelo menos um periódico. Em 1897, o ano da última campanha contra Canudos, 27 novos jornais foram criados na capital federal. Quase 700 jornais foram publicados na Bahia no transcorrer do século, e até a aldeola de Curralzinho teve nove. A maioria dos jornais não sobreviveu muito tempo, mas para cada um que fechava, outro aparecia em seu lugar. (Levine, 1995, p.54)

No Amazonas essa produção só emergiu com vigor no momento em que alguns obstáculos importantes foram sendo removidos. Em primeiro lugar, havia os de cunho estrutural, como o baixo nível demográfico das vilas e cidades e seu relativo isolamento geográfico; o caráter tardio e incompleto da penetração da Língua Portuguesa traduzida na incipiência dos índices de letramento e alfabetização, que refletia uma tradição cultural pautada na oralidade como meio prioritário e até mesmo exclusivo de expressão e comunicação entre a população regional.

Em segundo lugar, estavam os fatores propriamente técnicos, ligados tanto à inexistência de mão de obra especializada (como mestres tipógrafos, gravadores e impressores), quanto à escassez de recursos financeiros e de matérias-primas necessárias (como papéis e tipos) para a implementação das tipografias.

Os panfletos políticos e mesmo os periódicos manuscritos foram alternativas importantes às limitações vivenciadas nesse período inicial. Embora seja possível argumentar que a inovação trazida pela tipografia tornou a gazeta manuscrita um arcaísmo tendente ao desaparecimento rápido, esse tipo de jornal ainda se manteve em cena, principalmente nos locais onde as inovações não conseguiam se generalizar. No Amazonas, entre os anos de 1851 e 1908, circularam mais de duas dezenas deles[4] e é certo que pelo menos outros vinte vieram à luz nas duas décadas posteriores.

Embora boa parte das folhas manuscritas não tenha passado de um único número (tal como muitos dos jornais impressos), não deixa de ser intrigante o fato de alguns títulos terem sobrevivido por mais tempo. *O Ócio* (1906), por exemplo, alcançou 14 números, um a cada semana. Na mesma linha *O Universo* (1914-1915) conseguiu ter 27 números manuscritos antes de se tornar impresso, o mesmo acontecendo com *A Confederação* (1902) e *O Vencedor* (1914-1915). Contudo o exemplo mais notável de longevidade de título manuscrito coube ao *Mucuim*, que circulou em Manaus por uma década, alcançando a façanha de veicular nada menos que 300 números!

Prestando-se a experimentações, o jornal manuscrito tendeu a ser essencialmente produzido e consumido em espaços restritos, como o ambiente escolar, os círculos de vizinhança e até embarcações em trânsito. Seu traço forte eram os temas do cotidiano local e a fofoca difamatória. Quanto ao formato, os manuscritos apresentaram uma grande variedade, mas os que lograram maior êxito foram aqueles de formato reduzido. Os editores do *O Mucuim* – de dimensões minúsculas: 13 × 11 cm – lembravam sempre aos colaboradores que "os artigos devem ser o mais resumido".[5]

Nas primeiras décadas do século XX, com a difusão rápida da máquina de escrever, o Amazonas viu florescer um número significativo de jornais datilografados e que, por vezes, saíam mesclados, não só com os títulos e subtítulos escritos à mão, mas também seções inteiras, como ocorreu com *O Universo* (1915), *O K.C.T.* e *O Arco-Íris* (1927).

Sem a necessidade de conhecimentos técnicos e de processos mecânicos sofisticados e dispendiosos, os pequenos jornais manuscritos e datilografados eram feitos com o empenho e dinamismo de inconformistas. Embora não tivessem acesso às prensas tipográficas, estes demonstravam a vontade incontida de mostrar-se ao mundo e de intervir no contexto social, fato que, de resto, acompanhou a imprensa onde quer que ela tenha surgido. Analisando o contexto da França revolucionária, Jeremy Popkin chamou a atenção para as pequenas folhas e salientou que sua importância em "pôr

4 *Cf.* Faria e Souza, 1908.
5 *O Mucuim*, Manaus, 30 maio 1895, n.18.

na rua as suas palavras passava por cima de qualquer outra consideração, e eles não tinham nenhum interesse em adotar práticas editoriais que os obrigassem a trabalhar para a criação de uma ordem social e política estável e conservadora" (Popkin, 1996, p.208).

Essa dimensão propriamente política do jornalismo não deve passar despercebida, principalmente nos estudos que tomam a imprensa como objeto prioritário. Independentemente da tiragem ou longevidade de um determinado jornal, sua existência significa, antes de mais nada, que, em torno dele, gravitam interesses específicos, sedimentados no corpo de uma dada sociedade. Sua emergência é sempre fruto de interesses particulares associados a projetos de intervenção social que buscam adquirir maior expressão ou consolidar posições previamente alcançadas. De qualquer forma, o jornal, seja ele um grande diário ou uma pequena folha, é um canal que se abre para a sociedade ditando normas, enquanto busca reconhecimento e legitimidade (Pinheiro, 2001, p.17).

Tal como ocorreu em outras regiões do país, uma das principais características do periodismo no Amazonas em seus primórdios foi a efemeridade, já que a grande maioria dos jornais não chegava sequer a publicar o segundo número e poucos foram os que superaram a casa das duas dezenas. Os próprios jornais externaram suas preocupações com essa tendência anunciando um previsível insucesso. *O Bemtevi*, por exemplo, vinha a público dizendo não saber "se amanhã morrerá, como tem acontecido com outros jornalecos", ao passo que *O Collegial* informava que "aproximando-se o 1º de Maio e até lá não circulando o terceiro número do nosso jornal, fazemos com antecedência a nossa saudação ao operariado do Amazonas...". Nas páginas do *Gavroche*, o fim anunciado materializava-se tímido na forma de apelo dirigido ao público leitor: "Se for lisonjeira a sua circulação e se o público o simpatizar, *Gavroche* sairá mais algumas vezes, sempre com a oportunidade necessária. Do contrário... voltará a sua insignificância no jornalismo indígena".[6]

De forma mais enfática, *O Foguete* também veio a público lamentando-se da sorte, enquanto clarificava a efemeridade dos pequenos jornais do Amazonas como algo bastante corriqueiro:

---

6 Respectivamente: *O Bemtevi*, Manaus, 19 maio 1910; *O Collegial*, Manaus, 31 mar. 1914; *Gavroche*, Manaus, 18 fev. 1912.

> Hoje que depois de uma certa impressão uma machina me faz sahir do templo de Guttemberg apresentar-me-hia contente se não fosse a certeza que tenho de morrer antes de receber na pia, que para mim é o mundo o santos olhos que é o bom acolhimento do povo, porque outros mais fortes que eu, tiveram fatal sorte de vir á luz do dia, só para dizerem a humanidade: Eu sou o "Novidades"!... e eu "Lusitano"! E tremendo espero ser roto pelas mãos dessa humanidade que me serviria de madrinha se tivesse a fortuna de escapar à carnificina desses malditos infeccionadores do nosso jornalismo cá da terra que tem por lema: Anunciar-se nascer e morrer antes de nascer.[7]

Para além do caso específico dos jornais comemorativos (ou de homenagens) que saíam uma única vez, cabe registrar que o grande fator da efemeridade dos jornais amazonenses vinha, como já se disse, do alto custo que cercava a produção jornalística. Tais custos estavam, geralmente, em conflito com as posses mais modestas de seus idealizadores, o que gerava grande expectativa quanto à vendagem do primeiro número: "Aparece hoje a *Matraca*. O seu futuro não podemos prognosticar com precisão, mas julgamos de vida extensa, se a tanto permitirem as finanças".[8]

Registre-se também os custos elevados do papel e do próprio processo de impressão gráfica, motivo pelo qual boa parte dos jornais impressos saía em formato reduzido. Essa preocupação não era exclusiva dos editores das pequenas folhas, mas do conjunto da imprensa amazonense do período, já que mesmo um dos mais importantes jornais do Estado, com amplo patrocínio oficial, como era *O Amazonas*, por diversas vezes teve de diminuir seu formato, "por falta de papel de impressão", como bem anotou Faria e Souza (1908, p.84).

Houve casos, no entanto, em que a saída de circulação de um jornal não estava ligada ao peso dos custos de produção, mas a fatores externos, como repressão política, na maioria das vezes violenta, que era exercida por grupos políticos e econômicos locais. A crônica jornalística amazonense registra o caráter corriqueiro com que diversos jornais foram *empastelados* por ordem dos grupos oligárquicos locais, inconformados com o debate franco de ideias incômodas, como eram o republicanismo e o abolicionismo. Como resultado desse embate

7 *O Foguete*, Manaus, 11 dez. 1900.

8 *A Matraca*, Manaus, 5 out. 1913.

> Empastelaram-se algumas tipografias. Trocaram-se tiros, houve prisões. Muitos anos depois, as oficinas do *Quo Vadis* foram incendiadas. Faltou água, mas os bombeiros traziam tanques aos quais ligaram as mangueiras que esguichavam querosene para extinção do fogaréu, segundo o relato de algumas pessoas que testemunharam a cena. (Castro, 1948, p.128-30)

Em editorial *A Gazeta* comentava com pesar o excessivo controle exercido sobre a imprensa pelas diversas facções políticas amazonenses. Segundo o jornal, a ação de partidários dos "pedrosistas, nerystas, sa-peixoistas, pennistas, guerristas, bittencouristas, monteiristas, jorgistas e raposistas" teria apresentado como consequência direta o fechamento de vários jornais pela polícia, quatro deles só em 1913.[9] A violência dirigida aos jornais acabava frequentemente atingindo a figura dos próprios jornalistas, que, segundo Mario Ypiranga Monteiro, "viviam sempre sobressaltados, ameaçados de chibata, caçados até nas residências, e os jornais eram empastelados, incendiados, varejados pela polícia" (1969, p.266).

Com o passar dos anos, o vigor da produção de periódicos no Amazonas foi se consolidando por sobre os processos iniciais de experimentação, vivenciados por diferentes sujeitos sociais.

Tais experimentações foram também transgressões à norma culta, que, à época, buscava se impor de forma modelar no seio da imprensa. Os jornais operários, por exemplo, tenderam a expressar esse antagonismo, questionando diretamente o uso do jornal pela intelectualidade:

> Não somos eruditos nem Herodotos; não frequentamos Universidades nem Academias para adquirir um papel pelos quais se nos auctorizasse a viver sem trabalhar. Não. Os nossos paes não eram burgueses nem mandões, por isso quem pensar encontrar nestas colunas linitivo ao espírito ocioso que produz o riso do burguês, engana-se. A nossa escola é outra: Somos operários e a nossa illustração quer intelectual, quer material é a menos imperfeita de todas porque é colhida no templo onde as imagens são: – componedores, martellos, arados, serrotes, plainas, cutellos, enxadas, machados.[10]

9 *A Gazeta*, Manaus, 25 jul. 1913.

10 *A Lucta Social*, Manaus, 29 mar. 1914. n.1.

O editorial do *A Lucta Social* permite sustentar que, se a imprensa nasceu ligada aos espaços eruditos e foi por ele majoritariamente utilizada, ela tendeu a ser apropriada por diversos segmentos sociais, cujas vivências se faziam nas margens dessa cultura letrada citadina em expansão.

Ao longo das duas primeiras décadas do século XX, as pequenas folhas de estilo mais despojado e de linguagem coloquial passaram a ser menos toleradas no interior do periodismo e confrontadas por jornais e jornalistas locais. Estes, projetando-se como maiores portadores do refinamento cultural e da vida civilizada, começaram a impor regras e convenções, defendendo a restrição da atividade jornalística à esfera da norma culta burguesa. Daí a emergência de atitudes francamente discriminatórias que associavam o ofício de jornalista ao viés racial, como na denúncia de que "nos Tócos há um preto simi-negro, que intitula-se repórter de nosso jornalzinho. Deixe de pretensão seu... preto".[11]

O surgimento de um clima de franca competitividade fez emergir todo um turbilhão de críticas que falavam cada vez mais em nome da qualidade jornalística e punham em xeque as pequenas folhas domingueiras de feição amadora e experimental. Um exemplo dessa atitude emergiu no editorial do jornal *A Farpa*, que denunciava: "Aparecerá amanhã a tarde mais um jornalzinho de feição vagabunda, com o letreiro *O Coió*".[12]

Durante o frenesi da economia gumífera, ganhou destaque uma geração de jornalistas profissionais, cujas folhas corridas davam conta de anos de envolvimento na faina jornalística, apresentando-se ao público como representante dileta da sociedade culta e elitizada.[13] A qualidade jornalística desejada deveria ser aquela passível de ser aquilatada pela composição do corpo redacional, preferencialmente repleto de insignes intelectuais e acadêmicos. Assim, era com essas credenciais que os jornais passavam a se apresentar ao público leitor:

11 *O Chicote*, Manaus, 1º nov. 1913. n.18.

12 *A Farpa*, Manaus, 17 out. 1909.

13 Dos mais destacados, Marvignier de Castro fez o registro: "Penas eruditas de mestres jornalistas deixaram traços inapagáveis nos anais da imprensa local. Alcides Bahia, Araújo Filho, Domingos de Andrade, Domingos Teófilo de Carvalho Leal, J. B. Faria e Souza, Lopes Gonçalves, Monteiro de Souza, Silva Gayoso, Gaspar Guimarães, Taumaturgo Vaz, Licinio Silva, Otávio Sarmento, João Barafunda. Vicente Reis, Coriolano Durand, Adelino Costa. Silvério Nery, Corrêa Mendes, Pedro Guabiraba, Alberto Rangel, António C. Ribeiro Bitencourt e muitos outros já falecidos, granjearam, no jornalismo da capital do Amazonas, honrosa e imorredoura tradição" (Castro, 1948, p.130).

> *A Conquista* conta no número dos seus colaboradores os mais fulgurantes espíritos da moderna geração, e as figuras de maior relevo do nosso meio intelectual, dentre os quais alguns notáveis membros da Academia Amazonense de Letras, que nos honrarão as colunas com os seus trabalhos.[14]

Já que o processo de profissionalização no mundo da imprensa era praticamente inexistente até o início do século XX, foi comum a atividade jornalística tender a ser levada a cabo por pessoas com formação e atuação em outros campos profissionais, sendo boa parte constituída por profissionais liberais e/ou funcionários públicos. Para essas pessoas, a escrita jornalística tendia a ser uma atividade secundária e, em alguns casos, diletante, característica que também contribuía para a fluidez e inconstância de muitos periódicos locais.

Não foi à toa que muitas das pequenas folhas foram pensadas e editadas com base no interesse de pequenos círculos letrados que se constituíam em espaços de sociabilidades não institucionais. Livrarias, cafés e botequins eram referências constantes nos jornais de Manaus, o que não chegava a ser propriamente um fenômeno local, já que tradicionalmente

> os cafés se apresentam como o local onde os intelectuais conseguem exercer a criatividade, dando vazão à sua sensibilidade artística, tão sacrificada no horário do trabalho público. Além do mais, nesse local é que se travam relações de amizade, efetuando-se os contatos sociais. (Velloso, 1996, p.47)

Também em Manaus os cafés eram os espaços que apareciam como o local preferencial ou exclusivo para o recebimento das correspondências e colaborações dos leitores, além de serem ainda seus principais pontos de venda. Muitos dos jornais foram idealizados em círculos letrados que gravitavam naquele tipo de estabelecimento. Embora a maioria dos intelectuais e jornalistas estivesse presente no jornal mais formalizado da grande imprensa, muitos deles militaram igualmente nos pequenos jornais. Fazendo um balanço de sua inserção na arena jornalística, as redatoras do *Grêmio* reconheciam a associação estreita entre jornalismo e projeção intelectual:

---

14 *A Conquista*, Manaus, 2 out. 1920.

> Convencidas ficamos de que foi por demais arrojado o nosso primeiro passo n'um centro de homens illustres em todos os ramos da cultura intellectual; porém estamos certas de que se não fora um jornalsinho acadêmico e as reuniões litterárias, não se preparariam oradores de fama e litteratos de grande vulto. Elles vieram d'alli.[15]

Nas pequenas folhas, os literatos mostravam-se mais à vontade, falando com humor da vida política local e nacional, da moda, dos esportes, das mulheres, da vida cultural na cidade e, principalmente, deles mesmos, ou seja, do seu mundo jornalístico e literário. Quando do surgimento de *A Tezoura*, percebe-se o interesse de explorar o mundo das letras nos espaços de sua maior efervescência criativa. Tratava-se de trocar a redação sisuda dos diários pelos locais de articulação das "igrejinhas" literárias.

> Tendo em seu corpo de redação escovadíssimos e velhos corujas, dedicar-se-á especialmente a tratar da bohemia que tem por campos de ação o salão dos Terríveis, o Cassino Julieta, o Chalet das Terrasses do Quintas, dos "Chopps" da Ville de Bordeaux, Restaurante Francez e White Club, que não quer, por forma alguma dizer, que limitem-se seus afiadíssimos gumes a tocar apenas na pele do demi-monde.[16]

Numa época em que a vida literária era sinônimo de vida boêmia, foi comum os homens de letras (jornalistas, poetas, juristas, professores etc.) montarem suas "igrejinhas" nesses espaços de sociabilidade. Ali, entre goles do mais fino champanhe francês ou de um trago da mais barata genebra, lamentavam o acanhamento da vida provinciana, propunham saídas para os problemas nacionais, confidenciavam segredos de alcova e desnudavam intermináveis intrigas com seus desafetos. Para um crítico da época, a intriga e a mesquinharia ficavam a cargo dos menos talentosos, dos "pobres diabos da literatura" ou dos "liliputianos da imprensa de picuinha" (Mesquita, 1935, p.60).

Da mesma forma que as opções etílicas, as articulações literárias podiam variar também em função da origem e inserção social de seus integrantes.

---

15 *O Grêmio*, Manaus, 10 jul. 1910, n.2.
16 *A Tezoura*, Manaus, 9 out. 1909, n.1.

Assim, os poetas mulatos maranhenses Nunes Pereira, Raimundo Nonato Pinheiro e Maranhão Sobrinho sofreram forte segregação, e foi somente graças aos seus talentos e a uma boa dose de ousadia que conseguiram se impor e minorar o processo de marginalização que sobre eles recaía.[17] No rastro de Nunes Pereira, seu conterrâneo e confrade Maranhão Sobrinho teve igualmente

> uma vida bastante desequilibrada; era amigo inseparável da boemia, e, no estado de alcoolismo, escrevia, nas mesas dos botequins, seus versos... Faleceu em Manaus, no bairro da Cachoeirinha, completamente abandonado, a 25 de dezembro de 1915, exatamente no dia de Natal em que completava 36 anos. (Lins, 1966, p.79)

Fazendo a (má) fama de um sem-número de intelectuais do período, a imagem do "boêmio que amava e desperdiçava a vida, sacrificando-a em peripécias estúrdias" foi projetada por Péricles Moraes com base na lembrança que tinha do poeta Paula Guimarães. Péricles o imaginava "a perambular pelos *cabarets*, sempre com o artigo em atraso, um poema na cabeça, um livro antigo debaixo do braço, uma *boutad* explosiva a cada instante ou uma história melancólica nos lábios" (Moraes, 1944, p.130).

Outro intelectual de destaque a circular com desenvoltura na boêmia e na vida noturna manauara foi Thaumaturgo Vaz. Th. Vaz, como era conhecido, foi referência incansável nos mexericos de uma imprensa domingueira que não perdia a oportunidade de revelar ao público as idiossincrasias dos mais conceituados literatos locais.

> Sou o Th. das Cantigas
> Nasci lá no Piauhy;
> Mandei minha pátria ás figas
> E vim me embora p'ra aqui

17 O ingresso de Nunes Pereira na Academia Amazonense de Letras, no ato de criação dessa entidade (1918), demonstra bem os embates que foram necessários assumir. Sem ser convidado, Nunes entrou ébrio na sessão solene e se indicou para a cadeira de Cruz e Souza, com o argumento de este ter sido mulato como ele. Depoimento (ainda inédito) a Geraldo Pinheiro.

Sou bacharel. Nas intrigas
Partidárias me metti
Faço a corte ás raparigas
E o Patureba escrevi

Pelas caretas que faço,
Ganhei fama de palhaço
Em rodas de botequim

Tendo arames na algibeira,
Passo a vida em pagodeira:
Quem me quizer é assim

Ri-Clow. [18]

Como muitos, Th. Vaz não se incomodava com a pecha de boêmio que lhe lançavam os confrades. "Quem me quiser é assim", foi o bordão que o acompanhou por toda a vida.[19] Sem cerimônia, partilhava com os confrades as pilhérias, em improvisos que desancavam os desafetos e faziam o delírio do público, que, assim, passava a esperar ansioso sua transposição para os jornais.

> Tais vinculações entre boêmia e vida literária faziam dos cafés, leiterias e botequins os espaços por excelência para onde convergiam os homens de letras. Cada igrejinha tendia a fincar raízes em locais específicos e muitos funcionavam como redações improvisadas, onde alguns jornais foram idealizados e até integralmente redigidos, antes de serem levados à prensa.

Como era de esperar, se boa parte da vida intelectual amazonense se desenvolvia nos cafés e botequins, o hábito de ler jornais no interior desses locais era igualmente generalizado. Muitos estabelecimentos atraíam os fregueses colocando jornais e revistas à disposição dos *habitués*, seguindo tendência já estabelecida em várias partes do mundo. Os editores de *O Riso*, embora reconhecendo a tendência, não deixaram de lamentar que ela consolidava vícios indesejáveis:

---

18 *A Farpa*, Manaus, 17 out. 1909, n.2.

19 "Nas letras fiz minha fama/Dizem todos que é bem ruim/Mas não deixo meu programa/Quem me quiser é assim". *A Farpa*, Manaus, 1º nov. 1909, n.4.

> A leitura dos jornaes feita nos cafés é bem agradável. O leitor, que está viciado a aproveitar a bondade dos outros, de certo se dispensa de gastar dinheiro com jornais inúteis. Sim, os jornaes d'aqui são tão desenxabidos que, franqueza, não valem duzentos réis. E é facto, não valem; porque ali, no café, comodamente sentados, nós os leremos todos, de graça, graças à generosidade e à amabilidade do proprietário que é nosso amigo. E quanta gente não lê os jornaes dos cafés. Isto é até da moda e do bom tom.[20]

Por outro lado, as queixas traduziam de forma inequívoca não só a expansão da cultura letrada, o que resultava numa maior abertura da sociedade amazonense para novas práticas de leitura, como também davam maior visibilidade ao processo de consolidação dos círculos letrados.

Foi nas páginas da imprensa local que a intelectualidade amazonense da virada do século XIX para o XX ganhou visibilidade e respeitabilidade no interior da sociedade local. Era, sobretudo, no periodismo que se podia encontrar a poesia de Álvaro Maia, Th. Vaz ou as crônicas de Péricles Moraes. Nesse sentido, reproduziu-se no Amazonas uma tendência que ocorreu em todo o país, como argumentou Félix Pacheco: "toda a melhor literatura brasileira dos últimos trinta e cinco anos fez escala pela imprensa" (apud Sodré, 1983, p.292).

Foi, antes de tudo, da seara jornalística que saíram os nomes que mais tarde estabeleceriam as bases para a criação e desenvolvimento das mais importantes agremiações científicas e literárias no Amazonas, como o Instituto Geográfico e Histórico, a Academia Amazonense de Letras e a própria Universidade Livre de Manaus. Todas essas instituições e sua relação com o universo da imprensa continuam a aguardar por uma maior atenção e destaque por parte da escrita acadêmica contemporânea.

20 *O Riso*, Manaus, 22 nov. 1912, n.2.

28
Objetos da arte da palavra: livros brasileiros na Coleção *Eurico Facó* (1815-1900)

Giselle Martins Venancio

> *Eu ainda me lembro daquelas encadernações vermelhas com os títulos dourados da edição Garnier. Em algum momento a biblioteca do meu pai se dispersou e, quando li Dom Quixote numa outra edição tive a sensação de que não era o verdadeiro. Mais tarde, um amigo conseguiu pra mim a edição Garnier com as mesmas gravuras, as mesmas notas de rodapé e as mesmas erratas. Todas essas coisas pra mim, faziam parte do livro; este pra mim era o verdadeiro Dom Quixote.*
>
> Jorge Luis Borges

Livros são lembrados pelas palavras que portam, pelas mensagens que transmitem, pelos sentimentos que fazem brotar naqueles que os leem. Mas são lembrados também pelas suas formas, pela sua encadernação, pelo seu valor como objeto. A reminiscência que o poeta Jorge Luis Borges guarda da leitura de *Dom Quixote* estabelece uma estreita correspondência entre o texto de Miguel de Cervantes e o objeto por meio do qual se deu o seu primeiro contato com esta obra: a edição de capa vermelha e letras douradas da Garnier. Para o poeta, esse era o único e verdadeiro *Dom Quixote*.[1]

Livros podem ser, portanto, lembrados e guardados não apenas por aquilo que portam, mas também pelo que são: objetos da arte da palavra.

1 Roger Chartier, ao tratar este mesmo fragmento da autobiografia do poeta ditada a Norman Thomas di Giovanni, nota que, ao evocar um dos mais importantes livros lidos ao longo de sua vida, Borges lembra primeiramente do objeto, da forma material do texto de Cervantes como ele, ainda criança, o conheceu. Ver Chartier, 2007b, p.15.

A biblioteca do poeta cearense Eurico Facó é um desses espaços em que as razões que inspiraram a formação do acervo parecem ir além da guarda de suportes de textos para a leitura. É uma coleção de livros destinados não só à leitura, mas também à contemplação, à admiração. A coleção de Facó sugere que ele foi atraído pelo livro como objeto, como relíquia e riqueza, pois, nessa biblioteca, a primazia é dada às obras raras e preciosas, à primeira edição, à edição especial, à única edição de um texto raro. O essencial nessa coleção[2] é aquilo que a adjetiva: são livros raros. Nela foram provavelmente os critérios da exclusividade, da qualidade, da raridade, da dificuldade de acesso ao texto que nortearam o processo de formação do acervo.[3]

Nascido em Cascavel, Ceará, Eurico Facó passou a maior parte de sua vida no Rio de Janeiro, onde acumulou uma coleção de livros que, embora pouco numerosa,[4] é bastante preciosa. Após a morte do poeta, ocorrida em 1941, seus irmãos, atendendo a seu pedido, doaram-na ao Instituto do Ceará.[5] Antes disso, porém, fizeram imprimir na Editora Dois Mundos, do Rio de Janeiro, um catálogo da coleção, no qual os livros constam apenas em ordem alfabética pelo sobrenome do autor, sem nenhum outro critério mais complexo de classificação. Entretanto, embora com essa organização bastante rudimentar, há inscrições que, além de identificarem os livros, tecem comentários sobre eles.

---

2 Regina Abreu registra que, embora o ato de colecionar possa ser pensado como uma "operação mental necessária à vida em sociedade, expressando modos de organização, hierarquização e valores", na sociedade ocidental moderna esse ato foi investido ainda de outros sentidos significando uma acumulação deliberada de bens que alguns passam a deter em detrimento de outros. Nesse sentido, o colecionador apresenta-se como um indivíduo destacado na sociedade, distinto daqueles que não possuem uma coleção semelhante. Ver Abreu, R. 2005, p.101-25.

3 Krzysztof Pomian anota que as coleções testemunham o gosto e o refinamento de quem as adquiriu. Não é supreendente, portanto, na opinião desse autor, que seja possível encontrar pessoas que para "atingirem este fim sacrifiquem uma parte de suas fortunas". Ao se referir às coleções bibliográficas, Pomian destaca que estas possuem características específicas se comparadas com coleções de outros tipos de objetos, porque os livros, embora possam ser reconhecidos como objeto de arte, colecionáveis, prestam-se prioritariamente ao fornecimento de informações e leituras. Assim, mesmo em coleções, não se pode considerá-los como excluídos dos circuitos das atividades econômicas. Mesmo tratado como objeto de arte, colecionável pelo valor de sua edição, encadernação ou ilustrações, mantém sempre a sua função de suporte destinado à leitura (Pomian, 1984, p.53).

4 A coleção é formada por 1.277 títulos distintos.

5 O Instituto Histórico, Geográfico e Antropológico do Ceará, vulgarmente chamado de Instituto do Ceará, foi criado em 1887 e mantém hoje importantes coleções sob a sua guarda, dentre as quais se destacam: o acervo da biblioteca pessoal e dos documentos privados de Capistrano de Abreu, a coleção de documentos do barão de Studart e a biblioteca de Eurico Facó.

O catálogo da Coleção Facó conta com um prefácio de Américo Facó, no qual este justifica o pedido feito por Eurico para que sua coleção fosse doada ao Ceará. Diz ele:

> a coleção Eurico Facó representa um conjunto de obras que são na maioria de grande valor bibliográfico, inclusive algumas que há muito são tidas por verdadeiras preciosidades da bibliografia portuguesa. Os irmãos de Eurico, ao executarem a intenção por ele manifestada, acreditam que nenhum destino melhor poderiam ter os seus livros do que esse e confiam que a Biblioteca de Fortaleza os saberá conservar e zelar como cousa estimável e honrosa. (Facó, 1947, p.5)

É, portanto, o argumento do livro tratado como obra de arte, de seu valor econômico e simbólico, o que justifica, do ponto de vista de seu proprietário, a doação da coleção. Segundo a vontade de Eurico Facó, o rico acervo seria destinado à Biblioteca Pública de Fortaleza. Por motivos que não se pôde exatamente precisar, seus irmãos acabaram doando-no ao Instituto do Ceará. Possivelmente porque um dos irmãos de Eurico, dr. Boanerges Facó, tenha sido eleito para ocupar a cadeira número 24 dessa instituição. É provável que o fato de ter um de seus membros nos quadros do instituto tenha levado a família Facó a preferir doar o acervo a essa instituição, pois foi justamente no momento da posse de Boanerges, em 1951, que este fez a entrega do catálogo e da coleção ao instituto. Em seu discurso de posse, Boanerges Facó, assim destacou a importância desse fato:

> A demora de minha posse significa apenas que sérios afazeres de ordem funcional não me permitiram que eu tivesse a grata satisfação de tomar assento imediato na cadeira n. 24, recém-criada, e ainda laços de afetividade que me induziram a esperar pela presença de meu irmão mais velho, Dr. José Baltazar Ferreira Facó, na minha posse de sócio efetivo do Instituto e na entrega da Biblioteca de meu saudoso irmão Eurico Facó ao Instituto do Ceará.[6]

Ao ser doada, a Coleção Eurico Facó foi imediatamente incorporada ao acervo da instituição. Os livros foram misturados ao conjunto bibliográfico do Instituto do Ceará, perdendo a sua identidade como coleção. No início dos anos 1990, constou na *Revista do Instituto* a reprodução de um "Projeto para organização das Salas Eurico Facó e Capistrano de Abreu da Biblioteca

6 *Revista do Instituto do Ceará*, 1951, t.LXV, a.LXV, p.289.

do Instituto do Ceará".[7] Pelo título do projeto, percebe-se que as coleções Capistrano de Abreu e Eurico Facó faziam parte do acervo mais geral da biblioteca da instituição.

O projeto – elaborado pela bibliotecária do Instituto do Ceará na época, Silvana Maria de Castro Pinto, e pelas professoras do Departamento de Comunicação Social e Biblioteconomia da Universidade Federal do Ceará, Olga Guedes e Fátima Portela Cysne –, visava organizar os acervos de Facó e Capistrano, estimados, naquele momento, em cerca de 2.100 volumes. As autoras justificavam o projeto afirmando que

> a escolha da organização de parte do acervo da Biblioteca do Instituto foi feita por se acreditar que ao se iniciar um pequeno trabalho, a dimensão do seu resultado poderia sensibilizar a sociedade como um todo para a recuperação e organização da biblioteca.[8]

O foco era, portanto, a organização do acervo completo da biblioteca do Instituto do Ceará que, na opinião das autoras do projeto, estava em "lastimável estado" e

> prestes a se desintegrar se as autoridades competentes e os órgãos que trabalham para o desenvolvimento do Estado não se [imbuíssem] da responsabilidade de preservação do bem público e da memória do Ceará.[9]

Com relação ao acervo de Eurico Facó, o projeto afirmava que:

> A sala Eurico Facó possui um acervo só de obras raras. São cerca de 800 livros precisando de desinfecção e de pessoal altamente qualificado para proceder à sua restauração. A Biblioteca do Instituto do Ceará possui um catálogo impresso "Catálogo Bibliográfico da Coleção Eurico Facó", único da biblioteca, onde estão registradas mais obras do que possui o Instituto.[10]

Pelo que se pode perceber do projeto apresentado, naquele momento, início dos anos 1990, o acervo de Eurico Facó, por se encontrar confundido

7 Idem, 1990, t.CIV, a.CIV, p.241-4.
8 Ibidem, p.241.
9 Ibidem.
10 Ibidem, p.242

ao da biblioteca do Instituto do Ceará, estava desfalcado de alguns de seus exemplares. Dos 1.277 títulos listados no catálogo, apenas 800 estavam identificados como pertencentes à coleção. Além disso, acreditava-se haver apenas um exemplar do catálogo impresso.

A situação desse acervo começou a mudar nos últimos anos, quando as coleções passaram a ocupar salas específicas no instituto e os volumes foram, aos poucos, sendo identificados e organizados.[11] Hoje a Coleção Eurico Facó está localizada numa das salas do prédio do Instituto do Ceará e todos os volumes listados no catálogo encontram-se identificados.

Seu rico acervo é formado prioritariamente por livros impressos na Europa entre os séculos XVI e XX, mas contém 188 volumes editados e impressos no Brasil, entre 1815 e 1939. Destes, 52 foram editados ao longo do século XIX, isto é, entre 1815 e 1900. Ao se examinar a coleção é possível encontrar exemplares impressos nos mais variados lugares do país, como Pernambuco, Bahia, Rio de Janeiro, Rio Grande do Sul, Pará, Amazonas e Sergipe. Um olhar mais atento sobre ela evidencia, portanto, um leque bastante abrangente de editores/impressores que, ao longo do Oitocentos, atuavam nessas regiões.

Assim, com base na coleção, pode-se apresentar um breve panorama da impressão de livros no Brasil do século XIX, traçando-se uma cartografia da produção editorial brasileira, a partir da identificação dos impressores, livreiros/impressores e editores que atuaram nas mais distintas regiões do país.

Inicialmente, porém, cabe uma palavra sobre o que se está considerando *produção editorial* neste texto. Quando se define o que é uma editora, sabe-se que ela é composta por um conjunto de profissionais que vão do editor propriamente dito – homem de conteúdo – àqueles profissionais responsáveis pela preparação dos originais, acabamento, impressão etc.[12]

---

11 A organização, por exemplo, do acervo do historiador Capistrano de Abreu desenvolveu-se por meio de uma parceria entre o Instituto do Ceará, a Universidade Estadual do Ceará (Uece) e a Universidade Federal do Rio de Janeiro (UFRJ) como parte das atividades do convênio PQI/Capes firmado entre essas duas universidades e financiado, parcialmente, com bolsas de iniciação científica da Fundação de Amparo à Pesquisa do Estado do Ceará (Funcap). Por parte da Uece, o projeto foi coordenado pelos professores Gisafran Nazareno Mota Jucá e Giselle Martins Venâncio.

12 Sobre os profissionais e as relações de trabalho no interior de uma editora nas últimas décadas do século XX, ver Martins Filho, 1997, p.47-78.

Neste texto, não é propriamente desse tipo de editor autônomo[13] de que se trata. Considera-se como integrantes do espaço editorial brasileiro do século XIX os estabelecimentos formados por tipógrafos e impressores,[14] muitas vezes ligados a livrarias e oficinas tipográficas de jornais[15] e que não tinham uma grande autonomia da arte de editar em relação às demais atividades de comercialização e impressão dos livros. Além da consideração da pouca autonomia dos editores, destaca-se também a ideia de edição não apenas em seu sentido conceitual de impressão e comercialização de símbolos linguísticos fixados em um suporte material, mas também em seu sentido etimológico, isto é, o da publicação de uma obra com o objetivo de comunicar, tornar algo comum a outros. Essa opção inspira-se, em grande parte, no alerta que faz Artur Anselmo a respeito do mercado editorial português e que parece ser bastante pertinente à situação brasileira do século XIX:

> se restringíssemos o âmbito da edição somente a textos comercializáveis, teríamos de riscar da história editorial milhões de espécies publicadas para a satisfação de interesses (psicológicos, sociais, comunicativos) que pouco ou nada tem a ver com o mundo dos negócios. (Anselmo, 1997c, p.11)

Assim, o percurso pela Coleção Facó tem início na abordagem do único exemplar do acervo publicado pela primeira "editora" brasileira – a Impressão Régia[16] – instalada no Rio de Janeiro em 1808, como é de amplo

---

13 Como já foi anteriormente apontado por diversos historiadores da leitura, o processo de autonomização do editor em relação aos livreiros e tipógrafos ocorreu na Europa ao longo do século XIX. No caso do Brasil, esse processo desenvolveu-se um pouco mais tardiamente, nos primeiros anos do século XX.

14 Aníbal Bragança propõe uma tipologia dos modos de edição aplicada à história editorial brasileira. Na opinião desse autor, há três modos de edição distintos – e para cada um deles se pode considerar um editor paradigmático. O primeiro deles é o editor-impressor, na tipologia desenvolvida pelo autor, representado por Paula Brito; o segundo é o livreiro-editor, representado por Francisco Alves, e o terceiro é o editor propriamente dito, que, no caso da história editorial brasileira, é representado por Monteiro Lobato, que primeiro se destacou como editor desvinculado da tipografia e da livraria. Ver Bragança, 2002, p.57-83.

15 É importante que se considere que nem sempre esses estabelecimentos eram de pequeno porte e com pequena especialização profissional. Kátia de Carvalho anota que a tipografia do *Diário da Bahia*, no início do século XX, era formada por cerca de 50 pessoas distribuídas por várias categorias profissionais: 1 chefe de oficina, 4 paginadores, 4 tituleiros, 2 retrancas, 2 ajudantes, 2 impressores, 4 revisores e de 28 a 30 compositores de texto em tipo. Ver Carvalho, 2002a, p.7.

16 Sobre a Impressão Régia no Rio de Janeiro, ver, entre outros: Moraes, 1993, p.xvii-xxxi; Hallewell, 1985, p.25-50; e Abreu, 2004.

conhecimento. Criada em função da extrema necessidade da Corte portuguesa – recém-instalada no Rio de Janeiro – de dar publicidade às suas leis, normas e decretos, rapidamente a Impressão Régia utilizou seus prelos também para colocar em letra de fôrma uma variada gama de escritos, como romances, novelas, poemas, relatos históricos, narrativas de viajantes e até mesmo cartas de baralho,[17] o que lhe permitia garantir uma renda certa e manter a oficina funcionando de forma ininterrupta.

A única obra da Impressão Régia que a Coleção Facó guarda, de título longo, como era comum à época, é a *Quinta parte do Thesouro descoberto no rio máximo Amazonas (contém hum novo método para a sua agricultura, utilíssima praxe para a sua povoação, navegação, augmento e commercio, assim dos índios como dos europêos)*, publicada em 1820. Esse livro destaca-se na coleção por sua antiguidade e raridade. Como se afirmou anteriormente, é também o único exemplar do acervo publicado pela nossa primeira casa impressora, o que, por si só, já justificaria o seu valor.[18]

Trata-se de um relato sobre o rio Amazonas, de autoria de um jesuíta chamado João Daniel, escrito entre 1757 e 1776, momento em que seu autor encontrava-se preso na Fortaleza de São Julião, em Lisboa. Da obra – composta por seis partes manuscritas –, a Impressão Régia publicou apenas a quinta parte que estava depositada na Biblioteca de Évora.[19] Para dar amplo conhecimento da publicação do texto, seus impressores proclamaram na *Gazeta do Rio de Janeiro*, em 28 de outubro de 1820, um anúncio da obra:

> Está actualmente no prélo hum manuscripto, composto de 140 páginas pouco mais ou menos, das quaes as primeiras 10 são distribuídas gratuitamente com a Gazeta, para que por ellas se possa fazer huma tal e qual idea da sua grande utilidade. O seu preço será 1$280 réis, descontando-se 320 réis a favor daquelas pessoas, que quizerem mandar subscrever na Régia Impressão; na loja da Gazeta, na de Silva, rua da Quitanda; na de Guimarães, junto a Igreja da

17 Segundo Rubem Borba Moraes, para aliviar o orçamento e diminuir as dificuldades financeiras insistentemente presentes em 1811, o governo anexou à Impressão Régia a Fábrica de Cartas de jogar. Ver Moraes, 1993, p.xx.

18 A Impressão Régia recebeu a denominação de Real Officina Typographica, em 1815, e Typographia Nacional, em 1822. Posteriormente passou a se chamar Imprensa Nacional. Sobre essa questão, ver Abreu, 2004, p.7.

19 Sobre esta obra, ver Camargo, 1993, p.241-2.

> Candelária; na de Saturnino, junto a Igreja Mãi dos Homens; na de Mandillo, defronte da Igreja do Terceiro do Carmo, e na de Santos, junto ao Correio; até o fim de janeiro próximo futuro, para que se possa sahir impressa huma exacta lista de subscripção, sendo para advirtir que o dinheiro será entregue nas referidas lojas somente no acto da entrega da obra, depois do annuncio da Gazeta. (Camargo, 1993, p.242)

Embora esse seja o único exemplar da Impressão Régia presente na biblioteca, há outros volumes de livros publicados, posteriormente, pela Imprensa Oficial, como: o *Dicionário geographico das minas do Brasil*, de Francisco Ignácio Pereira, publicado em 1885; *Corographia da província do Ceará*, de José Pompeu Cavalcanti, de 1888; *Prosadores e poetas latinos*, de César Zama, de 1902; *Theoria e pratica da cooperação*, de Sarandy Raposo, de 1912; *O secular problema do Nordeste*, discurso pronunciado na Câmara dos Deputados por Ildefonso Albano, de 1918; *Inspiratas. Versos de Astero Dardeau*, também de 1918; *Discurso de recepção de Aloísio de Castro e resposta de Afrânio Peixoto*, de 1919; *Brasas e cinzas*, poesias de Mucio Teixeira, de 1922; *Livro dos centenários dos cursos jurídicos (1827-1927)*, publicado em 1928-1929; *Evolução constitucional do Brasil*, de Milton Barcellos, de 1933; além de *Folk-lore pernambucano: subsídios para a história da poesia popular*, de Pereira da Costa, no qual não consta a data de publicação.

No entanto, há bem mais na Coleção Facó que livros da Imprensa Oficial. Dos 52 livros editados no Brasil no século XIX que compõem o acervo, a imensa maioria foi impressa em editoras do Rio de Janeiro. No catálogo, aparecem as seguintes casas editoriais, tipografias e impressoras do Rio de Janeiro: a Typographia Imperial do Instituto Artístico, a Francisco Alves, a Typographia de Lourenço Winter, a Mamiliano de C. Honorato, a Cruz Coutinho, a editora de Faro & Lino, a Magalhães e Companhia Editores Livraria Moderna, a Typographia e Litographia Carlos Gaspar da Silva, a B. L. Garnier, a Domingos Magalhães editores, a Tipografia e papelaria Fluminense, a Eduardo e Henrique Laemmert, a A. J. Gomes Brandão, a tipografia da Gazeta de Notícias, a tipografia de Augusto dos Santos, a Tipografia Perseverança e a Typographia Brasiliense de Maximiniano Gomes.

A leitura do catálogo da Coleção Eurico Facó permite conhecer parte da produção editorial dessas empresas. Ele nos informa que elas publicaram principalmente livros de versos, como: *Excavações poéticas*, de Antonio Feliciano de Castilho, editado por Eduardo e Henrique Laemmert, em 1846; *Symphonias*, de Raimundo Correia, de 1883, pela editora de Faro & Lino; *Pecados*, de Medeiros e Albuquerque, pela Typographia da Papelaria Fluminense, em 1889; e *Rimas de outrora*, de Affonso Celso, publicado em 1893, pela Magalhães e Companhia Editores/Livraria Moderna. Essas empresas editaram também livros de ciência, como a *História natural popular*, em dois volumes, publicada por Eduardo e Henrique Laemmert, em 1873; *As aves do Brasil*, de Emílio Goeldi, de 1894, pela Livraria Clássica de Alves e Cia; e *Elementos de História natural,* de Felisberto Freire, de 1896, por Cunha e Irmãos Editores.

Embora a cidade do Rio de Janeiro e a província fluminense possam ser consideradas os principais centros de atividade tipográfica e editorial no Brasil do século XIX, especialmente por ter sido essa cidade a sede do governo imperial, a Coleção Eurico Facó permite ainda que se vislumbre a dispersão e a relativa efervescência da produção editorial provincial. Outras províncias e cidades têm também os exemplares de suas tipografias e editoras preservados na coleção do poeta cearense. São esses volumes que possibilitam traçar o que se está considerando, neste texto, uma possível cartografia do processo editorial brasileiro no século XIX.

Uma possível cartografia da atividade editorial brasileira no século XIX

O livro mais antigo presente na coleção – *Paráfrase dos provérbios de Salomão em verso portuguez*, de José Eloi Otoni – foi publicado na Bahia, na Typographia de Manoel Antonio da Silva Serva, em 1815. Silva Serva, como se sabe, era um tipógrafo português que havia se radicado na Bahia e solicitado autorização para imprimir o primeiro jornal dessa região. As máquinas montadas com esse objetivo serviram então para a impressão do que se considera a primeira revista brasileira – a *Variedades*, que era encartada semanalmente no jornal – e de alguns livros, como esse que se encontra no acervo de Eurico Facó.

Além da empresa baiana, outras tipografias provinciais – em atuação no século XIX, entre 1815e 1900 – aparecem na coleção, como se pode ver na Tabela 28.1.

Tabela 28.1 Empresas presentes na Coleção Eurico Facó (1815-1900)

Empresa	Província	Cidade
Ribeiro Universal	Ceará	Fortaleza
Luis C. Cholowiecki/ Typographia Moderna	Ceará	Fortaleza
Studart	Ceará	Fortaleza
Typographia d'o Século	Rio Grande do Norte	Natal
Teixeira & Irmãos	São Paulo	São Paulo
Typographia Apollo	Pernambuco	Recife
Hugo & cia	Pernambuco	Recife
Typographia Aldina	São Paulo	São Carlos
Carlos Pinto e Cia	Rio Grande do Sul	Porto Alegre
Lellis & Mason	Bahia	Salvador

Essa variedade e dispersão geográfica de impressores/editores presentes no acervo de Eurico Facó parece corroborar a sensação descrita por Olavo Bilac em uma crônica de 1905 intitulada "O vício literário". Nela, Bilac reclama que no Brasil daquele período tudo era transformado em literatura e que não havia um dia sequer que ele não recebesse "do extremo norte, do extremo sul, dos sertões, do centro, de todos os pontos do país" um livro de poesias (apud El Far, 2006, p.34).

Na coleção de Facó, no que se refere à cidade de São Paulo, podemos identificar duas empresas: a Teixeira e Irmãos Editores e a Typographia Aldina.

A primeira delas foi criada nas últimas décadas do século XIX, pelos irmãos Antonio Maria e José Joaquim, ao fundarem a Grande Livraria Paulista, que, posteriormente, passaria a se chamar Livraria Teixeira. Inaugurada em 1876, num prédio da rua São Bento, a empresa mudou sua sede alguns anos mais tarde, em 1884, para o número 4 da rua São João. Logo nos seus primeiros tempos, a Teixeira passou a editar livros. O exemplar dessa editora presente na Coleção Facó é *A comédia dos deuses*, poema de Theóphilo Dias, de 1887.[20]

20 O poeta Theóphilo Dias nasceu em Caxias, no Maranhão, em 1854, e faleceu em São Paulo, em 1889. Era bacharel pela Faculdade de Direito de São Paulo. Sobrinho de Gonçalves Dias, foi grande amigo de Assis Brasil, Valentim Magalhães, Lucio de Mendonça e, especialmente, de Affonso Celso de Assis Figueiredo Junior, cuja amizade acabou lhe valendo a escolha de seu nome como patrono da cadeira 36 da Academia Brasileira de Letras. Entre seus livros,

Embora representada na coleção apenas por esse exemplar, a editora dos irmãos Teixeira publicou muitos outros textos de autores hoje mais conhecidos como Júlio Ribeiro (*A carne*, 1888), Casimiro de Abreu (*As primaveras*, 1889), Joaquim Manoel de Macedo (*A moreninha*, 1890), Aluísio Azevedo (*Demônios*, 1893), José de Alencar (*Lucíola*, 1917, e *O tronco do ipê*, 1924) e Camilo Castelo Branco (*Amor de Perdição, 1926*).[21]

Das chamadas províncias do Norte,[22] que eram Pernambuco, Rio Grande do Norte e Ceará, é esta última que aparece representada com o maior número de editoras na coleção. Certamente isso ocorre em função da origem do proprietário da coleção e das relações de amizade que ele mantinha com seus conterrâneos. Possivelmente, Facó recebia de amigos e parentes exemplares produzidos em sua cidade natal. Do Ceará, há exemplares da Typographia Studart, da Luis C. Cholowiecki/Typographia Moderna e da tipografia Ribeiro Universal. Destas, a mais importante foi a Typographia Studart criada por Guilherme Studart,[23] com o objetivo de publicar a *Revista do Instituto do Ceará*, periódico que ele mesmo editava. Desde que assumira a edição dessa revista, em 1893, Guilherme Studart reclamava do preço cobrado pelas tipografias da cidade para imprimi-la, como fez registrar em carta a Capistrano de Abreu, em 1894.[24] Assim, em 1895, fundou sua própria tipografia – situada na rua Major Facundo, número 46, em For-

---

destacam-se *Flores e amores, Caxias, Fanfarras, Lira dos verdes anos* e *A comédia dos deuses*. Informações disponíveis em: Academia Brasileira de Letras (ABL). Acadêmicos – Patronos: Teófilo Dias. *Academia Brasileira de Letras*, Rio de Janeiro. Disponível em: http://www.academia.org.br. Acesso em: 7 dez. 2009; Os 40 patronos da Academia Brasileira de Letras. *Almanaque "Pridie Kalendas" (ano VII)*. Disponível em: <http://www.calendario.cnt.br/patronos01.htm>. Acesso em: 2 dez. 2007.

21 Sobre a Livraria e Editora Teixeira e Irmãos, ver Momentos, 1998, p.32-4.

22 Até a década de 1920, utilizava-se a expressão "Norte" para referir-se também ao que hoje se considera a região Nordeste do Brasil. Como esclarece Durval Albuquerque, "o termo Nordeste é usado inicialmente para designar as áreas de atuação da Inspetoria Federal de Obras Contra a Seca (IFOCS), criada em 1919. Neste discurso institucional, o Nordeste surge como a parte do Norte sujeita às estiagens". Ver Albuquerque Jr., 1999, p.68. Por esse motivo, adotou-se, neste texto, a expressão "províncias do Norte", considerada mais adequada ao período do século XIX.

23 Guilherme Chambley Studart (1856-1938), o barão de Studart, era médico. Foi presidente do Instituto do Ceará por nove anos e editor da revista desse mesmo instituto por cerca de 45 anos. Ele é considerado um dos mais importantes intelectuais cearenses da segunda metade do século XIX e início do século XX. Ver Amaral, 2002.

24 Carta do barão de Studart a Capistrano de Abreu, 1894. Acervo de correspondências passivas de Capistrano depositado no Instituto do Ceará.

taleza –, que se tornou responsável, nos anos subsequentes, não apenas pela edição da revista do instituto, mas também por diversas outras publicações no Estado do Ceará, tais como a *Revista da Academia Cearense de Letras* e a *Revista da Fênix Caixeiral* (Maia Neto, 2006).

Essas tipografias e editoras presentes na Coleção Eurico Facó evidenciam uma breve cartografia da produção editorial brasileira. A distribuição da atividade editorial pelo território do Império de modo mais amplo do que se costuma considerar era, muito possivelmente, estimulada pelo hábito de os pretensos poetas e literatos do século XIX custearem a impressão dos seus manuscritos (El Far, 2006, p.34-5). No entanto, seja pela atuação de indivíduos efetivamente como editores, seja por meio apenas da impressão de originais pagos pelos próprios autores, o acervo do poeta cearense permite perceber como nos mais diversos pontos do país livreiros, tipógrafos, impressores e editores atuavam ampliando o número de textos em letras de fôrma disponíveis para uma quantidade igualmente crescente de leitores.

Um catálogo, seu colecionador e a atividade editorial no Brasil do século XIX

Catálogos de bibliotecas privadas são frequentemente organizados para avaliação judicial e para leilões (Anselmo, 1997c, p.132). No entanto, há quem os prepare com outros objetivos, como foi o caso do poeta cearense Eurico Facó, que sugeriu a organização do catálogo de sua coleção bibliográfica para que ela pudesse ser doada a uma instituição de Fortaleza sem correr o risco de se dispersar, destino comum de acervos privados quando inseridos em instituições públicas.

É bom que se lembre que as coleções são espaços de construção de representações, pois não resultam de um acúmulo casual. São sempre produtos de escolhas pessoais que evidenciam disputas e lutas conformadas num desejo de autorrepresentação de seu proprietário. Objetos de coleções podem ser, assim, considerados objetos semióforos (Pomian, 1994, p.51-86; Abreu, 1996, p.43-6), os quais, no dizer de Pomian, são aqueles que, destituídos de seu valor de uso, são expostos ao olhar para serem apreciados e engendrarem o invisível como, por exemplo, o poder simbólico – político ou cultural – de seu proprietário.

Os catálogos são, portanto, elaborados para servir de orientação ao possível admirador da coleção ou, em outras palavras, para organizar as representações.[25] No caso de Eurico Facó, pode-se supor, comparando-se a limitação de sua produção poética com a riqueza da sua coleção bibliográfica, que foi esta última que contribuiu de forma efetiva para a construção da sua memória como um intelectual refinado e erudito, ao menos para seus pares – o grupo de intelectuais e literatos cearenses –, para quem ele fez questão de legar sua biblioteca.

Assim, ainda que exista quem afirme que a biblioteca de um intelectual permanece "indestrutivelmente pessoal, privada e íntima" (Arbaizar, 1992), é possível sugerir, como se tentou fazer neste texto, que a coleção de livros de Eurico Facó coloca em evidência aspectos da autorrepresentação de seu proprietário e, embora produto de uma seleção pessoal, tem o poder de objetivar aspectos específicos da história dos livros brasileiros, bem como permite uma cartografia, ainda que breve, da produção editorial brasileira do século XIX, tornando visíveis ângulos ainda pouco explorados da história da produção impressa no Brasil.

25 Ao investigar o *Catálogo da Exposição de História do Brasil de 1881*, Eliana de Freitas Dutra sugere que esse documento pode ser lido como um guia da exposição. Ver Dutra, 2004, p.6.

29
Privilégios ou direitos? A questão autoral entre intelectuais e homens de Estado no Brasil do século XIX

Lúcia Maria Bastos P. Neves
Tania Maria Bessone da Cruz Ferreira

Todo homem tem o direito de participar livremente da vida cultural da comunidade, de fruir as artes e de participar do progresso científico e de fruir de seus benefícios.

Todo homem tem direito à proteção dos interesses morais e materiais decorrentes de qualquer produção científica, literária ou artística da qual seja autor.

Artigo 27 da Declaração Universal dos Direitos Humanos, 1948

Tais palavras, proclamadas na Declaração Universal dos Direitos Humanos em 1948, em seu artigo 27, consagram, explicitamente, os dois direitos fundamentais do homem, no campo intelectual: o direito à cultura e o direito do autor. Essa proposta, no entanto, traz à tona a discussão de um aparente conflito entre o interesse coletivo, que confirma o acesso de todos às obras produzidas, e a propriedade intelectual, ou seja, o direito do autor de usufruir sua obra. Estabelecer a harmonia entre esses dois princípios – o direito universal à cultura e o direito individual do autor – constitui "o maior desafio das novas gerações de titulares de direitos autorais e das sociedades que os representam", segundo a visão contemporânea de João Carlos de Camargo Eboli, especialista em Direito de Propriedade Intelectual (Eboli, 2004). Essa é, portanto, uma questão polêmica que ainda agita os debates nos dias de hoje.

Esse possível choque de interesses acentuou-se, sobretudo, a partir da segunda metade do século XX, quando ao lado da imprensa, do cinema, do rádio e da televisão, a informática intensificou o processo de comunicação de massa. Sem dúvida, os homens do século XVIII, ao inaugurarem o conceito de bibliotecas públicas, com o empréstimo de livros sem custo, dificilmente imaginaram a possibilidade de milhões de pessoas terem acesso eletrônico a uma biblioteca digital. Vivencia-se uma época de mundialização das informações, que acarreta, porém, enormes problemas como a pirataria reprográfica, fonográfica e audiovisual, tão comum em países em vias de desenvolvimento, através de espaços de ampla circulação internacional, como as fronteiras do Brasil com o Paraguai e a Bolívia.

Nessa perspectiva, hoje em dia a discussão acerca dos direitos e leis autorais gira em torno desse aparente conflito entre a democratização do conhecimento – iniciada com a invenção da imprensa nos tempos modernos, consolidada pela Revolução Industrial do século XVIII, ampliada pela revolução tecnológica e científica do final do XIX e acelerada pela informática – e o aspecto individual do direito ou, como afirma Eliane Abrão, do "privilégio temporário conferido ao autor e à obra" (Abrão, 2002, p.218). Seria, então, o direito do autor um monopólio parasita do passado? Como elaborar um novo contrato social entre público e autor? Deve-se realizar uma reforma radical na organização mundial do direito de propriedade intelectual, considerada como muito mais a serviço do hemisfério Norte do que do Sul?

Ainda que hoje essas indagações adquiram dimensões inéditas em função do surgimento de novas mídias, o debate acerca da questão dos direitos autorais não deixa de remontar a séculos atrás. Desde o Setecentos, duas perspectivas conflitantes a esse respeito estão presentes: aquela que não quer abrir mão de um acesso universal ao conhecimento e aquela que parte do pressuposto de que a propriedade literária é também uma forma de propriedade, mesmo que de gênero distinto das demais. A partir dessa visão, o presente trabalho pretende discutir como as noções acerca dos direitos autorais foram estruturadas no interior da sociedade imperial brasileira. Visa, também, verificar o papel dos interesses das potências europeias, principalmente Portugal, em virtude de as publicações em terras brasileiras não terem restrições precisas e acontecerem sem o pagamento dos respectivos direitos, sobretudo, às casas editoras portuguesas. Ao longo desse período, no entanto, muito mais do que as ações oficiais entre os estados envolvidos, foram a atuação e a influência dos letrados e intelectuais brasileiros e portugueses que contribuíram de maneira decisiva para a superação de tal impasse.

Ao se analisarem as primeiras regras modernas sobre direitos autorais, é possível deparar-se com questões que muito se assemelham àquelas dos dias de hoje. Pela lei Chapelier de 1791, a propriedade do autor sobre sua obra era considerada como a mais sagrada e a mais legítima das propriedades, mas também poderia ser vista como um gênero totalmente diferente das outras propriedades. Nesse sentido, quando um autor imprimia uma obra ou representava uma peça, ele a oferecia ao público, que se apropriava desta ao apreciá-la. De alguma forma, esse público transformava-a quando a lia, a repetia, enfim, fazia dela, também, sua propriedade (Latournerie, 2001). Logo, o conceito de *propriedade pública*, que admitia um acesso universal ao conhecimento, surgido com a lógica da ilustração, construiu-se como a tônica do Oitocentos, em paralelo aos direitos individuais dos autores.

No Brasil independente, a questão dos direitos autorais constituiu-se como ponto permanente de discussão ao longo de todo o século XIX, e somente no final do Oitocentos tais direitos foram efetivamente consagrados. A Constituição de 1824 garantia o direito de propriedade em toda a sua plenitude, ao afirmar que os "inventores" tinham a propriedade de suas descobertas ou de suas produções. Acrescentava que a lei lhes assegurava o "privilégio exclusivo" ou "temporário", estabelecendo a remuneração em ressarcimento em caso de perda que eles ofressem pela vulgarização de seu invento (Campanhole; Campanhole, 1976, p.543). No entanto, além de tal lei não ser implementada, a Carta Magna não incluiu de forma explícita a questão da propriedade intelectual. Embora fosse possível fazer uma analogia entre inventor e autor, em função da natureza intelectual do trabalho e de seu caráter de originalidade, não era assim que pensavam os homens da época. Desse modo, os autores ficavam desamparados perante a lei.

Enquanto a lei não foi regulamentada continuou-se com a antiga prática, existente desde o período do Brasil colônia, de solicitar ao soberano, por meio da Mesa do Desembargo do Paço – extinta somente em 1828 –, o privilégio de usufruir, por certo tempo, a exclusividade de determinada obra. Na visão da época, considerava-se tal concessão como uma "gestão de mercê", e não como um simples direito, assim essas obras permaneceram como do "domínio da graça" (Subtil, 1996, p.247-8).

Essas novas solicitações, contudo, apesar de manterem a perspectiva de pedido de privilégio, já apontavam para o início de uma mudança de significado, trazendo a ideia de *propriedade*, fruto das discussões do liberalismo, introduzidas no Brasil por meio de ecos da Revolução Vintista (Neves, 2003, p.141-68, 231-54; Nizza da Silva, 1978-1979, p.1-52). Assim, essa nova linguagem política originava-se como "modo de argumentação" no interior do próprio processo de mudança do discurso político, possibilitando novos jogos de linguagem (Pocock, 2003, p.30-6). Nessa visão, os solicitantes invocavam os privilégios do passado, mas recorriam à nova Constituição do Império do Brasil para fundamentar seu pedido.

Exemplo dessa atitude pode ser encontrado em Silvestre Pinheiro Ferreira, "cidadão português" que havia dado à luz a obra *Synopse do Código do Processo Civil*, a qual continha matéria de interesse da "ordem nova" do Império brasileiro. Ele iniciava seu pedido destacando que, naquele momento, como era "estilo dos governos iluminados, tanto na Europa, como na América, proteger a Propriedade Literária, concedendo aos escritores em qualquer ramo de literatura a propriedade literária, o privilégio exclusivo da venda das respectivas obras". Lembrava das mercês concedidas por dom João ao padre Aires do Casal e ao monsenhor Pizarro. No entanto, recorria também à Constituição do Império (título 8, artigo 179, parágrafos 22 e 26), em que estava "plenamente garantido o Direito de Propriedade e igualmente o da Invenção, concedendo-se por esta Privilégio Exclusivo", sendo "não menos digno deste favor qualquer composição literária, que pressupõe algum grau de invenção, não podendo considerar-se garantida esta espécie de propriedade, se for livre à qualquer um reimprimir ou importar e vender sem autoridade do Autor quaisquer exemplares da obra dada à luz". Afirmava ainda que era próprio da "sabedoria política de Vossa Majestade Imperial" a concessão de igual indulto tanto aos nacionais, como aos estrangeiros, justificando, desse modo, seu pedido. Terminava a súplica de tal mercê, invocando os citados exemplos e o espírito da Constituição. A Mesa acatou seu pedido, sendo confirmado por dom Pedro em junho de 1827.[1]

Alguns anos mais tarde, em fins de 1830, a publicação do Código Criminal do Império, em seu artigo 261, também definia como crime "imprimir, gravar, litografar ou introduzir quaisquer escritos ou estampas que tivessem sido feitos, compostos ou traduzidos, por cidadãos brasileiros, enquanto estes viverem e dez anos depois de sua morte, se deixarem herdeiros" (Colleção, 1876, p.182). Ainda faltava, contudo, definir de forma precisa

1 Arquivo Nacional. Caixa 171, pac. 1, doc. 63, mar. 1827.

a ideia de *propriedade literária*; portanto, a lei não era aplicada. No entanto tal fato não inviabilizou, os debates sobre o assunto, principalmente, a partir da década de 1850, à medida que se consolidava o mercado literário e livreiro nas grandes cidades do Império do Brasil. De um lado, buscava-se a legitimação dos direitos dos autores brasileiros, reconhecidos até certo ponto pelo Código Criminal. De outro, discutia-se, sobretudo, a questão das obras portuguesas aqui publicadas, uma vez que os tipógrafos brasileiros as reimprimiam sem nenhuma autorização de seus autores.

A partir de 1839, as livrarias, gráficas e editoras na Corte do Rio de Janeiro expandiram-se, favorecidas tanto pelo estabelecimento do transporte regular por vapores ao longo do litoral do país, que lhes abriu os mercados das províncias, quanto pela ausência de legislação sobre os direitos autorais, como aponta Laurence Hallewell. Essa expansão possibilitou o surgimento de contrafações em grande número, sobretudo, de autores portugueses, que eram os preferidos pelos leitores brasileiros, como Antonio Feliciano Castilho, Almeida Garrett, Alexandre Herculano e Camilo Castelo Branco. Esses autores constavam, sem pejo algum, dos catálogos da Editora Laemmert, fundada em 1838.[2] O primeiro ponto acerca das contrafações foi tangenciado pelo tratado entre Brasil e Portugal de 29 de agosto de 1825, no qual se reconheceu a independência do novo país. Esse acordo estabelecia que os direitos e propriedades dos súditos portugueses seriam guardados e protegidos (Tratados, 1992, p.43-5). No entanto, isso não significava de forma explícita a inclusão da propriedade literária, sendo garantidos apenas os bens de propriedade material. Assim, a reprodução das obras portuguesas multiplicava-se, pois os editores brasileiros alegavam que tal prática não podia ser considerada um crime, uma vez que não havia nenhuma lei que a regulasse. O Código Criminal, acima citado, só garantia as obras originais de brasileiros e as traduções. Portanto, as obras portuguesas encontravam-se desprotegidas em função da lacuna da legislação, uma vez que não necessitavam de tradução para serem publicadas no Brasil. A situação era agravada ainda mais pelo fato de que as autoridades brasileiras tinham um fraco controle sobre o processo de impressão e divulgação de livros.

A produção dessas contrafações alcançou tal nível que começaram a surgir denúncias como a que foi feita pelo português José Feliciano de Casti-

2 Hallewell, 1985, p.170-4. Para as contrafações na França, ver Sauvy, 1990, p.128-46.

lho, redator do periódico *Íris*, publicado no Rio de Janeiro, em 1848. Em um artigo intitulado "As reimpressões portuguesas no Brasil", ele dava sua "opinião sobre o roubo atroz de que, neste império, estão sendo vítimas os autores portugueses". Para reafirmar seu argumento, transcrevia um artigo da *Revista Universal Lisbonense*, editada em Portugal, que denunciava "uma quadrilha bem armada", que assaltava todas as estradas, pois não havia "um só dos ilustres escritores portugueses contemporâneos" que não tivesse seu "patrimônio repartido pelos bandidos", pois estes não se limitavam a reproduzir uma ou outra obra, mas coleções completas. Terminava seu artigo, envolvendo os autores brasileiros contra tal atitude: "Os nossos irmãos do Brasil, os que, pelo seu estudo e saber, criaram e cultivam a nova e majestosa literatura da América, sentem, como nós, corar as faces de vergonha, ao ver o roubo violento que, impunemente, se está fazendo a mais incontestável propriedade" (Noronha, 1848, p.84-6).

Também os catedráticos da Universidade de Coimbra posicionaram-se contra a impressão não autorizada de obras literárias e de manuais escolares. Em janeiro de 1854, o ministro português reafirmou a justiça e a conveniência de estabelecer-se, de maneira mais positiva e duradoura, o Direito de Propriedade Literária e Artística entre Portugal e o Império, em função das inúmeras reclamações que recebia. Citava como exemplo o caso de um livreiro estabelecido no Pará, um dos locais de maior presença lusa, que fizera por sua conta a reimpressão do *Manual enciclopédico para uso das escolas de instrução primária* e do *Método facílimo para aprender a ler e escrever a gramática francesa teórica e prática*, com "grave prejuízo de seu autor, o súdito português Emílio Aquiles Monteverde". Solicitava ainda que o governo imperial tomasse enérgicas providências para obrigar o livreiro a não continuar em seu intento, "sustando a venda dos exemplares das referidas obras, que porventura se achem impressos".[3]

Em meio a tais discussões, surgiram, no entanto, as primeiras tentativas de negociar as questões autorais implicadas no Tratado de 1825. De um lado, era um modo de se evitarem "reclamações recíprocas"; de outro, era a possibilidade de se ganhar o mercado brasileiro para os livros portugueses, haja vista o diminuto mercado livreiro lusitano. A *Revista Universal Lisbonense* recordava a fala de Silvestre Pinheiro Ferreira que asseverava

3 Arquivo Histórico do Itamaraty, Correspondências, 1854.

que "tinha toda a certeza, em como, da parte do governo do Brasil e dos mais acreditados escritores, havia os mais louváveis desejos para que se entabulassem as relações, que pudessem beneficiar o gozo do direito da nossa propriedade literária nesse império".[4] O periódico também afirmava que, reconhecida a propriedade literária pelo direito interno, em Portugal,[5] era necessário registrá-la também no direito externo. Assim,

> A primeira coisa que Portugal deve fazer é consignar expressa e desenvolvidamente o direito de propriedade na sua legislação. Depois, se os Tribunais do Brasil assentarem que apesar de ser crime roubar a um português o capital que daqui leve, ou o fruto do trabalho feito em terra estranha, o não é roubar a obra da inteligência, então as condições de um tratado honroso para ambos os povos, decidirão a questão, se tal nome puder ter a justiça.[6]

Em uma reunião de jornalistas e homens de letras, Almeida Garrett lembrava a necessidade de "formar com o governo do Brasil um tratado sobre a contrafação dos livros portugueses", pois "se do Brasil tiram-se os frutos de uma extração, ainda pequena", aplicando-se os meios convenientes, essa extração poderia ser maior. Logo, Portugal deveria aproveitar-se desse auxílio poderoso que o Brasil seria capaz de dar às letras, em função de seu mercado, procurando criar e engrandecer esse comércio de livros.[7] No entanto, deve-se ressaltar que os tipógrafos que se aproveitaram dessa brecha legal eram, na maioria, de origem portuguesa, radicados no Brasil. Assim, José Feliciano de Castilho apontava, em seu periódico, que

> um português! José Ferreira Monteiro (pois bom é que aí se saiba não serem brasileiros os que exercem esta indústria) anunciou logo, em seguida, a próxima publicação de um volume, contendo nada menos de três obras de meu irmão – Noite no Castelo – Ciúmes do Bardo – Amor e melancolia.[8]

---

4 *Revista Universal Lisbonense*, 1848, p.19.

5 A Constituição portuguesa de 1822, em seus artigos 23 e 24, respeitava o direito dos autores; no entanto, a primeira lei em Portugal que reconheceu e regulamentou o direito autoral teve o seu projeto elaborado em 1839, por Almeida Garrett, mas só foi aprovada e ratificada em 1851.

6 *Revista Universal Lisbonense*, 1848, p.470.

7 *Revista Universal Lisbonense*, 1847, p.128.

8 *Revista Universal Lisbonense*, 1848, p.457; Noronha, 1848, p.84-6.

Paralelamente a essa discussão entre os homens de letras, em fevereiro de 1851 iniciaram-se as negociações entre os dois governos, visando à celebração de um acordo. Afinal, na visão do cônsul português, contestar os direitos dos autores "seria negar a propriedade em si, no que ela tem de mais individual, de mais elevado, de mais filiado na origem legítima por excelência: o trabalho".[9] Os contatos prosseguiram em 1853, em nome do governo português, que pretendia "obstar ao manifesto e escandaloso roubo da propriedade literária de autores portugueses, que nesse país se está praticando, dando assim os brasileiros ao mundo inteiro uma bem triste ideia da capacidade dos seus escritores", propondo "ao Governo Imperial, um projeto de convenção literária fundada no princípio de uma perfeita reciprocidade" e semelhante àquelas que já tinham sido assinadas com outros países. A argumentação portuguesa fundamentava-se, por conseguinte, na questão de que a propriedade literária deveria ser respeitada como a propriedade em geral, em benefício de seus detentores, fossem brasileiros ou portugueses, "impedindo-se reciprocamente que nos respectivos estados se publicassem ou imprimissem obras de outra nação, sem prévio consentimento de seus autores ou legítimos donos".[10] Em inícios de 1854, Portugal, por meio de sua representação diplomática, tentou propor "de novo" o ajuste de uma "Convenção sobre Propriedade Literária" entre seu governo e o brasileiro, uma vez que tal convenção traria "vantagens mútuas" a ambos os países e, "com especialidade, aos autores e artistas dos dois mencionados estados". Afinal, em seu ponto de vista, não mereceria "a propriedade de tais obras proteção, pelo menos, igual à de outras propriedades, ganhos com muito mais fácil e trivial trabalho, não poucas vezes adquiridas sem merecimento algum, ou concorrência do que goza e desfruta"?[11] No entanto, a falta de critérios e a lentidão dos negociadores brasileiros exasperaram os colegas europeus, interrompendo-se as discussões e mantendo-se pendente a questão dos direitos autorais.

No mesmo período, na imprensa e no Parlamento Brasileiro, o debate também veio à tona. Assim, o jornal *Correio Mercantil*, no Rio de Janeiro, publicou, em 26 de setembro de 1856, o artigo "O Direito Internacional dos Editores", traduzido do *Kalendario Illustrado Alemão*, de Leipizig. Ini-

9 Arquivo Histórico Diplomático, Lisboa, 1851, p.24v.
10 Arquivo Histórico Diplomático. Lisboa, 1853, p.88v-89v.
11 Arquivo Histórico do Itamaraty, 1854.

cialmente, clamava contra a tendência "natural do homem de aproveitar-se do trabalho alheio", que se manifestava com toda a pujança no domínio literário. Em seguida, apontava para os governos que proclamavam "o direito absoluto do autor", afirmando que à França cabia a glória de ser a primeira nação a pôr a propriedade literária e artística debaixo de sua proteção ilimitada. Indicava, ainda, alguns reinos da Confederação Germânica que também se sobressaíam na defesa dos direitos do autor, informando que, na feira do livro de 1854, a sociedade de livreiros tinha sido autorizada a dar os passos necessários para a celebração de tratados internacionais com a França. Procurava-se, desse modo, influenciar a opinião pública a fim de se salvaguardarem os direitos autorais e demonstrar a necessidade de realização de acordos internacionais sobre a questão da propriedade literária.[12]

De outro lado, vários projetos foram discutidos no Parlamento. Em 1856, o deputado por Pernambuco Aprígio Justiniano da Silva Guimarães apresentava uma proposta que garantia o direito vitalício de propriedade literária aos autores brasileiros e por trinta anos aos seus herdeiros ou editor que os representasse. Defendia ainda que aos autores estrangeiros que imprimissem suas obras no Brasil e na língua do país seriam concedidos os favores dessa lei. Recomendava também o estabelecimento de um acordo literário entre Brasil e Portugal, pois havia grande número de contrafações, em virtude da facilidade ocasionada pela língua comum (Guimarães,1874, p.170). Um ano depois, "tal projeto dormia profundamente nos arquivos", na expressão do autor, quando o deputado paulista Bernardo Avelino Gavião Peixoto apresentou proposta bastante semelhante, fundamentando a necessidade de uma legislação sobre a questão da propriedade literária. Expunha um novo motivo, que considerava de fundamental importância e que era voltado para a questão social – a dignidade do autor:

> Os que em sua vida apenas tiveram sua inteligência e sua pena para com elas e com seu suor quotidiano ganharem o pão de seu presente? O que deixarão a seus filhos como herança? Só a lembrança gloriosa de seu nome com a miséria por sócia? Só a admiração de sua glória acompanhada para sua descendência com o legado das privações e da desonra? [...] Dê-se pois à propriedade literária regalias e garantias como as que solidificam todos os outros ramos da proprie-

12 *Correio Mercantil*, Rio de Janeiro, 26 set. 1856.

> dade. Dê aos autores a satisfação e a única recompensa profícua, além da glória que eles buscam por seus trabalhos. (Peixoto, 1857, p.46)

Ele considerava ainda que "a garantia da propriedade literária abria uma carreira nobre e profícua" para o país, possibilitando "acabar o furor atual pelos empregos públicos, mal que ataca os próprios, que poderiam ser bons produtores intelectuais" (Guimarães, 1859).

A questão continuou a ser tema dos debates, com a apresentação de outro projeto no Parlamento brasileiro – o de José de Alencar, em julho de 1875. Em sua argumentação, demonstrava que a propriedade literária era um direito que estava sendo desrespeitado pelo Estado. Para ele, um dos confiscos ao cidadão era o do "trabalho literário e artístico, ao qual ainda não [havia sido reconhecido] o caráter sagrado da propriedade". Acrescentava que as objeções à propriedade intelectual eram de cunho social e jurídico. Quanto à afirmação de que "as criações da inteligência não são mais do que o desenvolvimento da missão do ente racional; elas pertencem, não só à sociedade, como à humanidade; longe de serem um direito constituem um dever", Alencar a rebatia afirmando que: "Não é confiscando ao escritor e ao artista o direito pleno à criação do seu espírito, que serve-se à civilização; é sim garantindo-lhe um domínio, que permita às inteligências superiores dedicarem-se exclusivamente à sua especialidade". Em termos jurídicos, defendia que a produção literária ou artística representava "uma ocupação bem caracterizada", não se constituindo em um pensamento abstrato, "mas sim concreto, em uma forma especial, fruto do trabalho do autor". Se a "réstia de sol que flutua no espaço é de Deus", quando "fixa as imagens na lâmina do fotógrafo entra no domínio individual". Logo, uma vez que o "direito civil reconhece e garante a apropriação das cousas comuns", a jurisprudência não pode renegar a propriedade intelectual (Alencar, 1875, p.28-9). Afirmava ainda que a lei sobre propriedade literária também deveria garantir a propriedade das obras publicadas em países estrangeiros, cujos governos assegurariam a reciprocidade para as obras publicadas no Brasil.

Em meio à discussão de uma lei que salvaguardasse plenamente os direitos dos autores brasileiros, continuava a ser debatida a questão da contrafação dos autores portugueses. Esgotados os caminhos da diplomacia, a polêmica ganhou cada vez mais os intelectuais portugueses. Pinheiro Chagas, na publicação *A propriedade literária, carta a Sua Majestade o imperador do Brasil,* afirmava que era Pedro II quem principalmente se opunha a que se celebrasse um tratado de propriedade literária entre Brasil e Portugal. O imperador não reconhecia o direito de propriedade literária, fundamentando-se em suas ideias do saber comum a todos. Tal visão inspirava-se ainda naquela defendida por Alexandre Herculano, uma das maiores figuras no círculo intelectual português, que levantou sua voz contra o direito autoral, sobretudo no que se refere à "posse" e à monetarização da obra intelectual. Para ele, toda a obra intelectual deveria pertencer à humanidade e favorecer seu avanço, gratuita e fraternamente (Chagas, 1879, p.11-2).

Os intelectuais portugueses, que tinham se debruçado sobre a questão, julgavam que no Brasil já existiam alguns princípios definidos no Código Criminal de 1830 que preservariam os direitos dos autores brasileiros. Esses mesmos direitos, contudo, não prevaleciam para os estrangeiros, possibilitando que obras originais de autores não brasileiros fossem copiadas e impressas, ou encenadas, sem a necessidade de permissão do autor. Legalmente, tal fato não era um crime. Assim, Pinheiro Chagas afirmava que a ausência de um tratado entre Brasil e Portugal, em essência, nada tinha a ver com o conceito de propriedade literária, pois:

> o meu direito de propriedade expira às portas do Brasil, o seu direito à propriedade expira às portas de Portugal.
>
> Reconhece, V. M. I. e não permite que um editor publique as obras do snr. Joaquim Manoel de Macedo sem consentimento do seu autor, mas permite que um editor publique as minhas sem consentimento meu! [...]
>
> Vossa Majestade vê bem o odioso de semelhante exceção. Neste momento não discuto a propriedade literária, afirmo só que essa propriedade é reconhecida no Brasil, que apenas se contesta ao estrangeiro? ao português! quer dizer àquele cujas obras não têm que ser traduzidas, nem imitadas, àqueles cujas obras não precisam, para ser publicadas, de uma refundição literária, de um novo trabalho que, modificando a obra primitiva, possa criar um novo direito! Não! o Brasil estabeleceu nas suas leis contra os escritores, que não cometem nenhum crime, só porque são estrangeiros, uma penalidade tão odiosa que nenhum país do mundo já estão sujeitos a ela nem os maiores criminosos – o confisco. [...]
>
> Não a reconheça o governo de Vossa Majestade nos seus súditos [direito à propriedade literária] e nada tenho a dizer; mas excluir uns, pelo simples fato de

> ser estrangeiro, do gozo de um direito que os outros, nacionais possuem, fazer negação desse direito uma exceção de ódio, sem causa nem motivo! (Ibidem, p.20-3)

Igualmente, o lente da Universidade de Coimbra Manuel Nunes Giraldes, em obra sobre a teoria do comércio, acrescentava um apêndice sobre a propriedade literária e a contrafação no Brasil. Era enfático em sua crítica ao governo brasileiro, comparando a servidão literária à escravidão negra. Em suas palavras, escritas quando da visita de Pedro II a Portugal, seu argumento ficava bastante explícito:

> É a nação que ainda há pouco edificara a Europa e o mundo com a humanitária lei da abolição da escravatura que, parecendo arrepender-se de obra tão meritória e tão pia, pretende substituir-lhe uma servidão mil vezes mais odiosa, mil vezes mais iníqua, mil vezes mais desumana, – a servidão dos homens do talento e do trabalho intelectual, os quais pretende sujeitar ao jugo e à tutela vergonhosa dos amigos da jactura alheia; é uma servidão de nova espécie, que o meu talentoso colega o sr. Garcia, redator da notável *Correspondência de Coimbra*, espirituosamente cognominou *servidão da gleba literária*. (Giraldes, 1886, p.71-2, grifos no original)

Não havia, contudo, uma unanimidade de opiniões. João Pedro da Costa Basto, em sua obra *Da propriedade litteraria*, colocava-se contra essa instituição, tendo como objetivo rebater, especialmente, a carta de Pinheiro Chagas ao imperador Pedro II. Em sua visão, o direito do homem que produziu uma obra literária ou musical era da mesma natureza que o do inventor. Assim, enquanto conservasse tal obra em seu poder, podia usufruir sua plena propriedade. Quando fosse cedida ou vendida uma cópia, o comprador teria igual direito sobre o seu exemplar, podendo, por conseguinte, copiá-lo, ou fazer copiá-lo, e multiplicá-lo como lhe conviesse. Basto apoiava-se, essencialmente, nos argumentos de Alexandre Herculano e do dicionarista francês Jean-François Dupiney de Vorrepierre (Basto, 1879, p.11 e ss.).

Na França, ao realizar o discurso de abertura do Congresso Literário Internacional de 1878, Victor Hugo defendeu a propriedade literária como forma de manter livre o autor. Ao mesmo tempo, entretanto, como alternativa a essa exclusividade, sugeriu o domínio público, uma perspectiva mais democrática de disseminar textos e conhecimento:

> Constatons la propriété littéraire, mais, en même temps, fondons le domaine public. [...] Vous allez faire une fondation, la propriété littéraire. Elle est dans le droit, vous allez l'introduire dans le code. Car, je l'affirme, il sera tenu compte de vos solutions et de vos conseils.[13]

Arrancando aplausos e bravos do público presente, Victor Hugo conclamava a todos que influenciassem os legisladores, destacando que a literatura nunca poderia ser local, pois era universal. Apoiado pela plateia de autores, ele sublinhou: "La littérature, c'est le gouvernement du genre humain par l'esprit humain".[14] Portanto, ambas as noções de autoria e liberdade de conhecimento e divulgação deveriam andar lado a lado. Quando da criação da Associação Literária Internacional, que passou a trabalhar, enfaticamente, a favor dos direitos do autor, o grande defensor destes resumiu o que considerava fundamental:

> La propriété littéraire est d'utilité générale. Toutes les vieilles législations monarchiques ont nié et nient encore la propriété littéraire. Dans quel but? Dans un but d'asservissement. L'écrivain propriétaire, c'est l'écrivain libre. Lui ôter la propriété, c'est lui ôter l'indépendance.[15]

Ao longo do século XIX, essas duas correntes debateram-se, essencialmente, quanto à natureza do direito do autor e à duração da propriedade intelectual. Vitor Hugo em seu discurso procurou integrar as duas, isto é, a manter o direito do autor e, ao mesmo tempo, dar uma temporalidade a ele, reconhecendo o uso público dos textos, a partir da aceitação do domínio pú-

---

13 Hugo, 1876-1885. [Aceitemos a propriedade literária, mas, ao mesmo tempo, fundemos o domínio público. Vós fareis uma fundação, a da propriedade literária. Ela existe por Direito, vós ireis introduzi-la no Código. Porque, eu afirmo, será considerada a vossa opinião, com base nas soluções e nos conselhos dados por vós.]

14 Ibidem. [A literatura é o governo do gênero humano pelo espírito humano.]

15 Hugo, 1878. [A propriedade literária é de utilidade geral. Todas as antigas legislações monárquicas ignoram ainda a propriedade literária. Com que objetivo? Com o objetivo do aviltamento. O escritor proprietário é o escritor livre. Negar-lhe a propriedade é o mesmo que negar sua independência.]

blico – "Le livre, comme livre, appartient à l'auteur, mais comme pensée, il appartient – le mot n'est pas trop vaste – au genre humain."[16]

Cada vez mais, a propriedade intelectual tornava-se uma questão política, com ênfase na questão da liberdade e da autonomia. Os debates continuaram intensos, mas o que sobrepujou todos os conflitos foi a opinião dos intelectuais que acreditavam que a propriedade literária era um direito ou, pelo menos, como também se afirmava na época, um privilégio temporário, expressão de longa duração que em pleno século XXI ainda é retomada por juristas.

Para o Brasil, uma decisão legal deu nova condução aos debates. O Acordo para Proteção de Obras Literárias e Artísticas entre Brasil e Portugal foi assinado em 9 de setembro de 1889 e promulgado pelo Decreto n.10.353 de 14 do mesmo mês e ano, ainda sob os auspícios de Sua Majestade Imperial Dom Pedro II (Relatório, 1890, p.32). De um lado, encontrou-se a força da opinião dos intelectuais; de outro, o papel da diplomacia. Naquela década de 1880, vivenciava-se o clima das convenções literárias. Em setembro de 1886, era assinada a Convenção de Berna para Proteção das Obras Literárias e Artísticas, consagrando-se de modo definitivo a diplomacia na questão dos direitos autorais. O Brasil, no entanto, só firmaria a Convenção em 1908. Além disso, em 1888 foi realizada, em Montevidéu, uma Conferência Internacional Americana que decidia pelo estabelecimento de uma união internacional para a proteção dos direitos da propriedade literária e artística, ampliando-se também a proteção sobre patentes de invenção e sobre marcas de comércio e fábrica (Ibidem). O governo brasileiro esteve presente à reunião, mas não assinou o tratado em pauta. Desse modo, foi o acordo com Portugal que possibilitou o ingresso do Brasil na senda dos acordos literários. Este, no entanto, só foi colocado em prática em 1922, quando, no Rio de Janeiro, foi celebrada a Convenção Especial sobre a Propriedade Literária e Artística entre o Brasil e Portugal, como parte das comemorações do Centenário da Independência.

Nessa conjuntura de acordos e discussões, o governo brasileiro por fim aprovou, em 1898, a lei 496 de 1º de agosto, que definia e regulamentava os direitos de autor sobre qualquer obra literária, científica ou artística.[17] Talvez por esse motivo Olavo Bilac, em 1907, afirmava:

---

16 Ibidem. [O livro, como livro, pertence ao autor, mas, como pensamento, pertence – a palavra não é por demais ampla – ao gênero humano.]

17 Brasil. Lei n.496, de 1º de agosto de 1898.

> Há quarenta anos não havia propriamente homens de letras no Brasil, havia estadistas, parlamentares, professores, diplomatas, homens de sociedade, ou homens ricos, que, de quando em quando, invadiam por momentos o bairro literário. [...] Que fizemos nós? Fizemos isto: transformamos o que era então um passatempo, um divertimento, naquilo que é hoje uma profissão, um culto, um sacerdócio... Tomamos o lugar que [nos] era devido no seio da sociedade. (apud Neves; Machado, 1999, p.202)

Expressão nascida no século XIX, o *direito do autor* disseminou-se como conceito legal, sobretudo na França, depois de ter sido publicado pela primeira vez por A.-C. Renouard para substituir o termo *propriedade* na sua obra *Traité des droits d'auteurs, dans la littérature, les sciences et les beaux-arts*, publicada em 1838 (Latournerie, 2001). O termo passou a significar o mesmo que a expressão *propriedade literária e artística* e ambos ficaram ligados às questões relativas ao estatuto legal do escritor e sua responsabilidade social. A atividade de escrever tornou-se, paulatinamente, uma profissão que poderia também significar um lugar respeitável na sociedade, além de angariar do público um certo grau de estima, demandando liberdade para agir e produzir. Para que esse patamar fosse alcançado no Brasil, a atuação e a influência dos letrados e intelectuais brasileiros contribuíram, de maneira decisiva e mais do que as ações oficiais, para a superação de impasses locais e internacionais. Esse papel decisivo de intelectuais e artistas na definição de propostas e elaboração de leis, ainda hoje, é defendido por nossos juristas. Para estes, os autores e os artistas, poderosos agentes de opinião pública, devem participar, de forma intensa, na mobilização da mídia para que o público se conscientize, por exemplo, dos danos da pirataria no mercado artístico.

Ao se traçar esse panorama sobre o direito autoral ao longo do século XIX, verifica-se, por conseguinte, que, nos dias atuais, ainda se continua a discutir as mesmas questões, pautadas em argumentos semelhantes, embora fundamentadas em outras perspectivas. O universo ampliou-se. Para além dos direitos autorais sobre as obras impressas, hoje incluem-se outras questões relevantes, que também são pautas de negociação nas discussões internacionais, em especial a questão das patentes e direitos dos países em desenvolvimento frente àqueles do hemisfério Norte. E fica ainda a pergunta: a quem caberá o papel de destaque – aos homens de Estado ou aos representantes da opinião pública?

30
A NACIONALIZAÇÃO DAS LETRAS DA AMÉRICA PORTUGUESA DURANTE O ROMANTISMO

Marcello Moreira

Antecedentes

Principiaremos nosso estudo pela análise de algumas histórias da literatura portuguesa que também se detiveram no ajuizamento de obras e autores da América portuguesa, sem, no entanto, promover sua nacionalização, no sentido de abrasileiramento, e vamos confrontá-las com o famoso *Resumo da história literária do Brasil*, de Ferdinand Denis (1978), que parece iniciar o vínculo duradouro entre nacionalidade brasileira e pintura da natureza, ou seja, aquilo que Luiz Costa Lima chamará de "implicações de brasilidade" (Costa Lima, 2006).

Comecemos por Friedrich Bouterwek, já que, além de ser o primeiro a escrever historicamente sobre as Letras da América portuguesa, manteve-as como produto da cultura "literária" portuguesa, o que se pode compreender em passagens em que comenta versos de Cláudio Manuel da Costa: "Um dos primeiros que voltaram a introduzir um estilo mais nobre na poesia portuguesa [após a decadência experimentada sob o domínio espanhol] foi o brasileiro Cláudio Manuel da Costa" (Bouterwek, 1978, p.9). Brasileiro por nascimento, não obstante conste no rol dos poetas portugueses,[1] Cláudio Manuel da Costa estudou em Coimbra, onde passou

1 Uma interpretação das Letras portuguesas produzidas na América durante os séculos de colonização, que ainda as ajuíza portuguesas, quiçá possa ser depreendida da leitura do título da obra de Buterwek *Geschichte der Portugiesichen Poesie und Beredsamkeit* (*História da poesia e da eloquência portuguesa*). Essa tendência é rapidamente suplantada por outra contraposta, que passa a considerar as Letras portuguesas da América como efetivamente brasileiras.

a imitar poetas italianos antigos e também Metastásio (Ibidem). Em seu escrito, Bouterwek não faz sobressair a ideia de natureza, porque, quando a refere no caso do poeta mineiro, só o faz para depreciar a "cor local", que, segundo ele, não fora objeto de apreço por Cláudio Manuel da Costa: "Naquelas montanhas – disse ele – não havia regatos arcádicos, cujo suave murmúrio inspirasse melodiosos versos. As águas turvas e feias dos riachos apenas suscitavam ideias ligadas à difícil e ambiciosa mineração, que poluía essas mesmas águas" (Ibidem). Na leitura de Bouterwek, há clara associação entre a presença da colonização portuguesa e o enfear da natureza – segundo ele, proposta pelo próprio poeta –, corrompida pelas atividades da mineração que visavam apenas ao enriquecimento da metrópole, gana de que não participava Cláudio Manuel da Costa, já que, diz-se, "essas riquezas certamente não o seduziram". O que salienta aos nossos olhos não é a inexistência de descrição da natureza na poesia de Cláudio Manuel da Costa, mas sim a pouca atenção que lhe dá Bouterwek quando lê as poesias em que ela comparece.

Do que já expusemos e do que falta ainda expor, causa-nos estranhamento, por conseguinte, a interpretação que Antonio Candido faz das Letras da América portuguesa. Diz, logo no início de seu texto, que:

> Os primeiros estudiosos de nossa literatura, ao tempo do romantismo, se preocuparam em determinar como ela surgiu aqui, já que o relativismo de então reinante ensinara que as instituições da cultura radicam nas condições do meio, variando conforme elas. E como a época era de exigente nacionalismo, consideravam que lutara dois séculos para se formar, a partir do nada, como expressão de uma realidade local, descobrindo aos poucos o verdadeiro caminho, isto é, a descrição dos elementos diferenciais, notadamente a natureza e o índio. (Candido, 1993b, p.91)

Estamos de acordo com Antonio Candido quando assevera que há uma tentativa de forjar-se um sistema literário nacional baseado em elementos diferenciais, dentre os quais sobressai o caráter documental de nossos escritos ficcionais pelo constante apelo à natureza e ao meio social. Contudo, em seções que se seguem ao referido excerto, ao discorrer sobre as relações entre a *literatura* e o *local*, o autor transfere os primórdios dessa relação para o âmbito da América portuguesa – sem que seja por meio de uma leitura dos séculos coloniais pelos olhos dos autores do Oitocentos –, ao falar do caráter espantoso da natureza americana e de seu impacto sobre a imaginação poética:

> O espanto ante as novidades da terra levou facilmente à hipérbole. As modas literárias e artísticas, dominantes desde os fins do século XVI, somaram-lhe a *agudeza* e a busca deliberada da expressão complicada e rica. Em consequência, estendeu-se sobre o Brasil, por quase dois séculos, um manto rutilante que transfigurou a realidade – ampliando, suprimindo, torcendo, requintando. Sobre o traço objetivo e descarnado de certos cronistas atentos ao real – Gabriel Soares, Antonil – brotou uma folhagem até certo ponto redentora, que emprestou à terra bruta estatura e lenda e contornos de maravilha. Lembremos apenas o caso do mundo vegetal, primeiro descrito, depois retocado, finalmente alçado a metáfora. Se em Gabriel Soares de Sousa (1578) o abacaxi é fruta, nas *Notícias Curiosas e Necessárias das Cousas do Brasil* (1668), de Simão de Vasconcelos, é fruta real, coroada e soberana; e nas *Frutas do Brasil* (1702), de frei Antônio do Rosário, a alegoria se eleva ao simbolismo moral, pois a régia polpa é doce às línguas sadias, mas mortifica as machucadas – vale dizer, galardoa a virtude e castiga o pecado. [...] Nesta fruta, americana entre todas, compendiou-se a transfiguração da realidade pelo Barroco e a visão religiosa. Em Botelho de Oliveira, Rocha Pita, Itaparica, Durão, São Carlos, Porto Alegre, ela, e outras no seu séquito, conduzem, até o cerne do século XIX, a própria ideia de mudança da sensibilidade europeia nas condições do Novo Mundo. (Ibidem, p.94)

Cabe dizer, primeiramente, que a descrição nos ditos "tratados informativos" obedecia, do ponto de vista compositivo, a prescrições retóricas que tinham como finalidade não somente pintar o que era visto, mas também, e principalmente, pintá-lo de um modo que o tornasse encômio ao Império Português, já que o recurso à *exaggeratio* quando da produção da *descriptio* visava a exaltar o poderio português ao apresentar a incomensurável riqueza de suas possessões. A ornamentação pela adoção de tropos e figuras tinha como propósito criar configurações de sentido que equivaliam, do ponto de vista artístico, à altura da mensagem política. Não cabe dizer que o "espanto ante as novidades da terra levou facilmente à hipérbole", pois o que Antônio Candido define inapropriadamente como hipérbole tem uma função política que é prevista como efeito de sentido ajuizado como participante do *aptum* do caráter demonstrativo do discurso histórico de então. Quanto à *transfiguração da realidade* obrada por autores como Botelho de Oliveira e Antônio do Rosário, não se trata de transfiguração, já que, por exemplo, no caso de *Frutas do Brasil*, escrito por este último, há, quando da produção, o emprego retórico dos graus de significação do discurso, o que implica a adoção dos mesmos procedimentos quando da recepção (Hansen, 2006), que, assim como a prática da metáfora e da agudeza, não remete a nenhum modo, mesmo que incipiente, de ver a natureza americana de forma diferenciada de formas de vê-la em ambiência europeia. Não entendemos, portanto, como o altamente regrado tratamento retórico e poético dado a matérias que, em solo europeu, podiam encontrar apenas roupagem elocutiva distinta, pôde ter conduzido à "ideia de mudança da sensibilidade europeia nas condições do Novo Mundo". Pode-se afirmar que a *Ilha de maré*, de Botelho de Oliveira, é apenas mais um exemplo de como o encômio nada hiperbólico ao "local', apropriado ao efeito de sentido que se desejava produzir, objetiva, ao final, o encômio ao Império de que a América portuguesa é parte – louvor sinedóquico de que estão cheias as Letras portuguesas americanas.[2]

Flora Süssekind, em seu excelente estudo *O Brasil não é longe daqui*, ao discorrer sobre a "fundação de uma imagem original" intentada no Oitocentos brasileiro, afirma ser:

> difícil olhar para a paisagem brasileira real, que lá está de fato, quando o ponto de vista a ser adotado para fitá-la é pré-dado, quando o modo de vê-la se acha previamente determinado por toda uma série de crônicas, relatos, notícias, romances, por uma sucessão de miradas, estrangeiras ou não, que lhe demarcam os contornos, tonalidades, sombreados. (Süssekind, 1990, p.32)

Pode-se aventar a hipótese de que, entre os escritos que pré-constituíram a imagem "original" de que fala Flora Süssekind, estivessem aqueles produzidos na América portuguesa, já que foram compulsados por homens de Letras no século XIX, à medida que buscavam, quando da escrita da história literária brasileira, trazê-los para o cânone da nação em formação. Em

2 A mesma crítica aqui exposta vale para passagens como: "Rocha Pita, Gregório de Matos, Antônio Vieira encarnam as vias mestras do ajustamento do verbo ocidental à passagem moral e natural do Brasil" (Candido, 1993b, p.95).

trecho de Joaquim Norberto citado na obra de Süssekind, deparamo-nos com viajantes oitocentistas a par de autores da América portuguesa, todos formando um rol de autoridades que souberam apreciar a magnificência da "cor local":

> A terra, que Cabral e seus companheiros contemplaram extasiados, que fez as delícias de Américo Vespucci, que inspirou páginas brilhantes de Rocha Pita, que arrebatou as imaginações de Koster, de Langsdorff, de Neuwied, de Spix, de Martius, de Walsh, de La Condamine, de Saint-Hilaire, de Parny, de Hans Staden, de Léry, de Thévet, de Simão de Vasconcelos, de Rodrigues Ferreira, de Villegaignon, de Freycinet, de Kidder, de Maury, que enlevou as almas artísticas de Francisco Post, de Eckhout, de Rugendas, de Debret, e que foi saudada como capaz de produzir artistas, literatos e poetas verdadeiramente originais, por Alexandre de Humboldt, Garret, Costa e Silva, Herculano, Santiago Nunes Ribeiro, Magalhães, visconde de São Leopoldo, Ferdinand Denis, Gavet, Boucher, D'Arcet, Valera e tantos outros, não achou no autor do *Bosquejo histórico político e literário* senão o mais solene desprezo. (apud Süssekind, 1990, p.49)

Se só foi possível ajuizar positivamente as Letras portuguesas na América porque se encontrou nelas a presença de elementos descritivos que possibilitaram sua inserção na literatura brasílica, já que se submetiam "à malha fina da 'originalidade', da 'natureza exuberante', dos 'costumes peculiares'" (Süssekind, 1990, p.24), deparamo-nos com um circuito perfeito, em que o modelo de paisagem "original" dos séculos coloniais serve a pinturas de paisagem de séculos depois, quando a pintura de paisagem não apenas é hipervalorizada, mas é também causa efetiva para que se valorize o que foi pintado nos três primeiros séculos de colonização e que se ajuíze etapas da teleologia que o circuito implica. Explica-se a hipótese do circuito pela frequência com que se pode deparar com pinturas de paisagens, com descrições da flora e da fauna americanas, de sua geografia, de seu clima, dentre tantas outras possíveis, nos autores dos séculos XVI, XVII e XVIII, como bem o atesta o número de autores não apenas portugueses, mas também franceses, alemães e holandeses citados por Joaquim Norberto. Como esses escritos quinhentistas, seiscentistas e setecentistas em que comparecem as descrições – histórias, crônicas, relatos – pertencem ao gênero demonstrativo da retórica, elogiam e vituperam por necessidade. Naqueles, como os de Rocha Pita e de Brito Freire, somente para atermos-nos a dois deles, em que a descrição visa a promover o louvor de Portugal, de que o "Brasil" é parte, a otimização da paisagem por meio de recurso à *amplificatio* sistemática cria a imagem de verdadeiro éden, pois não há sob o sol terra em que a natureza tenha combinado com tamanha felicidade tantas riquezas e benesses. A otimização da terra – promovida no passado, quer para justificar a colonização portuguesa e para louvar Portugal, quer para mover outros Estados à guerra contra o Império português a fim de arrebatar-lhe suas possessões americanas – é o que importa aos homens do Oitocentos, que não mais veem os motivos políticos que estão sempre presentes quando do uso da descrição. O que se afigura paradoxal para nós é que as imagens produzidas por meio da técnica retórica da *descriptio/ekphrasis* possam vir a servir de matrizes para a constituição de um imaginário nacional no Brasil então há pouco independente, ao passo que outrora serviram à causa oposta, ou seja, à necessidade do jugo colonial e a razão para a manutenção de disputas interestatais.

Ainda no estudo de Flora Süssekind, ao afirmar-se que o

> paradigma de relato-de-viagem com o qual dialogam então ficcionistas e historiadores não é o de aventureiros como um Semple Lisle, por exemplo. Nem mesmo textos mais "imaginosos" como os de Jean de Léry ou Hans Staden. São os minuciosos inventários de estudiosos, cheios de pranchas e mapas, como os de Spix e Martius, e os diários escritos ao sabor dos acontecimentos ou de interesses comerciais determinados, por visitantes ocasionais, como Mawe e Luccock, os interlocutores preferenciais de uma prosa que se desejava capaz de definir o próprio país, inventariar suas paisagens e populações, mapeá-lo, enfim. (Süssekind, 1990, p.60)

não se excluem todos os escritos datados dos séculos XVI, XVII e XVIIII da lista de obras de que se valeram os autores do século XIX para conformar a paisagem brasileira, pois, conquanto sejam excluídos Léry e Staden – embora citados por Joaquim Norberto, o que nos parece significativo –, há referência, no texto de Flora Süssekind, a texto de José de Alencar em que se explicita o uso de Gabriel Soares de Sousa para que, a partir dele, se decida sobre a produção de uma compleição dos índios que atenda à "verdade" histórica. Ainda segundo a referida pesquisadora, a confiabilidade de Gabriel Soares de Sousa deve-se ao fato de que:

> O que parece dar confiabilidade a essas impressões e notas é, de um lado, a própria experiência da viagem, de outro, o fato de se tratar de um "olhar de estrangeiro". De se tratar de alguém de fora, mas que de fato teria testemunhado o que narra. (Süssekind, 1990, p.49)

Mas, perguntamo-nos, se os procedimentos descritivos dos séculos XVI, XVII e XVIII, pelo menos no que tange à composição de paisagens, já estavam regrados pelos preceitos da topografia, assim como também o estavam aqueles outros ligados à representação de plantas e animais (Heffernam, 2004; Hansen, 2007; Moreira, 2005), por que excluir Léry e Staden, mas manter Gabriel Soares de Sousa, se dependem todos de uma mesma matriz letrada?

É preciso, cremos nós, verificar, à luz das pesquisas de Roberto Acízelo de Souza (1999) e de Eduardo Vieira Martins (2005), a manutenção do estudo da retórica no Brasil, no século XIX, e como essa tradição em parte manteve e em parte alterou a preceituação que regrou o procedimento descritivo nos Quinhentos, Seiscentos e Setecentos. Além de se examinar a revisão levada a termo pelos referidos estudiosos da manutenção de uma tradição retórica no Brasil do século XIX, é preciso encontrar nos autores do Oitocentos o uso das Letras da América portuguesa que implique empregos reversos daqueles que serviram de justificativa para a produção literária nos séculos coloniais; e é preciso também rastrear os procedimentos de escrita da história literária brasileira que expliquem como nossa tradição documentária baseou-se em uma continuidade que aboliu a história das práticas letradas, por ter de basear-se em usos meta-históricos das fontes documentais com que se deparava.

Detenhamo-nos por um momento na análise de um dos muitos tratados de retórica publicados em Língua Portuguesa no século XIX, no qual se encontram os preceitos que regram a composição de paisagens e que, por razões óbvias – pois os preceitos não seriam recorrentes em incontáveis manuais usados no ensino, em Portugal e no Brasil do século XIX, sem, ao mesmo tempo, produzir nenhum impacto sobre aqueles que os liam e com eles aprendiam a descrever –, serve para ilustrar o que se entendia como descrição ou pintura. Na seção em que se define *pintura*, lê-se:

> O primeiro genero de pinturas é a enargía, – que pinta o objecto tanto ao vivo, que parece estar-se vendo: – e este genero comprehende duas especies. – A primeira é a enargía total, que pinta pelas palavras toda a imagem do objecto em um só quadro. [...]
>
> A segunda especie d'enargía é a *individual*, ou propriamente descripção, que pinta as imagens dos objectos em varios quadros. [...]
>
> – Devemos porém ter o cuidado de avivar estas pinturas; e isto por dois modos: 1º fazendo que o objecto, que pintamos, imitem bem o *natural*: 2º ajunctando-lhe os accessorios, ou verdadeiros ou fingidos, mas que em taes casos costumam acontecer. Por onde é mister *que imitemos sempre a natureza, que é o modelo das artes*. (Borges de Figueiredo, 1860, p.70-1)

Fica evidente nesses excertos que o autor do tratado leu fontes gregas ou latinas em que, quando se trata da descrição, faz-se menção à *enargeia* ou *illustratio*, procedimento que produz a intensificação da visualização do que é descrito por meio do recurso, no século XIX, a aspectos que se diriam sinestésicos: "As borboletas, pela beleza das côres, rivalizam com as flôres sôbre as quais se pousam e só são vencidas pelos diamantes, rubís e esmeraldas do colibrí que bebe no mesmo cálice" (Rugendas, 1949, p.11). A intensificação da visualização se dá pelo símile entre o colorido variegado das borboletas e o das flores e por aquele outro entre a iridescência da plumagem do colibri e a das pedras preciosas: cintilação que ofusca os olhos e ouvidos de leitores e ouvintes, símile este já previsto como um dos recursos próprios da "pintura" (Borges de Figueiredo, 1860, p.72).

Quando se lê a *História da América portuguesa*, de Rocha Pita, por exemplo, é possível extratar fragmentos nos quais se descreve a natureza brasileira que em nada diferem, por sua aparente objetividade, daqueles escritos por viajantes do século XIX. Vejamos primeiramente um excerto de *História da América portuguesa*:

> Para o sul a cordilheira dos montes, que começando na capitania dos Ilhéus com o nome de Serras dos Aimorés, e atravessando as do Porto Seguro e do Espírito Santo, vão por cento e quarenta e três léguas de curso acabar na enseada do Rio de Janeiro, onde lhes chamam Montes dos Órgãos. No caminho daquela cidade para as Minas Gerais, a altíssima serra de Itatiaia. Nos vastos distritos das Minas do Ouro, as inacessíveis serranias, de cujas vertentes (dizem os seus

descobridores) nasce o grandíssimo rio de S. Francisco. Nas próprias Minas do Sul o opulento Serro Frio, que tem mais partos de ouro que o Potosi teve de prata. A estupenda serra de Paranapiacaba, que tendo assento no continente vizinho às vilas de Santos e S. Vicente, vai inconstantemente subindo em voltas, umas sobre o mar, outras para o interior da terra, e dando por algumas partes entrada menos difícil, por outras estreito e fragoso trânsito para a cidade de S. Paulo, que lhe fica pelo sertão sete léguas distante. (Rocha Pita, 1965, p.9)

Pode-se asseverar que a objetividade do fragmento de Rocha Pita quanto à descrição do relevo brasileiro não desmente, por outro lado, seu caráter encomiástico, pois, se sabemos que, no início de seu livro, o autor afirma, visando à glorificação política do Império português, que:

> Do novo mundo, tantos séculos escondido e de tantos sábios caluniado, [...] é a melhor porção o Brasil; vastíssima região, felicíssimo terreno em cuja superfície tudo são frutos, em cujo centro tudo são tesouros, em cujas montanhas e costas tudo são aromas; tributando os seus campos o mais útil alimento, as suas minas o mais fino ouro, os seus troncos o mais suave bálsamo, e os seus mares o âmbar mais selecto; admirável país, a todas as luzes rico, onde pròdigamente profusa a natureza se desentranha nas férteis produções, que em opulência da monarquia e benefício do mundo apura a arte, brotando as suas canas espremido néctar. (Ibidem, p.3-4)

É preciso então ler todas as descrições, por mais objetivas que nos pareçam, como desdobramentos da proposição geral apresentada logo no início da obra que afirma ser o Brasil a melhor porção do Novo Mundo.

Que diferença haveria entre Rocha Pita e Spix e Martius, se, na primeira página de seu *Viagem pelo Brasil*, afirmam esses viajantes europeus que:

> Apesar, porém, dos grandes progressos no conhecimento dessa parte do mundo, oferece ela ainda vasto campo ao espírito empreendedor de pesquisas, a fim de estender, com os descobrimentos, o círculo da ciência humana. Mais do que qualquer outra porção da América, o Brasil, o seu mais belo e rico país, é, entretanto, pouco povoado e conhecido, embora seja ele o coração desse novo continente. (Spix; Martius, s. d., p.21)

Além de ser o "seu mais belo e rico país", é o Brasil o "coração" do Novo Mundo. A metáfora, que remete a uma posição de centralidade, também refere, de modo inevitável, os afetos comumente associados ao mencionado órgão, dentre eles sobressaindo o que mais se associa com o coração, ou seja, a própria "cordialidade". O que nos interessa aqui, entretanto, é o fato de, por ser o Brasil "seu mais belo e rico país" e também "coração" do Novo Mundo, as descrições que se seguem a essa abertura, que lhes serve de protocolo de leitura, podem ser lidas e interpretadas como exemplos ou atualizações discursivas dessas "beleza", "riqueza" e "centralidade". É preciso também atentar para o fato de que essas três características, dentre outras empregadas para louvar o Brasil, são recorrentes em Rocha Pita, em Spix e Martius e em outros autores que escreveram tanto durante os séculos de vigência do pacto colonial quanto durante o século XIX, o que explicaria a presença de certos *topoi* determinantes da pintura de paisagens entre os nossos românticos. Basta ler outra passagem de Spix e Martius para nela reconhecer lugares comuns da "topografia", o que parece demonstrar sua contaminação por procedimentos de retoricização:

> O dia estava encantadoramente claro e límpido, e vento favorável nos levou além do alto cabo; não tardou a patentear-se aos nossos olhos, embora ainda distante, a grandiosa entrada do porto do Rio de Janeiro. À direita e à esquerda, elevam-se, como portões da baía, escarpados rochedos, banhados pelas vagas do mar; o que domina ao sul, o Pão de Açúcar, é o conhecido marco para os navios afastados. Depois do meio-dia alcançamos, aproximando-nos cada vez mais do mágico panorama, os colossais portões de rocha, e finalmente por êles entramos no vasto anfiteatro, onde o espelho do mar reluzia como sossegado lago, e, espalhadas em labirinto, ilhas olorosas verdejam limitadas no fundo por uma serra coberta de matas, como jardim paradisíaco de fertilidade e magnificência. (Spix; Martius, s.d., p.41)

Pode-se dizer que essa contaminação da observação "científica" pela tradição retórica se encontra também em Rugendas, em cujo livro, como já o disse Flora Süssekind, por um lado há a declaração de uma impossibilidade de descrever a exuberância da flora tropical brasileira, seja por meio da paleta do artista, seja por meio da pena do poeta, o que só poderia levar a termo com sucesso o naturalista:

> As florestas nativas constituem a parte mais interessante das paisagens do Brasil; mas também a menos suscetível de descrição. Em vão procuraria o artista um posto de observação nessas florestas em que o olhar penetra além de poucos passos; as leis da arte não lhe permitem exprimir com inteira fidelidade as variedades inumeráveis das formas e das cores da vegetação de que ele se vê envolvido. [...] O escritor vê-se manietado pelas regras da sã razão, e pela teoria do belo, dentro de limites tão estreitos quanto os do próprio pintor e a que é dado somente ao naturalista transpor. (Rugendas, 1949, p.11)

Por outro, recorre o próprio observador-viajante a constantes descrições ou pinturas verbais que dissera antes não poderem apreender a exuberância florestal do país, composta de flora e fauna inauditas:

> A natureza animal revela também admiráveis riquezas de formas e côres. As copas das árvores são movimentadas por bandos de macacos ou papagaios e outros pássaros de plumagem variegada. As borboletas, pela beleza das côres, rivalizam com as flôres sôbre as quais se pousam e só são vencidas pelos diamantes, rubís e esmeraldas do colibrí que bebe no mesmo cálice. (Ibidem, p.12)

Como se pode ver, esse extrato em nada difere de outras descrições da paisagem brasileira produzidas no século XIX por autores como Teixeira e Souza e Macedo. É possível afirmar então que nos relatos dos viajantes encontram-se matrizes que servem para a composição de pinturas de paisagem no romance brasileiro, mas que, para além de poderem ser todas elas utilizadas, tanto as que se aproximam mais de nosso senso de objetividade, quanto aquelas mais dependentes de uma tradição retoricizada de descrição, as últimas, baseadas na atualização de *topoi* topográficos, parecem ser de maior serventia como modelos para nossos escritores.

Voltando ao comentário ao texto de Antonio Candido após longo excurso, passa-se em seu texto, após se ter comentado a transfiguração da natureza entre os autores do século XVII, a discorrer sobre a relação entre as Letras e a natureza nos árcades: "em vez da transfiguração da natureza e dos sentimentos, acentuou-se a fidelidade ao real. Em suma, formou-se uma camada mais ou menos neoclássica, rompida a cada passo pelos afloramentos do forte sedimento barroco" (Candido, 1993b, p.95). Para ele, a objetivação ocorreria pelo impacto das Luzes entre os autores do século XVIII, o que implicaria aceitar uma acentuação, na pintura de paisagens poética, do grau de realidade tomando-se como base um referente externo à arte de validade absoluta, sem o qual não teria cabimento falar de "fidelidade ao real". A leitura empreendida por Antonio Candido, no entanto, parece não ser roborada por aquela que já foi por nós citada, em que a relação entre as Letras e a natureza, quando se menciona Cláudio Manuel da Costa, não é vista de um ângulo positivo, sendo o parecer de Bouterwek mantido em Sismonde de Sismondi, autor que cronologicamente o segue.

Sismonde de Sismondi, em seu *De la Littérature du Midi de L'Europe*, refere de passagem alguns autores dos séculos XVII e XVIII, que laboraram no mundo colonial português, sem restringir-se, entretanto, apenas ao continente americano (Sismondi, 1978, p.21-2). Os dados informativos que nos interessam em sua obra estão relacionados a dois poetas americanos, Cláudio Manuel da Costa e Manuel Inácio da Silva Alvarenga. Quanto a Cláudio Manuel da Costa, o seu parecer sobre o poeta em nada difere daquele que fora exarado por Bouterwek, e é de tal modo semelhante a ele que se poderia dizer que um foi calcado no outro. Em Sismonde de Sismondi fala-se também de um "homem superior na poesia lírica" (Ibidem, p.23) que, embora brasileiro por nascimento, foi educado em Portugal. Após seu retorno à terra onde nasceu, "continuou seus estudos poéticos nas minas de ouro e de diamante, cujas riquezas parece que não o fascinaram" (Ibidem). Assim como em Bouterwek, a apreciação da natureza tem um tom negativo, mas é sempre vista, conforme se supõe, pelos olhos do poeta:

> Naquelas montanhas, diz ele, não se veem regatos da Arcádia, cujo doce murmúrio produza sons harmoniosos; a torrente que se despenha, turva e imunda, lembra somente a ambição dos homens que a represaram e conspurcaram as águas, em busca de tesouros. (Ibidem, p.24-5)

Mais uma vez, defrontamo-nos com um absoluto descaso para com a natureza americana, como se as palavras que o poeta proferira, segundo Bouterwek e Sismonde de Sismondi, fossem suficientes para atestar que a "cor local", já conspurcada pelas mãos dos colonizadores, tivesse de ser buscada em outro lugar que não aquelas paragens que Cláudio Manuel contemplara e de que ele não se valera para pintar quadros eloquentes, porque já era impossível fazê-lo. Contudo, quando da apreciação de poemas de Manuel Inácio da Silva Alvarenga, assevera-se que "o principal atrativo desses poemas é ainda sua cor local, as imagens sugeridas pelas árvores, pelas borboletas, pelas serpentes da América; ou o convite para mitigar os calores de dezembro nas frescas ondas de um regato" (Ibidem, p.26), em detrimento de poemas em que enaltece seus amores por Glaura e em que exibe seus queixumes após a morte desta. Quando a leitura das obras escapa à contingência do parecer autoral que fora desfavorável à natureza, como no caso de Cláudio Manuel da Costa, o acento positivo quanto à qualidade dos poemas parece recair sobre a natureza neles representada, motivação para o louvor de Manuel Inácio da Silva Alvarenga.

Passemos, por fim, à análise de passagens da obra de Ferdinand Denis, que, sem sombra de dúvida, das três por nós compulsadas neste bosquejo, oriundas do início do Oitocentos, foi a que mais impactou a literatura brasileira no século XIX, pois, como o declarou Guilhermino César, no momento em que se buscava avidamente a formação de uma literatura nacional que servisse para a instituição de uma nação, "o *leitmotiv* do *Resumé*, em todos os capítulos, é este: devemos abrasileirar a literatura no Brasil" (César, 1978, p.32).

O meio de promover o abrasileiramento consiste, sobretudo, em pintar a natureza, recurso este que permite ao autor francês abrasileirar as Letras da América portuguesa, ao deslocar os princípios de nossa literatura para o século XVI, já que nele principiara o procedimento descritivo do Novo Mundo:

> O início da literatura brasileira não data de época muito recuada; entretanto, é muito difícil determinar-lhe a verdadeira origem, já que a separamos, por alguns instantes, da literatura portuguesa. É certo que ela começou com alguns imperfeitos relatos do século XVI, os quais se refugiaram, em grande parte, nos arquivos da Torre do Tombo.
>
> Contemporaneamente com os historiadores, surgiram nessa literatura os poetas, e é provável que os primeiros exploradores, cheios de entusiasmo pela aprazível região que contemplavam, reiteradamente a exaltassem. (Denis, 1978, p.41)

A literatura brasileira principiou, assim, no século XVI, e nela se destacaram desde sempre a exaltação da natureza por meio de sua contemplação prévia. Se, como o declara Denis, a pintura de paisagem – pintura esta de caráter anacronicamente ufanista – já se fazia presente nos relatos mais antigos que nos chegaram às mãos, oriundos do século XVI, mas obviamente também dos séculos XVII e XVIII, há um claro estímulo para que se encontrem nos relatos e poesias dos anos de colonização os modelos da pintura de paisagens que identifiquem a literatura brasileira a partir do romantismo. O circuito de que falávamos anteriormente está documentado em Ferdinand Denis, e é justamente o abrasileiramento das Letras da América portuguesa que possibilita a inserção delas na história da literatura brasileira em formação e que, ao mesmo tempo, as torna matrizes textuais para a pintura de paisagens e de tipos humanos, mormente dos índios. É preciso então infletir um pouco a proposta de Flora Süssekind sobre as matrizes da pintura de paisagens na literatura brasileira do século XIX, pois não são apenas os relatos de viagem que podem ter se constituído em modelos para nossos primeiros ficcionistas, mas também as descrições presentes nas Letras da América portuguesa, respeitando-se, é claro, as datas em que as obras foram postas ou repostas em circulação no século XIX, o que permitiria avaliar seu impacto, de qualquer modo, sobre autores como Teixeira e Sousa e Macedo.

Deparamo-nos, em Ferdinand Denis, outrossim, com o testemunho de como a ideia de "natureza" como critério diferencial da literatura brasileira em formação já se consolidara, pois, embora sua presença pudesse ser causa do mérito da poesia de Manuel Inácio da Silva Alvarenga, segundo Sismonde de Sismondi, não fora aí elevada à condição de *leitmotif* de sistema literário, muito menos em Bouterwek. Pode-se ter ideia de sua importância para a apreciação positiva da literatura quando se compara o parecer de Sismonde de Sismondi sobre a poesia de Manuel Inácio da Silva Alvarenga com aquele emitido por Januário da Cunha Barbosa:

> Compôs ele seus *Rondós*, cantando assim as nossas árvores, frutos, flores, montanhas, rios e florestas. [...] a dependência colonial fazia a das letras. Nem os *Rondós*, nem os *Madrigais*, nem outras composições de Manuel Inácio, eminentemente brasileiras, tiveram em seus dias a voga que então mereceram outras poesias suas adubadas com as figuras e donaires da poesia portuguesa. O Tejo e o Mondego eram mais aplaudidos nos versos do que o Amazonas e o Prata; o louro e o myrto mais do que a mangueira e o cajueiro. (Barbosa, 1841, p.276, apud Enders, 2000, p.16)

Se podemos afirmar que a ideia de natureza e a pintura desta se tornam em poucos anos aquelas que, mediando os conceitos de Bouterwek e Denis, se tornam condição para a constituição e inteligibilidade do sistema literário brasileiro, outros critérios vêm se unir a elas para a constituição de nosso cânone literário e caberá, em outros escritos, discutir quais são eles e traçar-lhes a genealogia.

31
Academia Brasileira de Letras, patrocínio oficial e concursos literários durante a República Velha

João Paulo Coelho de Souza Rodrigues

Uma solicitação recorrente

Na vazia sessão de 30 de maio de 1908 da Academia Brasileira de Letras (ABL), em que só havia quatro acadêmicos presentes, o almirante Artur Jaceguai pediu a palavra ao presidente Machado de Assis para ler um ofício. De acordo com esse documento, o militar-escritor pretendia apresentar uma saída para a crônica falta de fundos que irritantemente marcava os primeiros 11 anos da instituição. Naquela modorral tarde do outono carioca, em que quase nada havia a tratar, foi dada a palavra ao solicitante, que leu o singelo e inocente documento. Singelo por seu raciocínio, e inocente por suas expectativas.

> Considerando que a Academia Brasileira de Letras é uma instituição de caráter popular, como o são todas as agremiações congêneres nos países democráticos, ela aceita gostosamente a condição de ser mantida pelos recursos da Nação, os quais outra coisa não são do que o produto das contribuições diretas ou indiretas do povo; por isso não hesito em requerer dos poderes públicos competentes hajam de subvencioná-la anualmente com o quantitativo necessário à constituição, no fim de determinado número de anos, de um patrimônio que dar-lhe possa existência condigna com os seus elevados instintos.
>
> Esse quantitativo não deveria ser inferior ao mínimo dos subsídios conferidos a outras instituições nacionais, como: a Academia Nacional de Medicina e o Instituto dos Advogados.
>
> Na concessão da subvenção anual proposta haverá a restrição de não poder ser empregada, nos dez primeiros anos de sua efetiva outorga, a outro objeto que

não seja a formação do patrimônio da Academia, cessando na hipótese de tal patrimônio atingir, por meio de donativo particular, a soma de cem contos de réis.

A forma de requerimento, feito em nome da Academia, deverá ser preferido, para obtenção do favor indicado, à de iniciativa graciosa de algum amigo da instituição, membros do Congresso Nacional; será um procedimento mais digno da respeitabilidade dela e dos seus nobres desígnios.

Após a sua criação, em julho de 1897, a ABL vivenciou três problemas graves: a falta de uma sede própria, o baixo quórum de suas deliberações e a falta de fundos para financiar as atividades previstas em seu projeto de fundação. O primeiro deles foi resolvido em 1905, quando o governo federal cedeu em comodato à ABL, ao Instituto dos Advogados e à Academia Nacional de Medicina um prédio no cais da Lapa, no Rio de Janeiro. O segundo, com o tempo, foi diminuindo, ao sabor de questões contingenciais que não cabe tratar aqui. E o terceiro só veio a ser uma página virada na história da instituição passados vinte anos, quando o livreiro e editor Francisco Alves, morto em 1917, legou-lhe boa parte de sua fortuna e quando, em 1923, o governo francês, em acordo com o governo brasileiro, cedeu-lhe sua atual sede – uma réplica do Petit Trianon de Versalhes, construída no centro do Rio de Janeiro como parte das comemorações do Centenário da Independência. O prédio, que abriga a ABL até hoje, está situado em um amplo terreno, que muito tempo depois veio a ser arrendado, o que aumentou bastante a renda da Academia.

Essas questões financeiras mantinham, desde os primeiros momentos, uma íntima relação com o projeto cultural da ABL, que se relacionava com a divulgação da literatura e a profissionalização do escritor. A ideia de fundação de um instituto nos seus moldes foi aventada pouco após a Proclamação da República, vindo somente a ser articulada em 1896 por um grupo de literatos que mantinham íntimos contatos com políticos influentes dos primeiros tempos republicanos.[1] Destacava-se na ideia de fundação a defesa da necessidade do patrocínio oficial. Pelos estatutos da instituição era sua função precípua a "cultura da língua e da literatura nacional", o que significava uma tarefa de indução cultural. Ela deveria atuar ativamente na seleção da melhor produção literária nacional e no incentivo às letras. De

1 Ver, a respeito, El Far, 2000, p.13-33; Rodrigues, 2003, p.33-79.

início, pareceu vigorar a atitude mais comedida e menos ambiciosa expressa no discurso de fundação de Machado de Assis, no qual ele pregava que o sentido de a ABL ser um órgão de cultivo do idioma e da literatura significava antes aceitar o que já fora selecionado fora dela do que participar desse processo de seleção. Em suas palavras "guardar não é impor; nenhum de vós tem para si que a Academia decrete fórmulas. E depois para guardar uma língua, é preciso que ela se guarde também a si mesma, e o melhor dos processos é ainda a composição e a conservação de obras clássicas" (apud Rodrigues, 2003, 68).

Mas, conforme a Academia foi adquirindo uma estrutura, regularizando seu funcionamento e tornando-se mais visível fora dos limites da "República das letras", a ideia de *cultura* passou a significar uma atitude mais ativa, menos dependente da consagração pública e de certo consenso social extra-Academia. A ABL deveria produzir e fazer circular não só aquilo que entendia ser a tradição intelectual brasileira, mas também obras e autores novos que, a seu ver, poderiam representar o novo caminho da cultura nacional. O documento escrito e lido por Jaceguai seguia nessa direção. Embora se dirigisse a questão mais comezinha, tinha por objeto último o próprio papel da instituição, na medida em que este se inseria numa série de tentativas de assegurar para ela as condições e a autonomia adequadas de um funcionamento voltado, sobretudo, para a produção de cultura (publicação de um dicionário da Língua Portuguesa usada no Brasil, de obras clássicas brasileiras e de uma revista cultural e concessão de prêmios literários). Em outras palavras, Jaceguai, e outros pares antes e depois dele, pediam uma espécie de "Lei Rouanet" sem audiovisual.

A rigor, tal interpretação já circulava na época da fundação. É sintomático que as primeiras notícias e artigos sobre a articulação feita por alguns dos futuros acadêmicos (Lúcio de Mendonça, Medeiros e Albuquerque, Machado de Assis) apresentassem como já decidido que a Academia pediria subvenção oficial, assim como autorização para publicar na Imprensa Nacional manuscritos de obras inéditas que viesse a premiar. Chama a atenção, ainda, que se tivesse como certo que o Estado encamparia tal projeto.[2]

2 Mendonça, L. de. "Cartas literárias: Academia Brasileira de Letras", *O Estado de S. Paulo*, 5 nov. 1896; "Para a história da Academia Brasileira de Letras", *Gazeta de Notícias*, 10 nov. 1896; A. (pseudônimo de Filinto de Almeida), "Academia de letras", *A Notícia*, 10 nov. 1896. Esses artigos foram coligidos em Mendonça, 1997.

Tivesse isso ocorrido, os acadêmicos poderiam desde cedo possuir um poder considerável sobre o mundo das letras. Com financiamento e prestígio, teriam como efetivamente influenciar não só a escolha dos autores a terem os nomes reconhecidos no meio literário, mas também o próprio mercado editorial. E, uma vez que os imortais teriam a função de organizar coletâneas de autores brasileiros considerados clássicos, assim como dicionários, a investidura acadêmica poderia se tornar rapidamente uma indicação cobiçada, na medida em que se tornaria uma via importante de influência editorial, num momento em que se almejava ansiosamente a profissionalização do escritor.

Patrocínio oficial, uma necessidade

Nicolau Sevcenko (1983, p.78-118) já destacou a sensação de deslocamento social que se abatia por vezes sobre os literatos, assim como certo ressentimento quanto ao que seria uma falta de correta apreciação por parte da sociedade. Sevcenko interpreta as recorrentes demonstrações de orgulho ferido, certeza de superioridade intelectual e recriminações generalizadas (aos políticos, à burguesia, ao povo) como fruto da posição ambígua adotada pelos intelectuais e pelos literatos. De um lado, procuravam uma independência que a atividade literária por si só não conferia (daí a maciça adesão ao jornalismo). De outro, aderiam ao gosto supérfluo burguês e se abstinham de tecer um pensamento e uma literatura crítica. Para Sevcenko isso seria fruto de um distanciamento, forçado e também autoimposto, da realidade nacional.

O quadro traçado por esse autor peca por homogeneizar perspectivas intelectuais, literárias e políticas distantes entre si, assim como por acreditar demasiadamente em diagnósticos tecidos pelos próprios escritores da época. Também se pode dizer que Sevcenko confere muito peso a um paradigma nacionalizante anacrônico, isto é, à acusação de estrangeirismo e alienação que, levantada pelos chamados modernistas, se baseia em uma realidade alheia à chamada *Belle Époque*. Não se pode esquecer, ainda, que o abrigo do jornalismo remontava aos primeiros escritores ficcionais brasileiros do Oitocentos, não sendo, portanto, uma novidade do final do século XIX. De qualquer forma, um aspecto destacado por Sevcenko nos interessa aqui: a quase unanimidade em situar na falta de um verdadeiro mercado editorial as dificuldades enfrentadas pelos escritores.

Se voltarmos aos artigos da época da proposta de uma fundação "estatal" da Academia, notaremos um sentimento de que os poderes públicos, claramente do executivo federal, tinham um dever de dar relevo às letras nacionais. Escrevia, por exemplo, Artur Azevedo que:

> A ideia da fundação da Academia Brasileira é uma ideia simpática, porque, graças a essa instituição, será pela primeira vez oficialmente reconhecida no Brasil a profissão do escritor público [...]. Reconheço que a instituição oficial que se projeta é o único meio de fazer com que as letras sejam aqui consideradas uma ocupação pelo menos tão prática como outra qualquer, e mostrar que tão digno de crédito e de consideração é o literato que vende os seus livros como o negociante que vende suas fazendas. (Azevedo, 1896)

E continuava na mesma linha Lúcio de Mendonça:

> nesta terra de analfabetos, que tem literatos eminentes e não tem literatura por falta de leitores; neste povo, corroído pelo vício nas suas mais íntimas fibras, cuja atenção só o jogo e a política conseguem atrair e prender; nesta República presidencial, em que se faz mais e pior parlamentarismo do que nunca e que mantém escolas de Direito, Engenharia, Medicina e Belas-Artes, fundar uma Academia de Letras, com os intuitos e as linhas gerais da Academia Francesa seria fazer obra de grande estadista, porque grande são os estadistas que vêm mais do que os seus contemporâneos e para mais longe do que os limites do seu país e do seu tempo; seria proclamar a realeza incontrastável do talento, reconhecer que a literatura é uma maneira de ser da Pátria tão legítima como a indústria, a lavoura, o comércio e a arte [...]; é fazer a este mísero povo o melhor dos serviços dando-lhe no livro um derivativo aos vícios e à ociosidade mental; [...] é finalmente, fazer política democrática, por que, se, na aparência, é uma classe apenas que vai beneficiar da ideia, e se esta é aristocrática na forma, quem vai, em fundo e verdade, se aproveitar com ela é o povo. (apud Rodrigues, 2003, p.52-3)

No discurso desses dois escritores é possível identificar um conjunto de relações de causa e efeito que justificam, no limite, a intervenção estatal no mercado livreiro: um povo abatido, mas com grandes talentos, gerava uma sociedade disfuncional, em que o mercado capitalista não funcionava no campo da cultura; uma Academia legitimada e financiada pelo Estado interviria simbolicamente na produção desse mercado, beneficiando o povo e criando a ponte entre este e os literatos.

Na ordem do progresso nacional, cabia, portanto, o patrocínio estatal às letras. E, por trás de tão patrióticos impulsos, haveria ainda outro efeito: a elevação da posição social do literato. Valentim Magalhães, na mesma época, era bastante claro a respeito do assunto. Era decisivo para a fundação de uma instituição nos moldes propostos o argumento do pouco que se lia no Brasil. Magalhães relacionava isso aos parcos rendimentos pagos pelos editores a seus autores (à exceção daqueles de livros didáticos e técnicos).

> Ora, uma Academia de Letras desenvolveria o consumo literário de vários modos simultâneos: – consagrando de alguma forma os escritores e, assim, com essa recompensa moral, estimulando-os e reconfortando-os no trabalho; recomendando-os como prestígio oficial à procura, pelo reconhecimento da competência dos autores; facilitando-lhes certos favores que, beneficiando o custo da impressão, habilitariam os editores a pagar melhor aos seus editados – e tais seriam – isenção de direitos sobre papel importado; diminuição de impostos sobre tipografias; impressão a preços reduzidos na Imprensa Nacional; prêmios aos autores de obras coroadas pela Academia e mesmo aos editores que mais e melhores serviços prestassem às letras; etc. (Magalhães, 1896)

Portanto ficava evidente que, para vários daqueles que se tornariam a autodenominada *elite literária*, havia todo um programa para se redesenhar o panorama editorial do país, com fortes consequências sobre a cultura nacional e sobre a posição social dos literatos.

Mas havia uma dificuldade e um paradoxo nesse projeto. A dificuldade era convencer o governo e o Congresso a avalizar e financiar a Academia e seus trabalhos. A falta de interesse – a despeito do amplo *lobby* feito por jornalistas e escritores – daquelas duas instâncias fez a ABL ser fundada de forma independente e viver, entre 1897 e 1904, peregrinando por vários locais públicos e, entre 1897 e 1910, recebendo verbas de estranhos e dos próprios acadêmicos.

O paradoxo estava no fato de que, projetada para ser uma instituição independente e autônoma, sem viés político ou ideológico, a Academia fora gestada para depender do Estado quase como outras instituições culturais oficiais ou semioficiais, como o Instituto Histórico e Geográfico Brasileiro e a Escola de Belas-Artes. Se, por um lado, a fundação da Academia sem nenhuma influência estatal demonstra a determinação de um grupo de literatos de efetivamente criar um espaço de sociabilidade e de troca intelectual a despeito de todas as dificuldades do momento, por outro o projeto inicial e certos desdobramentos posteriores mostram que uma leve tentação patrimonialista exercia forte atração entre certo grupo de literatos. Até a autonomia financeira adquirida com o legado de Alves e com a cessão de uma sede digna, entre 1917-1923, a Academia oscilou entre a afirmação pública de sua independência, como se vê nos discursos dos acadêmicos e nos debates públicos que estes protagonizaram sobre seu próprio perfil, e a recorrente procura de mecenato oficial.

Como se vê, desde os dias de articulação política pela participação governamental na fundação, havia uma tentativa de separar o aspecto puramente financeiro do trabalho puramente intelectual e cultural. Toda a argumentação de literatos como Carlos de Laet, Valentim Magalhães, Lúcio de Mendonça, Medeiros e Albuquerque, Artur Azevedo e outros salientava que o primeiro era uma condição para o pleno exercício do segundo e que, ainda mais importante, era do interesse do governo que existisse uma instituição como a Academia de Letras. A emulação com a congênere francesa – tão citada naquele ano de 1896 – conviria à elevação cultural da nação e cumpriria em parte uma função do Estado, isto é, influiria na educação do povo. À maneira de Bourdieu, pode-se dizer que o que se queria era a criação de um campo de consagração, que estabeleceria uma estrutura de posições através de instâncias de reprodução de valores do campo literário (Bourdieu, 2001, p.99-181). A originalidade da ABL é que esse processo de estruturação e autonomia necessitava justamente de um mecanismo que diminuía de forma prática e simbólica essa autonomia ou se justificava na mente dos futuros imortais exatamente por isso.

Preocupações financeiras e tentativas de publicações

Não seria errado afirmar que entre 1897 e 1910, *grosso modo*, a instituição presidida por Machado de Assis (substituído quando morreu, em 1908, por Rui Barbosa, que pouco interesse demonstrou por aquele grêmio) não perseguiu, ou não teve condições de perseguir, a contento a consecução de seu projeto original. Premida pela falta de estrutura, tentou com muito pouco sucesso organizar trabalhos coletivos que mostrassem à sociedade e ao público sua função central na "cultura" do idioma e na definição do panteão literário e intelectual da nação. Já em 26 de julho de 1897, primeira sessão após a fundação, José Veríssimo propôs a formação de uma comissão para elaborar o plano de um dicionário bibliográfico brasileiro, proposta aprovada e que consumiria, com idas e vindas, os anos seguintes.[3] Em 1898 e 1901, Lúcio de Mendonça, Valentim Magalhães e Rodrigo Otávio propuseram a edição de biografias de acadêmicos falecidos e dos patronos das quarenta cadeiras. Mas somente passados mais alguns anos é que os projetos começaram a se materializar, o que em boa medida é resultado do aporte oficial de recursos que, de início, foi bastante irregular.

A falta de fundos não permitiu voos mais altos. Em 1900, o deputado federal baiano Eduardo Ramos, que possuía pretensões beletristas, elaborou um projeto de lei, aprovado em dezembro daquele ano, autorizando o governo a dar sede permanente à ABL, bem como a franquear a ela a Imprensa Nacional, quer para suas publicações oficiais (boletins e revista), quer para a edição de livros de patronos e outros grandes escritores falecidos. Uma batalha estava ganha. Contudo, era preciso vencer outras.

Apenas um boletim havia sido impresso, em 1897, à custa dos acadêmicos. A chamada Lei Eduardo Ramos apenas permitia o uso de recursos públicos, mas não indicava valores nem as vias pelas quais estes seriam repassados. Cabia à Academia solicitá-los conforme necessitasse e torcer (ou pressionar) para que o Executivo emitisse portarias e despachos ordenando os gastos. Machado de Assis requereu, então, providências para a publicação do segundo boletim, impresso em 1901, e daí veio a ideia de uma revista trimestral, que só surgiria em 1910. Apenas esses dois números do boletim foram publicados.

Da mesma forma, em virtude da ausência de imperativo e indicação na lei sobre quando, onde e como alojar a Academia, foi preciso um trabalho de bastidores para que ela se fizesse valer. Para isso, a direção da casa aliou-se ao Instituto Histórico e Geográfico Brasileiro (IHGB) e ao Instituto da Or-

3 Em 16 de maio de 1907 alguns membros propuseram um projeto de dicionário etimológico da Língua Portuguesa, que não prosperou.

dem dos Advogados Brasileiros (IOAB), também agraciados por medidas parecidas, e conseguiu a instalação compartilhada em um edifício de dois andares na rua da Lapa (hoje Augusto Severo) em 1904, embora a mudança efetiva da ABL e do IOAB se desse apenas no ano seguinte e a do IHGB em 1913, quando da construção de uma ala especial para essa instituição.

Mas, embora as finanças se regularizassem, ainda assim não permitiam grandes empreendimentos. Ao mesmo tempo, boa parte do esforço conjunto se concentrava em três atividades, sobretudo entre 1897 e 1910: nas eleições e suas "campanhas"; na discussão de uma reforma ortográfica que veio a se espalhar para os jornais e chegou envolver os poderes públicos;[4] nas cerimônias públicas e homenagens póstumas. Neste caso, tratava-se de sessões solenes com visitantes estrangeiros, como as dedicadas ao historiador italiano Guglielmo Ferrero, em 1907, e ao escritor francês Anatole France, em 1909, das cerimônias de posse, que recebiam a audiência do *grand monde* carioca, assim como de autoridades (em quase todas o próprio presidente da República estava presente ou enviava seu secretário particular e ministros), e, por fim, do descerramento de bustos e estátuas de escritores brasileiros.

Uma revista para a Academia

Eis, muito provavelmente, uma das razões pelas quais a instituição não fez uso do artigo da Lei Eduardo Ramos referente ao uso da Imprensa Nacional. Tal artigo facilitava o trabalho de publicação de uma revista. Por outro lado, implicava mais tentativas de pressão para a efetivação da lei, tal como ocorrera com a questão da sede. Outra razão deve ter sido a recusa da própria Imprensa Nacional, em virtude de trabalhos mais prementes e ligados aos três poderes. Como a ABL conseguiu, por seu turno, mais verbas governamentais por outras vias, o fato é que a revista trimestral passou a ser publicada por editoras, provavelmente pagas com essas verbas.[5] A revista veio a lume primeiro por uma editora menor (de J. Ribeiro dos Santos),

4 O assunto foi discutido entre 1907 e 1911, retornando em alguns momentos das décadas de 1920 e 1930. Como o governo português aprovou uma reforma própria em 1911, o assunto requereu a atenção da contraparte brasileira.

5 Em 1910 e nos dois anos subsequentes, o Congresso Nacional incluiu a Academia no orçamento federal, subvencionando-a, ao menos no primeiro ano, com 20 milhões (contos) de réis.

passou por uma gráfica (Empresa Foto-Mecânica do Brasil) e, a seguir, teve o selo da importante e prestigiosa livraria de Francisco Alves.

Sob o comando de José Veríssimo, secretário-geral e faz-tudo (junto com Mário de Alencar e Rodrigo Otávio) da instituição após a morte de Machado de Assis, a revista começou a sair da gráfica em julho de 1910, aparecendo regularmente apenas até 1914. Voltou a ser publicada em 1919, para manter-se até hoje.

Em boa medida, o intenso e, a acreditar-se nos apelos de Veríssimo e Alencar, frustrante trabalho para que os acadêmicos suprissem regularmente a revista com artigos sobre folclore, história e história literária, poemas, trechos de romances, discursos, apreciações críticas de novos livros, entre outros temas, explica a vida curta do primeiro período dessa publicação.[6] É bem verdade que boa parte das revistas culturais do período não teve fôlego muito maior. A *Kósmos* durou de 1904 a 1909. A *Renascença* foi mais fugaz: de 1904 a 1907. Mesmo uma revista com forte apoio oficial, como a *Revista Americana* (patrocinada pelo Itamaraty), apareceu, irregularmente, entre 1909 e 1919. Todavia, no caso da ABL, o peso, mais uma vez, da falta de patrocínio estatal teve um papel crucial.

Ainda assim, a revista, como primeiro produto impresso a chegar ao mercado de uma instituição voltada para as letras e para a produção intelectual nacional, teve o importante papel de incentivar e de dar visibilidade a atividades que, desde o projeto de fundação e dos estatutos, pareciam obrigação da Academia. Com os artigos e discursos homenageando e analisando as obras de membros mortos, de patronos, assim como a história literária nacional mais ampla, a instituição dava a impressão de que poderia adquirir a posição prevista em sua autoimagem de linha auxiliar na educação cultural do país – ainda que tal posição fosse embrionária, em face do amplo analfabetismo, da frágil presença do ensino público e de fortes núcleos intelectuais que reagiam com antipatia à ABL. De qualquer forma, a revista ao menos abria uma oportunidade, pois um novo veículo de

6 Nas atas do período se encontram seguidos pedidos de material para munir a revista, assim como indícios das dificuldades do trabalho. Em 15 de julho de 1911, Mário de Alencar chegou a apresentar sua renúncia do corpo editorial, alegando sobrecarga de trabalho, demoras na impressão, problemas com a ortografia (poucos aceitavam a reforma de 1907) e, sobretudo, falta de contribuições. Seguiram-se trocas de acusações entre acadêmicos, e Alencar acabou desistindo da renúncia. Ver *Atas da Academia Brasileira de Letras, volume 1910-1912*, sessão de 15 de julho de 1911 (Arquivo da ABL).

divulgação dos trabalhos eminentemente literários e linguísticos era uma plataforma valorizada.

Além das contribuições mencionadas (a literatura, a história e o folclore eram claramente valorizados), destacam-se a série de trechos do que se pensava que viria a ser partes de futuras obras de referência. Além de páginas de um dicionário de brasileirismos e de um dicionário bibliográfico brasileiro, que apareceram em todos os números, havia as "Bases do vocabulário ortográfico" da Academia (fruto da reforma aprovada em 1907) e um "Vocabulário médico popular do Brasil".

Terceirizando julgamentos, julgando terceiros

Na mesma época, passou-se a se requerer da Academia uma função nova e curiosa. Como se viu ao início, os imortais haviam imaginado que uma forma de exercer seu papel legitimador na literatura seria concedendo prêmios e eventualmente publicando as obras dos ganhadores. As dificuldades dos primeiros anos tinham adormecido as ações para isso. As verbas obtidas do Estado não permitiam tarefas relativamente custosas. Contudo, a forma pela qual a Academia começou a fazer valer tal tarefa antes pensada como parte integrante de seu papel de guardiã da memória cultural e incentivadora de talentos literários era no mínimo original, frente a uma identidade institucional baseada em certa intangibilidade e recato, além de postura que passava ao largo do mercado e do mundo agitado do jornalismo.

Em 1909 a prefeitura do Distrito Federal assinou contrato com a empresa que arrendava o Teatro Municipal para a cessão de prêmios literários, convidando a Academia para julgar anualmente dois concursos: um de obras de poesia ou prosa e outro de cinco peças teatrais destinadas à apresentação no recém-inaugurado teatro. No ano seguinte, o importante jornal *Gazeta de Notícias*, em que haviam escrito imortais como José do Patrocínio, Machado de Assis e Olavo Bilac, estabeleceu o mesmo acordo, desta feita para a premiação de livros de poesia. A Academia não titubeou, aceitando os encargos. Imbuídos de um espírito missionário que, embora não hegemônico, ainda assim permeava parte do espírito acadêmico, os imortais das comissões de julgamento nada receberam. À instituição foram cedidos apenas os bilhetes de entrada de uma frisa (que a Academia vendeu para arrecadar fundos), além da divulgação de seu próprio nome como auferidora de prêmios que atraíam a atenção da imprensa e o desejo de novos e nem tão novos estreantes nas letras.

O concurso da prefeitura, ocorrido em 1909 e 1910 (o contrato seria rescindido em 1912), oferecia 2 contos de réis ao escolhido. No primeiro ano foram inscritas 43 peças e 10 obras; no segundo, 17 e 3, respectivamente. O concurso da *Gazeta de Notícias* oferecia 500 mil réis e teve 32 livros inscritos.

Os números envolvidos – premiação e inscritos – indicam que os concursos foram bem-sucedidos. Entre os autores do concurso de livros de 1909 estavam escritores consagrados, como Júlia Lopes de Almeida (com *Eles e elas*), Elísio de Carvalho (com *Bárbaros europeus* e *Five o'Clock*) e Virgílio Várzea (com *Nas ondas*), assim como alguns que futuramente iam se tornar conhecidos, como Agrippino Grieco (com *Ânforas*), Afonso d'Escragnolle Taunay (com *Crônica do tempo dos Filipes*, posteriormente renomeado *Leonor de Ávila*) e Xavier Marques (vencedor do prêmio, com *Sargento Pedro*).[7]

A Academia percebeu a janela de oportunidade aberta, inadvertidamente, por outros. Em 1911 ela aprovou um regulamento interno para julgar novos concursos. Nele, ficava claro o papel autoatribuído. Não se aceitava a imposição de condições "principalmente de ordem literária, que restrinjam ou pretendam regular o seu critério de apreciação",[8] o que revela a preocupação em manter uma posição mais que meramente indicativa, preservando-se, assim, uma aura de prestígio mesmo quando a instituição não exercia mais do que um papel de convidada numa premiação controlada por outros agentes. As comissões julgadoras eram obrigadas a dar pareceres circunstanciados e comparativos entre as obras, além de "expressamente dizer sobre a qualidade da língua das obras por elas julgadas", uma vez que era "o fim da Academia a cultura da língua nacional",[9] numa clara lembrança de que mesmo uma atividade passiva (a recepção de obras) tinha um aspecto ativo, na medida em que permitia aos acadêmicos divulgar suas noções sobre a arte literária e chancelar o uso correto da Língua Portuguesa.

O regulamento também previa a instauração de um prêmio eminentemente acadêmico, de 2 contos de réis, dado ao autor da obra publicada no ano anterior "que se distingua por originalidade de concepção e excelên-

7 Taunay seria eleito para a Academia em 1929 e Marques, em 1919.

8 *Revista da Academia Brasileira de Letras*, 2 (5), jul. 1911, p.213.

9 Ibidem, p.213-4.

cia de linguagem e estilo e pela boa influência que possa ter na literatura nacional".[10] O prêmio só foi divulgado uma vez logo após a aprovação do regulamento, sendo suspenso, por falta de fundos, em 1913. Não se chegou a premiar ninguém. Foi retomado 1917, mas outra vez foi suspenso.

A partir de 1920, os prêmios foram se acumulando. Partiu-se de um prêmio de prosa e outro de poesia (este chamado Olavo Bilac), para prêmios de monografia (Francisco Alves), ensaio (José Veríssimo), teatro (Artur Azevedo) e outros. Na década que marcou a estabilização financeira da ABL, ao mesmo tempo que ocorria o ataque mais sério por ela recebido, vindo dos modernistas,[11] a regularidade na cessão de prêmios, bem como a atração exercida sobre iniciantes das letras dão prova do espaço conquistado.

Foi preciso o recebimento do dinheiro legado por Francisco Alves e de uma ampla sede com espaço para secretarias, salas de reuniões e biblioteca, para que a Academia finalmente iniciasse o projeto mais custoso e mais diretamente ligado ao universo das letras – o da cessão de prêmios. O fato de essas dádivas virem de um editor e do Estado revela alguns dos dilemas que recaíam sobre os literatos da República Velha, premidos por um mercado e governos que não se curvavam a seus projetos, mas que lhes ofereciam algumas possibilidades.

Nesse novo contexto, renovava-se a expectativa de que a produção de bens culturais (livros) passasse a ter o almejado crivo acadêmico. O fato de que vários literatos antes refratários à Academia, geralmente ligados à boemia, como Emílio de Menezes e Lima Barreto, se candidatassem a vagas reforça essa interpretação. Sem ser tanto produtora, mas, sobretudo, avalizadora de qualidade, uma ISO 9000 das letras, a Academia garantiria seu lugar de prestígio, ao mesmo tempo em que prestigiaria quem o fizesse por merecer. Por fim, a instituição, sem depender do mercado ou do governo, poderia contribuir para o fomento do gosto literário e da profissionalização do escritor e do intelectual. Remetendo-nos outra vez a Bourdieu, diríamos que a Academia poderia acumular capital simbólico e influenciar o processo de formação de um campo autônomo em que os artistas (isto é, escritores),

---

10 Ibidem, p.214-5.

11 Ironia das ironias, vários deles seriam eleitos a partir da década de 1940 – sem mencionar que o mais cáustico deles, Oswald de Andrade, tentaria algumas vezes a investidura acadêmica, num fracasso que não deixa de ilustrar a rápida incorporação do Modernismo ao *status quo* literário e intelectual.

como categoria social, seriam influenciados por suas regras, instituições e tradições.[12] Ela, contudo, não tinha como responder sozinha por outros elementos de constituição de um campo literário autônomo: constituição de um público consumidor e de um corpo de empresários de bens simbólicos (embora, neste último caso, ela tentasse se fazer presente). Afinal, ao valorizar e reimprimir os clássicos (o que, na realidade, só passaria a ser feito na década de 1940) e ao premiar os "novos", a Academia finalmente procurava ser o local privilegiado de determinação das posições a serem ocupadas por literatos ou aspirantes a literatos dentro do campo, além de constituir uma organização que, acima das determinações do mercado editorial, da inação estatal e dos limites do analfabetismo, submeteria a produção de livros a determinantes vistos como exclusivamente culturais. E como isso se dava de forma processual, possibilitava a retroalimentação.

Na década de 1920, a ABL premiou experientes escritores malditos, ao mesmo tempo que barrou sua entrada na instituição, como foi o caso de Lima Barreto, que recebeu menção honrosa em 1920 pelo seu *Vida e morte de M. J. Gonzaga de Sá*, e de Oswald de Andrade, que foi premiado em 1927 por *A estrela de absinto*. Além disso, recompensou novatos que, posteriormente, também se tornaram acadêmicos (como foi o caso de Francisco Cavalcanti Pontes de Miranda, premiado em 1921 e 1925, e de Pedro Calmon, premiado em 1929).[13] O fato de que vários livros laureados naqueles anos ganharam novas edições após a premiação acadêmica (sempre com a menção do prêmio na página de rosto), como foi o caso, por exemplo, de *Juazeiro do Padre Cícero: cenas e quadros do fanatismo do nordeste*, de Manoel Bergström Lourenço Filho (primeira edição em 1926 e segunda em 1929), e de *Tigipió* (primeira edição em 1924, segunda em 1926 e terceira em 1932), de Herman Lima, indicam o sucesso das ações acadêmicas.

Conclusão

A Academia teve muitas dificuldades para publicar e premiar durante a República Velha, que certa historiografia define como o período em que o

12 Sobre a constituição do campo intelectual e artístico ver Bourdieu, 2001, p.99-181. Para um estudo histórico da formação desse campo, ver Bourdieu, 1996.

13 Sem esquecer de Xavier Marques, já mencionado.

universo oficial das letras esteve mais afinado com o formalismo e o estrangeirismo acadêmico. Mas é visível o esforço dela para ocupar espaço e criar laços com várias instâncias da sociedade e do Estado. Ao mesmo tempo, sobretudo na década de 1910, os literatos que até poucos anos antes reclamavam da precariedade de sua situação, tinham (ao menos uma considerável parte deles) encontrado novos nichos de atuação (destacando-se a diplomacia) e viam o principal veículo de trabalho e divulgação adquirir novo status. A imprensa até então era vista por vários escritores com um misto de alívio, cálculo e desprezo: era o ganha-pão, mas não representava um meio nobre para a arte; era local de sociabilidade intelectual, mas não era um cenáculo de reflexão; era transitória em sua falta de imanência, mas era uma excelente ferramenta de polêmica, propaganda e influência política e literária. Com o auge da *Belle Époque*, que trouxe uma imprensa mais robusta, industrializada, rica e ainda influente, os literatos perderam antigos pruridos.

Essa perda de preconceitos (que, na realidade, não fazia parte do horizonte da geração de um José de Alencar ou de um Machado de Assis) ocorria paralelamente a uma abertura maior. Muitos literatos descobriam então que todo espaço poderia ser ocupado. Isso explica, em parte, a febril atividade da época e a aparente inatividade da Academia (se comparada com o ambiente cultural desse período). Os literatos mantinham sua presença na imprensa (não só editando e escrevendo, mas aparecendo com seus próprios retratos nas páginas de revistas, o que era novidade), ilustravam os salões da burguesia, invadiam teatros com conferências, participavam com seus discursos de atividades oficiais, promoviam recepções bem propagandeadas de celebridades mundiais (Anatole France, Georges Clemenceau, Rei Alberto da Bélgica e outros), arregimentavam governantes para as solenidades acadêmicas (donde surgiam mais discursos). Se, como bem lembrou Flora Süssekind (1987), o tempo parecia se acelerar e se dotar de uma tecnologia que prescrevia a pausa em troca do volume e da velocidade, a própria atividade cotidiana e o trabalho dos literatos ilustrava a nova época. Também por esse ângulo, as dezenas e dezenas de livros de um Coelho Neto, por exemplo, não se tornam excrescência, mas resultado factível e esperado. E indicam, com o sucesso de dois prêmios acadêmicos, que os livros encontravam seu público.

É certo que vários fatores de ordem prática explicam um relativo zigue-zague nos projetos editoriais da Academia, desde a falta de fundos até divergências internas, potencialmente mais intensas quando se trata de uma instituição com quarenta membros. Mas também é preciso lembrar que, diferentemente do que ocorria em uma autêntica editora, os acadêmicos, sobretudo nesse novo período de aparente bonança, pouco podiam se dedicar às tarefas de bastidores envolvidas na preparação de concursos, leituras de originais, seleção de obras, preparação de manuscritos e provas, enfim, num trabalho bem mais comezinho do que aquele que cotidianamente lhes dava sustento, fama e orgulho, bem como uma confiança de que um novo estágio para a literatura se avizinhava. Embora concursos de novos talentos e edição de clássicos, por si só, fossem mecanismos de divulgação cultural e de tomada de espaços simbólicos, é possível levantar a hipótese que, em face de outros meios disponíveis naquele momento, eles implicassem, ao menos no início, mais ônus do que bônus. Com a regularização da vida acadêmica, mais dinheiro e a comprovação de que essa atividade oferecia prestígio entre a população da qual poderiam sair mais acadêmicos, literatos profissionais ou apenas beletristas (como o eram vários políticos de então), a situação se inverteria, com mais bônus advindo da participação do processo de julgamento e de cessão de prêmios.[14] Ocorre algo similar ao que Bourdieu identifica na heteronomia do campo literário, isto é, no fato de que

> as funções externas de seus produtos [livros, no caso] manifestam-se claramente através dos vereditos das instituições de legitimação melhor aparelhadas para aparecer como se fossem fundadas em um princípio de legitimidade propriamente cultural (em oposição às ingerências de um poder econômico, político ou religioso) [no caso, a Academia, ou a Academia como ela mesma se imaginava]. (Bourdieu, 2001, p.130)

Como vimos, é na última década da República Velha que a Academia consegue efetivar seus projetos. Assim, a interpretação (Sevcenko, 1983; Ventura, 1991; Needell, 1993) de que teria sido durante a república oligárquica, durante a *Belle Époque* afrancesada, que a ABL teria tido maior

---

14 Na década de 1910, várias foram as vezes em que acadêmicos deixaram de participar das comissões julgadoras durante a elaboração dos pareceres, ao passo que na década seguinte várias foram as vezes em que os resultados foram calorosamente debatidos nas sessões da ABL.

homologia com um estado e uma sociedade excludentes, é fragilizada pela constatação de que também na sua ação sobre o mercado de livros e sobre as expectativas dos escritores a instituição teve muitos percalços e de que, por mais prestigiosos que fossem os prêmios acadêmicos, eles competiam com outras instâncias de consagração. Em plena crise da República (1924-1930), que, em boa medida, por causa de seus atribulados e críticos momentos iniciais (1889-1898) levara um pequeno grupo de consagrados intelectuais e literatos a projetar um porto seguro para as atividades da cultura, sem a interferência do mundo da política, a Academia Brasileira de Letras atingia, ao mesmo tempo, o cume da contestação modernista e um momento único de reconhecimento e influência cultural. O primeiro momento de crise institucional (1889-1898) testemunhara (e influenciara) um grêmio titubeante e sem poder sobre o universo editorial. O segundo (que vai da emergência do Tenentismo ao golpe de 1930) via uma crise institucional que se revelaria ainda mais grave e que deixara de influenciar uma instituição já plenamente integrada ao mundo oficial, mas que, paradoxalmente, adquirira independência suficiente para encontrar, nas décadas seguintes, novos pontos de contato com a política e com o mercado de livros – contexto em que a ação "editorial" da ABL ainda merece ser estudada.

32
As mais belas histórias de Lili em Minas Gerais

Francisca Izabel Pereira Maciel

Este capítulo, que mescla interpretação e memória, tem como objetivo apresentar uma análise dos livros destinados ao ensino inicial da leitura e da escrita em Minas Gerais, nas primeiras décadas do século XX, época marcante na história educacional brasileira, uma vez que foi pautada por profundas reformas na educação. Reformas, aliás, que ocorreram também em outros estados como Rio de Janeiro, São Paulo, Ceará, Pernambuco e Bahia. A reforma de Minas, proposta por Francisco Campos em 1927-1928, desencadeou um movimento metodológico com imediata repercussão no mercado editorial dos livros didáticos usados até esse momento. Interessa-nos analisar a hegemonia pedagógica no campo editorial de circulação de determinados livros de leitura nas alterosas. Nossa proposta é, pois, apresentar um novo contexto editorial, com a circulação de novas cartilhas e o predomínio da autoria de professoras mineiras, situação que se diferenciava daquela das décadas anteriores, em que os professores (homens), em geral de outros estados, eram os autores dos manuais escolares. O título do capítulo já faz uma referência a um pré-livro e a uma coleção de pré-livros muito utilizados nas escolas mineiras, que são: As Mais Belas Histórias, de autoria da professora Lucia Monteiro Casasanta, e *O livro de Lili*, da professora Anita Fonseca.

O convite para escrever um capítulo para o livro comemorativo do bicentenário da produção brasileira tem, para mim, um atrativo especial: no mesmo ano comemora-se também o centenário de Lucia Casasanta, professora que marcou a história da alfabetização em Minas Gerais e também o mercado editorial dos livros didáticos. Esse fato estimulou-me prontamente a atender ao convite feito por Aníbal Bragança e Márcia Abreu, organizadores deste livro.

Quando se ouve falar nas mais belas histórias de nossa infância, a memória percorre as mais diversas trilhas, que podem passar pelo itinerário do sagrado, do mitológico, do fantástico e do folclórico. Santos, deuses, fadas, gênios das mil e uma noites e tipos populares fizeram uma inesperada congregação entre as montanhas mineiras. Para uma representativa parcela daqueles que estudaram em Minas Gerais entre as décadas de 1940 e 1990, as mais belas histórias estão diretamente ligadas às lembranças do ensino primário e ao halo que circulava o livro de Lucia Casasanta. Nesse sentido, podemos afirmar que as cartilhas e os primeiros livros de leitura constituem um modelo para a conservação da memória afetiva, histórica e científica da cultura escrita escolar.

Atire a primeira pérola quem não traz indelével lembrança dos primeiros livros de leitura. Ainda que algo de amargo perpasse a memória, seja pela cobrança dos professores, seja pela incisa presença dos pais a ratificar, em casa, o pedido dos mestres para que a leitura fosse feita em voz alta para uma possível demonstração diante da supervisora ou diretora, não há como apagar o prazer das primeiras descobertas, as verdadeiras aventuras no bojo de uma nave cuja capa trazia a torre de Rapunzel, o vulto negro de uma bruxa voadora, um espantalho, um coelho, um porco com um violino e três crianças. Imediatamente éramos convidados a aumentar o número dessas crianças. Com o espantalho e o violinista, pouco "a porco" espantávamos o tédio, invejávamos a princesa e nos enamorávamos do príncipe, e alguns, mais corajosos, ousavam perseguir a sombra escura e furtiva da bruxa malvada. O fato é que, uma vez aprendidos os usos da leitura, começávamos a ter nítida consciência de que o espaço da sala de aula ia ficando pequeno, pois a leitura ia prosseguindo nos letreiros das lojas, nos cartazes do cinema, nos folhetos religiosos e até em profanos catecismos. E havia algumas leituras que eram oficialmente interditadas. No início da década de 1960, em minha terra, no interior de Minas Gerais, não se podia ler Monteiro Lobato, em razão de um livro escrito por um certo padre que dizia que o criador do Sítio do Picapau Amarelo era comunista...

Assim, em vez de Monteiro Lobato, Lúcia Monteiro Casasanta abastecia toda uma comunidade com suas versões do folclore, da mitologia, da hagiografia, das fábulas, das narrativas maravilhosas e das cantigas. Seus exemplares configuram inestimável fonte de pesquisa capaz de lançar luzes e sombras tanto para o intramuros como para o extramuros da instituição escolar. De acordo com Bittencourt, "a concepção de livro didático e a sua destinação eram determinações quase exclusivas do poder político educacional, que procurava, no grupo da elite intelectual, apoio para a produção desse tipo de literatura" (2004, p.482).

A experiência profissional de Lúcia Casasanta e sua parceria com a Escola de Aperfeiçoamento autorizavam e justificavam a difusão de suas obras em Minas Gerais. A citada instituição possibilitava a ampliação dos contatos para além da capital, pois a maioria expressiva das alunas era proveniente do interior. E, gradualmente, houve a expansão desse trabalho para outros estados brasileiros, com destaque para o Rio Grande do Sul.

Para que compreendamos melhor a história da produção didática de autoras mineiras de livros destinados ao ensino inicial da leitura e da escrita, devemos levar em conta a concepção e a vulgarização de uma nova metodologia, implantada em Minas Gerais, a partir da Reforma do Ensino Primário e da Escola Normal, em 1927. É a conhecida Reforma Francisco Campos, nome do titular da Secretaria do Interior no governo de Antonio Carlos (1926-1930). Campos, responsável pela educação, foi, em parceria com Mario Casasanta, inspetor geral da instrução e grande idealizador da Reforma do Ensino de Minas Gerais.

O ideário republicano preconizava e idealizava a escola como espaço para a formação do cidadão. Uma das implementações da reforma pode ser constatada nos dados estatísticos educacionais, que evidenciam um aumento de 113,5% do número de matrículas no ensino primário, entre 1910 e 1925. Esse crescimento comprova o destaque dado ao problema educacional e a preocupação do governo em atender à nova sociedade urbana e formar um novo cidadão. De acordo com Peixoto (1989), a difusão das escolas elementares tinha como um dos seus objetivos desfazer a incômoda imagem, no exterior, de que o Brasil era o país com maior número de analfabetos.

Várias razões levaram-nos a tomar a reforma como referência para esta análise. A primeira é que ela determinou profundas mudanças na educação em Minas, sobretudo no que concerne ao setor primário e ao ensino normal. O seu eixo norteador foi a ênfase nas inovações metodológicas. A reforma foi abrangente, mas, neste trabalho, destacaremos a mudança no paradigma da aprendizagem da leitura e da escrita. É justamente aqui que se encontra a segunda razão pela qual se toma a reforma como marca da história da alfabetização em Minas: a partir dela, é decretado o uso do método global para a alfabetização de crianças (Maciel, 2001).

Buscando dar legitimidade e credibilidade às mudanças que se propunha a realizar, o secretário Francisco Campos enviou aos Estados Unidos um grupo de cinco professoras de Belo Horizonte para se especializarem na Universidade de Colúmbia, entre 1927 e 1929, e lhes determinou: "Não quero diplomas, tragam conhecimentos". Coube a elas a incumbência de se especializarem nas diferentes metodologias e trazer como bagagem as inovações metodológicas de acordo com os princípios escolanovistas propagados nos países europeus e americanos. A disseminação das escolas ativas, não só nos Estados Unidos como em toda parte, encontrou dois grandes obstáculos: a falta de preparo do professorado e a falta de recursos. Pelos relatos publicados na *Revista do Ensino de Minas Gerais*[1] (1927-1931), alguns professores procuravam adequar a legislação e os conhecimentos adquiridos nos cursos de capacitação à sua prática. E isso não ocorria sem dificuldades. Dentre os maiores problemas, verificava-se o despreparo dos professores para levar adiante uma proposta tão inovadora sem material adequado.

Como se vê no cotidiano, na política e na sociologia, chegou a vez de a pedagogia ter uma curiosa amostragem do "jeitinho brasileiro", agora com tempero mineiro. Assim, na indisponibilidade de um material adequado, as professoras iam construindo a sua prática e, em muitos casos, acabavam retomando procedimentos anteriores ou até mesmo mesclavam a prática tradicional, de alfabetização pelo método silábico, com os princípios do método global, os quais eram defendidos pelos republicanos.

As discussões envolvendo a adoção ou não de cartilhas consideradas tradicionais, inadequadas e de marcha sintética (silabários) e dos livros de marcha analítica ou global na alfabetização geraram algumas polêmicas. Procurando sanar as dificuldades do professorado em levar adiante a nova metodologia, o governo resolveu adotar oficialmente um livro didático para a aprendizagem da leitura e da escrita cujos pressupostos teóricos e metodológicos fossem comprovadamente adequados à reforma e aos princípios do método global.

1 Periódico editado pelo Estado de Minas Gerais e distribuído para as escolas públicas mineiras entre as décadas de 1920 e 1970.

O método global em Minas Gerais

Pelo que foi exposto até aqui, constata-se que uma parte da história da alfabetização em Minas Gerais confunde-se com o paradigma do método global e sua divulgação está relacionada à atuação de uma professora, Lucia Casasanta, que foi uma das cinco professoras incumbidas de se especializar na Universidade de Colúmbia. No período em que esteve em Nova York, procurou especializar-se em Metodologia da Linguagem e estudou e vivenciou práticas do método global nas classes de demonstração e escolas anexas da Teachers College da Universidade de Colúmbia. Ao retornar, assumiu a cadeira de Metodologia da Linguagem e foi uma das fundadoras da Escola de Aperfeiçoamento,[2] em 1929. Da Escola de Aperfeiçoamento até sua aposentadoria no curso de Pedagogia no Instituto de Educação de Minas Gerais, no final dos anos 1970, Lucia Casasanta foi a grande responsável pelo método global de contos. Ela acreditava que tal método seria o mais adequado para a aprendizagem inicial da leitura pelas crianças e, durante cinco décadas (1920-1970), formou várias gerações de alfabetizadoras.

Tendo em vista a carência de um livro didático destinado à alfabetização das crianças pelos princípios do método global, a professora Lucia Casasanta, responsável pela cadeira de Metodologia da Língua Pátria da Escola de Aperfeiçoamento, promoveu em 1930, entre as alunas do segundo ano, um concurso para produção de um pré-livro. Essa produção deveria atender a todos os pré-requisitos estudados por pesquisadores americanos e europeus, tal como a professora abordava nos conteúdos de sua disciplina, no decorrer do primeiro ano, na Escola de Aperfeiçoamento. Em que o pré-livro se diferenciava das cartilhas? De acordo com Lucia Casasanta, como o próprio nome diz, é um pré-livro que vai iniciar a criança no aprendizado da leitura, e se trata de um pré-livro porque vai sendo construído pelos alunos. Inicialmente, o aluno recebe a capa do livro e as lições vão sendo agregadas à medida que são trabalhadas, de modo que, ao findar todas as lições, o aluno compõe o seu próprio pré-livro. Essa maneira de ir construindo o pré-livro ao longo do tempo com as lições foi a forma que a professora encontrou

---

2 A Escola de Aperfeiçoamento foi criada em Belo Horizonte, como um curso pós-médio, com duração de dois anos, destinado à formação de uma elite educacional propagadora do movimento escolanovista.

para atender aos anseios dos alfabetizadores mineiros em busca de suporte pedagógico, ou seja, do livro didático. Essa foi uma estratégia da professora de não ir demasiadamente contra os princípios do método global, no qual, segundo os idealizadores, não devia utilizar cartilha ou material pronto, pois as lições deveriam ser compostas pelo grupo de alunos de acordo com os centros de interesse, tal como propunha Decroly.

Lucia Casasanta defendia o uso do termo *pré-livro*, pois, em sua opinião, a palavra *cartilha* estava associada aos métodos tradicionais, em que o saber ler se reduzia a um traduzir em sons os símbolos da página escrita. A cartilha já era um livro pronto, com textos fabricados com o objetivo de se trabalharem determinados vocábulos e, consequentemente, não levava em conta os interesses das crianças. Diferentemente, o pré-livro era indicado como material didático básico para iniciar o aluno na aprendizagem da leitura e era também um material acrescido com o uso de jogos e leituras suplementares e intermediárias.

Os pré-livros produzidos pelas alunas na Escola de Aperfeiçoamento eram testados nas classes de demonstração da referida escola. Assim as alunas-mestras iam verificando seus conhecimentos e aprimorando as técnicas de aplicação da nova metodologia. Dos pré-livros confeccionados pelas alunas, merece destaque *O livro de Lili*, de autoria de Anita Fonseca, que foi uma das alunas da primeira turma da Escola de Aperfeiçoamento. O protótipo dessa obra foi inicialmente testado nos anos 1930, nas classes de demonstração e nas principais escolas da capital mineira.

Depois de ser testado e aprovado e apresentar altos índices de promoção dos alunos novatos – em 1934 o índice de aprovação foi de 26%, em 1938 foi de 41%, e em 1939, de 45,8% –, *O livro de Lili* foi editado oficialmente pela primeira vez em 1940, pela Livraria Francisco Alves, e a partir dos anos 1950 passou a ser editado pela Editora do Brasil S. A. A obra apresenta algumas especificidades em relação à maioria dos materiais produzidos na época: um dos primeiros trabalhos didáticos que exibe manual do professor, em um volume, separado do livro do aluno (Pfromm Netto, 1974). Outra inovação era que o material didático vinha acompanhado de materiais suplementares, como cartazes para uso do professor em sala de aula. O livro do aluno ia sendo composto ao longo do processo de alfabetização, após se trabalhar cada historieta, e, além disso, fazia parte do seu material um caderno com fichas para recortar e remontar as lições trabalhadas.

Bem-te-li

Afinal, o livro era de Lili ou de Anita Fonseca? Na capa, dizia ser o livro de Lili. Mas, logo abaixo, vinha o nome de uma certa Anita Fonseca. Primeiro mistério. O segundo mistério não era, na verdade, tão desconhecido assim, embora o enigma continuasse firme, pois já se tinha deparado com dois semelhantes: nas latas de aveia Quaker e de pó Royal. As latas exibiam latas com as imagens das latas exibindo latas. Era um mergulho no infinito. *Mise en abyme*, explicaram-me mais tarde. Também na capa do *Livro de Lili* havia a menina lendo o livro de Lili, em cuja capa havia uma menina lendo o livro etc. E, o mais interessante: um passarinho, ali do lado. Testemunha das lições. O voo em potencial. O canto engatilhado na garganta. Ave de alvíssaras. Alvorada das primeiras palavras escritas. Limiar das letras. "Ave, palavra!", diria o mestre João Guimarães Rosa.

Na lição primeira, que se repetia em cartazes colocados nas paredes da sala de aula, Lili pedia, com doçura: "Olhem para mim". Lili, na verdade, era a própria página, com suas letras solícitas, pedindo para que olhassem para ela. E o verbo *gostar* associado a *doce* trouxe a grande revelação: ler deve estar ligado a gostar; ler deve trazer lições de doçura. A seguir, vinha o piano de Lili. A descoberta de que a música podia ser escrita: *dó, ré, mi, fá*... A cachorrinha Suzete, ouvindo Lili tocando piano, evocando o cãozinho do logotipo da RCA Victor. Nova lição: leitura e sonoridade; música nas palavras...

Água na boca: agora as palavras estavam na cozinha. Lili oferecia a Joãozinho o doce de abacaxi. Certamente, não devia ser fácil descascar o tal abacaxi, mas o resultado estava ali, convidando-nos a saborear as palavras. Lili era solidária. Lili tinha amigos, bicho, gente. Embora, de certa forma, configurasse o estereótipo de que lugar de mulher era na cozinha, a protagonista estava nos passando as palavras, e era gostoso descobrir a sonoridade soletrada da palavra *a-ba-ca-xi*...

Lili não era a heroína de todas as páginas. Agora era a vez de Joãozinho, que nos matava de inveja com seu automóvel vermelho. E ele enchia a boca para dizer: "o automóvel é meu". Essa expressão tinha motor, descobrir intuitivamente aliterações e assonâncias contidas aí, principalmente quando aparecia, sonora, a primeira onomatopeia lida: *fon-fon*. Então era possível escrever os sons além daquelas notas musicais do *dó-ré-mi-fá*... A lição de simetria vinha junto, com o cachorro Totó acompanhando Joãozinho.

E este retribuía convites a Lili: convidava-a para andar naquele automóvel vermelhinho.

Na quinta lição, surgia um bicho próprio da zona rural, mais identificado com o lugar em que vivíamos: eis que aparecia o burrinho Mimoso, que era teimoso. Aprendíamos as rimas. Ríamos da teimosia do burrinho. E um colega mais lento na aprendizagem já era apelidado de Burrinho Mimoso... Pouco a pouco íamos descobrindo essa espantosa possibilidade de ir grudando coisas de livros na vidinha da gente... Ainda nessa lição, víamos uma certa repetição da história de Chapeuzinho Vermelho, pois a referência à casa da vovó vinha acompanhada de um lobo bravo. Esse termo *bravo*, de certa forma, nos incomodava, pois o normal era ouvir *lobo mau*, e a palavra *bravo* era aplicada a cachorro. Mas tudo bem, afinal estávamos aprendendo a ler a palavra *bravo* logo após a palavra *lobo*, aprendendo a diferenciar o *bo* do *bra*. E, naquele tempo, só falávamos "abóbra"...

A seguir, uma pequena tragédia: o burrinho jogara Joãozinho ao chão. Líamos o gemido do menino: *ai, ai!* Líamos o relinchar do animal: *him, him*. Então era assim que se escrevia um relincho. E o susto do discurso direto na boca do Mimoso: "Eu não jogo mais você no chão". Era como se fosse o próprio livro conversando com a gente, consolando-nos dos tombos que íamos levando no caminho, às vezes pouco suave, da aprendizagem.

Na lição do "Passeio na roça", mais do que ver a reunião de Totó e Suzete com Lili e Joãozinho no invejável carro vermelho, aprendíamos que sons semelhantes podiam ser escritos com letras diferentes. Passeava-se com dois esses em roça com cê-cedilha. Que diabos era uma cedilha? Achava mais lógico ser cê de Cecília, que era o nome da professora... Lili enunciava várias frases começando com a mesma palavra: "nós vamos passear na roça", "nós vamos à casa da vovó", "nós vamos mandar histórias bonitas para vocês"... Aquilo parecia bom: íamos aprendendo o ritmo das frases e o parentesco entre a prosa e a poesia; criávamos a expectativa de ouvir histórias mirabolantes. E, ainda por cima, vinha uma atividade fascinante: a de formar palavras novas. Até o dedal, meu Deus, que eu só via na gaveta da máquina de costura de minha mãe, ali estava, acenando magicamente para um dedo de prosa. E a gente ia descobrindo *o gemido* e *a gemada, a asa* e a *rosa*, o *anjo* e o *quiabo*. Puxa! Aquilo foi demais, nunca imaginara que poderiam estar assim tão próximos a figura celestial e o saboroso quiabo que mamãe fazia tão bem, junto com frango e angu. Formando palavras novas, abraçando os vocábulos, voávamos feito anjos devidamente nutridos com apetitosos quiabos...

Na segunda parte do livro, já mais familiarizados com as palavras, não nos assustávamos mais com Suzete e Totó falando como se fossem gente: ela, brincando no jardim da casa de Lili; Totó, de pé numa pata só, olha só, brindava-nos com mais sonoridade, pois era gostoso ler e falar aqueles sons em *ó*, em *é* e aquele sapatear de tês e pês. Pouco a pouco, o livro nos oferecia um quintal repleto de bichos: além dos cães e do burrinho Mimoso, éramos apresentados ao canarinho Lu, à galinha Pintada, ao gatinho Ron-Ron (que serviu de alcunha a um colega mais dengoso), ao papagaio Dudu, ao galo Carijó, à vaquinha Rosada. E lá vinha outra ave, Teteia, que acompanhava Lili como se fosse uma cadelinha. Depois, vinha outra galinha, a Nanica, mãe de um pintinho preto chamado Xexéu. E a nossa turma deu, de imediato, o apelido de Xexéu ao nosso único colega negro. Acompanhávamos com vivo interesse as aventuras de Xexéu, que trepava nas costas de Nanica, queria imitar o *cocorocó* do galinho, mas só ficava mesmo no *piu-piu*. Identificávamo-nos com Xexéu, pois ainda estávamos na fase do piu-piu das primeiras lições, mas sonhávamos em chegar ao cocorocó da leitura mais fluente. Íamos aprendendo, como diria o mestre Rosa, que "as palavras tinham canto e plumagem"...

Xexéu virou, de repente, o nosso herói. Por vários dias, naqueles tempos em que não havia ainda TV em nossa cidade, a novela que acompanhávamos era a das façanhas do pintinho pretinho que fugira de casa. Ele ia descobrindo como as coisas eram grandes e ele, muito pequeno. De certa forma, nós éramos o Xexéu, não apenas o coleguinha negro. Xexéu, o personagem, quase fora comido pelo gato Ron-Ron, mas conseguira, com suas pequenas penas duras, fugir da unha do gato. No entanto logo vinha o gavião Pinhéu. Aquela ave não fazia parte da casa de Lili. E a vida imitava o livro, pois olhávamos pela janela e víamos um gavião sobrevoando a escola, com seu sonoroso *pinhé-pinhé*. Constatávamos a fidelidade da escrita na retratação da vida. E, ao contrário de Xexéu, não tínhamos medo do gavião: queríamos novos desafios, sabíamos que, diferentemente de Xexéu, protegido pela Nanica, estávamos condenados ao crescimento e à descoberta do mundo grande. E o livro nos impulsionava a isso.

Chegando ao final do livro, líamos o episódio do ninho de bem-te-vi que Joãozinho oferecia a Lili. Na laranjeira, o ninho guardava os ovinhos da ave. Depois os filhotinhos eram alimentados por Lili. E eles agradeciam o alpiste recebido. Aquele alpiste nos dava uma pista: aos pouquinhos, Lili ia nos alimentando. Ali, alimentávamo-nos. Ali, colhíamos inesquecíveis lições. Lidávamos com lindas linhas, letras de fôrma e letras manuscritas, das quais brotavam automóveis, cachorros, burro, piano, relinchos, piados, cantos de galo anunciando auroras.

Também filhotes de bem-te-vi, agradecíamos Lili e começávamos a compreender melhor a capa do livro, o mergulho no infinito e o pássaro ao lado da menina que lia. Os pássaros que passávamos a ser, sedentos de maiores voos. Bem-te-líamos, Lili, filha bonita de uma certa Anita, cuja fonte nunca seca. *O livro de Lili*: li, li, li... agora reli. E, já na idade de ser avó, sem medo do lobo bravo, olho para a estrada do tempo e vejo alguns de meus ex-colegas, um apelidado de Ron-Ron, outro de Mimoso, e o negrinho Xexéu, orgulhando-se de ser da mesma etnia de Machado de Assis, debruçado sobre um livro e soletrando: "olhem para mim"...

Leitura aos pouquinhos

Se Anita Fonseca, em 1930, sob orientação de Lúcia Casasanta, produziu *O livro de Lili*, em 1954 seria a vez de a voz da mestra irmanar-se à da discípula, com o pré-livro dos três porquinhos ganhando o mercado editorial da alfabetização. Ambos publicados pela Editora do Brasil, foram convivendo nas escolas brasileiras até o início da década de 1960. A partir daí, Lili foi saindo de cena, deixando que os três porquinhos reinassem nas escolas até meados da década de 1990. Em 1994, mudou-se a política de avaliação dos livros didáticos, e o livro de Lúcia Casasanta não apresentava mais sintonia com os parâmetros curriculares. Novas pérolas, outros porcos, novos porquês. Mas nem por isso esse pré-livro será esquecido por quem o conheceu.

Em sua primeira página, a frase "era uma vez" aparecia duas vezes, e logo vinham os nomes dos *persuinagens*, os conhecidos três porquinhos da tradição popular, com nomes acentuadamente metonímicos, já sugerindo o material de suas respectivas moradas: o Palhaço, o Palito e o Pedrico. Cada porco indicava a moradia – de palha, de pau e de pedra. Para usarmos uma metáfora sobre a aprendizagem, esses materiais, de certa forma, sugerem a travessia do frágil para o firme, do mole para o duro, do inconsistente para o firme, do inseguro para o seguro, da debilidade das primeiras sílabas para a resistência pétrea do letramento realizado.

E lá vinha o inefável lobo, ameaçando todas as casas, fazendo cada porquinho correr para a casa mais segura, até que os três estavam na inexpugnável casa de Pedrico. Mas o lobo, confiante em sua força, não economizava expressões de entusiasmo: *Olé! Olá! Olé! Olá!*. Resolveu entrar pela chaminé, e *tibum* no caldeirão, para a alegria dos pequenos leitores que aprendiam uma palavra barulhenta. Um pouco antes, a repetição por três vezes da expressão *foi descendo* ia trazendo o lobo cada vez mais para perto do assustado leitor e do providencial caldeirão. A festa feita pelos porquinhos, com direito às expressões de júbilo *Olé! Olá!*, coroava o final da primeira parte do livro.

Nessas lições de Lúcia, havia a dança de certos fonemas: o líquido *l* saltava de *lobo* para *palito*, de *olé* para *palhaço*, de *eles* para *olá*. O *p* e o *b* se esbarravam em *lobo* e *pau*, em *derrubou* e *pedra*. E vinham os mistérios de sons em *ço* e *cha*, para diferenciar *palhaço* e *chaminé*. O *ss* em *posso* e *disse*, diferente do *sc* de *descendo*. Quando a lição findava, tinha mesmo de haver uma festa, ainda mais que páginas coloridas traziam bolas, botas, máscaras, papagaios, aranhas, asas, discos, até capeta! Até o quiabo da antiga história de Lili figurava num quadrinho, à espera de uma voraz e apetitosa leitura...

Depois, vinham mais páginas coloridas, com novas historietas, novos personagens, além do lobo e dos porquinhos. Arara, tico-tico, galo, coelho, cachorro e até um ladrão, que é assustado por um papagaio. Como se dizia antigamente, papagaio! Bons tempos aqueles em que um louro afugentava meliantes. No final, havia a cabrinha de Marita, que saía andando, andando, enquanto os meninos iam lendo, iam lendo. Há, com efeito, uma simetria com o pintinho fujão do livro de Anita Fonseca: essas personagens que fogem não seriam os próprios pequenos leitores, já senhores de sua aprendizagem, querendo novos espaços? E o espaço, sintomaticamente, no término da história, era entrevisto no nome de um cão, Plutão, aumentativo do cachorro de Disney e homônimo de um então planeta gelado. Plutão conduzia a cabrinha para sua dona, Marita. E o pré-livro de Lúcia Casasanta deixava o pequeno leitor em nova festa com dança e com canto: *Olé! Olá!*. A aventura estava apenas começando, pois novas e belas histórias, principalmente aquela que trazia Argos, um cão saído diretamente da *Odisseia* de Homero, aguardava num inesquecível volume da então longínqua quarta série...

Assim como *O livro de Lili*, a série As Mais Belas Histórias se diferenciava dos demais livros didáticos utilizados entre as décadas de 1950 e 1990. De acordo com Lúcia Casasanta, a coleção foi organizada segundo os princípios da psicologia da leitura para formar hábitos, atitudes e habilidades fundamentais do processo de ler, compatíveis com a escola primária. E, para atender a esses objetivos, a autora fundamentou a organização da série partindo de dois princípios: em primeiro lugar, o princípio de que o interesse deve ser o elemento principal de um livro básico de leitura, e, nesse caso, deve atender aos interesses da criança a que se destina. O segundo princípio diz respeito aos critérios de ordem técnica, isto é, o vocabulário, a estrutura frasal, as sentenças e as temáticas devem procurar atender ao desenvolvimento psicológico da criança, apresentando um nível crescente de gradação.

A Coleção *As Mais Belas Histórias* apresenta algumas especificidades em relação à maioria dos materiais produzidos na época. Quanto à estrutura textual, predominam as narrativas, e a coleção apresenta homogeneidade na distribuição de leituras. Em todos os volumes, o número de leituras gira em torno de 45 histórias, mas aumenta consideravelmente o número de páginas de uma série para outra, sendo as mais longas divididas em capítulos, como a de Tiradentes e a de Machado de Assis. As poesias estão presentes em todos os volumes e são representativas da literatura nacional: Olavo Bilac, Tomás Antônio Gonzaga, Zalina Rolim, Henriqueta Lisboa, Faria Neto e Silvio Romero.

Para verificar a concepção de leitor que a autora utilizou em sua coleção, detivemo-nos na análise dos prefácios. As obras didáticas, em geral, trazem nas páginas iniciais um pequeno prefácio, muitas vezes no formato de uma carta, cujo destinatário é o aluno. Na Coleção *As Mais Belas Histórias*, a autora apresenta os prefácios nesse formato. É interessante observar o modo como ela procura aproximar-se de seu futuro leitor, no prefácio do livro destinado à primeira série. Vejamos: "Meus meninos, vocês agora já sabem ler. É tão bom ler! Escrevi estas histórias para vocês. Se vocês não gostarem de uma, virem a folha. Aí vocês vão encontrar outra história mais bonita. Mas eu sei que vocês vão gostar de todas as histórias deste livro".

Essa transgressão é feita de uma forma afetuosa, mas, ao mesmo tempo, transgressora para quem se propõe a escrever livros didáticos, dando ao leitor liberdade para escolher a leitura: "Escrevi estas histórias para vocês. Se vocês não gostarem de uma, virem a folha". A autora concede a seus futuros leitores vários direitos: o de não ler se não gostarem da história; o de pular a página; o de ler qualquer coisa. Direitos esses tão bem descritos por Daniel Pennac em seu livro *Como no romance*. Essa atitude não é algo comum no espaço escolar, onde a organização, o tempo, a avaliação, os conteúdos e as atividades a serem trabalhadas são predeterminados, ainda mais se levarmos em consideração o contexto educacional daquele momento.

A preocupação inicial da autora em conceder liberdade ao aluno para escolher o que ler cede espaço a uma preocupação de natureza social, isto é, a autora se volta para os novos alunos para dialogar com eles, a partir do processo de democratização do acesso escolar às crianças das camadas desfavorecidas, para que elas se tornem leitoras. E assim, Lúcia Casasanta se pronuncia no prefácio do livro de terceira série:

> Escrevi este livrinho para todos Vocês, mas, principalmente, para Você, menino, que mora no morro, no campo, ou nas fazendas, e pouco vai ao cinema. Você que não tem biblioteca, nem rádio, nem televisão. Procurei as histórias mais bonitas, aquelas de que gostam as crianças do mundo inteiro, crianças que falam outras línguas, mas que, como Vocês, gostam de coisas bonitas.

A autora demonstra consciência de que o acesso aos bens culturais é restrito e que a leitura pode ser um mecanismo favorável nessa trajetória de muitas crianças brasileiras.

No quarto volume, Lúcia Casasanta chama a atenção do aluno para que ele deixe um pouco de lado as atividades que envolvem a escrita e se volte um pouco para a leitura. Sabemos que normalmente a escola incentiva e dedica maior tempo escolar para a leitura nas séries iniciais, partindo do princípio de que, se o aluno aprendeu a ler, já basta! E a autora evoca:

> Meu menino,
>
> Deixe um pouco seu lápis e seus cadernos e venha comigo. Vamos até as regiões floridas, onde moram as fadas dentro das corolas das flores, e as bruxas no oco dos velhos troncos das árvores.

As influências, assim como as semelhanças, da coleção de Lúcia Casasanta com essa séries, podem ser constatadas, por exemplo, em outras coleções de livros de leitura de séries graduadas, de outras ex-alunas de Lucia Casasanta: O Presente, de Magdala Bacha; Os Meninos Travessos, de Maria Yvonne A. de Araújo; Cachorrinho Fujão, de Elisa Barbosa; Brinquedos da Noite, de Ieda Dias; O Circo do Carequinha, de Serafina Freitas.

O sucesso editorial da Coleção *As Mais Belas Histórias*, de Casasanta, pode ser verificado nos relatórios emitidos pela Fundação de Assistência ao Estudante do Ministério da Educação (FAE/MEC), na década de 1980: está entre as dez mais distribuídas no Brasil pelo Programa Nacional do Livro Didático (PNLD). A Coleção *As Mais Belas Histórias* era uma das mais requisitadas pelas escolas brasileiras. Não temos dados quantitativos, entretanto sabemos que a coleção foi editada ininterruptamente até 1994. A partir desse ano, deixou de ser editada, como aconteceu também com várias outras coleções; segundo avaliação do PNDL de 1996, a proposta se tornara inadequada.

Isso ocorreu porque a coleção continha um livro de leitura propriamente dito e o livro consumível de atividades referentes às leituras, e o governo desautorizava a compra de livros didáticos consumíveis, exceto o livro de alfabetização. Além disso, havia o forte teor de doutrinação das leituras na formação religiosa e o exacerbado sentimento patriótico, presente desde o prefácio: "Muitas outras histórias escrevi para Vocês, que são brasileiros e que são pequeninos, com a esperança de que elas possam ajudar a Vocês a continuar o Brasil, quando Vocês forem grandes". Também nas leituras são enfatizados o mito dos heróis brasileiros, como ocorre com os bandeirantes, e a auréola de santidade em torno de Tiradentes.

Finalizando, poderíamos dizer que este trabalho procura resgatar dados da história da leitura do ensino primário em Minas Gerais, entre as décadas de 1920 e 1990. Considerando-se que, a partir da década de 1950, há um crescimento e uma diversificação da produção didática no Brasil, *O livro de Lili* e a coleção didática de Lúcia Casasanta são exemplos que fogem à regra dos livros didáticos de curta duração no mercado editorial, já que se mantiveram por quatro décadas consecutivas como os livros mais requisitados e adquiridos pelo governo.

Tendo em vista a democratização da escola pública, a ampliação de editoras de livros didáticos, a diversificação de títulos na atualidade, torna-se importante buscar na história o lugar que as Anitas e as Lúcias ocuparam e ainda ocupam em nossa memória e nossa vida como autoras e responsáveis pela iniciação na leitura, ao contrário do que vem acontecendo atualmente no mercado editorial brasileiro, em que as(os) autoras(es) são obscurecidos por grandes editoras na organização das coleções didáticas e em que a efemeridade dos livros didáticos se torna cada vez mais constante.

33
UM IMPRESSO SE POPULARIZA: O CASO DOS FOLHETOS DE CORDEL

Ana Maria de Oliveira Galvão

Introdução

Tradicionalmente, os estudos[1] sobre literatura de cordel[2] no Brasil têm associado, muitas vezes de maneira direta e mecânica, esse tipo de impresso a um público vagamente denominado "popular", "rural" e "nordestino". Essa mesma produção tende a "congelar" o cordel no tempo e no espaço, tornando-o a-histórico. Na pesquisa que deu origem a este texto (Galvão, 2000; 2001), partiu-se de um pressuposto aparentemente óbvio: o cordel, como qualquer produto cultural, tem uma história; os seus leitores/ouvintes e os modos de ler/ouvir, também. Nesse sentido, algumas questões guiaram a investigação: houve mudanças no público a que era destinada a literatura de folhetos ao longo de sua história em terras brasileiras? Quem eram as pessoas que liam/ouviam cordel no momento do apogeu desse tipo de literatura?

Neste texto, busco discutir, a partir dessa pesquisa, o processo que tornou os folhetos um impresso de "larga circulação",[3] nas primeiras décadas

---

1 Analiso esses estudos, gestados principalmente na década de 1970, em outro texto (Galvão, 2005).

2 Utilizarei, ao longo deste texto, as denominações *literatura de cordel, literatura de folhetos, folhetos de cordel* ou simplesmente *folhetos* como sinônimos. Cascudo (1988) situa na década de 1960 a difusão da denominação *literatura de cordel* no Brasil – até então somente utilizada para o caso português – para se referir aos *folhetos impressos* no país.

3 Essa expressão tem sido utilizada em vários estudos realizados no âmbito da história cultural, em lugar da expressão *popular*. Ver, dentre outros, Chartier e Lüsebrink, 1996.

do século XX, por meio da análise de um *corpus* de 104 folhetos,[4] publicados entre 1904 e 1957.[5] Apresento, então, indícios, encontrados na análise da materialidade desses folhetos, de quem era o leitor/ouvinte a que o poeta e/ou editor visava para esse tipo de impresso.[6]

O público do cordel se populariza: uma análise da materialidade do impresso

Os 104 folhetos analisados podem ser agrupados em três grandes grupos no que se refere à data de publicação. Em um primeiro grupo, analisei 25 folhetos, considerando aqueles editados ainda quando Leandro Gomes de Barros[7] estava vivo e no período imediatamente posterior à sua morte, quando sua obra passou a ser editada por Pedro Baptista, em Guarabira, Paraíba (1918-1921), ou seja, folhetos publicados entre 1900 e 1919, aproximadamente. Os folhetos não datados representam 28% do total desse primeiro grupo.

Quanto à autoria[8] deles, a grande maioria (76%) foi escrita por Leandro Gomes de Barros, reconhecidamente o poeta de maior produção nesse período inicial de edição dos folhetos. Francisco das Chagas Baptista, outro poeta bastante produtivo na época, é autor de quatro livretos. Quanto aos editores, a análise do *corpus* parece corroborar o que já demonstraram

4 Esses folhetos foram publicados em Pernambuco, na Paraíba, no Ceará, na Bahia e em Sergipe. Em muitos casos, foram analisadas mais de uma edição de uma mesma história. Muitos folhetos (mais de 40% do total) não trazem data de publicação. No entanto, na grande parte dos casos, suas características externas permitem (destacando-se, entre outras, o modo geral de composição do impresso, o seu preço e o endereço do autor e/ou editor), senão uma localização precisa das datas em que foram editados, uma aproximação a elas.

5 Na pesquisa, busco reconstruir também o leitor/ouvinte "empírico" em Pernambuco, entre os anos 1930 e 1950, a partir de depoimentos orais.

6 Para a realização do estudo, baseei-me em pressupostos da história cultural. Ver, entre outros, Chartier, 1982, 1998 e s.d.; Chartier (Org.), 1987b; e Hébrard, 1983 e 1996. Para uma abordagem do ponto de vista da sociologia dos textos, ver McKenzie, 1986.

7 Leandro Gomes de Barros, paraibano, é considerado o autor do primeiro folheto brasileiro – com as características que viriam a ser atribuídas ao gênero cordel –, publicado em 1894.

8 Considero, aqui, para efeito da análise realizada, o autor do folheto aquele cujo nome está impresso no poema, embora saiba que nem sempre corresponda àquele que, efetivamente, compôs os versos.

alguns pesquisadores:[9] na fase inicial da produção de folhetos, os poetas recorriam, por conta própria, a tipografias não especializadas na produção desse tipo de impresso, como aquelas de jornais ou livrarias, situadas nas cidades de médio e grande porte. No final da década de 1910, alguns poetas se tornaram proprietários de impressoras. No *corpus* analisado, a Imprensa Industrial aparece como impressora em cinco folhetos, seguida da Typographia do Jornal do Recife e da editora e tipografia Pedro Baptista e Cia., ambas com três folhetos. Segundo Souza (1981), os poetas de origem rural, como Leandro Gomes de Barros e, posteriormente, João Martins de Athayde, buscavam os grandes centros urbanos, como Recife, em função da disponibilidade dos recursos de impressão que esses locais possuíam, a fim de imprimir os folhetos nas melhores gráficas de livrarias e jornais da época. De fato, grande parte dos folhetos analisados (80%) foi publicada no Recife. Guarabira, na Paraíba, onde se localizava a tipografia pertencente a Pedro Baptista, genro e editor de Leandro Gomes de Barros durante três anos após a sua morte, aparece como segundo local de publicação (três folhetos), e a capital da Paraíba, onde se localizava a tipografia pertencente ao grande poeta e editor Francisco das Chagas Baptista, aparece em terceiro lugar (um folheto). Como se pode observar, somente em quatro casos os folhetos foram impressos em tipografias que tinham na produção de cordéis um de seus maiores investimentos. Na maior parte das vezes, inseridos no contexto urbano, onde as tipografias se multiplicavam desde o final do século XIX, os poetas pagavam a tipografias especializadas na produção de outros tipos de impresso para terem suas obras publicadas.

Em um segundo grupo, reuni os folhetos publicados aproximadamente entre 1920 e o final da década de 1930, que, corresponde, *grosso modo*, ao início e ao estabelecimento da atividade editorial de João Martins de Athayde, considerado o maior editor de folhetos de todos os tempos. Os folhetos não datados representam 55,8% do conjunto desse grupo: em relação ao conjunto anterior, parece que a impressão da data de publicação torna-se menos importante. Quanto à autoria, Athayde aparece como autor em 22 deles (mais da metade) e Leandro Gomes de Barros em 12. Em três folhetos, a autoria dos poemas não é atribuída a ninguém. Nesse momento, percebe-se já a presença das hesitações que caracterizariam a questão da

9 Ver Terra, 1983.

autoria posteriormente. Aos poucos, Athayde (e depois outros, como José Bernardo da Silva) adotou a fórmula do "editor proprietário", muitas vezes ocultando ou substituindo o nome do autor pelo seu. Nesse segundo período, ele já aparecia como principal editor de folhetos: publicou 79,1% dos livretos da amostra. A Typographia Chaves é responsável pela publicação de quatro folhetos, e a Papelaria Recife, a Pedro Baptista e Cia. e a Popular Editora, por um folheto cada. Nesse momento, percebe-se que a produção de folhetos vai, gradativamente, da responsabilidade de tipografias não especializadas para editores que têm no folheto o centro de sua produção, como é o caso de Athayde. Segundo Souza (1981), inicialmente Athayde imprimia seus poemas no antigo *Jornal do Recife* e, mesmo após a instalação de sua própria tipografia, continuou a utilizar a gráfica do jornal quando não tinha condições de imprimir toda a demanda de encomendas. Seguindo a tendência do período anterior, Recife aparece como principal centro produtor, concentrando 93% dos casos. Reunindo os dados referentes ao primeiro e ao segundo grupos, constatei que a maioria dos folhetos indica o local de publicação. Esse quantitativo é modificado substancialmente no período posterior.

No terceiro grupo, analisei 36 folhetos, publicados entre 1940 e o final da década de 1950. Os não datados representam 44,4% desse grupo. À semelhança do período anterior, a impressão da data de publicação não parece ser importante. Quanto à autoria, foram analisados sete folhetos assinados por João Martins de Athayde, sete por Rodolfo Coelho Cavalcante, três por José Pacheco, dois por José Bernardo da Silva, sete que não trazem indicação de autoria (em alguns casos é impresso somente o nome do editor proprietário) e outros assinados por autores diversos. Pode-se observar que, nesse momento, tornam-se mais agudas as contradições apontadas por diversos pesquisadores em relação à questão da autoria dos folhetos. Em um mesmo cordel, por exemplo, pode-se encontrar o nome de alguém identificado como editor proprietário, o de outra pessoa assinando como poeta escritor e um terceiro, identificado como o do verdadeiro autor, por meio do acróstico publicado no final do poema. Embora Athayde ainda seja responsável por parte significativa da produção de folhetos, ao lado de Rodolfo Coelho Cavalcante e José Bernardo da Silva, pode-se observar também que, à medida que o cordel se populariza, parece haver uma diversificação na quantidade de autores. É a época do apogeu da literatura de cordel: cresce o público leitor e aumenta o número de poetas escritores e também de editores. Nesse período, José Bernardo da Silva e sua tipografia São Francisco, localizada em Juazeiro do Norte, no Ceará, aparece como principal editor de folhetos, com oito impressões, seguido de Rodolfo Coelho Cavalcante, com seis, e de João Martins de Athayde, com cinco. Em 15 casos, não há indicação da editora. À semelhança do observado no período anterior, no decorrer do tempo, com a popularização do gênero, tipografias, muitas das quais pertencentes a poetas, foram se especializando na produção de folhetos. As gráficas não especializadas, como as pertencentes a livrarias, foram aos poucos tornando-se insignificantes em relação ao total da produção. José Bernardo da Silva, como diversos estudos têm mostrado, tornou-se, em 1950, o proprietário da obra de Leandro Gomes de Barros e de João Martins de Athayde, após a doença deste último autor e o fechamento de sua tipografia. Assim, passou a ser o maior editor de folhetos a partir dos anos 1950. Rodolfo Coelho Cavalcante, alagoano, foi, sobretudo a partir dos anos 1950, um dos mais produtivos poetas da história do cordel, contribuindo significativamente para o desenvolvimento dessa literatura em Salvador, onde se fixou a partir de 1945, bem como para a difusão do gênero e para a organização dos poetas. Em consequência das mudanças ocorridas principalmente após a doença e morte de Athayde, em 1959, o principal polo editor de folhetos deixou de ser, aos poucos, Recife, que é responsável pela produção de apenas 13,9% dos livretos da amostra, ao passo que Juazeiro do Norte responde por 22,2% da produção e Salvador por 16,7%. No entanto, a maior porcentagem de impressos (41,7%) não traz a indicação do local de publicação. Esse dado parece revelar, sobretudo se relacionado a outros sobre os quais ainda vou discorrer, que, à medida que o tempo passa, parece haver um crescente descuido editorial no processo de produção dos folhetos.

Os locais onde eram vendidos os folhetos constituem um interessante indício da destinação desse tipo de impresso. Na maioria dos cordéis, há indicação do local de venda nas capas, contracapas e quartas capas. No período de 1900 a 1920, dos 25 folhetos analisados, a maior parcela (9) indica que eles podiam ser comprados na casa ou no depósito de folhetos do próprio autor. Em outros casos, o endereço do autor é mantido como local de venda, ao lado de agentes revendedores. Em seis folhetos, não há indicação do local de venda e, em outros cordéis, livrarias são indicadas como espaços de comercialização. Como se pode observar, nesse momento, as redes de distribuição ainda não estavam completamente montadas: os folhetos eram vendidos, *grosso modo*, pelo próprio autor ou em um circuito de venda de impressos já estabelecido, não específico para esse gênero. Embora, em alguns casos, sua circulação extrapolasse o âmbito restrito das cidades onde eram impressos, os folhetos, em sua maioria, eram vendidos em locais circunstanciais, alguns estreitamente identificados com o universo da cultura *letrada*, como as livrarias; pareciam não ser, ainda, impressos de larga circulação.

Nas duas décadas seguintes, aproximadamente, pode-se observar uma mudança significativa nos locais de venda anunciados nos folhetos. Naqueles datados entre 1920 e 1929, continua a tendência verificada no período anterior, bem como o que parece significar uma hesitação, típica dos momentos de consolidação de um gênero. A livraria, a casa do autor e os correios aparecem, cada um, em um dos 12 folhetos. Mas 75% dos folhetos analisados dessa época não trazem indicação do local de venda. As estratégias de distribuição parecem estar ainda pouco definidas. Se os outros dois conjuntos de folhetos, publicados entre meados da década de 1920 e na década de 1930, são agrupados, já podem ser visualizadas outras tendências, que se consolidarão no período posterior. A livraria desaparece como local de venda e a residência do autor mantém-se indicada em apenas um folheto. Nesse momento, aparecem como principal local de comercialização dos cordéis os mercados públicos, indicados em 71% dos casos. Os agentes em outros estados continuam a desempenhar um papel importante na rede de distribuição: no entanto, também eles, de maneira diferente do que ocorria no período anterior, localizavam-se nos mercados de outras cidades. O correio passa a ocupar um lugar importante nas estratégias de distribuição: é indicado como um instrumento de venda em 61,3% dos folhetos. Em consequência da crescente venda e popularização da literatura de folhetos, os seus autores e/ou editores passaram a utilizar um imóvel, denominado "depósito", para comercializar especificamente sua produção: quase um terço dos livretos o apontam como local de venda, ao lado de outras indicações. Em apenas 16,1% dos casos, não há indicação do local de venda, o que parece demonstrar a superação da hesitação a que me referi acima. O folheto se torna, no período, um impresso de larga circulação.

Nas duas últimas décadas escolhidas para o estudo, as grandes tendências observadas no período anterior se mantêm, embora com algumas diferenciações. Os principais locais de venda indicados nos folhetos nesse momento são o "depósito" e a tipografia especializada em sua impressão, que aparecem em 44,4% dos livretos. Os mercados públicos, onde se localiza grande parte dos agentes revendedores, continuam a desempenhar um papel significativo nas estratégias de circulação: constam em 27,8% dos folhetos. Os agentes revendedores não localizados nos mercados, mas em endereços residenciais, em fiteiros, em redações de jornal e até em perfumarias são indicados em um quarto dos folhetos. O correio aparece a seguir, em 6 dos 36 livretos analisados. Um dado merece ser destacado: a metade dos folhetos não traz a indicação do local de venda. Parece que, no período, a diversificação observada na quantidade de autores faz os poetas à margem do circuito de distribuição utilizado pelas grandes editoras especializadas na produção de folhetos escreverem, publicarem e venderem eles mesmos principalmente nas feiras, os seus poemas.

Assim, aos poucos, os folhetos deixaram de ser vendidos na casa do autor ou na livraria e passaram a ser comercializados , sobretudo a partir dos anos 1930, prioritariamente por agentes revendedores de cidades diferentes e em mercados públicos de diversas capitais, que pareciam funcionar também como grandes centros de distribuição. Desse modo, os folhetos eram distribuídos das médias e grandes cidades onde eram produzidos para as pequenas comunidades onde eram vendidos nas feiras. Esses dados parecem indicar, pois, uma progressiva ampliação e popularização do público leitor: aos poucos, os folhetos deixaram de ser vendidos em locais onde também podiam ser adquiridos outros objetos característicos do mundo letrado e passaram a circular em uma rede específica de distribuição, destacando-se o papel desempenhado pelos mercados públicos e pelas feiras, locais onde não se observava a comercialização de impressos típicos do universo letrado.

A análise dos outros tipos de produtos anunciados nos folhetos, principalmente na contracapa e na quarta capa destes, constitui outro indicador de quem era o público leitor primordialmente almejado pelos poetas e editores. Em que universo de impressos os autores e editores pressupunham que estivessem inseridos os seus possíveis leitores/ouvintes? Os folhetos datados de 1900 a 1909 não trazem anúncios de propaganda de nenhum produto. Já naqueles analisados do período de 1910 a 1919, destacam-se os anúncios de outros títulos de cordéis publicados pela mesma livraria e editora ou de histórias de autoria do mesmo poeta do folheto. Além dos catálogos e extratos de catálogos de editores, os folhetos trazem também, em número significativo, propaganda das livrarias em cujas tipografias foram impressos. Que artigos são anunciados nessas publicidades de livrarias? Inicialmente, como era de esperar, livros. Pedro Baptista, dirigindo-se aos negociantes, em sua livraria, anuncia que podiam ser encontrados "livros em todos os generos e de auctores adoptados" (Barros, 1919). Os anúncios, além de conterem publicidade de trabalhos tipográficos realizados na gráfica das livrarias, também destacam artigos utilizados nas escolas e em atividades de desenho e escrita. Nas duas décadas seguintes, a natureza dos anúncios publicados permanece semelhante à observada no momento anterior: os folhetos, além de trazerem catálogos ou extratos de catálogos dos livretos, continuam a publicar propagandas de folhetos e de livrarias e tipografias, embora em menor quantidade do que a observada no período anterior. Nas décadas de 1940 e 1950, pode-se observar uma mudança significativa no teor dos anúncios de publicidade impressos nos folhetos. Títulos de cordéis, já publicados ou a serem editados, continuam sendo anunciados em vários exemplares analisados. Ao lado deles, aparece a indicação de que, no mesmo local, eram vendidos também outros impressos considerados e tornados cada vez mais populares: genericamente, os anúncios falam de "livros" e "revistas"; são específicos somente ao se referirem a outros impressos de "larga circulação", como modinhas, novenas, orações, horóscopos, jornaizinhos de trovas e lunários. A análise parece indicar assim que, aos poucos, os poetas e/ou editores pressupunham que seu público se popularizava.

A análise da variação no número de páginas dos folhetos ao longo do tempo poderia também ser um indicador do público leitor almejado pelos poetas e/ou editores? Inicialmente, a análise revela que os folhetos curtos, de oito páginas, eram raros até o final da década de 1930 (somente 2 em 68), prevalecendo livretos mais grossos, que continham entre 16 e 80 páginas. A partir da década de 1940, os folhetos de oito páginas, mais fáceis de serem memorizados e lidos em voz alta, tornam-se significativos no conjunto da amostra analisada: representam metade dos casos. Assim, parece haver uma tendência, ao longo do tempo, de produzir poemas e publicá-los em um formato que facilite a leitura para um público pouco habituado a ter contato com objetos de leitura densos, com muitas informações.

A análise realizada neste estudo pode levantar indícios, também, de que essas transformações ocorridas na produção dos cordéis revelam um progressivo barateamento dos custos de impressão e, consequentemente, de produção de um objeto menos sofisticado e mais popular. No período de 1900 a 1919, uma quantidade significativa (20% dos casos) de poemas era publicada em um folheto com um número de páginas irregular, ou seja, com um número de páginas não múltiplo de oito. Nas duas décadas seguintes, esse número diminui significativamente: em apenas 7% dos folhetos analisados a paginação não é múltipla de oito. Nas décadas de 1940 e 1950, essa tendência, *grosso modo*, mantém-se: 13,9% dos exemplares da amostra têm essa característica. Nesse grupo, na verdade, todos os folhetos que têm paginação não múltipla de oito são diferentes edições de um mesmo título: *O cachorro dos mortos*, publicado, no decorrer do tempo, no formato de 40 páginas. Essa constatação parece indicar que houve, ao longo do tempo, uma tentativa de racionalização e redução de custos na produção dos folhetos. Segundo Araújo (1986), o formato mais comum e econômico na impressão de livros é o que aproveita a folha para nela imprimir um número de páginas múltiplo de oito.

A impressão ou não do preço nos folhetos também pode ser um indicador na tarefa de (re)construção do público leitor de folhetos. A pesquisa constatou que, até 1939, somente 26,9% dos folhetos traziam o preço. No período posterior, correspondente às décadas de 1940 e 1950, por sua vez 83,3% dos livretos faziam referência ao valor de venda do impresso. Quais seriam as razões do aumento dessa porcentagem? Em 1942, a moeda brasileira mudou: de réis passou a cruzeiro. Possivelmente o público, pouco habituado aos novos valores, sentia necessidade de vê-lo estampado no impresso. Ao lado desse fator, na medida em que considero que o público se popularizou nesse momento, é plausível supor que, com essa característica (menor poder aquisitivo, menor familiaridade com o mundo letrado), tivesse necessidade de ver de imediato o preço do produto antes de decidir comprá-lo.

Analisei também as capas dos impressos com base em alguns indicadores, como a quantidade de tipos, a abundância ou restrição no uso de outros recursos gráficos, a presença ou ausência de ilustração e o tipo de gravura utilizado. Nenhum dos folhetos analisados, no período de 1900 a 1919, trazia estampados na capa clichês de zincogravura ou xilogravura, típicos no período posterior: 76% dos exemplares analisados tinham a capa ilustrada com vinhetas e/ou ornamentos – em geral relacionados ao tema do poema principal. Nas décadas de 1920 e 1930, as vinhetas e/ou ornamentos passaram, de modo progressivo, a ser substituídos pelos clichês de zinco com desenhos feitos especialmente para esse fim ou com fotografias e cartões postais, que se tornam cada vez mais presentes como recurso de ilustração das capas. Na amostra analisada, as capas ilustradas com vinhetas ainda são maioria: representam 62,8% dos casos. Em segundo lugar, aparecem os folhetos ilustrados com desenhos de clichês de zinco: 25,6%. Um quinto das capas dos exemplares analisados foi ilustrado por fotografias e/ou cartões postais. A xilogravura não é encontrada em nenhum folheto analisado.

Nos anos 1940 e 1950, a tendência esboçada no período anterior torna-se mais forte: a maioria (55,6%) dos folhetos analisados traz capas ilustradas com clichês de zinco de fotografias e/ou cartões postais. Os clichês de xilogravura aparecem, nesse momento, em número significativo: estampam um quarto dos folhetos analisados. Os desenhos elaborados especialmente para os folhetos e moldados em clichês de zinco, por sua vez, aparecem em somente duas capas analisadas. Nesse período, o recurso às vinhetas como ilustração da capa praticamente desaparece: somente em um folheto do conjunto elas são utilizadas. Segundo Souza (1981), a xilogravura começou a ser utilizada nos anos 1940, mas sua generalização como técnica para a confecção das gravuras das capas dos folhetos ocorreu, principalmente, quando as grandes tipografias foram fechadas, restringindo-se as possibilidades técnicas de impressão, e, ao mesmo tempo, o público consumidor do cordel passou a ser, sobretudo, os turistas e os intelectuais.[10]

> Apesar de parecer muito antiga e preferida dos poetas, para ilustrar as capas de folheto, a xilogravura ou gravura de madeira, hoje muito "badalada" pelo público e por um comércio sofisticado de arte, nunca teve na realidade, em todo o período de sua história, o prestígio e a popularidade das chamadas gravuras de zinco, com desenhos rabiscados a lápis, de artistas populares, cartões postais de amor, e fotografias de artistas de cinema. (Souza, 1981, p.15)

Para Souza, era mais natural e viável que os poetas e editores, moradores de centros urbanos, optassem pela zincogravura para ilustrar as capas dos folhetos, em especial dos romances, na medida em que a gravura em

10 Para uma análise recente da xilogravura nos folhetos de cordel, ver Ramos, 2005.

zinco era mais correntemente utilizada nas gráficas, tipografias e editoras existentes. A xilogravura era associada ao artesanato e às sociedades rurais, onde escasseavam os recursos para a publicação de impressos. Muitas vezes, segundo esse autor, serviam de "mangação, no meio da feira" (Souza, 1981, p.15). Souza (1981) transcreve, a esse respeito, um interessante depoimento do poeta, gravador e editor de folhetos desde a década de 1950 Manoel Caboclo, provavelmente concedido na década de 1970:

> A zincogravura é uma coisa que ajuda o povo de menor cultura, porque o clichê de zinco representa figura nítida e perfeita de um artista. E o clichê de madeira representa a inteligência. Eu não desprezo nem um nem outro. Um é para o matuto e o outro é para o intelectual, porque o intelectual acha que seja mais perfeita uma coisa manual, do que uma coisa mecânica. (apud Souza, 1981, p.23)

Esses dados revelam que a associação direta entre literatura de folhetos e xilogravura parece ter sido uma construção feita *a posteriori* sobretudo pelos intelectuais que viam na gravura em madeira uma expressão mais próxima da "alma popular", do rural e, portanto, do Nordeste. Na verdade, os dados revelam que o processo de composição das capas dos folhetos, pelo menos até os anos 1950, estava relacionado em especial à inserção dos poetas e editores em uma cultura urbana, na qual o acesso aos recursos gráficos era relativamente fácil, sendo estes muitas vezes reaproveitados de outras tipografias.

Outro dado importante na análise refere-se ao número de tipos gráficos utilizados na confecção da capa. As diferenças existentes na qualidade gráfica das capas quanto a esse aspecto são, particularmente, gritantes para qualquer observador. No período de 1900 a 1909, os editores utilizavam, em média, seis tipos diferentes de letras para compor a capa. A disposição dos tipos na capa compõe, via de regra, um conjunto harmonioso, revelando cuidado gráfico na composição das obras. Entre os folhetos publicados a partir dos anos 1930, a tendência observada é bem diferente. Quase metade das capas dos cordéis da amostra foi composta com três tipos de letra, e 85,2% dos folhetos analisados utilizaram, para a confecção da capa, de dois a quatro caracteres diferentes. Na década de 1950, observa-se a utilização, em algumas capas de folhetos, de apenas um caractere gráfico, que, via de regra, compunha o título do poema e acompanhava o desenho ou fotografia ilustrativa. Assim, o número de tipos diferentes de caracteres gráficos utilizados na capa vai se reduzindo, gradativamente, ao longo do tempo. O que se observa é uma tendência à simplificação dos recursos de impressão utilizados, redundando em um visível empobrecimento da qualidade e do cuidado gráfico em sua composição. Certamente esse dado pode ser considerado um indício de que o público almejado pelos autores e/ou editores é, aos poucos, considerado menos exigente, menos habituado à sofisticação dos recursos de impressão, menos letrado.

A mesma grande tendência pode ser observada na utilização, ou não, de bordas ou orlas na composição das capas. Nos folhetos que não traziam clichês, elas eram recursos considerados ainda mais importantes, expressando, segundo Souza (1981), assim como ocorria nas edições de luxo, requinte técnico. Além de um papel decorativo, as orlas tinham a finalidade de manter a unidade da composição. Mesmo nos folhetos que utilizavam clichês nas capas, eram vistas como signo de qualidade gráfica. No conjunto dos folhetos analisados, as bordas estão presentes em todos aqueles publicados até 1919: são orlas muitas vezes bem trabalhadas, fruto de um trabalho gráfico cuidadoso. Nas décadas de 1920 e 1930, por sua vez, 7% das capas não fazem uso desse tipo de recurso. Nas duas décadas seguintes, a tendência à não utilização de orlas na composição das capas torna-se significativamente mais acentuada: em 44,4% dos cordéis analisados elas não foram utilizadas e em um quarto do conjunto elas eram constituídas de apenas um traço simples.

Também foi analisada a presença ou ausência de vinhetas ou mesmo outro tipo de ornamento no interior dos folhetos. Até o início da década de 1920, 88% dos folhetos traziam vinhetas em seu miolo. Em geral, essas vinhetas eram impressas na primeira e na última página do folheto e, quando era o caso, entre um poema e outro. As vinhetas eram utilizadas também nas páginas em que eram publicados avisos ou anúncios de publicidade. Nos anos 1920 e 1930, essa tendência diminuiu significativamente, até que, durante os anos 1940 e 1950, observou-se uma redução ainda maior no uso desse tipo de ornamento (30,6% dos folhetos o utilizavam). De modo geral, pode-se observar, assim, que, como ocorreu com outros aspectos, ao longo do tempo houve um progressivo empobrecimento dos recursos gráficos utilizados na composição das capas e dos miolos dos folhetos, revelando, mais uma vez, que esse tipo de impresso foi se tornando de larga circulação.

Foi analisada, ainda, como parte do trabalho de (re)constituição do público leitor/ouvinte almejado pelos poetas e/ou editores, a presença ou ausência de referências a direitos autorais nos folhetos. A análise revela que, pouco a pouco, as referências aos direitos autorais foram deixando de ser impressas. Em 60% dos livretos publicados entre 1900 e 1919, há referências à questão. Nas décadas seguintes, essa tendência começa a se modificar: a indicação dos direitos autorais é feita em 41,7% dos casos analisados nas décadas de 1920 e 1930 e em apenas 8,3% dos folhetos publicados nas de 1940 e 1950. Pode-se inferir, com base na análise realizada, que, à medida que o cordel se populariza, e esse fenômeno parece mesmo ocorrer por volta de meados dos anos 1930, a questão da autoria deixa de ser, aos poucos, considerada importante. Os poetas, muitas vezes, vendiam seus direitos autorais à folhetaria, em geral em troca de uma quota de impressão de folhetos. Ao comprar os direitos de uma obra, o editor proprietário podia, pelo acordo feito, omitir ou até mesmo modificar a autoria do folheto. A constatação de que as noções de autoria e de propriedade, tão demarcadas em outras formas de textos escritos, passaram a ter cada vez menos importância na trajetória do cordel sugere que, aos poucos, o gênero foi se constituindo em torno de aspectos típicos das narrativas orais. Esse tipo de transação citada, por exemplo, comum entre os cordelistas e aparentemente sem sentido entre as pessoas letradas, pode estar associada aos próprios conceitos de autoria e de autor característicos das culturas orais. Segundo Havelock (1988), o conceito de original que a tradição escrita cultiva não possui nenhum sentido lógico na tradição oral. Ao passo que nas sociedades letradas há uma tendência a se verificar qual a primeira versão – ou qual a versão original – de um determinado texto, na oralidade cada fala, cada "texto" é original: a cada desempenho, o poeta, a um só tempo, repete e cria. O conceito de autoria liga-se, pois à performance da voz, que é única, individual, não repetível.

Outra questão analisada refere-se à disposição das estrofes na página. Constatou-se que, no período de 1900 a 1919, 64% dos folhetos "cortavam" as estrofes dos poemas, passando de uma página para outra. Nesse momento, parecia não haver, como se observa nas décadas seguintes, uma relação lógica entre os poemas que eram cortados e o número de páginas dos folhetos. Nas décadas de 1920 e 1930, por sua vez, esse número diminui sensivelmente: 41,9% dos poemas apresentam cortes em suas estrofes.

Como nos outros aspectos, esse parece ser um período de transição, de hesitação, comum nos processos de generalização de certos tipos de gêneros e impressos. Nesse momento, já se observa uma tendência a cortar os poemas mais longos, publicados em folhetos com um maior número de páginas. A tendência de cortar as estrofes diminui ainda mais no período posterior: dos folhetos publicados nas décadas de 1950 e 1960, 27,8% fazem cortes nas estrofes, passando de uma página para outra. Nesse momento, dos folhetos curtos analisados, de 8 e 16 páginas, nenhum apresenta cortes: são os longos, de 32, 40 e 48 páginas, os que sofrem esse procedimento. O que poderiam revelar esses dados? Folhetos que disponham estrofes completas em uma única página são, certamente, mais fáceis de serem lidos em voz alta: o virar da página e o manipular do impresso no meio de uma estrofe constituem uma dificuldade para leitores pouco habituados ao mundo do impresso e para a realização da leitura oralizada. A constatação de que as histórias mais longas – que parecem não ter sido feitas para serem memorizadas ou mesmo lidas em voz alta – são justamente as que apresentam maior número de cortes constitui mais um índice que permite levantar essa hipótese. Editores parecem ter compreendido essa crescente necessidade do público leitor. No período mais antigo, nem nos poemas curtos o autor ou editor parecia ter a preocupação de deixar as estrofes inteiras em cada página.

A análise do número de poemas publicado em cada folheto também foi considerada importante na tarefa de levantamento de indícios a respeito do público leitor expresso na materialidade do impresso. A análise revela que nem sempre a quantidade de poemas publicados em um folheto foi a mesma: é de maneira progressiva que determinado formato passa a ser generalizado – aquele em que, em cada folheto, é publicada apenas uma história. No *corpus* analisado, até o final da década de 1920, 64,9% dos folhetos traziam mais de um poema. Em muitos desses casos, um mesmo poema era publicado em vários folhetos: cada "volume" trazia uma parte da mesma história. A partir dos anos 1930, a tendência a publicar um só poema nos folhetos cresceu até que, a partir dos anos 1940, todos os folhetos analisados continham apenas um poema, que narrava uma mesma história. Supondo-se que, nos tempos iniciais, a leitura silenciosa era corrente no caso dos folhetos, não era difícil para o leitor encontrar a história que estava lendo em vários volumes. Para um público semialfabetizado, como parece se caracterizar aquele dos folhetos a partir de meados da década de 1930, provavelmente era mais difícil localizar a sequência de uma história publicada em meio a outras, em um mesmo livreto.

Ao lado de outras medidas já descritas que parecem revelar redução de custos na produção dos folhetos ao longo do tempo, o que contribuiu para torná-lo um impresso de larga circulação cada vez mais popularizado, no decorrer do período analisado parece ter havido uma progressiva redução no número de páginas extras, além daquelas em que eram publicados os versos. No período de 1900 a 1919, 36% dos folhetos analisados continham outras páginas, além daquelas utilizadas na publicação dos poemas. Na maior parte dos casos, essas páginas traziam o retrato do poeta, faziam referências a direitos autorais, continham propaganda de livrarias e, algumas vezes, ilustrações relacionadas à história. Entre 1920 e 1939, esse número reduz-se sensivelmente: apenas 7% dos folhetos contêm essas páginas extras. Essa tendência se torna mais aguda nas duas décadas posteriores: nesse momento, somente 5,6% dos folhetos extrapolam o número de páginas utilizadas estritamente para a publicação do poema. A análise parece confirmar que a progressiva redução no número de páginas extras dos folhetos foi mais uma estratégia utilizada pelos editores para baratear e simplificar a qualidade de impressão dos livretos, à medida que seu público parece tornar-se, pouco a pouco, menos exigente.

Como apareciam denominados os folhetos em suas próprias páginas? Na capa, quarta capa e outras páginas dos folhetos em que não eram publicados poemas, muitas vezes vinham impressas certas denominações para designar os impressos. A denominação mais comum encontrada no período de 1900 a 1919 é *folhetos* (em 36% dos casos), seguida de *obra* ou *obra literária* (24%). Na grande parte dos folhetos analisados no período, no entanto, não aparece nenhuma denominação para o impresso (em 40% dos casos). Aparecem, também, em menor número, as denominações *romance* e *romance em verso*. Em um dos folhetos, o autor e o editor avisam que aquelas são "histórias populares", ou seja, "encantadoras histórias contadas em versos trabalhados especialmente ao sabor popular". Parece ser preciso avisar ao leitor, não necessariamente "popular" e talvez ainda não habituado àquele tipo de impresso, de que ali se encontravam histórias populares, tradicionais, recontadas em versos. Em outro folheto, publicado em 1917, há um aviso de que o seu autor, Pedro Batista, trabalha, "há dez anos", "na aquisição das poesias todas colhidas na boca do povo" (apud Ruth Terra, 1983, p.28). Se o leitor, já naquele momento, fosse "popular", haveria necessidade de uma advertência ou de um aviso semelhantes a esse? Ou bastaria que ele, ao entrar em contato com a materialidade do objeto, reconhecesse imediatamente que se tratava de um impresso "popular"? Nas décadas de 1920 e 1930, a denominação mais comum para os folhetos é *livros de histórias* ou *histórias*, aparecendo em 33,3% dos casos. Em 31,3% dos casos, não vem impressa no folheto nenhuma denominação para ele próprio. No período aproximado de 1940 a 1959, *romances* é a denominação mais utilizada, aparecendo em 22,4% dos folhetos, seguida de *livros* (16,3%), *folhetos* (14,3%), *histórias* e *histórias em versos* (10,2%) e *publicações* (6,1%). Livros, histórias, folhetos e romances parecem ter sido, ao longo do tempo, as denominações mais utilizadas pelos autores e editores para designar esse tipo de impresso. Não se constatam, portanto, variações significativas, ao longo do tempo, quanto às designações dadas. O que parece mais significativo na análise realizada é a constatação do progressivo desaparecimento dos avisos, presentes na fase inicial de produção dos impressos, que buscavam advertir o leitor de que encontraria uma obra popular ou baseada na tradição oral. É interessante observar também que a denominação literatura de cordel, utilizada pelos estudiosos, só seria impressa nos folhetos a partir dos anos 1970, quando um novo público se configurava.

Outra constatação também foi se tornando evidente no decorrer da análise dos folhetos. Nos mais antigos, os versos começavam por maiúsculas; aos poucos, as minúsculas passaram a substituí-las. Essa constatação poderia também auxiliar na tarefa de identificação dos leitores/ouvintes almejados pelos autores e/ou editores de cordéis? Segundo Araújo (1986), a utilização das maiúsculas no início dos versos caiu em desuso nos últimos anos. No caso do cordel, o que parece ter havido é não uma modernização das formas de apresentação gráfica da poesia, como ocorreu com a poesia pertencente aos cânones eruditos consagrados, mas um progressivo descuido com a impressão gráfica dos poemas. Além disso, pode-se supor que a disposição de maiúsculas e minúsculas no início dos versos não represente nenhuma diferença na audição de uma leitura oralizada: só faz algum sentido para quem lê. Seria, então, mais um índice de que, aos poucos, os folhetos passaram a ser mais ouvidos do que lidos?

No decorrer de todo o período, não foram observadas grandes variações no tamanho dos folhetos, que mediam, aproximadamente, de 10,5 a

11,5 cm por 16 a 17 cm. Esses formatos foram também verificados, *grosso modo*, por outros pesquisadores. Os folhetos parecem, assim, ter mantido o formato in-oitavo no decorrer de sua trajetória (até o período analisado, pelo menos), mesmo quando, para outros impressos, a produção manual de papel folha por folha já vinha sendo substituída, gradativamente, pelas bobinas de quilômetros de papel, provocando uma verdadeira transformação na padronização dos formatos.[11] A manutenção do formato certamente possibilitava que a produção dos folhetos fosse realizada também por meio das prensas manuais, utilizadas por muitos poetas/editores, principalmente com a diversificação da produção a partir dos anos 1940, como se viu. Ao contrário do que ocorreu com outros tipos de impresso ao longo do tempo, como os livros didáticos – que "cresceram" ou tiveram seu formato diversificado no decorrer das décadas –, o fato de os folhetos terem permanecido praticamente do mesmo tamanho desde os tempos iniciais de sua produção possibilitou, quando necessário, uma não industrialização de sua produção, viabilizada ao longo do tempo a custos cada vez mais reduzidos.

Conclusão

Os indícios encontrados na pesquisa e aqui descritos, com base na análise da materialidade do impresso-folheto, parecem indicar que, pouco a pouco, principalmente a partir de meados da década de 1930, os livretos de cordel se tornaram um impresso de larga circulação, lidos/ouvidos por um público formado, em sua maioria, por pessoas pertencentes às camadas populares e pouco habituadas ao universo letrado. Por meio da introdução de vários dispositivos, tornaram-se mais adequados à leitura/audição em voz alta, em situações de sociabilidade.[12]

Os resultados da pesquisa também indicam que, embora elaborada a princípio por poetas sertanejos e voltada, provavelmente, para um público com escolarização mínima, a literatura de cordel só pôde se desenvolver no contexto urbano: as camadas populares das cidades teriam se constituído,

11 Esse processo é descrito por Araújo (1986).

12 O papel desempenhado pela leitura/audição de folhetos nos processos de aproximação entre esses sujeitos e o mundo da cultura escrita é particularmente analisado em outro artigo (Galvão, 2005).

pois, no público mais almejado pelos poetas e editores, pelo menos na época de seu apogeu. Aos poucos, os folhetos parecem ter voltado às cidades do interior e à zona rural; no entanto, isso é um tema que merece ser aprofundado em novas pesquisas.

34
Do erotismo à pornografia: pílulas de comportamento nos livros de bolso de Corín Tellado e Carlos Zéfiro

Maria Teresa Santos Cunha

Não houvera sexo, mas um eriçar das mais profundas coisas, imperturbavelmente coisas de homem e mulher.

Adélia Prado, *Cacos para um vitral*

Insinuar *um eriçar das mais profundas coisas* e associá-las, ainda que sutilmente, a *sexo* e a *coisas de homem e mulher* parece sugestivo o bastante para soltar as rédeas da imaginação de quem lê e se permite pensar sobre tais sensações na clave do que se convencionou chamar de erotismo (termo derivado de Eros, o deus grego do amor). O erotismo está na Bíblia, do Gênesis ao Cântico dos Cânticos; na Grécia Antiga, na obra de Safo e no teatro de Aristófanes, e, envolto em ambiguidades, tanto tem designado coisas diversas em diferentes contextos histórico-culturais, como pode oscilar entre polos divergentes. Um dos nossos mais famosos dicionários o apresenta como "paixão amorosa; amor lúbrico; lascívia, sensualidade" (Ferreira, 1986, p.678 e 1.050), o que não o faz deixar de ser considerado como "sinal de civilização, elemento protagonista que faz do amor um fim em si mesmo que exige certo padrão estético, refinamento, espiritualidade e um nível de criatividade elevada".[1] Significante em busca de significado, o erotismo oscila entre o refinamento e a idealização, identificando-se ora com o amor, ora com a obscenidade e, na condição de gênero literário, relaciona-se à condição de fetiche da linguagem licenciosa (Moraes, 2003, p.121).

1 Entrevista de Mário Vargas Llosa a José Geraldo Couto (Couto, 1997).

Nessa arena de confrontos, esse turbulento entrechoque de expressões simbólicas traz embutido um juízo de valor em que "belo e estético" passam a ser atributos do erotismo – aquele que mais sugere –, e "feio e vulgar" ficam reservados para a pornografia – aquela que mostra mais explicitamente representações de atitudes/atos relacionados ao sexo. Quase sempre centrada em um apelo moral que varia no tempo, a pornografia está mais ligada à diabolização e à medicalização e é considerada como aquela que *soterra o erotismo e desindividualiza o amor*, dicionarizada também como "devassidão, libidinagem". Na dicotomia valorativa erótico/pornográfico é possível perceber certa identificação entre estes termos, principalmente diante de formas semelhantes de estruturar o discurso. Se falar de amor e de sexo de diferentes maneiras pode ser, em si, um gozo, escrever a respeito deles ou mesmo descrevê-los parece ser uma prática ligada ao erotismo (beirando o pornográfico e um privilégio que pertence sobretudo aos escritores.

O texto escrito, seja consagrado/canônico ou *ordinário,* abre lugar para destinatários/leitores que, apesar de singulares, são igualmente anônimos. A escalada da leitura exige pouco e muito: olhos abertos e muita paciência e imaginação.[2] Ao se entregar ao prazer da contemplação do escrito e à leitura, o leitor desliza na direção que lhe sugere o olhar. O movimento do olhar arrasta o leitor para a sedução do texto, pois a leitura não é somente uma habilidade de decodificação, mas uma maneira de instituir significados com base em lugares, grupos sociais e épocas. Ler é um exercício mais de liberdade que de submissão e pode-se dizer que, pela leitura, "o sentido nasce, em grande parte, tanto desse exterior cultural quanto do próprio texto [...] de sentidos já adquiridos nasce o sentido a ser adquirido" (Goulemot, 1996, p.115) e que textos/leituras de cunho erótico/pornográfico muitas vezes utilizam a palavra escrita de forma imperativa, ou seja, quase dando ordens para *sentir*!

Dessa sensação nasceu este texto que procura iluminar livros e leituras ditos menores, *ordinários*[3] ou o que é chamado por Darnton de "*underground* literário e cujo estudo pode ser feito através de um conjunto de esboços que em ciência histórica, permite [...] iluminar assuntos sob uma luz insólita e focalizar complexidades por ângulos diferentes" (1987, p.8). De

2 Recomendações de Silviano Santiago, 1987.

3 Considerados menores e ordinários em virtude de seus suportes materiais (em formato de bolso e impressos em papel jornal), seu público-alvo (grupos socialmente desprestigiados), seus pontos de venda (bancas de revista) e até seus conteúdos (piegas e eróticos/pornográficos).

igual maneira, este estudo procura ampliar o repertório que contribuiu para a construção de outros imaginários e de outros modelos de subjetivação, pelas práticas de leitura realizadas por comunidades leitoras sem grande prestígio social e cultural e que privilegiavam a leitura dos chamados livros de bolso, objetos simples e *ordinários*.

Para esta empreitada foi preciso retirar esses objetos – livros de bolso – do lugar do esquecimento, do quase *lixo*, de sua aparente falta de importância, e realocá-los na história, na clave de uma interpretação pela construção de seus vários fios de sentidos. Esses livros são comercializados especialmente em bancas de revistas, mas também em farmácias, postos de gasolina, quiosques, aeroportos, supermercados, enfim, pontos de vendas que não as livrarias. Estas, por sinal, nunca deram o devido espaço a esse tipo de publicação, que atingia comunidades leitoras social e culturalmente mais desprestigiadas da população (homens e mulheres operários, estudantes de nível médio, donas de casa, por exemplo). O desafio de rastrear e conhecer esse material de leitura contribuiu para reforçar este investimento de pesquisa, pois se já se conhece com certa precisão as leituras e "os modos de ler de grupos culturais de prestígio e a história dos livros canônicos [...] pouco se sabe sobre os objetos e as práticas de leitura em circulação entre grupos desprestigiados" (Abreu, 2003).

Impressos em papel jornal (de menor qualidade) e chamados de "livros de bolso" pelo seu tamanho menor (10,5 × 15 cm), eram impressos a baixos custos, alcançavam uma gama ilimitada de consumidores e sua popularização foi facilitada, também, por novas tecnologias de impressão que colocaram em circulação variados materiais impressos (El Far, 2007, p.287).

Segundo os estudos do sociólogo Renato Ortiz (1994), o período que vai dos primeiros anos da década de 1960 à de 1980 é a fase em que se consolida um mercado de bens culturais, fruto do desenvolvimento do capitalismo e da industrialização recente, que multiplicou as oportunidades de trabalho e lançou as bases de uma diversificada e moderna sociedade de consumo. Há, em consequência, uma expansão de um mercado tipográfico que impulsiona o consumo de leituras "de massa", pelas novas tecnologias que podem baratear sua produção bem como facilitar sua circulação. Tudo indica que as altas vendagens dos livros de bolso se beneficiaram dessa expansão tipográfica que colocou ao alcance de diferentes leitores e leitoras possibilidades de alimentar o imaginário com emoção e fantasia, com erotismo e pornografia.

De fato, os livros de bolso têm uma aparência bastante singular, longe de ser o objeto de desejo de bibliófilos e de tipógrafos refinados na busca da confecção do in-fólio perfeito. O papel é o mais barato, as margens são reduzidas, cabendo apenas a ponta dos polegares e nada mais. Sem costura, são facilmente deformáveis, tanto pela ação da leitura quanto do incentivo dado pelo formato para que justifiquemos a sua alcunha e os guardemos nos bolsos, ou em qualquer outro lugar mais prático.

Entre os livros de bolso, esta análise centrou-se naqueles de autoria de Corín Tellado, que eram destinados às jovens leitoras e, entre as décadas de 1950 e 1970, eram vendidos em bancas de revistas e apresentados em coleções conhecidas como *romance rosa* ou *livrinhos para moças*, e, em contrapartida, naqueles considerados *leituras para homens*, personificados aqui pelos quadrinhos erótico/pornográficos de autoria de Carlos Zéfiro, que circulavam no mesmo espaço, tempo e formato, constituindo o que se convencionou chamar o *lado masculino do romance rosa* (Pellegrini et al., 1994, p.82).

Tais leituras, embora em descompasso quanto ao estilo, parecem ter funcionado como uma forma de iniciação amorosa aos leitores e leitoras. Este estudo busca examinar formas de produção e circulação desses impressos tanto em seus suportes materiais como em suas formas textuais, com destaque para a representação dos comportamentos amorosos que contribuíram para a construção de sujeitos (homens e mulheres) em trânsito entre o erotismo e a pornografia.

De bolso e de vida: os livros de Corín Tellado

> *Se podemos ler satisfatoriamente qualquer coisa,*
> *é porque respeitamos o usual, o lugar-comum.*
> *Saber ler implica obedecer às convenções, conhecê-las e respeitá-las.*
>
> Jan Tschichold

Em 1946, uma jovem espanhola – Corín Tellado, pseudônimo de Maria Del Socorro Amália Tellado López –, nascida nas Astúrias em 1927, escreveu seu primeiro "romance" (*Atrevida apuesta*) em forma de *bolsilivro*, ou livro de bolso, editado em 1948 pela Editorial Bruguera.[4] Em meados da década de 1960, a Bruguera firmou o termo *bolsilivros* e os exportou para a América hispânica (Argentina, México, Chile, Venezuela, Colômbia) e para o Brasil principalmente, sempre com grande sucesso de vendas em todos esses países. O número de exemplares vendidos e, consequentemente, a quantidade de leitoras desses livros se constitui em um dado a mais para investigações sobre esse material de leitura aparentemente menor, *ordinário*.

Corín Tellado, descrita como "inocente pornógrafa", "mercenária", "rainha do erotismo patológico, obsessivo e tentador", ostenta um invejável recorde de vendas, cerca de 400 milhões de exemplares a partir do lançamento desse seu primeiro romance escrito em 1946. Traduzida para quase todos os idiomas em uso, a autora figura no Guinness de 1994 (edição espanhola) como a mais vendida em língua castelhana, superando até Cervantes.[5]

Instalada desde 1960 no Brasil, a Editorial Bruguera era a subsidiária brasileira da Francisco Bruguera, de Buenos Aires. Sua instalação no Brasil se deu num momento em que o público consumidor de livros estava em crescimento seja pela ampliação do parque gráfico nacional, seja pelos subsídios do governo federal à taxa de câmbio para livros importados que tornava estes mais baratos do que praticamente todos o que se produziam no país. Por tal razão, diversas empresas multinacionais, dentre elas a Bruguera, estabeleceram aqui suas subsidiárias comerciais, cujos livros obtinham ótimas vendas com preços muito mais razoáveis.

Digno de registro, também, foi o *upgrade* ocorrido no parque gráfico nacional durante o governo Juscelino Kubitschek, que permitiu a tais subsidiárias até imprimir suas obras no país. Entre outras medidas, o governo Kubitschek liberou a concessão de licença de importação para o setor gráfico, isentou o setor livreiro de quase todos os impostos, reduziu as tarifas postais para livros e estabeleceu medidas protecionistas para afastar o

4 Criada em 1910, como Editorial El Gato Negro por Juan Bruguera, foi transformada em Editorial Bruguera em 1936/37 pelos filhos de Juan Bruguera, Pantaleón e Francisco, especializando-se em edições populares, revistas infantis e folhetins por entregas em domicílio (González, 2002, p.64).

5 Informações disponíveis em: *Corín Tellado*. Disponível em: <www.corintellado.com>. Acesso em: 26 set. 2007; *La-lectura*. Disponível em: <www.la-lectura.com/ensayo>. Acesso em: 28 ago. 2007; *NetCom Technologies*. Disponível em: <www.netcom.es>. Acesso em: 31 ago. 2007; *Revista Fusion*. Disponível em: <www.revistafusion.com/asturias/1999/agosto/mujer>. Acesso em: 31 ago. 2007.

papel estrangeiro, subsidiando a indústria papeleira brasileira (Hallewell, 1985, p.442).

Um dos diferenciais da Bruguera no mercado nacional foi o grande investimento no segmento de livros de bolso, vendidos por preços módicos e feitos de papel tipo jornal, sem grandes preocupações estéticas e em formato pequeno, o que possibilitava a leitura em qualquer lugar e tornava mais fácil carregá-los. O formato do livro de bolso já não era novidade desde a década de 1930, quando tinham sido lançadas no mercado nacional as coleções da Livraria do Globo, de Porto Alegre, com livros de formato reduzido (Torresini, 1999). Mas o que tornava os exemplares da Bruguera mais populares era justamente a clara aparência de livro barato e de qualidade inferior, o que pode ser considerado um facilitador ao ato de ler e que permite pensar em um protocolo de leitura (Chartier, 1989), uma vez que eles expressam, em seus suportes e em seus textos, um modo de ser, uma determinada atitude mental sonhadora que parece agradar a uma comunidade de leitoras.

Os livros de Corín Tellado, por exemplo, apareciam ora sob o selo Corinto, ora sob o selo Ventura, e também sob outros como Célia, Marisol, Lírio, Kátia, Trevo e Diana. Em vez de se imprimir o preço em capa, enviava-se periodicamente a cada jornaleiro a tabela de preços de cada coleção, o que impedia a desvalorização dos exemplares das "mais preciosas histórias de amor" escritas por Corín Tellado e lidas por um número cada vez maior de leitoras.

As capas, assim como as traduções para o português de seus títulos, eram chamativas, provocantes, sensacionalistas, *kitsch*[6] e elucidativas. Nelas predominava a figura feminina ou a figura de um casal em idílio amoroso: uma janela para o texto que permitia entrever o desenrolar da trama.

Os títulos pareciam satisfazer ao número crescente de consumidores – as jovens mulheres. Na maioria deles, fazia-se uso de recursos de efeito já consagrados e que, minimizando o esforço interpretativo, sinalizavam para certo romantismo banalizado pela repetição – *Doce escravidão, Amor e desespero, Ninguém vive sem amor, Foi sem querer, Prêmio para o nosso amor, Minha vida em teus braços, Permissão para amar* e *Orgulho de um sedutor* são alguns de seus títulos. Não se questionam diferenças sociais, e a temática

6 Segundo Moles: "O kitsch compreende um sistema estético de comunicação de massa [...] envolve uma valorização estética do efêmero e do fútil [...] opõe-se à simplicidade, é rebuscado [...] adorna a vida cotidiana com uma série de ritos ornamentais [...] não reclama raciocínio" (2001, p.20-6).

está bem longe da luta de classes. Os enredos são tecidos harmonicamente e não há contradições: há patrões e empregados, mas as relações que se estabelecem entre essas partes são mais propícias ao romance do que ao conflito.

Para Ángeles Carmona González (2002), biógrafa de Corín Tellado, a chave do sucesso da escritora deve ser buscada em seu erotismo difuso, em que o sexo está "sem estar" (Gonzáles, 2002, p.93). Tal habilidade teria sido desenvolvida em meio ao cenário de moralismo desenhado pela Espanha franquista, em que a sua capacidade de burlar a censura teria lhe garantido a sobrevivência profissional. Segundo a própria Corín,

> Un beso entonces era casi un escándalo, pero yo me las ingeniaba para que mis personajes se besasen. Me atrevía a decir lo que nadie decía, con un estilo peculiar entre decir y no decir y hacer ver. De burlar a la censura aprendí yo este estilo que lo sugiere todo sin necesidad de detallarlo[7] (Gonzáles, 2002, p.109).

Essa invenção de um erotismo de soslaio pode ter sido uma ponte entre a escritora e a leitora, uma espécie de código que vinculava, numa cumplicidade, duas partes de uma relação vigiada pela censura oficial. Mas sem desafiá-la, sem arriscar-se a um enfrentamento óbvio e inútil. A esse respeito, escreve Francisco Umbral:

> En la larga posguerra española, cuando el erotismo estaba prohibido, censurado, mi amiga Corín se inventa el erotismo del corazón, el erotismo de los sentimientos [...] Corín es el Flaubert macho que se inventa en la posguerra una fórmula literaria para burlar la censura: la novela de amor sin sexo, la novela de sexo sin sexo [...] todos los grandes del antifranquismo se inventaron una fórmula para burlar la censura. [...] un escritor es capaz de decirlo todo bajo cualquier sistema[8] (apud Gonzáles, 2002, p.102).

---

7 Um beijo era, então, quase um escândalo, mas eu consegui que meus personagens se beijassem. Me atrevia a dizer o que ninguém dizia, com um estilo peculiar entre dizer e não dizer e mostrar. Para burlar a censura aprendi este estilo que sugere tudo sem a necessidade de entrar em detalhes.

8 No longo pós-guerra espanhol, quando o erotismo era proibido, censurado, minha amiga Corín inventou o erotismo do coração, o erotismo dos sentimentos [...] Corin é a versão feminina de Flaubert, que inventou no pós-guerra uma fórmula literária para burlar a censura: a novela de amor sem sexo, a novela de sexo sem sexo [...] todos os grandes nomes do antifranquismo inventaram uma fórmula para burlar a censura. [...] um escritor é capaz de dizer tudo sob qualquer sistema.

Nessas "novelas cor-de-rosa" de Corín Tellado, a trama se apresenta de maneira aberta, sem elucubrações ou imprevistos. O que importa é a narrativa, com frases curtas, muito diálogo, nenhuma descrição longa, ambiente convencional sem ostentar outros recursos estéticos. Não se abordam assuntos escabrosos ou polêmicos, como a homossexualidade, o aborto, o sexo oral, as relações extraconjugais ou as drogas. A sua matéria-prima é o amor romântico, temperado com leves toques de erotismo perceptíveis em passagens em que há o uso de roupas de cor vermelha para mulheres (convenção literária ligada ao fascínio erótico da cor), tecidos transparentes que insinuam as formas do corpo e o *dorso desnudo e bronzeado* do herói, com descrição mais longa e pormenorizada de cenas amorosas limitadas a beijos e abraços demorados com leves insinuações de relações mais íntimas. Essas histórias sugerem, assim, um modo de viver fantasias eróticas, uma jovem e bela mulher e um homem forte, rico e protetor que lhe dará plena felicidade na cama por meio de inocentes jogos e saberá amá-la romanticamente.

Ao longo dos textos encontra-se diluído, quase sempre em forma de diálogo, o que se poderia chamar de *pílulas de comportamento*, expressas quase como um receituário para alcançar o fim canônico representado pelo casamento: paixão que se refere ao prazer sexual, à fidelidade ao parceiro e a um *modelo de mulher* com independência financeira. Esse é o aspecto inovador em relação ao *romance cor-de-rosa* das décadas de 1940 e 1950, em que, quando casadas, as heroínas dedicavam-se ao lar, aos filhos e ao marido (Cunha, 1999).

Muito pouco se sabe sobre a circulação desses livros no Brasil e muito menos sobre sua penetração como uma prática aparentemente consolidada de leitura entre grupos mais desprestigiados social e economicamente. Essa constatação desafia o historiador a problematizar tais construções textuais e imagéticas e, nessa operação, examinar os livros de bolso de Corín Tellado em uma experiência pontuada, sobretudo, pelas contribuições da história cultural da leitura e pelos estudos de Chartier (1989). Tais estudos contribuíram decisivamente para questionar as delimitações binárias (por exemplo, popular e erudito, unidade e pluralidade) e para "repensar totalmente a relação entre um público específico e os produtos diversos (livros e imagens, discursos, canções e fotonovelas) proposto para seu consumo" (Chartier, 1989, p.60). Não existe, segundo ele, a divisão entre leitura popular e leitura erudita, mas processos com práticas determinadas em que se singularizam essas leituras e há procedimentos de apropriação que se "situam no cruzamento de uma intenção – a dos produtores dos textos – com uma leitura – a do público" (Chartier, 1989, p.60).

Assim, não é possível vincular diretamente tais leituras a determinada parcela social e cultural sob pena de simplificar-se o estudo, e pode-se dizer que essa demografia de leitoras (haveria leitores?) não se subordina apenas às forças subjetivas que operam na relação da leitura; ela está sujeita, também, a forças objetivas das quais as mais ponderáveis estão relacionadas às convenções textuais/discursivas, imagéticas e editoriais que devem ser obedecidas e respeitadas para se saber *ler satisfatoriamente* e produzir sentidos.

Parece inegável que tais leituras forneceram alimento ao imaginário e ao comportamento erótico/romântico de tantas leitoras e reverberaram de alguma forma na construção da sexualidade delas. Entretanto, convém questionar, na perspectiva de Chartier (1989), as correlações simplistas e redutoras entre a história dos textos e da leitura e suas apropriações pelo(a) leitor(a), pois é sempre importante não considerar "totalmente eficazes e radicalmente aculturantes os textos ou as palavras que pretendem moldar os comportamentos e as condutas" (Chartier, 1989, p.136). No período em estudo, por exemplo, os manuais de civilidade e formação utilizados na educação escolarizada de homens e mulheres disponibilizavam à leitura prescrições de outra ordem para regrar o comportamento feminino, e neles é possível encontrar recomendações diferenciadas ligadas à contenção sexual para os comportamentos desejados e esperados entre os sexos. Nessas obras, em nome do recato e da pureza das mocinhas, com frequência as informações a respeito da sexualidade humana chegavam a elas marcadas pela repressão, censura, silêncio e preconceito.

Normativos e repressores, os manuais pautavam-se pelo "abrandamento das pulsões" (Elias, 1993) e divulgavam preceitos relativos ao comportamento sexual que se tornavam socialmente aceitáveis apenas se reprimidos, o que parece confirmar que os mecanismos de liberação e de coerção estão presentes em vários dispositivos textuais e que o imaginário se constrói pelo conjunto de representações em que uma comunidade (de leitores ou não) se reconhece. Assim como nos livros de bolso de Corín Tellado, nos manuais de civilidade o corpo era sempre uma fera a ser domada, e não um mestre a quem se deve servir, e o sexo era considerado um grande desordenador da sociedade, daí a necessidade de contê-lo em justos limites.

Rebeldia dos sentidos: os "catecismos" de Carlos Zéfiro

Não havia ainda as revistas de sexo, apenas as vagas suecas em monocromia sépia deitadas em "SAÚDE E NUDISMO" e fora o grande Carlos Zéfiro, criador da masturbação "Art Deco", nada tínhamos...

Arnaldo Jabor (1995)

Nesse depoimento, Arnaldo Jabor, jornalista e diretor de cinema, descreve uma forma de iniciação sexual – a masturbação –, relembrando sua juventude no Rio de Janeiro da década de 1950, e enfatiza o papel das revistas desenhadas por Carlos Zéfiro para a consumação do ato. Carlos Zéfiro era o pseudônimo do funcionário público do setor de imigração do Ministério do Trabalho Alcides Aguiar Caminha, nascido no Rio de Janeiro em 25 de setembro de 1921 e falecido na mesma cidade em 5 de julho de 1992. Ao longo de quase quarenta anos, ele ilustrou e publicou, anonimamente, histórias em quadrinhos de cunho erótico/pornográfico que ficaram conhecidas como "catecismos". Segundo especialistas, elas receberam esse nome por serem comumente vendidas disfarçadas dentro de publicações religiosas, por estarem envolvidos na noção de pecado e por trazerem ensinamentos amorosos em pequenas doses, como verdadeiras "pílulas" (Pinto, 1997).

Além de funcionário público e criador dos "catecismos", Carlos Zéfiro, ou melhor, Alcides Aguiar Caminha, foi compositor, inscrito na Ordem dos Músicos do Brasil, e parceiro de Guilherme de Brito e Nelson Cavaquinho, com quem compôs quatro sambas para a Mangueira, entre eles os sucessos *Notícia*, gravado por Roberto Silva na década de 1950, e *A flor e o espinho*. Em 1992 recebeu o prêmio HQMix pela importância de sua obra. Após sua morte teve um trabalho publicado como homenagem póstuma, em 1997, na capa e no encarte do CD *Barulhinho bom*, da cantora Marisa Monte.[9]

Ele produziu mais de quinhentas dessas obras, conhecidas também como "livrinhos de sacanagem", com tiragens iniciais de cinco mil exemplares. Apresentadas em formato de livros de bolso, eram desenhadas com um grafismo ordenado em textos impressos em caracteres escuros sobre

9 Informações em: *Vermelho*. Disponível em: www.vermelho.org.br/diario/2005/0224/0224_zefiro-hq.asp. Acesso em: 21 set. 2007.

fundo branco e vendidas dissimuladamente em bancas de jornais ou passadas de mão em mão entre rapazes, responsáveis por um vasto comércio de obscenidades. Pequenas no formato – continham de 24 a 32 páginas –, circulavam perifericamente no comércio livreiro como mercadoria fora do alcance da lei, vendida clandestinamente para uma legião boêmia de leitores e tida como "subliteratura" (Moraes, 2002).

Seus títulos, em geral, aunciavam o vir a ser do tema e funcionavam como primeiras cerimônias de apropriação da leitura: *João Cavalo* (este foi seu maior sucesso), *Pecadora, As putas também gozam, Domada pelo sexo, Tarada, Robinson Crusoé século XX*, além de numerosos títulos com nomes próprios femininos: *Alice, Tânia, Vera, Nélia, Leda* etc., todas descritas como heroínas sensuais submetidas aos prazeres da carne e aos desígnios do desejo sexual sem fim.

Arnaldo Jabor, leitor confesso dos "catecismos", escreve deliciosamente sobre o assunto e reafirma a importância dessas leituras na iniciação amorosa de toda uma geração de adolescentes do sexo masculino. Segundo ele, Carlos Zéfiro foi perspicaz "ao retratar a vida sexual daquela época, em um mundo onde as imagens eram ralas, os filmes eram caretas, a TV era em preto e branco. Seus livrinhos de sacanagem nos trouxeram uma esperança de prazer. Comprar suas revistinhas era um ritual clandestino, com o jornaleiro de cúmplice" (Jabor, 1995).

Frequentemente associados à libertinagem e à pornografia, os livros de Zéfiro tinham como alvo o público masculino, ávido por uma fantasiada mulher insaciável, pronta a satisfazer todos os seus desejos. Os livrinhos apresentavam histórias completas, geralmente amores proibidos vividos nos mais inquietantes espaços (apartamentos, praias desertas, hotéis de beira de estrada, carros antigos), e com uma estrutura narrativa recorrente: um desejo proibido, um homem solitário, uma mulher disponível, ambos em busca de prazer sem limites. Depois de um encontro *inesperado*, o desfecho era o leito sexual, ocupado por eles entre gemidos, suspiros e uma linguagem obscena plena de vocábulos relacionados a sexo, no limite, transgressora e pornográfica. Esses livrinhos eram uma espécie de "catecismo da devassidão" (Moraes, 2003, p.123), cujo ensinamento estava centrado na exibição de diferentes posições sexuais em que prevalecia o desenho exagerado dos órgãos sexuais acompanhados de expressões "expulsas do léxico da decência" (Moraes, 2003, p.124).

Todas as cenas envolviam desde os preparativos do encontro amoroso até sua consumação física descrita em pormenores. Os termos utilizados pelos protagonistas durante as relações sexuais não poupavam o uso de expressões populares ligadas ao sexo e aos órgãos sexuais. Hunt (1999), em vigoroso estudo sobre a pornografia, argumenta que nesse quesito é bastante comum referir-se oralmente a algumas partes do corpo e aponta que dessa forma "algumas palavras criam o status de fetiche", em que a representação dos "falos é sempre imensa, as vaginas multiplicam-se e o ato sexual é uma espécie de frenesi improvável", situação que contribuía para que "os efeitos sobre os leitores fossem bastante reais" (Hunt, 1999, p.39).

Assim como se constatou nos estudos realizados por Alessandra El Far (2007) sobre romances para homens no final do século XIX e início do século XX, pode-se perceber recorrências na linguagem e na caracterização dos protagonistas, ainda que estejamos na segunda metade do século XX. Continuavam a ser histórias escritas para homens, lidas provavelmente por homens de diferentes condições sociais e que enfatizavam "conquistadores bem dotados, espertos e bem sucedidos na satisfação de seus desejos, capazes de superar qualquer adversidade, sejam elas de raça ou de classe, por meio de suas estratégias sexuais" (El Far, 2007, p.308).

As mulheres representadas em desenhos por Carlos Zéfiro eram, em geral, morenas com cabelos longos, usavam roupas sensuais (justas e com decotes provocantes) que evidenciavam corpos bem delineados seguindo a estética da época: cintura fina, coxas grossas, seios grandes e quadris largos. Sempre disponíveis para a excitação sexual, elas quase não falavam e, quando o faziam, era para emitir sons relacionados com o prazer no ato sexual. Os homens, por sua vez, continuavam a ser representados como viris, devassos, tarados, libertinos, aqueles que devoravam com os olhos. Seu papel essencial era domar aquele corpo perigoso e "como a carne só pode ter livre curso na ausência do espírito, a atração sexual apresentava-se ligada à atração pela animalidade" (Cunha, 1987, p.32). Compunham uma visão específica de sexualidade ligada quase sempre à redução fetichista dos corpos aos órgãos sexuais e orifícios e na qual a preocupação central nunca era o prazer dos parceiros, mas a louvação da ejaculação, que tinha por objetivo conduzir o leitor à masturbação pela leitura do "universo implacável da paixão devoradora" (Goulemot, 2000, p.64).

Chamados jocosamente de "lado masculino do *romance rosa*", parece inegável que os "catecismos" povoaram a imaginação de homens entre as décadas de 1950 e 1960. Enquanto as mulheres "faziam sua iniciação amorosa abrindo as portas do coração com a chave da fantasia", os rapazes seguiam outros protocolos e práticas: "trancavam-se no banheiro para ler Carlos Zéfiro!" (Pellegrini; Abramo, 1994, p.82). Nessa formação/iniciação amorosa, um descompasso se anuncia, pois, se as mulheres que liam Corín Tellado alimentavam seu imaginário para receber um príncipe encantado que saberia amá-las romanticamente, os homens *aprendiam* muito mais a separar sexo e amor romântico, o que anunciava um abismo entre a representação amorosa masculina e a feminina.

Livros de bolso, memória, história: sem final...

Presentes na memória de leitores e leitoras de diversos segmentos sociais, os livros de bolso voltam a circular em bancas de revistas.[10] O grande esforço deste estudo é trabalhar com esses objetos/materiais para que saiam da memória e entrem na história. Nesse sentido, o movimento pressupõe deslocar-se da lembrança, do inusitado, do folclórico, do meramente *ordinário* e passar para interpretações sobre a maneira como tais objetos foram fontes de conhecimento sobre a circulação de livros e leituras em diferentes mapas de temporalidade. Entre idas e vindas, o conhecimento de outros legados de livros e leituras contribui para que, nas diferenças temporais, se sinta a estética de um tempo como forma de entender o que foi, o que é e o que poderá ser.

Quase sempre destinados ao lixo, os livros de bolso expõem e escondem uma multiplicidade de vivências com leituras.[11] Objetos desqualificados, restos do consumo, ao serem conservados começam a despertar uma série de outros consumos/usos que, em certo sentido, permitem ao historiador construir possibilidades e vivências com livros e leituras, tornando possível

10 Os livros de bolso de Carlos Zéfiro serão reeditados por Adda Di Guimarães, sobrinha-neta da poeta goiana Cora Coralina e dona da famosa banca carioca A Cena Muda. Os livros de bolso de Corín Tellado ainda são fartamente encontrados em sebos de revistas.

11 Enquanto escrevia este texto, encontrei diversos leitores e leitoras que me disponibilizaram cerca de 60 exemplares de livros de Corín Tellado e 12 exemplares de Carlos Zéfiro. Foram eles, anonimamente, que forneceram parte da empiria, imprescindível ao ofício do historiador. A eles e elas, agradeço, sensibilizada.

a apropriação de outros tempos, outras temporalidades, outras subjetividades leitoras notadamente na clave do gênero.

A partir do contato com os livros de bolso é possível perceber que, se por um lado a história desses impressos é atravessada por repetições de certas fórmulas de sucesso que insistem em permanecer e se transformaram em clichês, por outro é atravessada por rupturas como a possibilidade de se refletir sobre a história da produção desses impressos, de seus textos, de suas representações iconográficas e de suas capas e sobre a formação de gostos e percepções estéticas suscitadas pelas suas narrativas generalizadas.

Pode-se considerar, finalmente, que nessas publicações *ordinárias* permaneciam as distinções entre os papéis femininos e masculinos. A moral sexual diferenciada permanecia forte: nos livros de Corín Tellado, havia a presença de um homem provedor e uma moça de família capaz de ser iniciada nos *delicados mecanismos do amor*, e nos livros de Carlos Zéfiro encontrava-se um homem ativo, experiente que satisfazia seus desejos com *mulheres levianas, prostitutas.* A poética dessas leituras reside no tempo, nas marcas de uso, da falta de uso, ou nos abismos do abuso, e os altos índices de vendagem delas permitem pensar-se na construção de um imaginário alimentado por *pílulas de comportamento* fornecidas ao longo dos textos sobre visões amorosas femininas e masculinas.

Estes ensaios de respostas acabam suscitando novas perguntas e ampliando, em extensão e profundidade, o campo do desconhecido a ser perscrutado, tarefa que a racionalidade da análise sozinha não consegue executar. Precisam ser feitos outros investimentos sobre esses materiais escritos para que, guiados por Darnton, possamos chegar mais perto desse enorme submundo literário.

35
Paulo Coelho e seus predecessores: um capítulo da história da leitura no Brasil

Richard Romancini

Na análise das práticas de leitura no Brasil, o sucesso mercadológico, sem dúvida notável, de Paulo Coelho não deve isolá-lo, num ponto absolutamente excepcional. Em outras palavras, autores do passado mais ou menos recente – muitos hoje praticamente esquecidos – lograram também a construção de um público ampliado. Neste texto, discute-se sucintamente esse aspecto, que é um capítulo particular da história da leitura no Brasil. Na sequência, aprofunda-se o caso de Paulo Coelho, evidenciando-se que o sucesso comercial desse autor está associado – em relativo contraste com outros momentos e autores – a transformações ocorridas no país tanto no mercado editorial quanto no contexto social mais amplo.

O patamar alcançado por Paulo Coelho quanto à profissionalização do escritor, bem como à sua projeção no imaginário e na sociedade brasileira, foi também atingido, em graus diversos, por autores do passado. Assim, existe um grupo ou tipo de "escritor de grande público", do qual Coelho é um extremo de sucesso. O termo *escritor de grande público* é adotado aqui por seu tom neutro. As diferentes nomenclaturas que encobrem as produções desses autores (paraliteratura, literatura de massa, dentre outras) possuem determinado viés teórico ou de avaliação, que têm mais sentido do ponto da vista da teoria literária que da história da leitura.[1] Com

1 Essas perspectivas podem ser combinadas, é claro, mas, no plano deste trabalho, interessa mais o enfoque social do que o literário. Ao mesmo tempo, nada impedirá que se estabeleça uma história da leitura em algumas das categorias listadas, desde que desenvolvida analiticamente.

efeito, nota-se que certos autores absorvidos pelo cânone possuem determinada fase que os aproxima desse grupo – caso de Jorge Amado, por exemplo. Tal momento entraria numa história da leitura com o recorte proposto. Por isso, houve a preferência pelo termo mencionado, que possui maior generalidade.

Ao mesmo tempo, enfatizando-se a figura do escritor ficcional, pode ser útil estabelecer um recorte, destacando os autores que construíram uma obra ao longo de alguns anos. Isso porque seria mais fácil analisar tendências, para as quais o sucesso continuado aponta, do que os casos excepcionais que possam existir, embora estes também devam, em algum momento, ser englobados nessa história. Assim, menos do que uma história da leitura dos *best-sellers* no Brasil, o recorte privilegiaria autores ficcionais nacionais de sucesso mais ou menos continuado, em grupos sociais possivelmente diversificados.

Em parte, a centralidade no "escritor de grande público" deve-se ao fato de que já desses autores sabemos pouco. Quem foram, quais grupos sociais atingiram, quais as estratégias editoriais e textuais que os caracterizaram são, entre outros, pontos que merecem maior esclarecimento por essa história da leitura. Por outro lado, a análise geral e comparada poderia trazer contribuições às vertentes de teor mais social ou cultural dessa história. Às de maior teor social, por exemplo, traria o estudo do enlace entre os elementos da infraestrutura (alfabetização, níveis de renda dos grupos leitores, condições da profissionalização do mercado editorial etc.) e esses autores. E às de teor mais cultural, proporcionaria a interpretação dessa recepção. Nesse âmbito, o plano das mentalidades e representações que são potencialmente expressas nos livros ganha relevo.

Alguns estudos e fontes

Deve-se notar que foi José Paulo Paes (1990) quem, de modo pioneiro, chamou a atenção para a importância do estudo de autores do que chamou de "literatura de entretenimento", como Paulo Setúbal, Benjamim Costallat, Afonso Schmidt, José Mauro de Vasconcelos e outros. O autor observava a pertinência de uma análise sob o prisma de uma sociologia do gosto e do consumo – perspectivas convergentes com a dessa história da leitura. E falava que esse estudo era "um território à espera de cartógrafos"

(Ibidem, p.35). No entanto, sobretudo depois desse texto, vários trabalhos trouxeram contribuições ao conhecimento desse grupo de autores ou a seu contexto.

Assim, Meyer (1996), em seu importante estudo sobre o folhetim, dedica um capítulo à produção de autores locais. Ainda sobre esse formato, Tinhorão (1994) apresenta levantamento da ficção nacional publicada em série de 1830 a 1994. Aliás, se aparentemente o conhecimento sobre o mercado e a circulação ampliada do livro parecia indicar um corte bastante pronunciado entre os anos 1930 e os anteriores, hoje se percebe relativa mudança. Trabalhos mais recentes como os de El Far (2004), Silva (2004) e Schapochnik (2005) têm apontado para perspectivas interessantes quanto à reflexão sobre a leitura em maior escala no Brasil já no século XIX.

É fato que os anos 1930 são decisivos, representando um patamar diferenciado de mercado, porém, talvez se tenha negligenciado excessivamente o período anterior. Isso não ocorre, por outro lado, com o trabalho de Fiorentino (1982), que se concentra em São Paulo no período entre as décadas de 1900 e 1920, oferecendo reflexões metodológicas, no âmbito historiográfico, e dados interessantes. Também em termos metodológicos, o capítulo sobre o mercado do livro no trabalho de Miceli (2001) oferece contribuições. Sua reconstrução estatística (a partir das informações dos volumes do *Anuário Brasileiro de Literatura*, editados entre 1939 e 1943) do que se publicou no *boom* do mercado livreiro, além das análises biográficas, propõe modelos de pesquisa para materiais similares. Avançou-se também no caso dos estudos de autores – e por vezes contextos editoriais. Assim, foram publicados trabalhos como o de Borelli (1996) sobre Marcos Rey, a análise de parte da obra de Afonso Schmidt por Paulillo (2002) e os estudos de Caldas (1987) e Zilberman (1984) sobre a escritora Cassandra Rios.

Sem a pretensão de esgotar a bibliografia de provável interesse em relação à história da leitura ampliada no Brasil, creio, por outro lado, que os estudos mencionados mostram que já há alguma base para a perspectiva apontada. Ao mesmo tempo, os estudos indicam uma série de fontes (anúncios de livros em jornais, matérias em revistas jornalísticas, anuários literários, catálogos editoriais, autobiografias e biografias de escritores etc.) que serão imprescindíveis ao levantamento e construção de indicadores sobre os autores muito lidos. Nesse sentido, num plano mais contemporâneo, é útil lembrar ainda a estratégia utilizada por Reimão (1996), de uso das listas de mais vendidos, a despeito das limitações, que a autora aponta, desse material.

A seguir, procuro discutir o caso de Paulo Coelho, apresentando um estudo sobre seus primeiros anos como escritor de êxito numa breve análise de seus sucessos iniciais e pesquisa realizada com leitores. Assim, não chego a avançar em termos da comparação dele como os autores do passado. Acredito, porém, que, em vista do panorama exposto, pesquisadores dedicados à história dessa leitura poderão ter, nos estudos mencionados e neste texto, subsídio para futuras análises comparadas e de maior complexidade.

Por fim, creio que vale a pena, ainda, fazer um relato que embute indagações sobre Paulo Coelho e outros autores brasileiros muito lidos. Há três anos, entrei numa livraria na cidade de La Plata, na Argentina, e surpreendi-me ao ver um totem comercial com várias edições de José Mauro de Vasconcelos. O que atestava um nível de leitura que hoje esse autor parece não ter no Brasil. Pensei: o que faz autores locais que um dia venderam muito, em poucas décadas acabarem se tornando quase desconhecidos no Brasil – mas aparentemente não na Argentina?[2] O futuro reservará a Paulo Coelho o mesmo destino? O que isso significa? Uma prova da má qualidade desses trabalhos, como parecem acreditar os que veem a história como a depuradora crítica por excelência, ou – talvez complementarmente – o indício de um enraizamento incompleto da cultura do livro no Brasil?

O caso de Paulo Coelho

A análise do sucesso mercadológico de Paulo Coelho desenvolvida aqui atualiza e sintetiza aspectos de pesquisa sobre o autor (Romancini, 2002), na qual se concluiu que alguns elementos da configuração histórica em que ele surgiu facilitaram as altas vendagens alcançadas. De um lado, a melhoria de indicadores educacionais e a facilitação do acesso ao livro produziram o que chamei de "novos leitores", em parte responsáveis pelo sucesso comercial do autor. De outro, uma maior profissionalização do setor editorial

2 Para avaliar melhor essa impressão, verifiquei livros desse autor no site da Livraria Cultura, em 2007, chegando a seis diferentes edições brasileiras, duas portuguesas e dez argentinas ainda em catálogo.

brasileiro favoreceu o incremento das vendas e a própria atuação do escritor na divulgação de sua obra, desenvolvendo-a segundo requisitos que permitissem atingir um grande público. Nesse aspecto, ressalte-se também a existência de elementos textuais nos livros de Paulo Coelho que facilitam a legibilidade pelo "novo leitor".

Ao mesmo tempo, numa sociedade em que a mídia assume um papel central, a participação do escritor colabora para a difusão e recepção da obra literária. Isso ocorre não apenas porque o escritor e o livro se tornam conhecidos, mas também porque a leitura adquire um caráter mais "social". Isto é, essa prática torna-se motivo de conversas e trocas de opiniões entre leitores; elemento de sociabilidade que – conforme investigação com leitores, na pesquisa referida – avultou como importante para se compreender o êxito comercial do autor.

Do ponto de vista dos dados do contexto educacional que ajudam a explicar o caso de Paulo Coelho, nota-se que a situação da alfabetização do país e da progressão nos estudos da população brasileira era mais positiva. Desse modo, contra índices de analfabetismo de 64,9% em 1920, 50,5% em 1950 e 33,6% em 1970, no ano de 1987, quando Paulo Coelho publicou o primeiro de seus livros que alcançaram forte penetração, os não alfabetizados eram 20% da população. A taxa continuou a cair, atingindo 11,6% em 2003 (dados sobre a população de 15 anos ou mais) (Ferraro, 2002; IBGE). A despeito de críticas ao significado do termo "alfabetizado" nos censos, a melhora é evidente. Quanto aos dados relativos à progressão nos cursos, observa-se uma situação parecida, com aumentos na matrícula e conclusão do segundo grau e do ensino superior.[3]

Desse modo, quando se nota que as pessoas caracterizadas na pesquisa *Retrato da leitura no Brasil* (Francescini, 2001) como "leitores efetivos" – haviam lido um livro nos três meses anteriores ao inquérito – consistem em indivíduos que possuem majoritariamente ensino médio, pode-se postular uma correlação significativa. Ou seja, o aumento do consumo de livros nesse grupo – em virtude de seu crescimento – e, daí, igualmente a emergência

3 As matrículas no ensino médio passaram de 1,1 milhão em 1970 para 2,2 milhões em 1980 e 9,2 milhões em 2004. Já as matrículas no ensino superior passaram de 425 mil em 1970 para 1,4 milhão em 1980 e 4,2 milhões em 2004, cf. Tafner, 2006, p.134. Ou seja, nesse período o crescimento, em termos de matrículas, nos dois níveis foi de, respectivamente, 836% e 988%.

de "novos leitores" que o sistema educacional produz. Assim, estes podem ser definidos, primordialmente, como indivíduos que ascendem em termos da trajetória educacional do grupo familiar. Observe-se, nesse sentido, que 69% dos concluintes do ensino superior que participaram do "provão" de 2003 não tinham pais com nível superior (Tafner, 2006, p.169). Esses dados parecem favorecer os escritores que almejam dirigir-se ao grande público, pois também se verifica aumento de renda via educação.[4]

Já quanto aos aspectos da profissionalização do setor editorial que colaboraram para o êxito de Paulo Coelho, a análise da trajetória do autor no campo editorial e no mercado cultural de massa é sugestiva. Embora o livro que projete Coelho como escritor para o grande público seja *O diário de um mago*, ele já havia publicado vários outros livros, tido experiências como editor e sido bem-sucedido como letrista de música popular (sobretudo em parcerias com Raul Seixas), antes desse trabalho. Desse modo, além da edição artesanal de *Os limites da resistência* (cujo conteúdo é uma peça teatral e contos) em 1970, o autor publicou *O teatro na educação*, em 1973, pela Forense Universitária, o livreto *A fundação de krig-ha* (com Raul Seixas), uma espécie de história em quadrinhos, em 1974, pela Intersong, *Arquivos do inferno* (pequenos ensaios, histórias e traduções), em 1982, pela Shogun Arte e o *Manual prático do vampirismo* (com Nelson Liano Jr.), em 1986, pela ECO. Foi por esta editora do Rio de Janeiro que, no ano posterior, foi publicado *O diário de um mago*.

As experiências editoriais de Paulo Coelho compreenderam a criação de uma revista "alternativa" chamada *2001*, no início da década de 1970, e a atuação como editor da Shogun Arte, criada por ele em 1982, da qual se desligou três anos depois.[5] A empresa editou principalmente coletâneas autofinanciadas por poetas e também, em 1983, o livro *As aventuras de Raul Seixas na cidade de Thor*, escrito pelo parceiro musical de Paulo Coelho. Essa parceria, por sua vez, começara em 1973, quando Coelho já trabalhava na indústria do disco como produtor, e teve seus anos mais intensos até 1976, gerando músicas de sucesso, como *Sociedade alternativa* e *Gita*. É co-

4 Na média, no Brasil cada ano adicional de estudo gera um aumento de mais de 10% na renda, cf. Tafner, 2006, p.121.

5 Embora não fosse das maiores, a Editora Shogun ocupava o 34º lugar num *ranking* elaborado pela revista *Leia*, das 100 maiores editoras do país (excluídas as do setor didático) por número de títulos publicados em 1984, cf. *Leia*, 1985.

mum que os críticos da literatura de Paulo Coelho afirmem que sua principal contribuição criativa está no trabalho como letrista de música popular. Mais importante que discutir a validade desse juízo é destacar a capacidade de interlocução, por meio de uma "linguagem direta" e "simples", com um público amplo demonstrada pelo autor já nessa época. Depoimentos de Coelho abordam esse ponto:

> Eu me orgulho muito de ter convivido com Raul. Ele me ensinou coisas muito importantes. Me ensinou a falar a linguagem direta, a linguagem do povo, e depois vim a usar isso nos meus livros. Eu era um intelectual convencional, que achava que quanto mais complicado melhor, e Raul me mostrou a beleza da simplicidade.[6]

Após a parceria com Raul Seixas, Coelho voltou a trabalhar como produtor musical, até ser demitido da gravadora Polygram em 1978. Depois criou a Shogun e procurou retomar o que chama de sua "lenda pessoal" – que culminaria no sucesso de *O diário de um mago*. Como a mudança no significado dessa "lenda" relaciona-se à própria trajetória do escritor, deixarei a explicação desse termo para adiante. Interessa, antes, reforçar que a repercussão limitada dos livros de Paulo Coelho não desanimou totalmente o editor do também pouco rentável *Manual prático do vampirismo*, Ernesto Emanuele Mandarino, proprietário da Editora ECO,[7] a publicar – com sucesso – *O diário de um mago*. Mas por que ambos os livros foram editados pela "espiritualista" ECO – cujos títulos eram voltados para uma espécie de autoajuda popular: edições para a leitura da sorte, orações de cura e o popularíssimo *Livro de São Cipriano*, por exemplo – e não, como se poderia esperar, pela Shogun?

De acordo com o depoimento do editor Mandarino, em meados da década de 1980 ele sentiu que poderia haver mercado para livros de "linha esotérica" diferentes dos tradicionais de sua editora e contratou Nelson Liano Jr. como gerente editorial para que desenvolvesse tais publicações. Os livros seriam dirigidos também a livrarias tradicionais (o circuito normal da ECO era o das livrarias e casas religiosas). Liano Jr. assistiu a uma palestra de

---

6 *Caros amigos*, 1999, p.5.

7 Na verdade, ECO é um "selo editorial", mais popular, da Editora Mandarino, que sob este último nome edita livros jurídicos, didáticos e paradidáticos.

Paulo Coelho numa feira esotérica e entusiasmou-se com o poder comunicativo do autor, que falava sobre vampirismo.[8] Daí surgiu o convite para que ele escrevesse um livro sobre esse tema.

Liano Jr. tornou-se coautor do livro, porém, o editor também interferiu na obra. Assim, entre as cinco partes da obra, quatro foram escritas por Coelho e/ou Liano Jr., abordando o "vampirismo" num tom ensaístico supostamente sério ou com claro viés narrativo. Já a parte escrita por Mandarino é sobre "esconjurações, salmos, ladainhas, litanias e exorcismos para afastar um vampiro". A aproximação, neste caso, é imediata com os outros livros da editora. Mandarino diz que a estratégia procurou aproximar o *Manual* do leitor tradicional da ECO, interessado em "coisa práticas". Entretanto, isso não funcionou, o livro vendeu pouco. Maior comercialização só ocorreu graças à tática de vendê-lo junto a outros títulos.[9] A despeito disso, o editor acabou aceitando – embora relutante – publicar a nova proposta de Paulo Coelho, *O diário de um mago*, depois que o autor voltou da Europa, onde percorrera o caminho de Santiago: "Pensei: será que vai ser o mesmo fiasco?... Vou apostar. Vou fazer três mil. O Paulo falava: 'Faz mil'. Faço três mil. Não posso fazer menos".[10]

Mas o livro não foi um fiasco de vendas; ao contrário, consolidou-se como um grande sucesso. O mesmo não ocorreu com as outras obras da renovadora "linha esotérica", que viraram encalhe.[11] O que tornou Paulo Coelho um autor capaz de conquistar um público, tanto *já na Editora* ECO, quanto nesse momento e não em outro? Nesse aspecto, o depoimento de Mandarino é esclarecedor:

> Paulo Coelho era divulgador da Polygram, ele usou no livro a mesma técnica que usava para divulgar fitas. [...] Queria transformar o livro em produto

8 A performance não escapou à imprensa na época. Uma reportagem de *Veja* fala da feira em questão e do "aplaudidíssimo curso ministrado pelo vampirólogo carioca Paulo Coelho", cf. *Veja*, p.75, 30 out. 1985.

9 Da tiragem de 3 mil exemplares, sobraram oitocentos, que foram depois adquiridos por Paulo Coelho, que não tinha mais interesse em associar seu nome a esse trabalho. O *Manual* alterado também teve duas outras edições, em 1990 (ECO) e 1993 (Record), já sem o nome de Paulo Coelho como autor.

10 Depoimento pessoal.

11 Entre as obras dessa linha estão *Santa Clara poltergeist*, do músico Fausto Fawcett, e o livro de contos *O senhor das sombras*.

> de grande aceitação popular, via o livro como um produto vendável. [...] Paulo Coelho fez um trabalho que os outros autores não fizeram. Ele se divulgava, fazia conferências, palestras, corria livrarias, imprensa, fazia um trabalho excepcional, [...] investia tudo em publicidade. Divulgava a obra dele e transformou o nome dele numa "marca".[12]

O que se pode notar, ainda, como um dos fatores explicativos do sucesso de *O diário de um mago* é que o autor havia acumulado um conhecimento do mercado cultural que contribuiu decisivamente para a divulgação e boas vendagens da obra. Nesse sentido, outro exemplo é dado por Mandarino: as edições iniciais eram feitas com três mil exemplares, mas, por sugestão de Paulo Coelho, a máquina era parada após a impressão de mil. Desse modo, adicionava-se uma nova capa, com um indicador de "nova" edição, que procurava funcionar como um sinal de aprovação do livro pelos leitores.

É evidente, também, observando-se as primeiras matérias sobre o livro na imprensa, que essa divulgação deve muito às relações que Paulo Coelho travara anteriormente.[13] Ao mesmo tempo, ele soube cultivar uma atração sobre sua figura de "mago" e os aspectos ligados a isso em seu trabalho, que, nesse seu início como grande vendedor, contribuíram para tirá-lo do anonimato. Assim, em 1990, num grande perfil biográfico, Paulo Coelho enfatizou suas experiências nessa área e seu encontro com um "mestre" que disse que "sua lenda pessoal – que é o porquê de nossas vidas, o sonho que temos aos 15 anos – era a magia. Eu teria de ser um mago, teria de ser, para sempre" (apud Carelli, 1990, p.7).

O contexto "esotérico" parece convergente com a Editora ECO, porém razões mais mundanas levaram-no a trocar essa editora pela Rocco, em 1989, após 29 edições de *O diário de um mago* e a publicação com boas vendagens (sete edições de três mil exemplares cada) de *O alquimista*. Numa editora maior e mais prestigiada, Paulo Coelho teria melhores condições de edição, divulgação e distribuição. Como resume Mandarino, Paulo Coelho

12 Depoimento pessoal.

13 Pelo menos expressivas 44 diferentes matérias de veículos impressos de maior porte, principalmente do Rio de Janeiro (*Pasquim*, *O Globo*, *Jornal do Brasil* etc.), dão algum destaque a Paulo Coelho e a *O diário de um mago*, em 1987. No *JB*, músicos e personalidades citam esse livro como sua leitura.

queria tornar-se logo um grande vendedor, e sua editora não tinha condições de acompanhar essa ambição. Coelho "poderia crescer devagar, mas não como ele queria. Queria subir rapidamente. E encontrou na Rocco uma plataforma".[14] Com efeito, a Rocco efetuou forte trabalho na reedição dos dois primeiros sucessos de Coelho e no lançamento de *Brida*. O editor Paulo Rocco detalhou as ações:

> *Brida* nasceu no meio do ano passado [1989]. O Paulo Coelho teve a ideia para um livro. Discutimos juntos as várias possibilidades. O livro não nasceu rapidamente: teve três versões que foram literalmente jogadas fora. [...] Bom, aí o Paulo conseguiu escrever o livro e tudo foi organizado, planejado e nós começamos a trabalhar o produto: paginação, corpo, tipo, número de páginas e capa. Aí preparamos a comunicação sobre o lançamento, que seria diferenciada para livreiros, jornalistas e o público em geral. Com o maior número possível de informações para cada um deles. [...] Fizemos peças promocionais: camisetas, caixas de fósforo, marcadores de livro. [...] Criamos um slogan "Este livro vai acender suas emoções". O que é que acende? É fósforo. Então fizemos caixas de fósforo, anúncios de jornais anunciando o que era o livro. [...] aí veio o milagre. Depois de todo esse esforço, tem gente que ainda não acredita que nós fizemos 100 mil exemplares de *Brida*. (apud Penteado, 1990, p.7-8)

A visão, por parte de Paulo Coelho, do editor como parceiro e corresponsável pelo sucesso dos livros é que justificaria outras mudanças de editora.[15] A passagem ECO-Rocco foi estratégica também para uma necessária ampliação do público para além do limite "esotérico". Observa-se, pois, que os elementos ligados à "magia" na obra e na figura do autor passaram a ser menos acentuados com o tempo. Assim, não surpreende que a própria "lenda pessoal" do escritor seja interpretada de outro modo. Coelho diria, então, em 1997, que:

14 Depoimento pessoal.

15 O escritor valoriza, em particular, a divulgação dos lançamentos, argumentando que "40% dos meus leitores só entram numa livraria quando ficam sabendo que estou lançando um novo romance" (ver Marthe, 2002). As mudanças de editora são ainda um meio de obter melhores contratos. Assim, Paulo Coelho saiu da Rocco e foi para a Objetiva em 1996, depois voltou à Editora Rocco em 2002, depois para a espanhola Planeta e em 2010 assinou contrato com a Sextante.

> [Escrever] Era meu sonho desde criança. Eu sabia que a minha lenda pessoal, para usar um termo da alquimia, era escrever. [...] Chegou um momento, após percorrer o caminho de Santiago, em que disse: "Agora eu enfrento minha realidade". E foi o que fiz, quando escrevi *Diário de um mago*. (apud Brasil, 1997)

Cinco anos depois, nessa busca por respeitabilidade e prestígio, o escritor consumaria essa passagem de "mago" a "escritor" – ainda que negada por muitos críticos – ao ingressar na Academia Brasileira de Letras. Que nosso escritor de maior sucesso, com grande entendimento das práticas do mercado editorial, tenha ocupado a cadeira de Roberto Campos, defensor extremado do "livre mercado", não deixa de ser, a seu modo, um "sinal".[16]

Textos e leitores

Realizei uma análise textual dos três primeiros sucessos comerciais de Paulo Coelho – *O diário de um mago*, *O alquimista* e *Brida* – principalmente para subsidiar a investigação com os leitores descrita na sequência. De modo sucinto, explicito as principais conclusões. Notou-se a existência de forte iteratividade nos livros, com a existência de um esquema narrativo invariável, em que um herói buscava algo e ao longo da narrativa conseguiria. Os heróis, apesar de viverem situações extremas, eram caracterizados como pessoas comuns, com as quais o leitor poderia se identificar, e voltados a aspectos práticos da existência. O elemento "espiritualista" era diversificado e combinava-se às dimensões práticas citadas.

Além desses aspectos, observou-se que a busca por transparência caracterizava também o plano formal, tanto em relação à maior importância da fábula do que do enredo, quanto do ponto de vista do estilo. Assim, são utilizadas frases curtas e diretas, o vocabulário é de modo geral comum ao leitor e o autor pode escrever vários parágrafos para explicar um termo talvez menos conhecido, como "alquimista". Tendo em vista essa caracteri-

16 O tema dos "sinais" da vida cotidiana, que a intuição do sujeito interpreta como guia de conduta, é comum em livros de Coelho e em suas falas. No entanto, admite leituras irônicas. Assim, quando ele saiu da Objetiva, alegando um "sinal", contou-se a seguinte anedota: num diálogo fictício com o editor da Objetiva, o escritor anuncia: "Recebi um sinal". A reação do editor: "De quanto?", cf. Marthe, 2002.

zação do texto de Paulo Coelho, vale a pena observar os dados da Tabela 35.1, a seguir, que reforçam essa capacidade do autor em produzir um texto com grande legibilidade ou apreensibilidade textual (*readability*). Os dados foram retirados de cálculos feitos pela ferramenta Search Inside the Book da livraria eletrônica Amazon e mostram os significativos índices de facilidade textual alcançados por *O alquimista,* em comparação com livros de outros autores nacionais. Com efeito, conforme o índice de Flesch, que mede o aspecto mencionado – e cuja média é 60-70 (texto-padrão), com maior facilidade de leitura conforme a escala aumenta (até 100) –, *O alquimista* apresenta maior legibilidade. De modo similar, quanto ao índice de Flesch-Kincaid, que tenta estimar os anos de estudo necessários para que um texto seja compreendido, o livro de Coelho exigiria menos do que os outros. A ferramenta informática fornecia ainda um percentual do número de livros do catálogo eletrônico da Amazon que seriam, de acordo com o índice de Flesch, mais difíceis de ler. De novo, *O alquimista* destaca-se: apenas 10% dos livros do catálogo eletrônico da livraria apresentariam maior facilidade.

Tabela 35.1 – Indicadores de legibilidade de autores brasileiros no catálogo da Amazon

Autores e livros/ indicadores	Paulo Coelho (*O alquimista*)	Jorge Amado (*Gabriela, cravo e canela*)	Machado de Assis (*Dom Casmurro*)	Euclides da Cunha (*Os sertões*)
Índice de Flesch	75,4	66,8	64,0	42,2
Índice de Flesch-Kincaid	6,3	7,2	9,3	14,4
Livros mais difíceis (IF)	90%	77%	73%	34%

Fonte: Elaborada pelo autor com base em dados fornecidos pela ferramenta Search Inside da Amazon (2007)

Desse modo, em relação aos primeiros livros de Paulo Coelho, concluiu-se que a configuração textual do leitor-modelo (pressuposto pelo autor) projeta um leitor empírico cujas eventuais limitações, em termos de competência de leitura e de repertório, não prejudicam totalmente a fruição numa leitura mais descompromissada.

Já a pesquisa empírica com os leitores foi realizada entre 2000 e 2001, e o consumo de Paulo Coelho se dava por meio de uma biblioteca pública paulistana situada entre o centro e a periferia da cidade. Minha escolha estava relacionada com a tentativa de apreender aspectos da leitura "popular" do autor. O "popular" era entendido do ponto de vista da classe social do leitor, mas também da leitura não dominante no plano cultural, ou seja, as práticas "comuns" de pessoas "comuns", sem – ou com baixo – poder social e cultural.[17] Talvez em reação ao teor fortemente "apocalíptico" das análises sobre Paulo Coelho na época – e também pela influência de autores como Certeau e Chartier –, acabei por seguir uma perspectiva mais compreensiva. Não se tratava de um ponto de vista "integrado", mas eu percebia o equívoco – sobretudo do ponto de vista mais sociológico e comunicacional – de "misturar desde o começo do raciocínio a instância de verificação com a instância de avaliação" (Candido, 2001, p.73). Ao longo do processo da pesquisa procurei, pois, buscar respostas para o significativo consumo de Paulo Coelho, não ancoradas em preconceitos – inclusive os meus.

Durante a realização da pesquisa, contei com a colaboração dos funcionários da biblioteca – onde a aparência desgastada dos livros de Paulo Coelho atestava, claramente, sua leitura. Assim, pedi que se solicitasse o preenchimento de um breve questionário aos leitores que retirassem ou devolvessem livros do autor. Pedi ainda que não se destacasse o fato de a pesquisa ser direcionada à leitura de Coelho, pois temia que os leitores "encenassem" essa prática. Apresentei-me como um pesquisador sobre "leitura". Com essa estratégia obtive, inicialmente, resposta do questionário por parte de 18 leitores; destes, seis aceitaram dar entrevistas pessoais.

No grupo mais amplo, notava-se que as faixas etárias predominantes dos leitores estavam entre 15-20 anos e 31-40 anos, ambos os grupos com seis indivíduos (33,3% do total cada), ao passo que quatro leitores (22,2%) tinham entre 21-30 anos e dois (11,1%) exatamente 50 anos. A distribuição por sexo era equilibrada: dez mulheres (55,6%) e oito homens (44,4%). A maioria trabalhava fora (dez, equivalentes a 55,6% do total), em ocupações modestas (agente de segurança, auxiliar de escritório, secretária) ou de nível administrativo médio (contador, securitária); quatro (22,2%) eram estudantes, e os desempregados e as donas de casa somavam quatro pessoas, dois em cada grupo (11,1% cada). De modo geral, moravam "na região" (treze, correspondendo a 72,2%) e não no bairro, caso dos outros cinco (27,8%). Oito leitores (44,4% do grupo) não tinham comprado nenhum livro no pe-

17 Quanto a isso, as reflexões de Certeau, 1994, foram importantes.

ríodo de um ano, mas todos tinham lido algum nessa mesma época. Chama atenção ainda o fato de que a grande maioria (17 leitores, 94,4%) iniciara ou concluíra o ensino médio, apenas uma leitora parara no fundamental, e três leitores tinham iniciado o superior.

Um último aspecto geral interessante é que o questionário pedia que se preenchesse um campo sobre os "três livros de que mais gostara", com o título e o nome do autor. A grande maioria dos leitores (15, ou 83,3%) citou alguma obra de Paulo Coelho e o livro preferido foi *O alquimista,* com seis menções. Os outros livros e autores não adquiriram muita expressão. O único citado por dois outros leitores, *Violetas na janela* – *best-seller* da "literatura espírita" –, não teve, porém, a lembrança da autoria. Este aspecto é importante: existia forte associação entre Paulo Coelho e seus livros, diferentemente do que ocorreu com parte das outras obras.

Agora, abordando a parte qualitativa da pesquisa, noto que, entre os seis entrevistados, quatro eram homens e duas eram mulheres. Os estudantes eram dois, os que trabalhavam somavam três, e um leitor estava desempregado. Todos tinham em comum o fato de que gostavam muito de Paulo Coelho, razão pela qual, quando as perguntas eram relacionadas a esse autor, eles tinham forte interesse em discuti-las.

Ao tentar agrupar em grandes categorias os conteúdos que emergiram dos discursos dos sujeitos sobre as motivações da leitura de Paulo Coelho, cheguei à conclusão de que as principais recorrências diziam respeito ao "prazer" e ao "conhecimento" que essa prática propiciava. Essas categorias configuravam – muito mais que a questão "*new age*" ou "espiritualista" – os parâmetros mais relevantes da apropriação. De modo sintético, discutirei elementos que gravitavam por esses temas, dando a eles maior contorno. Ao "prazer" remetiam falas sobre o envolvimento intenso com o texto, sobretudo devido à narratividade capaz de cativar o leitor, fazê-lo "viajar". Como é dito por um desses leitores:

> E é uma coisa que você pega o livro [de Paulo Coelho] para ler e você não quer perder tempo nenhum, porque você quer ler o livro. Você está pensando: pô, o que será que vai acontecer com fulano de tal, o que ele vai fazer mais pra frente?

As histórias eram vistas como "bem construídas", com os elementos suficientes para interessar a qualquer um. Os sujeitos falavam nesses termos dos livros cuja análise antecedente mostrou tantas repetições. Ao mesmo tempo, o prazer estava associado à capacidade de compreensão do texto. Mas, como as competências dos leitores são desiguais, embora a maioria comentasse a fluência com que lia Paulo Coelho, determinadas falas apontavam também para dificuldades. "Às vezes eu revolto as páginas, volto para mim ler e entender de novo, né?", disse uma leitora. Mas, como continuou a mesma leitora, a prática de leitura poderia envolver elementos de escrita e memória para aumentar a compreensão: "*O alquimista* até que deu para entender bem, independente de algumas coisas que eu até queria ter anotado, umas frases assim, que, quando eu acho, eu falo: putz essa frase é demais".

É nesse ponto que se situa a principal articulação entre o "prazer" e o "conhecimento" que os livros de Paulo Coelho trariam a esses indivíduos. A categoria "conhecimento", então, diz respeito às frases "bonitas" dos livros, que eram anotadas por alguns leitores, como índices do bom texto literário, e isso se relaciona ao aprendizado de um vocabulário ou estilo. Ao mesmo tempo, a leitura proporcionava um saber sobre aspectos da vida ("como tomar vinho" e "o caminho de Santiago", por exemplo) que era valorizado. Em contraste, é possível notar que o "prazer" estava, de modo geral, ausente na leitura dos textos cobrados pela escola. Por vezes, a relação escola/leitura era marcada por claro descontentamento e experiências negativas. E embora certas falas valorizassem as "grandes obras" que a educação escolar buscou transmitir, o "conhecimento" destas era basicamente superficial.

Um último dado a destacar é a mediação do aspecto social entre os âmbitos do "prazer" (na interação social) e também do "conhecimento" (de outras pessoas) que a leitura poderia trazer no caso de Paulo Coelho. Esse aspecto, na prática de leitura de maneira geral, era muito valorizado. Havia um vivo interesse na troca de impressões sobre os livros, para que se propiciassem situações nas quais estes fossem "usados" na vida cotidiana. Nesse sentido, ler "romances" – termo que deve ser entendido como livros sentimentais – era uma forma de encontrar assunto com as "meninas", "porque mulher adora romance", como diziam em termos similares dois leitores mais jovens. No entanto, conforme afirma um deles, um livro como *Vidas secas* não serve de motivo para assunto, pois "o povo fala assim... Chato. Eu não achei tão chato", mas a opinião do grupo era mais forte.

Observação final

Eu disse que o "prazer" e o "conhecimento" configuraram os aspectos mais salientes da "apropriação popular" de Paulo Coelho pelos leitores. Entretanto, avalio – retrospectivamente – que esses sentimentos foram igualmente intensos durante a pesquisa, o que se refletiu numa postura frente ao objeto – em particular aos leitores –, que realçou a sua autonomia. E, como nota Chartier (1995), as leituras populares devem ser vistas sob esse prisma, mas também do ponto de vista de sua dependência a um sistema dominante. Embora não acredite que isso invalide todas as interpretações, reconheço esse fato. Ainda concordo com o conceito de Passeron de que a democratização da leitura passa, sobretudo, pelo incitamento ao ato de ler – qualquer gênero, mesmo que não seja da "leitura culta" –, pois "todas as leituras abrem portas que permitem a comunicação com outras moradas, uma vez que a facilidade no prazer de ler colocou um leitor em movimento" (Passeron, 1995, p.384). Mas, ainda com base nesse autor e em outros, passei a refletir sobre o caráter dependente da leitura à decifração da escrita e ao domínio do código.

Por isso, esse é um aspecto em que a dependência deveria ter sido aprofundada. Será que os rabiscos e garranchos nas margens dos livros de alguns dos sujeitos não eram antes indícios de uma dificuldade de ler do que sinais de autonomia? Em síntese: o sucesso de Paulo Coelho não poderia representar o malogro das políticas de alfabetização, que formam de modo insuficiente larga parcela de leitores? E, assim, mais do que uma "escolha" – e um sintoma positivo de ampliação da leitura no país –, o consumo desse autor não indicaria e representaria, para muitos, um "limite", em função de uma competência limitada? Eu gostaria que não fosse assim.

Referências bibliográficas

Livros

A CASA literária do Arco do Cego (1799-1801). *Bicentenário. "Sem livros não há instrução"*. Org. de Fernanda Maria Guedes de Campos, Margarida Ortigão Ramos Paes Leme, Miguel F. Faria, Margarida Cunha e Manuela D. Domingos. Lisboa: Imprensa Nacional – Casa da Moeda, 1999.

ABECEDAIRE des enfants: Illustré de lettres ornées. Limoges: Eugene Arden, 1855.

ABRÃO, E. Y. *Direitos do autor e direitos conexos*. São Paulo: Editora do Brasil, 2002.

ABREU, A. A. *A modernização da imprensa (1970-2000)*. Rio de Janeiro: Jorge Zahar, 2002.

ABREU, M. (Org.). *Trajetórias do Romance*: circulação, leitura e escrita nos séculos XVIII e XIX. Campinas: Mercado das Letras, 2008.

ABREU, M. *Os caminhos dos livros*. Campinas: Mercado de Letras/ALB/Fapesp, 2003.

______. *Leitura, história e história da leitura*. 3.ed. Campinas: Mercado de Letras, ALB/São Paulo: Fapesp, 2000.

______.; SCHAPOCHNIK, N. (Orgs.). *Cultura letrada no Brasil*: objetos e prática. Campinas: Mercado de Letras, ALB/São Paulo: Fapesp, 2005.

ABREU, R. Um homem-semióforo e seus objetos-semióforos. In: ABREU, R. *A fabricação do imortal*: memória, história e estratégia de consagração no Brasil. Rio de Janeiro: Rocco, Lapa, 1996.

ABRIL: os primeiros 50 anos. São Paulo: Abril, 2000.

ALBUQUERQUE, D. M. *A invenção do Nordeste e outras artes*. Recife: FJN, Massangana/São Paulo: Cortez, 2001.

ALEXANDRE, V. *Os sentidos do império*: questão nacional e questão colonial na crise do Antigo Regime português. Porto: Afrontamento, 1993.

ALGRANTI, L. M. *Livros de devoção, atos de censura*: ensaios de história do livro e da leitura na América Portuguesa (1750-1821). São Paulo: Hucitec, Fapesp, 2004.

ALMEIDA, A. M. A. (Org.). *Editando o editor*: Ênio Silveira. São Paulo: Com-Arte, 1993.

ALMEIDA, M. L. C. São Paulo: formosa sem dote? In: MOURA, C. E. M. (Org.). *Vida cotidiana na cidade de São Paulo*. São Paulo: Ed. Unesp, Ateliê, Imesp, 1998.

ALONSO, A. *Ideias em movimento*: o Brasil na crise do Império. Rio de Janeiro: Paz e Terra, 2005.

AMARAL, E. L. G. *Barão de Studart*: memória da distinção. Fortaleza: Secul, Museu do Ceará, 2002.

ANSELMO, A. *Estudos de história do livro*. Lisboa: Guimarães Editores, 1997.

APPADURAI, A. *Dimensões culturais da globalização*. Lisboa: Teorema, 2004.

ARAÚJO, E. *A construção do livro*: princípios da técnica de editoração. Rio de Janeiro: Nova Fronteira, 2000 [1986] [2.ed. rev. e atual. Rio de Janeiro: Lexikon/ São Paulo: Ed. Unesp, 2008].

ARAÚJO, F. *Paraíba*: imprensa e vida. Campina Grande: Grafset, 1986.

ARAÚJO, J. de S. *Perfil do leitor colonial*. Ilhéus (Bahia): Editus/Edit. da Uesc, 1999.

ARBAIZAR, P. La bibliothèque de l'écrivain. In: POULAIN, M. *Histoire des bibliothèques françaises (les bibliothèques au XXeme siècle – 1914/1990)*. Paris: Éditions du Cercle de la Librairie, Promodis, 1992.

ARROYO, L. *Literatura infantil brasileira*. São Paulo: Melhoramentos, 1967.

AVÉ-LALLEMANT, R. *No rio Amazonas (1859)*. Belo Horizonte: Itatiaia/São Paulo: Edusp, 1980.

AZEVEDO, C. L.; CAMARGOS, M.; SACCHETTA, V. *Monteiro Lobato*: furacão na botocúndia. 2.ed. São Paulo: Ed. Senac, 1998.

AZEVEDO, F. *A educação pública em São Paulo*: problemas e discussões. São Paulo: Ed. Nacional, 1937.

AZURENHA, P. *Semanário de Leo Pardo*. Porto Alegre: Globo, 1926.

BAHIA, J. *Jornal, história e técnica*. 3.ed. São Paulo: Ibrasa, 1972.

BALZAC, H. de. *Les illusions perdues*. 1843.

BARBIER, F. *L'empire du livre*: le livre et la construction de l'Allemagne contemporaine, 1815-1914. Paris: Les Editions du Cerf, 1995.

BARBOSA, S. F. P. *Jornal e literatura*: a imprensa brasileira no século XIX. Porto Alegre: Nova Prova, 2007.

BARBOZA FILHO, R. *Tradição e artifício. Iberismo e barroco na formação americana*. Belo Horizonte: Editora UFMG; Rio de Janeiro: IUPERJ, 2000.

BARRETO, A. *Cartilha analytica*. Rio de Janeiro: Livraria Francisco Alves, 1923.

BARRETO, L. R. *Memória justificativa sobre a conduta do marechal de campo Luiz do Rego Barreto durante o tempo em que foi governador de Pernambuco e presidente do governo da mesma província*. 3.ed. Recife: Cepe, 1991.

BARROS, L. G. *O Reino da Pedra Fina, completo*: o rei da miséria e seus filhos. Guarabira: Pedro Baptista e Cia., 1919.

BARROS, S. et al. Produção e comercialização do livro na sociedade da informação: o caso de Salvador. In: JAMBEIRO, O. et al. (Orgs.). *Cidades contemporâneas e políticas de informação e comunicações*. Salvador: Edufba, 2007, p.261-90.

BASTO, J. P. C. *Da propriedade litteraria*: carta ao Exmo. Sr. M. Pinheiro Chagas. Lisboa: Bertrand, 1879.

BATISTA, A. A. G. Papéis velhos, manuscritos impressos: paleógrafos ou livros de leitura manuscrita. In: ABREU, M.; SCHAPOCHNIK, N. (Orgs.). *Cultura letrada no Brasil*. Campinas: Mercado de Letras, 2005, p.87-116.

______. Textos, impressos e livros didáticos. In: CAMPELLO, B. S.; CALDEIRA, P. T.; MACEDO, V. A. A. *Formas e expressões do conhecimento*. Belo Horizonte: UFMG, 1998.

BATISTA, A. A.; GALVÃO, A. M. Manuais escolares e pesquisa em História. In: VEIGA, C. G.; FONSECA, T. *História e historiografia da educação no Brasil*. Belo Horizonte: Autêntica, 2003, p.161-88.

BEAUDE, P. M.; PETITJEAN, A.; PRIVAT, J. M. (Dirs.). *La scolarisation de la littérature de jeunesse*: actes du colloque. Metz: Université de Metz, 1996.

BENITO, A. E. *História ilustrada del libro escolar en España*: del antiguo régimen a la segunda República. Madrid: Fundación Germán Sánchez Ruipérez, 1997.

BERBEL, M. R. *A nação como artefato*: deputados do Brasil nas cortes portuguesas, 1821-1822. São Paulo: Hucitec, Fapesp, 1999.

BERGER, P. *A tipografia no Rio de Janeiro*: impressores bibliográficos (1808-1900). Rio de Janeiro: Companhia Industrial de Papel Pirahy, 1984.

BERNARDES, D. A. M. *O patriotismo constitucional*: Pernambuco, 1820-1822. São Paulo: Hucitec, Fapesp/Recife: Ed. Universitária, UFPE, 2006.

BEYER, G. *Viagem a São Paulo no verão de 1813*. 2.ed. Campinas: Puccamp, 1992.

BOEIRA, N. O Rio Grande de Augusto Comte. In: FREITAS, D. *RS: cultura e ideologia*. Porto Alegre: Mercado Aberto, 1980.

BORELLI, S. H. S. *Ação, suspense, emoção*: literatura e cultura de massa no Brasil. São Paulo: Educ, Estação Liberdade, Fapesp, 1996.

BORGES DE FIGUEIREDO, A. C. *Instituições elementares de rhetorica para uso das escolas*. Coimbra: J. Augusto Orcel, 1860.

BORGMEIER, T. Introdução: A História da "Flora Fluminensis". In: Arquivo Nacional. *Flora Fluminensis de Frei José Mariano da Conceição Vellozo, Documentos*. Rio de Janeiro: Ministério da Justiça e Negócios Interiores, 1961.

BOSCHI, C. C. Política e edição: os naturais do Brasil nas reformistas oficinas do Arco do Cego. In: DUTRA, E. de F.; MOLLIER, J.-Y. (Org.). *Política, nação e edição*. O lugar dos impressos na construção da vida política. Brasil, Europa e Américas. Séculos XVIII-XX. São Paulo: Annablume, 2006, p.495-510.

BOTREL. J.-F. El precio del libro (España, siglos XIX-XX). In: VIDRIERO, M. L. (Dir.). *La memoria de los libros*. Salamanca: Instituto de Historia del Libro y de la Lectura, 2004. t.II.

BOURDIEU, P. *A produção da crença*: a contribuição para uma economia dos bens simbólicos. São Paulo: Zouk, 2004.

______. *A economia das trocas simbólicas*. São Paulo: Perspectiva, 2001.

______. *As regras da arte*: gênese e estrutura do campo literário. São Paulo: Companhia das Letras, 1996.

______. *Coisas ditas*. São Paulo: Brasiliense, 1990.

______. O mercado dos bens simbólicos. In: ______. *A economia das trocas simbólicas*. São Paulo: Perspectiva, 1974, p.99-181.

______.; PASSERON, J.-C. *A reprodução*. Rio de Janeiro: Francisco Alves, 1975.

BOUTERWEK, F. Antônio José e Cláudio Manuel da Costa. In: CÉSAR, G. (Org.). *Historiadores e críticos do romantismo*. São Paulo: Edusp, 1978, p.5-12.

BRAGANÇA, A. A criação da Impressão Régia no Rio de Janeiro. Novos aportes. In: FERREIRA, T. M. T. B. da C. et al. (Orgs.). *D. João VI e o oitocentismo*. Rio de Janeiro: Faperj: Contracapa (no prelo).

______. António Isidoro da Fonseca, um precursor na história do livro brasileiro. In: MELO, J. M. (Org.). *Imprensa brasileira, personagens que fizeram história*, v.4. São Paulo: Imprensa Oficial do Estado de São Paulo/São Bernardo do Campo: Universidade Metodista de São Paulo, 2009, p.41-52.

______. A política editorial de Francisco Alves e a profissionalização do escritor no Brasil. In: ABREU, M. (Org.). *Leitura, história e história da leitura*. Campinas: Mercado de Letras, Associação de Leitura do Brasil, São Paulo: Fapesp, 2000.

______. *Ênio Silveira, um editor ilustrado*. São Paulo: Intercom, 1992. v.15.

BRANCHER, A.; AREND, S. *História de Santa Catarina no século XIX*. Florianópolis: Edufsc, 2001.

BRESSER PEREIRA, L. C. *Desenvolvimento e crise no Brasil (1930-1983)*. 14.ed. São Paulo: Brasiliense, 1985.

BRIGOLA, J. C. P. *Colecções, gabinetes e museus em Portugal no século XVIII*. Lisboa: Calouste Gulbenkian/FCT, 2003.

BRIQUET, R. *Educação (1500-1889)*. In: MORAES, R. B.; BERRIEN, W. (Dirs.). *Manual bibliográfico de estudos brasileiros*. Rio de Janeiro: Souza, 1949.

BRITO, P. J. M. *Memória política sobre a capitania de Santa Catarina*. Lisboa: Typografia da Academia Real de Sciencias, 1829.

BROCA, B. *A vida literária no Brasil, 1900*. Rio de Janeiro: MEC, [1958?].

BRUNO, E. S. *História e tradições da cidade de São Paulo*: Burgo de Estudantes (1828-1872). Rio de Janeiro: José Olympio, 1954. v.II.

BUFREM, L. S. *Editoras universitárias no Brasil*. São Paulo: Edusp, 2000.

CABRAL, O. R. *Nossa Senhora do Desterro*: memória 2. Florianópolis: Lunardelli, 1979.

CALDAS, W. *Literatura da cultura de massa*. São Paulo: Musaed, 2000 [*A literatura da cultura de massa*. São Paulo: Lua Nova, 1987].

CALKINS, N. A. *Primeiras lições de coisas*. Rio de Janeiro: Imprensa Nacional, 1886.

CALLADO JÚNIOR, M. A imprensa catarinense. In: EL-KHATIB, F. (Org.). *História de Santa Catarina*. Curitiba: Grafipar, 1970. v.3.

CALMON, J. *Imprensas oficiais no Brasil*: aspectos de sua história e do seu presente. Salvador: EGBA, 1981.

CALMON, J. et al. *Apontamentos para a história da imprensa da Bahia*. Salvador: Academia de Letras da Bahia, Assembleia Legislativa do Estado da Bahia, 2005.

CALVINO, I. *As cidades invisíveis*. São Paulo: Companhia das Letras, 1990.

CAMARGO, A. M. A. *Dos Annaes da Imprensa Nacional à Bibliografia da Impressão Régia*. In: ______; MORAES, R. B. *Bibliografia da Impressão Régia do Rio de Janeiro*. São Paulo: Edusp, Kosmos, 1993. v.1.

______.; MORAES, R. B. (Orgs.). *Bibliografia da Impressão Régia*. São Paulo: Edusp, Kosmos, 1993. 2v.

CAMARGO, P. F. S. *A Igreja na história de São Paulo*. São Paulo: Instituto Paulista de História e Arte Religiosa, 1952-53. v.5.

CAMINHA, A. *Cartas literárias*. Rio de Janeiro: s.n., 1895.

CAMPANHOLE, A.; CAMPANHOLE, H. Constituição de 1824. In: ______.; ______. (Orgs.). *Todas as constituições do Brasil*. 2.ed. São Paulo: Atlas, 1976.

CANDIDO, A. Prefácio. In: MICELI, S. *Intelectuais à brasileira*. São Paulo: Companhia das Letras, 2001, p.71-5.

______. A literatura na evolução de uma comunidade. In: ______. *Literatura e sociedade*: estudos de teoria e história literária. 8.ed. São Paulo: T. A. Queiroz, 2000.

______. *Formação da literatura brasileira*: momentos decisivos. 7.ed. Belo Horizonte/Rio de Janeiro: Itatiaia, 1993a [*Formação da literatura brasileira*. São Paulo: Martins, 1959. v.1].

______. Letras e ideias no Brasil colonial. In: HOLANDA, S. B. *História geral da civilização brasileira. A época colonial: 2. administração, economia, sociedade*. 7.ed. Rio de Janeiro: Bertrand Brasil, 1993b, p.81-105.

CARBONE, G. *Libros escolares*: una introducción a su análisis y evaluación. Buenos Aires: Fondo de Cultura Económica, 2003.

CARDOSO, R. O início do design de livros no Brasil. In: ______. (Org.). *O design brasileiro antes do design*: aspectos da história gráfica, 1870-1960. São Paulo: Cosac Naify, 2005.

CARNEIRO, D. D. 1974-1994: os desafios da estabilidade postergada. In: LAMOUNIER, B. (Org.). *50 anos de Brasil, 50 anos de Fundação Getúlio Vargas*. Rio de Janeiro: FGV, 1994.

CARRARA, A. A. *Minas e currais*: produção interna e mercado interno de Minas Gerais: 1674-1807. Juiz de Fora: Ed. UFJF, 2007.

CARVALHO, A. *Annaes da Imprensa Periódica Pernambucana de 1821-1908*. Recife: Typograhia do Jornal do Recife, 1908.

CARVALHO, F. *Tratado de Methodologia*. 3.ed. Rio de Janeiro: Francisco Alves, 1909.

CARVALHO, F. de. *Primeiro livro de leitura*. 108.ed. Rio de Janeiro: Livraria Francisco Alves, 1926.

CARVALHO, K. *O Diário da Bahia e o século XIX*. Rio de Janeiro: Tempo Brasileiro, Instituto Nacional do Livro, MEC, 1979.

CARVALHO, M. C. A República, a escola e os perigos do alfabeto. In: PRADO, M. L. C.; VIDAL, D. G. (Orgs.). *À margem dos 500 anos*: reflexões irreverentes. São Paulo: Edusp, 2002b.

CARVALHO, M. M. C. *A escola e a república e outros ensaios*. Bragança Paulista: Ed. da Univ. S. Francisco, 2003

CASA NOVA, V. *Lições de almanaque*: um estudo semiótico. Belo Horizonte: UFMG, 1996.

CASTRO, A. L. A. *D. Narcisa de Villar*. 2.ed. Florianópolis: Ed. Mulheres, 1997.

CASTRO, C. M. (Coord.). Educação no Brasil: atrasos, conquistas e desafios. In: TAFNER, P. (Ed.). *Brasil*: o estado de uma nação 2006. Rio de Janeiro: Ipea, 2006, p.121-228.

CASTRO, M. *Síntese histórica e sentimental da evolução de Manaus*. Manaus: Tipografia Fênix, 1848.

CASTRO, R. B. de. *A tipografia Imperial e Nacional, da Bahia*. São Paulo: Ática, 1984.

______. *A primeira imprensa da Bahia e suas publicações*: Tipografia de Manuel António da Silva Serva 1811-1819. Salvador: Secretaria da Educação e Cultura, 1969 [1968].

CAVALCANTI, N. *O Rio de Janeiro Setecentista. A vida e a construção da cidade da invasão francesa até a chegada da Corte*. Rio de Janeiro: Jorge Zahar, 2004.

CERTEAU, M. *A invenção do cotidiano*: 1, artes de fazer. Petrópolis: Vozes, 1994.

______. *L'invention du cotidien*: 1, arts de faire. Paris: Gallimard, 1990.

______. As produções do lugar. In: ______. *A escrita da História*. Rio de Janeiro: Forense Universitária, 1982.

CÉSAR, G. *História da literatura do Rio Grande do Sul*. Porto Alegre: Globo, 1956.

______; DENIS, F. In: CÉSAR, G. (Org.). *Historiadores e críticos do romantismo*. São Paulo: Edusp, 1978, p.27-33.

CHAGAS, M. P. *A propriedade literária, carta a Sua Majestade o imperador do Brasil*. Porto: Livraria Internacional de Ernesto Chardron, 1879.

CHARTIER, A.-M. *Práticas de leitura e escrita*: história e atualidade. Belo Horizonte: Autêntica, 2007a.

CHARTIER, R. *Inscrever e apagar*: cultura escrita e literatura (séculos XI a XVIII). São Paulo: Ed. Unesp, 2007.

______. *Os desafios da escrita*. São Paulo: Ed. Unesp, 2002.

______. *A aventura do livro*: do leitor ao navegador. São Paulo: Ed. Unesp, 1999.

______. *Au bord de la falaise*: l'histoire entre certitudes et inquiétude. Paris: Albin Michel, 1998.

______. (Org.). *Práticas da leitura*. São Paulo: Estação Liberdade, 1996.

CHARTIER, R. *A ordem dos livros*: leitores, autores e bibliotecas na Europa entre os séculos XIV e XVIII. Brasília: Editora Universidade de Brasília, 1994.

______. *A história cultural*: entre práticas e representações. Lisboa: Difel, 1990 [1989].

______. (Org.). *Les usages de l'imprimé*. Paris: Fayard, 1987b.

______. *Figures de la gueuserie*. Paris: Montalba, 1982.

______. *A história cultural*: entre práticas e representações. Lisboa: Difel, s.d.

______.; LÜSEBRINK, H.-J. (Dirs.). *Colportage et lecture populaire*: imprimés de large circulation en Europe (XVIe-XIXe siècles). Paris: Imec, Éditions de la Maison des Sciences de l'Homme, 1996.

______.; MARTIN, H.-J. *Histoire de l'édition française*. Paris: Promodis, Centre National des Lettres, 1990.

CIRNE, M. et al. (Ed.). *Literatura em quadrinhos no Brasil*: Acervo Biblioteca Nacional. Rio de Janeiro: Nova Fronteira, Fundação Biblioteca Nacional, 2002.

CIVITA, V. Apresentação. In: ______. (Ed.). *Grandes personagens da nossa história*. São Paulo: Abril Cultural, 1969.

COARACY, V. *Encontros com a vida*. Rio de Janeiro: José Olympio, 1962.

COELHO, N. N. *A literatura infantil*. São Paulo: Quíron/Brasília: Instituto Nacional do Livro, 1981.

COLLEÇÃO das leis do Império do Brasil de 1830: parte primeira. Rio de Janeiro: Typographia Nacional, 1876.

COMPANHIA EDITORA NACIONAL. *Catálogo Geral nºs 1 a 14*. São Paulo: Ed. Nacional, 1931-1939.

______. Coleção Atualidades Pedagógicas. São Paulo: Ed. Nacional, 1931-1981. 135v.

CONDORCET. *Esboço de um quadro histórico dos progressos do espírito humano*. Trad. de Carlos Alberto Ribeiro de Moura. Campinas: Ed. da Unicamp, 1993.

CONTIER, A. D. *Imprensa e ideologia em São Paulo*: 1822-1842. Petrópolis: Vozes, 1979.

CORREA, C. H. *Jerônimo Coelho*: um liberal na formação do II Império. Florianópolis: Insular, 2006.

CORRÊA, M. E. P.; NEVES, H. M. V.; MELLO, M. G. *Arquitetura escolar paulista*: 1890/1920. São Paulo: FDE, Diretoria de Obras e Serviços, 1991.

CORREIA, A. *O Sr. Fernando de Azevedo, a sua sociologite aguda e o mais que lhe aconteceu*... São Paulo: Centro Dom Vital, 1936.

______. *Filosofia da Escola Nova*. São Paulo: Centro Dom Vital, 1931.

COSTA, H. J. *Correio Braziliense*. Londres: 1808. Edição fac-similar. São Paulo: Imprensa Oficial, 2000. tomo I.

COSTA, J. C. *Contribuição à história das ideias no Brasil*: o desenvolvimento da Filosofia no Brasil e a evolução histórica nacional. Rio de Janeiro: José Olympio, 1956.

COSTELLA, A. F. *O controle da informação no Brasil*. Rio de Janeiro: Vozes, 1970.

COTTA, P. *Calandra*: o sufoco da imprensa nos anos de chumbo. Rio de Janeiro: Bertrand Brasil, 1997.

CUNHA, L. A. *A universidade crítica; o ensino superior na república populista*. Rio de Janeiro: Francisco Alves, 1989.

CUNHA, L. F. F. da. *Oficina tipográfica calcográfica e literária do Arco do Cego, Lisboa*. Rio de Janeiro: Biblioteca Nacional, 1976.

CUNHA, M. T. S. *Armadilhas da sedução*: os romances de M. Delly. Belo Horizonte: Autêntica, 1999.

CURTO, D. R. D. Rodrigo de Sousa Coutinho e a Casa Literária do Arco do Cego. In: *A Casa Literária do Arco do Cego (1799-1801)*. Lisboa: Imprensa Nacional – Casa da Moeda, 1999, p.15-49.

DAMASCENO, D. Frei José Mariano da Conceição Vellozo, naturalista e editor. In: VELLOZO, J. M. da C. *Flora Fluminensis. Estudos preliminares*. Rio de Janeiro: Governo do Estado do Rio de Janeiro/Secretaria de Estado de Meio Ambiente e Desenvolvimento Sustentável/Centro de Memória e Documentação, 1999, p.19-33.

DAMAZIO, S. F. *Retrato social do Rio de Janeiro na virada do século*. Rio de Janeiro: UERJ, 1996.

DARNTON, R. Introdução. In: ______.; ROCHE, D. *Revolução impressa*. São Paulo: Edusp, 1996.

______. *O beijo de Lamourette*. São Paulo: Companhia das Letras, 1990.

______. *Boemia literária e revolução*: o submundo das letras no Antigo Regime. São Paulo: Companhia das Letras, 1987.

______. *O grande massacre dos gatos*: e outros episódios da história cultural francesa. Rio de Janeiro: Graal, 1986.

DE LUCA, T. R.; MARTINS, A. L. *A cidade e o impresso*. São Paulo: Ed. Unesp, 2007.

DENIS, F. Resumo da História Literária Brasileira. In: CÉSAR, G. (Org.). *Historiadores e críticos do romantismo*. São Paulo: Edusp, 1978, p.35-86.

DEUS, J. de. *Cartilha maternal*. Chiado: Bertrand Editora, 2005.

______.*Cartilha maternal ou arte da leitura*. 3.ed. ampl. Lisboa: Imprensa Nacional, 1878.

DIAS, A. C. *Discursos sobre a liberdade de imprensa no primeiro parlamento português (1821)*. 2.ed. Lisboa: Editorial Estampa, 1978.

DINES, A. Aventuras e desventuras de Antônio Isidoro da Fonseca: nova documentação sobre a malograda Tipografia do Rio de Janeiro no século XVIII, com achegas aos 190 anos da imprensa brasileira. In: ______.; FALBEL, N. MILGRAM, A. (Orgs.). *Em nome da fé*. São Paulo: Perspectiva, 1999, p.75-89.

DOMINGOS, M. D. (Org.). *Gentes do livro – Lisboa, século XVIII*. Lisboa: Biblioteca Nacional, 2007.

______. *Livreiros de Setecentos*. Lisboa: Biblioteca Nacional, 2000.

______. Mecenato político e economia da edição nas Oficinas do Arco do Cego. In: *A Casa Literária do Arco do Cego (1799-1801)*. Lisboa: Imprensa Nacional – Casa da Moeda, 1999, p.91-106.

______. *Estudos de sociologia da cultura*: livros e leitores do século XIX. Lisboa: Instituto Português de Ensino a Distância, 1985.

DONATO, H. *100 anos da Melhoramentos*: 1890-1990. São Paulo: Melhoramentos, 1990.

DUTRA, E. F. A noção dos livros: a biblioteca ideal na Brasiliana. In: ______.; MOLLIER, J.-Y. *Política, nação e edição*: o lugar do impresso na construção da vida política. São Paulo: AnnaBlume, 2006, p.299-314.

______. *Rebeldes literários da República*. Belo Horizonte: UFMG, 2005.

______. Almanaque Garnier: ensinando a ler o Brasil, ensinando o Brasil a ler. In: ABREU, M. *Leitura, história e histórias da leitura*. Campinas: Mercado de Letras, 2000, p.477-504.

ECO, U. *A misteriosa chama da rainha Loana*. Rio de Janeiro: Record, 2005.

______. *O super-homem de massa*. São Paulo: Perspectiva, 1991.

EDITORA Ática. São Paulo: Ática, 1998.

EDITORA FTD. *FTD 100 anos fazendo o amanhã*. São Paulo: FTD, 2003.

EDMUNDO, L. *O Rio de Janeiro do meu tempo*. 3v. Rio de Janeiro: Imprensa Nacional, 1938.

EGAS, E. *Galeria dos presidentes de São Paulo*. São Paulo: Seção de Obras, 1927. t.I.

EISENSTEIN, E. L. *A Revolução da cultura impressa*. São Paulo: Ática, 1998.

EL FAR, A. *O livro e a leitura no Brasil*. Rio de Janeiro: Jorge Zahar, 2006.

______. *Páginas de sensação*: literatura popular e pornografia no Rio de Janeiro (1870-1924). São Paulo: Companhia das Letras, 2004.

______. *A encenação da imortalidade*: uma análise da Academia Brasileira de Letras nos primeiros anos da República (1897-1924). Rio de Janeiro: FGV, São Paulo: Fapesp, 2000.

ELIAS, N. *O processo civilizador*: formação do Estado e civilização. v.2. Rio de Janeiro: Jorge Zahar, 1993.

EMEDIATO, L. F. *Trevas no paraíso*. São Paulo: Geração Editorial, 2004.

EPSTEIN, J. *O negócio do livro*: passado, presente e futuro do mercado editorial. Rio de Janeiro: Record, 2002.

ESCOLAR, H. (Dir.). *Historia ilustrada del libro español*: la edición moderna – siglos XIX e XX. Madrid: Fundación Germán Sánchez Ruipérez, Pirámide, 1996.

FACÓ, A. Prefácio. In: *Catálogo bibliográfico da coleção Eurico Facó*. Rio de Janeiro: Edições Dois Mundos, 1947.

FARIA e SOUZA, J. B. *A imprensa no Amazonas, 1851-1908*. Manaus: Imprensa Oficial, 1908.

FARIA FILHO, L. M. Instrução elementar no século XIX. In: LOPES, E. M. T.; FARIA FILHO, L. M.; VEIGA, C. G. *500 anos de educação no Brasil*. 2.ed. Belo Horizonte: Autêntica, 2000.

______. (Org.). *Modos de ler, formas de escrever*: estudos de história da leitura e da escrita no Brasil. Belo Horizonte: Autêntica, 1998.

FARIA, M. F. Da facilitação e da ornamentação: a imagem nas edições do Arco do Cego. In: *A Casa Literária do Arco do Cego (1799-1801)*. Lisboa: Imprensa Nacional – Casa da Moeda, 1999, p.107-37.

FÉLIX, M. (Org.). *Ênio Silveira*: arquiteto de liberdades. Rio de Janeiro: Bertrand Brasil, 1998.

FERNANDES, I. *Memória da telenovela brasileira*. 4.ed. São Paulo: Brasiliense,1997.

FERREIRA, A. D. *Imprensa literária de Porto Alegre no século XIX*. Porto Alegre: Ed. da UFRGS, 1975.

______. *Gabinetes de leitura e bibliotecas do Rio Grande do Sul no século XIX*. Porto Alegre: Centro Regional de Pesquisas Educacionais do Sul, Instituto Nacional de Estudos e Pesquisas Educacionais do Ministério da Educação e Cultura, 1973.

______. *Imagens sentimentais da cidade*. Porto Alegre: Globo, 1940.

FERREIRA, A. F.; CORRÊA, M. E. P.; MELLO, M. G. *Arquitetura escolar paulista*: restauro. São Paulo: FDE, 1998.

FERREIRA, J.; NEVES, L. A. (Org.) *O Brasil republicano*: o tempo da ditadura. Regime militar e movimentos sociais em fins do século XX. 2.ed. Rio de Janeiro: Civilização Brasileira; 2007.

FERREIRA, J. P. (Org.). *Ênio Silveira*. São Paulo: Com-Arte, Edusp, 1992. (Editando o editor, 3).

FERREIRA, O. da C. *Imagem e letra. Introdução à bibliologia brasileira. A imagem gravada*. 2.ed. São Paulo: Edusp, 1994.

FIGUEIREDO, A. P. *O Progresso, Revista Social, Litteraria e Scientífica*. Pernambuco: Typographia de M. F. de Faria. Recife: Imprensa Oficial, 1950.

FIORENTINO, T. A. D. *Prosa de ficção em São Paulo*: produção e consumo (1900-1920). São Paulo: Hucitec, Secretaria de Estado da Cultura, 1982.

FONSECA, A. A. *Revisão de provas typographicas*. Salvador: Imprensa Oficial do Estado, 1925.

______. *Machinas de compor*. Salvador: Imprensa Oficial do Estado, 1916.

______. *Esboço typographico*. Salvador: Typographia da Gazeta do Povo, 1907.

______. *Serões typographicos*. Salvador: Officina Typographica de João Baptista de O. Costa, 1905.

FOUCAULT, M. *Vigiar e punir*. 29.ed. Petrópolis: Vozes, 2004.

FRACAROLLI, L. *Bibliografia infantil de obras brasileiras*. São Paulo: Divisão de Bibliotecas Infanto-Juvenis do Município de São Paulo, 1953.

FRADE, I. C. A. S.; MACIEL, F. I. P. (Orgs.). *História da alfabetização*: produção, difusão e circulação de livros (MG/RS/MT – séc. XIX e XX). Belo Horizonte: UFMG, FAE, 2006.

FRAIZ, P.; VIANNA, A. *Conversa entre amigos*: correspondência entre Anísio Teixeira e Monteiro Lobato. Rio de Janeiro, FGV, CPDOC, Salvador: Fundação Cultural do Estado da Bahia, 1986.

FRANCESCINI, A. *Retrato da leitura no Brasil*. São Paulo: A. Franceschini Análises de Mercado, Câmara Brasileira do Livro, Bracelpa, Abrelivros, SNEL, 2001.

FREITAS, D. *RS*: cultura e ideologia. Porto Alegre: Mercado Aberto, 1980.

FRIEIRO, E. *O diabo na livraria do cônego*. São Paulo: Edusp, 1981.

FUNCHAL, Marquez do. *O Conde de Linhares. Dom Rodrigo Domingos Antonio de Souza Coutinho*. 2.ed. facsim. Brasília: Thesaurus, 2008. Apresentação de Vamireh Chacon.

FUNDAÇÃO NACIONAL DO LIVRO INFANTIL E JUVENIL. *Bibliografia analítica da literatura infantil e juvenil publicada no Brasil (1975-1978)*. Porto Alegre: Mercado Aberto/Rio de Janeiro: Fundação Nacional do Livro Infantil e Juvenil, 1984.

______. *Bibliografia analítica da literatura infantil e juvenil publicada no Brasil (1965-1974)*. São Paulo: Melhoramentos/Brasília: Instituto Nacional do Livro, 1977.

FURTADO, J. F. O distrito dos diamantes: uma terra de estrelas. In: RESENDE, M. E. L.; VILLALTA, L. C. (Orgs.). *História de Minas Gerais*: as Minas setecentistas. Belo Horizonte: Autêntica, 2007. v.1, p.303-20.

FURTADO, J. F. *O manto de Penélope*: história, mito e memória da Inconfidência Mineira de 1788-9. São Paulo: Companhia das Letras, 2002.

______. *O "livro da capa verde"*: o regimento diamantino de 1771 e a vida no distrito diamantino no período da real extração. São Paulo: Annablume, 1996.

GALHARDO, T. *Cartilha da infância*. Rio de Janeiro, São Paulo, Belo Horizonte: Livraria Francisco Alves, 1938.

GALVÃO, A. M. O. A cultura popular como objeto de estudo: da "beleza do morto" à compreensão de sujeitos e práticas culturais. In: XAVIER, L. et al. (Org.). *Escola, culturas e saberes*. Rio de Janeiro: FGV, 2005a, p.106-38.

______. Leituras de cordel em meados do século XX: oralidade, memória e a mediação do outro. In: ABREU, M.; SCHAPOCHNIK, N. (Orgs.). *Cultura letrada no Brasil*: objetos e práticas. Campinas: ALB, Mercado de Letras, São Paulo: Fapesp, 2005b, p.369-97.

______. *Cordel*: leitores e ouvintes. Belo Horizonte: Autêntica, 2001.

GAMA, J. de S. da. (Dir.). *Catalogo da exposição permanente dos cimelios da Bibliotheca Nacional*. Rio de Janeiro: G. Leuzinger & Filhos, 1885.

GARVEY, W. D. *Communication: the Essence of Science* – Faciliting Information Among Librarians Scientists, Engeneers and Students. Oxford: Pergamon Press, 1979.

GASPARI, E. *A ditadura envergonhada*. São Paulo: Companhia das Letras, 2002.

GINSBURG, J. Uma proposta editorial. In: FERREIRA, J. P. et al. *Livros, editoras e projetos*. São Paulo: Ateliê, Com-Arte, 1997, p.27-44.

GIOLITTO, P. *Histoire de l'école*. Paris: Imago, 2003.

GIRALDES, M. N. *Tehoria do commercio com um appendice sobre a propriedade litteraria e a contrafacção no Brazil*. 2.ed. Coimbra: Imprensa da Universidade, 1886.

GONZAGA, A. *Homens e coisas de jornal*. Porto Alegre: Globo, 1944.

GONZÁLEZ, A. C. *Corín Tellado*: El erotismo rosa. Madrid: Espasa Calpe, 2002.

GOULEMOT, J. M. *L'amour des bibliothèques*. Paris: Seuil, 2006.

______. *Esses livros que se leem com uma só mão*: leitura e leitores de livros pornográficos no século XVIII. São Paulo: Discurso Editorial, 2000.

GOULEMOT, J. M. Da leitura como produção de sentidos. In: CHARTIER, R. (Org.). *Práticas de leitura*. São Paulo: Estação Liberdade, 1996.

GOUVÊA, P. *O grupo*: outras figuras, outras paisagens. Porto Alegre: Movimento, Instituto Estadual do Livro, 1976.

GRAÇA FILHO, A. A. *A princesa do oeste e o mito da decadência de Minas Gerais*: São João del-Rei (1831-1888). São Paulo: Annablume, 2002.

GRAHAM, M. *Diário de uma viagem ao Brasil*. Belo Horizonte: Itatiaia, São Paulo: Edusp, 1990.

GUEDES, F. *Os livreiros em Portugal e suas associações desde o século XVI até aos nossos dias*. Lisboa: Verbo, 1993.

GUIA turístico de Porto Alegre. Porto Alegre: Sul Importações e Imóveis, 1949.

GUIMARÃES, C. M.; REIS, F. M. M. Agricultura e mineração no século XVIII. In: RESENDE, M. E. L.; VILLALTA, L. C. (Orgs.). *História de Minas Gerais*: as Minas setecentistas. Belo Horizonte: Autêntica, 2007. v.1, p 321-36.

HACHETTE, M. M.; DIDOT, F. *Alphabet et premier livre de lecture*. [s.l.: s.n.], 1832.

HALLEWELL, L. *O livro no Brasil*: sua história. 2.ed. São Paulo: Edusp, 2005 [1985].

HANSEN, J. A. *Alegoria*: construção e interpretação da metáfora. São Paulo: Hedra, 2006.

HARO, M (Org.). *Ilha de Santa Catarina*: relatos de viajantes estrangeiros nos séculos XVIII e XIX. Florianópolis: EDUFSC, Lunardelli, 1996.

HAVELOCK, E. The coming of literate communication to Western culture. In: KINTGEN, E. R.; KROLL, B. M.; ROSE, M. *Perspectives on Literacy*. Carbondale, Edwardsville: Southern Illinois University Press, 1988, p.127-34.

HÉBRARD, J. Les livres scolaires de la Bibliothèque Bleue: archaïsme ou modernité? In: CHARTIER, R.; LÜSEBRINK, H.-J. (Dirs.). *Colportage et lecture populaire*: imprimés de large circulation en Europe (XVIe-XIXe siècles). Paris: Imec, Éditions de la Maison des Sciences de l'Homme, 1996, p.109-36.

______. Peut-on faire une histoire des pratiques populaires de lecture à l'époque moderne? Les "nouveaux lecteurs" revisités. *Histoires de lecture*. Bernay: Société d'histoire de la lecture, 2005.

HEFFERNAM, J. A. W. *Museum of Words*: the Poetics of Ekphrasis from Homer to Ashbery. Chicago: The University of Chicago Press, 2004.

HISTÓRIA da tipografia no Brasil. São Paulo: Masp, Secretaria da Cultura e Tecnologia do Governo do Estado de São Paulo, 1979.

HOBSBAWN, E. *A era dos extremos*. São Paulo: Companhia das Letras, 1995.

HOLLANDA, H. B.; GONÇALVES, M. A. Política e literatura: a ficção da realidade brasileira. In: HOLLANDA, H. B.; FREITAS FILHO, A.; GONÇALVES, M. A. (Orgs.). *Anos 70*: Literatura. Rio de Janeiro: Europa, 1979-80.

HOMEM DE MELO, C. *Os desafios do designer & outros textos sobre design gráfico*. São Paulo: Rosari, 2003.

HUNT, L. (Org.). *A invenção da pornografia*: obscenidade e as origens da modernidade, 1500-1800. São Paulo: Hedra, 1999.

______. *A nova história cultural*. São Paulo: Martins Fontes, s.d.

INSTITUTO BAIANO DO LIVRO. *A aventura editorial de Pinto de Aguiar*. Salvador: IBL, Assembleia Legislativa do Estado da Bahia, 1993.

IPANEMA, M.; IPANEMA, C. *A tipografia na Bahia*. Rio de Janeiro: Instituto de Comunicação Ipanema, 1977. (Origens das Artes Gráficas e da Imprensa no Brasil).

______. *A tipografia na Bahia*: documentos sobre suas origens e o empresário Silva Serva. 2.ed. Salvador: Edufba, 2010.

JULIA, D. Leituras e Contrarreforma. In: CAVALLO, G.; CHARTIER, R. *História da leitura no mundo ocidental*. São Paulo: Ática, 2002.

______. Livres de classe et usages pédagogiques. In: CHARTIER, R.; MARTIN, H. J. *Histoire de l'édition francaise*. Paris: Fayard, 1990, p.613-55.

JOVIANO, A. *Primeira leitura*: methodo para ensinar a ler. Belo Horizonte: Imprensa Oficial do Estado de Minas Gerais, 1910.

KATZEINSTEIN, U. E. *A origem do livro*: da idade da pedra ao advento da imprensa no ocidente. São Paulo: Hucitec, 1986.

KILPATRICK, W. H. *Educação para uma civilização em mudança*. São Paulo: Melhoramentos, 1933.

KOSELLECK, R. *Le futur passe*. Paris: EHESS, 1990.

KOSHIYAMA, A. M. *Monteiro Lobato*: intelectual, empresário, editor. São Paulo: T. A. Queiroz, 1982.

LAJOLO, M. *Monteiro Lobato*: um brasileiro sob medida. São Paulo: Moderna, 2000.

______.; ZILBERMAN, R. *O preço da leitura*: leis e números por detrás das letras. São Paulo: Ática, 2001.

______.; ______. *A formação da leitura no Brasil*. São Paulo: Ática, 1996.

______.; ______. *Um Brasil para crianças*: para conhecer a literatura infantil brasileira – histórias, autores e textos. São Paulo: Global, 1993.

LATOUR, B. Ces réseaux que la raison ignore: laboratoires, bibliothèques, collections. In: BARATIN, M.; JACOB, C. *Le pouvoir des bibliothèques*: la mémoire des livres en Occident. Paris: Albin Michel, 1996, p.23-43.

LE COADIC, Y-F. *A ciência da informação*. 2.ed. Brasília: Briquet de Lemos/Livros, 2004.

LE GRIGNOU, B. *Du côté du public*: usages et réceptions de la télévision. Paris: Economica, 2003.

LE MEN, S. *Les abécédaires français illustrés du XIXe siècle*. Paris: Editons Promodis, 1984.

LEAL, J. *A imprensa na Paraíba*. João Pessoa: A União, 1962.

LEME, M. O. R. P. Um breve itinerário editorial: do Arco do Cego à Impressão Régia. In: *A Casa Literária do Arco do Cego (1799-1801)*. Lisboa: Imprensa Nacional – Casa da Moeda, 1999, p.77-90.

LEVINE, R. *O sertão prometido*: o massacre de Canudos no Nordeste brasileiro, 1893. São Paulo: Edusp, 1995.

LEVRIER, B. *Sources bibliographiques et statistiques concernant la production intellectuelle en France et l'exportation, 1900-1951*: Brésil, exportation de livres en langue française. Documento Bibliothèque National, s.d.

LIBBY, D. *Transformação e trabalho em uma economia escravista*: Minas Gerais no século XIX. São Paulo: Brasiliense, 1988.

LIMA, G. C. *O gráfico amador*: as origens da moderna tipografia brasileira. Rio de Janeiro: Ed. da UFRJ, 1997.

______. ; MARIZ, A. S. A new approach to Brazilian book design: the experience of the Civilização Brasileira publishing house, 1950-1960. In: SPINILLO, C.; COUTINHO, S. (Orgs.). *Selected Readings of First Information Design International Conference*. Recife: The Brazilian Society of Information Design, 2004, p.36-44.

LIMA, O. *Dom João VI no Brazil*. Rio de Janeiro: Typ. do Jornal do Commercio, 1908.

LINS, J. S. *Seleta literária do Amazonas*. Manaus: Governo do Estado do Amazonas, 1966.

LOBATO, M. *A Barca de Gleyre*. São Paulo: Brasiliense, 1964a. t.2. [1956: Obras Completas v.11, 12, t.I-II].

______. *Prefácios e entrevistas*. São Paulo: Brasiliense, 1964b.

LOPES GAMA. *O carapuceiro*. Reedição fac-similar. Recife: Fundação de Cultura Cidade do Recife, 1993.

LOREDANO, C. (Org.). *Lábaro estrelado*: nação e pátria em J. Carlos. Rio de Janeiro: Casa da Palavra, 2000.

LOURENÇO FILHO, M. B. *O ensino e a biblioteca*. Rio de Janeiro: Imprensa Nacional, 1944.

______. *Introdução ao estudo da Escola Nova*. São Paulo: Melhoramentos, 1930.

LUCA, T. R. História dos, nos e por meio dos periódicos. In: PINSKY, C. B. (Org.). *Fontes históricas*. São Paulo: Contexto, 2005.

LÜSEBRINK, H.-J. et al. (Dirs.). *Les lectures du peuple en Europe et dans les Amériques (XVIIe-XXe siècle)*. Bruxeles: Complexe, 2003.

LUSTOSA, I. *Insultos impressos*: a guerra dos jornalistas na Independência (1821-1823). São Paulo: Companhia das Letras, 2000.

LYRA, M. L. V. *A utopia do poderoso império. Portugal e Brasil*: bastidores da política, 1798-1822. Rio de Janeiro: Sette Letras, 1994.

MACHADO, J. G. *A literatura em Santa Catarina*. Porto Alegre: Mercado Aberto, 1986.

MACHADO, U. *A vida literária no Brasil durante o romantismo*. Rio de Janeiro: Eduerj, 2001.

MAGNANI, M. R. M. Testes ABC e a fundação de uma tradição: alfabetização sob medida. In: MONARCHA, C. R. S. (Org.). *Lourenço Filho*: outros aspectos, mesma obra. Campinas: Mercado de Letras, 1997.

MANACORDA, M. A. *História da educação*. 10.ed. São Paulo: Cortez, 2002.

MARCOIN, D. *Le roman d'aventure à l'école*: les héritiers de Robinson (1997). Paris: Bertrand-Lacoste, 1997.

MARCONI, P. *A censura política na imprensa brasileira (1968-1978)*. São Paulo: Global, 1980.

MARTIN, H. O. Le monde des éditeurs. In: CHARTIER, R.; MARTIN, H. J. *Histoire de l'édition française. Les temps des éditeurs*: du Romantisme à Belle Époque, 1990, p.176-226.

MARTINS FILHO, P. A relação produtor/editor. In: FERREIRA, J. et al. *Livros, editoras e projetos*. São Paulo: Ateliê Editorial, Com-Arte/São Bernardo do Campo: Bartira, 1997.

______.; ROLLEMBERG, M. *Edusp*: um projeto editorial. São Paulo: Imprensa Oficial do Estado, 2001.

MARTINS, A. L. *Revistas em revista*: imprensa e práticas culturais em tempos de República, São Paulo (1890-1922). São Paulo: Edusp, Fapesp, Imprensa Oficial do Estado, 2001.

MARTINS, E. V. *A fonte subterrânea*: José de Alencar e a retórica oitocentista. Londrina: Eduel/São Paulo: Edusp, 2005.

MARTINS, W. *A palavra escrita. História do livro, da imprensa e da biblioteca*. 3.ed., 3.reimp. São Paulo: Ática/Rio de Janeiro: Fundação Biblioteca Nacional, 2001 [1996].

MARTINS, E. *A tipografia do beco da Misericórdia*: apontamentos históricos. João Pessoa: SEC, 1978.

MATTELART, A. *A comunicação-mundo*. Lisboa: Instituto Piaget, 1997.

MATTOSO, J. (Dir.). *História de Portugal*: o liberalismo. Lisboa: Estampa, 1993. v.V.

McKENZIE, D. F. *La bibliographie et la sociologie des textes*. Paris: Édition du Cercle de la Librarie, 1991

______. *Bibliography and the Sociology of Texts*. Londres: The British Library, 1986.

MEADOWS, A. J. *A comunicação científica*. Brasília: Briquet de Lemos/Livros, 1999.

MEIRELES, C. *Problemas da literatura infantil*. Rio de Janeiro: Nova Fronteira, 1984.

MELLO, E. C. *A outra independência*: o federalismo pernambucano de 1817 a 1824. São Paulo: Ed. 34, 2004.

______. *Frei Joaquim do Amor Divino Caneca*. São Paulo: Ed. 34, 2001.

MELLO, J. A. G. Diário de Pernambuco: arte e natureza no 2º Reinado. Recife: Massangana, 1985.

MELLO, J. M. C.; NOVAIS, F. A. Capitalismo tardio e sociabilidade moderna. In: SHWARCZ, L. M. (Org.). *História da vida privada no Brasil*. São Paulo: Companhia das Letras, 1998.

MELLO, J. M. de. *Sociologia da imprensa brasileira*. Rio de Janeiro: Vozes, 1973.

MELO, O. F. (Org.). *História sócio-cultural de Florianópolis*. Florianópolis: Lunardelli, IHGSC, 1991.

MENDONÇA, L. *Primeiras notícias da Academia Brasileira de Letras*. Rio de Janeiro: Academia Brasileira de Letras, 1997.

MENEZES, J. N. C. Economia: diversificação, dinâmica evolutiva e mercado interno: introdução. In: RESENDE, M. E. L.; VILLALTA, L. C. (Orgs.). *História de Minas Gerais*: as Minas setecentistas, 2007. Belo Horizonte: Autêntica, 2007. v.1, p.273-8.

______. *O continente rústico*: abastecimento alimentar nas Minas Gerais setecentistas. Diamantina: Maria Fumaça, 2000.

MERCADANTE, L. F. *Victor Civita*. São Paulo: Nova Cultural, 1987.

MESQUITA, C. *Glebarismo*. Manaus: s.n., 1935.

METHODE de lecture sans épellation par Abria. Paris: Langlois e Leclercq Libraires, 1852.

METHODE néel: lecture, écriture, leçons de chose, notions premières en deux tableaux. Premier livret. lecture, écriture, leçons de choses, les 100 premieres nombres. Paris: [s.n.], 1874.

MEYER, M. (Org.). *Do almanak aos almanaques*. São Paulo: Ateliê Editorial, 2001.

______. *Folhetim*: uma história. São Paulo: Companhia das Letras, 1996.

MICELI, S. *Intelectuais à brasileira*. São Paulo: Companhia das Letras, 2001.

MICHON, J.; MOLLIER, J.-Y. *Les mutations du livre et de l'edition dans le monde du XVIIe siècle à l'an 2000*. Quebéc: Les Presses Universitaires de Laval/Paris: L'Harmattan, 2001.

MINARD, P. A agitação na força de trabalho. In: DARNTON, R.; ROCHE, D. *Revolução impressa*. São Paulo: Edusp, 1996.

MIRA, M. C. *O leitor e a banca de revista*. São Paulo: Olhos d'Água, Fapesp, 2001.

MIRANDA, J. *O constitucionalismo liberal luso-brasileiro*. Lisboa: Comissão Nacional para as Comemorações dos Descobrimentos Portugueses, 2001.

MOLES, A. *O kitsch*. 5.ed. São Paulo: Editora Perspectiva, 2001.

MOLLIER, J.-Y. L'édition aux XIXe et XXe siècles: une médiation culturelle menacée. In: COOPER-RICHET, D.; MOLLIER, J.-Y.; SILEM, A. *Passeur culturels dans le monde des médias et de l'édition en Europe (XIXe et XXe siècles)*. Villeurbanne: Presse de l'Enssib, 2005, p.183-92.

______. L'évolution du système editorial français depuis l'Encyclopédie de Diderot. In: ______. et al. *Oú va le livre?* Paris: La Dispute, 2000/2002.

______. Édition et Politique (XIXe-XXe siècles). In: BERSTEIN, S.; MILZA, P. (Dirs.). *Axes et méthodes de l'histoire politique*. Paris: PUF, 1998.

______. *L'argent et les lettres*: histoire du capitalisme d'édition – 1880-1920. Paris: Fayard, 1988.

MONARCHA, C. *Escola Normal da Praça*: o lado noturno das luzes. Campinas: Ed. da Unicamp, 1999.

______. Lourenço Filho e a Bibliotheca de Educação. In: MONARCHA, C. (Org.). *Lourenço Filho*: outros aspectos, mesma obra. Campinas: Mercado de Letras, 1997.

MONIZ, E. *Francisco Alves de Oliveira, livreiro e autor*. Rio de Janeiro: Publicações da Academia Brasileira de Letras, 1943.

MONTEIRO, M. Y. *Notas sobre a Imprensa Oficial do Estado do Amazonas*. Manaus: Imprensa Oficial, 1986.

MORAES, E. R. *O corpo impossível*. São Paulo: Iluminuras, Fapesp, 2002.

MORAES, P. *Confidências literárias*. Rio de Janeiro: Gráfica O Cruzeiro, 1944.

MORAES, R. B. *Livros e bibliotecas no Brasil colonial*. 2.ed. Brasília: Briquet de Lemos, 2006 [1979].

______. A Impressão Régia do Rio de Janeiro: origens e produção. In: CAMARGO, A. M. A.; MORAES, R. B. *Bibliografia da Impressão Régia do Rio de Janeiro*. São Paulo: Edusp, Kosmos, 1993. v.1

______. *O bibliófilo aprendiz*. 2.ed. São Paulo: Nacional, 1975.

______. *Bibliografia brasileira do período colonial*. São Paulo: Instituto de Estudos Brasileiros – Universidade de São Paulo (USP), 1969.

MORAIS, C. C. Posse e circulação de romances: a novela Eduardo e Lucinda, ou a portuguesa infiel na Vila oitocentista de São João del-Rei, Minas Gerais. In: ABREU, M. (Org.) *Trajetórias do romance*: circulação, leitura e escrita nos séculos XVIII e XIX. São Paulo: Fapesp/Campinas: Mercado de Letras, 2008.

MOREL, M. *As transformações dos espaços públicos*: imprensa, atores políticos e sociabilidade na cidade imperial (1829-1840). São Paulo: Hucitec, 2005.

MOREYRA, A. *As amargas, não...* Porto Alegre: Instituto Estadual do Livro, 1989.

MORTATTI, M. R. *Os sentidos da alfabetização*. São Paulo: Unesp, 2000.

MÜLLER, D. P. *Ensaio d'um quadro estatístico da província de São Paulo*: ordenado pelas leis provinciais de 11 de abril de 1836 e 10 de março de 1837. 3.ed. fac-similada. São Paulo: Governo do Estado, 1978.

MUZZI, E. S. Epopeia e história. In: PROENÇA FILHO, D. (Org.). *A poesia dos inconfidentes*: poesia completa de Cláudio Manuel da Costa, Tomás Antônio Gonzaga e Alvarenga Peixoto. Rio de Janeiro: Nova Aguilar, 1996, p.349-54.

NASCIMENTO, L. *História da imprensa de Pernambuco*. Recife: Universidade Federal de Pernambuco, v.I, 1968; v.IV, 1969.

NEEDELL, J. D. *Belle époque tropical:* sociedade e cultura de elite no Rio de Janeiro na virada do século. São Paulo: Companhia das Letras, 1993.

NEVES, L. M. B. P. *Corcundas e constitucionais*: a cultura política da independência (1820-1822). Rio de Janeiro: Revan, Faperj, 2003.

______.; MACHADO, H. *O império do Brasil*. Rio de Janeiro: Nova Fronteira, 1999.

NIZZA DA SILVA, M. B. História da leitura luso-brasileira: balanços e perspectivas. In: ABREU, M. (Org.). *Leitura, história e história da leitura*. Campinas: Mercado de Letras, Associação de Leitura do Brasil/São Paulo: Fapesp, 1999.

______. *O império luso-brasileiro (1750-1822)*. Lisboa: Editorial Estampa, 1986.

______. *Cultura no Brasil Colônia*. Petrópolis: Vozes, 1981.

______. *A primeira gazeta da Bahia*: idade d'ouro do Brasil. São Paulo: Cultrix, Brasília: INL, 1978a.

______. *Cultura e sociedade no Rio de Janeiro (1808-1821)*. São Paulo: Ed. Nacional, 1978b.

NOGUEIRA, O. (Org.) *Obra política de José Bonifácio*. Brasília: Senado Federal, 1973. v.1.

NUNES, M. de F. *Imprensa periódica científica (1772-1852). Leituras de "sciencia agrícola" em Portugal*. Lisboa: Estar, 2001.

______.; BRIGOLA, J. C. José Mariano da Conceição Veloso (1724-1811) – Um frade no Universo da Natureza. In: *A Casa Literária do Arco do Cego (1799-1801)*. Lisboa: Imprensa Nacional – Casa da Moeda, 1999, p.51-75.

OLIVEIRA, W. F. *Empresa Gráfica da Bahia*. Salvador: EGBA, 1985.

OLIVERO, I. *L'invention de la collection*: de la diffusion de la littérature et des savoirs à la formation du citoyen au XIXe siècle. Paris: Éditions de l'Imec, Édition de la Maison des Sciences de l'Homme, 1999.

ORTIZ, R. *A moderna tradição brasileira*. São Paulo: Brasiliense, 1991 [1988].

ORTIZ, R. (Org.). *Pierre Bourdieu*. São Paulo: Ática, 1983.

PACHECO, F. *Duas charadas bibliographicas*. 2v. Rio de Janeiro: Typ. do Jornal do Commercio, Rodrigues & C., 1931.

PAES, J. P. Por uma literatura brasileira de entretenimento. In: PAES, J. P. *A aventura literária*. São Paulo: Companhia das Letras, 1990, p.25-38.

PAIXÃO, F (Ed.). *Momentos do livro no Brasil*. São Paulo: Ática, 1998.

PARK, M. B. *História e leitura de almanaques no Brasil*. São Paulo: Mercado de Letras, 1999.

PASSERON, J.-C. O poliformismo cultural da leitura. In: PASSERON, J.-C. *O raciocínio sociológico*. Petrópolis: Vozes, 1995, p.374-85.

PASSIANI, E. *Na trilha do Jeca*: Monteiro Lobato e a formação do campo literário no Brasil. Bauru: Edusc, 2003.

PASSOS, A. *A imprensa no período colonial*. Rio de Janeiro: MEC, 1952.

PAULA, J. A. A mineração de ouro em Minas Gerais no século XVIII. In: RESENDE, M. E. L.; VILLALTA, L. C. (Orgs.). *História de Minas Gerais*: as Minas setecentistas. Belo Horizonte: Autêntica, 2007. v.1, p.279-302.

PAULILLO, M. C. R. A. *Tradição e modernidade*: Afonso Schmidt e a literatura paulista (1906-1928). São Paulo: Fapesp, Anablume, Unifieo, 2002.

PEDREIRA, J.; COSTA, F. D. *D. João VI, um príncipe entre dois continentes*. São Paulo: Cia. das Letras, 2008.

PEDRO, J. M. *Mulheres honestas e mulheres faladas, uma questão de classe*. Florianópolis: EDUFSC, 1998.

PELONI, J. M. *Méthode d'enseignement simultané. Lecture, d'Ecriture, d'Orthographe, de dessin et de calcul*. Paris: Sablit, J. Bricon, 1887.

PEREIRA DA COSTA, F. A. *Anais pernambucanos 1795-1817*. Recife: Fundarpe, 1984. v.8.

PEREIRA, A. *D. João VI, Príncipe e Rei*. 4v. Lisboa: Empresa Nacional de Publicidade, 1953, 1958.

PERES, E. O grupo de história da alfabetização e o desenvolvimento do projeto de pesquisa cartilhas escolares em Pelotas (RS): organização do trabalho, fontes e questões de investigação. In: FRADE, I. C. A. S. F.; MACIEL, F. I. (Orgs.). *História da alfabetização*: produção, difusão e circulação de livros (MG/RS/MT – Séc. XIX e XX). Belo Horizonte: UFMG, FAE, 2006.

PESAVENTO, S. J. *Exposições universais*: espetáculos da modernidade do século XIX. São Paulo: Hucitec, 1997.

PETRUCCI, A. Ler por ler: um futuro para a leitura. In: CHARTIER, R.; CAVALO, G. *História da leitura no mundo ocidental*. São Paulo: Ática, 1998. 2v.

PFROMM NETO, S. et al. Cartilhas, gramáticas, livro texto. In: PFROMM NETO, S. *O livro na Educação*. Rio de Janeiro: Primor, INL, MEC,1974.

PIAULT, F. *Le livre*: la fin d'un régne. Paris: Stock, 1995.

PIGLIA, R. *O último leitor*. São Paulo: Cia. das Letras, 2006.

PIMENTEL, F. *Aspectos gerais de Porto Alegre*. Porto Alegre: Imprensa Oficial, 1945.

PIMENTEL, A. F. *O aborto*. Rio de Janeiro: Quaresma & Com., 1893.

PINHEIRO, P. S. *Manifestações literárias em São Paulo na época colonial*. São Paulo: Conselho Estadual de Cultura, 1961.

PINTO, A. M. *Cantigas das creanças e do povo*. Rio de Janeiro: Francisco Alves, 1916.

PINTO, I. *Datas e notas para a história da Paraíba*. João Pessoa: Ed. Universitária, 1977. v.2.

PITA, S. R. *História da América portuguesa*. São Paulo: W. M. Jackson, 1965.

PIZA, D. *Machado de Assis*: um gênio brasileiro. São Paulo: Imprensa Oficial, 2006.

POCOCK, J. G. A. O estado da arte. In: ______. *Linguagens do ideário político*. São Paulo: Edusp, 2003.

POLIANTEIA do centenário do ensino normal em São Paulo. São Paulo: Gráfica Brescia, 1946.

POPKIN, J. Jornais: a nova face das notícias. In: DARNTON, R.; ROCHE, D. (Ed.). *A revolução impressa*: a imprensa na França, 1775-1800. São Paulo: Edusp, 1996.

PORTO ALEGRE, A. *Revivendo o passado*. 2.ed. Porto Alegre: Sulina, 1953.

______. *História popular de Porto Alegre*. Porto Alegre: s.n., 1940.

______. *Noutros tempos*. Porto Alegre: Globo, 1922a.

______. *Paisagens mortas*. Porto Alegre: Globo, 1922b.

______. *Flores entre ruínas*. Porto Alegre: Wiedmann & Cia., 1920.

PRADO, A. *Cacos para um vitral*. São Paulo: Nova Fronteira, 1980.

PRADO, M. L. C. *América Latina no século XIX*: tramas, telas e textos. São Paulo: Edusp/Bauru: Edusc, 1999.

PRATT, M. L. *Os olhos do Império:* relatos de viagem e transculturação. Bauru: Edusc, 1999.

PROENÇA FILHO, D. (Org.). *A poesia dos inconfidentes*: poesia completa de Cláudio Manuel da Costa, Tomás Antônio Gonzaga e Alvarenga Peixoto. Rio de Janeiro: Nova Aguilar, 1996.

PUJOL, A. *Relatório apresentado ao Exmo. Srn. dr. presidente do Estado de São Paulo em 30 de março de 1896 pelo secretário de Estado dos Negócios do Interior e Instrução Pública*. São Paulo: Tipografia do Diário Oficial, 1896.

QUEM é quem na história do Brasil. São Paulo: Abril, 2000.

QUINCEY, T. *Os últimos dias de Emmanuel Kant*. Rio de Janeiro: Forense Universitária, 1989.

RABELO, G. M. *O capital estrangeiro na imprensa brasileira*. Rio de Janeiro: Civilização Brasileira, 1966.

RAMA, A. *A cidade das letras*. São Paulo: Brasiliense, 1985.

RAZZINI, M. P. G. Instrumentos de escrita na escola elementar: tecnologias e práticas. In: MIGNOT, A. C. *Cadernos à vista*: escola, memória e cultura escrita. Rio de Janeiro: Eduerj, 2007b.

RÉGIMBEAU, P. *Nouvelle méthode simplifiant l'enseignement de la lecture*: par la décomposition du langage en sons purs et en sons articulés. Paris: Libraire Hachette, [s.d.].

REIMÃO, S. *Mercado editorial brasileiro (1960-1990)*. São Paulo: Com-Arte, Fapesp, 1996.

REIS, A. C. F. *História do Amazonas*. 2.ed. Belo Horizonte: Itatiaia/São Paulo: Edusp, 1989.

RIBEIRO, H. *Cartilha nacional*. Rio de Janeiro: Livraria Francisco Alves, 1926.

RIBEIRO, J. S. *Historia dos estabelecimentos scientificos, litterarios e artísticos de Portugal nos successivos Reinados da Monarchia*. t.III. Lisboa: Academia Real das Sciencias, 1873.

RIBEIRO, M. L. S. *História da educação brasileira*: a organização escolar. São Paulo: Cortez, 1987.

RIDENTI, M. Cultura e política: os anos 1960-1970 e sua herança. In: FERREIRA, J.; DELGADO, L. A. N. *O tempo da ditadura*. Rio de Janeiro: Civilização Brasileira, 2003.

RIZZINI, C. *O livro, o jornal e a tipografia no Brasil, 1500-1822*. Ed. fac-similar. São Paulo: Imprensa Oficial do Estado, 1988 [1946].

______. *O jornalismo antes da tipografia*. São Paulo: Ed. Nacional, 1968.

ROCHA, F. *Progresso Editora*: tribuna e paixão de Pinto de Aguiar. Salvador: Edufba, Egba, 1996.

ROCHE, D. *Les républicains des lettres*: gens de culture et Lumières au XVIIIe.s. Paris: Fayard, 1988.

RODRIGUES, J. L. *Um retrospecto*: alguns subsídios para a história pragmática do ensino público em São Paulo. São Paulo: Instituto D. Anna Rosa, 1930.

RODRIGUES, J. P. C. S. *A dança das cadeiras*: literatura e política na Academia Brasileira de Letras (1896-1913). Campinas: Cecult, Ed. da Unicamp, 2001.

ROSA, F. et al. *Abdon Matos Rosado*: livreiro e editor. Salvador: Fundesp, 1994.

______.; ZOBIAK, R. *Editoras baianas*. Salvador: IBL, 1992.

ROSA, F. G. M. G. "A produção editorial e as editoras universitárias". In: RUBIM, L. (org.) *Organização e produção da cultura*. Salvador: EDUFBA, 2005, p.69-183.

ROSA, P.; GRISARD, I. *O Clube Doze de Agosto e sua história*. Florianópolis: Clube 12 de Agosto, 1991.

RUGENDAS, J. M. *Viagem pitoresca através do Brasil*. 4.ed. São Paulo: Livraria Martins, 1949.

SÁ EARP, F.; KORNIS, G. Proteger o livro: quem tem medo do lobo mau? In: GERLACH, M. *Proteger o livro*: desafios culturais, econômicos e políticos do preço fixo. Rio de Janeiro: Libre, 2006.

SÁ EARP, F.; KORNIS, G. *A economia da cadeia produtiva do livro*. Rio de Janeiro: BNDES, 2005.

SANTOS, J. et al. *Edições "O ViceRey"*: levantamento histórico. Salvador: Fundesp, 1994.

SANTOS, M. L. C. L. *Intelectuais portugueses na primeira metade de Oitocentos*. Lisboa: Editorial Presença, 1985.

SAUVY, A. Livres contrefaits et livres interdits. In: CHARTIER, R.; MARTIN, H.-J. *Histoire de l'édition française*: le livre triomphant, 1660-1830. Paris: Fayard, 1990.

SCHAPOCHNIK, N. A leitura no espaço e o espaço da leitura. In: ______.; ABREU, M. (Orgs.). *Cultura letrada no Brasil*: objetos e práticas. Campinas: Mercado de Letras, ALB, São Paulo: Fapesp, 2005, p.229-43.

SCHIFFRIN, A. *O negócio dos livros*: como as grandes corporações decidem o que você lê. Rio de janeiro: Casa da Palavra, 2000.

______. *L'édition sans éditeurs*. Paris: La Fabrique, 1999.

SCHUTEL, D. P. *A Massambu*. Florianópolis: EDUFSC: INL, Movimento, 1988.

SCHWARCZ, L. M. *As barbas do imperador*. São Paulo: Companhia das Letras, 1998.

SCHWARTZMAN, S.; BOMENY, H. M. B.; COSTA, V. M. R. *Tempos de Capanema*. São Paulo: Paz e Terra, Ed. da FGV, 2000.

SCHWARZ, R. Cultura e política, 1964-1969. In: ______. *O pai de família e outros estudos*. Rio de Janeiro: Paz e Terra, 1978.

SEGUIN, J.-P. *Nouvelles à sensation*: Canards du XIXe siècle. Paris: Armand Colin, 1959.

SENNA, E. *O velho comércio do Rio de Janeiro*. Rio de Janeiro: Garnier, s.d.

SEVCENKO, N. *Literatura como missão*: tensões sociais e criação cultural na Primeira República. São Paulo: Brasiliense, 1983.

SILVA, A. M.-D. *Portrait d'un homme d'État: D. Rodrigo de Souza Coutinho, Comte de Linhares, 1744-1812*. t. II: L'homme d'État, 1796-1812. Paris: Centre Culturel Calouste Gulbenkian, 2006.

SILVA, D. *Nos bastidores da censura*: sexualidade, literatura e repressão pós-64. São Paulo: Liberdade, 1989.

SILVA, F. C. T. A modernização autoritária: do golpe militar à redemocratização, 1964/1984. In: LINHARES, M. Y. *História geral do Brasil*. Rio de Janeiro: Campus, 1996.

SILVEIRA, A. *A velha Porto Alegre (memorial do bacharel João Braz)*. Porto Alegre: Globo, 1940.

SILVERMAN, M. *Protesto e o novo romance brasileiro*. 2.ed. Rio de Janeiro: Civilização Brasileira, 2000.

SIMÕES, I. *Roteiro da intolerância*. São Paulo: Senac, Terceiro Nome, 1998.

SISMONDI, S. De la littérature du midi de l'Europe. In: CÉSAR, G. (Org.). *Historiadores e críticos do romantismo*. São Paulo: Edusp, 1978, p.21-6.

SMADJA, I. *As razões do sucesso*. Rio de Janeiro: Contraponto, 2004.

SOARES, G. P. Bastidores da edição literária para crianças no Brasil entre os anos 1920 e 1960: a atuação de Lourenço Filho junto à Companhia Melhoramentos. In: DUTRA, E. R. F.; MOLLIER, J.-Y. (Orgs.). *Política, nação e edição*: Brasil, Europa e Américas nos séculos XVIII-XX – o lugar dos impressos na construção da vida política. São Paulo: Annablume, 2006.

SOARES, G. *Semear horizontes*: uma história da formação de leitores na Argentina e no Brasil, 1915-1954. Belo Horizonte: Ed. da UFMG, 2007.

SODRÉ, N. W. *História da imprensa no Brasil*. 3.ed. São Paulo: Martins Fontes, 1983 [1977; 1966].

SOUZA LIMA, A. C. Apresentação. In: ROQUETE-PINTO, E. *Rondônia*: anthropologia-ethnografia. Rio de Janeiro: Fiocruz, 2005, p.13.

SOUZA LOBO, J. C.; TOTTA, M.; AZURENHA, P. *Estrycnina*. Porto Alegre: Livraria Americana, 1897.

SOUZA, L. M. *O folheto popular*: sua capa e seus ilustradores. Recife: Massangana, 1981.

SOUZA, O. T. *História dos fundadores do Império do Brasil*: José Bonifácio. 2.ed. Rio de Janeiro: José Olympio, 1957. v.I.

SOUZA, R. A. *O império da eloquência*: retórica e poética no Brasil oitocentista. Rio de Janeiro: Eduerj, Eduff, 1999.

SOUZA, R. F. *Templos de civilização*: a implantação da escola primária graduada no estado de São Paulo (1890-1910). São Paulo: Ed. Unesp, 1998.

SPIX, J. B. V.; MARTIUS, C. F. P. V. *Viagem pelo Brasil*: 1817-1820. 2.ed. São Paulo: Melhoramentos, s.d. v.1.

STELLFELD, C. *Os dois Vellozo. Biografias de Frei José Mariano da Conceição Vellozo e Padre doutor Joaquim Vellozo de Miranda*. Rio de Janeiro: Sousa, 1952.

STEPHANOU, A. A. *Censura no regime militar e militarização das artes*. Porto Alegre: Edipucrs, 2001.

SUBTIL, J. M. L. *O Desembargo do Paço (1750-1833)*. Lisboa: Universidade Autônoma de Lisboa, 1996.

SÜSSEKIND, F. *O Brasil não é longe daqui*: o narrador, a viagem. São Paulo: Companhia das Letras, 1990.

______. *Cinematógrafo de letras*: literatura, técnica e modernização no Brasil. São Paulo: Companhia das Letras, 1987.

TAVARES, L. G. P. *Nome para compor em caixa alta*: Arthur Arezio da Fonseca. Salvador: Empresa Gráfica da Bahia, 2005.

TAVARES, L. H. D. *História da Bahia*. 10.ed. São Paulo: Ed. Unesp/Salvador: Edufba, 2001.

TAVARES, M. *História da revolução de Pernambuco de 1817*. 3.ed. Recife: Imprensa Industrial, 1917.

TERRA, R. B. L. *Memória de luta*: primórdios da literatura de folhetos do Nordeste (1893-1930). São Paulo: Global, 1983.

TINHORÃO, J. R. *Os romances em folhetins no Brasil*: 1830 à atualidade. São Paulo: Duas Cidades, 1994.

TOLEDO, R. P. Victor Civita. In: *Abril: os primeiros 50 anos*. São Paulo: Abril, 2000.

TOLLENARE, L. F. *Notes dominicales prises pendant un voyage en Portugal et au Brésil en 1816, 1817 et 1818*. Paris: Presses Universitaires de France, 1972. t.II.

TORRESINI, E. R. *História e literatura*: ensaios. Porto Alegre: Literalis, 2007.

______. *História de um sucesso literário*: Olhai os lírios do campo, de Erico Verissimo. Porto Alegre: Literalis, 2003.

______. *Editora Globo*: uma aventura editorial nos anos 30 e 40. São Paulo: Edusp, Com-Arte/Porto Alegre: Ed. da UFRGS, 1999.

TRATADOS e actos internacionais, Brasil-Portugal. Lisboa: Serpro, 1992.

TSCHICHOLD, J. In: MARTINS FILHO, P. (Org.). *A arte invisível*. São Paulo: Ateliê, 2003.

VAMPRÉ, S. *Memórias para a história da academia de São Paulo*. 2.ed. Brasília: INL, Conselho Federal de Cultura, 1977. t.I.

VAN ACKER, L. Escola Nova e comunismo. In: ______. *O legionário*. São Paulo: s.n., s.d.

VARNHAGEN, F. A. de. *História geral do Brasil*. 5.ed. rev. Notas de Rodolfo Garcia. São Paulo: Melhoramentos, 1956

VAZ, L. *Páginas vadias*. Rio de Janeiro: José Olympio, 1957.

VEIGA, G. As tipografias de Olinda e Recife nos meados do século XIX. In: ______. *História das ideias da Faculdade de Direito do Recife*. Recife: Ed. Universitária, 1984. v.IV, p.243-66.

VELLOSO, M. P. *Modernismo no Rio de Janeiro*: turunas e quixotes. Rio de Janeiro: Ed. FGV, 1996.

VELLOZO, J. M. da C. *Flora Fluminensis. Estudos preliminares.* Rio de Janeiro: Centro de Memória e Documentação da Secretaria de Estado de Meio Ambiente e Desenvolvimento Sustentável/RJ, 1999.

______. *O Fazendeiro do Brasil. Cultivador.* [...]. Tomo II. Parte II, Prefácio. Lisboa: Of. de Simão Thaddeo Ferreira, 1800a.

______. Prefácio. In: ARAGÃO, F. de F. e. *Tratado Histórico e Fysico das Abelhas.* Lisboa. Lisboa: Officina da Casa Litteraria do Arco do Cego, 1800b.

______. Prefácio. In: *O Fazendeiro do Brazil.* T.1, parte I. Lisboa: Régia Officina Typographica, 1798.

VENANCIO, G. M. *As flores raras do jardim do poeta.* Fortaleza: Secult, Museu do Ceará, 2006a.

______. Da escrita impressa aos impressos da biblioteca: uma análise da trajetória de leitura de Francisco José de Oliveira Vianna. In: MOLLIER, J.-Y.; DUTRA, E. R. F. (Orgs.). *Política, nação e edição*: o lugar dos impressos na construção da vida política. São Paulo: Annablume, 2006b, p.87-110.

VENTURA, R. *Estilo tropical*: história cultural e polêmicas literárias no Brasil. São Paulo: Companhia das Letras, 1991.

VENTURA, Z. *1968, o ano que não terminou*: a aventura de uma geração. 17.ed. Rio de Janeiro: Nova Fronteira, 1988.

VERGUEIRO, W.; SANTOS, R. E. (Orgs.). *O Tico-Tico*: centenário da primeira revista de quadrinhos do Brasil. São Paulo: Opera Graphica, 2005.

VERÍSSIMO, J. A instrucção e a imprensa. In: *Livro do centenário (1500-1900)*, Secção IV. Rio de Janeiro: Imprensa Nacional, 1900.

VIDAL, D. G. *Culturas escolares.* São Paulo: Autores Associados, 2005.

______. Livros por toda a parte: o ensino ativo e a racionalização da leitura nos anos 1920 e 1930 no Brasil. In: ABREU, M. (Org.). *História do livro e da leitura.* Campinas: Mercado de Letras, ALB, São Paulo: Fapesp, 1999, p.335-58.

______.; HILSDORF, M. L. S. (Orgs.). *Brasil 500 anos*: tópicas em história da educação. São Paulo: Edusp, 2001.

VIEIRA, L. R. *Consagrados e malditos*: os intelectuais e a Editora Civilização Brasileira. Brasília: Thesaurus, 1998.

VILLAÇA, A. C. *José Olympio, descobridor de escritores.* Rio de Janeiro: Thex, 2001.

VILLALTA, L. C. Romances e leituras proibidas no mundo luso-brasileiro (1740-1802). In: ABREU, M. (Org.). *Trajetórias do romance*: circulação, leitura e escrita nos séculos XVIII e XIX. São Paulo: Fapesp, Campinas: Mercado de Letras, 2008.

______. As origens intelectuais e políticas da Inconfidência Mineira. In: RESENDE, M. E. L.; VILLALTA, L. C. (Orgs.). *História de Minas Gerais*: as Minas setecentistas. Belo Horizonte: Autêntica, 2007a, v.2, p.579-607.

______. Ler, escrever, bibliotecas e estratificação social. In: RESENDE, M. E. L.; VILLALTA, L. C. (Orgs.). *História de Minas Gerais*: as Minas setecentistas. Belo Horizonte: Autêntica, 2007b, v.2, p.289-311.

______. Os leitores e os usos dos livros na América portuguesa. In: ABREU, M. (Org.). *Leitura, história e história da leitura*. Campinas; São Paulo: Mercado de Letras, Fapesp, 1999, p.90-105.
VOLTAIRE. *Conselhos a um jornalista*. São Paulo: Martins Fontes, 2006.
WALTY, I. L. C. et al. (ORG.). Mobilidades culturais: agentes e processos. Belo Horizonte: Veredas & Cenários, 2009.
WATT, I. *A ascensão do romance*. São Paulo: Companhia das Letras, 1990.
WERNECK, H. (Ed.). *A revista no Brasil*. São Paulo: Abril, 2000.
WILLIAMS, R. *Marxismo y literatura*. Barcelona: Península, 1997.
WILLIAMSON, E. B. *Uma vida*. Buenos Aires: Seix Barral, 2006.
YOLANDA, R. *O livro infantil e juvenil brasileiro*: bibliografia de ilustradores. São Paulo: Melhoramentos, Brasília: Instituto Nacional do Livro, 1976.
ZILBERMAN, R. A literatura e o apelo das massas. In: AVERBUCK, L. (Org.). *Literatura em tempo de cultura de massa*. São Paulo: Nobel, 1984, p.11-31.
______. (Org.). *A produção cultural para crianças*. Porto Alegre: Mercado Aberto, 1982.
______.; LAJOLO, M. *Um Brasil para crianças*: para conhecer a literatura infantil brasileira. Histórias, autores e textos. São Paulo: Global, 1986.

Enciclopédias, dicionários e almanaques

ALMANACK administrativo da província do Amazonas para o ano de 1874. Manaus: Tipografia do Comércio do Amazonas, 1873.
ALMANACK administrativo da província do Amazonas para o ano de 1884. Manaus: s.n., 1884.
ALMANAK administrativo, mercantil e industrial do Rio de Janeiro para o ano de 1885. Rio de Janeiro: J. E. & H. Laemmert, 1885.
ALMANAK literário e estatístico do Rio Grande do Sul. Porto Alegre: Livraria Americana, 1913.
ALMANACK litterário e estatístico da província do Rio Grande do Sul. Porto Alegre, Pelotas: Carlos Pinto & Cia. Sucessores, 1890.
BLAKE, A. V. A. S. *Diccionario Bibliographico Brazileiro*. v.1. Rio de Janeiro: Conselho Federal de Cultura, 1970 [ed. fac-similar da publicada pela Typographia Nacional (Rio de Janeiro) em 1883]
CASCUDO, L. C. *Dicionário do folclore brasileiro*. 6.ed. Belo Horizonte: Itatiaia, 1988.
CIVITA, V. Caro leitor. In: ______. (Ed.). *Enciclopédia Abril*. São Paulo: Abril Cultural, 1971.
COELHO, N. N. *Dicionário crítico da literatura infantil/juvenil brasileira (1882-1982)*. São Paulo: Quíron/Brasília: Instituto Nacional do Livro, 1984.
DICCIONARIO das flores, folhas e fructas ou manual dos namorados. Rio de Janeiro: Quaresma & C., s.d.

DICIONÁRIO das flores, folhas, fructas e objectos mais visuais com suas significações ou Vademecum dos namorados offerecido aos fieis subditos de cupido. Rio de Janeiro: B. L. Garnier, 1886.

FERREIRA, A. B. H. *Novo dicionário Aurélio da Língua Portuguesa*. 2.ed. Rio de Janeiro: Nova Fronteira,1986.

FONSECA, A. A. *Diccionario de termos graphicos*. Salvador: Imprensa Oficial do Estado, 1936.

GRANDE enciclopédia portuguesa e brasileira. Lisboa/Rio de Janeiro: Editorial Enciclopédia. v.2.

JONES, D. (Ed.). *Censorship*: A World Encyclopedia. Londres/Chicago: Fitzroy Dearborn Publishers, 2001.

PELLEGRINI, D.; ABRAMO, M. *Almanaque do amor*: no fluxo da utopia. São Paulo: Imaginário, 1994.

PEREIRA DA COSTA, F. A. *Dicionário biográfico de pernambucanos célebres*. Recife: Fundação de Cultura Cidade do Recife, 1981.

PIAZZA, W. *Dicionário político catarinense*. Florianópolis: Alesc, 1985.

POMIAN, K. Coleção. In: *Enciclopédia Einaudi*. Lisboa: Imprensa Nacional, Casa da Moeda, 1984

SILVA, I. F. *Diccionario Bibliographico Portuguez*. Ophir, Biblioteca Virtual dos Descobrimentos Portugueses, 9, 2001.

TV GLOBO. *Dicionário da TV Globo*. Rio de Janeiro: Jorge Zahar, 2003. v.1.

VILLAS-BÔAS, P. L. *Dicionário bibliográfico gaúcho*. Porto Alegre: Escola Superior de Teologia e Espiritualidade, Ed. Gaúcha, 1991.

Trabalhos acadêmicos

ALVARENGA, T. A. *Homens e livros em Vila Rica*: 1750-1800. São Paulo, 2003. Dissertação (Mestrado em História Social) – Faculdade de Filosofia, Letras e Ciências Humanas, Universidade de São Paulo.

ANTUNES, A. A. *Espelho de cem faces*: o universo relacional do advogado setecentista José Pereira Ribeiro. Belo Horizonte, 1999. Dissertação (Mestrado em História) – Universidade Federal de Minas Gerais.

______. *"Fiat Justitia"*: os advogados e a prática da justiça em Minas Gerais (1750-1808). Campinas, 2005. Tese (Doutorado em História) – Instituto de Filosofia e Ciências Humanas, Universidade Estadual de Campinas.

ARAÚJO, A. *Bibliotheca Monasterii Sti. Pauli*: história cultural, bibliografia histórica, preferências e práticas de leitura e sentido de ordem acerca da coleção de livros antigos (sécs. XVI-XVIII). In: Simpósio Nacional de História, 24, 2007, São Leopoldo. *Anais*... São Leopoldo: ANPUH, 2007.

BARCELLOS, M. A. *O editor Erico Verissimo e a produção editorial da Editora Globo*. In: CONGRESSO brasileiro de ciências da comunicação, 25, 2002, Salvador. *Anais*... Salvador: UFBA, 2002.

BARCELLOS, M. *O sistema literário brasileiro atual*: pequenas e médias editoras. Rio de Janeiro, 2006. Tese (Doutorado em Letras) – Pontifícia Universidade Católica do Rio de Janeiro.

BEDA, E. *Octales Marcondes Ferreira*: formação e atuação do editor. São Paulo, 1987. Dissertação (Mestrado) – Escola de Comunicação e Artes, Universidade de São Paulo.

BORELLI, S. H. S. *Harry Potter: campo literário e mercado, livros e matrizes culturais*. São Paulo, 2006. Tese (Livre-docência em Antropologia) – Departamento de Antropologia, Pontifícia Universidade Católica.

BRAGANÇA, A. *Antecedentes da instalação hipertardia da tipografia ao Brasil (1747-1808)*. Apresentado como conferência no IV SETHIL, Vitória da Conquista (BA), 13-16 set. 2008. A sair na revista *Floema*, da UESB.

BRAGANÇA, A. F. A. *Eros pedagógico: a função editor e a função autor*. São Paulo, 2001. Tese (Doutorado em Ciências da Comunicação) – Departamento de Ciências da Comunicação da Escola de Comunicação e Artes, Universidade de São Paulo.

CABRINI, C. A. *Memória do livro didático*: os livros de leitura de Felisberto Rodrigues Pereira de Carvalho. São Paulo, 1994. Dissertação (Mestrado em Educação) – Escola de Comunicação e Artes, Universidade de São Paulo.

CARVALHO, K. As práticas editoriais do século XIX e início do século XX e o papel da Associação Tipográfica da Bahia. In: Congresso Anual em Ciência da Comunicação, 25, 2002, Salvador, *Anais*... Salvador: Intercom, 2002a.

CASSIANO, C. C. F. *Circulação do livro didático*: entre práticas e prescrições. Políticas públicas, editoras, escolas e o professor na seleção do livro escolar. São Paulo, 2003. Dissertação (Mestrado em Educação) – Pontifícia Universidade Católica.

CASTRO, E. C. *A difusão do livro através de bibliotecas particulares em São João del-Rei*. São João del-Rei, 2003. Monografia (Especialização em História de Minas Gerais) – Departamento de Ciências Sociais, Políticas e Jurídicas, Universidade Federal de São João del-Rei.

CRENI, G. *Os artesãos do livro como uma alternativa no mercado editorial brasileiro*. São Paulo, 1997. Dissertação (Mestrado em História Econômica) – Faculdade de Filosofia Letras e Ciências Humanas, Universidade de São Paulo.

DEAECTO, M. M. *No império das letras*: circulação e consumo de livros na São Paulo oitocentista. São Paulo, 2006. Tese (Doutorado em História Econômica) – Faculdade de Filosofia Letras e Ciências Humanas, Universidade de São Paulo.

DUTRA, E. F. A tela imortal: o catálogo da exposição de História do Brasil de 1881. In: COLÓQUIO internacional de história do livro e da leitura do Ceará, 1, 2004, Fortaleza. *Anais*... Fortaleza: Ed. Uece, 2004.

GARCEZ, L. H. "Editoras universitárias como dinamizadoras do saber universitário". In: Seminário Nacional das Editoras Universitárias, 3, Campinas, 1986. Anais... Campinas: Ed. Unicamp, 1986.

GOMES, A. C. *Almanaque das senhoras (1871-1927) e um projeto de aceso feminino à cultura letrada*. Belo Horizonte, 2002. Dissertação (Mestrado em História) – Universidade Federal de Minas Gerais.

LEAL, T. P. *Coleção Iniciação Científica*: do projeto à edição (1931-1978). São Paulo, 2003. Dissertação (Mestrado em Educação, História Política e Sociedade) – Pontifícia Universidade Católica.

LIMA, G. C.; MARIZ, A. S. A trajetória de Marius Lauritzen Bern na Editora Civilização Brasileira. In: SEMINÁRIO brasileiro sobre livro e a história editorial, 1, 2004, Rio de Janeiro. *Anais*... Rio de Janeiro: Fundação Casa de Rui Barbosa, UFF, 2004. v.1, p.1-9.

MACIEL, F. I. P. *Lúcia Casasanta e o método global de contos*: uma contribuição à história da alfabetização em Minas Gerais. Belo Horizonte, 2001. Tese (Doutorado em Educação) – Faculdade de Educação, Universidade Federal de Minas Gerais.

MAIA NETO, E. F. A Typographia Studart e a Revista do Instituto do Ceará (1895-1904). *Texto apresentado no III Simpósio de História Cultural*. Florianópolis, 2006 (mimeog.).

MARIZ, A. S. *Editora Civilização Brasileira*: o design de um projeto editorial (1959-1970). Rio de Janeiro, 2005. Dissertação (Mestrado em Design) – Departamento de Artes, Pontifícia Universidade Católica.

MARQUES NETO, J. C. *Empresas editoriais, política editorial e o papel do editor*. Brasília: Associação Brasileira de Editoras Universitárias, 2002. 8p. Não publicado. Conferência apresentada na XV Reunião Anual da ABEU realizada em Brasília, em 25 ago. 2002.

MATOS, F. *Uma ilha de leitura*: notas para uma história de Florianópolis através de suas livrarias, livreiros e livros. Florianópolis, 2005. Trabalho de Conclusão de Curso (Graduação em História) – Universidade do Estado de Santa Catarina.

MORAIS, C. C. *Posse e usos da cultura escrita e difusão da escola: de Portugal ao Ultramar, Vila e Termo de São João del-Rei, Minas Gerais (1750-1850)*. Minas Gerais, 2009. Tese (Doutorado em História) – UFMG.

PEIXOTO, A. C. *A reforma educacional Francisco Campos*: Minas Gerais, governo Presidente Antonio Carlos. Belo Horizonte, 1989. Dissertação (Mestrado em Educação) – Faculdade de Educação, Universidade Federal de Minas Gerais.

PEREIRA, M. H. F. *A máquina da memória*: história, evento e tempo presente no *Almanaque Abril* (1975-2006). Belo Horizonte, 2006. Tese (Doutorado em História) – Faculdade de Filosofia e Ciências Humanas, Universidade Federal de Minas Gerais.

PINHEIRO, M. L. U. *Folhas do Norte*: letramento e periodismo no Amazonas, 1880-1920. São Paulo, 2001. Tese (Doutorado em História) – Pontifícia Universidade Católica.

RAMOS, E. *La gravure populaire au Brésil (XIXe-XXe siècle)*: du marché au marchand. Nanterre, 2005. Tese (Doutorado em Língua, Literatura e Civilização Lusófonas) – Université de Paris X.

RAZZINI, M. P. G. *Livro didático e expansão da escola pública elementar em São Paulo (1889-1920)*: a Livraria Francisco Alves. São Paulo, 2005. Relatório de conclusão (Estágio de Pós-Doutorado) – Faculdade de Educação, Universidade de São Paulo.

RAZZINI, M. P. G. Produção de livros didáticos e expansão da escola pública elementar em São Paulo na Primeira República: a Tipografia Siqueira e a Editora Melhoramentos. Relatório de conclusão (Estágio de Pós-doutorado em Educação). Pontifícia Universidade Católica de São Paulo, 2007c.

RIBEIRO, A. C. S. P. *Academia e pirataria*: o livro na universidade. Rio de Janeiro, 2002. Dissertação (Mestrado em Engenharia de Produção) – Coordenação dos Programas de Pós-Graduação de Engenharia, Universidade Federal do Rio de Janeiro.

ROMANCINI, R. *Apropriações de Paulo Coelho por usuários de uma biblioteca pública*. São Paulo, 2002. Dissertação (Mestrado em Ciências da Comunicação) – Escola de Comunicações e Artes, Universidade de São Paulo.

SAMPAIO, A. Comunicação. In: Seminário Nacional de Editoras Universitárias, 4, Goiânia; Salvador, 1987. Não paginado. Não publicado.

SARRAZIN, V. *Les almanachs parisiens au XVIIIe siècle*. 1997. Tese (Doutorado), Paris I.

SCHMIDT, L. L. *As práticas de intervenção de João José Coutinho na educação pública de Santa Catarina (1850/1859)*. São Paulo, 2006. Tese (Doutorado em Educação) – Pontifícia Universidade Católica.

SGARBI, A. D. *Bibliotecas pedagógicas católicas*: estratégias para construir uma "Civilização Cristã" e conformar o campo pedagógico através do impresso (1929-1938). São Paulo, 2001. Tese (Doutorado) – Pontifícia Universidade Católica.

SILVA JUNIOR, A. F. *A construção de um imaginário moderno*: as capas da Editora Civilização Brasileira (1960/1975). Rio de Janeiro, 2001. Dissertação (Mestrado em Artes Visuais) – Universidade Federal do Rio de janeiro.

SILVA, H. C. A circulação de romances de Teixeira e Sousa: best-sellers do século XIX? In: SEMINÁRIO brasileiro sobre livro e história editorial, 1, 2004, Rio de Janeiro. *Anais*... Rio de Janeiro: Casa de Rui Barbosa, 2004.

SOUZA, S. C. M. *Primeiras impressões*: romances publicados pela Impressão Régia do Rio de Janeiro (1808-1822). Campinas, 2007. Tese (Doutorado em Teoria e História Literária) – Instituto de Estudos da Linguagem, Universidade Estadual de Campinas.

TAVARES, L. G. P. A continuidade define a linha. São Paulo, 1991. Dissertação (Mestrado em Ciências da Comunicação) – Escola de Comunicação e Artes, Universidade de São Paulo.

TOLEDO, M. R. A. *Coleção Atualidades Pedagógicas*: do projeto político ao projeto editorial (1931-1981). São Paulo, 2001. Tese (Doutorado em Educação, História, Política e Sociedade) – Pontifícia Universidade Católica.

VIDAL, D. *O exercício disciplinador do olhar*: livros, leituras e práticas de formação docente no Instituto de Educação do Distrito Federal (1932-1937). São Paulo, 1995. Tese (Doutorado em História da Educação) – Universidade de São Paulo.

VILLALTA, L. C. *Reformismo, censura e práticas de leitura*: usos do livro na América portuguesa. São Paulo, 1999. Tese (Doutorado em História) – Faculdade de Filosofia, Letras e Ciências Humanas, Universidade de São Paulo.

VIVEIROS, L. A. *Os caminhos da riqueza dos paulistanos na primeira metade do Oitocentos.* São Paulo, 2003. Tese (Doutorado em História Econômica) – Faculdade de Filosofia, Letras e Ciências Humanas, Universidade de São Paulo.

Periódicos

ABREU, M. Impressão Régia do Rio de Janeiro: novas perspectivas. *Convergência Lusíada*, n.21, p.199-222, 2005.

ABREU, R. Museus etnográficos e práticas de colecionamento: antropofagia dos sentidos. In: CHAGAS, M. (Org.). *Museus: Revista do Patrimônio Histórico e Artístico Nacional*, n.31, 2005.

ALENCAR, J. M. *Propriedade litteraria*. In: BRASIL. *Annaes do Parlamento Brazileiro*. Rio de Janeiro: Typ. Imperial e Constitucional de J. Villeneuve & Cia., t.III, 1875.

AZEVEDO, A. Academia de Letras. *O País*, Rio de Janeiro, 12 nov. 1896.

BERNARDES, D. A. M. Economia, civilização e progresso. *Ideias. Revista do Instituto de Filosofia e Ciências Humanas da Unicamp*, a.5, v.1, p.131-52, 1998.

BITTENCOURT, C. F. Autores e editores de compêndios e livros de leitura (1810-1910). *Revista da Faculdade de Educação da USP*, 30 (03), p.475-91, 2004.

BOURDIEU, P. Une révolution conservatrice dans l'édition. *Actes de la Recherche en Sciences Sociales*, n.126-7, p.3-28, 1999.

BRAGANÇA, A. Sobre o editor: notas para sua história. *Em Questão*, v.11, n.2, p.219-37, 2005.

______. Uma introdução à história editorial brasileira. *Cultura: Revista de História e Teoria das Ideias*, v.XIV, s.II, p.57-83, 2002.

______. Lendo a história editorial de Os sertões de Euclydes da Cunha: as edições Laemmert. *Revista Horizontes*, v.17, 1997.

BRASIL, E. Tudo que é novo desperta rejeição. *O Globo*, Rio de Janeiro, 11 out. 1997.

CABRAL, A. V. *Annaes da Imprensa Nacional do Rio de Janeiro de 1808 a 1822.* Rio de Janeiro: Typographia Nacional, 1881. In: *Cadernos do Centro de Pesquisas Literárias da PUCRS*. Porto Alegre, v.4, n. 3, 1998.

CAEIRO, F. G. Livros e livreiros franceses em Lisboa, nos fins de Setecentos e no primeiro quartel do século XIX. *Boletim da Biblioteca da Universidade de Coimbra*, v.35, 1980.

CAETANO, M. do R. "O livro universitário", *Correio Braziliense*, Brasília, 1983. Suplemento Correio Atualidades.

CÂMARA BRASILEIRA DO LIVRO E SINDICATO NACIONAL DOS EDITORES DE LIVROS. *Produção e vendas do setor editorial brasileiro*. São Paulo: Fipe, 2004-2006.

______. *Produção e vendas do setor editorial brasileiro*. São Paulo: CBL, SNEL, 1996-2003.

CARELLI, W. Quem é Paulo Coelho? *Folha de S.Paulo*, São Paulo, 20 maio 1990. Revista da Folha, p.5-8.

CAROS AMIGOS (especial). O fenômeno Raul Seixas. São Paulo: Casa Amarela, Publisher, n.4, ago. 1999.

CARVALHO, A. G. Visconde de Congonhas do Campo (18/10/1767 a 10/10/1851). *Digesto Econômico*, n.101, 1953.

CARVALHO, J. M. de. Historia intelectual: la retórica como clave de lectura. *Prismas. Revista de Historia Intelectual*, n.2, p.149-68, 1998.

CASTELLO, J. Um belo telhado de vidro. *No mínimo*, 17 set. 2005.

CHAGAS, M. Museus: antropofagia da memória e do patrimônio. In: ______. (Org.). *Museus*: Revista do Patrimônio Histórico e Artístico Nacional, n.31, p.15-25, 2005.

CHAMPION, H. Portrait des librairies. Les Frères Garnier. *Bulletin de L'Association Professionale des Commis-Libraires Français*, Paris, 1913.

CHARTIER, A.-M. L'école éclaté. *Le bloc-notes de psychanalyse*, n.7, 1987a.

CHARTIER, R. Cultura popular: revisitando um conceito historiográfico. *Estudos Históricos*, v.8, n.16, p.179-92, 1995.

CIVITA, V. A incessante criação de mercados. *Expansão*, 28 jun. 1972.

COLASANTI, M. Harry Potter é muito mais moda que magia. *O Estado de S. Paulo,* Caderno 2/Cultura, São Paulo, p.D20, 18 fev. 2001.

CONTI, M. S. Faíscas da revolução. *Veja*, p.134-6, 22 out. 1986.

COSTA LIMA, L. Implicações de brasilidade. *Floema*: Caderno de Teoria e História Literária, v.2B, p.13-22, 2006.

COSTA, C. O brasileiro é um leitor qualificado e curioso. *O Globo*, Rio de Janeiro, 28 dez. 2002. Segundo caderno, p.1.

COUTO, J. G. Erotismo é sinal de civilização. *Folha de S.Paulo*, São Paulo, 15 set. 1997.

CRUZ, M. A. Aspectos da cultura burguesa oitocentista. *Revista de história das ideias*, v.20, 1999.

CUNHA, M. C. Os espelhos de Eros. *Revista Leia Livros*, mar. 1987.

EL FAR, A. Crítica social e ideias médicas nos excessos de desejo: uma análise dos "romances para homens" de finais do século XIX e início do XX. *Cadernos Pagu*, v.28, 2007.

ELLIS, M. Documentos sobre a primeira biblioteca oficial de São Paulo. *Revista de História*, n.30, 1957.

ENDERS, A. O Plutarco Brasileiro. A produção dos vultos nacionais no Segundo Reinado. *Estudos Históricos*, 25, I, p.1-31, 2000.

EXAME. Grupo Abril Parecia Impossível. São Paulo: Editora Abril, 1 jan. 1975.

FERRARO, A. R. Analfabetismo e níveis de letramento no Brasil: o que dizem os censos? *Educação & Sociedade*, v.23, n.81, p.21-47, 2002.

FICO, C. Prezada Censura: cartas ao regime militar. *Topoi, Revista de História*, v.5, p.251-86, 2002.

FONTES, H. A instrução em Santa Catarina (1916). *Revista Trimensal do Instituto Histórico e Geográfico de Santa Catarina*, Florianópolis: Typ. da Escola de Aprendizes Artífices, v.VII, 1918.

FRANCIS, P. Coluna. *Folha de S.Paulo*, São Paulo, 11 set. 1990.

GRAÇA FILHO, A. A. Negociantes mineiros depois da travessia dos tempos coloniais. *Tempo*, n.15, p.93-110, 2003.

GUIMARÃES, A. J. S. *Apresentação de projectos*: Annaes do Parlamento Brazileiro, Camara dos Srs. Deputados, t.1, 1856. Rio de Janeiro: Typ. do Imperial Instituto Artístico, 1874.

GUIMARÃES, C. M.; REIS, L. M. Agricultura e caminhos de Minas (1700-1750). *Revista do Departamento de História da FAFICH/UFMG*, v.4, p.85-94, 1987.

GUIMARÃES, L. M. P. Debaixo da proteção de sua majestade imperial. O Instituto Histórico e Geográfico Brasileiro (1838-1889). *Revista do Instituto Histórico/Imprensa Nacional*, Rio de Janeiro/Brasília, v.1, p.288, 1997.

GUIMARÃES, M. L. S. Nação e civilização nos trópicos. *Estudos Históricos*, Rio de Janeiro, n.1, p.5-27, 1988.

HANSEN, J. A. Ekphrasis. *Floema: Caderno de Teoria e História Literária*, v.III, 5, 2007.

HÉBRARD, J. L'évolution de l'espace graphique d'un manuel scolaire: le "Despautère" de 1512 à 1759. *Langue Française*, n.59, p.68-87, 1983.

______. Por uma bibliografia material das escritas ordinárias: o espaço gráfico do caderno escolar (França – séculos XIX e XX). *Revista Brasileira de História da Educação*, n.1, p.115-41, 2001.

______. Os livros escolares da Bibliothèque Bleue: arcaísmo ou modernidade? *Revista Brasileira de História da Educação*, n.4, p.10-45, 2002.

JABOR, A. Nossas mãos assassinas matavam milhões. *Folha de S.Paulo*, São Paulo, 3 out. 1995.

JACOB, C. Rassembler la mémoire. Réflexions sur l'histoire des bibliothèques. *Diogène*. Paris: PUF, p.53-76, n.196, oct.-déc. 2001.

LEIA. *Quem é quem no mercado editorial*. p.17-9, jun. 1985.

LEITE, P. G. A propagação do iluminismo em Minas Gerais. *Revista Minas Gerais*, 2 (13), p.24-7, 1989.

______. Pornografia, subversão e ateísmo na biblioteca de um cientista do Tejuco. *Revista do Instituto Histórico e Geográfico de Minas Gerais*, v.23, p.222-36, 2000.

______. Leitores e leitura em Mariana nos séculos XVIII e XIX. *Revista do Instituto Histórico e Geográfico de Minas Gerais*, v.24, p.217-26, 2001.

LEON, E. "Eugênio Hirsch: o cigano das capas". Design & Interiores, n. 27, jul./ago. 1991.

LIBBY, D. Notas sobre a produção têxtil brasileira no final do século XVIII: novas evidências de Minas Gerais. *Estudos Econômicos*, 27 (1), p.97-125, 1997.

LIVRARIA DO GLOBO. *Relatório da diretoria*: livraria 100 anos, 1883-1983. Porto Alegre: Globo, 1983.

LOBATO, editor revolucionário. *Leitura*, v.10, p.13, 32, 1943.

LOURENÇO FILHO, M. B. O cinema na escola. *Escola Nova*, v.II, n.3, 4, p.141-3, 1931.

LUSTOSA, O. F. Situação religiosa da capitania de São Paulo na palavra de seu bispo, d. Frei Manuel da Ressurreição (1777). *Revista de História*, v.52, 1975.

MAGALHÃES, V. Semana literária. *A Notícia*, Rio de Janeiro, 13 nov. 1896.

MARKUN, P. VC em revista. *Imprensa*, out. 1987.

MARQUES NETO, J. C. "O que fazer com os conteúdos? O livro do século XXI na avaliação acadêmica". In: *INTERFACE – Comunicação, Saúde, Educação*, Botucatu, v.9, n.18, p.587, 2005.

MARSON, I. A. Política, ciência e utopia. A revista *O Progresso* e a re(criação) da monarquia constitucional no Brasil (1846-1848). *Revista Brasileira de História*, v.23, p.99-110, 1994.

MARTHE, M. Coelho não é tartaruga. *Veja*, 11 dez. 2002.

MONTEIRO, M. Y. Em Memória de Th. Vaz. *Revista da Academia Amazonense de Letras*, n.14, 1969.

MOLLIER, J.-Y. L'histoire de l'edicion, une histoire à vocation globalizante. *Revue d'Histoire Moderne et Contemporaine*, n.43, 2, 1996.

MORAES, E. R. O efeito obsceno. *Cadernos Pagu*, v.20, 2003.

MOREIRA, M. *Ut architetura poesis*: uma leitura de Du Bellay, Anet, Ronsard, Saint Cosme e Manuel Botelho de Oliveira, para um edifício de colunas e arcos. *Floema*: Caderno de Teoria e História Literária, v.I, 2, p.59-100, 2005.

NEVES, L. M. B. P. Comércio de livros e censura de ideias: a actividade dos livreiros franceses no Brasil e a vigilância da Mesa do Desembargo do Paço (1795-1822). *Ler História*, n.23, p.61-78, 1992.

______.; FERREIRA, T. M. T. B. C. O medo dos "abomináveis princípios franceses": a censura dos livros nos inícios do século XIX no Brasil. *Acervo: Revista do Arquivo Nacional*, v.4, n.1, p.113-9, 1989.

NEVES, R. Aposta ganha no gosto dos brasileiros pela boa leitura. *Gazeta Mercantil*, São Paulo, 5 dez. 2003.

NIZZA DA SILVA, M. B. Produção, distribuição e consumo de livros no Brasil colonial. *Colóquio*: Letras, n. 50, 1979.

______. A repercussão da revolução de 1820 no Brasil: eventos e ideologias. *Revista de História das Ideias*, v.2, p.1-52, 1978-79.

______. Livro e sociedade no Rio de Janeiro (1808-1821). *Revista de História*, n.94, 1973.

NORONHA, J. F. C. B. *Íris*: Periódico de Religião, Bellas-Artes, Sciencias, Lettras, História, Poesia, Romance, Notícias e Variedades, v.1, 1848.

O DIREITO internacional dos editores. *Correio Mercantil*, Rio de Janeiro, 26 set. 1856.

PEIXOTO, G. *Apresentação de projectos*: Annaes do Parlamento Brazileiro, Camara dos Srs. deputados. t.5, 1857. Rio de Janeiro: Typ. do Imperial e Constitucional de J. Villeneuve e Comp., 1857.

PENTEADO, J. R. W. O marketing do sobrenatural. *Marketing*. Rio de Janeiro, p.5-8, 1990.

PEREIRA DA COSTA, F. A. Estabelecimento e desenvolvimento da imprensa em Pernambuco. *Revista do Instituto Arqueológico, Histórico e Geográfico Pernambucano*, v.VI, n.39, p.25-50, s.d.

PEREIRA, M. H. F. A trajetória da Abril Cultural. *Em Questão*, v.11, p.239-58, 2005.

PINHEIRO, J. F. F. (Visconde de São Leopoldo). Memórias. *Revista do Instituto Histórico e Geográfico Brasileiro*, v.XXXVII, parte 2. Rio de Janeiro: Garnier, 1874, p.15. Disponível em: www.ihgb.org.br.

PONTES, H. Retratos do Brasil: um estudo dos editores, das editoras e das Coleções Brasilianas, nas décadas de 30, 40, 50. *BIB*, n.26, p.56-89, 1988.

REALIDADE. Um livro com um milhão de informações, n.105, p.111-3, 1974.

RELATÓRIO anual do Grupo Abril 2004. São Paulo: Abril, 2005.

RELATÓRIO do presidente da província de São Pedro do Rio Grande do Sul, 1846.

REVISTA do Instituto do Ceará, t.CIV, a.CIV, 1990.

______, t.LXV, a.LXV, 1951.

REVISTA Universal Lisbonense: Jornal dos Interesses Phisicos, Moraes e Intellectuaes, t.VII, art.34, 1848.

______: Jornal dos Interesses Phisicos, Moraes e Intellectuaes, t.VI,. art.735, p.128, 1847.

RIBEIRO, M. M. T. Livros e leituras no século XIX. *Revista de história das ideias*, v.20, 1999.

SANTIAGO, S. Singular e anônimo. *Folha de S.Paulo*, "Folhetim", São Paulo, 4 nov. 1987.

SÃO PAULO (Estado). *Anuário Estatístico do Estado de São Paulo*. São Paulo: Diário Oficial, 1942.

______. *Annuario do Ensino do Estado de São Paulo*. São Paulo: Augusto Siqueira, 1936-1937.

______. *Annuario do Ensino do Estado de São Paulo*. São Paulo: Augusto Siqueira, 1918.

______. *Annuario do Ensino do Estado de São Paulo*. São Paulo: Augusto Siqueira, 1907-1908.

SECCO, L.; DEAECTO, M. M. A. São Paulo de Libero Badaró. *Notícia Bibliográfica e Histórica*, p.151-78, abr.-jun. 2003.

SENNA, E. *Revista do Instituto Histórico e Geográfico de São Paulo*, v.13, 1908.

SMADJA, I. Imaginários confrontados. *Folha de S.Paulo*, São Paulo, Mais!, p.8, 2 dez. 2001.

SORÁ, G. Tempo e distâncias na produção editorial de literatura. *Mana: Estudos de Antropologia Social*, p.151-81, out. 1997.

SOUZA, A. P. A história como ela é. *Carta Capital*, n.464, 2007.

THE ABRIL Group Brazil's leading communications enterprise. São Paulo: Abril, 1996.

THE SCIENTISTS: the great adventure of scientific discovery. Brazil: Abril S.A., 1972 (mimeog.).

UNIVERSIDADE FEDERAL DA BAHIA. Departamento Cultural da Reitoria. *Notícia histórica da Universidade da Bahia*. Salvador, 1967. 100 p.

VEJA. *Festa esotérica*. p.75, 30 out. 1985.

VIANA, M. David Corazzi, um editor português do século XIX. *Revista da Biblioteca Nacional*, s.2, 5 (2), 1990.

VILLALTA, L. C. Posse e usos dos livros. *Oceanos*, v.42, p.132-44, 2000.

YAMAZAKI, K. La bibliothèque d'un érudit toulousain du XVIIIe. siècle, l'abbé Magi. *Annales du midi*. Revue de la France méridionale. Livre et culture (XVIIIe.-XIXe.), 217, 1997.

Sites

ABRAMO, B. Adolescência de mágico deve ser tão patética quanto a dos trouxas. *Folha de S.Paulo*, 19 jul. 2000. Disponível em: http://www1.folha.uol.com.br/folha/arquivos. Acesso em: 14 jul. 2005.

ABREU, M. Diferentes formas de ler. Disponível em: http://www.unicamp.br/iel/memoria/index.html. Acesso em: 18 ago. 2004.

ABREU, M.; VASCONCELOS, S. G. T.; SCHAPOCHNIK, N.; VILLALTA, L. C. *Caminhos do romance no Brasil*: séculos XVIII e XIX. São Paulo: Fapesp. Disponível em: http://www.caminhosdoromance.iel.unicamp.br. Acesso em: 15 maio 2009.

ACTUALITÉ du livre Gallimard Editions Privat Le Rocher - 12/09/2005: Gallimard entre dans le capital des Editions Privat-Le Rocher. *Salon du livre*, França. Disponível em: http://www.salondulivre.net/actualitedulivre.html. Acesso em: 11 maio 2009.

ANSA. Daniel Radcliffe recebe ameaça de morte. *Uol Cinema*, São Paulo, 5 mar. 2008. Disponível em: http://cinema.uol.com.br/ultnot/2008/03/05/ult4332u685.jhtm. Acesso em: 11 maio 2009.

ASSOCIAÇÃO MUSEU VIRTUAL DA IMPRENSA (AMI). História Universal: 1800. *Museu Virtual da Imprensa*, Porto. Disponível em: http://www.imultimedia.pt/museuvirtpress/port/hist/1800/1800.html. Acesso em: 9 set. 2007.

BARBOSA, S. F. P. (Coord.). Jornais e Folhetins Paraibanos do século XIX. In: LAJOLO, M.; ABREU, M. *História da Leitura na Paraíba*: práticas e representações. João Pessoa: UFPB, CNPQ. Disponível em: http://www.cchla.ufpb.br/jornaisefolhetins/index.html. Acesso em: 24 nov. 2009.

BASTOS, M. H. C. Leituras de formação: *Coração*, de Edmundo de Amicis (1886). In: SEMINÁRIO brasileiro sobre o livro e história editorial, 1, 2004, Rio de Janeiro. *Anais*... Rio de Janeiro: Casa de Rui Barbosa, 2004. Disponível em: http://www.livroehistoriaeditorial.pro.br/pdf/mariahelenacoracao.pdf. Acesso em: 28 set. 2007.

BIGNOTTO, C. *Novas perspectivas sobre as práticas editoriais de Monteiro Lobato (1918-1925)*. Campinas, 2007. Tese (Doutorado em Teoria e História Literária) – Instituto de Estudos da Linguagem, Universidade Estadual de Campinas. Disponível em: http://libdigi.unicamp.br. Acesso em: 30 set. 2007.

BORELLI, S. H. S. Ática: história editorial, mercado local e internacional de bens simbólicos. *Livro e história editorial*, 2005. Disponível em: http://www.livroehistoriaeditorial.pro.br/pdf/silviaborelli.pdf. Acesso em: 13 jun. 2009.

BRAGANÇA, A. Arco do Cego e Impressão Régia (Lisboa e Rio de Janeiro): sobre rupturas e continuidades na implantação da imprensa no Brasil. Anais do XXXI Congresso Brasileiro de Ciências da Comunicação. Natal (RN), 2-6 set. 2008. Disponível em: http://www.intercom.org.br/papers/nacionais/2008/resumos/R3-0554-1.pdf. Acesso em: 31 maio 2010.

BRAGANÇA, A. António Isidoro da Fonseca, Frei Veloso e as origens da história editorial brasileira. Anais do XXX Congresso Brasileiro de Ciências da Comunicação. Santos, 29 ago.-2 set. 2007. Disponível em: http://www.intercom.org.br/papers/nacionais/2007/resumos/R0782-1.pdf. Acesso em: 31 maio 2010.

______. Sobre o editor. Notas para sua história. *Em questão. Revista da Faculdade de Biblioteconomia e Comunicação da UFRGS*, v.11, n.2, jul.-dez. 2005, p.219-35. Disponível em: http://www6.ufrgs.br/emquestao/pdf_2005_v11_n2/1_sobreoeditor.pdf. Acesso em: 31 maio 2010.

______. A Francisco Alves no contexto da formação de uma indústria brasileira do livro. In: SEMINÁRIO brasileiro sobre o livro e história editorial, 1, 2004, Rio de Janeiro. *Anais*... Rio de Janeiro: Casa de Rui Barbosa, 2004. Disponível em: http://livroehistoriaeditorial.pro.br/pdf/anibalbraganca.pdf. Acesso em: 8 out. 2007.

BRASIL. Lei n.496, 1 ago. 1898. Disponível em: http://www6.senado.gov.br/legislacao/DetalhaDocumento.action?id=60815&titulo=LEI%20496%20de%2001/08/1898%20%20-%20LEI%20ORDINÁRIA. Acesso em: 10 jul. 2006.

CALLIGARIS, C. O segredo de Harry Potter. *Folha de S.Paulo*, São Paulo, 13 jul. 2000. Disponível em: http://www1.folha.uol.com.br/folha/arquivos. Acesso em: 14 jul. 2005.

DECLARAÇÃO Universal dos Direitos Humanos, 1948. Disponível em: http://www.dhnet.org.br/direitos/deconu/textos/integra.htm. Acesso em: 13 jul. 2006.

DICIONÁRIO interativo da educação brasileira. São Paulo: Midiamix Editora, 2001. Disponível em: <http://www.educabrasil.com.br/eb/dic/dicionario.asp?id=371>. Acesso em 24 de fev. 2006.

EBOLI, J. C. C. O mundo moderno: direito autoral e direitos humanos. Seminário Internacional de Direitos Humanos na Propriedade Intelectual. Disponível em: http://www.iabnacional.org.br/comm/PALESTRASEMIN%C1RIOFILAIE2004.doc. Acesso em: 13 jul. 2006.

ECO, U. Harry Potter faz mal aos adultos? Disponível em: http://www.ultimosegundo.ig.com.br. Acesso em: 30 mar. 2005.

FABER CASTELL. Disponível em: http://www.faber-castell.co.nz/docs/default-news_asp_id~20868_domid~1010_sp~E_addlastid~0_m1~14249_m2~20863_m3~20866_m4~20868_suma~.htm. Acesso em: 28 set. 2007.

FRADE, I. C. A. S. F. Cartilha Analytica publicada pela Francisco Alves: aspectos da materialidade entre ordenamentos pedagógicos e editoriais. Disponível em: http://www.livroehistoriaeditorial.pro.br. Acesso em: 4 abr. 2005.

GALVÃO, A. M. O. *Ler/ouvir folhetos de cordel em Pernambuco (1930-1950)*. Belo Horizonte, 2000. Tese (Doutorado em Educação) – Faculdade de Educação, Universidade Federal de Minas Gerais. Disponível em: http://www.unicamp.br/iel/memoria/. Acesso em 13 jun. 2009.

HARRY Potter. Paris: Gallimar-Jeneusse. Disponível: http://www.harrypotter.gallimard-jeunesse.fr/site/index.php. Acesso em: 11 maio 2009.

HUGO, V. Discours d'ouverture du Congrès Litteraire International de 1878. In: *Actes et Paroles*. v.4, Depuis l'Exil, 1876-1885. Disponível em: http://www.gilles-jobin.org/jobineries/index.php?2005/10/29/290-victor-hugo-en-1878. Acesso em: 20 ago. 2007.

IBGE. Pesquisa nacional por amostra de domicílio, 2006. Disponível em: http://www.ibge.gov.br/home/estatistica/populacao/trabalhoerendimento/pnad2006/default.shtm. Acesso em: 11 jun. 2009.

______. Pesquisa de orçamentos familiares, 2002-2003. Disponível em: http://www.ibge.gov.br/home/estatistica/populacao/condicaodevida/pof/2002_2003perfil/default.shtm. Acesso em: 11 jun. 2009.

JOURDE, P. Elogio da pequena edição. *Le Monde Diplomatique Brasil*. Trad. Leonardo Rocha. São Paulo: Instituto Pólis, jan. 2007. Disponível em: http://diplo.uol.com.br/2007-01,a1492. Acesso em: 29 set. 2007.

LAJOLO, M. Correspondência, história e teoria literária. Disponível em: http://www.pucrs.br/fale/pos/historiadaliteratura/gt/lajolo.php. Acesso em: 30 set. 2007.

LATOURNERIE, A. Petite histoire des batailles du droit d'auteur. *Multitudes*: Une Revue Trimestrielle, Artistique et Culturelle, 5 maio 2001. Disponível em: http://multitudes.samizdat.net/-Multitudes-une-revue-trimestrielle-.html. Acesso em: 15 dez. 2004.

NEVES, L. M. B. P. Livreiros franceses no Rio de Janeiro 1799-1824. Disponível em: http://www.uff.br/ichf/anpuhrio/Anais/2002/Comunicacoes/Neves%20Lucia%20M%20B%20P.doc. Acesso em: jan. 2004.

NORMAL aunque mágico. *El Nuevo Diario*, Nicarágua, 22 fev. 2004. Disponível em: http://archivo.elnuevodiario.com.ni. Acesso em: 7 jun. 2006.

PESAVENTO, S. J. Muito além do espaço: por uma história cultural do urbano. *Estudos Históricos*, v.8, n.16, p.279-90, 1995. Disponível em: http://www.cpdoc.fgv.br/revista/arq/178.pdf. Acesso em: 18 set. 2007.

PINTO, R. Quadrinhos de Carlos Zéfiro estarão nas bancas em março. *Globo Online*. Disponível em: http://oglobo.globo.com/online/cultura/166868678.asp. Acesso em 3 out. 2007.

RAZZINI, M. P. G. Livro didático e expansão escolar em São Paulo (1889-1930). *Língua Escrita*, 2007a. Disponível em: http://www.fae.ufmg.br/Ceale/menu_abas/rede/projetos/didatica_da_lingua_escrita/arquivos/lingua_escrita_numero_um/02_Livro%20didatico%20%20expansao%20escolar.pdf. Acesso em: 28 set. 2007.

RELATÓRIO do Ministério das Relações Exteriores, 1890, p.32. Disponível em: http://brazil.crl.edu/bsd/ul1604/000030.gif. Acesso em: 5 jul. 2006.

RODRIGUES, E. N. S. Panorama do mercado livreiro mato-grossense do século XIX recuperado pela leitura de jornais da época. Disponível em: http://caminhosdoromance.iel.unicamp.br/. Acesso em: 28 nov. 2005.

ROMANCINI, R. A querela da imprensa: conflitos regionais e institucionais na construção da história. In: I SEMINÁRIO brasileiro sobre livro e história editorial, 2004, Rio de Janeiro. *Anais...* Rio de Janeiro: FCRB, UFF-PPGCOM, UFF-LIHED, 2004. Disponível em: http://www.livroehistoriaeditorial.pro.br/trabalhos4.shtml. Acesso em: 12 nov. 2002.

ROSA, F. G. M. G.; BARROS, S. S. Panorama da história da editoração em Salvador. Disponível em: http://www.livroehistoriaeditorial.pro.br/pdf/flaviagoullartesusanesantos.pdf. Acesso em: 10 jun. 2009.

SÁ EARP, F.; KORNIS, G. Preço fixo do livro: solução frágil para um problema grave. *Pensar el Libro*, n.4, 2006. Disponível em: http://www.cerlalc.org/revista_precio/editorial.htm. Acesso em: 11 jun. 2009.

______. *A economia da cadeia produtiva do livro*. Rio de Janeiro: BNDES, 2005a. Disponível em: http://www.bndes.gov.br/conhecimento/ebook/ebook.pdf. Acesso em: 11 jun. 2009.

______. *A economia do livro*: a crise atual e uma proposta de política. Rio de Janeiro: IE, UFRJ, 2005b. Disponível em: http://www.ie.ufrj.br/publicacoes/discussao/a_economia_do_livro_a_crise_atual_e_uma_proposta_de_politica.pdf. Acesso em: 11 jun. 2009.

STUMPF, I. R. C. "Passado e futuro das revistas científicas", *Ciência da Informação*, Brasília, v.25, n.3, 1996. Disponível em: http://www.ibict.br/cienciadainformacao/include/getdoc.php?id=846&article=504&mode=pdf. Acesso em: 21 de mai. 2005.

VENTURA, Z. Fim de semana de imersão. *No mínimo*. Disponível em: http://www.observatoriodaimprensa.com.br/artigos/asp271120023.htm. Acesso em: 11 jun. 2009.

ZANINI, F. Harry Potter chega ao Brasil pela Rocco. *Folha de S.Paulo*, São Paulo, 6 out. 1999. Disponível em: http://www1.folha.uol.com.br/folha/arquivos. Acesso em: 7 maio 2005.

Arquivos

ARQUIVO HISTÓRICO DIPLOMÁTICO. Lisboa. Livro de Correspondência. Legação Portuguesa no Rio de Janeiro. Série I, v.29, 13 dez. 1853.

______. Lisboa. Livro de Correspondência. Legação Portuguesa no Rio de Janeiro. Série I, v.29, 14 fev. 1851.

ARQUIVO HISTÓRICO DO ITAMARATY. Representações Diplomáticas Estrangeiras no Brasil. Portugal. Ofícios e Correspondências. 19 jan. 1854.

ARQUIVO NACIONAL. Coleção Desembargo do Paço. Caixa 171, pac. 1, doc. 63. Mar. 1827.

CARVALHO, D. *Carta a Fernando de Azevedo de três de setembro*. Arquivo Fernando de Azevedo, IEB-USP, localizada na caixa x8/4,1943.

GAMA, A. M. Livreiros, editores e impressores em Lisboa no século XVIII. *Arquivo de Bibliografia Portuguesa*, 1967.

PEIXOTO, A. *Carta a A. Teixeira de 23 de janeiro, 1936* – Arquivo Anísio Teixeira/CPDOC/FGV, localização: A.T. 32.00.00.

ROCHA, O. *Carta a Anísio Teixeira de 12 de junho de 1937*. – Arquivo Anísio Teixeira/CPDOC/FGV, localização: AT 28.04.27

Fontes Primárias (manuscritas e impressas)

Arquivo da Câmara Municipal de São João del-Rei

"Cartas e Editais da Câmara" (CAED 68, 1823-1831).

Arquivo da Casa Setecentista de Mariana

Cartório do Segundo Ofício, Inventários, 1714-1822. Foram consultados todos os inventários do período.

Arquivo do Museu Regional de São João del-Rei/IPHAN, inventários com bibliotecas:

São João del-Rei: Ana Pimenta Mercês, 1837, cx. 299; Antonio Dias Pereira, 1834, cx. 304; Antonio Felisberto Costa, 1860, cx. 487; Antonio Xavier Sales Matos, 1832, cx. 153; Bernardo Jose Gomes Silva Flores, 1829, cx. 333; Carlos Batista Machado, 1854, cx. 145; Florêncio Antonio Fonseca, 1859, cx. 431; Francisca Maria Jesus, 1835, cx. 380; Francisco Antonio Silva, 1835, cx. 362; Francisco Lobo Silva, 1832, cx. 41; Francisco Mendes Almeida Silva, 1874, cx. 248; João Costa Guimarães, 1836, cx. 480; João Evangelista Magalhães, 1860, cx. 487; João Jose Sousa Campos, 1836, cx. 41; Joaquim Jose Pereira, 1832, cx 193; Jose Florêncio Freitas Lima, 1834, cx. 591; Jose Gomes Carneiro, 1838, cx. 378; José Joaquim Santana, 1845, cx. 228; José Lameda Oliveira, 1855, cx. 562; José Silva Pacheco, 1832, cx. 484; Lourenço Jose Fernandes Braziel, 1833, cx. 128; Manoel Gonçalves Costa, 1835, cx. 351; Manoel Magalhães Gomes, 1859, cx. 314; Manoel Paixão Paiva, 1839, 505; Manoel Pereira Cunha, 1832, cx. 498; Tomás Aquino Pereira, São João del-Rei, 1834, cx. 34.

São José del-Rei (Tiradentes): José Gonçalves Torres, 1813, cx. 277; Maria Pereira do Nascimento, 1810, cx. 174; Thomaz Gomes da Silva, 1801, cx. 532.

CAMPANGNE, E. M. Diccionario// Universal// De Educação// E Ensino// Util á mocidade de ambos os sexos, ás mães de familia,// aos professores, aos directores e directoras de collegios e aos alunnos [...] Volume II// Porto// Livraria Internacional De Ernesto Chardron// 1886.

Sobre os autores

Alessandra El Far

Fez doutorado em Antropologia Social pela Universidade de São Paulo (USP) e realizou pesquisa de pós-doutorado no Núcleo de Estudos de Gênero Pagu, da Universidade Estadual de Campinas (Unicamp), com bolsa da Fundação de Amparo à Pesquisa do Estado de São Paulo (Fapesp). Atualmente é professora de Antropologia na Universidade Federal de São Paulo (Unifesp)

Ana Maria de Oliveira Galvão

É professora da Faculdade de Educação da Universidade Federal de Minas Gerais (UFMG) e pesquisadora do Conselho Nacional de Desenvolvimento Científico e Tecnológico (CNPq).

Ana Sofia Mariz

É mestre em Design pela PUC-Rio. Foi professora substituta da Escola de Comunicação (ECO) da UFRJ de março de 2007 a dezembro de 2008 e é, desde agosto de 2002, docente no Centro de Ensino Universitário Unicarioca.

Aníbal Bragança

É doutor em Ciências da Comunicação pela Universidade de São Paulo. Atualmente é docente do Departamento de Estudos Culturais e Mídia e do Programa de Pós-Graduação em Comunicação do Instituto de Arte e Comunicação Social (IACS) da Universidade Federal Fluminense (UFF). Bolsista do CNPq. Coordenador-geral de pesquisa e editoração da Biblioteca Nacional

Antonio Hohlfeldt

É doutor em Linguística e Letras pela Pontifícia Universidade Católica do Rio Grande do Sul (PUCRS), onde é, atualmente, professor titular. Bolsista do CNPq.

Christianni Cardoso Morais

É doutora em História pela Universidade Federal de Minas Gerais (UFMG) e, atualmente, é professora adjunta do Departamento de Educação da Universidade Federal de São João del-Rei (UFSJ).

Cilza Bignotto

É doutora em Teoria e História Literária pelo Instituto de Estudos da Linguagem (IEL) da Unicamp e professora do Departamento de Letras da Universidade Federal de Ouro Preto (Ufop).

Denis Antônio de Mendonça Bernardes

É professor-associado da Universidade Federal de Pernambuco (UFPE).

Eliana de Freitas Dutra

Possui doutorado em História Social pela Universidade de São Paulo. É professora titular da Universidade Federal de Minas Gerais (UFMG), Membro do Comitê de Redação da Mil Neuf Cent-Revue d'Histoire Intellectuelle (Cahiers Georges Sorel/EHESS/CNRS) e do Conselho Editorial da Revista de História-USP e da Revista do Arquivo Público Mineiro. Foi diretora de Relações Internacionais da UFMG entre 2006 e 2010.

Elizabeth W. Rochadel Torresini

É historiadora e professora convidada da Fapa (RS). Atua na Editora Medianiz.

Fabio Sá Earp

É membro do Instituto de Economia da Universidade Federal do Rio de Janeiro (UFRJ), onde é coordenador do Laboratório da Economia do Livro (LIV).

Felipe Matos

É mestre em História pela Universidade Federal de Santa Catarina (UFSC), onde é, atualmente, doutorando.

Flávia Garcia Rosa

É professora adjunta IV da Universidade Federal da Bahia, diretora da Editora da UFBA, doutoranda em Comunicação – Cultura e Sociedade no programa Multidisciplinar da FACOM/UFBA. É presidente da Associação Brasileira de Editoras Universitárias (Abeu).

Francisca Izabel Pereira Maciel

É professora da Faculdade de Educação da UFMG e pesquisadora do Centro de Alfabetização, Leitura e Escrita (Ceale).

Gabriela Pellegrino Soares

Pesquisadora do CNPq e colaboradora da Fapesp. Professora do Departamento de História da USP.

George Kornis

É membro do Instituto de Medicina Social da Universidade do Estado do Rio de Janeiro (Uerj) e é pesquisador do LIV.

Giselle Martins Venancio

É doutora em História Social pela Universidade Federal do Rio de Janeiro. Atualmente é professora adjunta do departamento de História e do Programa de Pós-Graduação em História da Universidade Federal Fluminense (UFF) e do banco de avaliadores do Sinaes do Instituto Nacional de Estudos e Pesquisas Educacionais (INEP/MEC).

Guilherme Cunha Lima

É doutor em Design Gráfico pela University of Reading, Inglaterra. Atualmente é assessor técnico da Fundação de Amparo a Pesquisa do Estado do Rio de Janeiro e professor adjunto da Universidade do Estado do Rio de Janeiro, onde é vice-coordenador do Programa de Pós-Graduação em Design. Pesquisador do CNPq.

Isabel Cristina Alves da Silva Frade

É professora da Faculdade de Educação da UFMG, onde também é pesquisadora do Ceale. Fez estágio pós-doutoral na Faculdade de Educação da USP e no Institut National de Recherche Pédagogique (INRP), na França, com financiamento do CNPq e da Coordenação de Aperfeiçoamento de Pessoal de Nível Superior (Capes).

João Paulo Coelho de Souza Rodrigues

Professor adjunto do curso de História da Universidade Federal de São João del-Rei (UFSJ).

José Castilho Marques Neto

É doutor em Filosofia pela Universidade de São Paulo. Atualmente é professor-assistente doutor da Universidade Estadual Paulista Júlio de Mesquita Filho, *campus* de Araraquara, e exerce, desde 1988, funções de direção editorial junto à Editora Unesp. Desde 1996, é Diretor Presidente da Fundação Editora da Unesp.

José Mindlin (8/9/1914-28/2/2010)

Advogado e empresário, foi membro do Conselho Superior da Fapesp e Secretário da Cultura, Ciência e Tecnologia do Estado de São Paulo. Fez parte do CNPq e da Comissão Nacional de Tecnologia da Presidência da República. Participou também do conselho da Sociedade Amigos da Biblioteca Nacional, da Casa de Cultura de Israel e da Fundação Vitae. Participou da Diretoria da John Carter Brown Library e da Associação Internacional de Bibliófilos. Ocupou também a presidência do Conselho Editorial da Edusp. Recebeu o título de Professor Honorário da Escola de Administração de Empresas de São Paulo, da FGV, e o título de Doutor *Honoris Causa* pela Brown University e pelas universidades de Brasília, da Bahia, de Tocantins e de São Paulo. Prêmio Juca Pato como Intelectual do Ano de 1998. Foi membro da Academia Brasileira de Letras.

Lúcia Maria Bastos P. Neves

É professora titular de História Moderna, pesquisadora principal do projeto Nação e Cidadania no Oitocentos: Novos Horizontes, do Programa de Apoio a Núcleos de Excelência (Pronex)/CNPq/Fundação Carlos

Chagas Filho de Amparo à Pesquisa do Estado do Rio de Janeiro (Faperj), e bolsista do CNPq.

Luis Guilherme Pontes Tavares

É doutor em História Econômica pela Universidade de São Paulo. Professor do Centro Universitário da Bahia, na Faculdade de Comunicação Social e Marketing.

Luiz Carlos Villalta

É professor associado do Departamento de História da Universidade Federal de Minas Gerais (UFMG). É pesquisador do CNPq.

Marcello Moreira

É professor titular de Literatura Brasileira da Universidade Estadual do Sudoeste da Bahia (Uesb). É também pesquisador do Polo de Pesquisas Luso-Brasileiras do Real Gabinete Português de Leitura, do grupo de pesquisa Manuscritos e Autógrafos.

Márcia Abreu

É professora do Departamento de Teoria Literária, do IEL da Unicamp, pesquisadora do CNPq e coordenadora do Projeto Temático Caminhos do Romance no Brasil: Séculos XVIII e XIX, da Fapesp.

Marcia de Paula Gregorio Razzini

Concluiu estágio de pós-doutorado em Educação, na USP (2005) e na PUC de São Paulo (2007). É coordenadora da subárea Leitura e Literatura, no Centro de Formação Continuada de Professores (Cefiel), do IEL, da Unicamp.

Maria Luiza Ugarte Pinheiro

É professora da Universidade Federal do Amazonas (Ufam) e pesquisadora do CNPq.

Maria Rita de Almeida Toledo

É doutora em Educação: História, Política, Sociedade pela PUC-SP. Professora adjunta da Universidade Federal de São Paulo – Campus de Guarulhos.

Maria Teresa Santos Cunha

É professora do Programa de Pós-Graduação em História da Universidade do Estado de Santa Catarina (Udesc). Pesquisadora do CNPq.

Marília de Araujo Barcellos

É professora do curso de Produção Editorial, Departamento de Ciências da Comunicação, da Universidade Federal de Santa Maria (UFSM) e integrante do Grupo de Pesquisa em Produção Editorial da Intercom. É ex-professora do Curso de Formação de Escritores e Agentes Literários da Unisinos.

Marisa Midori Deaecto

É doutora em História Econômica pela USP. Atualmente é docente do curso de Jornalismo e Editoração da Escola de Comunicação e Artes da Universidade de São Paulo.

Mateus Henrique de Faria Pereira

É professor do curso de Graduação e Pós-graduação em História da Universidade Federal de Ouro Preto (UFOP) e doutor em História pela UFMG.

Richard Romancini

É pesquisador do Núcleo de Pesquisa do Mercado de Trabalho em Comunicações e Artes (Nupem) da Escola de Comunicação e Artes (ECA), da USP, e docente da Faculdade de Comunicação e Cultura Montessori (Famec-SP).

Sandra Jatahy Pesavento

É doutora em História Econômica pela Universidade de São Paulo, foi professora titular de História do Brasil da Universidade Federal do Rio Grande do Sul (UFRGS) e realizou três pós-doutoramentos em Paris. Atuou como professora convidada em várias instituições estrangeiras. Em artigos e livros deixou obra muito relevante, especialmente, para a história da cultura e a história regional de Porto Alegre. Foi coordenadora do GT Nacional de História Cultural da ANPUH.

Sandra Reimão

É professora da Universidade de São Paulo (USP) na Escola de Artes, Ciências e Humanidades (EACH) e no Programa de Pós-Graduação em Comunicação da Escola de Comunicações e Artes (PPGCOM-ECA) e bolsista de Produtividade em Pesquisa do CNPq. Publicou os livros *Mercado editorial brasileiro* (1996) e *Livros e televisão: correlações* (2004). Esse trabalho contou com auxílio da Fapesp.

Silvia H. S. Borelli

É antropóloga e professora livre-docente dos programas de pós-graduação em Ciências Sociais (mestrado e doutorado – PUC-SP). É pesquisadora na área de culturas contemporâneas: imagens, mídias e novas tecnologias (produção e recepção); culturas urbanas e juvenis; livros e mercado editorial. Integra grupos de pesquisa e publica livros e artigos no Brasil e exterior.

Socorro de Fátima Pacífico Barbosa

É professora associada da Universidade Federal da Paraíba (UFPB) e coordenadora do projeto de pesquisa Jornais e Folhetins Paraibanos do século XIX. Bolsista da CNPq.

Tania Maria Bessone da Cruz Ferreira

É professora adjunta de História da Península Ibérica, pesquisadora principal do Nação e Cidadania no Oitocentos: Novos Horizontes, do Pronex/CNPq/Faperj. Bolsista do CNPq e da Faperj (Cientista de Nosso Estado).

Teodoro Koracakis

Doutor em Literatura Comparada pela Universidade do Estado do Rio de Janeiro e analista de projetos da Financiadora de Estudos e Projetos (Finep).

SOBRE O LIVRO
Formato: 16 x 23 cm
Mancha: 27,5 x 49 paicas
Tipologia: Horley Old Style 11/15
Papel: Off-set 75 g/m² (miolo)
Cartão Supremo 250 g/m² (capa)

1ª edição: 2010
2ª reimpressão: 2016

EQUIPE DE REALIZAÇÃO
Capa
Marcos Keith Takahashi
Edição de texto
Patrícia Carla Rodrigues (Copidesque)
Érica Alvim (Preparação de original)
Daniele Fátima Oliveira e Thaís Rimkus Devus (Revisão)
Editoração Eletrônica
Eduardo Seiji Seki